DES

ARCHIVES DÉPARTEMENTALES

ANTÉRIEURES A 1790

RÉDIGÉ PAR M. L. COMBARIEU, ARCHIVISTE.

LOT.

Actes D. E. F. G. H.

ARCHIVES CIVILES. — SÉRIE D. Nᵒˢ 1-12 (FIN). — SÉRIE E. Nᵒˢ 1-52 (FIN). —
SÉRIE F. Nᵒˢ 1-520 (FIN).
ARCHIVES ECCLÉSIASTIQUES. — SÉRIE G. Nᵒˢ 1-25 (FIN). — SÉRIE H. Nᵒˢ 1-172 (FIN).

TOME III.

CAHORS

IMPRIMERIE J. BRASSAC, BOULEVARD GAMBETTA, 26

1900

COLLECTION

DES

INVENTAIRES-SOMMAIRES

DES

ARCHIVES DÉPARTEMENTALES ANTÉRIEURES A 1790

PUBLIÉE SOUS LA DIRECTION DU MINISTRE DE L'INSTRUCTION PUBLIQUE

DÉPARTEMENT DU LOT

INVENTAIRE SOMMAIRE

DES

ARCHIVES DÉPARTEMENTALES

ANTÉRIEURES A 1790

RÉDIGÉ PAR M. L. COMBARIEU, ARCHIVISTE.

LOT.

ARCHIVES CIVILES. — SÉRIE D. Nᵒˢ 1-12 (FIN). — SÉRIE E. Nᵒˢ 1-52 (FIN). —
SÉRIE F. Nᵒˢ 1-520 (FIN).
ARCHIVES ECCLÉSIASTIQUES. — SÉRIE G. Nᵒˢ 1-25 (FIN). — SÉRIE H. Nᵒˢ 1-172 (FIN).

TOME III.

CAHORS

IMPRIMERIE J. BRASSAC, BOULEVARD GAMBETTA, 26

1900

ARCHIVES DU LOT

INTRODUCTION

A L'INVENTAIRE SOMMAIRE DES SÉRIES D, E, G, H, F.

Le troisième volume (1) de l'inventaire des archives du Lot est comme les deux premiers, l'œuvre de M. L. Combarieu, aujourd'hui archiviste honoraire. Nous n'avons eu que l'introduction et une table sommaire à préparer et à soumettre à l'administration supérieure, pour assurer la publication de ce dernier tome qui comprend l'analyse des pièces appartenant aux séries D, E, G, H et F. Les documents analysés dans les quatre premières de ces séries ne proviennent pas, à proprement parler, de fonds particuliers. Ils ont été extraits du fonds de l'intendance de Montauban (série C) où, sans doute, ils avaient été versés pour la solution de certains litiges. Toutefois nous devons faire une exception pour le fonds de l'hôpital de Cahors qui a été déposé aux archives départementales par cet établissement.

Série D.

Les 12 articles qui forment la série D se rapportent à l'instruction publique. Les articles 1 à 7 intéressent l'ancienne université de Cahors fondée par le pape Jean XXII en 1331 et supprimée sous Louis XV en 1751, et les collèges St-Nicolas de Pelegry, de Rodez et de St-Michel, annexes de la dite Université. Les autres articles (D 8 à D 12) sont relatifs au collège du Quercy tenu par les Jésuites. Cet établissement occupait des locaux qui sont encore consacrés à l'enseignement public et qui font actuellement partie du lycée Gambetta. Dans la récente reconstruction du lycée, on a en effet conservé l'ancienne chapelle, la sacristie, la tour et diverses autres bâtisses.

Série E.

La série E comprend 52 articles concernant la féodalité, les communes et les municipalités. Les premières pièces sont des reconnaissances consenties par divers tenanciers en faveur de

---

(1) C'est par suite d'un changement dans le plan primitif de la publication que les feuilles de la série F portent la mention, *tome IV.*

François d'Albarel et de Jacques, François et Antoine Gimbal. Les autres documents sont des livres terriers, compoix, cadastres, cartulaires, chartes, etc., concernant les communautés d'Arcambal, Bach, Beaumat, Beauregard, Boissières, Cahors, Calès, Cazals, Duravel et Montcabrier, Espédaillac, Espère, Figeac, Francoulès, Gigouzac, Gindou, Goudou, l'Hospitalet, Lamothe-Cassel, Mechmont-de-Guerre, Montamel, Montcuq, Montfaucon, Nuzéjouls, Orniac, Padirac, Puybrun, Puy-l'Evêque, Rassiels, Sénaillac-du-Causse, St-Céré, St-Hilaire-Bessonies, Vaillac, Vers et Velles.

Série G.

25 articles composent cette série réservée aux documents intéressant le clergé séculier. Mentionnons, parmi ces pièces, des hommages rendus et des reconnaissances consenties en faveur de quelques évêques de Cahors, et des correspondances diverses. Sont également compris dans cette série des procès-verbaux constatant les abjurations faites par des protestants, des mémoires sur la fondation du grand et du petit séminaire du diocèse de Cahors, enfin quelques pièces concernant la congrégation des Artisans et la confrérie des Pénitents à Cahors.

Série H.

Dans la série H, affectée au clergé régulier, figurent, d'abord, des actes de professions ou de prises d'habits par divers religieux, puis quelques pièces concernant les religieux de Notre-Dame de la Mercy qui furent autorisés à quêter pour le rachat des chrétiens captifs chez les Turcs. Les articles 15 à 40 inclusivement mentionnent des actes d'achats, de ventes ou des pièces diverses se rapportant aux chartreux de Cahors auxquels des bénéfices furent accordés par le pape Martin V. Ces mêmes religieux jouissaient de privilèges qui leur furent confirmés par les rois Louis XI, Henri II, Henri III, Henri IV, Louis XIII et Louis XIV. Des indications contenues dans ces divers articles, il résulte que cette congrégation possédait des biens dans les lieux d'Artix, de Bon Martel, Cahors, Caussade, Garret (le), Montech, Montpezat, St-Clément près Montcuq, Vers et Villesèque.

Les 21 articles suivants (41 à 61) concernent diverses communautés de femmes établies à Cahors, Figeac et Pomarède. Enfin les dernières pièces (du N° 62 au N° 172) sont toutes relatives aux hospices et maladreries. De la lecture de ces documents il résulte que Cahors possédait, outre plusieurs maladreries, les hôpitaux de St-Jacques de la Grande-Rue, de St-Michel, de St-Georges, de St-Urcisse, de St-Etienne, des Soubirous et de Larroque-des-Arcs. Une liste des rentes de l'hôpital St-Jacques de la Grande-Rue porte un titre qui se termine par les mots suivants : « .... *del han que lon conta mial cccc L XVIII comen-*

« *san lan lo prumier jorn del mes de may* ». D'après cette pièce il paraîtrait que, à la fin du XVe siècle, on commençait, à Cahors, l'année le 1er jour du mois de mai (H. 83).

Série F.

Le Conseil général du Lot acheta en 1890, moyennant la somme de deux mille francs, un grand nombre de documents provenant de la succession de M. Lacabane, ancien directeur de l'Ecole des Chartes. L'inventaire du fonds Lacabane comprend 520 articles dont les 82 premiers analysent divers dossiers constitués pour la réédition des chroniques de Froissart.

Cette série contient des indications sur les familles nobles de la généralité de Montauban et sur le séjour des Anglais dans le Quercy. On y trouve un pouillé du diocèse de Cahors et de nombreux renseignements tant sur le Quercy que sur un grand nombre de villes dont la plupart appartenaient à cette province. Nous devons signaler l'article 284 composé de 7 pièces touchant *Uxellodunum*, la dernière place forte gauloise qui résista aux armées romaines et dont Hirtius, l'un des généraux de César, a raconté le siège, dans le 8e livre des Commentaires sur la guerre des Gaules. Tous les autres articles (289 à 520) ont trait aux familles et généalogies.

V. FOURASTIÉ,
Archiviste Départemental.

Département du Lot

INVENTAIRE SOMMAIRE

DES

ARCHIVES DÉPARTEMENTALES ANTÉRIEURES A 1790

SÉRIE D

(Instruction publique, sciences et arts. — Universités, Collèges, Facultés, Sociétés académiques.)

UNIVERSITÉ DE CAHORS

D. 1. (Liasse.) — 3 pièces. papier; 7 pièces. parchemin ; 1 sceau de cire verte.

1331-1657. — Extrait d'une bulle par laquelle le pape Jean XXII assimile l'université de Cahors à celle de Toulouse pour tous les privilèges, libertés et immunités dont jouit cette dernière (1331).— Extrait d'une bulle du pape Innocent IV octroyant des privilèges à l'université de Toulouse (1245).— Acte introductif d'instance devant le parlement de Toulouse par Antoine d'Alamandi, évêque, baron et comte de Cahors, contre l'abbé de Marcilhac, conservateur des privilèges de l'université, touchant la conservation de ces privilèges. — Transaction intervenue entre l'évêque de Cahors, Antoine d'Alamandi, d'une part, l'abbé de Marcilhac, les chancelier, docteurs, régents et syndics de l'université de Cahors, d'autre part, touchant les conservatoires accordées à cette université par le pape Sixte IV et le roi Louis XI (1473). — Procuration par laquelle l'abbé de Marcilhac, conservateur des droits, choses, privilèges et libertés de l'université de Cahors, délègue l'official pour, en son lieu et place et en son absence, être sous-conservateur de la dite université (1475).— Sequestration faite par Jean Sorel, huissier au parlement de

LOT. — TOME III. — SÉRIE D.

Toulouse, à la requête de l'évêque d'Alamandi, contre l'abbé de Marcilhac, portant que la sous-conservatoire de l'université de Cahors est mise sous la main du Roi, au régime et gouvernement du chanoine Jean de Gaulejac, jusqu'à ce qu'il en ait été ordonné par la Cour (1477). — Lettres patentes du roi Henri IV portant confirmation des privilèges octroyés à l'université de Cahors (1596). — Acte par lequel le chapitre de l'église cathédrale de Cahors, sur la proposition de l'évêque Siméon-Étienne de Popian, déclare consentir à ce que la chancellerie de l'université soit remise dans le cloître de ladite église cathédrale, à côté de la chapelle du St-Esprit et dans un endroit qui a été convenablement disposé à cet effet (1613).— Lettres patentes du roi Louis XIV rappelant et prescrivant l'observation rigoureuse des statuts et règlements de l'université (1657).

D. 2. (Liasse.) — 38 pièces. papier ; 2 pièces, parchemin ; 1 sceau de cire jaune.

1611-1744. — Arrêts du conseil d'État, sentences arbitrales et délibérations du conseil de l'université touchant la fixation et le paiement des gages des professeurs de l'université de Cahors. — Requête présentée à l'évêque de Cahors, Nicolas de Sevin, par le syndic de l'université, ayant pour objet la construction de nouvelles écoles. — Compromis entre Monseigneur de Sevin et les consuls de Cahors : Jean Fornier, docteur et avocat, Antoine Bariéty, bourgeois, Pierre Gisbert, docteur et avocat, Laurent Molin, bourgeois, Antoine Pelet, bourgeois, Bernard Combarieu, notaire royal et Jean Cassanhiol, chirurgien, touchant la construction de nouvelles classes, à l'endroit dit des Fossés, près la porte neuve. — Correspondance entre le chancelier d'Aguesseau et l'évêque de Cahors, touchant les droits que les évêques ont à la nomination des professeurs de droit français de l'université de Cahors : mémoires, extraits d'arrêts du conseil d'État et extraits des registres de l'université concernant ces droits.

D. 3. (Liasse.) — 18 pièces, papier ; 7 cahiers, in-quarto, 78 feuillets, papier.

1750-1782. — Édit du roi Louis XV portant réunion de l'université de Cahors à celle de Toulouse. — Correspondance du garde des sceaux Miroménil, de l'intendant de Montauban L'Escalopier, du maître des requêtes Le Camus de Neuville, de l'évêque de Cahors, de l'archevêque de Rhodes, de l'ancien évêque de Mirepoix, de MM. Amadieu, Riquet de Bonrepos, Maniban, etc., touchant : la suppression de l'université de Cahors et sa réunion à celle de Toulouse ; — la création de bourses à l'université de Toulouse en faveur des étudiants pauvres du Quercy ; — les mesures à prendre pour obtenir le rétablissement de l'université de Cahors et l'intervention à cet effet de Notre Saint-Père le Pape. — Suppliques et Mémoires par lesquels les évêques des villes de Cahors, Agen, Périgueux, Sarlat, Tulle, Mende, Albi, Rodez et Montauban, ainsi que les consuls des communautés de Figeac, Lauzerte, Gourdon, Martel, Turenne, Brive, etc., sollicitent le rétablissement de l'université de Cahors.

Collège St-Nicolas de Pélegry

D. 4. (Liasse.) — 4 pièces, papier ; 7 cahiers, in-quarto, 117 feuillets, papier.

1370-1486. — Donation par Hugues de Pélegry, archidiacre de Périgueux, en faveur du collège fondé par son frère Raymond de Pélegry. — Vidimus des lettres de sauvegarde accordées au collège de Pélegry par le roi Charles VI. — Vidimus des lettres du roi Jean portant concession de 50 livres de rente perpétuelle en faveur du collège de Pélegry. — Statuts donnés au collège par messire Gaucelin, évêque de Rieux, commissaire délégué à cet effet par le pape Martin V. — Location et baux à fiefs d'immeubles appartenant au collège de Pélegry.

D. 5. (Liasse.) — 7 pièces, papier ; 3 cahiers, in-quarto et in-folio, 26 feuillets, papier.

1659-1718. — Extrait du livre de réceptions des collégiats. — Lettres patentes portant confirmation des huit chapelains établis dans la chapelle de l'église cathédrale, dite de Notre-Dame. — Procès-verbal d'enquête constatant que les archives du collège St-Nicolas de Pélegry furent détruites, en 1580, par les Calvinistes, lors du sac de la ville de Cahors. — Arrêt du conseil d'État et lettres patentes concernant les 13 bourses du collège affectées aux étudiants en grammaire et en philosophie. — Extraits de bulles portant union des prieurés de St-Martin de Piamont, de Carbonac, etc., au collège de Pélegry. — Mémoires sur la fondation et les revenus du collège de Pélegry, ainsi que sur les droits que la communauté de Caussade prétend avoir sur les bourses de ce collège. — État des revenus en argent du collège. — Procès-verbal de visite du collège par messire de La Luzerne, évêque de Cahors : ordonnance intervenue à la suite de cette visite.

Collège de Rodez

D. 6. (Liasse.) — 7 pièces, papier.

1371-1751. — Copie collationnée de l'acte de fondation du collège de Rodez, par Bernard (de Ruthena), archevêque de Naples, originaire de Cahors. — Union au collège de Rodez des églises de St-Privat, St-Saturnin, St-Pierre d'Almayrac, St-Sauveur et Ste-Marie de Marmon. — Procès-verbal de visite du collège de Rodez par Henri de Briqueville de la Luzerne, évêque, baron et comte de Cahors, Bonaventure-François de Costa, conseiller de la Grande Chambre du Parlement de Toulouse, et Étienne du Bourg, docteur de Sorbonne, abbé de Gimont, commissaires nommés à cet effet, par arrêt du conseil d'État, en date du 30 août 1717 ; ordonnance de réformation rendue par lesdits commissaires à la suite de cette visite. — Mémoire sur l'origine, l'accroissement et l'état actuel du collège de Rodez, établi dans la ville de Cahors. — État des revenus du collège en 1751.

COLLÈGE DE SAINT-MICHEL.

D. 7. (Liasse.) — 6 pièces, papier : 6 cahiers, in-quarto, 44 feuillets, papier.

1473-1737. — Copie collationnée de l'acte de fondation du collège de Saint-Michel, par Jean Rubey, chanoine de Cahors et archidiacre de Tornez. — Copies d'actes portant union de bénéfices au collège de Saint-Michel. — État des revenus du collège de Saint-Michel, duquel il résulte que le montant de ces revenus était de 1702 livres. — Contrat d'échange de la maison du collège de Saint-Michel avec la maison désignée sous le nom de *Chantrerie* et quittance d'une rente consentie aux RR. PP. chartreux de Cahors. — Procès-verbal de la visite du collège de Saint-Michel, par Henri de Briqueville de La Luzerne, évêque, baron et comte de Cahors, Bonaventure-François de Costa, conseiller de la Grande Chambre du Parlement de Toulouse, et Étienne du Bourg, docteur de Sorbonne, abbé de Gimont, commissaires nommés à cet effet par arrêt du conseil d'État, en date du 30 août 1717 : ordonnance de réformation rendue par lesdits commissaires à la suite de cette visite. — Notice sur la fondation, l'organisation intérieure et l'administration du collège de Saint-Michel. — Inventaire des actes, titres et papiers concernant le collège de Saint-Michel.

COLLÈGE DU QUERCY, TENU PAR LES JÉSUITES

D. 8. (Registre.) — In-folio, 72 feuillets, parchemin.

1604-1653. — Cartulaire contenant les actes ci-après indiqués : Lettres patentes par lesquelles le roi Henri IV autorise les consuls de Cahors à établir un collège au lieu qu'il leur plaira ; — contrat passé entre l'évêque, le chapitre, les consuls et les Jésuites touchant l'établissement d'un collège à Cahors ; — arrêt du parlement de Toulouse autorisant l'exécution du contrat de fondation et de direction du collège des Jésuites ; — lettres patentes du roi Henri IV autorisant la levée annuelle de 1,000 livres sur le pays pour subvenir aux besoins de l'établissement ; — lettre par laquelle les trésoriers de France, en Guyenne, approuvent ladite levée ; — bulle du pape Paul V, relative à l'union au collège des Jésuites des prieurés d'Aujols et de Craissac ; — contrats d'achats et d'échanges de maisons et jardins entre le collège et les particuliers ci-après : Antoine Dubosquet, conseiller du roi en la cour présidiale de la sénéchaussée de Cahors ; — Guillaume Vergues, vigneron, à Cahors ; — Raymond Bisme, cordonnier, à Cahors ; — Arnal Lacoste, dit Arnalou, à Cahors ; — Calvinhac, capitaine et châtelain du château de Mercuès, etc.

D. 9. (Liasse.) — 11 pièces, papier ; 6 cahiers, in-quarto, 49 feuillets, papier.

1605-1752. — Copies de l'acte de fondation du collège du Quercy. — Mémoires touchant les contestations existant entre les RR. PP. Jésuites et les professeurs de l'université de Cahors au sujet des trois chaires occupées par les Jésuites. — Projet de lettres patentes portant confirmation des privilèges dont jouit le collège du Quercy. — Mémoires, notices, etc., faisant connaître les rentes et bénéfices octroyés au collège du Quercy. — Permission accordée par l'évêque diocésain, aux pères Jésuites de confesser, à l'exclusion toutefois des domestiques. — Actes faisant connaître les vœux prononcés par les Jésuites du collège de Cahors, pour être remis au juge-mage du ressort, conformément à la déclaration du Roi, en date du 9 avril 1736. — Actes de décès des Jésuites attachés au collège de Cahors.

D. 10. (Liasse.) — 30 pièces, papier ; 4 cahiers, in-4°, 43 feuillets, papier.

1762-1782. — Correspondance de l'évêque et des consuls de Cahors, du père Moisset, supérieur général de l'Oratoire, de membres du parlement de Toulouse, etc., touchant la suppression des Jésuites en France et leur remplacement dans le collège de Cahors. — Mémoires sur les moyens de remplacer, le plus avantageusement possible, les Jésuites du collège de Cahors. — Circulaire adressée à l'évêque de Cahors dans laquelle les agents généraux du clergé de France soumettent à Sa Grandeur diverses questions relatives à l'instruction publique : minutes des réponses de l'évêque à ces questions. — Supplique adressée au Roi par laquelle le maire de Cahors, Desplas, et les consuls Carle, Izarn, Fournié et Roques, sollicitent le maintien du collège de Cahors. — Lettres patentes du roi Louis XV portant confirmation du collège de Cahors. — État des immeubles possédés par les Jésuites du collège de Cahors. — Mémoires et réclamations touchant les droits et prérogatives des fondateurs du collège de Cahors, la forme spirituelle et temporelle de cet établissement, les vices et abus qu'il convient de réformer.

D. 11. (Registre.) — In-folio, 71 feuillets, papier.

1763-1771. — Délibérations prises par les membres du bureau du collège de Cahors, MM. Peyre, juge-mage, lieutenant général ; Regourd de Vaxis, procureur du Roi ; Desplas, maire ; Carle et Izarn, consuls ; Bonnassies, principal, etc., concernant : la nomination, en qualité de secrétaire de la commission, du sieur Boudres, greffier du sénéchal et présidial de Cahors ; — les nominations, en qualité de membres de la même commission, de noble Pierre Baudus de Villeneuve, ancien capitoul de Toulouse, et de noble Armand-Philippe-Joseph de Fouilhac, seigneur de Mordesson et baron de Gramat ; — les nominations des professeurs et régents Larnaudie, Pradel, Rigal, Olivié, Rauziès, Delfau et Martin ; — les nominations des deux sous-principaux du collège, Burgalières et Delteil ; — l'autorisation accordée au principal M. Bonnasssies de percevoir tous les revenus de l'établissement ; — la fixation des gages des portiers, cuisiniers, jardiniers, domestiques, etc.

D. 12. (Registre.) — In-folio, 173 feuillets, papier.

1771-1789. — Délibérations prises par les membres du bureau du collège de Cahors, MM. Peyre, Lavalette-Parizot, Regourd de Vaxis, Desplas, Lézéret de la Maurinie, Leblanc de Saint-Fleurien, Baudus de Villeneuve, de Bécave, de Mordesson, Bonnassies, etc., touchant : la jouissance par le maire et les consuls de Cahors, des revenus des collèges dits de Saint-Michel et de Rodez, lesquels, lors de la suppression de l'université de Cahors, furent réunis à ceux du collège des Jésuites ; — la demande de M. de Baudus ayant pour objet son remplacement, comme administrateur du collège et la nomination de son successeur, M. de Lacoste, ancien avocat général de la Cour des Aides de Montauban ; — l'offre faite par le Clergé de France de rembourser la somme de 1,000 livres qu'il doit au collège ; — la surveillance de la conduite des boursiers du collège ; — l'opportunité de la vente des anciens bâtiments dépendant des collèges de St-Michel et de Rodez, lesquels tombent en ruine et ne peuvent être d'aucune utilité pour le collège royal ; — l'augmentation du fonds affecté au traitement des professeurs du collège, etc.

Département du Lot

INVENTAIRE SOMMAIRE

DES

ARCHIVES DÉPARTEMENTALES ANTÉRIEURES A 1790

SÉRIE E

Féodalité, communes, bourgeoisie et familles
(Titres féodaux, Titres de famille, Notaires et Tabellions, Communes et municipalités, corporations d'arts et métiers, confréries et sociétés laïques)

TITRES FÉODAUX

E. 1. (Cahier.) — In-quarto, 49 feuillets, papier.

1563. — Albarel. — Reconnaissances consenties en faveur de François d'Albarel, conseiller du Roi, lieutenant-général au siège de Gourdon, seigneur de Lapoujade, co-seigneur de St-Clair et autres lieux, par : Pierre Astorg, du village de Villemur ; — Charles Astorg, du même village ; — Jean Coldefy, de Montfaucon ; — Jean Bordarie, de Villemur ; — Jean Bouyjou, serrurier, de Montfaucon ; — Pierre Laborie, de Montfaucon ; — Bernard Coldefy, du village de Reynes, juridiction de Montfaucon ; — Hugues Guittard, du village de Reynes ; — Antoine Peyronet, de Villemur ; — Jean Rossignol, du lieu de Fontanes ; — Peyrone Vabre, de Montfaucon ; — Jeanne Valeilles, agissant en qualité de tutrice de ses enfants, de Villemur ; — Pierre Périer, vieux, du village de Vayssières, juridiction de Montfaucon ; — Barthélemy Treyssac, de Montfaucon ; — Peyronette Trémolières, femme Aymar, de Montfaucon ; — Jean Griffel, de Montfaucon.

E. 2. (Registre.) — In-quarto, 89 feuillets, papier.

1491-1592. — Gimbal. — Reconnaissances consenties en faveur de Jacques, de François et d'Antoine Gimbal, co-seigneurs de Labéraudie, par : Bernard Rouquette, de Cahors, pour une maison située à Labéraudie (1491) ; — Antoine Irissou, de Labéraudie, pour terre et pré situés dans le territoire de Moyrac, juridiction de Pradines (1493) ; — Guinot Tustal, bourgeois, de Cahors, pour des terres situées dans les territoires de Moyrac, de Labarrière et de l'Estrade (1494) ; — Jacques Bru, de Labéraudie, pour un pâtus dans cette localité (1535) ; — Bernard Lescale, de Labéraudie, pour une terre située dans le territoire dit de la combe de Vidal, paroisse de Pradines (1533) ; — Raymond Savy, de Labéraudie, pour maison, grange et pré sis à Labéraudie et pour deux pièces de terre sises au lieu dit des Combettes et au lieu dit du Pouget (1533) ; — Pierre Calvet, de Pradines, pour une terre située dans le territoire dit le Port-vieux (1533) ; — Bernard Delpech, de Pradines, pour terres au Port-vieux (1533) ; — Jean Rodes, tailleur d'habits, de Pradines, pour une pièce de terre au Port-vieux (1533) ; — Raymond Reilhac, de Labéraudie, pour maison, jardin, pré et terre sis au lieu dit le Camp de Coti (1533) ; — Peyrone Castanet, de Labéraudie, pour une chènevière audit lieu (1533) ; — Jean Dujols et Jacques Savy, de Labéraudie, pour maison, jardin et prés sis audit lieu (1533) ; — Pierre Bories, de Labéraudie, pour une maison audit lieu (1535) ; — Bernard

Laborie, de Labéraudie, pour une maison audit lieu (1535) ; — Antoine Savy, de Labéraudie, pour maison et jardin audit lieu (1533) ; — Antoine Broa, de Labéraudie, pour une maison sise audit lieu (1533) ; — Jacques Broa, de Labéraudie, pour maison et jardin dans ladite localité (1533) ; — Antoine Malvert, de Labéraudie, pour maison, jardin et chènevière audit Labéraudie (1533) ; — Antoine Savy, dit Cholo, de Labéraudie, pour une maison et un jardin (1533) ; — Jean Broa, de Labéraudie, pour maison, jardin et chènevière audit lieu (1533) ; — Antoine Broa, dit Conte, de Labéraudie, pour un jardin sis au territoire des Canabals, près de Labéraudie (1534) ; — François Bories, de Labéraudie, pour un jardin sis au territoire dit des Orts (1534) ; — Antoine Malmert, de Labéraudie, pour maison, jardin et chènevière sis à Labéraudie (1534) ; — Peyrone Castan, veuve Balme, de Labéraudie, pour une chènevière sise audit lieu (1535) ; — Raymond Dalus, de Labéraudie, pour une maison audit lieu (1535) ; — Raymond Bories, de Labéraudie, pour maison et jardin audit lieu (1535) ; — Jean Calvet, de Labéraudie, pour maison et jardin audit lieu (1535) ; — Jacques Broa, dit Maman, de Labéraudie, pour maison et jardin (1537) ; — maître Antoine Soldadié, pour une terre sise au lieu dit de las Planes, juridiction de Labéraudie (1537) ; — les frères Bories, de Labéraudie, pour jardin et chènevière sis au lieu dit des Orts, près de Labéraudie (1537) ; — Géraud Rusquet, boucher, pour une terre de trois quarterées sise dans le territoire du Pouget (1537) ; — honnête femme Arpaye Delpech, de la paroisse de St-Urcisse de Cahors, pour une terre située dans le territoire des Combettes (1537) ; — Pierre Irissou, fils d'autre Pierre Irissou, pour un pâtus à Labéraudie (1537) ; — Jeanne Jacques, épouse Gay, de Labéraudie, pour une terre sise aux Combettes (1538) ; — Jacquette Dalus, épouse Jacques, de Labéraudie, pour une chènevière audit lieu (1539) ; — Antoine Broa, de Labéraudie, pour une chènevière audit lieu (1539) ; — Jean Rosset, de Labéraudie, pour maison et jardin audit lieu (1540) ; — Jacques Tuco, de Labéraudie, pour une maison audit lieu (1545) ; — Étienne Broa, de Labéraudie, pour maison, terre et jardin audit lieu (1545) ; — Antoine Broa, pour maison et jardin à Labéraudie (1545) ; — Pierre Calvet, jeune, de Pradines, pour une terre sise au terroir de Port-vieux (1545) ; — Catherine Forestier et Géraud Salas, de Labéraudie, pour maison et pâtus audit lieu (1545) ; — Jean Pieul, originaire du diocèse de Castres, pour une maison dite l'Establerie à Labéraudie (1542) ; — Pierre Reilhac, de Labéraudie, pour maison et terre sises audit lieu (1545) ; — Simon Bertrand, de Cahors, pour maison

jardin, pré et terre à Labéraudie (1545) ; — Antoine Soldadié, couturier et Delphine Andrieu, de Cahors, pour une terre au lieu dit de Moyrac (1547) ; — Pierre Ramondie de Cahors, pour une terre sise à Côtes-vieilles, juridiction de Cahors (1547) ; — Étienne Broa, laboureur, de Labéraudie, pour une maison audit lieu (1547), etc.

COMMUNES ET MUNICIPALITÉS

E. 3. (Registre.) — In-quarto, 149 feuillets, papier.

1635-1661. — Arcambal. — Livre terrier de Galessie. — Noms des tenanciers : noble Antoine de Vilars, seigneur de Galessie ; — Vidal Contival ; — Catherine Gaillarde ; — Guillaume Contival ; — Delphine Gaillarde ; — Pierre Liauzu ; — Antoine Fermy ; — Françoise Parriel ; — Pierre Parriel ; — Valenty Teisseyre ; — Guillaume Lamourous, tisserand ; — Géraud Noguié ; — Jean Filsac, tailleur ; — Jeanne Cabridengue, épouse Fontanel et Jean Gaubert, mère et fils ; — Barthélemy Balmes ; — Antoine Capblat ; — Arnal Balmes ; — Jeanne et Antoinette Ayragues, sœurs ; — Raymond Escrozailles ; — Jean Matat, hoste ; — Jean Canhac ; — Dorde Bach ; — Jacques Courrejou ; — Antoine Roux ; — Antoine Souyrès ; — Jean Debons ; — François Escrozailles, etc. — Chaque article est suivi des mutations qui ont pu se produire jusqu'en 1661.

E. 4. (Registre.) — In-folio, 231 feuillets, papier.

1781. — Bach. — « C'est le compoix et cadastre du lieu de Bach fait par nous Pierre Deltel, arpenteur du lieu de Vaylats, en Quercy, en vertu de l'acte de délibération de la communauté dudit Bach, du 12 décembre 1779 ». — Tenanciers : Joseph Baudus, prieur de Bach et Vaylats tient maison, granges, four, fourniol, jardin, vigne et terre au terroir de Laborie ; — demoiselle Marie Clusel tient une maison à Bach et des terres aux terroirs de Lascabasse, de Mas des Peyrasses, des Coudenas, des Vitarelles, de Maillol, des Boursières-hautes, de Mas des Roucailles ; — Louis Clusel, bourgeois, tient maison, granges, four, fourniol, jardin, chènevière, terres et grèses dans les terroirs des Nougayrols, del Cloup d'Aural et Guillou, de Cayrou-gros, de la Bouriette, del Colombié, de la Falguière, des Boursières-basses, de Beneche, del Caufour, de la Vayssade, de Paillassié, del Dego, de las Grèses, de Leygue Tindouyre et Lescabassole, de Pech d'Artel, des Poujalous, des Vignals et de las Vignasses ; — Bernard Gleye Berines tient maison, granges, jardin, grèses et terres aux terroirs du mas del Cloup d'Aural, de la combe de Lagarrigue, del Cloup de Lapeyre, de la Gamasse, de la Cornière, du combel des Roziès, de Trouvel, de Peyre levade et des Poujalous ; — Jean-Gibert Coulou tient maison, granges, jardin, chènevière, terres et vignes au mas de Gibert, terroir de la Gamasse, à Bach, au clau del Roudié, terroir du mas des Peyrasses et aux terroirs del cloup de Lapeyre et de Cayrou gros ; — Jean Bru de Crosac tient maison, granges, four, fourniol, jardin, terres, chènevière, grèses et vignes au mas de Crosac, terroir de Cayrou gros, à Bach, à las Vignasses et au prat de Calvi, terroir de mas de Peyrasses et aux terroirs del cloup de Lapeyre et des Boursières-hautes ; — Pierre Itard Grandet tient maison, granges, four, fourniol, chènevière, terres et vignes aux terroirs de mas des Peyrasses, de Graillé, del cloup de Lapeyre, du lac Bouyssou, de Cayrou gros, des Boursières-hautes, de l'Herbo Salade, del Trouvet et de la Gamasse ; — Antoine Alaux Bourrou tient maisons, granges, terres, vignes et grèses aux terroirs de la Gamasse, de Graille, del cloup de Lapeyre, du mas des Peyrasses, de Cayrou gros et des Combettes ; — Guillaume Brugidou Patrac tient maison, granges, four, fourniol, jardin, terres et grèses à Bach et aux terroirs de la combe de Lagarrigue, del cloup de Lapeyre, du lac Bouyssou, du clau de Guillou, des Vitarelles, du mas de Patrac et de Peyre levade ; — demoiselle Marie Roldès, tient un jardin et une terre au mas des Peyrasses, etc. — États des communaux, des biens nobles du seigneur de Bach, de l'Église et de tous les biens fonds non sujets à la taille, tels que places, rues, fontaines, puits, lacs, pâtus de service desdits puits et fontaines et chemins. — Table alphabétique des noms des tenanciers à la fin du registre.

E. 5. (Registre.) — In-folio, 175 feuillets, papier.

1773. — Beaumat. — Compoix et cadastre de la communauté de Beaumat, dressé conformément au règlement de la cour des Aides et finances de Montauban, en date du 30 mars 1719. — Tenanciers : Guillaume Labrousse, curé de Beaumat, tient grange, sol et terre, au camp des Oustals de la Grèze ; — Joseph Popy, bourgeois, tient maison, jardin et pâtus dans le bourg et terres aux lieux dits de la combe Digoune, de Lafont, des camps de Merle et Combusclade et de Pechpla ; — Antoine et Joseph Manial, père et fils, bourgeois, tiennent maison, jardin et pâtus dans le bourg et ter-

res et prés à la Rivière de Scorne-Bedelle, à Cassagnolle, aux Cazellous, au camp de la Naute et à la font de Sougairous ; — Louis-Sulpice Gruzard, bourgeois, tient maison, écuries, pâtus, jardin, prés et terres à Beaumat et aux lieux dits de la Rivière de Scorne-Bedelle, de Rivière de la font Layra, de Lagar ou Garoustières et Cassagnolle, du camp de Lasfargues, de la greille ou combe del Payrouillé, de la Salle-Pinsou ou Cloups basses, de las Fosses et de Girou ; — Jean-Baptiste Lacam, bourgeois, tient maisons, pâtus, grange, sol, prés et terres, à Beaumat et aux lieux du camp de la Naute, du camp de Lasfargues et de Lafont ; — demoiselle Gabrielle Meulet, épouse Lacam, tient maison, pâtus, grange et terres dans le bourg et dans les lieux de las Garoustières, de Cassagnolle, du camp de Naute et de Ratou ; — François Bousquet, laboureur, tient maison, grange, pigeonnier, terres, pâtus, bois et prés sis dans le bourg et dans les ténements du Pech, de Scorne-Bedelle, de la font Layra, du camp des Oustals de la Grèze, du camp del Sol, du camp de Lasfargues, de Sougairous, des camps de la Teffle ou de la Pelisserie, de la Salle Pinsou, des côtes Pouchudes, de Coutellier, des Fosses, de Combusclade, de Pechcourt, de Cornouillé, de Girou ou Solvié, de las Jasses, de Mary et de la rivière de Segal ; — les héritiers de Pierre Alaniou tiennent maison, pâtus, jardin, grange, patus, chènevière et terres à Beaumat et aux lieux de Pech, de Scorne-Bedelle et de Combe-Digoune, etc. — Confrontations générales du taillable de Beaumat. — Chemins et ruisseaux. — Biens communaux. — Biens nobles possédés par M. Pons Jean-François de Tournier, seigneur comte de Vaillac (ces biens ne se composent que d'une maison renfermant le four banal.) — Répertoire des noms et surnoms des tenanciers.

E. 6. (Registres.) — In-folio, 213 feuillets, papier.

1668. — Beauregard. — Déclarations des tenanciers du taillable et juridiction de Beauregard, faites par-devant Philippe de Pousargues, conseiller du Roi et lieutenant principal au Sénéchal et Présidial de Quercy, commissaire subdélégué par l'Intendant de la Généralité de Montauban. — Déclarations : de Pierre Bergouniou pour terres sises au terroir de Laprenque, paroisse de St-Laurent ; — de Gaspard Laborie, laboureur, de la paroisse de St-Laurent, pour une terre dans la paroisse de Beauregard ; — de Gaspard Cambou ; — d'autre Gaspard Cambou, fils et héritier de Bertrand Cambou, laboureur ; — de Guillaume Delmon, faisant pour Pierre Delmon, son aïeul, laboureur, de la paroisse de St-Laurent ; — de Finette Viguié, veuve de Géraud Laborie, brassier, de St-Laurent ; — de Jacques Olier, laboureur, de St-Laurent ; — de Jean Flaujac, chapelier ; — de Pierre Filhol, tailleur, de Labastide-Marsa ; — de Bernard Carrière et Raymond Cambou, de Labastide-Marsa ; — de François Roques, tisserand ; — de Jacques Pradines, marchand, de Limogne ; — de maître Antoine Pradines, notaire ; — de Fabien Solier, chapelier ; — de Pierre Per Lamontagne, brassier ; — de Jeanne Cambou, veuve d'Antoine Gaillard, tailleur ; — de Hugues Bergougnou, laboureur, de Labastide-Marsa ; — de Pierre Salelles, etc.

E. 7. (Registre.) — In-quarto, 631 feuillets, papier.

XVIe siècle. — Boissières. — Cadastre de la communauté de Boissières. — Tenanciers : Arnaud Viguié, de Brouelles, tient terre et bois au ténement de Boucatel ; — Pierre Raynal, de Laguarrigue, tient maison, grange, jardin, terres, prés et vignes aux ténements de Riffet, de la combe basse, de Laguarrigue, de Camp grand, de Laspessotes, de Malhet et de Combe nègre ; — Pierre Calmon, de Laguarrigue, tient maisons, granges, jardin, pâtus, terres, prés, vignes et bois aux ténements du pech de Riffet, de la Vaysse, del combel de la Vaysse, de la Rivière de Rignac, del combel del Seriech, de la combe d'Amprinal, des Combets, de Laguarrigue, de Fromental, de Coual, de Camp grand, de Laspessotes, de Grabas, de Vignes vieilles, de la Rengade, de Labarthe, de Lavadou, de Lestang, de la Rièze, de Jacouty, des saignes de Rodes, de Boucatel, de Bousquilhou, de la rivière de Farcelhe, de la combe d'Aigues, des Canabals, des Castagnals de Longis, de la rivière du Vert, de prat de Mèges, de prat bas, de la Vermade et de Lalbenque ; — Pierre Fabre, de Laguarrigue, tient maison, granges, jardin, terres, prés et vignes aux ténements de Riffet, de la rivière de Rignac, de la combe basse d'Amprinal, de Courpié, des Vignes-grandes, de Fromental, de Vignes vieilles, de Saignes grandes, de Labarthe, de la devèze del Lavadou, de las Falguières, de Vaysses, de Coustal, de Bouissière et de Combe d'Aigues ; — Jean et autre Jean Faydel tiennent maison, jardins, granges, pâtus, prés, serres et vignes aux ténements de Riffet, appelé le Camp vieil, de la rivière de Rignac, de la Combe, de Courpié, des Vignes grandes, de Fromental, des Combets, de Coual, de Laspessotes, etc.

E. 8. (Registre.) — In-quarto, 85 feuillets. papier.

1482-1498. — Cahors. — Cartulaire de la ville de Cahors. —

« Aquest registre foc comensat
« Per los cossols de la cioutat
« De Cahors per perpetual memoria
« Del renom et de la gloria
« Que es la tersa de tot lo Realme
« Coma a Roma o poyretz veyre
« Que foc comensada de bastir
« En grant fortaressa per resistir
« Et après grant temps am los Lombars
« Tenc Cambis de grans thesaurs
« A la Rouchela e en autres pais
« En la cambra se troba a Paris
« Et per so los fachs que avendran
« Cascun an ayssi se metran
« Et de totas lectras la copia
« Per be de la causa publica
« Mial quatre cens quatre vings e dos
« Estans cossols los que son dejos.

Édit du roi autorisant tous ceux qui ont vendu des rentes ou qui ont contracté de grosses dettes pour obtenir du grain en temps de disette, à ne rembourser que la quantité de grain reçue (1482). — Lettres de Louis XI contenant les conseils adressés par lui à son fils, le Dauphin, au château d'Amboise, le 21 septembre 1482, en présence de « certain nombre des seigneurs et dautres de nostre sang et lignage et autres grans personnages gens de nostre conseil, capitaines et officiers tant de nous que de nostre dit filz ». Louis XI recommande notamment au Dauphin, lorsqu'il sera monté sur le trône de France, de bien vivre avec les princes du sang et avec les seigneurs, de conserver l'amitié des gens de son conseil et de ménager les officiers de guerre et de justice. — Proclamations de la paix et du mariage du Dauphin et de Marguerite d'Autriche (1482). — Obligation faite par les trois états du Quercy, pour la validité du mariage du Dauphin et de la fille du duc d'Autriche (Obligansa facha per los tres statz de Quercy envers lo duc Dautricha et sos aliatz en enseguen lo bon plaser del rey nostre senor per acomplir lodit mariage de mosor lo dalphi). — Lettres portant que les gens d'église et les nobles doivent payer les tailles pour leurs biens ruraux (1483). — Lettres d'évocation au grand Conseil touchant le procès du sel : les officiers voulant que Cahors se servit du sel du Languedoc et les habitants de cette

villé voulant user du sel de Bordeaux (1483). — Lettres concernant le logement des troupes à Cahors (1483).
— Mentions du prix de la quarte de blé et de la pipe de vin, à Cahors, en 1483, et de la mort du roi Louis XI et de la Reine (Lan mial cccc quatre vings e tres, comensen lo premier jorn de may, estans cossols de Cahors los dejotz scrichs, valia la quarta de fromen enviro de 1 escut valen XXVII solz VI den. torn. e lan revolt retornet a XIV doblas. La pipa de vi II escutz. Lo XXX jorn daust au Plessis du Parc, pres Tors, moric lo Rey Loys XIe et après, el mes de.. . moric la Reyna à Amboysa e succedet el Realme Charles VIIIe filh unic deldict Rey Loys, de letat de XIII ans intran el XIVe an, tres bel rey morigenat e plasen e pacifficamen totz los princeps e senhors del sang real, etc.) — Ordonnance du roi Charles VIII portant que le ban et l'arrière-ban seront réunis pour chasser « plusieurs gens de guerre, tant estrangiers que de nostre Royalme noz subgetz et autres mananz, garsons, pillars et larrons en gran nombre qui sont entrés en noz pays de Languedoc, Guienne, Roergue, Quercy et autres pays circonvoisins, soubz couleur du differens estans entre noz tres chieres et tres amées tante et cousine, la princesse de Vienne et sa fille, et nostre tres cher et ame cousin le vicomte de Narbonne.....» (sans date). — Lettres du Roi adressées « à nos chiers amez les gens deglise, nobles, officiers, bourgeois, manans et habitans de Cahors, » au sujet des troubles provoqués par le duc d'Orléans (sans date). — Ordonnance du Roi « sur le service et maniere que ledit seigneur veult et entend que les gens de guerre de ses ordonnances vivent en bon ordre de justice et police avecques ses subgetz, pour obvier quilz ne pregnent aucune chose sur eulx sans payer rasonnablement... etc. » (sans date). — Doléances du clergé, de la noblesse et des communes aux états généraux de 1484. — Lettres du Roi prescrivant aux consuls de Cahors de ne pas obéir aux ordres du duc d'Orléans (sans date). — Lettres du duc d'Orléans au Roi pour l'engager à venir à Paris et le décider à sortir du joug où le tient madame de Beaujeu, sa sœur : « quil vous plaise venir en vostre bonne ville de Paris en vostre franc et libéral albitre, en vous ostant hors du povoir daultruy, ce de quoy vous supplie si tres humblement comme je puis ; car ce me seroit dure chose à porter et à plusieurs voz parens et serviteurs et autres notables gens de vostre royaume, que vostre personne fust et demourast en la subgeccion de madame de Beaujeu, vostre sœur » (sans date). — Réponse à la lettre ci-dessus dans laquelle le Roi déclare qu'il ne veut pas quitter sa sœur la dame de Beaujeu et défend

au duc d'Orléans de convoquer des assemblées à Paris (sans date). — Lettres du Roi invitant l'évêque, les consuls, manants et habitants de Cahors à ne pas reconnaître le duc d'Orléans et à veiller à la conservation de leur ville (sans date). — Nouvelles lettres du Roi invitant les consuls de Cahors à faire bonne garde et à lui être toujours fidèles (sans date). — Obligations imposées, par ordre du Roi, au sire d'Albret et prestation de serment dudit. seigneur (sans date). — Lettres du Roi au sujet de l'arrestation par les consuls de Cahors, d'un courrier du duc d'Orléans (sans date). — Lettres du Roi invitant les consuls de Cahors à arrêter les gens mal intentionnés ou perturbateurs du repos public (sans date). — Lettres du Roi touchant la levée de gens de pied (1487). — Ordonnances touchant la valeur des monnoies (1487 et 1488). — Lettre du sénéchal de Quercy ordonnant aux consuls de Cahors de lui envoyer 50 arbalétriers pour le siège de Malause (1489). — Lettre du comte d'Angoulême aux consuls de Cahors relative à la descente des Anglais en Bretagne (1489). — Ordonnance au sujet de l'emprunt « de certain gran somme de deniers tant des bourgeois, marchans que autres notables personnatges aians faculté de ce faire » (1491). — Lettre du roi Charles au sujet des 500 hommes « de pié arbalestriers » levés dans la sénéchaussée de Quercy, par ordre du gouverneur de la Guyenne (1491). — Lettres du Roi avisant les consuls de Cahors que le 10 octobre 1492 « environ quatre heures du matin nostre très chère et très amée compaigne la Reyne est accouchée dun beau filz ». — Publication de la paix conclue avec le roi des Romains et l'archiduc, son fils (1493). — Lettre du Roi avisant les consuls, bourgeois, manants et habitants de Cahors qu'il vient de députer le seigneur de St-Cirq, sénéchal de Quercy et Guy de Lauzières, maître d'hôtel et d'artillerie, auprès des chanoines de Cahors et auprès d'eux-mêmes pour les engager à ne pas troubler l'évêque de Cahors, et « que apres le trespas de l'evesque qui à present est detenu en telle et si griesve maladie comme l'on dit que l'on nentend l'eure que de le voir expirer et rendre l'ame incontinant et'en grant soing et diligence ayiez l'œuil et prenez bien garde que rien ny soict faict contre nostre vouloir et faictes fermer et garder les portes de vostre ville en manière que personne ny entre sans congié et licence de nos dicts conseillers... » (novembre 1493). — Lettres du Roi exhortant les consuls de Cahors à laisser jouir paisiblemen, de son évéché « son ami et féal conseiller, orateur et procureur en court de Rome, maistre Benoist de Jehant evesque de Cahours » (juillet 1494). — Lettres de Charles, comte d'Angoulême, gouverneur de Guyenne, touchant le logement des troupes à Cahors, Montauban, Figeac et autres villes fermées de la province de Quercy (1495). — Lettres de Charles « Roi de France, de Sicile et de Jérusalem », adressées au sénéchal d'Agenais pour le logement des gens de guerre (1495). — Lettres du roi Louis XII annonçant aux gens d'église, nobles, consuls, bourgeois, manants et habitants de Cahors, la mort de son père Charles VIII (1498).

E. 9. (Liasse.) — 5 pièces. parchemin ; 5 pièces. papier.

1341-1763. — Cahors. — Charte de Louis, comte de Valentinois, lieutenant du roi de France en Languedoc et en Saintonge, prescrivant aux gens d'église de Cahors, de payer la taille de leurs biens immeubles (1341). — Charte d'Édouard, prince d'Aquitaine, qui établit à Cahors deux foires, l'une de quinze jours et l'autre de huit jours (1365). — Ordonnances du viguier et des consuls de Cahors pour la fermeture de la rue du Piolat, à cause des saletés qui s'y commettent (1505). — Délibérations du conseil de la ville de Cahors autorisant les consuls à emprunter la somme de 4,000 livres « pour·faire plusieurs et divers travaux pour les fortifications et despances de la ville et pour l'entretenement de la garnison mise pour la garde de faubourg St-George » (1651). — Projet de traité de ratification de la transaction passée entre le syndic de la ville de Cahors et les propriétaires des moulins de ladite ville, concernant les droits de mouture (1763).

E. 10. (Liasse.) — 2 plans.

1760-1783. — Cahors. — Plan d'un quartier de la ville de Cahors pour servir au projet d'établissement d'un jardin public, derrière l'évêché (1760). — Plan de la ville de Cahors, vue le 7 mars, jour de la grande inondation de 1783.

E. 11. (Registre.)— In-folio, 145 feuillets, papier.

1756. — Calès. — Cadastre de la communauté de Calès. — Tenanciers : M. de Peyrilles tient, dans le bourg de Calès, château, écuries, maison pour le métayer, granges, four, jardin, terrasses, terres et vigne, appelée la Filliole, plus moulins sur l'Ouysse, une terre à la Ginibrade, une grèse aux Hourtanels, des terres, prés, maison et vignes au lac de Payral, à las Garlatières, au camp de Lapeyre, aux combes de Rodes, au Colombié, au pech de Colombié, à la place de Les-

cure, au grisal de Lascabanes, à la Pouge-Longue, au Lac-vieil, à la combe del roc du Lac-vieil, aux Jouanards, aux Ayrialloux, à l'Ayral-Blanc, à la Pouge del Four, au Champ Redon, à las Teulières, aux Coustaloux, au pech de Montfort, à las Jouanelles, à las Crouzarelles, à Ste-Marie, au puech Salvié, à l'albre de la Treyne, à la Clède, à la combe de la Dame, à las Bartes de Trilles, au camp Megié, à las Bouyssières, au pech del Four, à St-Salvayré, à la Font-Belle, au Cavalaubre, aux Cayroux de Rigounot, au pech Lasfages, etc.; — Arnaud Puniet, bourgeois ; — Pierre Fournol, bourgeois ; — Jean Séguy, maître chirurgien ; — Jacques Vilhié, praticien ; — Antoine Vilhié, laboureur ; — Isabeau Guiraudou et Antoine Cayla, son gendre ; — Amans Guiraudou, praticien ; — Jean et Claude Maury, père et fils ; — Bertrand Maury, laboureur ; — Louise Grégoire, veuve de Pierre Maury ; — François Maury, laboureur ; — Étienne Chanteloube, praticien ; — Michel Chanteloube, tailleur ; — Guillaume Baille, laboureur ; — Pierre Delcros, praticien ; — Pierre Fourgou, cordonnier ; — Antoine Camboussié, travailleur, etc. — États des églises, places, pâtus, lacs et puits de la communauté.

E. 12. (Cahier.) — In-folio, 12 feuillets, papier.

1668. — Cazals. — Fragment d'un cadastre de la ville de Cazals. — Noms des tenanciers : Jacques Ruamps, de Rouquette ; — Marc Lagarde, meunier ;— Guillaume Gisbert, meunier ; — Bernard Leygue, maître chirurgien ; — Jean Montaigu, travailleur ; — Jean Valety, praticien.

E. 13. (Registre.) — In-folio, 263 feuillets, papier.

1667. — Duravel et Montcabrier. — Déclarations faites par les tenanciers de Cavagnac et St-Martin-le-Redon, juridiction de Duravel et Montcabrier, par-devant Philippe de Pousargues, conseiller du roi, lieutenant principal au sénéchal et présidial du Quercy, et commissaire subdélégué par l'intendant de la généralité de Montauban, pour la confection d'un nouveau papier terrier. — Noms des tenanciers : Bernard Gily, praticien ; — Géraud Cruzol, travailleur de Puy-l'Évêque ; — Martial Peyrigues, notaire ; — Jean Griffoul, du lieu de Boussac ; — Guillaume Besse ; — Jean Durou, dit Petit-Jean ; — Jean Rabou ; — Jean Lamaison, de Touzac ; — Jean Basset, dit Jouantou ; — Jean Teyssière ; — Jean Teulhières ; — Jean Houradou, maréchal, de

Soturac ; — Jean Atgié ; — Jean Houradou, jeune, de Soturac, etc.

E. 14. (Registre.) — In-folio, 463 feuillets, papier.

1668. — Duravel et Montcabrier. — Déclarations faites par les tenanciers de Duravel et Montcabrier, par devant Philippe de Pousargues, conseiller du Roi, lieutenant principal au sénéchal et présidial du Quercy, commissaire subdélégué par l'intendant de la généralité de Montauban, pour la confection d'un nouveau papier terrier. — Noms des tenanciers : Pierre Laporte, du lieu de Prayssac ; — Arnaud Rey ; — Guillaume Costes, dit Cabatou ; — Antoine Rey ; — Étienne Manhiol ; — Pierre Laffargue ; — Jean Demeaux, de la paroisse de Martignac ; — Larian Tabert ; — Marguerite Canal, de la paroisse de Cassaignes ; — Jean Monty, vieux ; — Guillaume Malaret ; — Antoinette Delmas ; — Marguerite Bergues, veuve Lauzel, etc.

E. 15. (Registre.) — In-folio, 353 feuillets, papier.

1667-1668. — Duravel et Montcabrier. — Reconnaissances générales des bastilles royales de Montcabrier et Duravel. — « L'an 1667 et le 26ᵉ jour du mois de novembre, dans la ville de Duravel, en Quercy, avant midy, regnant Louis, par la grâce de Dieu, Roi de France et de Navarre, par devant nous Philippe de Pousargues, conseiller du Roi, lieutenant principal au sénéchal et présidial de Quercy, commissaire subdélégué par monseigneur de Pellot, intendant en Guyenne, pour la réception des adveux, recognoissances et déclarations, confection d'ung nouveau papier terrier et refformation du domaine de Sa Majesté dans le pays de Quercy, ont esté présents Jean Delord, Jean Blandes, praticien, Jacques Malaret et Jean Arbus, consuls, la présente année, desdites bastilles de Montcabrier et Duravel, lesquels faisant tant pour eux que au nom des habitans assemblés en corps de jurande, ont recogneu tenir du Roi, nostre sire, les bastilles dudit Montcabrier et Duravel et icelles, avec toute leur juridiction, appartenir en toute justice, haute, moyenne et basse, audit seigneur-Roi, comprenant ladite juridiction les paroisses de Cassaignes, Mazières, St-Martin-le-Redon, Cazes de Marnac, Pestillac, Cavagnac, Le Pouget, Labastide, Soturac et Aglan, lesquelles bastilles avec leur dit territoire sont de contenance de douze mille six cents quartherées, deux cartonats..... » — Noms des tenanciers : Jean Martin, lieutenant ; — Arnaud Dasquiès ; — Raymond Girard ; — Arnaud Ressayre ; — Jean Bonniffon ; — Guillaume Costes ; — Jean Costes ; — Jean Guiral, etc. — Les consuls déclarent « qu'il appartient audict seigneur roy pleusieurs et divers fiefz, sçavoir dans la paroisse de Montcrabié ung fief appellé dé Montcrabié, de contenance de cent nonante neuf carterées de terre ; dans celle de Duravel ung fief appellé Passe-Rasse, de contenance de huict carterées de terre; dans celle de Pestilhiac ung fief appellé de Pestilhiac, de contenance de trois cens nonante deux carterées deux cartonats ; dans celle de St-Martin ung fief appelé del Pech del Mouly, de la contenance de vingt-une carterées deux cartonats terre; plus autre fief du Mollin de Guiral, sis dans ladicte paroisse Sainct-Martin, de la contenance de vingt-deux carterées, encores autre fief scittué dans ladicte paroisse Sainct-Martin, appellé de Labathère, contenant huict carterées terre, de mesmes autre fief appellé del Pech de las Monges, autrement des Fossés, de la contenance de cinquante-cinq carterées deux cartonats terre; dans celle de Cassagnies ung fief et ténement de Lasoucque autrement del Mouly de la Courtine, de la contenance de vingt-quatre carterées deux cartonats de terre, plus autre fief appelé del Pech del Rey, scittué dans ladicte paroisse de Cassagnies, de la contenance de trente-neuf carterées terre, encores autre fief scis dans ladicte paroisse de Cassagnies, appellé del pont de Bourniquel, de la contenance de six carterées trois cartonats terre ; dans celle de Mazières, un fief appelé del Fraisse, de la contenance de soixante carterées deux cartonats terre, plus autre fief del lac Redon, à présent appellé Estieu, scittué dans la paroisse de Mazières, de la contenance de quarante carterées terre, comme aussy dans celle de Cazes de Marnac ung fief appellé de la metterie de Guiral contenant trente-quatre carterées, etc. »

E. 16. (Registre.) — In-folio, 93 feuillets, papier.

1664-1668. — Duravel et Montcabrier. — Terrier du Roi fait sur les reconnaissances à lui consenties pardevant M. de Cazettes, commissaire, maître Géraud Fialet, procureur du Roi en la commission, et Demartin, greffier. — Tenanciers : Jean Lagardelle, écuyer, de Montcabrier, tient maisons, jardins, étables, prés, vignes et terres dans le bourg de Montcabrier et dans les lieux dits le costal d'Aujol, le Camp-Petit, le Camp-Grand, la grange de Pelissié ; — maître François Blanches, notaire royal, et Pierre Blanches, père et fils, de Montcabrier, tiennent maisons, granges, jardin, étables, four, terres, prés et vignes à Montcabrier et aux lieux dits le costal d'Aujol, la Capoulette, Pestillac, Bracou et Lac Redon ; — Pierre Lagratiayrie tient maison, séchoir et jardin à Montcabrier ; — François Gaubert, de Montcabrier; — Pierre Vignal, du même lieu ; — Hugues Rivière ; — François Carriol ; — Raymond Carazat ; — Jean Lala, laboureur ; — François Delort, comme époux de Marie Blanches et pour les héritiers de maître Jean Landié, notaire ;— Jean Malaret; — Jean Pechandral, papetier à la papeterie de Cabart ; — Jean Cazes, tisserand, de Montcabrier; — Antoine Jeau, tisserand, etc. — Répertoire à la fin du registre.

1760. — Espédaillac. — « Compoids et cadastre de tous les biens immeubles situés dans la communauté d'Espédaillac, élection de Figeac, fait par nous Jean-Antoine Prat, habitant de Figeac, et Jean Séguy, habitant du lieu d'Assier, tous les deux notaires royaux et agrimenseurs, en conséquence de l'accord passé entre les habitants de ladite communauté et nous, par acte de délibération du 10 octobre 1751, reçue par maître Thérondel, notaire royal audit Espédaillac, qui nomme pour indicateur Antoine Pons, nous et ledit Pons ayant prêté notre serment, le 11 mai 1753, par devant M. Thinières, juge ordinaire du marquisat de Thémines et dépendances, le tout en exécution de l'arrêt de la souveraine cour des aides et finances de Montauban, du 28 juillet 1750, qui permet la confection dudit cadastre. » — Tenanciers : le seigneur d'Espédaillac tient un château avec fossés, granges, bois, garenne et terres à Espédaillac, aux terroirs de Ruejouls, de combe de Prat, de camp de Barriac, de Rouziès, de Frejoluc, de combe des Périès, de Negral, de combe Cajarque, de puech d'Osur, de Campadou, des Cayrous, de Combecave, de l'Igue de Carbes, des Cloups-Barrats, de las Truffières, de la Grauzilières, de Cormès, de Loradou, de Palfourques et au village de Pouget ; — Bernard Aubin, laboureur, du village de Pouget, paroisse d'Espédaillac, tient maison, granges, jardin et terre audit village et bois, terres et vignes aux terroirs de Mejesprat, de Sabrazac, de puech d'Osur, del Cloup, de Lalonganie, de Cloup Nègre, de Ruejouls, de la Ramade del Clary et de las Truffières ; — Jean-Jacques Aldon, sergent, d'Espédaillac, tient maison et étable audit lieu et terres, jardin et vigne aux terroirs de Louradou et de pech Ventoux ; — Pierre Andol, cordonnier, d'Espédaillac, tient une terre et une vigne au terroir de Lurelure ; — Jean Amadieu, peigneur de laine, du mas del Garret, paroisse d'Espédaillac, tient une grange, un pâtus et un jardin audit mas et des terres et une vigne aux terroirs de Cloups Bouffies, de las Combettes et de Seque

Maisille ; — François Brajac, marchand, du village del Pouget, tient maison, four, fourniol, jardins, grange, terres, bois et vignes audit village et aux terroirs de Lalongayrie, de Peyre Fich, de puech d'Osur, des Combels ou pech des Agards, de Maurimon et de Peyre Levade ; — François Blanchou, travailleur, du village de las Mérigues, paroisse d'Espédaillac, tient audit village et aux terroirs de las Gauzilières et de Ruejouls, une maison, une grange, un jardin et des terres etc. — État des communaux d'Espédaillac. — Répertoire des noms des tenanciers au commencement du registre.

1779. — Espère. — Cadastre de la communauté d'Espère. — Tenanciers : Jacques Arliac, laboureur, tient maison, grange, sol, jardin, terres, vignes et prés à Marty, au pont de Labarthe, à Labarthe, à las Pradelles, aux Bouscaillous, à las Teulières, à la combe du Caussé, à las Igues et à la coste de Cavalié ;— Bonaventure Bories, bourgeois, tient maison, grange, pigeonnier, écuries, jardin, moulin, terres, prés et vignes à Espère, à Marty, à la Combe del Pont, au Reboul, au Pouzadou, à St-Chaffre, à Issandré, à Bramefous, au Ségala, à Pouzard, à la combe de Catus, au bois de Courbe, à la combe del Faure, à las Jasses, à las Pradelles, aux Combelles et à la combe de Pouzard ; — Antoine Bonnet, laboureur, tient maison, grange, jardin, pâtus, terres, prés et vignes à Labarthe, à Marty, à la prairie d'Espère, à las Ralpines, à la Pomarède, au Ségala, au claux Roussel, au Colombié, à las Ortes, au pech d'Espère, à la combe de Catus, à Mourilhou, à las Pradelles, aux Bouscaillous, à la combe de Plantous et à las Teulières ; — Étienne Bonnet, vigneron, tient maison, jardin, plantier et vignes à Espère, à Boussibor, à las Grèses et à Mourichou ; — Jean Bergue, dit Lhermet, laboureur, tient maison, pâtus, granges, sol, jardin, chènevière, terres, prés, vignes et bois à Espère, à Marty, à Boussibor, al Prajadou, à Roullès, à Lapomarède, au Ségala, al claux Roussel, à las Ortes, à la combe de Catus, au bois de Courbe, aux poux de Lavalade, à Pechferrié, à la combe del Faure, à las Jasses, à Cante perdic, à las Pradelles, au pech de Graudène, à la combe de Pouzard, aux Bouscaillous, à la combe de Plantous, à las Igues, à la combe du Caussé et au Pouzadou ; — Jean Bach, laboureur, de las Granges, paroisse d'Espère, tient maison, granges, pigeonnier, pâtus, jardin, prés, terres et vignes à las Granges, à Marty, au camp de Larché, à St-Chaffre, à la prairie d'Espère, au claux Rousset, à la combe del Faure, au combel de las Jasses, à las

Combelles, au combel de Plantous, aux Bouscaillous et al combel Sanayré, etc. — États des biens nobles, ecclésiastiques et communaux : les biens nobles consistent en deux prés appartenant à l'évêque de Cahors et les biens ecclésiastiques se composent de deux maisons avec leurs pâtus, d'un jardin, d'une grange et d'une terre jouis par le prieur-curé d'Espère. — Table alphabétique des noms des tenanciers au commencement du registre.

E. 19. (Registre.) — In-folio, 238 feuillets, papier.

1778-1786. — Figeac. — Nouveau cadastre de la ville de Figeac, dressé par maître Antoine-Toussaint Maurandi, notaire royal feudiste du lieu de Béduer, assisté de Joseph Druit, géomètre arpenteur de la paroisse d'Ussel, de maître Michel Fournié, notaire royal, de Mercuès, de François Mauran, laboureur, de la paroisse de St-Martin de Figeac, de Salvi Dournes, artisan dudit Figeac, de Jean Puech, laboureur, de la paroisse de Notre-Dame du Puy et de François Marti. — *Premier volume* contenant : l'arrêt de la Cour des Aides de Montauban qui ordonne la faction du nouveau cadastre ; — un extrait du registre des adjudications de la ville de Figeac avec les clauses et conditions auxquelles l'adjudication du cadastre doit être faite ; — des extraits du registre des délibérations générales de la ville de Figeac qui nomment les arpenteurs, indicateurs et abonnateurs pour faire le nouveau cadastre ; — un extrait du même registre portant fixation des degrés convenus par les maire, consuls et prudhommes pour la table d'abonnement du cadastre de Figeac ; — le tarif des degrés de la table d'abonnement ; —l'état des biens nobles et lieux sacrés ;—l'état des fossés, champs de foire et promenades qui entourent la ville ;—l'état des communaux de St-Deau et de St-George ; — l'état des rues de la ville, par quartier ; — l'état des chemins publics ; — le cadastre du quartier de Montferrié, du village de las Peyrounies (paroisse de Notre-Dame du Puy) et de la paroisse de Planioles. — Au nombre des biens nobles et lieux sacrés figurent : l'enclos du Chapitre ; — l'église et le cimetière de Lacapelle ; — l'église et le cimetière du Puy ; — l'église, le jardin et le cimetière de St-Thomas ; — l'église, le cimetière, la maison presbytérale et le jardin de St-Martin ; — l'enclos des Capucins ; — l'enclos des dames religieuses de Ste-Claire ; — la chapelle des Mirepoises ; — l'enclos des dames religieuses de Lungdieu ; — l'enclos des religieuses dominicaines ; — l'enclos des Augustins ; — l'enclos des Cordeliers ;— l'enclos des religieux Carmes ; — l'enclos de l'hôpital St-Jacques ; — l'enclos de la maison de Piété ; — l'hôtel de ville de Figeac ; — le château royal de Balenne ; — la petite chapelle de Panafé, dite la Chapelette ; — l'église et le cimetière de St-George ; — l'église et le cimetière de St-Deau, etc. — Tenanciers : les héritiers de Henri Delort, marchand, tiennent maisons, jardin, boutique, granges, terres, vignes et friche à Figeac, al cap de la coste de Sérignac, à la Bayssière, au terroir de Fumat, au causse de Single, au terroir de Malaret, à las Condamines et à Balajou ; — Pierre Delort, marchand, tient une maison à Lestang, un bois et une vigne à Malaret ; — Pierre Manevialle tient maison, jardin, terres et vignes à Figeac, à Montviguié, à Font redonde, à Herbemol et à la Morne ; — demoiselle Marie-Jeanne Cérède, veuve Grand, tient maisons, jardin, vignes, prés et terres à Figeac, à Montviguié, à las Crestes, à Planioles, au causse de Nuéjouls, à Auteval, au Griffoul, à las Miates et à la rivière de St-Deau ; — Perrette Delsouc tient une maison au quartier de Montferrié et une terre à Embiannes ; — François Durand, conseiller du Roi, tient maison, écuries et jardin au quartier de Montferrié, et une chènevière au Ségala ; — Jean Cayrade, marchand, tient maisons, boutiques, jardins, prés, châtaigneraies, vignes et friches au quartier de Montferrié, à las Fades, à Lapergue, à Bournazet, à Ravanel, à Massal et à las Crestes, etc. — Tables générales alphabétiques des cinq volumes du cadastre de Figeac.

E. 20. (Registre.) — In-folio, 109 feuillets, papier.

1778-1786. — Figeac. — Nouveau cadastre de la ville de Figeac rédigé par les mêmes. — *Deuxième volume* contenant le cadastre de la « gache » d'Aujou. — Tenanciers : Guary, conseiller aux Élus en l'élection de Figeac, tient maison, terrasse et écuries dans le quartier d'Aujou ; — François Nausselle, maître coutelier, tient maison, vigne, pré et chènevières à Figeac, à Hauteval, à las Condamines et à las Miates ; — Jacques Maury de Barrat, ancien officier de cavalerie, tient maisons, jardins, moulin, granges, terres, vignes et friche à Figeac, à Lestang, à Montviguier, à la Curie, à las Crestes et à Laurensou ; — Pierre-Nicolas Pontié, marchand, tient maisons, jardins, terres, vigne et chènevière à Figeac, à Pique peyre et aux Miates ; — Joseph Delbourg, cadet, tient maison, boutiques, terres, chènevières, bois et vignes à Figeac, à las Miates, à Bataillé, à la Balasio, à la combe d'Aurac, à Filsac et à St-Deau ; — Jean Theilhard, maître en chirurgie, tient maisons, boutique, terres, vignes, bois et chènevière à Figeac, à la Laute, à combe d'Aurac, à las Miates et à Malaret ; — Joseph Gary, maître perruquier, tient maison, boutique, jardin, vigne et terre à Figeac, à St-Martin, à las Combes et au Ségala ; — Jean Bladviel tient maison, sol et vignes à Figeac, à Combe cave, au causse de Nadillac, au Single et à Barbiac ; — Jean Cassaignes, notaire royal, tient maisons, écuries, jardin, vignes, pré et chènevière à Figeac, à Trémont, à la Cassaniolle et à la Condamine ; — Antoine Belvèze, greffier, tient maison, jardins, terres, chènevière, friche et métairie à Figeac, à Hauteval, à la Condamine, à Filsac et à Balajou ; — messire Jean-François-Joseph de Lostanges, seigneur marquis de Béduer, tient maison à Figeac, rue de Caviale, etc.

E. 21. (Registre.) — In-folio, 190 feuillets, papier.

1778-1786. — Figeac. — Nouveau cadastre de la ville de Figeac rédigé par les mêmes. — *Troisième volume* contenant le cadastre des quartiers de Benagut et de Lestang. — Tenanciers : noble Viguier d'Auglanat tient maisons, jardins, domaine, terres, prés et friches à Figeac, à St-Martin, à la Toulzane de Malaret, à Montagnac, al cap de las Combes, au Single, à Laferrairie, à Labarthe, à la Roubertie, al Cayré et au Ségala ; — Géraud Cayla tient maisons, chènevière et vignes à Figeac, près du pont du Griffoul, à Ortabadial, à las Condamines, al Pourtal et al pech de Lou ; — Jacques Escurou, marchand, tient maison, boutique et châtaigneraie à Figeac, près du château de Balenne et à Labalatie ; — Jean Lacan, forgeron, tient une maison à Figeac, rue du Griffoul, terre, vignes et maison à Lascombes et à Hauteval ; — Jean Roques, artisan, tient une maison à Figeac, rue du Griffoul, une autre maison dans le quartier d'Ortabadial, chènevière, terres, vignes, prés et jardin à las Miates, à las Condamines de Vidaillac, à St-Martin, à Tombebiau, à Lavayssière, à Herbemol, au terroir de Coujac et al Cayré ; — Guillaume-Benoît Maurandy, avocat en Parlement, tient maisons, granges, jardin, pigeonnier, prés, terres, bois, vignes, friches et châtaigneraies à la Dausse, à Cagnac, à Fialet, à Escadasse, au Ségala, al bosc d'Auriol, al Rieu, à las Légitimes, al camp de Sourdes, au Travers-bas, au Travers-haut, al Vignou-bas, al Vignou-haut, à Trèguedina, à la vigne de Pate et à l'Aiguille ou Herbemol ; — Louis Maurandy, bourgeois, tient une maison à Figeac, dans le quartier de Benagut, bois, terre, châtaigneraie et vignes à l'Embartade et à Herbemol ; — demoiselle Catherine Benech tient maisons, jardin, terres, vignes et prés à Figeac, à St-Martin, à las Combes, à las Condamines, à Malaret et

au causse de Single ; — noble Mathieu de Bramarie d'Autherive, officier d'infanterie, tient maison et jardin au quartier de Benagut, pigeonnier, maison, terres, prés et vignes au Single-bas, au Single-haut, à Malaret et à Trémonts, etc.

E. 22. (Registre.) — In-folio, 185 feuillets, papier.

1778-1786. — Figeac. — Nouveau cadastre de la ville de Figeac dressé par les mêmes. — *Quatrième volume.* — Tenanciers : Philippe Conte, négociant, tient sept maisons à Figeac, maison, terres, vignes et chènevière à Brugen, à Lavayssière-basse, à Lavayssière-haute, au pont du Ga, à las Miates, à Pique-peyre et à la Barrairie ; — noble Pierre-François Marmont de Pezet, écuyer, tient une maison dans la rue du Pin ; — messire François Dufau de Felzins, conseiller correcteur en la Cour des Comptes, aides et finances de Montpellier, tient une maison dans la même rue ; — Françoise Besse et Casimir Coussieu, mère et fils, tiennent une maison dans la paroisse du Puy, vignes et jardins à Marsal, au faubourg du Pin et à Font-redonde ; — Marie Boutaric, veuve Paillol, tient deux maisons dans la paroisse du Puy ; — Jacques Labrunie, tailleur, tient maison dans la paroisse du Puy, vignes et terres à Embianne et au pech de Cayla ; — Jean-François Brugoux, prêtre, tient maisons, cave, grange, terres, vignes et jardin dans la paroisse du Puy, à Conjac, à Lavayssière et à la Dausse ; — Antoine Guilhaumou, dit Abel, tient maison et jardins dans la paroisse du Puy et une vigne à Fumat, etc.

E. 23. (Registre.) — In-folio, 126 feuillets, papier.

1778-1786. — Figeac. — Nouveau cadastre de la ville de Figeac rédigé par les mêmes. — *Cinquième et dernier volume* contenant le cadastre de la paroisse de St-Deau. — Tenanciers : noble Louis de Gimel, sieur de Paluel, chevalier de St-Louis, tient château, four, jardins, terres, pâtus, pigeonnier, prés et vignes, à St-Deau, à las Junies et à las Places ; — Jean-François Calmels, laboureur, tient maison, grange, four, fourniol, cour, puits, jardin, chènevières, terres, prés et bois à St-Deau, à las Junies, à Coujoumar, aux terroirs del Mege, de la Piboulette, de Laguillou, de Lascombes, del port de la Nau, del Cloup et d'Ayrins ; — Jean Laborie, dit Lescoulié, laboureur, tient maison, cour, grange, jardin, chènevières, terres, prés, vignes et bois à St-Deau, à la rivière de St-Deau, à la Piboulette, au Long-Pradel, aux Grarieyrous, au Cayla, à

Coujoumar, à Gaudet, aux *Cambrils*, au causse de Nairat, à Froumaguière, au Rieu et à Ayrins ; — Jean Lugan, dit *Vicaris*, laboureur, tient maison, four, basse-cour, jardin, pâtus, grange, terres, vignes, prés et bois à St-Deau, au Cayla, à Lascombes, au Cayré-Redon, à las Junies et à Ayrins ; — les époux Jean Cérède et Jeanne Delpeyrou, tiennent maison, pâtus, chènevière, terres, prés, vignes et châtaigneraies à St-Deau, à las Junies, au Ségala, à Peyrussal, à Long-Pradel, au Cayla, au cloup de Louis, aux Castagnals, à la rivière de Drauzou et à Ayrins, etc.

E. 24. (Registre.) — In-folio, 508 feuillets, papier.

1783. — Francoulès. — Cadastre du taillable de Francoulès et St-Pierre-Liversou, contenant : l'arrêt de la Cour des aides et les délibérations de la communauté concernant la confection du cadastre ; — l'état des lieux sacrés, des biens nobles, vacants et ruraux ; — l'état des rues, places et chemins publics ; — l'état des biens possédés par les tenanciers de Francoulès et des *villages* du Pouget, Redoulès, Ser, Cazal, Jourda, Souyris, Bories, Fustié, Herbesprimes, Puylacoy, Engrange, mas Delsol, Jeaillac, Jouanery, Vizan, Gabre, Moureaux, la Borie, la Brassalie et Contibay ; — l'état des biens possédés par les forains des lieux et *villages* de : Lory, Ussel, le Vert, les Places, le lac du Vert, le Mas, Nadillac-le-Sec, Cravols, le Pec, St-Michel-la-Feuille, le Pey, Montcoutié, Maxou, Valroufié, Cahors, le Montat, St-Pierre-la-Feuille, Brouelles, mas de Couderc, mas de Naussat, mas de Mousio, la Borio, le Pec d'Entuc, Theulières, Gigouzac, mas de Brondoul, Mechmont, Teyssié, mas de Long, le Bru, mas de Paturié, La Faurie et le Vert. — Table au commencement du registre.

E. 25. (Registre.) — In-folio, 209 feuillets. papier.

1737. — Gigouzac. — Cadastre de la communauté de Gigouzac. — Tenanciers : Antoine Alairac, teinturier, tient maison, pâtus, jardin, vignes, terres, prés, châtaigneraies et grèses à Gigouzac, à la combe d'Escalmels, au ténement d'Alary, à Lespinassarde, à la rivière de Trèves, à Baudroc, au Bouges, au Terrier et à Perle-Merle ; — Bernard Avezou, tisserand, tient maison, pâtus, vignes, chènevière, bois, terres, grèses et châtaigneraies à Gigouzac, au Pageot, à la Rivière, au Coustal-Megis, aux Barthes, à la font de Bertrand, à la combe d'Escalmels, au mas de Bertrand, à Lespi-

nassarde, à Malesaures, au travers de Trèves, aux Camis, à la Castagnal, à Coste-Rital, au Cimetièrevieux, à la Carral et à la Devèze ; — Pierre Avezou tient une maison al cap del Lioc ; — les époux Bernard Feydet et Jeanne Aussel tiennent maison, jardin et terre à Gigouzac et au causse de Bouissou ; — les héritiers de François Bric, praticien, tiennent maisons, jardin, terres, chènevières, prés, vignes, grèses et bois à la Rivière, à la Clède, au Pré grand, à Lazurie, au Terrier, au Colombier, à la combe de Marche, à Alary, aux fontaines d'Alary, à Perle-Merle, aux Barthes, al cap del Lioc, au camp de la Grèse, à Lespinassarde et à la rivière du Vert ; — François Bric, cadet, tient prés, vigne et terres à las Vergnades, à Lazurie et à Lespinassarde ; — Guillaume Bugis, tisserand, tient maison, jardin, terres, chènevière, vignes et châtaigneraie à Martinet, à Combenègre, au mas de Jammé, au ténement de Levadou, au combel de Lapeyre et à la Devèze, etc. — Table alphabétique au commencement du registre.

E. 26. (Registre.) — In-folio, 110 feuillets, papier.

1778. — Gindou. — Cadastre de la communauté de Gindou contenant : la copie de l'arrêt de la Cour des Aides qui permet à la communauté de renouveler son cadastre ; — les confrontations générales de la communauté ; — l'état des biens communaux ; — l'état des biens des tenanciers. — Tenanciers : Bernard de Boisson, chevalier, conseiller du Roi et son avocat général en la souveraine Cour des aides et finances de Montauban, seigneur de Gindou, tient maisons, cour, écuries, granges, four, métairies, terres, vignes, chènevières et prés au mas de Peyre, al Bruel-bas, à la Boissonie, al Poujatel, al Tal, à la Mole, al poux Daillot, au causse de Bouygues, à las Placettes, à Margarit, al Lavadou, à la Gineste, à Braules-bas, à la rivière d'Arajou et au village de Bourbou ; — Antoine Lacoste, prêtre et prieur de Cagnac, tient maison, granges, jardin, four, fourniol, chènevières, terres, vignes, prés et bois à Gindou, à las Granges, à Braules, à la rivière d'Arajou, al Poujat, à Auriac et à Bruel-bas ; — Guillaume Périé, laboureur, tient maison, jardin, four, pigeonnier, granges, terres, vignes, prés et bois au claux de la Boupette, à Bruel-bas, à las Granges, à la Clausade, à la Garenne, à las Granges-basses, au Ségala, à Combe-torte, à la Garrigue, à la rivière d'Arajou, à la Font, au village de Tournié, al Caussous, à las Bouygues, à Langlade et à Braules-haut ; — Pierre Fouillous, étudiant en droit, tient maisons, granges, jardin, four, étables, terres, vignes, chènevières et bois à

Gindou, au mas de Pene, au Camp-grand, au terroir de la Marque, aux Granges-basses, au Ségala de la Coste, au mas de Peyre, al poux d'Auriac, à Combe-torte, aux ténements de Tournié, de Bourbou et de Lion, etc. — Commencement d'un répertoire à la fin du registre.

E. 27. (Registre.) — In-folio, 214 feuillets, papier.

1788. — Goudou. — Cadastre de la communauté de Goudou, contenant : l'arrêt de la cour des Aides autorisant le renouvellement du cadastre ; — l'extrait du procès-verbal d'adjudication du nouveau cadastre avec la table d'abonnement et la prestation de serment de l'entrepreneur, des abonnateurs et indicateurs ; — les confrontations générales du taillable de Goudou ; — l'état des chemins ; — les états des biens communaux, des lieux sacrés, des biens vacants, nobles et ruraux. Tenanciers : la comtesse de Senecterre et la maréchale d'Armentière, mère et fille, tiennent noblement château, pâtus, terres, bois et chènevières à Goudou ; — maître Antoine-Joseph Lavergne, curé, tient maison, grange, jardin, cour, terres et vigne à Goudou, à la combe des Cazals, au camp de Lamouroux ou lac de la Conque et à Trassebenc ; — mesdames de Senecterre et d'Armentières tiennent à Goudou, comme biens ruraux, métairie, terres, bois et prés au village du Couderc, au camp de Bessou, au camp de Lamouroux, au camp de Pouzaudès et à la rivière de Moncany et de Boutannes ; — Joseph Selves, bourgeois, tient maisons, four, granges, pigeonnier, terres, chènevières, prés et bois à Goudou, à Lestramie, à las Valades, aux ténement de Pech Guilhem et de la Davie, au camp de Girou, à la rivière de Carnhac, à Rigaygnes, à la rivière de Boutannes, au camp de Ta-bernel, al Pech Magnat, à Combe-Gousse, à Langlade et au bois de Fénelon ; — les époux Jean Contie, maître en chirurgie, et Perrette Delteil tiennent maison, grange, four, jardin, chènevière, terres et bois à Goudou, à las Valades, à la combe des Cazals, à Pech Guilhem, à la Grave et à la combe des Nouyés, etc. — Table alphabétique des noms des tenanciers à la fin du registre.

E. 28. (Registre.) — In-folio, 169 feuillets. papier.

XVIIIe siècle. — L'Hospitalet. — Terrier de la paroisse de l'Hospitalet. — Noms des tenanciers : M. Perès, de Cahors ; — Pierre Tulle ; — Espéret, beau-fils de Pierre Tulle ; — Hugues Tulle, laboureur ; —

Jean Mauruc-Teyssier, beau-fils de Guillaume Chambert ; — Arnaud Delom, laboureur ; — Albiquié, orfèvre, de Cahors ; — Guillaume Alazard, laboureur, de Flottes ; — Jean Coumès, praticien ; — Étienne Fontès, travailleur ; — Jean Peberac, travailleur ; — Marguerite Berthoumieu, veuve Gramond ; — Léonard Sirven ; — Jean Molinié, laboureur ; — Pierre Andrieu, laboureur; — Pierre Reynaldy, charpentier ; — Antoine Caussat, travailleur, etc. — Noms des tènements situés dans les paroisses de l'Hospitalet, de Pern et de Granéjouls: Fauré ou métairie de Caussade, Gratoloup sive Gabriel, Nouals et Rampy, Gastoblat, Pezet, Pech de la Malaudie, La Figouse et fons Delloc, Le Treil, Las Obres, Albugas, Lagarrige-Grimal, La Gaudeno, Aigues-vives, Le Bouys, Le Cros, Pierre Fauré, Jean Debats, Manso, mas Tullé, Tres puech et Garis, Coustras, Pech long, Combo d'Auriol, Fon Soubirono, Lou Glejagé, La Porte, La Ramade, Le Sourbié et l'Hostalneve, Le Boutgé, Le Bourdalatgé, Bergounio et Gaubert, Terres rouges, Bellofon et Camp-viel, etc.

E. 29. (Registre.) — In-folio, 135 feuillets, papier.

1777. — Lamothe-Cassel. — Cadastre de la communauté de Lamothe-Cassel contenant : l'arrêt de la Cour des Aides et finances de Montauban autorisant le renouvellement du cadastre ; — l'extrait de la délibération de la communauté qui adjuge la faction dudit cadastre, qui nomme les abonnateurs, arpenteurs et indicateurs, qui fixe les degrés d'abonnement et qui charge l'entrepreneur de faire un livre de « muances »; — l'extrait du procès-verbal de prestation de serment des arpenteurs, abonnateurs et indicateurs ; — les confrontations du taillable de Lamothe. — Tenanciers : maître Filsac, curé de Lamothe, tient une maison, lui servant de presbytère, audit lieu, un pré sur la rivière de St-George et une terre au lieu dit de Lagasse ; — maître Grafiade, chapelain de Murat, tient une terre et une vigne au terroir de Cauzières ; — J. de Montal tient maison, basse-cour, four, fourniol, écuries, pigeonnier, jardin, promenade, chènevières, terres, granges, vignes, bois et friches à Lamothe, aux Cavalous, à la Fontaine, à la combe de Lagasse, à las Curades, au pech de Joffre, à Chapareau ou Pech de Roques, al Fournet, au Pech de Lagarde, aux Paillasses, aux Bories, à Lestouillou, à Bascaut, à Foulinarde, aux Oustals, au Pouget, au tènement del Magre et Gaulejac, à Mazet, à las Sivadals, à Nougarède, au cloup de Lègue et à las Fontanelles ; — Antoine Montal, bourgeois, tient maisons, four, pâtus, grange, sol, jardin, terres, bois, prés, vignes et friches à Lamothe, à la combe del Bigo, al Claux Grand, al Grezou, à las Teulières, au Pech de Roques, au claux de la Vigne, à la Boissière, à Murat, au Moulin à Vent, au Pech de Lagarde, à las Sivadals, à Pech Long, à la Borie, à Lestouillou, à las Bories, à Lacam, à Ravissou, à las Curades, à la Combelle, à la rivière de Vacquiès, à Rials, al Fournet, à Gaulejac, au Pech de Joffre, à Nougaresse et à Combes Planes ; — François Despeyroux, tient maison, pâtus, jardin, grange, chènevières, terres, bois, vignes, prés et friches à Lamothe, aux Sirans, au Segala, au Moulin à Vent, à Combes Planes, aux Bories, au cloup de Legue, à Lacam, à Nougaresse, à Cinq Peyres, à Gaulejac, aux Mazels, à Pech Long, à la coste de Murat, al camp del Poux, aux Paillasses, à la Viale, à St-George, au pech de Roques, au claux de la Vigne et à la croux de Colom, etc. — Table alphabétique au commencement du registre.

E. 30. (Registre.) — In-folio, 358 feuillets, papier

1774. — Lamothe-Massaut. — Cadastre du taillable de la juridiction de Lamothe-Massaut, dressé par Bernard Lacurie « géographe feudiste » de la ville de St-Céré. — Tenanciers : maître Brugié, curé de Lamothe, tient une maison, une grange, un jardin et une terre à Lamothe et au camp de Grèzes ; — le seigneur de Lamothe tient château, écuries, granges, garenne, terres, vignes, garrissades et prés à Lamothe-Haute, à las Devèzes, au terroir des Chanadels, à las Barthes, sur la rivière de Tournefeuille et à Lamothe-Basse ; — madame de Riniac tient trois prés sur la rivière de Tournefeuille ; — Bertrand Cavarroc, bourgeois, tient maisons, four, basse-cour, grange, moulin, terres, prés, vignes et bois à Lamothe, au terroir de Gauliac, sur la rivière de Tournefeuille, au terroir de Pecheyral, al cap de la Rivière, à las Teulières, au terroir del Sérré, à las combes de Druilhe, à la rivière de Cams, à la rivière de la Pouzathe, au terroir de las Places, au village des Couties, aux terroirs de Ferral et del Bos Grand, à Lamothe-Basse et au moulin des Caumeilles ; — Antoine Chayrie tient maisons, granges, four, jardins, domaine, terres, prés, vignes, bois et friches, à Lamothe-Basse, sur la rivière de Tournefeuille, aux terroirs de Pecheyral et de Laspeches, à Druilhe, au terroir de Lacayrelle, sur la rivière de Cams, à las Places, au terroir de las Devèzes, à Terrefort, au village de Grèzes, au champ de Loys, à la rivière de Lestang, au terroir de la Plane, à Combe Nègre, au terroir de las Vieilles, au camp de Grèzes, aux terroirs de Terres Rouges, de las Justices, de las Curades et de las Cauprières, à las Majourolles, aux

Lot. — Tome III. — Série E.

camps de Berty, au combel de Jany et au terroir del Segalard, etc. — Répertoire des noms à la fin du registre.

E. 31. (Registre.) — In-folio, 218 feuillets, papier.

1771. — Mechmont-de-Guerre. — Cadastre de la communauté de Mechmont-de-Guerre, contenant : l'arrêt qui ordonne la faction du nouveau cadastre ; — le procès-verbal d'adjudication de la faction du cadastre, au prix de 1,000 livres ; — la table d'abonnement de la communauté de Mechmont ; — le procès-verbal de réception de caution de l'arpentement du taillable de Mechmont ; — la prestation de serment des arpenteurs et indicateurs ; — les confrontations générales du taillable de Mechmont. — Tenanciers : Charles de Franihac, conseiller et procureur du Roi en l'élection de Cahors, tient maison, domaine, moulin, terres, vignes, prés, bois et châtaigneraies à Mechmont, sur la rivière du Poujatel, à Belpech, au tènement del Bru, au pré de Jammou, au pré de Vergnes, au pont du Vert, au tènement de Lafaurie, au mas de Mouret, au mas d'Andral, aux Pradous, à la combe de Madonne et à la Renaldière ; — Jacques Balagairie, laboureur, tient maison, jardin, pâtus, granges, terres, vignes, chènevières, bois, friches et châtaigneraies à Mechmont, au Poujatel, au tènement de la Petra, à la vigne del Saltre, à Andrailhou, à las Arnaudières, à la Rougelle, à la barthe del mas de Paitrié, au tènement de Lafaurie, al Val Viel, al Mourtairol, al combel Prion, al camp del Bosc, à Combe Nègre et à las Arnaudières ; — Pierre Moulis, laboureur, tient maisons, jardin, grange, terres, prés, vignes, chènevières, bois, châtaigneraies et friches à Mechmont, à la Grange, à la Plane, al sol del Deïme, à la Combette, à la coste d'Arzac, à la Vigne-Basse, al Prat Naut, al Prat Bas, al camp del Loc, al canabal de la Planque, al pech de Rupé, à las Combes, à la coste de Belle-Aureille, al Camp Grand, à la pecette de Lourmet, al Rouergue et à la coste del Teyssié ; — Pierre Dumon, travailleur, tient maison, jardin, pâtus, terres, vignes, friches et châtaigneraies à Mechmont, à la Rivière, au village de Teyssié et à Combe-nègre, etc. — Table alphabétique des noms et surnoms des tenanciers à la fin du registre.

E. 32. (Registre.) — In-folio, 17 feuillets, papier.

XVIIIe Siècle. — Mechmont-de-Guerre. — Plans figuratifs des fiefs qui composent la seigneurie de Mechmont-de-Guerre. — Fiefs de Salazard et Girou, de Simon, de Falgairas, des camps de Mechmont, de la Petre, des Vignals, du Paltrié, d'Andral, d'Andrailhou, de Lafaurie, du Bru, de Lolm, de Fourques-de-Guerre, de la combe d'Arzac, du Bayleviel, du bois de la Monde, du Rouergue, du Teyssié et du Salinié. — Chaque plan est accompagné d'une notice faisant connaître les inféodations et les reconnaissances successives des fiefs, leur contenance et leurs confrontations.

E. 33. (Registre.) — In-folio, 152 feuillets, papier.

1775. — Montamel. — Cadastre de la communauté de Montamel contenant : l'arrêt de la souveraine cour des Aides de Montauban qui permet la faction du nouveau cadastre ; — les délibérations de la communauté touchant l'adjudication du cadastre, les nominations et prestations de serment des arpenteurs, abonnateurs et indicateurs, la fixations de la table d'abonnement. — Tenanciers : noble Louis, comte de Durfort-Léobard, seigneur de Montamel, tient noblement châteaux, écuries, tours, pigeonnier, jardin, granges, métairies, terres et prés à Montamel, à Larroque, à la Vignasse, sur la rivière de Passeca, à la Jonquière, au camp del Poux et à la Coutounie ; — noble Antoine de Laval-Lapise, seigneur de Girac, St-Projet, Lapannonie et autres places, tient un pré noble sur la rivière de Passeca, dans le taillable de Gigouzac ; — noble Louis de Durfort-Léobard tient, comme biens ruraux, maisons, granges, moulin, garenne, terres, vignes, prés, friches et bois à Larroque, à la pece del Lac, à la Galarie, aux Farguils, à la coste de la Canet, à las Graves, à la Vigne-barrade, al prat grand, au tènement des Badios, aux Pargues, sur la rivière de las Fargues, à la combe de la Gleye, aux Bourciès, à las Boulpatières, al Périé rousset, au village de Bramaire, à la font de Lauzerat, al Caussé, à Font-neuve, à las Cartalades, à las Voulpatières, aux Bourciciroux, aux Bourcèsnauts et aux Mauris, etc. — Répertoire des noms des tenanciers au commencement du registre.

E. 34. (Cahier.) — In-quarto, 88 feuillets, papier, en mauvais état.

1509. — Montcuq. — Livre des reconnaissances royales de biens situés dans la juridiction de Montcuq consentis par des tenanciers de St-Cyprien, Rouillac, Bagat, St-Daunès, Escayrac, St-Laurent, St-Abria, St-Clément, St-Privat, Montlauzun, Bouloc, Lascabanes, St-Pantaléon, Lebreil, Ste-Croix, Cambayrac et Montcuq. — Parmi les domaines mentionnés dans ces reconnaissances figurent ceux : de Cancès (paroisse de St-Cyprien) ; — de Blettes (paroisse de St-Cyprien) ; — de la Roque (paroisse de Rouillac) ; — de Peyvinh (paroisse de St-Daunès) ; — de Lafon (paroisse de St-Daunès) ; — des Casals (paroisse de St-Martin-de-Bagat) ; — de Lasfargues (paroisse de St-Daunès) ; — de Vassanes (paroisse de St-Martin-de-Bagat) ; — de Gantier (paroisse de Rouillac) ; — de Moret ou de la Moretie (paroisse de Rouillac) ; — de la Garbotie (paroisse de St-Daunès) ; — de Pech Endarnat (paroisse de St-Martin-de-Bagat) ; — de las Cauduras (paroisse de St-Daunès), etc.

E. 35. (Cahier.) — In-quarto, 51 feuillets, papier.

1509. — Montcuq. — Reconnaissances extraites « du livre de Calveti, notaire, de l'année 1509, auquel il n'y a point de titre ». — Noms des tenanciers : Bernard et Antoine de la Aste, de la paroisse de Lebreil ; — Pierre Palhau et Géraud Autefage, de la paroisse de Lebreil ; — Jean, Guillaume et Durand Montagnac, de Caminel ; — les époux Arnaud Lacombe et Peyrone Lacaminade, de la paroisse de Truéjouls ; — Guillaume Nègre, du village de Langlade ; — Guillaume, Jean et Étienne Lapoujade, de la paroisse de Lebreil ; — Jean et Guillaume Benech, cousins, de la paroisse de St-Laurent ; — Jean Salabelles, notaire, Géraud et Jean Favars, de la paroisse Montlauzun ; — Jean Roques, Jean Pagès et Antoine Castanié, de la paroisse de St-Saturnin, etc.

E. 36. (Registre.) — In-folio, 544 feuillets, papier.

1667-1668. — Montcuq. — Reconnaissances de la châtellenie et juridiction de Montcuq. — Noms des tenanciers : les consuls de St-Amans de Pelagal ; — les consuls de Touffailles ; — les consuls de Miramont ; — les possesseurs des fiefs de Lacoste, del Poujal, d'Izabos, de Guytard, de Salvagnac, du Rival, du Carlat, del Pech, de las Clausades, de Lavayssière, del Sourbié (paroisse de Montlauzun), de Lamothe (paroisse de St-Matré du Crucifix), d'Inspania (paroisse de Bouloc), de Combedouzou (paroisse de Montlauzun), de Calhabel (paroisse de Montlauzun), de Nascès (paroisse de Lebreil), del Rouqual-Soubira (paroisse de Montlauzun), de Lafage (paroisse de St-Laurent), del Costal (paroisse de St-Daunès), etc. — Table alphabétique.

E. 37. (Registre.) — In-folio, 185 feuillets, papier.

1667-1668. — Montcuq. — Livre terrier des reconnaissances féodales faites au Roi dans la juridiction de

Montcuq, entre les mains de Jean de Boudousquier, avocat, commissaire subdélégué, par : les consuls de la ville de Montcuq ; — les habitants et tenanciers des fiefs de Paupalounc (paroisse de Cazillac), de Pecheaussen (paroisse d'Escayrac) et de las Gimies (paroisse de de St-Daunès) ; — demoiselle Jeanne de Combarieu, veuve de M. de Garric, conseiller à la Cour des aides de Montauban ; — Guillaume Lasvanios, boucher, de Montcuq ; — Marc Lacombe, du lieu de Lalongagne, paroisse de St-Félix ; — Jean Soulié, bourgeois, de Montcuq ; — Jean Fornelly, licencié, de Montcuq ; — Jean Motes, marchand, de Montcuq ; — Antoine Bru, marchand, de Montcuq ; — Jean Correch, praticien, de Montcuq ; — Jean Alduy, travailleur, du lieu de Roquié, paroisse de St-Cernin ; — Raymond Salady, du lieu de Cap de Pech, paroisse de St-Privat de Montcuq, etc.

E. 38. (Registre.) — In-folio, 90 feuillets, papier.

1678. — Montcuq. — Procès-verbaux touchant la séparation des fiefs de divers seigneurs de la châtellenie de Montcuq d'avec les fiefs du Roi. — Au nombre des personnes possédant fiefs dans la juridiction, figurent : Jacques d'Ablanc ; — demoiselle Marguerite de Belcastel ; — noble Jacques de Domergue, seigneur de Maffre ; — noble Pons Charles de Vigier, seigneur de Mirabal ; — noble Antoine de Faure, faisant pour damoiselle Marguerite de Bonnefoy, — noble Jean de Belcastel, seigneur de Montlauzun ; — noble Paul de Laboissière ; — noble Jean de Laborie, seigneur de St-Cernin ; — Pierre Ayraud, notaire, de Cahors ; — noble Pierre de Bonnefoux, seigneur de Caminel ; — noble Jean Marc de Guiscard, sieur de Penne ; — le sieur du Trépadou ; — Jean Salhac, bourgeois, de Cahors ; — noble Henri de Testas, seigneur de Folmont ; — Jean-Pierre de Roaldès, avocat, de Cahors ; — noble Paul de Lacroix, seigneur de Rassiels ; — noble Jean-Pierre de Montagut ; — Arnaud Ayma, bourgeois, de Cahors, etc.

E. 39. (Cahier.) — In-folio, 68 feuillets, papier.

XVIIᵉ Siècle. — Montcuq. — État des liquidations faites ou à faire des droits recelés dans le domaine royal de la juridiction de Montcuq. — Droits annuels à percevoir sur les fiefs : de Sourbié (paroisse de Montlauzun), une émine de vin, une quarte d'avoine, une geline ; — d'Ispania (par. de St-Martin), deux quartons d'avoine, sept quartons 1/2 de vin, 1/2 geline ; — de Combadouzou (par. de Montlauzun), une quarte d'a-voine, deux émines de vin, une geline, un faix de foin ; — de Caillabel (par. de Montlauzun), une quarte et 1/2 quarton d'avoine, sept quarts de vin, une geline ; — de Nascès et Pervilhac (par. de Lebreil), une émine d'a-voine, une émine de vin, une geline, un faix de foin ; — de Lafage (par. de St-Laurent), une émine de vin, une émine d'avoine, une geline, dix œufs ; — de Costal (par. de St-Daunès), une quarte d'avoine, sept quartons 1/2 de vin, etc.

E. 40. (Registre.) — In-folio, 388 feuillets, papier.

1759-1766. — Montfaucon. — Livre cadastre de la communauté et taillable de Montfaucon, commencé en 1759 et fini en 1766, contenant : l'extrait de l'arrêt de la Cour des Aides et finances de Montauban qui permet à la communauté de Montfaucon la faction d'un nouveau cadastre ; — l'extrait du procès-verbal de commission faite par messire Delsuc de Cassaignes, conseiller à la Cour des Aides et commissaire député, contenant la prestation de serment de l'adjudicataire dudit cadastre et des abonnateurs et indicateurs ; — l'extrait de l'adjudication ; — l'extrait de la délibération de la communauté contenant la table d'abonnement et la nomination des indicateurs ; — l'extrait de la délibération qui assigne au sieur Dabatia l'endroit et la personne à qui il doit faire la remise du livre cadastre ; — l'extrait de la délibération qui nomme les sieurs Dabatia et Drulh pour procéder à l'abonnement du taillable de Montfaucon. — Tenanciers : André Laborie, prêtre et prieur de la ville de Montfaucon, tient maisons, parterre, jardin, grange, écurie, terre et pré à Montfaucon et à Nougairouse ; — Hector Albarel, docteur en médecine, tient maisons, jardins, écurie, clos, métairies, granges, terres, vignes, prés et bois à Montfaucon, al Caussignié, à Pech raufié, à la Font, à la Counorte, au camp de Mechour, à Nougairoux, à Gari, à Pouzals, à Pechaulauvié, à la fontaine de Ruitort, au village de Labaissière, au village de Jouaneri, à St-Hilaire, à Lescalou, à Canteperdrix, à Caussart, aux Caissiols, à las Places, à Fouilloles et à la font de Caissac ; — Jacques Dega et Antoine Reynal, avocats en Parlement, tiennent maisons, basse-cour, granges, jardins, écurie, four, métairie, terres, prés et vignes à Monfaucon, à Duran, à la croix de Vaillac, à la Coste del Figuié, au pech de Lacassagne, à Ruitort, au Pastrou, à la combe de Moureu, à Longpradel, au tènement de Coussart, à Pouzals, à las places del Lac, au pech de Lacoste, à la combe del Cung, au camp Redon, au camp del Périé, au camp de Reillac, à las Vignasses, à Soulanac, à las Serres et à Signergues ; — Pierre

Balaïé, voiturier, tient maison, pâtus, granges, jardin
et terres à Montfaucon, à Tras la Salle, à las Fontanelles, à la combe d'Aproux, au village de la Sivadié,
à la Rimès et à Tambourle, etc. — État des communaux. — État des biens nobles. — État des rues, ruel-
les, grands chemins et autres, carrefours et pâtus publics. — Confrontations générales du taillable de Montfaucon. — Table alphabétique.

E. 41. (Registre.) — In-folio, 290 feuillets. papier.

1755. — Nuzéjouls. — Cadastre de la communauté
de Nuzéjouls. — Tenanciers : Antoine Boudy, curé de
Nuzéjouls, tient maison, terres, vignes, friches et châtaigneraies à Nuzéjouls, à la rivière de Combarène, à
la combe de Castanié et à la Tausse ; — François Calmon, laboureur, tient maison, jardin, granges, pigeonnier, fourniol, terres, vignes, bois et châtaigneraies à
Nuzéjouls, au combel de Vayssière, au combel de las
Cavanounes, au camp de Brounious, à las Carrugues,
au Camp grand, à la combe de Castanié, aux Gravettes, à la Taune, à las Pièges, à Treguedina, à Combe
nègre, à la Croze, à Malebarthe, au prat de Théron, à
las Condamines, au camp de Bonhomme, à la rivière
de Combarène, à Lescalette, au combel del Saltré, au
camp de Jacques, à Souleillou, al camp del Moutou, à
Falgayras, au lac d'Albouys, au mas de Moles, al Tra-
vers-nègre, au pech Granié, al poux de la Valade, al
camp de la Moussette et al Travers de Calamane ; —
George Talayssac, tonnelier, tient maisons, pâtus, jardin, terres, vignes et friche à Nuzéjouls, à la rivière
del Saulas, à las Condamines, à la plane de Moles, à
las Carrugues et au combel del Saltré ; — François Caniac, cordonnier, tient maison, pâtus et vigne à Nuzéjouls et à Malebarthe ; — Jean Chanut-Bayot, laboureur, tient maison, granges, étables, terres, vignes,
bois, prés et châtaigneraies à Nuzéjouls, à la combe
de Vilhiés, au combel del Saltré, al poux de la Valade,
al camp de la Moussette, als Campayrous, al camp de
Raynal, à la combe de Castanié, al Travers nègre, à la
Taune, al Pech gravié, à Treguedina, à las Graves, al
Souleillou, à las Bassignies, au Pech de Feste, à la rivière de la Nauzé, al prat del Pagès, à las Condamines, al Falgayras et à Camp-peyroux, etc. — Table alphabétique à la fin du registre.

E. 42. (Registre.) — In-folio, 272 feuillets. papier.

1774. — Orniac. — Cadastre de la communauté
d'Orniac, contenant : l'arrêt de la Cour des Aides de
Montauban, enjoignant à la communauté d'Orniac de
faire procéder à la rénovation de son cadastre ; — la
délibération de la communauté qui règle la table d'a-
bonnement ; — la délibération qui fixe le dépôt du cadastre dans la maison de Jean-Pierre Salgues, pour y
être vérifié par les tenanciers du taillable d'Orniac ; —
le certificat de remise du cadastre. — Tenanciers :
Jean-Pierre Salgues, marchand, tient maison, granges,
étables, terres, vignes, grèses et bois à Orniac, aux
terroirs du Cloup et de la Cornayrete, au village de
Simon, aux terroirs du champ de Lafargue, du champ
de Frouxeau, des Bouygues, du Bousquet, du claux
de la Gouffie, de la Combelle, de la flour de lys, du
Débat, du chemin de Bourlande, de la place des Salis,
du chemin de Liauzu, du sol de Gadal, de Pisseby, de
la Combe, de las Combelles, de Roque-Thomas, du
Cloup, du jas de Fenoul, de Gorses et de la Place redonde ; — Pierre Quintal, travailleur, tient maison,
étables, jardin, terres, vigne et bois au village de
Simon, aux terroirs de Bourlande, du Cayré, du Bos
redon, du sol de Gadal et de Gorses ; — Jean Valette,
travailleur, tient maison, grange, terres, vignes et
grèses au village de Simon, aux terroirs du Débat, du
chemin de Bourlande, du sol de Gadal, du cloup de la
Souillague et de Gorses ; — Bertrand Cajarc, laboureur, tient maison, jardin, étables, grange, terres, vignes, grèses et bois au village de Simon, aux terroirs
du Débat, du chemin de Liauzu, de la Cornayrete, de
Pradels, du Barlat del Saltré, de la Tranchée, de Roque-Thomas, de la fontaine de Gorses, du jas de Fenoul et du puits de Bourlande, etc. — Répertoire des
noms des tenanciers à la fin du registre.

E. 43. (Registre.) — In-folio, 306 feuillets. papier.

1782. — Padirac. — Cadastre de la communauté
de Padirac. — Tenanciers : Jean Bouat tient maison,
grange, jardin, terres, chènevière, bois et vigne au
village de Mathieu, à Lascombes, à las Fontanelles, à
las Vialles, au camp Moger, au cloup de Bord et à la
combe de Bord ; — Pierre Bounet, du village de No-
gayrouse, paroisse de Thégra, tient terre et bois au
tènement du bois de Marty ; — Jean-François Bargues
tient maisons, grange, jardins, prés, terres et bois au
village de Lacoste, au tènement des Balajou, au village
de la Treille, au terroir de Laguille, au camp St-Jean,
à las Costes, à las Trémoulières, aux Agadis, au village de Mathieu, au tènement du cloup d'Aunet et al
Capilier ; — Alexis Brel, du village de Moussié, paroisse de Miers, tient terres à la combe de Taman ; —
Louis Bouat tient maison, grange, jardin, terres et

prés au village de Bord, au cloup de Bord, aux Agadis, au camp de Bord et au tènement de las Trémouliéres ; — Jean Bouvezi, de Bretenoux, tient une terre au pech de la Miliagues, etc. — État des communaux. — Table alphabétique à la fin du registre.

E. 44. (Registre.) — In-folio, 206 feuillets, papier.

1670-1671. — Puybrun. — Reconnaissances consenties en faveur du Roi, co-seigneur en pariage de Puybrun, avec le seigneur-abbé de Dalon, par : Mathurin Salvan, tisserand ; — Catherine Lalle, veuve de Pierre Lalle ; — Pierre Lafargue, vieux ; — François Mailhe ; — Jean Forsse, de la paroisse de Tauriac ; — Jean Granouilhac, maçon ; — Marguerite Paly ; — Marie Lespinasse, veuve de Louis Laussac ; — Pierre Cassan, hôte ; — Catherine Broussoles, veuve de Pierre Vailles ; — Pierre Granouillac, maçon ; — Jeanne Vayssière, veuve de Pierre Durand, etc.

E. 45. (Registre.) — In-folio, 296 feuillets, papier.

1740. — Puy-l'Évêque. — Cadastre de la communauté de Puy-l'Évêque. — Tenanciers : Jean Delbrel, d'Issudel, tient maisons, granges, étables, terres, jardins, vignes et bois à Issudel, au Peyret, au roc de las Piles, à la combe de Soulié, aux Barrades, aux Vignals, à la Geneste, à la Combe de Niord et à Puy-l'Évêque ; — François Andrieu, laboureur, du port de Puy-l'Évêque, tient maison, grange, sol, jardin, terres et vigne au Port, aux Gravettes, au Grès et à Malmayère ; — Jean Mollia, du lieu d'Issudel, tient maison, grange, jardin, terres, vignes, bois et friches à Issudel, à la combe de Soulié, au Battut, aux Barrades, à la Geneste et aux Coustals ; — Jean Jauffreau, sieur de Lagerie, avocat, tient le domaine de Lagerie, terres, friches et bois à la croix de Dinet, au Peyret, aux Gouffies et à la combe de Niord ; — Bernard Bladinières, du village de Roussié, paroisse d'Issudel, tient maison, grange, étables, four, jardin, prés, terres, vignes et bois au village de Roussié, au claux de Morau, à la Lande, au cros de Leygue, au Batut, à Sabresy, au Peyret, aux Vivals et à la combe de Niord ; — Bernard Demeaux tient maison, pâtus, sol, grange, terres, bois, vignes et friches au village de Roussié, au Peyret, à Bouterigine, à la Geneste, aux Barrades, aux Bouissous et aux Vignals ; — Jean Poujade, du village de Faurie, paroisse d'Issudel, tient une terre et une vigne au terroir del Batut ; — Pierre Rieux, potier de terre, du village de Rousié, tient maison, four, grange, étables, jardin,

terres, vignes, bois et châtaigneraies à Rousié au Peyret, à las Nauses, à Enganel, aux Barrades et à las Barthes, etc. — Répertoire des noms des tenanciers et copies des procès-verbaux des délibérations de la communauté au sujet de la confection du cadastre.

E. 46. (Registre.) — In-folio, 260 feuillets, papier.

1785. — Rassiels. — Cadastre de la communauté de Rassiels. — Tenanciers : le curé de Rassiels tient le pré dit de la Curade ; — Barthélemy Fraissinet, travailleur, du Plafaisant, tient maison, grange, sol, jardin, terres, vignes et bois à Plafaisant, à la Guilhe et au combel de Salart ; — les héritiers d'Étienne Ali tiennent maison, jardin, grange, pâtus, terres et friches à Plafaisant, à Peyre-Vidal, al Ferré et à la Guilhe ; — les héritiers de Jean Combarieu tiennent maison, grange, jardin, terres, vignes, prés, bois et friches à Labie, à la Segalières, al prat naut, à la coste de Labie, al camp d'Ailagoude, à la Berxouse, al Merlé, à las Rozes, à Tenèzes, al cap del combel de Mathieu, al pech de Bauriens, à la Moulinière, al Canabal et à Plafaisant ; — Pierre Durand, travailleur, du village de Labie, tient maison, grange, terres, vignes, bois et friches à Labie, à la Segalières, à la coste de Labie, au pech de Rassiels, à las Rozes et al Tanat ; — Jean Labie, travailleur, du lieu de Labie, tient maison, grange, terres, vignes et friches à Labie, à las Rozes, à las Segalières, à la coste de Labie, à la Carbataine, et als camps d'Ailats, etc. — Répertoire des noms des tenanciers et copies des procès-verbaux des délibérations de la communauté au sujet de la confection du cadastre.

E. 47. (Registre.) — In-folio, 69 feuillets, papier.

1770. — Senaillac-du-Causse. — Cadastre de la communauté d'Artix. — Tenanciers : Antoine Garrigues, docteur en théologie, prieur-curé d'Artix, tient granges, sol, chènevière et jardin à Artix ; — Hugues-Benoit d'Elhiot, écuyer, maire de la ville de Cahors, tient le domaine appelé du Cayré, plus terres, vignes et friches au camp del Fauré, au pech des Cayrous et à la fon de Guiral ; — Jean-Louis Dufour, bourgeois, tient maison, basse-cour, jardin, granges, terres, vignes, châtaigneraies et friches à Artix, au Tailladis, au pech des Cayrous, à la combe des Prats, à la Moussarière et au Cayré ; — Jean Cambres, bourgeois, tient maison, pâtus, jardin, chènevière, granges, terres, vignes, prés et bois à Artix, au pech des Carrés, à la vigne d'Augié, au Pech, à Lasplanettes, au cami de Caniac, au clos de Gabach, au Lac de Lépine, aux Camps grands, aux camps de las Gamasses, à la fon de Guiral, à la combe de St-Cernin et aux Barguières ; — Joseph Vigeon, laboureur, tient maisons, basse-cour, étables, granges, sol, jardins, terres, prés, patu-rages, bois et chènevières à Artix, au Pech, aux Bour-niac, à Rocamau, aux Devèzes, à las Combes et au Poumayriol, etc. — Répertoire des noms des tenan-ciers et copies des procès-verbaux des délibérations de la communauté au sujet de la confection du cadastre.

E. 48. (Registre.) — In-quarto, 293 feuillets, papier.

1482-1489. — St-Céré. — Reconnaissances con-senties en faveur des vicomtes de Turenne par les te-nanciers de St-Céré, de St-Jean, d'Autoire, de St-Mé-dard, de Belmont, de St-Laurent, de Frayssinhes, de St-Vincent, de Lentillac et de Molière. — Noms des tenanciers : Hugues Longueval, marchand, de St-Céré; — Antoine Nègre, fils d'autre Antoine, de St-Céré ; — les époux Raymond Pestelh et Joanne Couderc, de St-Céré ; — Rigal Serot, fils de Bertrand; — Géraud de Maynard, fils de Jean ; — prudent homme Rigal La-caze ; — Jean Berrier, fils d'autre Jean ; — Pierre Vayssié, parcheminier; — Jean Lafarges ; — Jean Du-puy; — Bernard Ribière ; — Pierre et Jean Marti, frères ; — discret homme maître Guillaume Vabre, no-taire public à St-Céré, etc. — Noms des quartiers, fiefs et tènements : La Montrandie, place du Mercadial, pont de bois, faubourg de l'Église, rue de Soulhac, pont de pierre ou de l'hôpital, rue des Masels, rue de St-Cirq, rue de la Bladerie, barri de Lacalm, les Oubra-dous, Labardonie, Presset, Boulet, Sarrogousse, Canet, Forssou, Labourrie, Mirandes, Cabrette, Roussy, La-combe, Linayrials, Moulin de Viguié, Les Affachadous, le Cimetière vieux, Robinet, Escornevaque, Castelvialo, Lamole et Tavel, Labouguesie, Espalieu, Vergnes, Bour-nasel, le Puy de St-Cirq, Bruelh, Mirabel, Riblattes, Sarran, etc. — Répertoire des noms et table des fiefs.

E. 49. (Registre.) — In-folio, 308 feuillets, papier.

XVIII° siècle. — St-Hilaire de Bessonies. — Ca-dastre de la communauté de St-Hilaire de Bessonies. — *Premier volume.* — Villages compris dans la com-munauté de St-Hilaire : Balaissac, le Bastit, Bessonies, Le Bex, Le Bruel, Claviers, Le Colomb, Estialous, Les Estors, Las Fajeolles, Le Fau, Ferluc, Groscassan, St-Hilaire, Iffernet, Labro, La Laubie, Mauric, Neuville,

Le Partit, Le Poujoulat, Le Prat, Roubi, Les Rousties, La Sagne, Savadal, Le Suc, Le Toupinot, Belaubre, Le Bosc, La Bournière, Combelongue, Haute-Cassagne, Lascroux, La Florentie, La Grasserie, Jagoi, Labro, Maldes, Ste-Marie, château de Naucaze, Parlan, Pue-chal, La Ressegue, Sauvestre, La Tronquière et le Vern. — Noms des tenanciers : Jean Balaissac, Descar-gues, Jean-Pierre Lacroix, Guisbert Lafon, la veuve de Jean-Pierre Roudergues, Jean Sudre, du village du Balaissac ; — Pierre Labro, Guillaume Sournac, Guil-laume Sudre, du village du Bastit ; — Jean Balaissac, M. de Bessonies, Antoine Espinadet, Durand Loudes, etc., du village de Bessonies, etc.

E. 50. (Registre.) — In-folio, 254 feuillets, papier.

XVIII° siècle. — St-Hilaire de Bessonies. — Ca-dastre de la communauté de St-Hilaire. — *Second vo-lume.* — Noms des tenanciers : Antoine Espinadet, Antoine Fau, Pierre Isserte, François Maleviale, du village de St-Hilaire ; — Mathieu Claviès, Jean Roques, Jean Vermande, du village d'Iffernet ; — Jean Ric, du village de Labro ; — les héritiers de Marianne Barrai-rou, veuve de Gabriel Lacarrière, Jean Doucet, Cézaire Maldès, Jean Venries, du village de la Laubie, etc.

E. 51. (Registre.) — In-folio, 337 feuillets, papier.

1772. — Vaillac. — Cadastre de la communauté de Vaillac. — Tenanciers : messire Pons-Jean-François de Tournier, seigneur-comte de Vaillac, tient noblement « un château édifié à cinq tours, une chapelle au-de-vant, écuries à deux tours, avec grange, greniers, au-tre tour, au-devant dudit château, où est la prison, ter-rasses, orangerie, cour, garenne, bois, vigne, terre et verger le tout joignant » plus terres, patus, vignes, prés, pigeonnier, bois et friches dans le bourg, à Au-rival, à Auriol, au Colombié, à Sagnès, à la rivière de Foulon, à Régagnac, à la combe de Burrellat et à Mar-sac ; — le même seigneur tient ; comme biens ruraux, terres, prés, vignes et bois à Vieilles mortes, à las Barrades, à Combe-rouge, à la rivière de Seygasse ou de Biars, au combel de Goujounac, à Marsac, à Bous-catel et à Perrou ; — le curé de Vaillac tient un pré et une chènevière à Marsac et à Catimort ; — M. François Valon, bourgeois, tient maison, moulin, granges, ter-res, jardin, prés, vignes, bois et friches à Vieilles-mortes, à Pont-Valès, à las Malaudes, à Goulfet, à Fe-nayrol, à Bellague, à la Rode et au mas del Bos ; — Jean Alaniou, bourgeois, tient maison, étables, jardin, terres, vignes, prés et bois à Vaillac, à Aurival, à Catimort, à Pont-Valès, au Pouzadou, à Lescure, à las Pradasses, à Lavit, à Goulfet, à la combe de Rebedesque, à Coste longue, à la Rode et à las Loubatières, etc. — Répertoire des noms des tenanciers. — Confrontations générales du taillable de Vaillac. — État des chemins et ruisseaux de la communauté. — Copies des procès-verbaux des délibérations de la communauté au sujet de la confection du cadastre.

E. 52. (Registre.) — In-quarto, 258 feuillets, papier.

1668. — Vers et Velles. — « C'est le sommaire du cadastre de Vers et Velles pour faire les charges et descharges et annuellement l'imposition des deniers royaux, faict par moy Jean Raynal, notaire royal et arpanteur de Boyssières, en lannée mil six cens soixante huict. » — Noms des tenanciers : les chartreux de la ville de Cahors ; — Géraud de Peyrot, prêtre et recteur de Vers ; — les prêtres obituaires de Vers ; — Antoine Do, prêtre et chapelain ; — Pierre Faurie, bourgeois ; — les époux maître Raymond Pelissié, docteur et avocat, et demoiselle Antoinette Cambornac ; — maître Bernard Davy, notaire ; — maître Jean Leygue, notaire ; — maître Arnaud Prieu, prêtre et recteur de Francoulès ; — maître Antoine Dazols, docteur, avocat et juge de Saint-Cirq ; — maître Jean Cambornac, praticien, etc.

Département du Lot

INVENTAIRE SOMMAIRE

DES

ARCHIVES DÉPARTEMENTALES ANTÉRIEURES A 1790

SÉRIE G

(Clergé séculier. — Archevêchés, Chapitres métropolitains, Officialités métropolitaines et autres juridictions relevant des Archevêchés, Evêchés, Chapitres épiscopaux, Officialités épiscopales et autres juridictions relevant des Evêchés, Séminaires, Eglises collégiales, Eglises paroissiales et leurs fabriques, Bénéfices, Chapelles Aumôneries, etc.)

ÉVÊCHÉ DE CAHORS

G. 1. (Cahiers.)— 2 cahiers in-fo et in-4o, 34 feuillets papier ; —
1 cahier in-4o, 6 feuillets, parchemin.

1214-1773. — Table alphabétique des hommages rendus aux évêques de Cahors. — Au nombre des vassaux des évêques, figurent, dans la juridiction d'Albas: noble Bertrand Benedicti (Albas, Luzech — 5 janvier 1329) ; — noble Raymond de Lisle de Montégut (Albas, Cambayrac, Luzech — 8 janvier 1329); — noble Bernard de Giscard (Albas, Pech, Belaye, Rouffiac — 26 janvier 1329) ; — noble Bernard Buffeti ou Buffet (Albas, Belaye — 26 janvier 1329) ; — noble Brugal de Brugal de Belaye (Albas, Belaye, Castelfranc, Lherm, La Masse — 26 janvier 1329) — noble Pelegrin d'Anté (Albas, Luzech, Sauzet, Cambayrac — 12 septembre 1330) ; — noble Amalvin de Comarque (Albas, Luzech, Belaye, La Masse, Castelfranc — 19 mai 1368) ; — noble Bernard de Giscard, fils de Bernard (Albas, Belaye, Pech, Rouffiac — 6 juin 1368) ; — noble Guillaume Bertrand de Giscard (Albas, Pech, Belaye, Rouffiac —13 octobre 1389) ; — noble Pierre de Ramefort (Albas, Belaye, Castelfranc — 26 janvier 1390) ; — noble Bertrand del Truffié, dit de Buffet (Albas, Belaye — 26 janvier 1390;)— noble Guillaume Bertrand de Giscard (Albas, Lacoste, Grézels, Pech, Belaye, Rouffiac — 11 avril 1391) ; — noble Amalvin de Gironde, héritier d'Arnaud de Comarque (Albas, Belaye, Luzech, La

Masse, Castelfranc — 13 octobre 1391) ; — noble Jean de Montégut, fils de Jean, héritier de noble Jean de Lisle de Montégut (Albas, Cambayrac, Luzech — 26 novembre 1391) ; — noble Izarn de Valens, héritier de Pelegrin d'Anté (Albas, Luzech, Sauzet, Cambayrac — 16 janvier 1392) ; — noble Pons de Salagnac, seigneur du Boulvé (Albas, Boulvé, Ségos, St-Matré, Farguettes, Castelfranc, Pech, Creyssens, Belmontet, Beauvila, Cambayrac, Montdoumerc — 26 novembre 1610) ; — noble Bertrand de Malegat (Albas, Anglars, Caillac, Lagrezette, Espère, Belaye, Castelfranc, Prayssac — 6 juin 1612) ; — les chanoines réguliers de Cahors (Albas, Cayrou, Pech, Belaye, Rouffiac, Cahors, Espère — 16 janvier 1672), etc. — Dans la juridiction de Belaye, figurent : Pierre Barasci (Belaye, Pech, Luzech — 5 novembre 1280); — noble Ytier de La Roque (Belaye — 5 novembre 1280) ; — noble Bernard de Floiras — 5 novembre 1280) ; — noble Bertrand de Meyme (Belaye, Pech, Luzech — 15 novembre 1280) ; — noble Berail de Veyrols (Belaye, Pech — 28 novembre 1280); — noble Pons Delpech (Belaye, Tourniac, Cluzel, Luzech — 9 décembre 1280) ; — noble Arnaud de Floiras (Belaye, Floiras — 22 décembre 1280); — Bertrand de Belmontet (Belaye, Rouffiac — 12 novembre 1301); — Pierre de St-Geniès (Belaye, Luzech, Pech, Castelfranc, Rouffiac — 12 novembre 1301) ; — noble Bernard de Giscard de Lacoste (Belaye, Lacoste, Pech, Rouffiac — 12 novembre 1301) ;— damoiselle Gailharde de Floiras, veuve de Bertrand de Comarque (Belaye,

4

Floiras — 20 novembre 1301) ; — noble Arnaud de Monfavens (Belaye, Pech — 14 janvier 1329); — noble Arnaud de Lavalette (Belaye, Flays, Mardesque, Sérignac, Ségos — 26 janvier 1329) ; — noble Gailhard de Laroque d'Anglars (Belaye — 26 janvier 1329) ; — noble Bertrand de Belmontet (Belaye — 26 janvier 1329); — Arnaud Pons de Caors (Belaye, Castar près Roufflac — 27 janvier 1329) ; — noble Gailhard de Lezergues (Belaye, Pech, Luzech — 18 janvier 1330) ; — noble Hugues de Monpila (Belaye, Castelfranc — 6 février 1330) ; — noble Bertrand Barasc de Roufflac (Belaye, Roufflac — 15 février 1330) ; — noble Alazie de Peyrille (Belaye, Beauvila, Prayssac, Castelfranc — 2 novembre 1391); — noble Bertrand de Castagné (Belaye, Cousserans, St-Michel — 5 mars 1461), etc. — Dans la juridiction de Boissières, figurent : Hugues Béral (Boissières, Lugates — 1305) ; — noble Raymond Bernard de Durfort (Boissières, Calamane, Lugates — 3 juillet 1336) ; — noble Bertrand de Durfort (Boissières, Calamane, Lugates — 24 juillet 1368) ; — messire Jacques de Durfort (Boissières — 13 novembre 1644), etc. — Dans la juridiction de Cambayrac, figurent : noble Gailhard Benoit de Luzech (Cambayrac, Cournou, Sauzet, La Masse — janvier 1300); — noble Raymond de Lisle de Montégut de Luzech (Cambayrac — 8 janvier 1329) ; — noble Bertrand Benedicti de Luzech (Cambayrac, Cournou, Sauzet, La Masse — 5 janvier 1329) ; — noble Pons de Salagnac, seigneur du Boulvé (Cambayrac — 26 novembre 1610) ; — M. de Mordesson (Cambayrac, Sauzet — 30 mars 1768), etc. — Dans la juridiction de Cajarc, figurent: noble Hugues de Laroque (Cajarc, Laroque-des-Arcs, Valvert, Aguzou, Verlhes — 22 décembre 1280) ; — noble Pierre de Cajarc (Cajarc — 22 décembre 1280) ; — les consuls de Cajarc (2 juin 1321); — noble Bertrand Hebrard de St-Sulpice (Cajarc — 19 janvier 1330) ; — noble Gasbert de Cajarc (Cajarc — 28 juillet 1330) ; — noble Arnaud de Cajarc, fils de Gasbert (Cajarc — 2 avril 1391) ; — Bernard Brun de Cajarc, pour Guillaume de Carbonié (Cajarc — 9 novembre 1394) ; — messire Jacques de Laurency de Montbrun (Cajarc — 26 mars 1633) ; — noble Jacques de Cajarc, seigneur de Gaillac (Cajarc — 14 novembre 1641), etc. — Dans la juridiction de Galvignac, figurent : noble Déodat, vicomte de Calvignac (Calvignac, Neule, Cénevières — 20 décembre 1329); — noble Raymond de Caussade (Calvignac, Neule, Cénevières — 9 février 1391) ; — Charles de Latour de Gouvernet et noble Pierre de Laporte (Calvignac, Larnagol — 16 décembre 1638), etc. — Dans la juridiction de Cahors, figurent: les consuls de Cahors (Cahors — 10 octobre 1280) ; — noble Bertrand de Lard, archidiacre (Cahors — 17

août 1361); — messire Guillaume Lefranc de Lisle (Cahors — 2 janvier 1673); — le collège de Rodez (Cahors — 5 janvier 1673) ; — noble André Lacroix de Gironde (Cahors — 26 mars 1673); — le chapelain de N.-D. de Labarre (Cahors — 13 mars 1673); — les Jacobins (Cahors — 13 mars 1673) ; — les dames de Ste-Claire (Cahors — 16 avril 1673); — le collège de Pélegry (Cahors, Pech, Prayssac, Pomarède, Goujounac, Pradines, St-Géry — 8 juin 1673, etc. — Extraits de titres d'hommages rendus aux évêques de Cahors par nobles Jean et Gaillard de Bonafoux pour des fiefs situés dans la paroisse de Gigouzac (1347, 1371, 1395) et par les seigneurs de Miremont pour des fiefs situés dans la paroisse de St-George-de-Nozac (1516).

G. 2. (Registre.) — In-fo, 79 feuillets, papier.

1656. — Reconnaissances consenties par divers habitants de Lherm en faveur de messire Alain de Solminihac, évêque, baron et comte de Cahors, seigneur justicier haut, moyen et bas dudit Lherm. — Au nombre des tenanciers figurent : Bertrand Solagès, praticien ; — Jean Estrades, charpentier : — Jean Micaeli précepteur ; — Guillaume Maury, procureur d'office; — Jean Drouilhe, marchand ; — Jean Delerm, cordonnier ; — Anne Delfour, veuve de Jean Menié ; — Antoinette Solagès, veuve de Guillaume Lagaspie ; — Arnaud Auricoste, forgeron ; — Françoise Besombes, femme de Jean Ricar, forgeron ; — Guinot Viguier, vigneron ; — Héliot Ratier, vigneron ; — Pierre Delbreil, serrurier ; — noble François de Giniès, recteur; — Perrette Lacombe, veuve d'Hugues Belalbre ; — Benoît Rouquet, travailleur ; — Marguerite Fourès, veuve de Jean Tavernié ; — Léone Besombes, veuve de Jean Delerm, etc.

G. 3. (Registre.) — In-fo, 122 feuillets, papier.

1670-1691. — Hommages rendus en faveur de l'Évêché de Cahors, par-devant maître Soulié, notaire. — Au nombre des tenanciers, figurent : maître Pierre Bonal, notaire (terres sises au terroir de Lasvesanes, paroisse de Flaugnac — 4 décembre 1670); — les consuls de Cajarc — 12 décembre 1671 — « Je Louis Bramaric, consul de la ville de Cajarc, tant pour moy, que pour mes consorts consuls et communauté de Cajarc confesse à vous illustrissime et reverendissime prélat monseigneur Nicolas de Sevin, évêque, baron et comte de Caors, seigneur justicier en seul de la ville et terre de Cajarc, que nos prédecesseurs consuls et communauté de votre ville de Cajarc ont tenu de toute ancieneté et moy et mes consorts consuls et communauté dudit Cajarc, tenons à présent de vous et de vos prédecesseurs seigneurs évêques et de votre église de Caors, en fiefs nobles et non nobles, ce que nous tenons et possédons dans votre terre, seigneurie et paroisse de Cajarc de quelque nature et état que ce soit et puisse être, soit justices, cens, rentes, achats, terres labourables et non labourables, port, poids, mesures, maison commune, fossés, murs et clefs de la ville, herbages, pacages, paturages, terroirs et autres choses, coutumes et privilèges accordés à la communauté pour lesquelles susdites choses que nous possédons dans ladite ville, nous dits consuls et communauté de Cajarc donnons et payons et sommes tenus donner et payer, tout ainsi que nos prédécesseurs ont accoustumé de payer à vous et à vos successeurs 'seigneurs évêques à votre première entrée audit Cajarc trois deniers tournois blancs d'argent.... » ; — messire Charles de Cajarc, seigneur de Gaillac et autres places (cens, rentes, achats, terres labourables ou non, moulins, etc. dans la terre de Cajarc — 12 décembre 1671) ; — noble Louis de La Sudrie, sieur de Calvayrac (repaire de Calvayrac, dans la paroisse de Prayssac — 13 décembre 1671) ; — noble Jean de Guiscard, sieur de Pech, de Sirech et de Bar, et noble François de Guiscard, sieur de Cledelles, son frère (fiefs nobles, cens et rentes dans la châtellenie de Puy-l'Évêque — 15 décembre 1671) ; — noble Charles de Durfort, sieur de Cousserans (fiefs nobles de Cousserans et de Belaye — 17 décembre 1671) ; — François Fabre, capitaine, agissant au nom de noble Paul de Bar, sieur de Lavalette (terre de Flaye et Mardesca — 17 décembre 1671) ; — noble Jean Marc de Gaulejac, sieur de Lacam (fief noble de Massarrat, dans la paroisse de Lherm — 18 décembre 1671) ; — noble Paul de Laboissière, sieur de Bouygues (fiefs nobles dans la paroisse des Bouygues — 19 décembre 1671) ; — Pierre de Jaufreau, sieur de Lacroze, conseiller du Roi en la cour des aides de Montauban (fiefs nobles dans la châtellenie de Puy-l'Évêque — 19 décembre 1671) ; — noble Georges du Tillet, sieur de Touron (repaire et maison noble du Touron, dans la paroisse de Prayssac — 19 décembre 1671) ; — noble Jean César de Castanier, prieur commendataire du prieuré de N.-D. de Molières, dit Francoulès, de l'ordre des chanoines réguliers de St-Augustin (prieuré — 20 décembre 1671) ; — noble Guy de Malegat, sieur d'Anglars (repaire d'Anglars et cens, rentes, bouriages, prés, bois, vignes, moulins dans les paroisses d'Anglars, Belaye, Latour, Albas, Castelfranc, La Masse — 21 décembre 1671) ; —

messire Jean-Cyrus de Losse, seigneur-marquis dudit lieu, Calamane et autres places (château, terre et seigneurie de Calamane, avec toute justice haute, moyenne et basse — 16 août 1672) ; — Jean Bories, bourgeois de la ville de Cahors (rente foncière et directe dans la paroisse d'Espère — 31 décembre 1672) ; — Guillaume Dufranc, sieur de Lisle (cens et rentes dans la ville de Cahors — 2 janvier 1673) ; — messire Étienne de Saux, seigneur de Peyrilles, conseiller du Roi en ses conseils, son avocat général et garde des sceaux en la cour des aides et finances de Cahors, séant à Montauban (cens et rentes dans la ville de Cahors — 2 janvier 1673) ; — Jean Filhol, docteur et avocat en Parlement de la ville de Cahors, juge de Pomarède, agissant en qualité de procureur de sœur Élisabeth d'Aston, prieuré du prieuré de Pomarède (prieuré — 4 janvier 1673) ; — Jean de Merlin, prieur du collège St-Étienne de Rodez (fiefs dans la ville de Cahors — 5 janvier 1673) ; — François Roaldès, chanoine théologal au chapitre de Cahors, procureur fondé du chapitre cathédral de Montauban (dîmes perçues par le chapitre de Montauban dans la paroisse et l'église de St-Pierre de Bagat — 21 février 1673) ; — noble André de Lacroix, seigneur de Gironde, conseiller au siège présidial de Cahors (fiefs à Cahors et à Cournou — 6 mars 1673) ; — messire Géraud Lefranc, second président en la cour des aides de Cahors, séant à Montauban, agissant tant pour lui que pour dame Hélène de Courtois de Cayx, son épouse (terre de Cayx — 6 mars 1673) ; — Arnaud Daudubert, prêtre prieur de Concots et chapelain de N.-D. de Labarre, de Cahors (cens, rentes foncières et directes de la chapellenie de N.-D. de Labarre — 13 mars 1673) ; — R. P. Dominique Serres, prêtre, professeur en théologie en l'Université de Cahors et prieur du couvent des frères prêcheurs de l'ordre de St-Dominique, de Cahors (cens et rentes foncières à Cahors — 13 mars 1673) ; — Jean de Bisme, docteur et avocat en Parlement, habitant à Cahors (cens et rentes foncières à Cahors — 13 mars 1673) ; — Pierre Raynal, prêtre prébandier en l'église cathédrale de Cahors (cens et rentes foncières à Cahors) ; — Jean Dazemard, prêtre, docteur en droit, proviseur du collège St-Nicolas de Pélegry, de Cahors (cens, rentes, dîmes à Cahors et dans les paroisses de Puy-l'Évêque, Prayssac, Pomarède, Goujounac, Pradines, St-Géry — 8 juin 1673) ; — demoiselle Philippe de Gaulejac, épouse de noble Jean d'Arnauldy, sieur de la Tauge, du lieu de Cézac, juridiction de Montcuq (biens nobles dans la terre et juridiction de Castelnau-des-Vaux, provenant de la maison de Montagut — 14 juillet 1673) ; — R. P. Hugues Fabre, prieur du couvent des Augustins de

Cahors (cens et rentes foncières et directes à Cahors — 14 juillet 1673); — R. P. Justin de St-Pierre, prieur du couvent des Carmes réformés, du Pont-Vieux (cens et rentes foncières et directes à Cahors — 14 juillet 1673); — messire Guy de Léon Roger de Comenge, vicomte de Bruniquel, seigneur de Gasques, héritier testamentaire de messire Bertrand Roger de Comenge, vicomte de Bruniquel, seigneur de Rozier (moitié en fruits décimaux excroissant en la paroisse de l'église de Chaustrac — 30 novembre 1673); — messire Jacques Victor de Touchebœuf, seigneur comte de Clairmon, baron de Gramat, seigneur de Thégra, Besse et autres places (cens, rentes, acaptes et autres droits dans la paroisse de Gagnac — 30 novembre 1673); — Guillaume Planhiol, secrétaire en l'université de Cahors (métairie de Labéraudie — 10 décembre 1673); — messire Alexandre de Galard de Béarn et de Brassac, chevalier, seigneur, baron et comte dudit Brassac, Larocheraucour, Clyons, Somouzac, St-Maurice et Larivière (dîmes de blé et de vin et autres choses perçues dans les paroisses ou églises de Brassac, le Bugat, St-Clémens, St-Hilaire, St-Nazaire, Mongaudou, Laburguede, Buzenou, Campaignac, St-Pierre-Alpuhel, etc. — 8 février 1675); — Jacques Deilles, procureur en la Cour présidiale de Cahors (rente foncière et directe sur le ténement de Lespinasse, dans la juridiction de Montdoumerc — 10 décembre 1676); — les consuls de la ville de Cahors (le consulat de la ville, ponts, portes, murailles, muretes (sic), places, maisons, émoluments, poids, mesures, arrière fiefs, cens, rentes, police, droit de pêche, juridictions, droits, autorités et privilèges, comme aussi les terres et seigneuries de Lacapelle, Larozière, Bégoux, Cavaniès, St-Cirice et leurs dépendances avec toute juridiction haute, moyenne et basse, mère, mixte, impère, exercice d'icelle, cens, rentes, droits de chasse, de pêche et autres droits et devoirs seigneuriaux — 9 juillet 1680); — noble Jean d'Arnaldy, sieur de la Tauge, faisant tant pour lui que pour son fils nobles Pons François d'Arnaldy, sieur de Montagut (terres, possessions, héritages, cens et rentes dans la terre et seigneurie de Castelnau-des-Vaux — 7 mai 1685); — messire Paul de Laboissière, seigneur dudit lieu, près de la ville de Lauzerte (terre et seigneurie de Lasbouygues — 19 juin 1685); — Samuel de la Resseguerie, procureur fondé de demoiselle Suzanne de Thiorry-Sabonnières, veuve et héritière de Robert de Garrisson, de Montauban (dîmes inféodées dans les paroisses de Montjoy et Planelz — 25 juillet 1691); — noble Joseph de Guiscard, sieur de Laroqueyrie (biens nobles dans les châtellenies de Belaye, Puy-l'Évêque et ailleurs — 2 janvier 1672); — noble Jean-Jacques de Vigier, sieur de Latour (fiefs nobles dans les paroisses de Sérignac et Ségos — 16 janvier 1672); — noble Pierre d'Albarel, sieur de Labastidette (repaire et maison noble de Labastidette — 18 janvier 1672); — noble George de Guiscard, sieur de Lacoste-Grézels (repaire de Lacoste-Grézels et biens dans les châtellenies de Belaye et de Rouffiac — 28 janvier 1672); — Pierre de Montluc, faisant pour son frère messire François de Montluc, seigneur marquis de Lagarde, Miramont et autres places, gouverneur pour le Roi de la ville et château d'Orthès en Béarn et capitaine d'une compagnie de chevau-légers (la moitié des dîmes des paroisses de St-George, St-Pierre-de-Nazac et St-Cernin des Pintiers — 12 février 1672); — messire Gaspard de Latour de Gouvernet, marquis de Larose, vicomte de Paulin, comme procureur fondé de messire Charles de Latour, seigneur de Gouvernet, marquis de Cénevières, vicomte de Calvignac et Gueyffler, baron d'Ayx et d'Aubernie, sénéchal de Valentinois (château de Calvignac — 27 novembre 1672); — messire Gaspard de Latour de Gouvernet, marquis de Larose, vicomte de Paulin (place, terre et seigneurie et vicomté de Paulin avec les paroisses qui en dépendent — 27 novembre 1672); — noble François de Salaignac, seigneur de Lamothe-Fénelon (place, terre et seigneurie de Lamothe et lieu de Massaut — 26 décembre 1672); — François Roaldès, prêtre, docteur en théologie, chanoine théologal en l'église cathédrale de Cahors (cens et rentes dans la paroisse d'Espère — 31 décembre 1672), etc.

G. 4. (Liasse.) — 7 pièces, papier; 1 pièce, parchemin.

1631-1760. — Mémoire, avec réponse contradictoire, sur le droit des Évêques de Cahors d'établir dans leur ville épiscopale des maîtrises d'arts et métiers et de donner des lettres de maîtrises. — Note sur un échange d'églises et de prieurés, passé en 1270, entre Barthélemy de Roux, évêque de Cahors, et Bernard, abbé de Moissac. — Mémoire, supplique et correspondance de Pierre Habert, évêque de Cahors, à l'effet d'obtenir que les biens appartenant aux hôpitaux et qui, par négligence des administrateurs, ont été usurpés, soient rendus à ces établissements.

G. 5. (Liasse.) — 18 pièces, papier.

1642-1658. — Correspondance de l'Évêque de Cahors, Alain de Solminihac, de MM. Garat, grand-vicaire, Espiau, procureur près le Parlement de Tou-

louse, et Gauzens, prieur, touchant : la poursuite de
procès devant le Parlement de Toulouse; — le paiement
de rentes à l'Évêché; — l'exercice du culte protestant.
— Mémoire pour Mgr Alain de Solminihac au sujet
d'une rente de froment et d'avoine payée à Castelnau,
par madame la marquise de Roquefeuil.

G. 6. (Liasse.) — 71 pièces, papier.

1642-1658. — Procès-verbaux d'abjurations de
l'hérésie de Calvin reçues par Mgr Alain de Solminihac
ou par ses délégués. — Au nombre de ces abjurations,
on remarque celles de : Marc-Antoine d'Héraudy,
ancien conseiller au Sénéchal de Figeac. « Ce' jeudy
jour de Sainct Michel huictiesme du moys de may mil
six cents quarante-deux je me Marc Anthoyne d'Héraudy, jadis conseiller au Sénéchal de Quercy, siege de
Figeac ay faicte ma profession de foy dans l'eglize
cathédrale de la ville de Caors, entre les mains de
monseigneur l'illustrissime Evêque, baron et comte de
ladite ville et abjuré pour jamays la religion prethendue
refformée, laquelle je professois et ay recue son absolution et benediction, en foy de quoy me suis soubsigné»;
— Jean Padirat, de la paroisse de Capdenac (18 avril
1643); — Pierre de Valette, sieur de Lenclos (26 février 1644);—noble Benjamin du Sorbier, écuyer, sieur
de Latourasse (10 novembre 1644); — messire Jacques
de Gontaud de Biron, baron de Salignac (27 août 1645);
— Gédéon Pontier, de la ville d'Andouze, diocése
d'Uzès (20 septembre 1647); — Jean de Cazetes, avocat en Parlement, habitant du lieu de Marminiac, en
Quercy (8 mars 1646); — noble Pierre de Pouzols,
écuyer, sieur de la Rivière (21 août 1647); — damoiselle
Jeanne de Boudes, native de Montauban et demeurant
à Cariac, juridiction de Mirabel (29 août 1648); — Jean
Maleville, passementier, de la ville de Montauban
(27 août 1650); — Jean Marre, notaire royal, de Limogne (2 juin 1650), etc. — Formules de serment et de
professions de foi catholique.

G. 7. (Liasse.) — 58 pièces, papier.

1647-1659. — Requêtes, mémoires, arrêts des
Conseils d'État et privé du Roi, touchant les taxes imposées aux évêques pour les aumônes à faire aux
pauvres de leur diocèse. — Procès-verbaux des
séances des assemblées tenues par l'évêque Alain de
Solminihac pour la distribution de secours aux pauvres. — Rôles des pauvres de la ville de Cahors. —
État de répartition de taxes sur les prieurés du diocèse
pour servir aux aumônes.

G. 8. (Liasse.) — 6 pièces, papier.

1664-1740. — Lettre du Cardinal Rosigliosius à
l'évêque de Cahors, Nicolas de Sevin, touchant la vie
d'Alain de Solminihac. — Mandement de Mgr de Sevin
pour le grand Pardon de Notre Dame de Rocamadour.
— État de la succession de Nicolas de Sevin. — Acte
d'acquisition par l'évêque Henri Lejay d'une maison,
sise à Cahors, rue de la Daurade. — Copies du testament de l'Évêque Henri de Briqueville de la Luzerne.

G. 9. (Liasse.) — 69 pièces, papier.

1745-1761. — Correspondance de l'intendant
Lacoré, des subdélégués Liausu et Boscas du Meuré,
du procureur du Roi au Présidial de Brive, des juges et
consuls de Bruniquel, de M. Bories, supérieur du
Séminaire de Cahors, du supérieur général de la
Doctrine Chrétienne, de chanoines, de curés et
d'ecclésiastiques avec Mgr Duguesclin, évêque de
Cahors, touchant : les délimitations des paroisses de
Saint-Cirq et de La Bénéchie ; — la conduite scandaleuse du maître d'école de Montfaucon ; — l'envoi
de copies de bulles portant union de bénéfices au
collège de Pélegry ; — le refus d'un protestant de
faire baptiser à l'église un nouveau-né ; — l'envoi d'un
prédicateur à Bruniquel ; — les inconvénients qui ré-
sultent pour l'instruction de la jeunesse de charger les
vicaires de faire la classe aux enfants des paroisses
voisines ; — la lecture des monitoires aux prônes ; —
la soumission de divers ecclésiastiques à la constitution dite *Unigenitus*, etc.

G. 10. (Liasse.) — 78 pièces, papier.

1762-1764. — Correspondance de l'intendant de
Gourgue, de l'archevêque de Narbonne, de l'évêque
de Lombez, du subdélégué Dubruel, du général de la
Doctrine chrétienne, de prêtres de la Mission, de curés, de religieux, d'ecclésiastiques, etc., avec Mgr
Duguesclin, évêque de Cahors, touchant : certaines
contestations entre le curé et la prieure de Pomarède;
— les quêtes au profit de l'hôpital des Quinze-Vingts ;
— l'entrée d'un fou à l'hôpital de Cahors ; — la conduite scandaleuse d'un commis au bureau du contrôle
de Lacapelle-Marival ; — le paiement du vingtième
dans la communauté de Montcuq ; — les renseignements fournis sur des prêtres de la Doctrine chrétienne ; — certaines accusations de jansénisme portées
contre des prédicateurs ; — la réclusion de femmes

de mauvaise vie ; — la rétractation de discours tenus contre la bulle *Unigenitus* par divers ecclésiastiques, etc.

G. 11. (Liasse.) — 25 pièces, papier.

1749-1764. — Lettre de l'intendant des finances Boullongue à l'évêque Duguesclin et mémoire touchant l'extinction de la mendicité. — Copies des bulles des papes Benoît XIV et Clément XIII au sujet des jubilés des années 1750 et 1759. — Mandement de Mgr Duguesclin pour la publication du jubilé de 1759. — Notes et observations sur la bulle *Unigenitus*. — Circulaire de l'évêque de Cahors relative à la publication au prône paroissial d'une ordonnance du maréchal de Richelieu concernant le port d'armes. — Acte de cession de tous les revenus du doyenné de Cayrac en faveur du séminaire de Cahors, ledit acte passé par messire Pierre Barral, doyen dudit Cayrac. — Mémoires concernant les réparations des églises et des bâtiments qui dépendent de l'Évêché de Cahors. — Projet d'ordonnance soumis à Mgr Duguesclin par l'Évêque de Limoges touchant les limites des deux diocèses.

G. 12. (Cahier.) — In-quarto, 18 feuillets, papier.

1764. — Procès-verbaux de visites d'églises du diocèse dressés par M. de Solminihac, grand vicaire.— Au nombre des églises visitées figurent celles de Pern, Boisse, Thézels, Saint-Aureil, Sauveterre, St-Cernin, Tissac, Cagnac, Flaugnac, St-Paul-de-Loubressac, Cornus, St-Romain, Léribosc, St-Marc, Belpech, Piquecos, St-Maurice, Boudou, Malauze, Ste-Livrade, Lissac, etc.

G. 13. (Liasse.) — 31 pièces, papier ; 2 pièces, parchemin ;
1 sceau en cire.

1767-1771. — Copie de la prestation du serment de fidélité prêté par Mgr de Cheylux, évêque de Cahors. — Procès-verbal d'abjuration de l'hérésie de Luther, de noble dame Louise-Caroline de Wangenheim, originaire de la ville de Hanovre en Allemagne, veuve de messire Frédéric-Charles de Schlieben. — Mémoire pour le diocèse de Cahors concernant le paiement d'une imposition de 3,000 livres pour l'achat de l'hôtel de la Chambre souveraine de Toulouse. — Correspondance et mémoires touchant : le maintien de la viguerie de Cahors ;— le suicide d'un homme à Prayssac ; — les usages de la confrérie des pénitents bleus

de Martel ; — le refus d'une jeune fille enceinte de donner le nom de son séducteur ; — certaines contestations intervenues entre les officiers de la sénéchaussée et de la viguerie de Cahors, etc.

G. 14. (Liasse.) — 37 pièces, papier.

1745. — Correspondance de l'intendant de la généralité de Montauban, du recteur de l'Université, des membres du Présidial, des maire et consuls de Cahors, de chanoines, etc., avec l'évêque de Cahors, mémoires, requêtes et extraits de délibérations, touchant les contestations survenues entre les membres du Chapitre, de l'Université et du Présidial, d'une part et les maire et consuls de Cahors d'autre part, au sujet des préséances dans les processions.

G. 15. (Liasse.) — 3 pièces, papier.

1771.— Lettres de M. de Gaston, grand-vicaire et du curé de Gourdon, touchant la réunion du bénéfice de St-Siméon à la mense du chapitre du Vigan. — État des charges et revenus du chapitre du Vigan.

G. 16. (Liasse.) — 5 pièces, papier ; 1 cahier in-quarto, 2
feuillets, papier.

1768. — Correspondance de divers ecclésiastiques avec l'évêque de Cahors touchant le scandale provoqué à Montpezat par maître Étienne Faury, prêtre, maître de musique du chapitre de cette ville, lequel se serait permis, pendant une procession faite pour conjurer un orage, de vouloir réciter des oraisons spéciales en dehors de celles consacrées par l'usage et auxquelles le peuple superstitieux attribuait le privilège de faire « tomber des nues les usuriers et les magiciens » ; — procès-verbal d'enquête dressé par maître Jean-Marcellin Batut, chanoine du même chapitre, sur les faits qui ont provoqué ce scandale.

G. 17 (Liasse.) — 7 pièces, papier

1643-1789. — Mémoires sur la fondation du grand et du petit séminaire du diocèse de Cahors. — Copies des actes de fondation des deux séminaires. — État des charges et des revenus du séminaire de Cahors dirigé par les prêtres de la congrégation de la Mission. — Mémoires touchant la réclamation d'honoraires pour opérations chirurgicales faites par M. Peyrat, chirurgien, sur des prêtres de la Mission du séminaire de Cahors.— État des places données à divers séminaristes au grand et au petit séminaire.

G. 18. (Liasse.)— 26 pièces, papier; 3 pièces, parchemin; 1 sceau en cire.

1780-1788. — Correspondance, mémoires et requêtes touchant la séparation des deux séminaires du diocèse. — Lettres patentes portant établissement d'un petit séminaire à Cahors (janvier 1781).

G. 19. (Liasse.) — 1 pièce, papier.

1671. — Copie de l'acte de prise de possession du prieuré de Montamel, par maître Jean Théron, prêtre et recteur de l'église de Terrou, agissant au nom de dame Marguerite de Laverfeuille, religieuse professe de l'ordre de Citeaux, demeurant au monastère de Leyme.

G. 20. (Liasse.) — 9 pièces, papier.

1701-1762. — Extrait de l'acte de prise de possession de la chapellenie de Cuzorn, dans l'église de Duravel, par maître Bernard Duclaux, prêtre; — mémoire sur le droit des seigneurs de Cuzorn de nommer les titulaires de cette chapellenie. — Requête de maître Jean Raynal, prêtre, pourvu de la chapellenie de St-Martial, dans l'église de Belfort, tendant à être déchargé d'une partie des frais attachés à ce bénéfice ; — procès-verbal dressé par maître Delpeyré, curé de Pailhas, sur les revenus, charges et service de cette chapellenie. — Lettre de M. de Lissac de Laporte, de Brive, à Mgr Duguesclin sur les droits des évêques de Cahors de nommer les titulaires de la chapellenie de Valayrac.

G. 21. (Liasse.) — 7 pièces, papier.

1764-1771. — Requêtes des curés des paroisses de la ville de Cahors à l'Évêque pour empêcher la reconstitution de la congrégation des artisans de la ville ; — mandement de Mgr Duguesclin confirmant cette congrégation, non obstant l'opposition . des curés. — Mémoires des curés de Cahors sur les faits scandaleux commis par les membres de la Confrérie des Pénitents de cette ville.

G. 22. (Liasse.) — 5 pièces, papier.

1638-1681. — Procès-verbaux des visites épiscopales de Mgr Alain de Solminihac dans l'église paroissiale de St-Roch de la Mandine.

G. 23. (Liasse.) — 27 pièces, papier.

1751-1761. — Mémoires, requêtes et correspondance touchant : le différend intervenu entre le curé et les habitants de la paroisse de St-Martin de la Madeleine, près Moissac ; — les droits des religieux de la communauté de St-Marcel sur l'église Ste-Catherine ; — le transfert du service divin de l'église matrice du Vallon dans la chapelle de Montsalès ; — les obits de la paroisse de Miers ; — le paiement des honoraires du vicaire d'Issépts ; — la fixation des heures du service divin dans la paroisse d'Auti ; — la juridiction spirituelle des églises de St-Geniez et de St-Crepin ; — le logement du curé du Bouyssou ; — l'érection de la paroisse de Mayrinhac-Lentour en cure principale.

G. 24. (Liasse.)—30 pièces, papier; 2 plans; 14 cahiers in-quarto 211 feuilles, papier

1743-1779. — Correspondance, mémoires, suppliques et enquêtes, touchant les contestations intervenues entre le curé et les religieux de Carennac au sujet des cloches, du confessionnal et du partage des cires et des offrandes des enterrements, qui se font dans la grande église et dans l'église du cimetière dudit Carennac. — Plans de l'église de Carennac. — Copie d'une transaction passée en 1409 entre les habitants et le sacristain de Carennac. — Copie de transaction passée en 1649 entre les religieux et le vicaire perpétuel de Carennac.

OFFICIALITÉ DU DIOCÈSE DE CAHORS

G. 25. (Liasse.) — 67 pièces, papier

1758-1759. — Procédure criminelle poursuivie à la requête de maître Jean Mage, promoteur subsidiaire en l'officialité de Cahors, contre Marc-Antoine Lavergne, curé de Bélaye, par devant Monsieur Bernard Guillaume Baudus, vicaire général et official de Mgr l'Évêque de Cahors. (Voir la première partie de ce procès B. 592.)

INVENTAIRE SOMMAIRE

DES

ARCHIVES DÉPARTEMENTALES ANTÉRIEURES A 1790

SÉRIE H

(Clergé régulier. — Ordres religieux d'hommes, ordres religieux de femmes, ordres militaires religieux, hospices et maladreries, etc.)

CHANOINES RÉGULIERS DE CAHORS

(Ordre de St-Augustin)

H. 1. (Cahier.) — In-quarto, 4 feuillets, papier.

XVIIIe Siècle. — Mémoire pour l'union des chapellenies de St-Ambroise et de Salviac au prieuré-chapitre des chanoines réguliers de Cahors.

CAPUCINS DE CAHORS

H. 2. (Cahiers.) — In-quarto, 68 feuillets, papier.

1736-1752. — Actes de professions. — Vœux et professions prononcés par : noble Louis de Mondenard, de Cadillac, diocèse de Bordeaux ; — Antoine Roquemauroux, du lieu de Cazes ; — Guillaume Périer, de la paroisse d'Assier ; — Philippe Dutais, de la ville d'Agen ; — Jean Florentin, du lieu de Payrac ; — Jean-Pierre Marre, de la ville de Villefranche ; — Antoine Courrejols, de la ville de Cahors, etc.

H. 3. (Cahiers.) — In-quarto, 63 feuillets, papier.

1763-1789. — Actes de professions. — Vœux et professions prononcés par : Jean-Baptiste Bonneville, du lieu de Casseneuil ; — Jean Neuville, du lieu de Marmande ; — Louis de Pinckeveer, de la ville de Bayonne ; — Jacques Tournié, du lieu de Goujounac ; — Jean Terme, du lieu de Marmande, etc.

H. 4. (Cahiers.) — In-quarto, 64 feuillets, papier.

1737-1752. — Actes de vêtures. — Prises d'habits par : François Laval, du lieu de Négrepelisse ; — Jean-Antoine Tinel, du lieu de Murat, en Auvergne ; — François Melon, du lieu de Martel ; — Joseph Garrigues, du lieu de Montpezat ; — Antoine Lurguie, du lieu de Luzech ; — Thomas Verdier, du lieu de Castelfranc ; — Louis Bouscarrat, de la ville de Cahors ; — Jean Barrès, de la ville de Cahors, etc.

H. 5. (Cahiers.) — In-quarto, 78 feuillets, papier.

1763-1788. — Actes de vêtures. — Prises d'habits par : Charles Bernou, de la paroisse de St-Robert ; — Bertrand Gounère, du lieu de Lusignan ; — Pierre Prévot, du lieu de Cos ; — Étienne Maynié, du lieu de St-Chamarand ; — Gabriel Lamothe, du lieu de Gontaud, etc.

GRANDS CARMES DE CAHORS

H. 6. (Cahiers.) — In-quarto, 46 feuillets, papier.

1737-1739. — Actes de vêtures, noviciats et professions des Carmes du Pont-vieux de Cahors, dressés en exécution de la déclaration du Roi, en date du 9 avril 1736. — Vœux et professions prononcés par : Jean Bousquet, de la ville de Montauban ; — Jean Pontau, de la paroisse de St-Martin-le-Désarnat ; — Génulphe Galihouste, de la paroisse de St-Martin de Cayssac ; — Julien Costes, de la paroisse de St-Julien, en Rouergue ; — Antoine Laval, de la paroisse de St-Maurice ; — Pierre Jean-Joseph Troupel, de la paroisse de St-Urcisse de Cahors, etc.

H. 7. (Liasse.) — 11 pièces, papier.

1744-1749. — Mémoires de fournitures de médicaments livrés aux religieux Carmes, par Combarieu, apothicaire.

FRÈRES PRÊCHEURS DE CAHORS

H. 8. (Liasse.) — 1 pièce, parchemin.

1528. — Contrat de rente annuelle et perpétuelle sur une maison située à Cahors, dans la paroisse St-Pierre et sur un jardin situé au tènement des Cadourques, la dite rente payable au couvent des Frères Prêcheurs le jour de la Toussaint.

CARMES DÉCHAUSSÉS DE CAHORS

H. 9. (Cahier.) — In-quarto, 4 feuillets, papier.

1709. — Mémoire adressé au Prieur des Carmes déchaussés de Cahors par M. de Boessel, curé de St-André de Cahors, au sujet de l'institution du Tiers-ordre de St-François.

H. 10. (Liasse.) — 2 pièces, papier.

1773-1780. — Actes de professions de Joseph Delpech, du lieu de Montjoye, diocèse de Condom, et de Marie Loradour, du lieu de St-Bonnet, près de Riom.

CORDELIERS DE CAHORS

H. 11. (Cahiers.) — In-quarto et in-folio, 54 feuillets, papier.

1746-1779. — Actes de vêtures, noviciats et professions du couvent des Frères mineurs cordeliers de Cahors. — Vœux et professions prononcés par : Joseph de la Sarladie, du lieu de Catus ; — François Caussade, du village de St-Aignan, diocèse de Montauban ; — Louis Taillade, du lieu de Castelnau-Montratier ; — Jean-Baptiste Marin, de la ville de Cahors ; — François Solacroup, de la paroisse de Belmontet ; — Jean Leimeries, du lieu de Martel, etc.

RELIGIEUX DE NOTRE-DAME-DE-LA-MERCY,
DE CAHORS

H. 12. (Liasse.) — 1 pièce, papier.

1655. — Autorisation accordée par messire Alain de Solminihac, évêque de Cahors, aux religieux de Notre-Dame-de-la-Mercy de faire faire des quêtes dans toutes les églises du diocèse pour le rachat des captifs.

H. 13. (Liasse.) — 12 pièces, papier.

1747. — Mémoires et correspondance concernant la conduite et l'administration du Père Antoine Danon, commandeur du couvent des pères de la Mercy, de Marseille.

H. 14. (Registre.) — In-quarto, 38 feuillets, papier.

1781. — Terrier de Maleville. — Reconnaissances consenties en faveur des religieux de la Mercy à Cahors par : Pierre et Jean Cantaloube, père et fils ; — Marie Vernhet, veuve de Jean Mouly ; — Jacques Bonhoure, tailleur d'habits ; — Jean Bonhoure, tisserand ; — Bernard Gibergues, laboureur ; — messire Emmanuel de Guilleminet, chevalier de l'ordre royal et militaire de St-Louis, habitant de Villefranche de Rouergue ; — Bertrand Chabert, meunier, etc.

CHARTREUX DE CAHORS

H. 15. (Liasse.) — 14 pièces, parchemin ; 6 pièces, papier ;
8 sceaux dont 1 en plomb.

1420-1645. — Bulle du pape Martin V conférant des bénéfices au couvent des Chartreux de Cahors. — Lettres patentes des rois de France Henri III, Henri IV, Louis XIII et Louis XIV portant confirmation des privilèges accordés au Prieur et aux religieux Chartreux du couvent de Notre-Dame-du-Temple, de Cahors. — Copies des Lettres patentes des rois Louis XI, Henri II, Henri III et Henri IV portant confirmation des privilèges des religieux des monastères et églises de l'ordre des Chartreux.

H. 16. (Liasse.) — 7 pièces, papier.

1472-1588. — Actes de reconnaissance de rentes consenties en faveur des Chartreux de Cahors par Jean Rubei, archidiacre de Tornés, et par les syndics et collégiats du collège St-Michel. — Requête du syndic des Chartreux et ordonnance du sénéchal de Quercy touchant le paiement de rentes échues.

H. 17. (Liasse.) — 14 pièces, parchemin.

1277-1375. — Vers. — Achats, ventes et échanges. — Arnaud et Raymond de St-Crépin, frères, Géraud de Vers, Bertrand Barasc, Guillaume de Clèdes et Arnaud Coste vendent à Raymond de Trapes, prêtre, tous les immeubles qu'ils peuvent posséder au pech de la Voute (*in podio vocato de la vota*) (1277). — Échange de deux pièces de terre entre Raymonde Lagineste, veuve Lagineste, de Cahors, et Pierre Donadieu (1305). — Échange d'un pré sis sur le bord du ruisseau de Vers, au lieu dit de la Voute, contre un jardin à Vers, ledit échange passé entre Arnaud de Clèdes et Pierre Donadieu (1305). — Achat, par Pierre Donadieu, au prix de 210 livres de Cahors, d'un moulin sur le ruisseau de Vers appartenant à Guillaume de Salvanhic, damoiseau (*Guillelmus de Salvanhico, domicellus*) (1331). — Maurine, veuve de Pierre de Sieurac (*Maurina uxor quondam Petri de Sioraco*), de la ville de Cahors, vend à Pierre Donadieu, marchand, deux prés situés l'un dans l'île Mejane, l'autre dans l'île Pauque (uno sito in insula Mejana, altero in insula pauca) (1336). — Vente d'une maison par Martin de Berbiguier, du lieu de Vers, en faveur de Pierre Lacondamine, prêtre (1365). — Vente d'une maison à Vers et de plusieurs pièces de terre par Guillaume Roques, de Bears, procureur fondé de Guillaume Delpech, en faveur de noble Raymond Vassal, damoiseau (*noble en Ramon Vassal, donsel*) (1371). — Vente d'un jardin dans la paroisse de Vers consentie par Jean Pico, en faveur de Pierre Lacondamine, prêtre. — Achat, par noble Raymond de Vassal, des terres, vignes et prés possédés par Bernard Lobo, dans la paroisse de Vers, au lieu dit le (Mur) *quod ventidor e habere ut dixit in parochia de Avero, in terrorio vocato del Mur*) (1373). — Vente d'un pré consentie en faveur d'Étienne Roques, boucher, par noble dame Amalvine, veuve de Guillaume de Velles (1375).

H. 18. (Liasse.) — 6 pièces, parchemin.

1412-1484. — Vers. — Achats, ventes et échanges. — Noble Raymond Conduchier, damoiseau, vend au couvent des Chartreux de Cahors tous les immeubles qu'il possède par indivis avec Raymond Vassal, au lieu dit de Lamprières (1412). — Noble Pons Dupuy, du lieu de St-Géry, vend aux Chartreux une maison sise dans la paroisse de Velles (1419). — Bernard Delpérier, prêtre, de Cahors, vend, au prix de 12 écus d'or, tous les biens qu'il possède dans la paroisse de Vers, au lieu dit de Granières (*in parrochia de Averro vocato de las Granieras*) (1460). — Échange passé entre les Chartreux, noble Pons de Carit, bourgeois, et Jacquette de Gironde, mère et fils, d'une rente de 8 sous tournois contre deux pièces de terre sises dans la paroisse de Velles (1484).

H. 19. (Liasse.) — 13 pièces, parchemin ; 2 pièces, papier.

1518-1639. — Vers. — Achats, ventes et échanges. — Achat par les Chartreux à Barthélemy Lafon, marchand de Cahors, d'une maison à Vers (1518). — Achat par les mêmes à Guillaume Rigal, laboureur, d'un pré situé près du ruisseau de Vers (1521). — Achat par les mêmes de la moitié d'un pré, situé sur le ruisseau de Vers, et contenant 7 journées de fauchaison (*septem journalia de dalhia*). — Échange entre divers habitants de Vers et les Chartreux de certains immeubles, tels que maison, chènevière, moulin à blé (*molendinum pro molendo blada*), et pré à Vers contre une maison et un jardin, au lieu de Salvanié, et un moulin, maison, jardin et chènevière d'un seul tenant sis près du chemin public qui va de Vers à Cahors. — Achat par les Chartreux d'une prise d'eau pour arroser leurs prés, ladite prise devant être faite du samedi de chaque semaine, à l'heure des vêpres jusqu'au lendemain dimanche, à la même heure. — Échange de la moitié d'une tour et d'une maison, au lieu de Salvanié, de prés et de patus contre une chènevière et une pièce de terre, à Vers. — Jean Cabrol, du lieu de Vers, vend au couvent des Chartreux, une terre sise au terroir de Salvanié. — Achat par les Chartreux de 10 cartonats et 1 boisselat de terre, au lieu des Caudets, au prix de 30 sous tournois. — Vente aux Chartreux par Antoine Conquet, dit Perdigal, laboureur, du mas de Conquet, paroisse de Velles, de 3 prés, d'une garenne et d'une petite maison, le tout situé au terroir de la Granière et ce au prix de 36 livres. — Achat par les Chartreux d'une vieille tour ruinée sise au terroir de Salvanié. — Vente par les Chartreux d'une petite maison, appelée la Chambre de la Bardoune, sise au masage des Balmes.

H. 20. (Liasse.) — 12 pièces, parchemin ; 4 pièces, papier.

1262-1642. — St-Clément, près Montcuq. — Reconnaissances. — Composition faite entre le recteur de l'église St-Clément et les frères Arnaud, Guillaume, Gaubert et Bertrand de Pechpeyroux (*de Puy peiro*) portant redevance de 3 setiers de froment et de 5 sous d'argent sur les décimes de ladite paroisse (1262). — Sicard de Pechpeyroux (*Sicardus de Podis petrozo*) donne à rentes certains immeubles situés dans la paroisse de St-Clément (1362). — Arnaud de Regambert, de St-Clément, reconnaît tenir à rentes du couvent des Chartreux de Cahors certaines pièces de terre et un pré situés dans la paroisse dudit St-Clément (1368). — Noble homme Pierre de Boisset, de la paroisse d'Espanel (*nobilis vir Petrus de Boysseto, habitator parrochie d'Espanello*) donne à rentes des terres sises dans la juridiction de Montcuq, paroisse de St-Clément (*in honore Montiscuci, in parrochia sancti Clementis* (1447). — Noble Bertrand de St-Géry (de Sancto Gerio), damoiseau, et le couvent des Chartreux de Cahors donnent en fief deux terres aux frères Orliac, moyennant la rente de 6 quartes de froment, 1 setier d'avoine, mesure de Montcuq, 10 sous tournois et 4 poules. — Guillaume Dupuy, marchand, du lieu de Ste-Alauzie, reconnaît tenir en fief du couvent des Chartreux une métairie (borde), sise dans la paroisse de St-Clément, moyennant la rente annuelle de « troys carthes fromment, deux carthes avoyne, argent cinq soulz, deux gallines ».

H. 21. (Liasse.) — 2 pièces, parchemin en mauvais état,
13 pièces, papier.

1367-1657. — St-Clément, près Montcuq. — Achats, ventes et échanges. — Échange de rentes consenti entre le couvent des Chartreux de Cahors et Pierre Rinel. — Bertrand de St-Géry vend aux Chartreux de Cahors une rente de 6 deniers sur une terre sise dans la paroisse de St-Clément. — Échange consenti entre messire Jean-Charles de Montagut, seigneur de Lalande et noble Pierre de Lhospital, sieur de St-Clément de deux métairies situées l'une à St-Clément et l'autre à Montlauzun.

H. 22. (Liasse.) — 6 pièces, parchemin ; 41 pièces, papier.

1505-1752. — Villesèque. — Métairie de la Borie-Rouge. — Délibération des religieux chartreux de Cahors portant acceptation du legs fait en leur faveur par Jean Carrier, prêtre et recteur de la paroisse de Cournou, de la métairie dite de la Borie-Rouge, dans la paroisse de Villesèque. — Requêtes, correspondance, arrêts de la Cour des aides et finances touchant certains procès intervenus entre les Chartreux et les habitants de Villesèque au sujet d'usurpations, du paiement des contributions et du logement des gens de guerre. — Accords et transactions consentis entre le syndic des Chartreux et les habitants de Villesèque à la suite de ces procès.

H. 23. (Liasse.) — 8 cahiers in-quarto, 114 feuillets, papier ;
4 pièces, papier.

1411-1635. — Montpezat. — Reconnaissances de rentes consenties en faveur des Chartreux par divers habitants de Montpezat, Montfermier, Lesparre, Mas-de-Cuquel, la Talhade, la Salvetat, Montalzac et Saint-Cirgues.

H. 24. (Liasse.) — Cahier in-octavo, 9 feuillets, papier ; 4 pièces
parchemin ; 1 pièce, papier.

1356-1546. — Caussade. — Donations. — Extrait du testament de Mathieu de Probolene, bourgeois de Cahors, portant donation en faveur des Chartreux d'une rente de 15 setiers de froment qu'il possède à Caussade (1356). — Maître Raymond de Raymond, notaire royal du lieu de Castelnau-des-Vaux (*Castri novi vallium*) donne aux Chartreux de Cahors une rente de 10 sous qu'il possède à Caussade. — Delphine de Pouzalgues, veuve d'Antoine Favrel (*Finee Posalgas relicte defuncti Anthonii Favrel*), de la ville de Caussade, donne aux Chartreux une maison sise dans ladite ville. — Copie du testament de Delphine de Pouzalgues portant confirmation de la donation par elle faite aux Chartreux de Cahors.

H. 25. (Liasse.) — 2 cahiers in-quarto, 28 feuillets, papier ;
3 pièces, papier.

XVe Siècle. — Montech. — Extrait de la bulle du pape Benoît XIII portant union du prieuré de Montech au couvent des Chartreux de Cahors (1406). —

État des rentes affectées au prieuré de Montech. — Inventaires des titres du prieuré de Montech.

H. 26. (Liasse.) — 12 pièces, parchemin ; 5 pièces, papier.

1309-1414. — Montech. — Achats, échanges et donations. — Échange de terres et de maisons sises à Montech, consenti entre Roger de Ternis, recteur de l'église de Montech, et Olivier de Praelles, du même lieu (1309).—Achat d'une maison à Montech par noble Guillaume d'Auriole, damoiseau, de la ville de Cahors (1393).—Noble Bertrand de Sax, habitant de Montech (*nobilis Bertrandus de Saxis, habitator de Montogio*), vend au nommé Jean Lafon, une maison sise audit lieu de Montech (1393). — Raymond de Nabonne vend à maître Gaillard de Villeneuve, notaire à Montauban (*magistro Galhardo de Villanova, notario habitatori Montisalbani*), tout ce qui peut lui appartenir dans la forge de Montech (*in fabrica de Montogio*) (1397). — Ventes de diverses portions de la forge de Montech consenties en faveur de maître Gaillard de Villeneuve. — Achat, par les Chartreux de Cahors, à Guillaume d'Auriole, d'une maison sise à Montech (1411). — Testament par lequel Guillaume de Villeneuve lègue aux Chartreux de Cahors sa forge de Montech (1414).

H. 27. (Registre.) — In-quarto, 16 feuillets, parchemin.

1418. — Montech. — Reconnaissances consenties par divers habitants de Montech en faveur de vénérable et circonspect homme Barthélemy Picon, vicaire perpétuel de l'église de la bienheureuse vierge Marie de Montech. — Au nombre des tenanciers, figurent : Guillaume Tisserand, prêtre ; — Jean Picard, marchand ; — Pierre Barthélemy, charpentier ; — Jean de Mirabel, tisserand ; — Géraud Froment, laboureur ; — Guillaume Gaussels ; — Martin Égide, laboureur ; — Guillaume Capella, laboureur, et son frère Jean ; — Jean Fabre, boucher ; — Pierre Mandine, brassier, etc.

H. 28. (Registre.) — In-quarto, 38 feuillets, parchemin ; 4 feuillets, papier.

1519. — Montech. — Reconnaissances consenties par divers habitants de Montech en faveur des prieur et religieux chartreux de Cahors. — Au nombre des tenanciers, figurent : Jacques Hugon ; — Jean Sarrus ; — Jean Guiraud, aîné ; — Jacques Milhau, mari de Jacquette Grégoire ; — Antoine Lagarrigue et Pierre Ysarn ; — Jean Ysarn ; — maître Antoine Peager, notaire ; — Jean Ros et ses frères ; — Jean Symonis, prêtre ; — Guillaume Pagès ; — Jean et Raymond Carboniès ; — Raymond Gramon ; — Hélie Odol, marchand, etc. — Répertoire au commencement du registre.

H. 29. (Cahier.) — In-quarto, 42 feuillets, papier.

1542. — Montech. — Reconnaissances consenties par divers habitants de Montech en faveur du couvent des chartreux de Cahors. — Au nombre des tenanciers figurent : honnête femme Sylvie Cazalle, veuve de Jacques Hugon ; — honnête femme Naude Colombe, veuve d'Hugues Laval ; — Jean Sarrus, marchand ; — Maître Antoine Dusoilh, bachelier en droit ; — Jean et autre Jean Ysarn, père et fils ; — Étienne de Pechméja ; — Jean et autre Jean Pechméja, frères ; — Antoine et Jean Roux, père et fils ; — les héritiers d'Arnaud Roux ; — Jean et Jacques Roux, frères ; — Jean Calbau, prêtre ; — Guérin Lachèze, prêtre, etc.

H. 30. (Cahier.) — In-quarto, 46 feuillets, papier.

1542. — Montech. — Doublé du cahier précédent. — «Sensuit l'extrait et minutes des recognoissances du devot couvent de Nostre Dame du Temple chartrous de Caours en Quercy, et ce des censives rentes annuelles et perpétuelles que a ledict couvent à la ville royalle de Monteig, diocèse de Montaulban et seneschaucée de Tholose, prinses et receuz par moy Jehan Borrel, notaire royal, habitant dudict Monteig, l'année mil cinq cens quarante deux finissent quarante troys ». — Répertoire des noms des tenanciers au commencement du cahier.

H. 31. (Liasse.) — 1 pièce, parchemin.

1417. — Montech. — Transaction passée entre l'évêque de Montauban et le prieur du couvent des Chartreux de Cahors d'une part et l'abbé du monastère de Grandselve d'autre part, touchant la perception des dîmes du lieu de Montech.

H. 32. (Liasse.) — 5 pièces, parchemin.

1525-1544. — Montech. — Baux à ferme de la forge de Montech consentis par les Chartreux en faveur d'Antoine de Bonlieu, forestier de la forêt royale de Montech, d'Antoine Austry, marchand, de Montech, et de Bernard Gayrarde, de la ville de Montauban.

H. 33. (Liasse).— 9 pièces, parchemin ; 40 pièces, papier.

1610-1662. — Montech. — Requêtes, exploits, dires par écrits, inventaires de pièces, extraits de jugements et arrêts du Parlement de Toulouse intervenus dans les procès poursuivis par les Chartreux de Cahors contre Mgr le prince de Conti et messire Gabriel de Roquette, abbés de Grandselve, touchant le droit de *reliage* à payer à la forge de Montech par une métairie de l'abbaye de Grandselve.

H. 34. (Liasse.) — Cahier in-quarto, 16 feuillets, parchemin ; 1 pièce, parchemin ; 5 pièces, papier.

1725-1726. — Montech. — Dénombrements fournis par devant nos seigneurs les présidents trésoriers généraux, chevaliers et grands-voyers de France au bureau des finances de la généralité de Toulouse par dom Bruno Darbou, religieux, procureur de la Chartreuse de Cahors à raison de fiefs que ladite Chartreuse possède dans la ville et juridiction de Montech, relevant à foi et hommage de Sa Majesté. — Jugement du bureau de MM. les trésoriers de France de la généralité de Toulouse portant enregistrement de l'aveu de dénombrement des rentes nobles que la chartreuse de Cahors possède à Montech.

H. 35. (Liasse.) — 5 pièces, parchemin ; 18 pièces, papier.

1601-1603. — Bonmartel. — Procès poursuivi devant le parlement de Toulouse par les religieux chartreux de Cahors contre les tenanciers du fief de Bonmartel, en paiement de rentes.

H. 36. (Cahier). — In-quarto, 36 feuillets, papier.

1658. — Le Garret et Artix. — Terrier des fiefs de Garret ou des Ramondies et d'Artix. — Au nombre des tenanciers, figurent : Jean Courtois, marchand ; — Étienne Palezy, marchand ;— Antoine Marsilhac, sieur de Lamothe ;—les époux Marc Masseries et Antoinette Dartix ; — demoiselle Marie de Fabry, veuve Guilhard ; — François de Regourd, écolier ; — Madrènes, garde-sac en la cour des aides de Cahors ; — maître Jean Dufay, avocat, etc. — Répertoire des noms des tenanciers au commencement du cahier.

H. 37. (Cahier.) — In-octavo, 24 feuillets, papier.

XVᵉ siècle. — Cahors. — État des rentes possédées par les Chartreux dans les divers quartiers et paroisse de Cahors, notamment : aux Ramonets ; — au portail Garrel ; — dans la rue Major ; — à Peyrolis ;— à St-Cirice ; — dans les paroisses de St-Barthélemy, St-Étienne, St-Maurice, St-Géry, St-Urcisse, St-André, la Daurade et des Soubiroux ; — au portail Alban ; — au Pontet ; — à Roquebillières ; — à Rolles ; — aux Hortes ; — à la Beyne : — au Portail Sacreste ; — à Campagne ; — aux Astiers ; — sur la place de la Conque ; — à Cabessut ; — à Terre rouge ; — aux Tuileries ; — à Falguières ; — au Portail des Augustins ; — à Ste-Croix ; — dans la rivière du Pal ; — à Pechagal, etc.

H. 38. (Liasse.) — 2 pièces, parchemin ; 8 pièces, papier.

1504-1741. — Cahors. — Transaction passée entre les Chartreux et les collégiats de St-Michel de Cahors à raison du paiement d'une rente de 8 sous 10 deniers (1504). — Autre transaction passée entre les Chartreux et les Frères mineurs de Cahors au sujet du paiement d'une rente de 4 setiers de vin. — Transaction entre les consuls et les Chartreux de Cahors portant qu'une rente annuelle de 87 livres 10 sous sera payée aux Chartreux comme indemnité du prêt de 200 quartes de froment fait à la ville pendant la peste (1630). — Cession d'une somme de 540 livres consentie par les Chartreux en faveur de l'hôpital St-Jacques de Cahors. — Cession par les Chartreux en faveur de l'hôpital de Notre-Dame de Cahors, d'un lopin de terre de la contenance d'un demi-boisselat.

H. 39. (Liasse.) — 116 pièces, papier.

1583-1773. — Quittances délivrées aux Chartreux. — Au nombre des sommes payées par les Chartreux, figurent : 5 écus pour l'aumône des pauvres de Montech ; — 62 livres 2 sous 4 deniers pour la taxe des décimes ordinaires de l'année 1656, pour la taxe extraordinaire et pour les frais de l'Assemblée générale du clergé de France ; — 12 livres pour la construction d'une muraille ; — 25 livres pour les honoraires d'un prédicateur à Montech, etc.

H. 40. (Liasse.) — 7 pièces, papier.

1787-1786. — Actes de vêtures, noviciats et professions des religieux chartreux de Cahors, dressés en exécution de la déclaration du Roi, en date du 9 avril 1736. — Vœux et professions prononcés par ; Jean-Ignace Lacoste, de la ville de Mauriac, en Auvergne ; — Paul Laville, de la paroisse de St-Pons, au diocèse de Viviers ; — Pierre de Fazas de la Boissière, du lieu de la Boissière, juridiction de Tournon, en Agenais ; — Joseph Mouinet, de la paroisse de St-Martin, diocèse de Toulouse, etc.

COMMUNAUTÉS DE FEMMES

MONASTÈRE DES DAMES CHANOINESSES
DE ST-GÉRY

(Ordre de St-Augustin)

H. 41. (Cahiers.) — In-quarto, 52 feuillets, papier.

1737-1747. — Actes de vêtures et professions des dames chanoinesses régulières de St-Augustin ,de la ville de Cahors, établies dans la paroisse de St-Géry, lesdits actes dressés en exécution de déclaration du Roi, en date du 9 avril 1736. — Vœux et professions prononcés par : demoiselle Marie-Françoise de Viderau; — demoiselle Jeanne-Françoise de Mostolac, de la paroisse de Crégols ; —demoiselle Françoise de Montaigu, de la paroisse de St-Clément ;—demoiselle Marie-Anne de Laduye, fille de noble Antoine de Lafon, seigneur de Laduye, dans le diocèse d'Agen ; — demoiselle Catherine de Vassal de Pechorié de Lagarde, de la paroisse de Calés, etc.

H. 42. (Cahiers.) — In-quarto, 58 feuillets, papier.

1760-1784. — Actes de vêtures et professions des dames chanoinesses régulières de St-Augustin, de la ville de Cahors, établies dans la paroisse de St-Géry, lesdits actes dressés en exécution de la déclaration du Roi, en date du 9 avril 1736. - - Vœux et professions prononcés par : demoiselle Marie-Guillaumette d'Hébrar, du lieu de Lamothe-Fénelon ; —demoiselle Marie-Thérèse Revel, de la ville de Cahors ; — demoiselle Élisabeth Combarieu, du lieu de Castelfranc ; — demoiselle Julie Palmier, de la ville de Caussade ; —

Jeanne Serres, de la paroisse de Sérignac ; — demoiselle Jeanne Parayre, de la ville de Cahors ; — demoiselle Margueritte Callé, du lieu de Gramat ; — demoiselle Marie-Jeanne Baudin, du lieu de Rocamadour, etc.

MONASTÈRE DES URSULINES DE CAHORS

(Ordre de St-Augustin)

H. 43. (Cahiers.) — In-quarto, 38 feuillets, papier.

1705. — Constitutions du monastère des religieuses de Ste-Ursule. — Ordonnance de Mgr de la Luzerne, évêque de Cahors, portant règlement pour les religieuses.

H. 44. (Liasse.) — 3 pièces, papier.

1747. — Mémoires des dames ursulines à l'intendant de la généralité de Montauban ayant pour objet d'obtenir la remise des droits d'amortissement qu'elles doivent payer pour l'achat d'un moulin sur le Lot, près de Mercuès.

H. 45. (Cahiers.) — In-quarto, 48 feuillets, papier.

1737-1785. — Actes de vêtures et professions des dames ursulines de Cahors, dressés en exécution de la déclaration du Roi, en date du 9 avril 1736. — Vœux et professions prononcés par : demoiselle Marie-Marthe-Françoise Azemar, du lieu de Savanac ; — demoiselle Jeanne-Marie Constans, de la paroisse de la Magdeleine ; — demoiselle Anne-Toinette-Monique Derrua, de la ville de Cahors ; — demoiselle Marie-Marguerite Filhiol, du lieu de Fumel, en Agenais ; — demoiselle Marie-Thérèse de Gaulejac, du lieu de Lavaurette ; — demoiselle Marianne de Laborie, de la ville de Figeac ; — demoiselle Thérèse de Belcastel, du lieu de Montlauzun, etc.

MONASTÈRE DES DAMES RELIGIEUSES DE LA
DAURADE

(Ordre de Saint-Benoît)

H. 46. (Liasse.) — Cahier in-quarto, 12 feuillets, papier ;
5 pièces, papier.

1765. — Minute d'un acte d'échange d'une maison de l'évêché de Cahors appelée *la Viguerie* contre d'autres biens appartenant aux Dames de la Daurade et correspondance touchant cet échange.

H. 47. (Cahier.) — In-folio, 36 feuillets, papier.

1775-1787. — Actes de vêtures, noviciats et professions du monastère des dames religieuses de la Daurade. — Vœux et professions prononcés par : Marianne Serres, de la paroisse de Sérignac ; — demoiselle Thérèse Brugier, du lieu de Concorès ; — Perrette Sarrut, du lieu de Laburgade ; — demoiselle Marie Lafon, de la ville de Cahors ; — Perrette Guilhou, de la paroisse de Luzech, etc.

RELIGIEUSES DE POMARÈDE

(Ordre de St-Benoit)

H. 48. (Cahier.) — In-quarto, 6 feuillets, papier.

1511. — Copie d'une transaction intervenue entre la prieure du monastère de Pomarède et les habitants dudit lieu, au sujet des rentes à payer au Prieuré.

H. 49. (Liasse.)—1 pièce, papier.

XVIIIe siècle. — État des immeubles du monastère de Pomarède. — A la suite de l'énumération des pièces de terre, prés, châtaigneraies et bois possédés par le monastère, on lit la mention suivante : « Une transaction du 16 décembre 1511 passée entre la dame de Pomarède et les habitants dudit lieu porte en substance que la dame de Fénelon ayant succédé à la dame de Cardaillac dans le prieuré du lieu de Pomarède et demandant l'exécution des clauses énoncées au bail primitif dudit lieu fait par cette dernière, les habitants se récrièrent fort, attendu que ladite dame de Cardaillac, outre une censive et des droits seigneuriaux très considérables, s'était réservé une quantité de terrains fort étendue et des privilèges trop onéreux à toute la communauté, et qu'en conséquence ladite dame de Fénelon, pour éviter tout débat, restreignit les réservations faites lors dudit bail primitif à la censive et droits seigneuriaux stipulés en ycellui et à un petit territoire en friche près ledit lieu de Pomarède pour faire une garenne sans autre bien fond. »

RELIGIEUSES DE SAINTE-CLAIRE DE CAHORS

(Ordre de St-François)

H. 50. (Cahiers.)— In-quarto, 39 feuillets, papier.

1737-1784. — Actes de vêtures, noviciats, professions et décès de la communauté des religieuses de Ste-Claire, de Cahors. — Vœux et professions prononcés par : demoiselle Marie Madebos, du lieu de Martel ; — demoiselle Catherine Lacaze, de la ville de Cahors ; — Madeleine Marianne Prunis, du lieu de Campanac, diocèse de Sarlat ; — demoiselle Jeanne-Madeleine Delfour, de la ville de Cahors ; — demoiselle Marie Testas de Folmont, du lieu de Bagat ; — demoiselle Madeleine-Marie-Anne Pardes, du lieu de Castelfranc ; — demoiselle Élisabeth Dépotra, du lieu de Catus ; — demoiselle Jeanne Delpech, du lieu de Mercuès ; — demoiselle Jeanne Devès, du lieu de St-Médard, etc.

MIREPOISES DE CAHORS

(Filles des Écoles chrétiennes et de la Charité)

H. 51. (Registre.) — In-folio, 37 feuillets, papier.

1680. — Constitutions de l'ordre des Filles des Écoles chrétiennes et de la Charité données par Louis Antoine de Noailles, évêque, baron et comte de Cahors.

H. 52. (Liasse.)—12 pièces, papier.

1712. — Mémoires des dames de la communauté des Écoles chrétiennes et de la Charité établies en la ville et diocèse de Cahors pour être autorisées à recevoir des dons et des legs.

H. 53. (Liasse.) — 2 pièces, parchemin ; 56 pièces, papier.

1645-1791. — Vidaillac. — Transactions, mémoires, polices, cessions et quittances touchant l'hérédité de demoiselle Charlotte de Marsa, de la paroisse de Vidaillac. — Achats de terres, constitutions de rentes et quittances pour les demoiselles des Écoles chrétiennes. — Liève des rentes de Vidaillac payées aux demoiselles des Écoles chrétiennes.

H. 54. (Liasse.) — 8 pièces, papier.

1755-1778. — Remboursements de dotations effectués par les demoiselles des Écoles chrétiennes en faveur de Mlles Marianne Labroue, Marie Traxal, Jeanne Bessières et Marie Martin.

H. 55. (Liasse.) — 95 pièces, papier.

1732-1770. — Comptabilité. — Quittances délivrées aux Dames Mirepoises. — Au nombre des sommes payées, figurent : 7 livres 2 sous 6 deniers au fondeur d'étain; — 401 livres 11 sous 6 deniers au sieur Lustrat, marchand épicier, à Cahors ; — 30 livres de pension annuelle à madame de Pelras ; — 12 livres 19 sous aux Chartreux de Cahors, pour location de maison ; — 80 livres pour rente à M. Gaillard, ancien prieur, demeurant à St-Céré ; — 1100 livres à maître Maurel, maçon ; — 100 livres de rente annuelle aux Dames de la Visitation de St-Céré, etc.

H. 56. (Liasse.) — 114 pièces, papier·

1771-1779. — Comptabilité. — Quittances délivrées aux Dames Mirepoises. — Au nombre des sommes payées, figurent : 356 livres 5 sous, montant du prix de 25 quartes de blé fournies par le sieur Périer, de Castelnau ; — 15 livres 16 sous au sieur Paneficux, apothicaire, à Cahors ; — 83 livres 13 sous au sieur Gilis, pour fournitures ; — 1100 livres au sieur Jordanet, pour fourniture de 100 quartes de blé ; — 407 livres 3 sous 6 deniers à Jean-Pierre Delon, marchand de cuir, à Montauban ; — 80 livres à Jeanne Cambornac, pour location d'une maison ; — 20 livres pour rente payée aux dames religieuses de St-Géry, etc.

H. 57. (Liasse.) — 95 pièces, papier.

1780-1785. — Comptabilité. — Quittances délivrées aux Dames Mirepoises. — Au nombre des sommes payées, figurent : 37 livres 17 sous au sieur Berrié, sellier ; — 75 livres pour la rente annuelle faite au sieur Gardes, chapelain d'Auziès ; — 30 livres pour la rente faite aux Augustins de Cahors ; — 300 livres pour la rente servie au sieur Lassagne ; — 18 livres 16 sous pour la rente obituaire servie aux prêtres de St-Michel ; — 400 livres pour la rente servie à mademoiselle de Lavalette-Lautron ; — 120 livres 17 sous

au sieur Delol, marchand drapier, à Cahors ; — 24 livres à maître Delpech, chirurgien, etc.

H. 58. (Liasse.) — 103 pièces, papier.

1786-1792. — Comptabilité. — Quittances délivrées aux Dames Mirepoises. — Au nombre des sommes payées, figurent : 331 livres à un marchand de Nîmes ; — 30 livres pour honoraires à M. Gasc ; — 80 livres pour la rente annuelle payée aux dames religieuses de St-Géry ; — 2000 livres aux religieuses de Ste-Claire; — 6 livres 7 sous à maître Verdié, apothicaire, pour fournitures de médicaments ; — 60 livres pour la pension faite à maître Roques, médecin ; — 30 livres à Relhié, menuisier ; — 527 livres au sieur Guyot pour fournitures de cierges ; — 40 livres pour la rente servie aux Cordeliers de Cahors, etc.

H. 59. (Liasse). — 2 pièces, papier.

XVIIIe Siècle. — Mémoires concernant la réclamation faite par les Dames Mirepoises d'une rente de 300 livres léguée, en 1718, par madame de Longueval, pour l'établissement et l'entretien, à Martel, de deux dames régentes chargées de faire la classe.

RELIGIEUSES DE LUNDIEU A FIGEAC

(Ordre de Cluny)

H. 60. (Liasse.) — 6 pièces, papier.

1753-1759. — Transaction intervenue entre la prieure de Lundieu et le curé de Pomarède au sujet du paiement de la dîme à payer audit curé ; — correspondance touchant la rédaction de cette transaction. — État des biens du monastère des religieuses de Lundieu.

RELIGIEUSES BERNARDINES DE LISSAC,
PRÈS FIGEAC

(Ordre de Citeaux)

H. 61. (Liasse.) — 1 pièce, papier.

1753. — Notice sur le monastère des religieuses de Lissac. — Il résulte de cette notice que ce couvent était composé de 8 religieuses professes, qu'il percevait 6,000 livres de revenus en fruits décimaux, rentes foncières et biens fonds, qu'il était situé à peu de distance de Figeac, au milieu d'un gros bourg, que la Prieure faisait beaucoup d'aumônes, etc.

HOSPICES ET MALADRERIES

HOPITAL GÉNÉRAL St-JACQUES DE CAHORS

H. 62. (Liasse.) — 2 pièces, parchemin.

1331-1566. — Vidimus des lettres du roi Philippe VI confirmant les consuls de Cahors dans leur qualité de patrons et maîtres de l'hôpital de la grande Rue de la ville (1331). — Vidimus de la bulle du pape Pie V portant que toutes personnes détenant du biens meubles ou immeubles, des papiers ou autres objets de l'hôpital encourront la peine de l'excommunication (1566).

H. 63. (Liasse.) — 1 pièce, parchemin.

1696. — Lettres patentes du roi Louis XIV ordonnant la réunion à l'hôpital des pauvres malades de Cahors de tous les biens et revenus des hôpitaux de St-Michel et de la Barre, de Cahors, des maladreries de Cahors, de Souillac et de Castelnau-Montratier, des hôpitaux de Catus, de Salviac, de Rudelle, de Cardaillac, de Puy-Larroque, de Montalzat, de Mirabel et de St-Cirq-Lapopie.

H. 64. (Liasse.) — 2 pièces, parchemin.

1702-1716. — Arrêts du Conseil d'État portant décharge, en faveur de l'hôpital général, héritier des biens de Monseigneur Lejai, évêque de Cahors, de diverses sommes à payer comme propriétaire des fonds anoblis et affranchis de la généralité de Montauban.

H. 65. (Liasse.) — 4 pièces, parchemin.

1273-1348. — Testaments : d'Aymare, veuve de Guiral de Guarembal, citoyen de Cahors (1273); au nombre des legs faits par la testatrice, figurent : 10 sous au curé de l'église St-Pierre, 5 sous au premier chapelain, 2 sous au second chapelain, 12 deniers à chacun des autres chapelains, 6 deniers au clerc; 2 sous à chacune des églises paroissiales de Cahors ; 10 sous à l'église St-Didier ; 12 deniers à chaque maladrerie de Cahors ; 5 sous aux Frères mineurs ; 5 sous aux Frères prêcheurs ; 2 sous aux Frères de Notre-Dame ; 2 sous aux Frères de la Pénitence; 2 sous aux Carmes; 2 sous aux Frères minorés; 2 sous à l'hôpital de la grande Rue ; 12 deniers à chacun des autres hôpitaux de Cahors, etc.; — de Guillaumotte, veuve de G. Gros (1280), portant donations en faveur d'hôpitaux, d'églises et de couvents et accordant notamment · à l'hôpital de la grande Rue un lit de plume tout garni (*1 lieg de pluma tot garnit*) ; à l'hôpital des Soubiroux un autre lit de plume ; à l'hôpital St-Étienne, 5 sous; à l'hôpital de St-Urcisse, 5 sous ; à l'hôpital d'Outre-Pont, 5 sous; à l'hôpital de Larroque-des-Arcs, 5 sous; à chacune des maladreries de Cahors, 5 sous; à l'hôpital de la Grosse, fondé par son mari, 2 maisons et un lit, etc.;— de Bertrand Garde, argentier (*aurifaber*), de Cahors, par lequel il institue l'hôpital de la grande Rue son héritier universel et lègue une quarte de froment à chacun des hôpitaux de St-George, de St-Urcisse, de St-Étienne et des Soubiroux (1348).

H. 66. (Liasse.) — 5 pièces, parchemin ; — 1 fragment de sceau.

1271-1297. — Donations consenties en faveur de l'hôpital de la grande Rue (*de cariera major*) par : Guasbergue, épouse de Jean de Marcilhac (*na Guasbergua molher den Johan de Marcilhac*), d'une vigne sise à la Solière (1271) ; — Bonet de St-Laurent, citoyen de Cahors (*Bonet de S. Laurens ciutadas de Caortz*), de certaines maisons sises au faubourg des Soubiroux, près des Frères de Notre-Dame et de l'église St-Michel (1273); — Raymonde, épouse d'Hélias Couvridou, d'une maison (1287) ; — les époux Guiral et Jeanne Lacaze, de maisons sises à Cahors au delà du pont de la Porte-Neuve (*foras lo pont de la Porta nova de Caortz*) (1289) ; — Jean Voute, prêtre, de tous ses biens meubles et immeubles (1297).

H. 67. (Liasse.) — 10 pièces, parchemin.

1310-1395. — Donations consenties en faveur de l'hôpital de la grande Rue, par : Jean Raynes, de cinq maisons sises près du port de la rivière du Lot, dit St-Jacques (*pres del port del fluvi d'out apela de S. Jacme*) (1310) ; — Jeanne, fille de Guillaume Delmas, du lieu de Marminiac, de tous ses biens (1323); — Guillaume Faure, d'une rente de trois sous de Cahors à prendre sur une maison de la rue Donzelle (*in carreria domicellarum*) (1330); — la fille de Guillaume Barrau, du lieu de St-Cirq-Lapopie, de 60 livres de Cahors, de 2 setiers de froment, d'un lit garni de sa couverture et de sa couette de plume, d'une coupe et d'une cuillère en argent (1338) ; — Pierre Garrigues, d'une maison et d'un jardin contigu, sis au faubourg des Carmes (1346) ; — Peyronne, fille de Bertrand Fabry et femme de Pierre Vignolles, de tous ses biens meubles et immeubles (1355) ; — Géraud Deilhes (*Geraldus Dahelias*), de Cahors, d'une vigne sise à Coste Vieille, près du pont de Valentré (*sitam in territorio vocato costas velhas prope pontem vocatum da Valantre*) (1378) ; — les Frères mineurs de Cahors, d'une rente de 25 sous à prendre sur certaines maisons du faubourg de Pieulat (1381) ; — les consuls de Cahors, de la métairie dite de Bégoux, acquise par lesdits consuls des Frères prêcheurs de Cahors (1395) ; — Guiral Dussel, d'un jardin sis au faubourg du Portail Garrel (1395).

H. 68. (Liasse.) — 3 pièces, parchemin.

1407-1514. — Donation de 2 pièces de terre, sises à St-Cirq-Lapopie, en faveur de l'hôpital de la grande Rue, par Sycarde de Boissières, veuve de Guiral Izarn, du lieu de St-Cirq-Lapopie (1407). — Vente d'une maison, sise dans la paroisse de la Daurade, de Cahors, consentie par Pierre Girma, en faveur de maître Pierre Bonjour, prêtre, moyennant une rente annuelle de 6 sous à payer à l'hôpital (1448). — Vente d'une maison sise dans la paroisse de St-Urcisse, de Cahors, consentie par Antoine Dabis, prêtre et recteur de l'église parroissiale de Fontanes, en faveur de Géraud Delprat, de Cahors, et ce au prix de 75 livres tournois et sous la rente annuelle de 15 deniers tournois à payer à l'hôpital de la grande Rue (1514).

H. 69. (Liasse.) — 8 pièces, parchemin.

1306-1619. — Acquisitions. — Achat fait par l'hôpital de Guillaume Audebert, bourgeois de Cahors, d'un jardin situé au terroir dit des Hortes, près de l'entrée du Pont neuf, appelée Port Bullier (*el territori appelat de la Orta pres del cap del pont nuo apela de port bullier*) et ce au prix de 25 livres (1306.) — Vente par Pierre et autre Pierre Mercadier, père et fils, en faveur de Jean Latgier, marchand, d'une rente de 10 sous à prendre sur une maison du faubourg du Portail-Alban (1310). — Vente par Bernard Delfort, bourgeois, au gardien de l'hôpital de la grande Rue, au prix de 12 livres, d'une rente annuelle et perpétuelle de 10 sous sur une maison de la rue d'Augier (1342). — Achat, par Gaillarde de Cabazat, d'une rente

annuelle de 30 sous et cession de cette rente en faveur de l'hôpital (1359). — Vente d'une maison, sise dans la paroisse St-Maurice, de Cahors, consentie par Jean Rossel en faveur d'Hugues Aymeric, du lieu de Montpezat, ladite maison devant payer une rente annuelle de 6 sous tournois à l'hôpital de la grande Rue (1465). — Vente d'une vigne sise au terroir des justices de la Beyne, au prix de 8 livres d'argent et de 7 livres de laine, ladite vente consentie par les époux Guillaume Valeilles et Catherine Clauzete, en faveur de Martin Audubert (1540). — Vente par Jean Fréjaval, cordonnier, de Cahors, Raymonde et autre Raymonde Fréjaval, à maître Pierre Bosc, prêtre hebdomadier de l'église Cathédrale de Cahors, d'une vigne sise à Terre-Rouge et ce au prix de 106 livres (1619).

H. 70. (Liasse.) — 4 pièces, parchemin.

1387-1513. — Échanges. — Échange d'une maison sise dans la rue Fondue, appartenant à l'hôpital contre une pièce de terre sise au Pech Folet, appartenant au collège de Rodez (1387). — Échanges de rentes passés : entre Bernard Rog et Raymond Costes, gardiens et gouverneurs de l'hôpital de la grande Rue (*Bernardus Rog et Raymondus Costa, gardiani et gubernatores hospitalis carrerie majoris*) d'une part et Gilles Tournier, citoyen de Cahors (1370); — entre Raymond Fraysse, marchand, de Cahors et l'hôpital (1344); — entre les consuls de Cahors, le gardien et le syndic de l'hôpital St-Jacques d'une part et honorable et discret homme Jean Teyssendier, prêtre hebdomadier de l'église Cathédrale (1513).

H. 71. (Liasse.) — 6 pièces, parchemin.

1301-1318. — Titres de rentes foncières. — Arrentements consentis par l'hôpital de la grande Rue : d'une maison sise dans la rue appelée de la Voute obscure (*en la carriera que hom apela la vouta escura*), en faveur de Barthélemy Teyssendier, moyennant 40 sous cahorsins de rente (1301); — d'un jardin aux Hortes, en faveur de Bernard Dautebesse, marchand, de Cahors, moyennant 5 sous cahorsins de rente (1301); — d'une maison, sise dans la rue de Capval, en faveur de Pierre Doucet, moyennant 45 sous cahorsins de rente (1305); — d'une maison située près de la rue Donzelle, en faveur de Géraud Julien, moyennant 15 sous cahorsins de rente (1308); — d'une maison sise dans la rue de Lherm, en faveur de Dorde Delteil, moyennant 25 sous de rente ; — d'un jardin au terroir de Pieulat, en faveur de Jean Roques, moyennant 8 sous de rente (1318).

H. 72. (Liasse.) — 8 pièces, parchemin.

1320-1329. — Titres de rentes foncières. — Arrentements consentis par l'hôpital de la grande Rue : d'une maison sise au faubourg de Lafon (*in barrio de Fonte*), en faveur d'Arnaud Ameil, moyennant une rente de 60 sous (1320); — d'une maison sise au même faubourg, en faveur de Jean Fournier et de Jeanne, sa femme, moyennant une rente de 70 sous (1320) ; — d'une maison et d'une terre contiguë, le tout situé près de l'église St-Jacques de Cahors, en faveur de Guidon de Coussac, moyennant une rente de 40 sous (1321) ; — d'un jardin situé près du cimetière des Pauvres, en faveur de Guillaume Lestrade, moyennant une rente de 30 sous (1325); — d'une pièce de terre sise dans la paroisse St-Didier de Cahors, au terroir de Pieulat, en faveur de Pierre-François Olier, moyennant une rente de 10 sous (1325) ; — d'un jardin au terroir de la Beyne, en faveur de Pierre Guiral, moyennant une rente de 4 sous (1327) ; — du moulin dit de St-George et de la moitié d'un autre moulin, en faveur d'Arnaud Delom, meunier, moyennant une rente de 33 setiers de froment (1328); — d'une maison sise rue de Lherm, en faveur de Guillaume Delbosc, vigneron, moyennant une rente de 22 sous (1329).

H. 73. (Liasse.) — 8 pièces, parchemin.

1337-1343. — Titres de rentes foncières. — Arrentements consentis par l'hôpital : d'une maison et d'une terre contiguë, le tout situé sur les fossés de Cahors (*supra vallatum Caturci*), en faveur de Bernard Lacaze, moyennant une rente de 30 sous (1337) ; — d'une vigne sise au terroir de Valnègre (*in territorio vocato de Valnegra*), en faveur de Guillaume Daurat, moyennant une rente de 2 sous (1337) ; — de deux vignes au terroir des Garrigues (*de la Garrigas*), en faveur de Jean Jouglas, moyennant une rente de 6 sous (1337); — d'une vigne et d'une terre au terroir de Vayrac (*de Vayraco*), en faveur de Guillaume de Bretenoux, moyennant une rente de 8 sous (1340); — d'un jardin au terroir del Prat, en faveur de Jacques Raffi, moyennant une rente de 6 sous 6 deniers (1341); — d'un pré et d'une terre sis au terroir dit de Fontanet (*in territorio vulgariter vocato de Fontanet*), en faveur de Guillaume Manse, travailleur (*affanator*), moyennant 6 sous de rente (1341) ; — d'une maison, sise rue du Temple, en faveur d'Hélias Pradines, mo-

yennant une rente de 16 sous 6 deniers (1342); — d'une maison sise dans la rue de Pieulat, en faveur de Géraud Lacoste, moyennant 16 sous de rente (1343).

H. 74. (Liasse.) — 8 pièces, parchemin.

1345-1350. — Titres de rentes foncières. — Arrentements consentis par l'hôpital : d'une vigne au terroir de Coste Roquière (*in territorio de Costa Rocuera*), en faveur d'Hugon Deboyer, travailleur, sous la rente de 9 sous (1345) ; — d'une autre vigne au terroir de Coste Ratière (*in territorio vocato Costa Ratiera*) en faveur dudit Hugon Deboyer (1345) ; — d'un jardin au terroir de Pieulat, en faveur de Pierre Vost, sous la rente de 20 sous (1345); — d'une maison et d'un jardin, sis au faubourg de Lafon, près du couvent du Mont-Carmel, en faveur de Jean Lacaze et de Guillaumette, sa femme, moyennant une rente de 15 sous (1346) ; — d'une vigne au terroir de Coste Ratière, en faveur de Jean Bresse, moyennant la rente de 9 sous (1347) ; — de deux *ayrals* et demi de jardin (*duos ayriales cum dimidio ortorum*) au terroir del Cayre, en faveur de Pierre André, moyennant la rente de 5 sous (1349) ; — d'un jardin au terroir del Prat, en faveur de Guillaume Théron, moyennant une rente de 3 sous (1350). — Raymond Dorgout, du lieu de Lacapelle, près de Cahors, reconnaît devoir à l'hôpital de la Grande Rue une émine et la moitié d'une quarte de froment (*unam eminam et mediam quartam boni frumenti*) pour arrérages de rentes (1347).

H. 75. (Liasse.) — 12 pièces, parchemin.

1351-1352. — Titres de rentes foncières. — Arrentements consentis par l'hôpital : d'une maison sise rue de Lherm, en faveur de Raymond Combeles, moyennant une rente de 10 sous (1351); — d'une autre maison sise dans la même rue, en faveur d'Étienne Dupuy (*Stephano de Podio*), moyennant une rente de 10 sous (1351); — d'une maison et d'un jardin au terroir de Pieulat, en faveur d'Antoine Albrespy, moyennant une rente de 35 sous (1351); — d'une journée de vigne au terroir de Farguières, en faveur de Pierre Deruppé, moyennant une rente de 4 sous (1351) ; — d'un jardin aux Hortes, près de l'église des Frères prêcheurs, en faveur de Pierre Melhies, moyennant une rente de 7 sous (1351) ; — d'un pré au terroir de la Beyne, en faveur de Pierre Boni, moyennant une rente de 40 sous (1352) ; — d'une maison sise près du port St-Jacques, en faveur de Bernard

Laroussie, vigneron et citoyen de Cahors (*Bernardo de la Rossia, affanatori, civi caturci*), moyennant une rente de 6 sous (1352) ; — d'une maison sise dans le faubourg des Soubiroux, en faveur de Guillaume Fournel, vigneron, moyennant une rente de 40 sous (1352); — d'une maison sise dans la rue d'Auguié, en faveur de Pierre Lecortine, moyennant une rente de 30 sous (1352) ; — de deux *ayrals* et demi de jardin, au terroir de Pieulat, près du pont Valentré, en faveur de Raymonde, épouse de Durand Toquemine, vigneron de Cahors, moyennant une rente de 8 sous 9 deniers (1352) ; — d'une maison en faveur de Bertrand Michel, prêtre, moyennant une rente de 20 sous (1352). — Transaction intervenue entre les consuls de Cahors agissant en qualité de patrons et de gouverneurs de l'hôpital de la Grande Rue (*consules civitatis Caturci patrones et gubernatores hospitalis carreire majoris Caturci*), et noble Gaucelm de Vayrols, damoiseau, touchant le paiement d'une rente de 18 setiers de froment à payer annuellement à l'hôpital (1352).

H. 76. (Liasse.) — 13 pièces, parchemin.

1353-1359. — Titres de rentes foncières. — Arrentements consentis par l'hôpital de la Grande Rue : d'une journée de vigne au terroir des Astiers, près du chemin de Cahors à Lacapelle, en faveur de Gernase Avanel, moyennant une rente de 10 sous (1354) ; — d'une maison sise dans la rue qui va de la rue de Lherm à la rue d'Auguié (*in volta qua itur de carreria de Heremo ad carreriam vocatam d'Auguier*), en faveur de Géraud Grezel, moyennant une rente de 30 sous (1354) ; — d'un jardin au terroir del Prat, en faveur de Jean Bouyssou, vigneron, moyennant une rente de 5 sous (1354) ; — d'un jardin au faubourg de Pieulat, en faveur de Pierre Durand, moyennant une rente de 3 sous (1356) ; — d'une vigne au terroir d'Esclic, en l'entrée du vallon d'Esclic] (*in territorio vocato desclit videlicet in introitu cumbe vocato d'Esclit]* en faveur de Jean Pastre, vigneron, moyennant une rente de 8 sous (1356); — d'un demi-ayral de jardin au lieu dit la Tour des chanoines (*in loco vocato a la tor dels canonges*), en faveur de Géraud Girne, notaire royal, de Cahors, moyennant une rente de 3 sous (1357) ; — d'une maison à deux étages (*unam domum in qua sunt due scagie*), sise dans la rue Donzelle, en faveur de Bernard Brochet, moyennant une rente de 10 sous (1359) ; — d'une vigne, au terroir de Rolle, en faveur de Jean Fabry, moyennant une rente de 10 sous (1359), — Cession faite par le Prieur des Carmes de Cahors aux gardiens de l'hôpital de la grande Rue d'une

rente de 10 sous à prendre sur une maison sise près du pont dit des Carmes (1353). — Étienne Coste, tisserand, de Cahors, reconnaît tenir de l'hôpital de la Grande Rue, un jardin sous la rente de 3 sous (1353).

H. 77. (Liasse.) — 10 pièces, parchemin.

1362-1379. — Titres de rentes foncières. — Arrentements consentis par l'hôpital de la Grande Rue : d'un jardin au faubourg de Malplag, près des Carmes, en faveur d'Arnaud Garric, moyennant une rente de 5 sous (1362) ; — d'une pièce de terre et d'une vigne sises au terroir de Vayrac, en faveur de Pierre Labroa, cordonnier, moyennant une rente de 15 sous (1366) ; — d'une vigne au terroir de Combe Abouze (*in territorio vocato Combel Abouzo*), en faveur de Jean Bonet, vigneron, moyennant une rente de 12 sous (1366); — d'une maison sise dans la paroisse de Saint-Urcisse, à l'entrée de la rue Donzelle, en faveur de Raymond Brunet, vigneron, moyennant une rente de 4 sous (1368) ; — d'une maison sise rue de Lherm, en faveur de Raymond Combelles, moyennant une rente de 12 sous (1371) ; — d'une maison dans le faubourg de Pieulat, en faveur de Guillaume Demons, moyennant une rente de 6 sous (1371) ; — d'une maison sise sur la place St-Laurent de Cahors, en faveur d'Hugues Lamarche, moyennant une rente de 12 sous (1377) ; — d'une maison et d'un jardin sis au faubourg de Pieulat, en faveur de Guillaume Foulquié, moyennant une rente de 15 sous (1379) ; — d'une maison sise dans la rue de Lagrave, en faveur de Guillaume Frayssinet, marchand, moyennant une rente de ... sous (1379).

H. 78. Liasse. — 7 pièces, parchemin ; 1 pièce, pap...

1380-1487. — Titres de rentes foncières. — Arrentements consentis par l'hôpital de la grande Rue : de six à sept ayrals de jardin au terroir de Pieulat, en faveur de Guillaume Dupuy, moyennant une rente de 30 sous (1380) ; — de maisons sises sur la place Saint-Laurent, en faveur de Gaucelm Tardieu et de Géraud Bosquet, moyennant une rente de 60 sous (1380); — d'un jardin au terroir de Pieulat, en faveur de Bernard Barrau moyennant une rente de 12 sous (1384); — d'une maison sise près [du pont-vieux, en faveur de Jacques Bouyssou, moyennant une rente de 20 sous (1405); — de la métairie dite de Bégoux, en faveur de Jean Carrière et autres, moyennant une rente de 8 setiers de froment, 30 sous tournois et 2 livres de cire (1457); — du moulin dit du Quercy, sur le Lot, près du couvent des religieux de la Mercy, en faveur de Raymond Gimbal, moyennant une rente de 5 setiers de froment et de 3 livres 10 sous tournois (1466); — d'une pièce de terre au terroir de St-Cirq, au-delà du Pont-Vieux, en faveur de Godoffre Rodos, moyennant une rente de 20 deniers tournois (1487).

H. 79. (Cahier.) — In-folio, 8 feuillets, parchemin.

1414-1420. — Baux à fiefs de maisons, terres et jardins consentis par l'hôpital St-Jacques de la grande Rue en faveur de : Jacques Delom, du lieu de Salviac; — Pierre Delbost, du même lieu ; — Jean de Peyre-Nègre, du même lieu ; — Pierre de Milanause, de la ville de Cahors ; — Pierre George, aussi de Cahors ; — Jacquette de Poujet, veuve de Pierre Decroix ; — Jean Constans, habitant de Cahors ; — Étienne Séguy, cordonnier ; — Guillaumette Ratier, veuve de Guillaume Delpech, etc.

H. 80. (Liasse.) — 66 pièces, papier.

1326-1492. — Reconnaissances. — Extraits des livres des cens et rentes dus à l'hôpital de Cahors pour la charité de la Pentecôte. — Raymond de Martel, le jeune, cordonnier, doit pour des maisons sises près des boucheries du Pont-vieux, 15 livres ; — Raymond du Sirech, boucher, pour une pièce de terre, 7 pugnères de froment ; — Arnaud de Gironde, bourgeois, pour 9 ayrals de vigne, 18 sous ; — Hugues Cavalier, pour 2 ayrals de jardin, 16 deniers et 1 obole (*sexdecim denarios et unum obolum*) de cens et 2 sous 9 deniers d'acapte ; — Jean Bodin, marchand, pour un jardin à Valentré, 6 deniers de cens et 12 deniers d'acapte ; — Arnaud de Sabadel, pour une maison sise dans la grande Rue, 12 deniers; — Jean Rouquié, pour une maison sise dans la grande Rue, 7 sous tournois, etc.

H. 81. (Liasse). — 1 pièce, parchemin ; 71 pièces, papier.

1502-1730. — Reconnaissances. — Extraits des livres des cens et rentes dus à l'hôpital de Cahors pour la charité de la Pentecôte. — Jean Rossel doit, pour un jardin à St-George, 2 deniers de cens ; — Barthélemy Negremont, pour une maison dans la paroisse St-Laurent, 18 deniers ; — Jacques Crégut, pour une maison et un jardin à St-George, 4 deniers ; — Pierre Moumète, chapelain de la paroisse de la Daurade, pour une vigne à Pechagal, 4 deniers 1 obole de cens et 9 de-

niers d'acapte ; — Antoine Bru, pour une maison dans la paroisse St-Géry, 15 deniers ; — Jean Lavastre, pour une maison sise dans la paroisse St-Urcisse, 15 deniers ; — François Cazèles, pour une chenevière et une pièce de terre dans la rivière du Pal, 4 sous de cens et 8 sous d'acapte ; — Catherine de Chamboret, pour une vigne à Roquebilières, 9 deniers, etc.

H. 82. (Cahier.) — In-folio, 36 feuillets, papier.

1767. — Paroisse de Bégoux. — Reconnaissances consenties en faveur de l'hôpital St-Jacques de Cahors par divers habitants de Bégoux, au nombre desquels figurent : Louise Sarroy ; — Pierre et Guillaume Souleilhou, père et fils, vignerons ; — Jeanne Annes, épouse d'Antoine Bigal ; — Bertrand Massip, vigneron; — Antoine Bouyssou, vigneron ; — Jacques Palezy, vigneron ; — Antoine Alibert, vigneron ; — Guillaume Alazard, vigneron ; — Antoine Calmettes, vigneron; — Antoine Audeguy, vigneron ; — Antoine Carrié, vigneron ; — Jacques Celarié, vigneron ; — Pierre Combarieu, vigneron ; — Michel Celarié, vigneron, etc.

H. 83. (Registre.) — In-quarto, 23 feuillets, papier.

1468. — Cens et Rentes. — Liève des cens et rentes de l'hôpital St-Jacques de la grande Rue, pour l'année 1468. — *En set sy lo papier de las rendas et ses del hospital de san Jacme de cariera major de Cahors, del han que lon conta mial cccc LXVIII, comensan lan lo prumier jorn del mes de may.* — Le couvent des Carmes doit, pour une maison, 5 sous ; — Raymond Rodat, pour une maison et un jardin, sur la place St-Laurent, 18 sous; — Durand Fournier, pour une vigne au pech de Rolle, 5 sous ; — Bernard Lafon, pour une vigne à Ste-Croix, 3 sous 4 deniers; — Pierre Constant, pour une pièce de terre, 14 deniers; — Jacques Dabis, pour une maison, dans la paroisse St-Maurice, 6 deniers ; — Marthe Laurière, pour une maison, 10 sous, etc.

H. 84. (Cahier.) — In-quarto, 10 feuillets, papier.

1738. — Cens et rentes. — *Liève des cens et rentes, acaptes et autres droits et devoirs seigneuriaux de l'hôpital général de Cahors.* — Maître Soubrié, prêtre, doit pour sa maison au faubourg St-George, 1 sou 10 deniers ; — Pierre Pouget, pour deux maisons au même faubourg, 5 sous ; — Jean Bessières, maréchal, au lieu de Pradines, pour une maison, 16 sous 10 deniers ; —

le sieur Henry Hugues, pour une maison dans la paroisse Saint-Laurent, 2 sous 7 deniers ; — Jean Moles, marchand chapelier, pour maison, boutique, cour et pâtus dans la même paroisse, 9 sous 2 deniers ; — Jean Fournié, vigneron, pour un jardin à Cabessut, 2 sous ; — dame Marie Debru, pour une maison, dans la paroisse de la Daurade, 40 sous ; — Bernard Dulac, pâtissier, pour une maison au faubourg Labarre, 5 sous, etc.

H. 85. (Cahier.) — In-quarto, 22 feuillets, papier.

1765-1778. — Cens et rentes. — Liève des rentes de l'hôpital général St-Jacques de la ville et des environs de Cahors d'après les reconnaissances de 1765. — Pierre Albert, dit Lamasse, vigneron, doit, pour une maison dans la rue Donzelle, 1 sou ; — Jean Lacavalerie, pour maison et jardin, dans la même rue, 1 sou 4 deniers ; — Guillaume Segurel, dit Graulat, pour une maison dans la rue Marcouron, 2 deniers ; — demoiselle Françoise Verines, épouse Blanche, pour une maison près de l'église St-Laurent, 2 sous 7 deniers ; — Jean Plantade, vigneron, aux Badernes, pour une jardin dans la rue Donzelle, 2 deniers ; — Antoine Andrieu, menuisier, pour un jardin à Labarre, 5 sous ; — le sieur Raymond Gausserès, bourgeois, pour une boutique dans la grande rue, 1 sou 6 deniers ; etc. — Table alphabétique au commencement du cahier.

H. 86. (Cahier.) — In-quarto, 35 feuillets, papier.

1736-1741. — Cens et rentes. — Quittance de 5 livres 11 sous 1 denier, montant de la rente payée au trésorier de l'hôpital par le sieur Filsac, de Cavaniès. — Cession d'une somme de 500 livres consentie par le sieur Brugalières en faveur de l'hôpital. — Rente constituée de 8 livres 7 sous consentie en faveur de l'hôpital par Guillaumette Raynal. — Acte d'accord portant renouvellement d'une rente de 20 livres consentie par Guillaume Lagrèze, du lieu de Brouelles. — Contrat d'afferme d'un jardin à Labarre, au prix de 60 livres par an. — Accord portant vente d'une maison au prix de 140 livres, etc. — Table à la fin du cahier.

H. 87. (Cahier.) — In-folio, 6 feuillets, papier.

1715. — Salviac. — Procès-verbal de liquidation des arrérages de rentes dus par les tenanciers des fiefs de l'ancien hôpital de Salviac, uni à l'hôpital général de Cahors.

H. 88. (Cahier.) — In-quarto, 14 feuillets, papier.

1775. — Salviac. — Reconnaissances consenties en faveur de l'hôpital St-Jacques, pour des fiefs sis à Salviac, par : messire Pierre de Gransault de Lacoste, écuyer ; — Jean Lagar, bourgeois de Salviac ; — Marc Gransault, chirurgien ; — Antoine Gamel, marchand ; — Jeanne Peyrié, veuve de François Aguzon ; — Joseph Brajac, marchand ; — Anne Montagut, veuve de Jean Viales ; — Jean Cuniac, marchand ; — les époux Antoine Daffas et Marguerite Laporte ; — Jean Verdy, travailleur ; — Pierre Besse, tanneur ; — Simon Fréjaville ; — les époux Henri Serres et Toinette Véry ; — les époux Guillaume Baldy et Bernarde Latreille, etc.

H. 89. (Liasse.) — 4 pièces, papier.

1783-1787. — Salviac. — Etats de la levée des rentes payées à l'hôpital général, dans la paroisse de Salviac, pour les années 1783, 1784, 1786 et 1787.

H. 90. (Cahier.) — In-quarto, 10 feuillets, papier.

XVIIIᵉ siècle. — Salviac. — Liève des rentes dues à l'hôpital général dans la paroisse de Salviac.

H. 91. (Cahiers.) — In-quarto, 42 feuillets, papier.

1717. — Salviac et Catus. — États de liquidation des rentes et des arrérages à payer à l'hôpital de Cahors par les tenanciers de l'ancienne maladrerie de Salviac et de Catus.

H. 92. (Liasse.) — 2 pièces, papier.

XVIIIᵉ siècle. — État des rentes dues à l'hôpital de Cahors et qui ne se perçoivent pas depuis longues années. — Noms des débiteurs : les héritiers de Pierre Gasc, marchand ; — les héritiers de Guillaume Linas ; — les héritiers de Jean Faure, du lieu d'Espère ; — les héritiers de Géraud Garrigues, du lieu de St-Cirq-Lapopie ; — les héritiers de monsieur Béraldy ; — les successeurs de monsieur Cardaillac ; — Hugues Gibrat, sergent ; — Antoine Clary, archer ; — Pierre Born, dit Pezy ; — les successeurs de Pierre Dajean ; — les héritiers de Jean Durand, dit Borbou, de Cahors, etc.

H. 93. (Cahier.) — In-quarto, 10 feuillets, papier.

1737. — État des revenus fixes de l'hôpital général.

H. 94. (Registre.)— In-folio, 240 feuillets, papier.

1744. — Registre contenant l'état des revenus fixes de l'hôpital St-Jacques de la ville de Cahors, et des actes et des titres constitutifs de ces revenus, suivant la vérification qui en a été faite par l'ordre de Mgr père en Dieu, messire Bertrand-Baptiste-Rénée Duguesclin, évêque, baron et comte de Cahors. — Table alphabétique des rentes à locatairie.

H. 95. (Registre.) — In-folio, 190 feuillets, papier.

1768-1784. — Registre contenant l'état des revenus fixes de l'hôpital St-Jacques et des actes et titres constitutifs, suivant la vérification qui en a été faite par les directeurs de l'hôpital.

H. 96. (Liasse.) — 3 pièces, parchemin ; 82 pièces, papier.

1609-1657. — Procès devant le Parlement de Toulouse. — Les consuls de Cahors contre le syndic de l'hôpital général touchant le transfert de l'hôpital dans un autre immeuble. — Mgr Alain de Solminihac contre les consuls de Cahors au sujet de l'affectation d'une somme de 6,000 livres donnée par lui en vue de la translation de l'hôpital St-Jacques dans un local plus sain. — Délibérations du bureau de l'hôpital, requêtes, dires, procurations, mémoires, exploits, extraits d'actes, etc.

H. 97. (Liasse.)— 21 pièces, papier.

1610-1664. — Procès devant le sénéchal et présidial de Cahors. — Le syndic de l'hôpital général contre Henri Richard et contre Pierre Dellard, cordonnier, en paiement de rentes. — Maître Étienne Filhol, docteur et avocat, demandeur en interprétation de décret sur les biens saisis à sa requête à Catherine Teyssèdre. — Sentences, exploits, conclusions, inventaires de production de pièces, rôles de frais, etc.

H. 98. (Liasse.) — 6 pièces, parchemin ; 58 pièces, papier ; 1 fragment de sceau.

1713-1716. — Procès devant le sénéchal et présidial de Cahors. — Le syndic de l'hôpital général contre les tenanciers et emphytéotes des fiefs de l'ancien hôpital de Salviac, réuni à celui de Cahors. — Requêtes, exploits, conclusions, appointements, minutes de production, répliques, sommations, états de frais, inventaires de production de pièces, ordonnances, etc.

H. 99. (Liasse.) — 6 pièces, parchemin ; 41 pièces, papier.

1718-1763. — Procès devant le sénéchal et présidial de Cahors. — Le syndic de l'hôpital général demandeur en paiement des rentes contre : les héritiers de Dorde Combelles ; — Arnaud Carriol, marchand, de Cahors ; — les héritiers du sieur Martin, de Trébaïx ; — Raymond Boyé, praticien, du village de Boyé, paroisse de Thédirac. — Exploits, procès-verbaux de saisies, requêtes, consignations, ordonnances, jugements, copies de pièces, etc.

H. 100. (Liasse.) — 14 pièces, parchemin ; 91 pièces, papier.

1762-1789. — Procès devant le sénéchal et présidial de Cahors. — Le syndic de l'hôpital général demandeur en paiement de rentes contre : le sieur Traversié, bourgeois, du lieu de Bouzou, paroisse de Lherm ; — les héritiers de demoiselle Jeanne d'Hugon, veuve de noble Guillaume de Chaumier ; — Raymond Labie, tailleur, de la ville de Cahors ; — Guillaume Petit, de la ville de Cahors ; — Michel Niox, du faubourg Labarre ; — les époux Roc Cavalié et Marguerite Brunet, du lieu de Larroque-des-Arcs ; — Pierre Tardieu, du lieu de Brouelles ; — Jeanne Decas, veuve Mayzen, du faubourg Labarre ; — le sieur Glandières-Lacoste. — Requêtes, exploits, assignations, significations, commandements, appointements, jugements, copies de pièces, etc.

H. 101. (Liasse.) — 1 pièce, parchemin ; 4 pièces, papier.

1783-1786. — Procès poursuivi devant le viguier de Cahors. — Jean-Antoine Dellac, chanoine de l'église de Cahors, et Jean Soleri, ancien curé de Trespoux, demandeurs contre Jean Bergon, laboureur, de la ville de Cahors, en paiement d'une rente annuelle de 85 livres.

H. 102. (Liasse.)— 1 pièce, parchemin.

1259. — Donadieu Redon, citoyen de Cahors, donne par égale portion, aux hôpitaux de la grande Rue et des Soubiroux, toutes les maisons qu'il possède dans le faubourg des Soubiroux, à la condition qu'une messe sera chantée tous les jours, pour le repos de son âme, dans l'église de St-Étienne des Soubiroux (*que cante messa cada dia en la glieia de sanh Estefe de Sobiros per l'arma del dig Donadieu Redon*) et qu'une lampe brûlera de jour et de nuit devant l'autel de St-Barthélemy (*1ª lampa guarnida que argua de nuegs et dias davant l'autar de S. Bertolmieu*).

H. 103. (Liasse.)— 3 pièces, parchemin.

1309-1310. — Oratoires. — Raymond, évêque de Cahors, autorise l'hôpital de la grande Rue, à construire un oratoire et à y attacher un prêtre chargé de dire la messe et d'administrer les sacrements (1309).— Ordonnance des consuls portant établissement de l'oratoire autorisé par l'évêque de Cahors dans l'hôpital de la grande Rue (1310), et *vidimus* de cette ordonnance.

H. 104. (Cahier.)— In-quarto, 10 feuillets, papier.

1750-1751. — Décès. — Actes des décès de l'hôpital général dressés par M. Laurens, chapelain dudit hôpital.

H. 105. (Cahiers.) — In-quarto, 25 feuillets, papier.

1772-1778. — Décès. — Actes des décès de l'hôpital général dressés par M. Carlé, chapelain dudit hôpital.

H. 106. (Cahiers.) — In-quarto, 62 feuillets, papier.

1779-1790. — Décès. — Actes des décès de l'hôpital général dressés par MM. Manheric, Guiches et Grandou, chapelains dudit hôpital.

H. 107. (Registre.) — In-quarto, 262 feuillets, papier.

1679. — « Inventaire général de tous les actes et papiers de l'hôpital St-Jacques de la ville de Caors, faict en l'année 1679 par ordre de monseigneur Foucault, chevalier, conseiller du Roy en ses conseils, intendant en la généralité de Montauban, tant des

actes escriptz sur le parchemin cottés par nᵒˢ, desquelz ont esté faictes neuf liasses cottées par première, seconde, troisième, etc., que des actes conteneus en douctze livres cottés audessus par lettres despuis A jusques à la lettre M inclusivement, avec une indication en marge de la plus grande partie des articles dudict invantaire, du nom des fiefs, paroisses, lieux et terroirs où ils sont assis, la qualité et quantitté de la rente soit censive, directe, locaterie ou autrement. Ensuite sont inventoriés les alivremans, arpantemans, lièves tant anciennes que nouvelles, comptes et cayers de recepte et despance, procès et générallement tous actes et papiers trouvés audict hospital audict an. »

H. 108. (Liasse.) — 1 pièce, parchemin.

XIIIᵉ siècle. — Constitutions et règlements donnés par les consuls de Cahors à l'hôpital de la grande Rue.

H. 109. (Liasse.) — 1 pièce, papier.

1323. — Ordonnance des consuls de Cahors touchant la réunion des émoluments et des biens de la maladrerie du Pont-vieux à l'hôpital de la grande Rue.

H. 110. (Cahiers.) — In-quarto, 52 feuillets, papier.

1740-1744. — Délibérations du bureau de l'hôpital général touchant : les mesures à prendre pour se procurer du blé ; — le service funèbre de M. Colomières, secrétaire de l'hôpital, et la nomination d'un autre secrétaire ; — l'approbation des comptes du trésorier ; — l'acceptation d'un don à l'hôpital de 2080 livres offert par M. Lassagne ; — le paiement de droits de lods à l'hôpital ; — l'approbation des comptes de la sœur supérieure ; — le placement de certaines sommes versées par des débiteurs de l'hôpital ; — les quêtes à faire dans les paroisses du diocèse pour la subsistance des pauvres ; — la célébration d'un service solennel pour le repos de l'âme de feu monseigneur l'évêque qui a fait tant de bien à l'hôpital (Mgr de la Luzerne), etc.

H. 111. (Cahiers.) — In-quarto, 84 feuillets, papier.

1746-1762. — Délibérations du bureau de l'hôpital général touchant : la mise en fermage de divers immeubles ; — le dégrèvement de tailles ; — le paiement

de droits de lods ; — la nomination de nouveaux administrateurs de l'hôpital ;— la nomination d'un secrétaire en remplacement du sieur Burgère, décédé ; —
la clôture des comptes de la sœur directrice; — la
poursuite de procès ; — le remboursement d'arrérages
de tailles ; — les mesures à prendre pour obliger les
débiteurs de l'hôpital à payer leurs dettes ; — la vente
d'immeubles ; — l'adjonction d'une sixième sœur au
personnel de l'hôpital, etc.

H. 112. (Cahiers.) — In-quarto, 84 feuillets, papier.

1763-1769. — Délibérations du bureau de l'hôpital général, touchant : les frais des funérailles de M.
de Labourgade qui a institué, pour son héritier universel, l'hôpital de Cahors ; — l'hommage à rendre à l'évêque de Cahors, à raison des rentes appartenant à l'hôpital dans la juridiction de la ville ; — le paiement
d'honoraires au sieur Valette, avocat ; — les droits des
consuls de Cahors au sujet de l'administration de
l'hôpital ; — le remboursement d'avances faites par
divers ; — la pose d'une pierre avec inscription sur
le tombeau de M. de Labourgade ; — le paiement des
legs particuliers faits par M. de Labourgade ; — la
distribution de gratifications aux gens de service de
l'hôpital, etc.

H. 113. (Liasse.) — In-quarto, 90 feuillets, papier.

1770-1777. — Délibérations du bureau de l'hôpital général, touchant : l'acceptation des legs faits par
M. Lezeret, conseiller du Roi ; — la levée des rentes
de Lauzerte ; — le recouvrement des arrérages de
rentes de Salviac ; — l'acceptation des legs faits par
M. Gourdon, prêtre ; — les mesures à prendre pour
faire subsister les pauvres en 1771, malgré la cherté
des grains ; — le paiement de legs ; — l'acceptation de
certaines sommes d'argent sous la condition de faire
dire des messes ; — l'apurement des comptes du trésorier ; — les modifications à apporter dans le système
d'administration de l'hôpital ; — les dons en argent et
en grains faits par les membres du chapitre de
Cahors, etc.

H. 114. (Registre.) — In-folio, 122 feuillets, papier.

1777-1790. — Délibérations du bureau de l'hôpital général, touchant : la réception du serment du
syndic ; — l'achèvement et la remise des reconnaissances des rentes de Salviac ; — la demande par M.

Laplasse, professeur de médecine à l'université de
Cahors unie à celle de Toulouse, d'un certificat constatant qu'il a servi gratuitement l'hôpital en qualité de
médecin ; — la poursuite de procès contre les exac-
teurs de la rente indivise de Bégoux et contre M. Lacombe de Camy ; — l'apurement des comptes du trésorier et de la sœur directrice ; — les précautions à
prendre pour n'admettre à l'hôpital que des pauvres
sur le compte desquels le bureau sera parfaitement
renseigné ; — la nomination d'un directeur de l'hôpital en remplacement de M. de Lacoste-Beaufort, chantre, etc.

H. 115. (Liasse.) — 1 pièce, parchemin ; 2 pièces, papier ;
2 fragments de sceaux.

1631. — Requête au procureur général du Roi au
parlement de Toulouse touchant la mauvaise administration des biens de l'hôpital de Cahors. — Ordonnance de messire Habert, évêque de Cahors, portant que
pour obvier aux désordres qui se sont glissés dans
l'administration de l'hôpital, le bureau devra se réunir
dorénavant le premier lundi de chaque mois et que les
comptes du trésorier seront examinés avec soin.

H. 116. (Cahier.) — In-quarto, 16 feuillets, papier.

1631. — « Estat au vray des debtes, rentes et revenus deubz à l'hospital sainct Jacques de la ville et cité
de Caors. » — État des rentes foncières et directes appartenant à l'hôpital. — État des affaires à soumettre
au bureau de l'hôpital. — État des procès à soutenir
par l'hôpital contre l'évêque, le chapitre, les chartreux
et les colléges Pelegry et de Rodez.

H. 117. (Registre.) — In-quarto, 44 feuillets, papier.

1634-1636. — « Comptes randus par Guillaume
Filhiol, marchand et recepveur de l'hospital sainct Jacques de la presante ville des années mil six cens
trante-quatre, trante-cinq et trante-six, tant de receu
que despendu pendant lesdictes trois années, à vous
messieurs les consuls de ladicte ville et députtés du
bureau dudict hospital ». — Il résulte de ces comptes
que la recette totale de 1634 à 1636, s'éleva à
3251 livres 8 sous 2 deniers, à 157 quartes 2 cartons
de froment et à 12 quartes de mixture.

H. 118. (Cahier.) — In-folio, 23 feuillets, papier.

1742. — Comptes que rend par-devant Mgr l'Illustrissime et Révérendissime évêque, baron et comte de Cahors, et messieurs les administrateurs de l'hôpital général, M. Jean Lézéret, conseiller du Roi au bureau de l'élection de Cahors, en qualité de trésorier dudit hôpital, à commencer du 1er janvier 1742 jusques au 1er janvier 1743, tant des sommes par lui levées à cause des rentes constituées, locatairies perpétuelles que autres fermes ou rentes foncières, location de maisons, jardins que autres pièces de terre, lods et ventes et légats.

H. 119. (Registre.) — In-folio, 141 feuillets, papier.

1762-1789. — Livre des recettes faites par M. Teyssendier, trésorier de l'hôpital. — Il résulte de ce livre que le montant des recettes faites en 1762 s'est élevé à 3570 livres 4 sous 7 deniers ; — en 1763, à 6993 livres 6 sous 2 deniers ; — en 1764, à 9969 livres 13 sous 3 deniers ; — en 1765, à 10355 livres 3 sous 7 deniers ; — en 1766, à 9715 livres 15 sous 3 deniers ; — ..... en 1788, à 14784 livres 13 sous 4 deniers.

H. 120. (Registre.) — In-folio, 138 feuillets, papier.

1762-1789. — Livre des dépenses faites par M. Teyssendier, trésorier de l'hôpital. — Il résulte de ce livre que le montant des dépenses faites en 1762 s'est élevé à la somme de 3233 livres 3 sous 11 deniers ; — en 1763, à 6594 livres 2 sous 3 deniers ; — en 1764, à 9948 livres 11 sous 11 deniers ; — en 1765 à 10347 livres 18 sous 8 deniers ; — en 1766, à 9648 livres 4 sous 11 deniers,....... en 1788, à 14816 livres 9 sous 6 deniers.

H. 121. (Registre.) — In-folio, 152 feuillets, papier.

1764-1790. — Livre des dépenses de la sœur directrice de l'hôpital.—Parmi les dépenses inscrites pendant le mois de juin 1764, figurent : 11 livres pour 56 paires de sabots ; — 20 livres pour les gages du jardinier ; — 46 livres pour les gages du maître de boutique ; — 48 livres pour les gages du vigneron ; — 30 livres pour les gages du vacher ; — 30 livres pour les gages du tailleur ; — 2 livres pour la filaison (sic) de 9 livres de chanvre ; — 2 livres pour journées d'hommes ; — 2 livres 8 sous pour de l'huile d'olive ; — 1 livre 4 sous pour du tabac ; — 24 livres pour de la viande, etc.

H. 122. (Liasse.) — 1 cahier in-folio, 14 feuillets, papier ; 58 pièces, papier.

1764. — État des recettes et des dépenses de l'hôpital, dressé par M. Teyssendier, trésorier. — Pièces justificatives des dépenses.

H. 123. (Liasse.) — 1 cahier in-quarto, 12 feuillets, papier ; 48 pièces, papier.

1765. — État des recettes et des dépenses de l'hôpital, dressé par M. Teyssendier, trésorier. — Pièces justificatives des dépenses.

H. 124. (Liasse.) — 1 cahier in-quarto, 8 feuillets, papier ; 60 pièces, papier.

1766. — État des recettes et des dépenses de l'hôpital, dressé par M. Teyssendier, trésorier. — Pièces justificatives des dépenses.

H. 125. (Liasse.) — 1 cahier in-quarto, 12 feuillets, papier ; 56 pièces, papier.

1767. — État des recettes et des dépenses de l'hôpital, dressé par M. Teyssendier, trésorier. — Pièces justificatives des dépenses.

H. 126. (Liasse.) — 1 cahier in-quarto, 12 feuillets, papier ; 116 pièces, papier.

1768. — État des recettes et des dépenses de l'hôpital, dressé par M. Teyssendier, trésorier. — Pièces justificatives des dépenses.

H. 127. (Liasse.) — 1 cahier in-quarto, 14 feuillets, papier ; 82 pièces, papier.

1769. — État des recettes et des dépenses de l'hôpital, dressé par M. Teyssendier, trésorier. — Pièces justificatives des dépenses.

H. 128. (Liasse.) — 1 cahier in-quarto, 12 feuillets, papier ; 73 pièces, papier.

1770. — État des recettes et des dépenses de l'hôpital, dressé par M. Teyssendier, trésorier. — Pièces justificatives des dépenses.

H. 129. (Liasse.) — 1 cahier in-quarto, 10 feuillets, papier ;
58 pièces, papier.

1771. — État des *recettes et des dépenses* de l'hôpital, dressé par M. Teyssendier, trésorier. — Pièces
justificatives des dépenses.

H. 130. (Liasse.) — 1 cahier in-quarto, 8 feuillets, papier ;
40 pièces, papier.

1772. — État des recettes et des dépenses de l'hôpital, dressé par M. Teyssendier, trésorier. — Pièces
justificatives des dépenses.

H. 131. (Liasse.) — 1 cahier in-quarto, 12 feuillets, papier ;
36 pièces, papier.

1773. — État des recettes et des dépenses de l'hôpital, dressé par M. Teyssendier, trésorier. — Pièces
justificatives des dépenses.

H. 132. (Liasse.) — 1 cahier in-quarto, 16 feuillets, papier ;
82 pièces, papier.

1775-1776. — États des recettes et des dépenses
de l'hôpital, dressés par M. Teyssendier, trésorier.
— Pièces justificatives des dépenses.

H. 133. (Liasse.) — 1 pièce, parchemin, en mauvais état.

1348. — Réception de Jeanne Desquié, fille de
Pierre Desquié, marchand, de Cahors, en qualité de
sœur de l'hôpital de la grande Rue.

H. 134. (Liasse.) — 17 pièces, papier.

1766-1772. — Correspondances de divers touchant : le paiement d'arrérages de rentes ; — l'envoi
de cadeaux ; — l'achat de perdreaux, de bécasses et
de tours; — la poursuite de procès, etc.

PETITS HOPITAUX DE CAHORS

H. 135. (Liasse.) — 3 pièces, parchemin ; 2 sceaux en cire.

1654-1675. — Acte de fondation, par Alain de
Solminihac, évêque, baron et comte de Cahors, d'une
maison de la Providence des filles orphelines (1654);
— Lettres patentes du roi Louis XIV portant confirmation de cet établissement.

H. 136. (Liasse.) — 2 pièces, parchemin ; 1 sceau en cire.

1658-1675. — Acte de fondation, par Alain de
Solminihac, évêque, baron et comte de Cahors d'une
maison ou *hôpital des pauvres orphelins* (1658); —
Lettres patentes du roi Louis XIV portant confirmation
de cet établissement.

H. 137. (Registre.) — In-folio, 128 feuillets, papier.

XVIIIᵉ Siècle. — Sommier des biens des hôpitaux
des orphelins, des orphelines et des pauvres malades
de Notre Dame de Saint-Projet. — Au nombre des
débiteurs inscrits sur ce registre figurent : Jean Albié,
de la paroisse de Frayssinet ; — les héritiers de M.
Miquel, prébendé ; — Soubira, notaire, de St-Daunès;
— Delper, Dadines, de Montdoumerc ; — les héritiers
de M. Savary, avocat à Cahors ; — mademoiselle de
Giscar d'Auriac, de Puy-l'Évêque ;—Rosiès, traiteur, à
Cahors ; — Alazar, cordonnier, de Cahors ; — les héritiers du sieur Laborie, notaire, à Ste-Croix ; — monsieur Estang, curé de Martignac, etc. — Table
alphabétique au commencement du volume.

H. 138. (Liasse.) — 3 pièces, papier.

1739-1740. — Extrait du testament de demoiselle
Élisabeth de Boisson, de la ville de Cahors, portant
don de 300 livres en faveur de l'hôpital de Notre Dame
de Saint-Projet, à la charge par cet établissement de
faire dire à perpétuité une grande messe le jour de
Sainte-Élisabeth et de faire prévenir les héritiers de
ladite demoiselle pour qu'ils puissent y assister. —
Extraits des statuts du diocèse de Cahors touchant la
fondation de messes.

H. 139. (Liasse.) — 2 pièces, papier.

1722. — Requête adressée à l'évêque de Cahors
par le syndic des petits hôpitaux touchant la décision
des consuls de Cahors réduisant à 303 livres 14 sous
la somme de 759 livres 5 sous payée annuellement
auxdits hôpitaux.

H. 140. (Liasse.) — 7 pièces, parchemin ; 58 pièces, papier.

1755-1790. — Procès, en paiement d'arrérages
de rentes poursuivis, devant le présidial et sénéchal
de Cahors, par le syndic des petits hôpitaux, contre ·

le sieur Marc Tulle, bourgeois ; — les héritiers de Guillaume Lacombe, du lieu de Belmontet ; — le sieur Philippy, bourgeois, du lieu de Lapoujade ; — Jean-Baptiste Roques, marchand, de Cahors ; — le nommé Plason, laboureur, du lieu de Ste-Croix.

H. 141. (Liasse.) — 4 pièces, papier.

1654. — Contrats de rentes consenties en faveur de l'hôpital de Notre Dame, par : Gaillard Depeyre, marchand, et Jacques Valat, du lieu de Montpezat ; — Jean Argetes, écuyer, du lieu de Puy-Larroque ; — Pierre Cambou, Raymond Rey, Raymond Delteil et François Pieu, de la juridiction de Montcuq ; — Pierre Bosredon, praticien, du village de las Peyrières, et Pierre Hugon, du lieu de Lacombe.

H. 142. (Registre.) — In-quarto, 120 feuillets, papier.

1756-1780. — Décès. — Actes des décès de l'hôpital de Notre Dame dressés par les aumôniers Joani, Gaubert, Chaudesaigues, Courrejols, Soleri, Rouziès, Chanut.

HOPITAL DU BON-PASTEUR DE CAHORS

H. 143. (Liasse.) — 57 pièces, papier.

XVIIIe Siècle. — Correspondance, mémoires, inventaires de biens, extraits de cadastres, copies d'actes concernant l'hérédité de maître Jean Dufour, ancien notaire, de Cajarc, usufruitier des biens donnés à l'hôpital du Bon-Pasteur.

HOPITAL SAINT-MICHEL DE LABARRE, DE CAHORS

H. 144. (Cahier.) — In-quarto, 14 feuillets, papier.

1472. — Reconnaissances consenties en faveur de l'hôpital de Notre Dame de Labarre par : Hugon Gaubert, vigneron ; — Jean Barry, charpentier ; — Jacques Crayssac, vigneron ; — Géraud Lagrange, vigneron ; — Philippe et Guillaume Pelatié, frères ; — Géraud Delteil, chaudronnier ; — Arnaud Vayssière, vigneron ; — Bernard Bodié, vigneron ; — Bernard Calvet ; — Pierre Jean, frère augustin ; — Guillaume Calvet, carme.

H. 145. (Liasse.) — 1 pièce, parchemin.

1565. — Reconnaissance consentie par « saige « home sire Bernard Muratel merchant de Cahours « en faveur de l'hospitalerie nommée de Sainct Michel « de nostre Dame de la barre » pour deux pièces de terre sises à Cahors.

H. 146. (Cahier.) — In-quarto, 20 feuillets, papier.

1592-1595 — Reconnaissances consenties en faveur de l'hôpital St-Michel par : Jean Bertrand, soldat ; — Jean Ouvrier, chapelier ; — les époux Antoine Boisse et Valéric Defort ; — Pierre Miquel, vigneron ; — Jean Rives, vigneron ; — Marcel Ouvrier, chapelier ; — Jean Soldadié, vigneron ; — Jean Périé, dit Bourrou, boucher ; — la femme de Simon Lescale ; — Guillaume Bongrelet ; — sire Guillaume Vaissières, bourgeois ; — Marcel Lagarde, chapelier. — Table à la fin du cahier.

H. 147. (Cahier.) — In-quarto, 32 feuillets, papier.

1662. — Reconnaissances consenties en faveur de l'hôpital St-Michel, par : Jean Vaissières, bourgeois ; — Jacques Caviole ; — maître Jacques Pelissier, bachelier en droit, procureur au siège de Cahors ; — Pierre Périé, boucher ; — Guillaume Vezy, maître maçon ; — Jean Gisbert, archer de monsieur le visénéchal du pays de Quercy ; — Marguerite Contivals, veuve d'Antoine Marcilhac ; — Jeanne Demous ; — les héritiers d'Arnaud Pradié ; — Françoise Pradière ; — Jean Lavernhe et Françoise Singlande ; — Jean Ouvrié, chapelier ; — Jeanne Fraissiné ; — maître Pierre Pons, receveur des décimes ; — Pierre Fraissy, dit Craissac ; — Étienne Touchant, vigneron ; — Bernard Lagarde, etc. — Table à la fin du cahier.

DAMES DE LA MISÉRICORDE, DE CAHORS

H. 148. (Registre.) — In-folio, 75 feuillets, papier.

1745-1790. — Livre des recettes de la maison des Dames de la Miséricorde de Cahors. — Il résulte de ce livre que les recettes se sont élevées : à 1006 livres 10 sous, en 1745 ; — à 2177 livres 5 sous 5 deniers, en 1746 ; — à 2115 livres 16 sous 10 deniers, en 1747, etc.

HOPITAL DE CAJARC

H. 149. (Liasse.) — 2 pièces, papier.

1646-1647. — Liève des rentes de l'hôpital de Cajarc. — Au nombre des débiteurs de l'hôpital, figurent : Antoine Girma, Antoine Cassaignol, Antoine Masbou, les héritiers de Pierre Blanc, maître Izac Verdier, Jean Bouy et Catherine Girma, les héritiers de Jean Vaissière, Balthasar Bladviel, Antoinette Soursou, Pierre Turelure, Antoine Domergue, etc.

H. 150. (Liasse.) — 3 pièces, papier.

1655. — Ordonnances de l'évêque de Cahors, Alain de Solminihac, prescrivant aux consuls de Cajarc, administrateurs de l'hôpital de cette ville, d'avoir à remettre leurs comptes entre les mains de monsieur Jean Garat, vicaire général.

HOPITAL DE CARDAILLAC

H. 151. (Registre.) — In-quarto, 48 feuillets, papier.

1400-1733. — Reconnaissances, extraits de livres terriers, états des rentes, contrats de ventes et d'achats concernant l'hôpital de Cardaillac. (Les pièces contenues dans ce registre et qui se composent surtout de copies ont été réunies, en 1735, et reliées sans ordre.)

H. 152. (Registre.) — In-quarto, 140 feuillets, papier.

1431-1675. — Extraits de reconnaissances et lièves de rentes concernant l'hôpital de Cardaillac. (Même observation que pour l'article précédent.)

HOPITAL DE CATUS

H. 153. (Liasse.) — 1 pièce, papier.

XVIIe siècle. — Liève des revenus de l'hôpital de Catus. — Au nombre des personnes qui doivent payer des rentes à l'hôpital, figurent : François Boudy ; — Bernard Agard, de Germeliac ; — Blaise Auricoste ; — Martin Maury, maçon ; — les héritiers d'Antoine Boyé, boucher ; — maître Berrié, avocat, de Cahors ; — Jacques Berrié, chirurgien, de Catus ; — Jeanne et Hélène Brugalières, sœurs ; — Pierre Delfour, tein-

turier, héritier de Jean Cambres ; — le comte de Clairmon, etc.

HOPITAL DE CONQUES

H. 154. (Cahier.) — In-quarto, 6 feuillets, papier.

1756. — Copie d'un arrêt du Conseil d'État portant rétablissement de l'hôpital anciennement subsistant en la ville de Conques, pour être à l'avenir hôpital général sous le nom de l'hôpital de Ste-Foy.

HOPITAL DE FIGEAC

H. 155. (Liasse.) — 2 pièces, parchemin.

1339-1545. — Testament de Rigal de Montauban portant legs en faveur des quatre hôpitaux de Figeac (1339). — Testament de Jean Labroue portant don, en faveur des pauvres de Figeac, de 30 setiers de blé, moitié froment et moitié mixture, lesquels 30 setiers seront distribués 10, le jour de la sépulture, 10, le jour de la neuvaine et 10, au bout de l'an du décès du testateur (1545).

H. 156. (Cahier.) — In-quarto, 14 feuillets, papier.

1682. — Copie des lettres patentes du roi Louis XIV portant établissement d'un hôpital général à Figeac.

H. 157. (Liasse.) — 2 pièces, parchemin ; 1 sceau en cire.

1785. — Arrêt du Conseil d'État et ordonnance du roi Louis XVI portant agrandissement du cimetière de l'hôpital de Figeac.

H. 158. (Liasse.) — 108 pièces, papier ; 1 plan.

1754-1775. — Correspondance du ministre Comte de St-Florentin, de l'Intendant de la généralité de Montauban, de l'Évêque de Cahors, de M. d'Estrea, lieutenant général de police, des officiers municipaux de Figeac, des administrateurs de l'hôpital, de curés et de divers, mémoires et extraits de délibérations touchant la réunion à l'hôpital général de Figeac de tous les bâtiments de la maison de refuge de cette ville. — Plan de l'hôpital de Figeac.

HOPITAL DE GOURDON

H. 159. (Liasse.) — 1 pièce, papier.

1751. — Copie des lettres patentes du roi Louis XV confirmant l'établissement de l'hôpital de Gourdon.

H. 160. (Liasse.) — 2 pièces, parchemin ; 4 pièces, papier ; 1 fragment de sceau

1585-1632. — Procès poursuivi entre l'hôpital de St-Siméon et les héritiers de Marguerite de Gourdon, femme de Pierre de Marsis, avocat en la cour sénéchale de Gourdon. — Copie du testament de Marguerite de Gourdon portant donation en faveur de l'hôpital St-Siméon.

HOPITAL DE MONTAUBAN

H. 161. (Cahier.) — In-quarto, 12 feuillets, papier, imprimés.

1676-1767. — Lettres patentes du roi Louis XIV pour l'établissement d'un hôpital général en la ville de Montauban. — Règlements concernant cet hôpital.

HOPITAL DE NEGREPELISSE

H. 162. (Liasse.) — 7 pièces, papier.

1716-1752. — Supplique adressée au Roi par les administrateurs de l'hôpital de Negrepelisse pour être autorisés à acheter une métairie. — Correspondance et extraits des délibérations du bureau de l'hôpital et de la communauté de Negrepelisse à l'effet de prier l'Évêque de Cahors de venir au secours de l'hôpital.

HOPITAL DE RODEZ

H. 163. (Cahier.) — In-folio, 8 feuillets, papier.

1696-1747. — Copie des lettres patentes du roi Louis XIV portant rétablissement de l'hôpital St-Jacques de Rodez. — Copie des lettres patentes du roi Louis XV portant confirmation de ce même hôpital.

HOPITAL DE RUDELLE

H. 164. (Liasse.) — 2 pièces, parchemin; 2 pièces, papier ; 2 sceaux.

1266-1677. — Copie d'un testament par lequel Bertrand de Cardaillac, chevalier, donne à l'hôpital de Rudelle tous les droits qu'il possède audit lieu, à la condition que cet hôpital sera régi et gouverné par celui de ses enfants qui héritera du fief de Cardaillac (1266). — Transaction entre noble et puissant homme messire Jean de Cardaillac, chevalier, et les consuls de Rudelle, fixant les limites des propriétés de l'hôpital (1508). — Arrêt du Conseil d'État ordonnant à monsieur Jacques Murat, prêtre et administrateur de l'hôpital de Rudelle, de se désister de sa charge et de rendre ses comptes (1677).

H. 165. (Cahier.) — In-quarto, 12 feuillets, papier.

XVIe siècle. — Liève des rentes de l'hôpital de Rudelle. — Au nombre des personnes qui doivent des rentes à l'hôpital, figurent : Jean Marcouly, François Cabarel, Jean Bousou, Pierre Mascou, Jean Delclaret, les héritiers de Jean Lacase, Raymond Novel, Antoine Rougié, Jean Rustan, Jean Labouygue, Jean Fournier, etc.

HOPITAL DE SAINT-AFFRIQUE .

H. 166. (Liasse.) — 4 pièces, papier, imprimées.

1752-1759. — Arrêt du Conseil d'État portant établissement d'un hôpital général dans la ville de St-Affrique en Rouergue. — Autre arrêt du même conseil confirmant la conversion de l'hôpital particulier de St-Affrique, en hôpital général et ordonnant la réunion de plusieurs autres hôpitaux, aumônes et fondations audit hôpital général.

HOPITAL DE SAINT-GENIEZ

H. 167. (Liasse.) — 1 pièce, papier.

1745. — Copie des lettres patentes du roi Louis XV portant érection d'un hôpital général à St-Geniez.

HOPITAL DE SALVIAC

H. 168. (Liasse.) — 5 pièces, papier.

1465-1488. — Baux à fiefs consentis par l'hôpital de Salviac en faveur : de discret homme messire Géraud Fratjali, prêtre de Salviac ; — de Géraud Labrande, du même lieu ; — de Jean Lafargue et de Jean Deruppé, notaire.

B. 169. (Liasse.) — 26 pièces, papier.

1599-1603. — Reconnaissances consenties en faveur de l'hôpital de Salviac par Guillaume Borie, bourgeois ; — noble François de Vernassal, écuyer, sieur de Lasmaries ; — Jean Lagar, presseur d'huile ; — Bernard Maranes, bourgeois ; — Étienne Griffoul, cordonnier ; — Jean Mespoulié ; — maître Étienne Lugol, notaire royal ; — Antoinette Laroque, veuve de Jean Jouffreau, marchand ; — Antoine Figeac, travailleur ; — Jean Gaussinel, fournier ; — Jean Griffoul, cordonnier ; — Guillaume Pagès, etc.

H. 170. (Cahier.) — In-quarto, 30 feuillets, papier.

1599-1603. — Liève des rentes de l'hôpital de Salviac. — Au nombre des personnes débitrices de l'hôpital, figurent Jacques Alvet, Jean Verdié, Huguet-tes Calméjane, veuve de Guillaume Viales, Jean Entraigues, marchand, Bernard Gisbert, Géraud Laporte, Marguerite Combarel, veuve de Bernard Viales, Pierre Bordes, maréchal, Guillaume Pagès, Jean Griffoul, etc.

H. 171. (Liasse.) — 8 pièces, papier.

1677. — Liève des rentes de l'hôpital de Salviac. — Au nombre des personnes débitrices de l'hôpital, figurent : monsieur de Lacoste, François Lascombes, marchand, Louis Gard, marchand, Jean Chambou, tisserand, les héritiers de Jean Viales, Pierre Griffoul, Guion Bech, Hugues Lavergne, Jean Allary, etc.

HOPITAL DE VILLEFRANCHE

H. 172. (Liasse.) — 2 pièces, parchemin ; 4 pièces, papier, dont 3 imprimées ; 1 fragment de sceau.

1745-1779. — Lettres patentes portant établissement d'un hôpital général à Villefranche. — Arrêt du conseil d'État portant réunion des revenus de plusieurs hôpitaux, maladreries et aumônes en faveur de l'hôpital général de Villefranche. — Autres arrêts du même conseil ordonnant que l'intendant de Montauban sera juge des contestations provoquées par l'exécution de l'arrêt précédent et autorisant la reconstruction des bâtiments de ce même hôpital.

Département du Lot

—

INVENTAIRE SOMMAIRE

DES

ARCHIVES DÉPARTEMENTALES ANTÉRIEURES A 1790

SÉRIE F

(Fonds Lacabane)

GÉNÉRALITÉS ET MATÉRIAUX POUR LA RÉÉDITION DES CHRONIQUES DE FROISSART.

F. 1. (Liasse.) — 10 pièces, papier.

1302-1391. — Quittance de 41 livres 13 sous tournois, délivrée à Guillaume, chantre de Milly et à Geoffroy Cocatrix par Arnaut de Cardaillac, chevalier (1302). — Quittance de 25 livres 2 sous 7 deniers tournois, délivrée au Galois de la Baume, maître des arbalétriers, par Hugues, sire de Cardaillac et de Bioule, chevalier (1339). — Quittance de 82 livres 10 sous, délivrée à Jean de Crespi, vicomte de Rouen, par Bertrand de Cardaillac, archidiacre de Valenciennes, clerc et conseiller du Roi (1341). Description du sceau de Hugues de Cardaillac. — Nomenclature des nobles des sénéchaussées de Toulouse et de Périgord ayant reçu mandement du roi Philippe-le-Bel, pour se trouver à Arras, prêts à marcher contre les Flamands (1304). — Nomenclature de nouveaux chevaliers faits à la Pentecôte (1313). — Mention de lettres de Philippe-le-Bel à l'évêque de Paris par lesquelles il promet de rétablir les monnaies en l'état où elles étaient sous Saint-Louis (1304). — Mention d'un accord entre Louis X et les exécuteurs testamentaires de Philippe-le-Bel (1315).— Mention de déclaration portant que les rois ne peuvent acquérir dans les fiefs des ecclésiastiques du diocèse de Paris sans leur consentement. — Mandement de

Philippe-le-Bel à R. de Royaco, son panetier et proviseur de ses garnisons, de payer à Pierre de Latre, 147 livres 9 sous 8 deniers tournois, si cette somme lui est due (1305). — Notes sur Robert Bruce (1306-1329). — Indication du document contenant la lettre d'Édouard, roi d'Angleterre « *de assignatione terræ suæ Pontivi, factæ Ysabelli sponsæ suæ, filiæ domini regis (Franciæ), pro parte dotalitii sui* » (1307). — Indication du document contenant « *Litera quomodo dominus Rex retinet villam de Mirabello, Caturcensis diocesis, adjus et dominium suum, et quod dictam villam extra manum suam non ponet* ». — Indication des comptes de recette et dépense des régisseurs de la baillie d'Aire (1303-1342). — Indication des comptes pour Béthune (1318-134.). — Indication des comptes pour Hesdin (1323-1344). — Indication de l'aveu et hommage de Jean de Vergy, sire de Champlite, au duc et comte de Bourgogne. — Indication pour accord entre Aymeric, abbé d'Aurillac, et les consuls de la dite ville, confirmé par le Roi, en 1350. — Indication de sources sur : Cuacu ou Quacu ; Jean de Crouves, sire du fort de Weistretum ; Colin de Caveret, garde de Moncuq ; le Bègue de Chilly ; Guérard d'Enghien, châtelain de Mons ; Baudoin de Roisin, chevalier ; Étienne Mauhoin, prévôt des églises de Mons ; Roghe de Recourt ; Eustache de Ribemont ; Nicolas, sieur de Loloing ; Jean, sieur de Harchies ; Gilles, dit Hanel, sieur de Vicuraing ; Guillaume de Chastelers ; le châtelain d'Apt, en 1337 ; Jean, sieur de Werchin, sénéchal de Hainaut ; Thierry de

1

Sainzelles, bailli de Hainaut, en 1391 ; Henri de Lidekerke ; Jean Bernier, prévôt de Valenciennes (1337-1338) ; lettres du comte d'Eu et du duc de Normandie aux habitants de Valenciennes (1340) ; accusation du comte de Hainaut contre l'évêque de Cambrai (1339) ; les villes de Lessines et de Flobecque, en 1333 ; Renier de Berghes ; Gérard, sieur de Blanckenham ; Robert de Marchicourt ; Gérard, sire de Marbois ; Thierry de Mureval ; Guillaume, sieur de Hornes ; Gilles, sieur de Chin et Bousignies ; Jean Sausset, seigneur de Boussoy ; Jean, sieur de Montigny ; Robert de Marchicourt, bailli du Hainaut ; Wery de Wallecourt ; Jean, sieur de Ghomeynies ; Jean de Hastinghes, comte d'Ennebrouk ; Aymery de Tarsse ; Jacques de Werchin, sieur de Walincourt et de Cisoing ; Baudoin de Bétencourt ; l'abbaye d'Auchin, etc.

F. 2. (Liasse.) — 22 pièces, papier.

1312-1317. — Lettres du roi Philippe-le-Bel, confirmatives d'un jugement du juge du Rouergue, en faveur du comte de Foix, d'Ademar Jordani, d'Audoyn de Paris et de Grimald de Paris, chevaliers, qui avaient été dessaisis par le bailli de Najac, de la personne de Hugues Bernardi, de B., son fils, chevaliers, et de Durand de Broelt, damoiseau, leurs prisonniers, pour avoir blessé diverses personnes dénommées dans l'acte, le procureur du Roi soutenant qu'ils ne devaient pas les relâcher (1312). — Mention du vidimus des lettres précédentes par le bailli de Najac (1317). — Description de 6 miniatures d'un manuscrit du fonds des manuscrits latins, n° 8504, de la Bibliothèque nationale, intitulé « *De Calitâ et Dinâ fabula* » par Raimond de *Byterris*, médecin, dédié au roi Philippe-le-Bel (1313). — Extraits d'un manuscrit intitulé « *L'ordonnance de l'hostel de monseigneur Charles, Dauphin de Viennois, duc de Normandie* », où se trouvent les noms de : le Borgne de Veaulse, écuyer du corps ; le roi des Ribauds ; Peregrin, *astronomieu* ; Guillelmi des Bordes, huissier d'armes (1313). — Indication de la collection où se trouvent les testaments de Jean de Grez, chevalier, sire de Jalemain, maréchal de France, et de Pierre de Grez, évêque d'Auxerre, frère du précédent (1314). — Indication de sources pour actes de confédération des nobles de Bourgogne et de Champagne contre Philippe-le-Bel (1314). — Indication de sources pour Perceval de Semeries, écuyer, servant en l'armée de Douai (1314). — Description du sceau de Perceval de Semeries. — Fragment Lacabane sur Pierre de Latilly, évêque de Châlons, en 1314. — Fragment sur la mort de Philippe-le-Bel (1314). — Note Lacabane sur un amant de Marguerite de Bourgogne, arrêté et emprisonné en même temps que cette princesse (1314-1315). — Extrait de la Chronique de St-Victor, touchant la mort de Philippe-le-Bel, l'avènement de son fils Louis Hutin et la mort du pape Clément V (1314-1316). — Mention de l'avènement de Louis Hutin. — Indication de sources des vers de Jean de Condé sur Enguerrand de Marigny et vers de Jean de Condé.

F. 3. (Liasse.) — 8 pièces, papier.

1315-1396. — Indication d'un acte très important sur Enguerrand de Marigny, publié par Lacabane dans sa dissertation sur la mort de Philippe-le-Bel et la condamnation de Marigny (1315). — Indication de source pour lettres de Louis Hutin à N... de Marcilly à l'effet de contracter un emprunt en Normandie, pour la guerre de Flandre (1315). — Autorisation de contracter des emprunts pour la guerre de Flandre accordée par Louis Hutin à Jean, sieur de Blainville, sénéchal de Toulouse, après appel et avec le concours de Nicolas d'Ermenonville (1315). — Assignation sur la baillie de Borrello, du revenu des prêts faits par Raymond de Natholosa ou Natholora, notaire de la cour du viguier de Toulouse, et par Jacques Videlli, ladite assignation ordonnée, en vertu de l'autorisation du 4 juillet 1315, par Jean de Blainville, chevalier, sénéchal de Toulouse et d'Albigeois, Nicolas d'Ermenonville, varlet du Roi, et Arnaud de Proboleno, trésorier de Toulouse (1315). — Autorisation de contracter des emprunts pour la guerre de Flandre, donnée à Guillaume de Marcilly, envoyé dans les bailliages de Rouen et de Caux (1315). — Ordre du Roi aux baillis de Rouen et de Caux de s'obliger conjointement avec le susdit de Marcilly pour faire des emprunts (1315). — Indication de lettres de Louis Hutin (1315). — Augmentation de la garnison de Bergerac, commandée par le capitaine Ytier Revelli, ladite augmentation ordonnée par Jourdain de Luberto, sénéchal de Périgord et de Quercy (1329). — Mention de quittance délivrée par Pierre Trousseau, sieur de Chastraux en Anjou (1337). — Retenue par Guillaume, archevêque d'Auch, et le sieur de Varambon, capitaine et lieutenant du Roi en Languedoc, de Guillaume de Luna avec 2 sergents, pour la garde de Tonneins (1340). — Mention de N... du Vivier, dans un acte fait aux tentes devant Ste-Bazeille (1342). — Mention de Bernard-Guillaume du Vivier, chevalier, visitant les châteaux et forteresses de la sénéchausée de Rouergue, en octobre 1355. — Mention de chars pour la Reine et le Dauphin (1370). — Mention de quittance délivrée par Varty, sergent (1396). — Notes de Lacabane sur

Marigny (1315). — Extraits du continuateur de Nangis (1315-1316) avec notes de Lacabane. — Extraits de l'*Histoire généalogique de la maison de France* par le P. Anselme et du *Cérémonial français* par Godefroy, sur la naissance et la mort du fils de Louis Hutin et de Clémence de Hongrie (1315-1316).

F. 4. (Liasse.) — Cahier in-8°, 17 feuillets, papier; 35 pièces, papier.

1316. — Déposition concernant messire François le Cardinal (il s'agit de l'envoûtement du comte de Poitiers et des Princes). — Dépenses allouées à Jacques Gérardi, de la société « *Perruchiorum* » de Florence, pour argent porté à Lyon au comte de Poitiers. — Extrait de l'histoire générale de Bourgogne par D. Planches, touchant une procuration donnée à Guillaume de Morlon, sieur d'Espoisse, et à Jean de Frolois, sieur de Molinet, par Agnès, duchesse de Bourgogne, au sujet de la garde de Jeanne de France. — Note rectificative de Lacabane au sujet de la procuration ci-dessus. — Extrait du P. Anselme sur Louis Hutin. — Extrait d'un manuscrit touchant Philippe-le-Long. — Extrait de chroniques sur la réunion des cardinaux pour élire un pape. — Extrait de chroniques sur la mort de Louis Hutin et celle de Jean, comte de Soissons ; — notes à ce sujet de Lacabane. — Indication de source et analyse du testament de Louis Hutin. — Indication de source et extrait sur l'invasion de Robert en Artois. — Extrait d'une lettre de Robert d'Artois à sa tante, Mahaut. — Note sur les lettres du Régent en faveur des révoltés de l'Artois. — Lettre du roi d'Angleterre au Conseil de France pour demander réparation d'un délit maritime. — Aveu de Philippe de France, comte de Poitiers, au duc de Bourgogne, de ce qu'il tient de lui au comté de Bourgogne. — Extrait du traité conclu entre Philippe, régent de France, et Eudes, comte de Bourgogne. — Narration de l'hommage rendu à Eudes de Bourgogne par Philippe de France, comte de Poitiers. — Cote, avec note Lacabane, du traité de mariage entre Eudes IV, duc de Bourgogne, et Jeanne de France, fille de Philippe, régent du Royaume, comte de Poitiers, et de Jeanne de Bourgogne, comtesse palatine et dame de Salins. — Ratification, par Charles, comte de Valois, d'Alençon, de Chartres et d'Anjou, du sauf-conduit donné par le roi de France, au comte et à ceux du pays de Flandre. — Indication de provenance des lettres de rémission pour Florent de *Wipil-lariis*, Jean de Piquegny et Pierre de *Rosovo*, qui auraient tué les trois frères de Calvo Maisnillio. — Lettres de Philippe-le-Long au sénéchal et bailli de Lille por-

tant ordre d'informer sur des faits qui semblent porter atteinte aux conventions d'alliance entre le Roi et le comte de Flandre. — Comptes pour : Charles, comte de Valois ; — Philippe, comte de Poitiers ; — Raoul de Preslès, clerc du Roi, envoyé à la cour romaine avec Philippe, comte de Poitiers ; — Thibauld de Belva, chapelain du Roi, pour conduire les petites saintes reliques de la chapelle du Roi et autres à Beaugenci, où se trouvait le souverain ; — Jean de St-Just, clerc des comptes, appelé auprès du Roi. — Dépenses en fourrures pour Jeanne, fille du roi Louis, à l'occasion de son mariage. — Lettres du roi d'Angleterre, s'excusant de ne pas avoir assisté au sacre de Philippe-le-Long. — Comptes : d'Olivier de Roca et de Philippe de Pontibus, sergents d'armes du Roi ; — de Jean, comte de « *Salebrulhia* » ; — de Robert Barisol ; — de Jean Bertrandi, chevalier ; — de Milon de Noyers ; — de Herpin de *Herquiriaco*, chevalier ; — de Frémin de *Coquerello*, trésorier ; — de Pierre *Remigii*, trésorier; — de Guillaume de Montfaucon, clerc ; — de Thomas de *Ruella*, clerc ; — de Jean *Heraudi*, clerc ; — de Guy *Florencii*, trésorier ; — de Jean Juffice, clerc ; — de Jean *Galardi*, clerc ; — de *Pariseus de Lingonis*;— d'Étienne de Lingonis, clerc ; — de Guillaume de Maoli ; — d'Édouard de Vitriaco ; — de Pierre Salnerii, maître d'hôtel et de la Chambre aux deniers de la reine Clémence ; — de Roger *Renodi*, sergent du Châtelet ; — de Guillaume de Maoli. — Indication de source pour une pièce du temps de Foulques de Villaret, grand maître de la sainte maison. — Fragment de dissertation Lacabane sur la mort de Louis Hutin. — Extrait du catalogue des pontifes romains par Bernard Guidonis, sur la mort de Louis Hutin, la naissance et la mort de son fils, l'élection du pape Jean XXII, avec note de Lacabane. — Extrait des chroniques de Flandre « *de la mort du roys Loys de France et de la election du pape Jehan qui a grant difficulté se trouva* » suivi de notes de Lacabane. — Autre extrait « *comment Philippe de Vallois conte de Poictiers fut fait regent de France par amour et par force* ». — Fragment de Lacabane sur la conduite de Philippe-le-Long après la mort de Louis Hutin. — Extrait de l'*Histoire des Français*, par Sismondi, sur le fils de Louis Hutin et de Clémence de Hongrie, suivi d'une dissertation de Lacabane sur l'entrée du Régent à Paris. — Extraits des annales de St-Victor touchant l'élection du pape Jean XXII, les trèves avec les Flamands, la naissance et la mort de l'enfant de Louis Hutin et de Clémence de Hongrie. — Compte pour Thomas de Reims, notaire du Roi, pour dépenses de Jean Picardelli, prisonnier et de ses gardiens et pour dépenses dans la poursuite des affaires contre l'évêque de Châlon. — Compte pour Béraud de Voissiaco, juge mage de la sénéchaussée de Lyon, chargé de la poursuite des affaires contre ledit évêque de Châlon. — Compte pour Roger *Remodi* et Jean de St-Just, sergents du Châtelet de Paris, pour les dépenses des dames de Marigny et de Chanteloup, prisonnières au Temple. — Extraits d'ordonnances des rois de France, accompagnés de notes de Lacabane : ordonnance fixant la destination des sommes provenant des confiscations ; — révocation d'imposition pour un armement maritime contre les Flamands ; — régime des terres possédées par le Roi ; — trésor et trésoriers. — Promesse de Robert d'Artois de ne pas dépasser les limites de territoire à lui désignées par le roi de France.

F. 5. (Liasse.) — 9 pièces, papier.

1316-1351. — Itinéraire de Philippe-le-Long, d'après ses lettres (1316-1317). — Indication de provenance de commission adressée au sénéchal de Périgord, à l'effet de procéder à une enquête sur procès entre le roi d'Angleterre et le couvent *Silvæ majoris* (1316). — Confirmation de l'absolution des héritiers de Jean de Kembourg de Ste-Menehould (1316). — Rémission à Jean, duc de Bretagne, de ce qu'il ne s'était point trouvé au sacre du Roi et ne s'était point fait excuser (1316). — Extrait, avec note rectificative de Lacabane, du continuateur de Guillaume de Nangis sur la mort et l'inhumation de l'enfant de Louis Hutin (1316-1317). — Note pour itinéraire du comte de Poitiers (1316-1317). — Note sur Jeanne de France, fille aînée de Philippe-le-Long, mariée à Eudes, 4e du nom, duc de Bourgogne (1316-1347). — Extrait, accompagné de notes de Lacabane, de la généalogie imprimée de la seconde race des sires de Beaujeu, touchant Édouard, sire de Beaujeu, maréchal de France, (1316-1351). — Notes critiques de Lacabane sur certains faits énoncés dans l'histoire de France, de Michelet (1316 et suivantes). — Indication de sources sur : Humbert, dauphin de Viennois ; — des montres de Bertrand Du Guesclin ; — des comptes du règne de Charles VI (1316 et suivantes).

F. 6. (Liasse.) — 10 pièces, papier.

1317-1333. — Déclaration de Philippe-le-Long en faveur de la maison épiscopale de Septmons, en Soissonnais (1317). — Constitution, par le roi Philippe-le-Long, du comté d'Évreux, en pairie, en faveur de son oncle Louis, comte d'Évreux (1317). — Indication de source pour présence de Guillaume, sire de Potelles, chevalier, à sentence rendue à Mons, en faveur de l'abbaye de St-Nicolas-aux-Bois, contre Jean de Dours, écuyer (1317). — Réhabilitation des fils d'Enguerrand de Marigny par lettres de Philippe-le-Long (1317). — Décharge des clefs du trésor du Louvre donnée par Philippe-le-Long à Henri, sieur de Senly (1317). — Extrait du continuateur de la chronique de Guillaume de Nangis sur le traité entre le régent de France et le duc de Bourgogne (1317). — Ordre du roi Philippe-le-Long à Jean de Limoges, citoyen de Clermont, de prendre toutes les mesures nécessaires pour faire rentrer dans les mains du Roi 25,000 livres tournois, dont Bernard Raymondi, de Martel, pris de remords, pour détournement de deniers à Montreuil-Bonin et à Toulouse, avait consigné la restitution dans son testament (1318). — Ordre semblable donné au même pour restitution de 15,000 livres tournois détournés à Montreuil-Bonin par feu Jean dit Barrau, de Martel (1318). — Extraits d'un cahier en parchemin, format in-folio, composé de 50 feuillets, tous écrits, contenant l'inventaire des pièces du Trésor ou archives du Roi par Pierre d'Estampes, clerc (1318). — Commission donnée par Philippe-le-Long à Géraud de Châtillon, Thomas de Monfortaine et Hugues de la Celle, chevaliers et conseillers du Roi, d'examiner le cas de Jeanne de Latigny, détenue au Châtelet sous inculpation d'envoûtement contre Charles de Valois (1319). — Déclaration de non culpabilité de ladite Jeanne et absolution du Roi en faveur de cette dernière (1319). — Indications de sources : pour présence de Watier, sire de Bousies, chevalier, à la sentence rendue à Mons, en faveur de l'abbaye de St-Nicolas-aux-Bois contre Jean de Dours, écuyer (1317) ; — pour présence du même Watier à la vente de la terre de St-Sauveur faite au comte de Hainaut par Gilles de Perfontaine, chevalier, sire de Buvreghes (1331) ; — pour présence du même à la vente des terres de Lessines et de Flobert faite au comte de Hainaut (1333).

F. 7. (Liasse.) — 10 pièces, papier.

1321-1398. — Indication de source pour Louis Sances de Baucoy, banneret (1321). — Indication de source pour Willaume, sire de Goumegnies, chevalier (1321-1328). — Indication de source pour Gérard de Goumegnies, chevalier, seigneur de Mastaing (1328-1335). — Quittance de 97 livres 4 sous délivrée à Pierre Rémi et Jean Billouart, trésoriers du Roi, par frère Ferris de Foucherolles, de la sainte maison de l'Hôpital de St-Jean-de-Jésusalem, commandeur des Cerisiers

(1322). — Mention des lettres du Roi pour arrêter Roger de *Mortuo* qui s'était évadé de la tour de Londres (1323). — Lettres chargeant Alexandre, évêque de Dublin, Edmond, comte de Kent, et Guillaume de Weston, chanoine de Lincoln, de convenir du jour et du lieu où les rois de France et d'Angleterre se réuniront (1324). — Indication de source pour présence de Perceval, sire de Semeries, à la promesse de Jean de Fosseux, de livrer au comte de Hainaut la terre et seigneurie de Scandeure (1323). — Indication de source pour présence de Perceval, sire de Semeries, chevalier, à l'hommage-lige de Raoul, sire de Louny, chevalier, au comte de Hainaut (1328). — Indication de source pour présence du même à la vente de deux hommages faite au comte de Hainaut par Gilles, sire de Chin et de Busegnies (1333). — Indication de source pour lettres du roi Charles-le-Bel, données « *in leprosaria de Orgiis* ». — Mention du don fait par Édouard II à son fils, de tout le duché d'Aquitaine et de toutes les terres qu'il avait dans le royaume de France (1325). — Liste des personnages qui assistèrent à l'hommage fait, au bois de Vincennes, au roi de France par Édouard, fils aîné du roi d'Angleterre, pour le duché de Guienne et le comté de Ponthieu (1325). — Mention de la lettre écrite par Édouard à la reine Isabelle pour se plaindre de son retard à retourner en Angleterre (1325). — Mention d'autre lettre d'Édouard à son fils, l'invitant à revenir en Angleterre soit avec sa mère, soit seul (1325). — Lettre d'Édouard aux prélats, comtes, barons et autres grands du Royaume au sujet du refus d'Isabelle et de son fils de rentrer en Angleterre (1326). — Indication de sources sur : Miles Rouant (1398); — Guillaume, sire de Ruffier (1338); — Archambaut de Périgord (1398); — le siège de Montignac (1398); — Savary de Vivonne (1338) ; — Montendre (1338) ; — Moissac (1377); — Charles le Mauvais.

F. 8. (Liasse.) — 24 pièces, papier

1326-1358. — Indication de source pour quittance de 1300 livres, délivrée par Baude et Robert Crespins, frères, et Willaume de Bailleul, chevalier, sire de Condey, qui s'étaient rendus cautions de ladite somme avec les villes de Mons et de Malines, pour le comte et la comtesse de Hainaut (1326). — Analyse de quittance de 13,000 livres délivrée par Sauwale et Jean Crespins, chevaliers, pour créance due à leur père et oncle par le comte et la comtesse de Hainaut (1326). — Compte de ce qui doit être payé à Mahieu de Trie, maréchal de France, et à ceux qui doivent l'accompagner dans un voyage en Gascogne (1326). — Indications de source pour traité d'alliance entre Robert Bruce, roi d'Écosse, et Charles IV, roi de France (1326). — Indication de sources pour traité et accord entre Isabelle, reine d'Angleterre, et les gens d'Abbeville, et pour quittance délivrée par ladite reine auxdits habitants (1326). — Extrait des lettres d'Édouard II, roi d'Angleterre, dans lesquelles il est question de la trahison de Roger de Mortimer et de plusieurs autres rentrés au royaume d'Angleterre, au mépris de leur bannissement (1326). — Note sur la descente d'Isabelle et du jeune Édouard à Orwell, près Ipswick (1326). — Mémorandum de Rymer sur la proclamation de la paix, à l'occasion de l'avènement d'Édouard III au trône, avec note rectificative de Lacabane (1326-1327). — Date de lettres d'Édouard III (1327). — Remise du grand sceau au roi d'Angleterre par le chancelier Jean, archevêque de Cantorbery (1337). — Extraits de « l'Église de Bretagne, par M. l'abbé Tresvaux », où il est fait mention de Guillaume de Kersanson, Pierre de Guéméné, Guillaume de Rochefort, évêques de Léon, Alain Le Gal, évêque de Quimper, Yves de Boisboissels, évêque d'Aleth et de St-Malo, Guillaume Ouvrain, évêque de Rennes (1326-1358). — Analyse de lettres de Philippe, comte de Valois et d'Anjou, régent du royaume, portant accord et arbitrage entre le comte d'Armagnac et de Rodez et Bertrand de la Tour, touchant 200 livres de rente léguées par Henri, comte de Rodez, à Béatrix, sa fille, mère dudit de la Tour (1328). — Analyse de lettres du même au sénéchal d'Agen, auquel il est ordonné d'informer sur les prétentions et demandes de Bernard Ezii, seigneur d'Albret, touchant la terre de Marempne et le lieu de Saint-Macaire (1328). — Ordre du roi Philippe de Valois à l'évêque de Senlis, de porter devers lui toutes les bulles et lettres du Pape touchant l'interdit mis sur les villes d'Ypres, Bergues, Furnes, Popelingues et autres de Flandre (1328). — Extrait du testament de Clémence de Hongrie, reine douairière de France et de Navarre (1328). — Indication de source pour Geffroy Païen, sire de Montpipeau (1328). — Note sur Bouchard de Montmorency, 2ᵉ du nom, seigneur de St-Leu, de Deuil et de Nangis, panetier de France, et Pierre de Roger, abbé de Fécamp, envoyés, avec d'autres ambassadeurs, par Philippe de Valois à Édouard III, pour le sommer de venir rendre hommage des terres qu'il tient de la couronne de France (1328). — Indication de source sur la bataille de Mont-Cassel (1328). — Extraits du journal du Trésor où sont mentionnés : l'inhumation des entrailles du roi Charles ; — la mission de Robert Bertrandi, chevalier, maréchal de France, à Bruges et autres parties de Flandre ; — celle de l'évêque de Senlis à Tournay et à Cambrai ; — Arnaud de Montfavez, Jeanne, sa femme, Pierre Desperii, père de cette dernière ; — la mission en Gascogne d'Aymeric de *Grandi Molino* et de Jean de *Cresequiis*, maîtres des engins ; — Aclipide, veuve de Marigny (1328-1329). — Extraits d'un registre des dons de Charles-le-Bel et de Philippe de Valois, où sont mentionnés : lettres de forfaiture d'Édouard de *Baillolo* ; — échange de la terre de Chauny-sur-Oise, pour les châteaux de Crévecœur et de Alleux et la châtellenie de Cambrai ; — prisée de la terre de Chauny ; — don du péage de *Cambraio*, dans la vicomté de Carmain, fait à Arnaud Duèse, neveu du Pape, par le Roi (1328-1331). — Extraits de divers comptes où se trouvent les noms de : Huc de Bançon, Raymond Bernard de Sédillac, Charles de Montmorency, Jean de Créqui, Philippe de Juges (1328-1341). — Indication de source sur traité de paix entre Édouard III et Philippe de Valois, avec note de Lacabane (1330). — Indication de sources pour lettres du roi Philippe de Valois fixant les conditions et les heures de travail des vignerons et laboureurs (1330). — Indication de source sur accord passé entre les messagers de France et d'Angleterre sur la demande que faisait le roi de France qu'on restituât leurs terres aux nobles qui avaient suivi son parti (1330).

F. 9. (Liasse.) — 17 pièces, papier.

1331-1389. — Indication de source pour lettres par lesquelles Philippe de Valois déclare avoir octroyé au roi d'Angleterre les choses contenues aux neuf lettres insérées, toutes datées du 12 avril 1331. — Indication de source pour jugement de Robert, comte d'Artois, dans lequel Bertrand de Cardaillac opina pour le bannissement (1331). — Liste chronologique des grands prieurs de France de l'ordre de St-Jean de Jérusalem donnée par les auteurs du *Gallia Christiana* (1331-1364); — réfutation des erreurs de cette liste par Lacabane. — Description du tombeau et transcription de l'épitaphe de Guillaume de Citri, prieur de France (1336). — Ordre de Guillaume de Maily, prieur de l'Hopital de l'ordre de St-Jean-de-Jérusalem à Gillebert de Seau, commandeur des maisons jadis du Temple, au pays Chartrain, de faire payer par Thomas de Valeran, commandeur d'Ablainville, 2 muids de grain, dus par ledit Thomas à l'abbé de St-Jean-en-Vallée (1353). — Description du sceau de Guillaume de Maily. — Description du tombeau et épitaphe de Guillaume de Maily (1358). — Analyse de lettres tou-

chant l'exécution du traité de paix passé entre les rois d'Angleterre et de France (1332). — Analyse de lettres d'Édouard III portant défense de troubler le roi d'Ecosse (1332). — Indication de sources pour les affaires d'Ecosse, en 1332. — Table des documents indiqués ou publiés dans le volume in-4° de M. Jules Delpit, intitulé *Documents français recueillis en Angleterre et intéressants pour l'histoire de France au XIVe siècle* (1332-1381). — Itinéraire d'Édouard III, roi d'Angleterre (1334-1336). — Ordre de Miles, sire de Noyers, Auncel, sire de Joinville, et Robert Bertrand, sire de Briquebec, maréchal de France, commissaire sur le fait de Ste-Colombe, à Nicole Behuchet, trésorier du Roi, de payer à Pierre de Longe-Combe, maître des engins du Roi, 20 livres tournois, pour dépenses à Ste-Colombe (1335). — Extrait de l'*Histoire de Périgord*, par M. Tardé, chanoine de Sarlat, où il est question d'un tremblement de terre à Sarlat, de la présence du roi Philippe de Valois et de la reine à Martel, de leur passage à Brive et de leur projet d'aller à Toulouse, Avignon, Marseille, etc. (1335). — Indication de sources : pour le siège de Montendre (1335) ; — sur Bernard de Padillan, chevalier, capitaine de Condom (1347); — par Marguerite de Machau, dame de Galatas et Guillaume d'Escuelles, garde des étangs de Moret (1355). — Indications de sources pour : Raymond Talerand, chevalier (1335);— gages reçus par Hugues de Cardaillac, chevalier, seigneur de Bioule , capitaine de Cahors (1347); — Olivier de Loye, chevalier, sénéchal de Périgord et de Quercy (1349); — don fait par le Roi Fortanier de Périgueux, pour services rendus, surtout à la prise de St-Astier ; — Boss. de *Grignolio*, écuyer, héritier de Raymond de Taleran ; — don de 1000 livres fait par le roi à Hugues de Cardaillac, chevalier, principalement en récompense de la prise qu'il avait faite d'Hélie de Lestrade (1352) : — Arnaud de Cervole, chevalier et l'Ermite de Bacheinvilier, chevalier (1358); —dons d'héritage fait par le comte de Hainaut à Woulfart de Ghistelle, chevalier, à sa femme Aliénore et leurs hoirs légitimes et directs (1335); — institution, par Louis, comte de Flandre, de Wolfart ou Wulfaert de Ghistelle, chevalier, en qualité de gouverneur de la terre de Blaton, de Figines et de Kavan Kranch (1363); — présence de Jean, seigneur de Ghistelle et de Wolfart de Ghistelle, chevalier, à un échange fait entre Louis, comte de Flandre, et son cousin Robert, seigneur de Ficules, connétable de France (1366); — Huc de Bauffremont (1385); — Jean Babin, capitaine de Chevreuse (1383); — Robert, duc de Bar (1383); — Thibaut de Barbazan, sénéchal de Carcassonne

(1355); — Manaut de Barbazan, capitaine de la terre de Rivière (1355-1356) ; — Pierre et Guillaume Daunoy (1368-1387); — Pons d'Auty, co-seigneur de Piquecos (1338); — Guy d'Azay (1353); — Regnault d'Aubigny ; — Arnault d'Audencham (1370) ; — les lieux de Villeneuve d'Agenais, Casseneuil (1342), Ste-Colombe (1335); — plainte du roi Philippe de Valois contre Édouard III, de ce qu'il reçoit Robert d'Artois, ennemi mortel du Roi (1336); — procès-verbaux des exploits de la main mise sur la Guienne faits en la personne des capitaines de Puymirol et de Penne d'Agenais (1337); — ordre du Roi au sénéchal de Périgord et de Quercy de saisir le duché de Guienne (1337); — exploit de la main mise à Bordeaux (1337) ; — renonciation par le comte de Hainaut à l'hommage envers le roi de France et à toute alliance (1339); — lettres de Raoul, comte d'Eu, connétable de France, lieutenant du Roi sur les frontières de Flandre, à ceux de Valenciennes qui avaient aidé et secouru les ennemis du Roi; — trèves entre la France, l'Ecosse et l'Angleterre (1340-1341). — Mention de l'anoblissement de Jean, dit Pastoret, et indication de source (1336 ou 1337).

F. 10. (Liasse.) — 15 pièces, papier.

1337-1376. — Description du tombeau et inscription de frère Guillaume de Citri, prieur de France (1337). — Description du tombeau et inscription de Guillaume de Mailly, prieur de l'hôpital de France (1358). — Mention des lettres de procuration donnée par Édouard III, roi d'Angleterre, à Jean de Brabant et de Lorraine (1337). — Retenues de gens d'armes pour aller à Luxeu (1337). — Ordre de Philippe de Valois à Guérart de Pinqueigny, Bernard de Moreuil et Regnaut d'Aubigny, chevaliers et conseillers du Roi, pour réunion et revue des nobles de la baillie d'Amiens (1337); — procès-verbal des opérations faites par les susdits chevaliers et conseillers du Roi (1337). — Quittance de 18 deniers d'or à l'écu, délivrée à Guillaume de Cos, le jeune, par Raimond Bertrandi, maître des œuvres du Roi en la sénéchaussée de Périgord et Quercy, pour travaux de siège (1337); — description du sceau de Raimond Bertrandi. — Quittance de 15 livres tournois, délivrée à Guillaume de Costa, le jeune, par Raimond Bertrandi ci-dessus nommé (1338); — note de Lacabane. — Noms de nobles de la baillie d'Amiens en état de servir (1337). — Robert Bertrand (VIIe de nom), baron de Briquebec, maréchal de France, s'oblige avec plusieurs grands du Royaume, à fournir au Roi un certain nombre de gens d'armes, pour la conquête de l'Angleterre (1337). — Indication de source pour Colin et Henri de Famichon (1337). — Extraits de rôles de gens d'armes retenus en Languedoc par Raoul, comte d'Eu et de Guines, connétable de France où sont mentionnés : Édouard de Beaujeu ; Guillaume de St-Berry ; Pierre, seigneur de Préaux ; Guillaume de Hostentot ; Pierre, seigneur de Bailleul ; Floridas d'Auffay ; Robert Bertrand, sire de Fauguernon ; Jean de Tournebus ; Robert d'O ; Robert de Fontenay ; Robert de Fontaines ; Raoul Pandoulf; Louis d'Orville; Guillaume Le Breton ; Richard d'Yvetot ; Hervieu Le Cocq ; Jean de Bovile ; Étienne Le Chat ; les comtes de Foix et d'Armagnac ; Olivier de Clisson ; Louis, vicomte de Thouars ; Jean de Savoie ; Boucicaut ; Hugues de Cardaillac ; et les lieux de : Puymirol, Rogières, Le Bordi, Pommiers, Severac, Moulant, Benac, Puy Dalphin, Alroha, Becheser, Maubesy, Creo, St-Jean-Faudeboen, Baves, Sorbeas, Montagu, Pinon, Lomas, Ayre, La Motte, Ste-Croix-Baugart, Asnise, Causiede, Montelin, Arossa, Villeneufve, Buy, Besandu, Amalos (1337). — Extrait d'un rôle de gens d'armes ayant servi en Flandre, en la compagnie de Raoul d'Eu, connétable de France, où sont mentionnés : Raoul, comte de Guines ; Mignot d'Iquarville; Calabot du Plessis; Gauthier, duc d'Athènes ; Hue Torchapel ; Pierre de Bailleul ; Jean et Guillaume de la Motte ; Jean de Cayon ; Thibaut de Moreuil ; Othe de Grançon ; Gérard de Montfaucon ; Eudes, sire de Graney ; Philibert de Lespinace (1337-1338). — Indication de sources sur : Bertrand Agasse (1337); — Bertrand de Bedorio; — le roi des Ribauds de Toulouse ; — la présence de Jean, fils du Roi, à Angers, le 15 décembre 1342 ; — la levée d'un octroi en Auvergne pour y réduire les soulevés (1358). — Indication de sources sur : les lieux de Gondry, Malvoisin, Juliac, Montauban, Codrot, Ste-Foy; — les guerres de Bretagne; — Verdun, Aiguillon, Guitres, Florence, Merenis, Roquefeuil, Caussidières ; Montgaillard ; Mauvinet ; Francescas ; Tannay-Boutonne ; Ventadour ; Sompuy ; Vaour ou Baour ; St-Antonin ; Parocal ; Damesan ou Castri Comitalis; Marmande; St-Auvart ou Auvant ; Choisy ; Bastide St-Georges devant Taillebourg ; Guimont ; Ligne ; Lins ; Sarrafront ; Campaigne ; Casseneuil ; Ségur ; Jean, comte de Lille, capitaine de Moissac, Lauzerte, Montcuq, Tournon, Castelnau-Montratier, Castelsarrasin; Jacques Isalquier.

F. 11. (Liasse.) — Cahier, in-octavo, 12 feuillets papier ;
23 pièces, papier.

1338-1387. — Compte des frais de réparation de

l'artillerie du château de Coiffy (1338) ; — description du sceau d'Henri de Duilly, châtelain dudit château. — Quittance de 10 livres tournois délivrée à Guillaume de Costa, le jeune, par Bérenger Fabba, damoiseau, pour certains ouvrages nécessaires à la Mote de Noclhac (1338), accompagnée de note de Lacabane. — Ordre de Simon, seigneur d'Erquéri, maître des requêtes de l'Hôtel, et du Galois de la Baume, maître des arbalétriers, conseillers du roi et capitaines et gouverneurs en Languedoc, au trésorier des guerres, de payer 200 livres tournois à N. d'Antin, damoiseau (1338). — Indication de source pour Jacques d'Estrades, chevalier, et mention de Jean de Cayen, capitaine en Flandre et Tournaisis (1338). — Récepissé d'artillerie délivré à Thomas Fouques, garde du clos des galées du Roi, à Rouen, par Guillaume du Moulin, de Boulogne (1338). — Quittance de 30 sous tournois, délivrée à Renaud Croullebois par Guillaume de Marconnay, écuyer (1338) ; — description du sceau de Guillaume de Marconnay. — Mention de la prise et du pillage de Southampton par les Français (1338). — Quittance de 40 livres tournois, délivrée à Pierre le Besson , par Guillaume de Marconnay, vallet (1338). — Quittance de 22 livres 2 sous tournois, délivrée à Jean Gayte, trésorier du Roi, par Corrald de Auria, seigneur et patron d'une des galées de Gênes (1338).—Ordre de Huc Quieret, chevalier et amiral, et Jean Gayte, trésorier de l'armée des galées de Gênes, de payer 100 livres tournois à Ayton Doyre, capitaine de la galée, dont les gens avaient secouru les premiers Français entrés à Southampton, avec note de Lacabane (1338). — Ordre de Huc Quieret, chevalier et amiral, à François de Lospital, clerc des arbalétriers, de payer certaines sommes de deniers aux parties dénommées dans l'acte, pour cause de faits de guerre à la prise de Southampton et de l'île de Guernesey (1338); — description du sceau de Quieret. — Quittance de 100 deniers d'or, délivrée à Jean Gayte, trésorier de l'armée des galées de Gênes au service du roi de France, par Ayton de Auria, capitaine de ladite armée (1338); — description du sceau de Ayton de Auria. — Quittance de 6 livres 1 denier tournois délivrée à Nicolas Le Gros, lieutenant de Jean Le Mire, trésorier des guerres, par Jean de Wampfasson, Jean Willekin et Jean de la Rivière, écuyers (1338). — Indication de source pour fragment de lettres du roi Philippe de Valois portant certains privilèges pour les habitants du duché de Guienne (1338). — Extraits de l'état des gens d'armes ayant servi : au siège de Puyguilhem ; en Languedoc ; en Gascogne ; en Agenais (1338-1340). — Establies pour la guerre de Gascogne à : Puymirol,

Malause et La Chapelle, Agen, Mereins, Bayolmont, Puy St-Michel-de-Penne, Villeneuve, Montesquieu et Puyols, le Groulet, Port-Ste-Marie, Tombebœuf, Ste-Livrade, Casseneuil, Montflanquin, Montpezat, Fumel, Sauveterre-en-Agenais, Sainte-Foy et Montrevel, Puyguilhem, Thieubon, Marmande, La Réole, Montsegur, Sauveterre en Bazadais, Blasimont, St-Fresne, Rosan, Montclar, Auvillar, Chastel-Lettorois, Astafort, Layrac, la Plume, Fezenzaguel, la terre de Fié-Marcouf, Condom, Montréal, Fos et Flavencourt, Podenas, Mesin et Montroyal, Puy-Pardin, Juliac, Damazan, Puy-de-Gontaut, Villeton, la terre du sire de Lille d'Agenais, le Greset, le mas d'Agenais, Bouglon, Roquetaillade, Bazas, Tantalon, Langon, la terre de monsieur d'Armagnac, Montlezun et Falgar, Mont-de-Marsan, Chateauneuf en Toursan, Rochefort de Toursan, Gens St-Gen, Sarrefont, la terre du sire de Noailles, Castelsarrasin, Murel, St-Bris, Bourg, Fronsac, Montreret, Sourzac, Bergerac, St-Saut, Lymeul, Montferrat, Croignac, Chastel-Raoul, Bourdeille, Estissac (1338-1341). — L'ost de Buironfosse ; semonce de Tournay, sous M. de Navarre ; establie de Reims ; semonce à Péronne ; establie de Tournay, sous Jean de Cayen; establie de Tournay, sous le connétable de France; establie de Douay, sous Nicole de Wasiers ; establie Tournay sous Godemar de Fay ; establie de St-Am sous le même ; establie de Tournay et frontières à Flandre, sous Mahieu de Trie, maréchal de France; la bataille du Roi ; la bataille du duc de Normandie; ducs, comtes, dauphins, prélats, vicomtes, sénéchaux, baillis et bannerets qui furent à l'ost de Buironfosse; chevaliers bacheliers qui y servirent ; establies de châteaux sur les frontières de Flandre et de Hainaut; le voyage de Bretagne et l'ost devant Nantes ; la semonce d'Arras (1338-1342). — Mention de lettres de Philippe de Valois au sujet d'une descente projetée en Angleterre (1338). — Mention de lettres du Roi adressées aux maire et échevins de St-Quentin pour qu'il lui envoient le plus de troupe possible à Arras, avec des vivres pour 15 jours, afin de s'opposer aux Anglais qui « *s'appareilloient pour venir porter dommage au Royaume* » (1340). — Analyse d'une transaction passée entre Jean, comte de Clermont, et dauphin d'Auvergne, son fils, et Aymeric, abbé d'Aurillac, sur les limites du château et de la châtellenie de Vadable (*Vadabulo*) (1344). — Hommage de Jean, comte de Clermont, à Aymeric, abbé du monastère d'Aurillac (1345). — Mention de compte de Barthélemy du Drach, trésorier des guerres, pendant les années 1338 à 1341. — Liste de gens d'armes de la sénéchaussée de Perigord, qui ont servi sous le gouvernement de M. Payen de Mailly, sénéchal, tant pour assiéger le lieu de Montréal que autrement (1340). — Indication de source pour quittance délivrée par Jean de Cayen, capitaine à Tournay et en Flandre et Hainaut (1338). — Indication de source pour Jean de Cayen (1339). — Mention d'Aymard de Masse, chevalier, et de Pierre Fresnel; — indication de source pour voyage du roi Charles V à Tournay et à Lille (1368). — Indications de sources sur : les villes de Puicelsi, Ussel, Laon ; la terre du comte de Lyle en Agenais ; Richard d'Ancelle ; Amanieu d'Anteges ; Ste-Foy et Pineul ; Guillaume, sire d'Apchon, capitaine général en Auvergne ; Cornillan ; Sarrafront ; Barcelone ; Villeneuve d'Agenais ; Pons d'Auty ; imposition d'un subside en Auvergne ; la ville de Crotoy (1338-1385). — Indications de sources sur : Ste-Foy ; Jean du Périer (1347) ; Vic (1356) ; Estafort (1353) ; Calignac (1356) ; — Vic-Fesensac (1355) ; Nogent-sur-Seine (1364) ; Guillaume de Podensac (1355) ; St-Jean-d'Angely (1355) ; Pierre Porlevoisin (1345) ; les monnaies (1366) ; la guerre de 1338 ; Hugues, sire de Pujols (1346) ; Louis de Poitiers, comte de Valentinois (1315) ; le captal de Buch (1365) ; Guillebert Polin, sergent d'armes du Roi (1340) ; le château de l'Écluse (1388) ; Yvain de Galès (1369) ; les guerres du Poitou et de Saintonge (1338) ; Regnaut de Pons (1345) ; Moissac (1354) ; Valence (1355) ; montre à Angoulême (1351) ; Toutolon en Bazadais (1347) ; la place d'Estain (1356) ; Sauveterre (1352 à 1355) ; Villefranche en Périgord (1352 à 1356) ; la place de Puy-Perdin (1347 à 1356) ; Simon Quatot, capitaine du château de Fiennes (1375) ; Guillaume le Quien, capitaine du château de La Mote (1355); la place de Fougères (1352).

F. 12. (Liasse.) — 35 pièces, papier.

1339. — Liste nominative de gens d'armes ayant servi au siège de Puyguilhem, sous le gouvernement de Pierre de la Palu, sire de Varambon, capitaine en Languedoc. — Quittance de 294 deniers d'or au lion, délivrée à Thore Du Puy, marquis Scatisse, par James Spinelle, patron de la galée appelée Saint-Antoine ; — description du sceau de James Spinelle. — Quittance de 10 livres tournois, délivrée à Guillaume de Costa, par Colard du Crauslay, maître des œuvres du Roi en Bigorre ; — description du sceau dudit Colard. — Indication de source pour lettres d'Édouard III et récit de ses actes en apprenant la prise de Southampton par les Français. — Indication de source pour Henri de Faumechon (avec notes rectificatives de Lacabane sur interprétation de Du Cange), Henri de Famechon et Puy-Guilhem. — Quittance de 10 livres tournois délivrée à Guillaume de Costa, le jeune, par Raimond Bertrandi ; — description du sceau dudit Bertrandi. — Quittance de 60 sous tournois, délivrée à Guillaume de Costa, le jeune, par Julien de Foys. — Autre quittance délivrée au même par Regnault de Longue-Combe, gouverneur de certain engin (cujusdam ingenii) devant Puy-Guilhem ; — description du sceau de Regnault de Longue-Combe. — Délibération des seigneurs normands pour projet d'invasion en Angleterre, sous la conduite du duc de Normandie, fils du roi de France. — Quittance de 10 livres tournois, délivrée à Guillaume de Costa, le jeune, par Pierre de Cléon, damoiseau; description du sceau dudit Pierre de Cléon. — Autres quittances de 10 livres et de 100 sous tournois délivrées par le même. — Description du sceau de Regauld de Frumbeo. — Quittance de 15 livres tournois, délivrée à Guillaume de Costa, le jeune, par Arnauld Gueffier, gouverneur de certain « cadriguarum », devant Puy-Guilhem ; description du sceau d'Arnauld Guielffier. — Indication de source pour don fait à Arnaud de Penne, en récompense de ses services dans les guerres de Gascogne et en la garde d'Aymet, près Puy-Guilhem. — Dépense faite par Guillaume Coste, devant Puy-Guilhem, pour les opérations du siège. — Ordre de Pierre de la Palu, chevalier, seigneur de Varambon, conseiller du Roi, sénéchal de Toulouse et Albigeois, gouverneur général en Languedoc, au trésorier des guerres, de délivrer à Guillaume Coste, le jeune, les sommes [de deniers. pour solder la dépense faite par ce dernier — Quittance de 10 livres tournois, délivrée à Guillaume de Costa, le jeune, par Julien de Fays, maître des œuvres du Roi en la sénéchaussée de Toulouse, pour opérations devant La Réole. — Quittance de 76 sous tournois, délivrée à Guillaume de Costa, le jeune, par Bernard Veziani, gouverneur des mines en Rouergue, pour instruments nécessaires devant Puy-Guilhem ; description du sceau dudit Veziani. — Quittance de 6 livres tournois, délivrée par Garnier de Sussa de Alamania, maître des engins, pour opérations devant Puy-Guilhem. — Quittance de 102 livres tournois, délivrée par Guillaume Roclandi, chevalier, sénéchal de Rouergue ; description du sceau de Roclandi. — Récépissé d'artillerie délivré à Thomas Fouques par Adam Beroinguier, maître de « l'Edouarde du Roi ». — Déclaration, par Pierre Barbevère, du payement de 22 sous tournois, fait au pilote Jean Brisepot par Marquès Scatisse, receveur de Toulouse ; — description du sceau de Pierre Barbevère. — Ordre du roi Philippe de Valois à Barthélemy du Drac, son varlet et trésorier des guerres, de délivrer, sur l'ordre de le Galois de la Baume, maître des arbalétriers, 200

2

livres parisis pour ravitailler le château de Honnecourt; — quittance de cette somme délivrée par le Galois ; — autres quittances délivrées par le même. — Retenues des gens d'armes de l'hostel de Raoul, comte d'Eu, connétable de France, à cause de la semonce faite par le Roi, faites à Compiègne. — Retenues de gens d'armes faites à St-Quentin et au retour de l'armée de Guironfosse. — Retenue à Tournay. — Indication de source pour lettres de Philippe de Valois ordonnant aux maréchaux de France de délivrer le château et la ville de Ribemont au roi de Bohême ; — indication de source sur l'exécution de ces lettres ; — indication de source pour lettres par lesquelles Charles, fils ainé du roi de Bohême, reconnait avoir été mis en possession de la ville et du château de Ribemont, par Jacques de Corbeny, bourgeois, prévôt et gardien dudit château. — Quittance de 30 sous tournois, délivrée à François de Lospital, clerc des arbalétriers du Roi, par Arnaut Lagu, chanoine de Cambrai ; — autre quittance du même ; — description du sceau d'Arnaut Lagu. — Quittance de 25 livres 2 sous 7 deniers tournois pour 10 canons destinés à la défense de Cambrai, délivrée au Galois de la Baume par Hugues, sire de Cardaillac et de Bioule; — description du sceau de Hugues de Cardaillac. — Affirmation par Jean de Longue-Combe, sergent d'armes du Roi, touchant le paiement de 48 livres 8 sous tournois fait à divers par le Galois de la Baume, maître des arbalétriers ; — description du sceau de Jean de Longue-Combe. — Obligation de 130 livres 19 sous tournois reconnue par le roi de France au profit de Guillaume le Marchant, chanoine de Cambrai, accompagnée de notes de Lacabane; — description du sceau de Guillaume le Marchant. — Quittance de 11 livres 4 sous 3 deniers tournois, délivrée à François de Lespitaul, clerc des arbalétriers du Roi, par Étienne Morel, écuyer, pour achat de matière à faire poudre; — description du sceau d'Étienne Morel. — Note sur la prise de Boucicault, chevalier français, par les Hannuiers. — Indication de source pour Arnaut Lagu, chanoine de Cambrai. — Mention des membres des familles Cranchen, St-Dizier, Werchin, Antoing, Enghein, Fagnoelles, des Rues, de Bailleul, Haverech, Brifeuil, Montigny, Beaurieu et Floyon. — Extraits de comptes dans lesquels sont mentionnés, comme ayant servi à la campagne du Nord : Jean de Melun ; Aliaume de Boufliers ; Adam de Villers ; Aliaume de Mes ; Baudoin d'Aubethicourt, sire d'Istaimbours ; Eustache de Compremy ; Gille de Hénin ; Mathieu de Montmorency; Jean, dit Taillefer de Rone ; Jean Climart; Jean Buignot. — Extraits de comptes où se trouvent les noms de Jean de Trainel, du duc de Bourgogne, du comte d'Artois. — État des gens d'armes qui servirent à Tournay, sous le gouvernement de Raoul, comte d'Eu, connétable de France. — Extrait du rôle des gens d'armes ayant servi à Douay, sous le gouvernement de Hue Kieret, chevalier et conseiller du Roi, son amiral et capitaine à Douay et celui de Nicole de Wasiers; — mention de Jean d'Estrées, de Tournay et de Marchiennes. — Indication de source sur Jean III, sire d'Aumont. — Note rectificative de Lacabane sur l'érection du comté de Julien en principauté et marquisat.

F. 13. (Liasse.) — 20 pièces, papier.

1339-1360. — État de gens d'armes et de pied qui servirent à Mézières-sur-Meuse et en Thiérache, sous le gouvernement de Gauthier, duc d'Athènes, lieutenant du Roi (1339-1340). — Extraits de « la bataille » de Louis, comte de Flandres, de Nevers et de Rethel, où sont mentionnés : le comte de Flandre ; Jean, châtelain de Bergues ; Thierry de Bieure, châtelain ; Jean, seigneur de Guistelle ; Florent de Bruguedam ; Gautier de Hallevin ; Jean de Relengues ; Jean de Bailleul; Robert de Biaussart, connétable de Flandre ; Jean de Thienges ; Jean de Ternant ; Guillaume le Rouge; Jacquemart le Brède ; Jean le Medon ; Guyot de Varingny; Jean d'Anlezy (1339-1340). — Extraits de comptes où se trouvent, comme ayant servi à la campagne du Nord : Raoul, comte d'Eu, connétable de France; Charles de Montmorency ; Jean de Cayen ; Gieffroy de Charny ; Henri de Woisiers ; Jean Mauvoisin ; Jourdain de Loubert; Jean de Liny (1339-1340). — Extraits de comptes ou états où sont mentionnés : Ferry de Chardonne ; Baudoin d'Aubethicourt, sire d'Estainboure (1339-1340). — Extrait de l'état des gens d'armes qui servirent à Cambrai, sous le gouvernement d'Imbert de Cholay, chevalier, bailli de Chaumont, capitaine de la dite ville et des parties d'environ, où se trouvent : des lettres de Philippe de Valois nommant ledit Imbert à la garde de Cambrai ; — autres du même chargeant ledit Imbert de recevoir aux gages du Roi, tous les nobles et hommes d'armes, bien montés et armés; — autres lettres du même établissant Imbert, capitaine spécial, général et sur tous autres en la ville de Cambrai ; — la dépense pour Guillaume de Mangny et de autres prisonniers ; — celle de Nicaise de Scalion et 4 écuyers pris en ôtage au château d'Esvandeure; — celle de Guillaume de Salebruche et 5 écuyers pris en ôtage au château de Thun ; — celle d'Imbert Lallemant et sa suite (1339-1340). — Extrait du rôle des gens d'armes qui servirent en la garde de la ville de Mortagne, de la compagnie de Jean de Vienne, chevalier (1339-1340).

— État de « *la bataille* » de Mahieu de Trie, sire d'Araines et de Robert Bertran, sire de Bricquebec, maréchaux de France, envoyés sur les frontières de Flandre et de Hainaut en la compagnie du connétable de France, où sont mentionnés : les deux maréchaux; Robert de Pinquigny ; le duc de Normandie ; Huet de Montigny ; Mahieu de la Potière ; Guillaume Gontran (1339-1340). — État des gens d'armes qui servirent en la garde de la ville de St-Venant, en la compagnie de Robert Waurin, sire de la dite ville, où sont mentionnés : le dit Robert ; Drien de St-Venant ; Mahieu de St-Venant ; Jean d'Estrelles; Guiselin de Tannay ; Jean de Morbecque (1339-1340). — État des gens d'armes qui servirent au siège de Cambrai, où figurent les chanoines : Guillaume de Créqui, doyen de Cambrai ; Jean de Roye, prévôt de l'église cathédrale de Cambrai ; Arnaut Lagut, chanoine ; Guillaume le Marchant, chanoine ; Jacquemard de Neuville ; Gieffroy de Janville, chanoine; Jean de Bort, chanoine ; Mathieu Giraud, chanoine ; Richard de Basqui, chanoine (1339-1340). — Extraits de rôles où sont mentionnés : le duc de Normandie ; Bernard, sire de Moreuil ; Enguerrand, sire de Couci ; Guillaume Rollant, sénéchal de Rouergue ; Gieffroy de Beaumont, sire de Lude ; Jean de Noelle, seigneur d'Auffemont ; Regaut des Quesnes; le vicomte de Pois ; Jean, seigneur de Chastillon ; Pons de Mortaigne, vicomte d'Aunay; Érart du Chastel; Guillaume de Yvore; Raoul Flament, seigneur de Camy (1339-1340). — Extraits de comptes ou rôles faisant mention de . la bataille de Mahieu de Trie, sire d'Araines et de Robert Bertran, sire de Bricquebec, maréchaux de France; la compagnie de Guillaume Rollant, sénéchal de Rouergue , dont faisaient partie : Pierre de Marchon, Guillaume de Cros, Dieudonné de Morilhon, Sanchon de Corn, Pierre de Morilhon, Guillaume de Luissac, Guillaume de Florac, Ratier de Cardillac, Pierre Cordier, Pierre Bachelier, Guiot de la Roque, Rogier de Florac, Bernard Boschet, Raymond de Manie, Erard de Chastel, Guillaume de Yvore, Guillaume de Faumochon, Ernoul de Vaudonne, Jean de Morbecque, Guillemin Aubergon, Pierre de Sanis (1339-1340). — Extraits de rôle où sont mentionnés : Roque, sire de Hangest ; Baudoin, sire d'Avelins; Harpin de Laval ; Jean d'Andrescl ; Lalemant de Sons; Morel de Parfonderne; Oudart de Ham; Basse de Briffeuil; Surien de Cramailles ; Hue de Roncy, vidame de Laonnais; Baudoin de la Cauchiée (1339-1340). — Rôle pour gens d'armes ayant servi à Douay, en la compagnie de Nicolas de Wasiers ; pour d'autres ayant servi après retenue par Godemart du Fay (1339-1340). — Rôle : pour les gens d'armes ayant servi en la compagnie de Jean, sire de Wastines ; pour Rémy de Beranoit et son fils, maître des *espringoles* de la ville de St-Amand ; pour Jean de Verdebourt (1339-1340). — Extrait de retenue et montre de gens d'armes ayant servi sous Raoul, comte d'Eu, connétable de France, où sont mentionnés : Raoul d'Eu, comte de Guines, fils du comte d'Eu; Jean du Bos ; Perrinet de la Nuefville; Charles, sire de Montmorency ; Wistache de Chambly ; Perinet de Lomperior; Jean de St-Ernoul ; Jean de Cayen ; Raoul de Benastie; Geoffroy de Charny ; Jeannot de Doumois ; Hedot de Muscy ; Piscot de la Nuefville ; Guillaume de Beuseville; Pierre de Fay ; Gilbert Mallemain ; Thomas des Isles ; Robert des Hames ; Jean de Hames ; Robert du Pont ; Thomas Jolli ; Jean de Lavesquerque (1339-1340). — État des gens d'armes qui servirent à Lille et à Tournay, sous le gouvernement de Godemart du Fay (1339-1340). — Extraits du compte de Barthélemy de Drach, trésorier des guerres, où sont mentionnés : le Borgne de Lugont ; Robert d'Artois ; Arques ; St-Omer ; Villet le Cosfre ; Arras ; le duc de Bourgogne ; le comte d'Armagnac ; Hennequin de Maynières ; Édouard III ; Tournay ; Guillemin le François ; Marlet d'Amiens ; Perrot le Picard (1339-1341). — Extrait d'état de gens d'armes servant en Gascogne, où sont mentionnés : Guillaume de La Barrière, chevalier, sénéchal de Perigord et de Quercy ; Rigaut de Calvaignac ; Dourdet de Lentillac ; Amauri, vicomte de Lautrec ; Jean Le Marchant, écuyer ; Huet Le Marchant ; Guillaume Rollant, sénéchal de Rouergue ; le comte Bon d'Antin, écuyer ; Bonshoms de Tusaguet, écuyer ; Raimond de Caussade ; Arnaud, vicomte de Montclar ; Bertrand, seigneur de Lille ; le comte d'Asterac ; Arnaud Guillaume de Montlezun, comte de Pardiac ; Rogier Bernard de Foix ; Jean de Levis, maréchal de Mirepoix (1339-1342). — Indications de sources sur : la nomination, comme lieutenant du Roi sur les frontières de Flandre et du Hainaut, de Raoul, comte d'Eu, connétable de France (1339); — la nomination du même comme capitaine général de Flandre et de la Mer (1345); — celle de Godemart de Fay, sire de Bothéon, comme capitaine général sur la frontière de Flandre et du Hainaut (1339); — celle de Jean de Traynel, comme capitaine ès frontières d'Artois (1339) ; — celle de Pierre de la Palu, comme gouverneur du bailliage d'Amiens et capitaine sur les frontières de Flandre (1340). — Indications de sources pour : Thébaut Mallebaye ; Pierre de Mallegrecourt; Jobert de Molemort; Mathieu de Manirac; Guillaume le Marchant ; le Bascon de Maroul ; Jean de Machaut ; Guillaume de Livry ; Baudoin de Lonedefort (1339-1380).

F. 14. (Liasse.) — 30 pièces, papier

1340-1347. — État des deniers payés par le Galois de la Baume, chevalier, sire de Valuffin et maître des arbalétriers du Roi, depuis le 8 octobre 1339 (24 janvier 1340); — description du sceau du Galois de la Baume. — Retenue et montre de gens d'armes de Raoul, comte d'Eu, connétable de France, pour guerre en Flandre et dans le Hainaut (9 mai 1340). — Retenue des gens d'armes enfermés dans Tournay (26 mars 1340). — Autres retenues d'avril, juin et septembre 1340. — Récépissé d'artillerie délivré à Thomas Fouques, garde du clos des galées de Rouen, par Pierre Barbenaire, sergent d'armes du Roi, (24 avril 1340); description du sceau de Pierre Barbenaire. — Quittance de 48 livres tournois délivrée à Jean Lengleis, maître des garnisons du Roi par Colin Hardi, maître de la nef appelée « *La Grâce de Dieu* », pour dépense de 80 hommes pendant deux mois (2 mai 1340). — Quittance de 60 livres tournois pour le même effet, délivrée au même Lengleis par Guillaume Hardi, seigneur et maître de la nef « *Saint George de Leure* » (3 mai 1340). — Mention de délivrance de 8,000 livres à Gauthier de Manny, pour rançons de prisonniers. — Mention de la création de comte de Cambridge en faveur de Guillaume, marquis de Juliers. — Indication de source pour Jean de Noyers, comte de Joigny (22 mai 1340). — Indication de source sur la bataille de l'Écluse (23 juin 1340); — note sur la date de cette bataille. — Rôle de gens d'armes qui servirent en la compagnie de Guillaume de Wouvroy, capitaine député par le duc de Normandie pour garder le pas et les chemins de Crèvecœur (juin 1340). — Autre rôle de gens d'armes qui servirent avec Thibaut de Moreul, en la chevauchée de Bavan en Hainaut; où sont mentionnés Enguerrand, sire de Couci, Raoul de Flamenc, Mathieu d'Espineuses (juillet 1340); — Indication de source sur cartel de défi d'Édouard III à Philippe de Valois (27 juillet 1340). — Quittance de 2549 livres 13 sous 3 deniers obole tournois, délivrée aux trésoriers du Roi à Paris par Galois de la Baume, chevalier, maître des arbalétriers (2 août 1340). — Demande par le roi à Nicolas de Mauregart d'un emprunt de 1000 francs pour le passage en Angleterre (9 septembre 1340). — Mention du mariage, sous la tente du roi Philippe de Valois, près le pont de Bouvines, entre Gillequin, fils de Jean, seigneur de Rodemaire, chevalier, et Jeanne, fille de Jean, sire de Chastillon (16 septembre 1340).— Indication de source pour publication, par Philippe de Valois, des trèves conclues avec le roi d'Angleterre, le 20 septembre 1340. — Indication de source sur la présence en l'ost de Bouvines, en septembre 1340, de Jean le Meingre, dit Boucicault. — Mention de quittance de Jean de Châlon, chevalier, fils aîné du comte d'Auxerre (22 octobre 1340). —Extrait des chroniques de Froissart relatant tentative des Français sur le Quesnoy, accompagné d'une note de Lacabane (1340). — Extrait d'un manuscrit touchant le siège de Tournay, avec note de Lacabane (1340).— Indications de sources sur: Rogier Bacon, sire de Molay; Thibaut de Châtillon en Michaille, au comté de Savoie; Robert de Waurain, sire de St-Venant; la chevalerie du fils dudit Robert, devant Thun-l'Évêque (1340. — Extrait de compte de gens d'armes mis sur la côte de la mer au pays Bessin, par Jean, sire de Tournebus, chevalier, capitaine des ports et frontières sur la mer audit pays, où sont mentionnés Guillaume d'Aigreville, Ricart de Brionne. — Extrait du compte des arbalétriers mis sur le même côté aux loges d'Oistrehan, Hermanville, le Ver, Bernier, Coursoulle, Fresnay, Arromanes, Sallinelles, Merreville (1340). — Extraits de la « *bataille* » du duc de Normandie où figurent: le duc; Louis de Tournon; Bernard, vicomte de Ventadour; le comte d'Armagnac (1340). — Extraits de la « *bataille* » d'Eudes, duc de Bourgogne, comte d'Artois, où sont mentionnés: des créations de chevaliers; Émonin de Rouveray, écuyer; le châtelain de Bergues; le sire de Toutencourt; le sire de Hamelincourt; Étienne de Saint-Varain; Guillaume de Juilly; le sire d'Alvincourt; Froissart de Biaufort (1340). — Extraits de rôles de gens d'armes où figurent Huguenin de Ponmart; Jacques de Vienne; Huon de Frévilles; Huon d'Aucoch (1340).— Extraits de rôles de gens d'armes ayant servi à Lille, sous le gouvernement de Louis d'Espagne, comte de Thalemont, capitaine général et souverain de Lille; nomination de Louis d'Espagne à cette capitainerie générale; mention de Bouvines, Thun-l'Évêque, etc. (1340). — Indication de sources pour: le nombre des gens des comptes du Roi; la Ferté-Fresnel; Moissac et les bourgeois de Condom (1340). — Extraits de l'état des gens d'armes qui étaient au siège de Puy-Guilhem, où se trouvent: le Moinne de Dorchie; Jean du Villar; Pierre du Villar; Raymond et Étienne du Villar; Guyot de Villers; extrait de dom Vaissète (1340-1342). — Extraits du tome IV de l' *Histoire générale de Languedoc* sur Jean de Marigny, évêque de Beauvais; le comte de Valentinois; le lieu de Murel; Robert de Houdetot; le siège de Laverdac; le siège de Feugeroles, en Guienne; le siège de Damazan; le siège de Sainte-Bazeille; Robert de Marigny; les sièges de

Vienne et de Marmande ; Escussan ; la Réole ; Villeneuve d'Agenais ; Aiguillon ; Pierre Aurelzer ; Chatard de Mesy ; Guillaume Balbet ; Buzet en Toulousain ; Penne en Agenais ; Sauveterre ; Châtillon-sur-Dordogne (1340-1347).

F. 15. (Liasse.) — 11 pièces, papier

1341-1352. — Quittance de 82 livres 10 sous, délivrée à Jean de Crespi, vicomte de Rouen, par Bertrand de Cardaillac, archidiacre de Valenciennes, clerc et conseiller du Roi (1341). — Quittance de 20 sous 6 deniers tournois, délivrée à Jean Mousque, clerc du Roi, lieutenant du trésorier des guerres et du clerc des arbalétriers, par Bernard de Badafol, maître de la « nau *Castellada* » (1341). — Quittance de 110 sous tournois, délivrée du même au même ; description du sceau de Guir de la Foillelhade (1341). — Analyse de la donation d'une rente sur les pignères des moulins de Layla-Danpeitz, avec permission d'avoir un moulin sur la Garonne, quitte et franc de tout service, faite à Bernard de la Mote, damoiseau, fils à Raymond de la Mote de Lauzerte, par Élie Talayrand, comte de Périgord, vicomte de Lomagne et d'Auvillars (1341). — Indication de source pour hommage de Geoffroy de Vienne, chevalier, à cause de 100 livres de rente que le Roi lui avait données pour la prise de Guillaume de Montagu (1341) — Indication de source pour donation, par le roi d'Angleterre, à Bernard d'Albret, des lieux de Sauveterre et Blasimont et des paroisses de Mercamps, Prinhac et autres en paiement de 130 livres sterlings (1341). — Extrait de la chronique de St-Brieuc, mentionnant la défaite de Charles de Blois par le comte de Montfort, à Morlaix (1341). — Lettre au bailli de Rouen par Charles de Grimalt, capitaine de Genevois et conseiller du roi de France, au sujet de pertes de charrettes et de chevaux à la retraite de Morlaix (1342). — Extrait de Froissart contenant le récit de la prise de Stirling par les Écossais et note de Lacabane (1341-1342). — Lettres d'Édouard III, roi d'Angleterre accordant le comté de Richemond à Jean, duc de Bretagne et comte de Montfort, pour le dédommager des pertes qu'il subit par suite de son attachement à l'Angleterre (1341). — Lettres du même par lesquelles il donne au même le comté de Richemond, jusqu'à ce qu'il lui ait assigné, en France, des terres ayant la valeur dudit comté (1342). — Hommage fait au roi d'Angleterre par Jean de Montfort, duc de Bretagne (1345). — Extrait de la retenue des gens d'armes de l'hôtel de Raoul, comte d'Eu, connétable de France, qui ont été en Bretagne avec le duc de Normandie, où

sont mentionnés : le connétable ; Fassart de Bassingueham ; Raoul, comte de Guines, fils du connétable ; Berlant d'Outreleau ; Gilbert Malesmain ; Drouet, chevalier ; Estourmy du Quesnoy ; Jean de Beaucouroy ; Robert de Marigny ; Jacquet de Beaulay (1341). — Extrait d'autre retenue pour les frontières de Flandre et de Hainaut, où sont mentionnés : Raoul comte de Guines ; Hannequin de Liège ; Thibaut de Moreuil ; Rifflard de Felaines (1342). — Extrait d'autre retenue pour Harfleur et Caen, où sont mentionnés : le comte de Sancerre ; Baudeton de Melun ; Jean de Sancerre ; Louis de Corbon ; Gilbert de Ste-Audegonde ; Fremant d'Aouste ; Gauvain de Bailleul ; Jean de Fricamps ; Robert de Croy ; Guillaume Malvoisin ; Colart, châtelain de Beauvais ; Huc de Villiers (1346). — Extraits de la chronique de St-Brieuc touchant la bataille entre Charles de Blois et le comte de Montfort à Morlaix et la victoire de ce dernier à Mauron (1341-1352).

F. 16. (Liasse.) — 14 pièces, papier.

1342-1406. — Indication de source pour « Portus de Orewell » (15 mars 1342). — Indication de source pour lettres de Jean, évêque de Beauvais, lieutenant du roi en Languedoc et Saintonge, données devant Vianne (7 juillet 1342). — Ordre de Jean, évêque de Beauvais, lieutenant du roi de France, au trésorier royal d'Agenais, de payer, chaque année, 30 livres à Bertrand Bruni, clerc, pour ses gages de procureur du roi en la cour de l'évêque d'Agen (7 juillet 1342). — Indication de source pour présence, devant Damazan, de Jean de Marigny, évêque de Beauvais et lieutenant du Roi en Languedoc et Saintonge (1er août 1342). — Indication de source pour lettres du susdit évêque, datées aux champs, devant Ste-Bazeille (23 août 1342). — Indication de source pour lettres du même datées en ses tentes, devant Ste-Bazeille (10 septembre 1342). — Indication de source pour lettres du même datées du même lieu (15 septembre 1342). — Indication de source pour lettres données au même lieu par Robert de Marigny, chevalier, sire de Tourny, maréchal de France en Languedoc et Saintonge (24 septembre 1342) — Quittance de 337 livres 10 sous tournois, délivrée à Jean de Condé, lieutenant du trésorier des guerres par Robert de Marigny, chevalier ; — description du sceau de Robert de Marigny (19 décembre 1342). — Quittance de 99 livres 15 sous tournois délivrée à Jean de Condé, lieutenant du trésorier des guerres, par Pons de Gordon, chevalier, sire de la Bouffie (23 août 1342) ; — description du sceau de Pons de Gordon. —

Indication de source pour du Vivier (8 septembre 1342). — Récépissé d'artillerie délivré à Thomas Fouques,gouverneur des « armeures » et artillerie du Roi, par Charles, duc de Bretagne (19 septembre 1342); — description du sceau du duc de Bretagne. — Récépissé d'artillerie délivré par le même à Ayton Dore (28 avril 1343). — Certificat de réception de la montre de Séguin Dilhauc, écuyer de la compagnie d'Arnaut Bordes, par Guillaume de Montfaucon, chevalier, maréchal en Périgord et Quercy (21 octobre 1342); — description du sceau de Guillaume de Montfaucon. — Retenue, par Guillaume de Montfaucon, chevalier, capitaine et sénéchal de Périgord et Quercy, d'Ademar de Banières, damoiseau (12 juin 1347); — description du sceau de « Guillaume de Monfauco ». — Retenue d'Arnaut Jordani, damoiseau, par Guillaume de Montfaucon, chevalier, seigneur de Verdrac, capitaine et sénéchal de Périgord et Quercy (26 octobre 1347). — Indication de source pour Henri de Montigny, chevalier, châtelain de Penne, capitaine en Périgord, Quercy et Agenais (1342). — Note sur l'affaire de Morlaix (1342). — Indications de sources pour : Hagan de Haguenonville, chevalier (1375); — Claudin de Hallenvillier, bachelier (1357); Jacques de Hangest, garde du château de Corbeil (1366); Guillaume le Grant, écuyer; Édouard, comte de Grandpré; Godefroy de Vast ou Nast, capitaine de Therewane (1342); Jean Hasebraech, dit le Borgne; Wales de Hautecloque, écuyer (1387); Guillaume de la Hautonnière (1379); Robert de la Haye, capitaine de Montreuil-Bellav; Jean de Brueil (1371); Montcuq (1352); Ste-Colombe, place en Guienne (1342); le sceau d'Hugues d'Arpajon (1344); Martin Gazel, 1er médecin du Roi (1406).

F. 17. (Liasse.) — 7 pièces, papier.

1343-1374. — Indications de sources sur : la trève ménagée entre les rois de France et d'Angleterre par deux cardinaux légats du Pape (18 janvier 1343); — promesse des dits cardinaux de rendre au roi de France la cité de Vennes avant l'expiration de la trève; — voyage de Philippe de Valois en Bretagne (29 mars 1343); — nomination, en qualité de châtelain et garde du château de Montreuil-sur-Mer, du sergent d'armes du Roi, Bernard d'Yenecourt (19 mai 1343). — Ordre de Philippe de Valois à ses trésoriers à Paris de payer 500 livres tournois à Guillaume Dolvi ou Dolni, écuyer du Puy-de-la-Roche (Puylaroque) (4 juin 1343); — Don d'une rente annuelle de 100 livres, à prendre sur le péage de Moissac, fait par le roi Philippe de Valois à Guillaume Dolvi ou Dolni (1er août 1343). — Ordre du roi Philippe de Valois au sénéchal de Périgord et de Quercy de mettre le susdit Guillaume Dolvi ou Dolni en possession de la moitié de l'office de la viguerie du pariage de Cahors (5 janvier 1344). — Ordre des trésoriers du Roi à Paris au receveur de Cahors de payer 500 livres tournois audit Guillaume Dolvi ou Dolni (15 janvier 1344). — Donation de la vicomté de Limoges à Charles, duc de Bretagne, par Jeanne, duchesse de Bretagne, sa femme, approuvée et confirmée par lettres de Philippe de Valois en février 1344; note de Lacabane. — Ordre de Henri, seigneur de Montigny, chevalier, sénéchal de Périgord et de Quercy, au trésorier royal de la Sénéchaussée de payer 15 livres tournois à Gérald de Roussinol, damoiseau, chargé de conduire Guillaume de Tulle, alias de Martel, vers le roi de France et le duc de Normandie, en exécution des ordres du Roi (21 décembre 1343). — Quittance de 200 livres de petits tournois délivrée à Bernard Ramundi, bailli royal de Périgueux, par le même Henri de Montigny (15 août 1345). — Ordre du roi Philippe de Valois de rembourser 200 livres tournois à Héli Fabri, bourgeois de Périgueux qui les avait prêtées pour les besoins de Henri de Montigny (3 février 1347). — Retenue d'Étienne de la Croix par Henri, seigneur de Montigny, chevalier, châtelain royal de Penne et capitaine dans la sénéchaussée de Périgord et Quercy (134.). — Mention de Jourdain de Loubert, chevalier, conseiller du Roi, comme gouverneur et sénéchal de Poitou et Limousin (1er octobre 1343). — Analyse de lettres par lesquelles Jean Harpadènes, chevalier, sénéchal de Saintonge, châtelain et capitaine des château, ville et châtellenie de Fontenay-le-Comte pour le prince de Galles, baille aux manants et habitants dudit Fontenay les habitants d'un grand nombre de paroisses (14 novembre 1369). — Mention d'une lettre d'échange pour Du Guesclin, seigneur de Fontenay-le-Comte (23 octobre 1374).

F. 18. (Liasse.) — 12 pièces, papier.

1344-1363. — Ordre du Roi au bailli d'Amiens d'empêcher toute guerre privée entre les seigneurs de Bourbech et de Poix (16 avril 1344); — copie dudit ordre donnée sous le scel de la baillie d'Amiens. — Indication de source pour Claudin de Hellenvilliers, maréchal de Normandie, châtelain et capitaine de la ville et château de Conches, le 26 mai 1344. — Ordre du Roi au bailli d'Amiens de prendre toutes précautions contre une descente annoncée des Anglais sur

les côtes de Calais, Boulogne et Picardie (23 juin 1344).
— Quittance de 47 livres parisis, délivrée à Charles de Drach, receveur de la baillie d'Amiens, par Olivier de Laie, chevalier, bailli d'Amiens (6 octobre 1344) ; — description du sceau de la baillie d'Amiens. — Indication de sources pour : accord entre Raymond Bernard de Durfort, seigneur de Capella, et Bernard Raymond Ysalguier, chevalier (24 août 1344) ; — description des armoiries de l'église de Rodez ; -- Pierre de Tinières, sénéchal de Rodez ; — le siège d'Auberoche (août 1344): — Ordre du duc de Normandie au receveur de Toulouse d'avoir à payer la somme de 200 livres tournois à maître Renaut de Molins, secrétaire du Roi (9 septembre 1344); — quittance de la somme ci-dessus (12 septembre 1344). — Ordre de Jean, évêque de Beauvais, lieutenant-général du Roi en Languedoc, au trésorier du Roi en Quercy, de payer 200 livres de petits tournois à Bernard Desaconhino, accompagné de note de Lacabane (10 octobre 1344). — Ordre du même au receveur du Roi en Quercy, de payer 40 florins d'or à Pierre Ramundi ou de Raymond de Dayrac, damoiseau, à qui le Roi avait fait un don de 100 livres de revenu à prendre sur les biens de ceux qui avaient tenté de s'emparer, par trahison, du lieu de Belaye en Quercy (10 octobre 1344); — description du sceau de l'évêque de Beauvais. — Quittance de 40 florins d'or délivrée à Marc de Probolène, trésorier du Roi de la sénéchaussée de Périgord et Quercy, par Pierre Raymundi de Dayrac, damoiseau (16 octobre 1344). — Description du sceau de Bertrand de Béduer. — Quittance d'une somme de 359 livres 15 deniers tournois délivrée au trésorier de Toulouse par Édouard de Merrin, damoiseau (13 décembre 1344); — description du sceau dudit Édouard de Merrin. -- Indication de sources pour : Jean Belon, seigneur de Bisches, maréchal du comte de Blois, en Bretagne (19 août 1344); — le comte de Namur ayant la garde des enfants du feu comte de Blois (1348); — lettres de rémission données à Jean Grosbois, damoiseau, seigneur de Cheugier, qui avait tué le fils de Guillaume de St-Ceno (1349); — Pierre de Connan, gouverneur du comté de Blois (7 avril 1359); — Warins, sire de Becond, chevalier, gouverneur du comté de Blois (4 juillet 1356); — Joffroy de St-Bricon, chevalier, gouverneur du comté de Blois (17 août 1359). — Note sur Jean du Lyon, sergent d'armes du Roi, garde et visiteur de l'artillerie (1344 à 1369).

F. 19. (Liasse.) — 36 pièces, papier.

1345. — Mention de lettres d'Édouard III, nom-

mant Edmond de la Beshe, lieutenant du sénéchal de Gascogne (16 janvier). — Don de 2,000 livres fait par le roi Philippe de Valois à la ville de Périgueux pour avoir longtemps soutenu la guerre contre l'ennemi (2 mai). — Quittance de 12 livres tournois, pour réparation de l'artillerie royale, délivrée à Robert Darcini, régent de la Trésorerie royale de Toulouse, par Raymond Arquerii, artilleur royal à Toulouse (5 avril) ; — description du sceau de Raymond Arquerii. — Autre quittance de 36 livres tournois, pour achat d'artillerie délivrée par le même au même (29 avril). — Lettres de Henri III, relatives à ses revendications sur le royaume de France, suivies de note de Lacabane (10 avril). — Récépissé d'artillerie délivré à Robert Darcini, régent de la Trésorerie générale à Toulouse par Raymond Arquerii, artilleur de Toulouse (29 avril). — Mention de lettres de Philippe de Valois constatant que Jean, évêque de Beauvais, n'était plus lieutenant du Roi en Languedoc et Saintonge (avril 1345). — Nomination, comme lieutenant du roi d'Angleterre en Aquitaine, de Henri de Lancastre, comte de Derby (10 avril). — Nomination, comme capitaine et lieutenant du roi d'Angleterre dans le royaume de France et le duché de Bretagne, de Guillaume de Bohun, comte de Norampton (24 avril). — Mention de lettres nommant Henri de Lancastre, lieutenant de Henri III et capitaine dans le duché d'Aquitaine et parties adjacentes (10 mai). — Autorisation accordée par Édouard III à Pierre de Greysy, vicomte de Benauges et de Castellion, à rester, vu ses infirmités, dans ses terres pour les défendre, à condition toutefois d'envoyer son fils avec le fils de Jean de Greysy, avec 100 hommes en armes, à la guerre de Guienne et d'y aller lui-même si le Roi ou un prince du sang venait à prendre en personne le commandement de l'armée de Guienne (17 mai). — Ordre d'Henri de Montigny, chevalier, sénéchal de Périgord et de Quercy, au trésorier de la sénéchaussée de payer 20 livres tournois à Jean de Peyrac, clerc du Roi, envoyé vers le Roi et la chambre des comptes, avec note de Lacabane (26 mai). — Quittance de cette somme de 20 livres délivrée à Marc de Probolène, trésorier de la sénéchaussée de Périgord et de Quercy, par Jean de Peyrac (29 mai) ; — description du sceau de Jean de Peyrac. — Mention du siège de Montcuq fait par Henri de Montigny, sénéchal de Périgord et de Quercy (15 août). — Lettres de Henri de Montigny desquelles il résulte que Bergerac était encore au pouvoir des Français au 20 mai 1345 et par conséquent n'avait pas été pris en 1344 par le comte de Derby. — Indications de sources pour : lettres de Philippe de Valois en faveur de Robert d'Yvort (27 juin) ; — lettres du même données près le château de l'Écluse (30 juin). — Lettres du Roi établissant Pierre, duc de Bourbon, en qualité de lieutenant du Roi en Languedoc et Gascogne (8 août). — Quittance d'une somme de 20 livres 8 sous tournois délivrée à Jean Chauvel, trésorier des guerres, par Jean Poilevoisin, chevalier (16 août). — Autre quittance de 13 livres 10 sous tournois du même au même (8 septembre). — Mention d'une quittance de 24 livres délivrée à J. Chauvel, trésorier des guerres du Roi, par Humbert du Blé, écuyer (21 septembre) ; — description du sceau de Humbert du Blé. — Mention de lettres données à Cahors par Pierre de Bourbon, au sujet de la juridiction et des fonctions des consuls créés dans la ville de St-Geniez (22 septembre). — Mention de lettres de grâce en faveur de Pierre Mautonniers données par le duc de Bourbon, étant à Agen (15 octobre). — Mention de lettres d'absolution en faveur d'Étienne du Petit-Cellier, données par le duc de Normandie, étant à Angoulême (24 octobre). — Bon de 2,000 écus d'or par Jean, duc de Normandie, lieutenant du Roi, à Hélie, sire de Bourdeille et de Brantôme, écuyer, pour le dédommager des pertes qu'il avait subies à la prise de Bergerac (30 octobre). — Mention de quittance de 17 livres 10 sous tournois, délivrée à Jean Chauvel, trésorier des guerres, par Pierre Poilevoisin, chevalier (31 octobre). — Mention de lettres d'absolution en faveur d'Ycheron et d'Aubertin Serta, données par le duc de Bourbon, étant à Gourdon (octobre). — Mention de lettres de rémission accordées par le duc de Normandie à Geffroy Morel, sergent d'armes, lequel aurait tué, à la suite d'une discussion, Perrin Dauter (octobre). — Mention de lettres de rémission données par le duc de Normandie, à Bernard Bérengier qui avait enlevé damoiselle Constance de Pierre-Pertuné (octobre). — Commission donnée par Bertrand des Baux, seigneur de Courteison, capitaine de Périgord et Quercy, à Giles d'Arlo, chevalier, de recevoir les montres des gens d'armes (7 novembre) ; — description du sceau de Bertrand des Baux. — Analyse des lettres de Jean, fils aîné et lieutenant du roi de France, duc de Normandie et de Guienne, comte de Poitiers, d'Anjou, et du Maine, ordonnant aux trésoriers des guerres de payer à Gaston, comte de Foix, qu'il avait retenu avec 300 hommes d'armes à cheval et 1,000 hommes de pied de sa compagnie pour garder les frontières des vicomtés de Marsan, du Gévaudan, etc., les gages nécessaires pour le soutien de sa compagnie (7 novembre) — Lettres de Pierre, duc de Bourbon, comte de Clermont et de la Marche, lieutenant du Roi aux parties de Languedoc et de Gascogne, ordonnant aux sénéchal et juge ordinaire d'Agenais et Gascogne et au bailli d'Agen, de veiller à ce qu'aucun des gens au service du Roi, noble ou non-noble, prenne blé, vin, foin ou autres subsistances des habitants de la ville et juridiction d'Agen, contre leur volonté et sans les avoir préalablement désintéressés (19 novembre). — Don du château, dit du Goulet de Lille, fait par le duc de Normandie à Jean de Gencourt, écuyer (novembre). — Ordre de Jean, fils aîné du Roi et lieutenant général, au trésorier des guerres, de payer 20 livres parisis par jour à l'évêque de Beauvais (20 décembre). — Indication de source pour le château de Rochefort en Saintonge. — Extrait des chroniques manuscrites du Quercy, par l'abbé de Foulhiac, relatant la fabrication d'artillerie a Cahors, en 1345 ; note de Lacabane à ce sujet. — Indications de sources pour : bastides de Cusols et de Revel ; — les places de St-Front et de Sourzac. — Robert de Vaurin, sire de St-Venant, maréchal de France. — Extrait de l'*Histoire générale du Languedoc*, par De Vaissette, relatant la mention d'une récompense accordée à un batelier de Toulouse pour avoir conduit à Montauban une certaine quantité d'artillerie, canons, traits, etc.

F. 20. (Liasse.) — 11 pièces, papier.

1345-1390. — Indications de sources pour : les bastides de Cusols et de Revel en Guienne (1345) ; — le siège d'Aiguillon (3 août 1346); — Pierre Raymond, comte de Comminges. — Accord entre Henri de Lancastre, comte de Derby, lieutenant du roi d'Angleterre en Guienne et Languedoc, d'une part, et Bernard Ezii et Bérard d'Albret, seigneur de Vayres, frères, d'autre part, sur la garde de la ville de Bergerac (10 septembre 1345) ; note de Lacabane. — Indications de sources pour : présence du comte de Derby à la Réole (26 novembre 1345) ; — pour présence du même au même lieu (3 juillet 1346) ; — une charte de Philippe de Valois où ce roi dit qu'il a vendu au cardinal de Talayrand, le château et la châtellenie d'Auberoche et la Bastide-Boneval, moyennant 20,000 florins d'or de Florence (novembre 1346). — Itinéraire du duc de Normandie (1345-1346). — Analyse de lettres de Philippe de Valois portant don, en faveur de Robert d'Yvort, d'un muid de blé à prendre dans les greniers du Roi du château de Vire (27 juin 1345). — Indication du recueil où se trouvent : permission d'aller en Flandre, nonobstant rebellion, accordée par le Roi au comte de Flandre ; — don de Montclar en Périgord et de la Bastide-de-Beauregard ; — don de certains héritages à

Guillaume de Luogheli, récemment bourgeois de Calais; — autre à Beaudoin le Cavalier, récemment bourgeois de Calais; — légitimation de Bertrand, fils de Guillaume Raymundi, seigneur de Cavomonte; — don de certains héritages à Fulcon Haop, récemment bourgeois de Calais; — don de certains héritages, dans le comté de Guines, à Claire, veuve de Jean de la Mote, habitant de Calais; — don de certains héritages qui furent à Jean de Sommerive, donnés à Simon de la Vaquerie, bourgeois de Calais; — don de certains héritages qui furent à Jacquemin Bonnagusi, lombard, fait à Jean Selvin, jadis bourgeois de Calais; — lettres de grâce pour plusieurs personnes de Lusignan; — don de certains héritages qui furent de Martin du Marquis, lombard, fait à Gilles Toube, jadis habitant de Calais; — don de certains héritages qui furent de Jean Vincentii, anglais, fait à Jean Ophégue, jadis habitant de Calais; — don de certaine maison qui fut à Léon Falet, fait à Foulque Papcroche, jadis habitant de Calais; — don de certains héritages qui furent à Dominique Scoramp, lombard, fait à Barthélemy, dit le Tanneur, jadis habitant de Calais; — autre en faveur de Michel de Curia, jadis habitant de Calais; — autre en faveur de Baudo Dayre; — autre en faveur de Thomas de Paris; — autre en faveur de Pierre de Bonelunheing; — institution de deux foires annuelles et d'un marché par semaine à Ussel, bailliage de Montagnes d'Auvergne; — anoblissement de Pierre le Roch, de Sarlat; — anoblissement de Raoul le Roch, de Sarlat; — sauvegarde pour les habitants de Mont-de-Dome; — lettres sur le droit des habitants de Mont-de-Dome d'avoir un consulat; — vente par un bourgeois de Calais de 12 livres données par le Roi; — don de certains héritages fait à Jean Hardy, Eustache Norbel et Simon de la Vrye, jadis habitants de Calais; — don de 100 livres de terre à Bertrand des Prés, fils de feu Bertrand des Prés, chevalier; — confirmation de la vente de certains héritages situés à Provins et qui avaient été donnés à certains bourgeois de Calais; — don de certaines maison et terre qui furent à Milon, dit Lambert, lombard, fait à Marguerite Horvals, de Calais; — don de certains héritages sis près Béthune, fait à Jean de Canteraine, jadis habitant de Calais; — autre à Foulque Morain, jadis habitant de Calais; — lettres de grâce pour Esclarmonde de Orgalio qui avait tenu le parti des Anglais; — légitimation de Jean de Cavomonte; — absolution de certains délits commis par Raymond Bernard de Durfort; — certains dons et grâces accordés à l'évêque de Cahors; — certaines conventions entre le Roi, d'une part, et Gaillard et Bernard de Durfort, chevaliers, frères, d'autre part;

Lot. — Tome IV. — Série F.

— don de certains héritages à Baudoin du Tartre, jadis habitant de Calais; — lettres de grâce pour Faure de Montfavès; — lettres de grâce pour noble comte Bon d'Antin, seigneur dudit lieu et pour plusieurs autres; — vente par Thomas de Hallengues, récemment habitant de Calais, d'une maison jadis donnée par le Roi à Jean Guillelmi, de Provins (1345-1349). — Quittance de 7 livres tournois, délivrée à Jean Chauvel, trésorier des guerres, par Pierre de Gourdon, écuyer (25 septembre 1345); — description du sceau de Pierre de Gourdon. — Quittance de 16 livres 17 sous 6 deniers tournois, délivrée à Jean Chauvel, trésorier des guerres, par Pierre de Gourdon (17 août 1353); — description du sceau de Pierre de Gourdon. — Quittance de 500 livres tournois délivrée à Jean Chauvel par Louis de Poitiers, comte de Valentinois (26 juin 1345); note de Lacabane. — Indication de quittance de 297 livres 10 sous tournois délivrée par Bertrand de Born, chevalier, seigneur de Hautefort, pour don à lui fait par Charles d'Espagne, lors comte d'Angoulême, connétable de France, pour aider à payer sa rançon, ayant été fait prisonnier à la bataille de St-Georges (16 août 1355). — Quittance délivrée par Giraut de la Barte, chevalier, capitaine de Villeneuve et de Ste-Livrade (3 avril 1345). — Quittance délivrée par Roger de la Barte, écuyer, sire de Montesquieu en Quercy, capitaine de Montflanquin (13 octobre 1350); — description du sceau dudit de la Barte. — Quittance de 11 livres 12 sous 2 deniers délivrée à Jean Chauvel par Michelet Soyer, écuyer (18 décembre 1353); — description du sceau. — Quittance délivrée par Guillaume de la Barte, chevalier, capitaine de Fumel (1er avril 1354); — description du sceau. — Quittance de 88 livres 4 sous 8 deniers tournois, délivrée à Jacques Lempereur par Arnaut, vicomte de Caremain, chevalier, capitaine de Quercy (4 août 1356); — description du sceau dudit Arnaut. — Quittance de 30 écus d'or, délivrée à Jacques Lempereur par Huguenin de Chavenay, écuyer (21 mai 1358); — description du sceau dudit Huguenin. — Indication de source pour: la prise de Bergerac (24 août 1345); — lettres du duc d'Anjou données à Toulouse, où il est question de la place de Sauveterre de Barrodein (30 septembre 1374). — Indications de sources sur: montres d'Alain Briant à Périgueux et à Tulle (1er avril 1375 et 1er juin 1376); — la famille Bueil; — Jean de Nanteuil, prieur d'Aquitaine, capitaine ès parties de Saintonge et lieux voisins (1345); — le fort de St-Savin, en Guienne (1371); — la ville de l'Écluse (1387); — l'identité de signification des termes Baston et Bourg ou Boure; — la Bastide, près Cusols en Guienne (1345); — terre de Belleville en

3

Poitou (1368) ; — N..., sénéchal d'Eu, capitaine de Honfleur (1372) ; — Jean Calonne, écuyer, capitaine de l'abbaye de Lisques (1390).

F. 21. (Liasse.) — 49 pièces, papier.

1346. — Quittance de 600 livres délivrée à Bernard Fremant, trésorier du duc de Normandie, par l'évêque de Beauvais (2 janvier). — Ordre du roi Philippe au Parlement de Paris de tenir en état les causes de Thibaut de Gandouiller, échanson du duc de Normandie (12 janvier). — Ordre de Jean, fils et lieutenant du Roi, à tous les justiciers du Royaume de tenir en état toutes les causes de Regnaut de Precigny, sire de Maraut (16 janvier). — Même ordre pour les causes d'Arnaut de la Vie, vicomte de Villemur, chevalier (10 juin). — Lettres de l'évêque de Beauvais ordonnant au maître des forêts royales de la sénéchaussée de Toulouse, de livrer aux habitants de cette ville tous les bois nécessaires pour se fortifier et ce jusqu'à la valeur de 500 livres (29 janvier). — Mention du droit d'usage dit « foresta bosci ogerii » accordé par le duc de Normandie à Jean Dreux, bailli du Roi à Châtillon-sur-Indre (janvier). — Mention d'un don de 200 livres de terres, accordé par le duc de Normandie à Bernard de Gresinac, chevalier (1er février). — Don par le Roi Philippe de Valois à Charles d'Alençon, son frère, en perpétuel héritage « des chastel, ville, châtellenie et terre de l'Aigle et toute l'autre terre que Jean de Bretagne, comte de Montfort jadis, voulait tenir dudit comte d'Alençon, venue à Sa Majesté par la forfaiture dudit Jean pour crime de lèze majesté » (12 février). — Mention de lettres accordées par le duc de Normandie, étant à Châtillon-sur-Indre, à l'hôpital de Neaufle (février). — Note sur la présence à Cahors du duc de Normandie (13 mars). — Ordre du duc de Normandie, étant à Montauban, à Bernard Fremant, son trésorier, d'avoir à payer à Jean des Essars, chevalier, sire d'Ambleville, la somme de 50 livres pour l'indemniser de la perte de harnais dans la rivière d'Olt (30 mars). — Mention de lettres d'absolution accordées, de Montauban, par le duc de Normandie, aux consuls de cette ville sur le fait de la mort violente de Jacques Carbonelli (mars). — Mention des services de Guillaume Raymond, sire de Caumont, dans les guerres de Gascogne, sous le commandement du duc de Normandie et de Guienne (20 avril). — Mention d'un don de 100 livres fait par le duc de Normandie à Hantecuer de Poitiers, chevalier, pour se monter, ayant été fait prisonnier par les Anglais à Auberoche (29 avril). — Mentions de lettres du Roi à : Arnaut, vicomte de Caramanh (29 avril) ; — Bertrand, comte de Lille (6 mai); — Bertrand des Prés, chevalier, seigneur de Montpezat (20 mai), faits prisonniers par les ennemis. — Ordre de Jean, fils et lieutenant du roi de France, duc de Normandie et de Guienne au Parlement, de tenir en état les causes de Ingier, seigneur d'Amboise et de Marie de Flandres, son épouse (27 mai). — Engagement de la devèse et du port de Montricoux par les habitants dudit lieu pour la somme de 200 livres de petits tournois, à l'effet de concourir à la rançon du vicomte de Carmain, fait prisonnier par les Anglais à la bataille d'Auberoche (30 mai). — Ordre du Roi transmis par G. Flote, sire de Revel, à Pierre des Essars, de délivrer 300 livres parisis à Marant (3 juin). — Quittances, de 100 livres chacune, délivrées à Pierre des Essars, bourgeois de Paris, par Jean Marant (6 et 8 juin) ; — description du sceau dudit Jean Marant. — Analyse de mandement royal portant ordre d'exterminer des lettres d'État accordées aux consuls de Lauzerte par le duc de Normandie (8 juin). — Mentions de lettres d'État accordées à : Bertrand, comte de Lille (6 mai) ; — Regnault de Précigny (8 juin) ; — Arnaut Barrest, écuyer, et Isabel de Chasteauneuf, sa mère (10 juin). — Mention de Thibauld de Barbasan, chevalier, seigneur de Marcelhan en Fezensac, capitaine député pour la garde de la ville de Bazas (juin). — Indication de source pour Mondaie de Nogaret, chevalier, servant à l'armée d'Aiguillon, avec note de Lacbane (8 juin-24 août). — Mention d'un don de 500 livres fait par le Roi à Robert d'Angerrant, écuyer tranchant de Jean de France, duc de Normandie, pour avoir fait prisonnier Anissard de Caumont, seigneur de Sainte-Bazeille, à l'assaut du pont d'Aiguillon (7 juillet). — Ordre donné par le duc de Normandie à Othon de Montal, châtelain de Penne, d'assiéger Bajaumont, de concert avec le sénéchal d'Agen (18 juillet). — Récépissé d'artillerie délivré par Henri Dourville, sergent d'armes du Roi et châtelain de Caen (20 juillet). — Quittance de 20 livres tournois délivrée à Bernard Fremant, trésorier du duc de Normandie, par Antoine Odon et Antoine Avezet, « trompeurs » dudit Duc (22 juillet). — Mention de lettres du duc de Normandie faisant défense aux officiers de prendre des provisions dans les terres du comte de Foix, attendu qu'il y en reste si peu que les habitants sont obligés d'en acheter ailleurs (26 juillet). — Quittance de la somme de 25 livres tournois délivrée par Raymond de Caussade, chevalier (28 juillet); — description du sceau dudit Raymond. — Mention de quittance délivrée par Jean de Besançon, maître en médecine et physicien de monseigneur le duc de Normandie (29 juillet). — Indication de source pour siège devant Aiguillon (3 août). — Garde du château de Larochefoucauld confiée à Aymeric, seigneur de Larochefoucauld, par le duc de . Normandie (9 août). — Mention de lettres d'absolution accordées à Pierre de Macon, damoiseau, lequel étant entré dans le monastère d'Issoire, y aurait commis bien des dégâts (12 août). — Notification fait ep ar les consuls d'Alais aux habitants de la ville, de l'ordre du duc de Normandie, portant que tous les hommes de la sénéchaussée de Nîmes, de l'âge de 20 ans jusqu'à celui de 60, devront se tenir prêts à marcher pour la guerre de Gascogne (17 août). — Mention de lettres du duc de Normandie et d'Aquitaine prorogeant pour un an le terme de la prestation de l'hommage que doit rendre le comte de Foix, pour le comté de Foix et des autres terres (19 août). — Mention des lettres de rémission accordées par le duc de Normandie à Jean de la Dolme (20 août). — Lettres de rémission en faveur de la communauté et des habitants d'Agen en suite d'une rixe survenue entre les Génois ou Toscans et les gens de noble Guy de Conwenis (23 août). — Mention des services de Bernard, vicomte de Ventadour, devant Aiguillon (24 août). — Lettres de Jean, duc de Normandie et de Guienne, par lesquelles il défend au comte d'Armagnac, capitaine général pour la défense de Guienne, de retenir aucune connaissance sur les gens et habitants des villes et autres terres du comté de Foix (25 août). — Indications de sources pour Guillaume de Flote, sire de Revel, et pour Guillaume Cleis, fait chevalier le jour de la bataille de Crécy (août). — Ordre de Robert de Dreux, sire de Beu, chevalier, souverain maître de l'hôtel du Roi, aux trésoriers des guerres, de payer à Millet le Buef, écuyer, le prix d'un cheval qu'il a perdu à la bataille de Crécy (26 août); — description du sceau de Robert de Dreux. — Ordre du même aux mêmes de payer aux gens de guerre dénommés dans l'acte, le « restor » de leurs chevaux perdus à la bataille de Crecy en Ponthieu (26 août). — Autre du même pour le même fait (31 août). — Mention de lettres d'absolution accordées par le duc de Normandie à Guillaume de Montfaucon, chevalier, sénéchal de Périgord et de Quercy (août). — Mention de privilèges accordés par le duc de Normandie aux habitants de Port-Ste-Marie pour les récompenser de leur fidélité (août). — Lettres du duc de Normandie confirmant et augmentant, au profit des habitants d'Agen, l'exemption des droits de péage à eux octroyés par le roi Philippe de Valois (3 septembre). — Ordre du roi Philippe de Valois aux gens des comptes à Paris de payer les gages ordinaires aux sergents d'armes dénommés dans l'acte, no-

nobstant avis antérieur contraire (10 septembre) ; — vidimus de cet ordre par Guillaume Gormont, chevalier et garde de la prévôté de Paris (16 septembre). — Mention de la mort de Philippe de Bourgogne, comte d'Artois et de Boulogne, avec note rectificative de Lacabane (22 septembre). — Déclaration de Jean de Cuignières, chevalier, sire de Bracheuse en partie, constatant qu'il a été fait chevalier à l'affaire de Blanque-Taque, le 24 août 1346, et que lui, son frère Jacques et Girart Divort ont perdu leurs chevaux à la bataille de Crécy, le 26 août 1346 (19 octobre); — description du sceau de Jean de Cuignières. — Mention d'un don de rente annuelle de 100 livres tournois fait par le duc de Bourbon à Pierre de Agraulet, damoiseau, pour le récompenser des services rendus (22 octobre). — Vente faite à Taleyrand, cardinal de Périgord, des terres d'Auberoche et de la Bastide de Bonneval, moyennant 20,000 livres, par Philippe de Valois qui promet de faire ratifier cette vente aux vicomte et vicomtesse de Limoges auxquels elles appartiennent (novembre). — Indication de source pour confirmation par Philippe de Valois, des privilèges des villes de Crotoy et de Mayot, dont les titres ont été brûlés par les Anglais au mois d'août (décembre).

F. 22. (Liasse.) — 19 pièces, papier.

1346-1398. — Description de la bataille de Crécy d'après le manuscrit français 7136, folio 262 et suivants, de la Bibliothèque nationale à Paris (1346). — Extraits des chroniques de France ou de St-Denis contenant le récit de la bataille de Crécy (1346). — Indication de source pour « les trompeurs du duc de Normandie » (1346). — Indication d'une pièce curieuse sur la croisade contre les Turcs, dont le dauphin de Viennois Humbert fut le chef (1346). — Surprise de la ville de Domme par les Anglais (1346). — Indication de source pour transaction passée entre Guillaume, évêque de Périgueux, et le roi d'Angleterre (1346). — Liste des fiefs de l'évêché de Périgueux (1346). — Analyse du traité de paix entre le roi d'Angleterre et la reine de Navarre (1346). — Lettres écrites au roi de France par douze villes de l'Agenais et du Bazadais pour le supplier de les retenir sous son obéissance, au moyen du traité qu'il va conclure avec les ennemis, par l'intermédiaire du Pape (134.). — Indication de sources pour armements maritimes (1346). — Indication de source pour ordonnance contre les blasphémateurs (1348). — Lettres par lesquelles Pierre, abbé de St-Quentin-les-Beauvais, expose la nécessité qui l'oblige, par suite des ravages des Anglais, à envoyer des religieux dans les établissements dépendant de son abbaye (1346). — Indications de sources pour : lettres du roi de France en faveur de l'abbaye de St-Quentin (1346); — lettres du Roi exemptant de l'arrière-ban les habitants d'Abbeville, en considération des services rendus à la ville de Calais (1348). — Ordre du roi aux gens des comptes à Paris d'allouer aux comptes des trésoriers 300 livres parisis données à Jean Marant en 1346 (1348). — Mention de la donation des château, ville et châtellenie de Chastiau-Sagrat, faite à Jean, fils du comte de l'Isle, par Jean, duc de Normandie (1346). — Vente des château, lieu, ville et châtellenie d'Herment, aux diocèses de Clermont et de Limoges, faite à Guillaume Rogerii, vicomte de Beaufort et de Mont, par Pierre, duc de Bourbon, comte de Clermont et de la Marche (1349); — mention de la confirmation de cette vente, par le roi Philippe de Valois en juillet 1349. — Indications de sources pour : quittance délivrée par Oth ou Hot de Montaut, chevalier, châtelain de Penne d'Agenais (1346); — autre quittance du même (1347); — quittance délivrée par Oth de Montaut, sire d'Aigremont (1355);—quittance du même qualifié sire et capitaine de Mercins (1355). — Mentions de N. Montbrandon, capitaine de Maduran, Philippe de Dyon, capitaine à Montagrier, Ernoul de Dyon, Robert de Malemort, capitaine à Beaumont en *Laillois*, Charles de Poitiers, capitaine à Penne d'Agenais. — Indication des volumes manuscrits où se trouvent : le rôle des gens d'armes du bailliage des montagnes d'Auvergne, restés à Paris, par ordre de la Reine, après l'ost d'Amiens ; la semonce des gens d'armes faite à Compiègne, pour le voyage du duc de Normandie en Touraine ; le rôle des gens d'armes de Savoie ayant servi le Roi sous le gouvernement du comte de Savoie ; la mention de Raoul, comte de Nidon, chevalier banneret d'Allemagne (1346-1355). — Reçu de 53 « plates », délivré à Thomas Fouques, garde du clos des galées à Rouen, par Jean de Chapouval, bailli de Caux (1346). — Montre de Jean de Chapouval, écuyer (1353). — Quittance de 22 livres 10 sous tournois, délivrée à Jacques Lempereur par Jean de Chapouval, écuyer (1353). — Quittance de 10 livres tournois délivrée à Jean de Chapouval, vicomte de Rouen, par Jean Doultremer, sommelier des nappes de la Reine (1353). — Quittance de 37 livres 10 sous tournois, délivrée à Aymard Bourgeoise, par Jean de Chapouval, chevalier (1355). — Mention de Jean de Chapouval comme bailli de Senlis en 1356. — Mention d'un mandement adressé au prévôt de Senlis par Jean de Chapouval, che-

valier, conseiller du Régent (1358). — Ordre de Jean de Chapouval, chevalier bailli de Caux, au receveur du bailliage de payer certaine somme à Pierre Destellant, chevalier (1347). — Indications de sources pour lettres données par Godemar du Fay, sire de Bothéon, chevalier, gouverneur du bailliage de Vermandois (1346); — occupation de Châtillon par les Anglais ; lettres de rémission où il est parlé de plusieurs forts pris sur les Anglais ; — Beaufort en Valée ; — Bernard de Pelegry, damoiseau ; — Arn. de Pelegry ; actes importants de guerre ; — donation de Mortemar, faite à Alain de Saisy par le connétable ; — donation à Gaucher de Possac, sénéchal de Limousin ; — guerres de Guienne ; — rémission en faveur d'un quercynois habitant Paris;—anoblissement de François Calveti, bourgeois de Toulouse ; — Bergerac ; — Jean, sire de Nielles; — Hervé de Coich; — Guy de Honcourt; — le sire de la Rivière ; — Pierre de Villaines ;— le château de l'Écluse et Guillehaut de Morchiès, son capitaine en 1390 ; — Guy de Néelle, sire de Mello ; — Jean de Hedingneul ; — Gauvain de Dreux ; — Guy Turpin, seigneur de Crissé ; — Andrieu, seigneur de Rambures ; — Oudart de Melles ; — Jean de Greboual ; — Hue de Biencourt;— Raoul d'Auquetonville; — Hugues Aubriot, garde de la prévôté de Paris ; — le Camus à Tucé, garde de la tour du Mans ; — Hugues Bochart ; — Guillaume Boure de la Barthe, capitaine de Villeneuve d'Agen ; — Mondaie de Nogaret, chevalier (1346-1398).

1347-1351. — Liste de gens d'armes ayant perdu leurs chevaux à la bataille de Crécy et prix estimatifs desdits chevaux (17 février 1347). — Indication de source pour testament de Jean, comte d'Armagnac, père de Bernard, comte d'Armagnac, connétable de France (18 février 1347). — Déclaration par Guillaume Flote, sire de Revel, chancelier de France, des chevaux perdus depuis le 6 août jusqu'au 5 septembre 1346, par les gens d'armes dénommés dans l'acte et quittance du remboursement du prix desdits chevaux (février 1347). — Indication de source pour Guillaume Boure de la Barthe, écuyer, capitaine de Villeneuve d'Agen, le 1er avril 1347. — Quittance de 395 livres 15 sous, délivrée à Jean Chauvel par Dordet de Lentillac, écuyer, sergent d'armes du Roi et châtelain de Tournon (2 avril 1347). — Ordre de Mahieus de Roye, chevalier et conseiller du Roi, maître des arbalétriers, à Thomas Fouque, garde du clos des galées, à Rouen, pour qu'il envoie de l'artillerie à la défense du château de Tancarville (25 avril 1347) ; — description du sceau de Mahieus de Roye. — Indication de source pour bataille de la Roche Derrien (18 juin 1347).— Indications de sources pour : document sur Amiens et où il est question de Calais (18 juillet 1347) ; — Eustache de Vertaing, chevalier (juillet 1347) ; — Pierre Aurelzer, Chotard de Mesy et Guillaume Balbet, commissaires du Roi en Toulousain, en juillet, août et septembre 1347 ; — Bouchard, comte de Vendôme (18 octobre 1347) ; — lettres de Philippe de Valois en faveur des habitants de Calais chassés de leur ville par les Anglais (10 septembre 1347) ; — traités dont messire Simon de Bucy porta copie à Rome, à l'époque de la trève de neuf mois, conclue entre les rois de France et d'Angleterre, par l'entremise de Clément VI (septembre 1347). — Quittance de 180 livres tournois, délivrée à Jean Chauvel par Mondaie de Nogaret, chevalier (16 octobre 1347) ; — description du sceau dudit de Nogaret. — Indication de sources pour les ordonnances de nos Rois en faveur des habitants de Calais, chassés de leur ville (1347). — Indication du Recueil où se trouvent : amortissement de 50 livres de rente annuelle et perpétuelle en faveur du cardinal de Palestrina ; — rémission pour Ameline, fille de Huet Cale, de Calais ; — anoblissement de Raymond Senioris et de Raymond Cariti ; — grâce faite à Raymond de l'Hôpital ; — donation de rente annuelle et perpétuelle à Raymond de Bedons ; — donation en faveur des habitants de Calais ; — charte par les habitants de Calais ; — confirmation de lettres de grâce pour Michel de Cahors et plusieurs autres ; — amortissement de 50 livres en faveur d'Arnauld, vicomte de Villemur ; — anoblissement de Bernard de *Claveriis* ; — confirmation de privilèges accordés à Garin de Castronovo ; — donation d'un revenu annuel et perpétuel de 300 livres de terre à Adémar d'Aigrefeuil, chevalier ; — anoblissement de Pierre et Regnauld Lavergne ; — anoblissement de Gérard la Majorie ; — donation de la ville de Mezins au comte d'Armagnac ; — lettres de grâce pour Bertrand de Cardaillac et autres ; — lettres de grâce pour Guillaume, seigneur de Manne, doyen de Solhaco et autres ; — confirmation de certain traité entre le procureur de l'évêque de Cahors, au nom de l'église de Cahors, d'une part et les habitants « *dictæ parochiæ* » d'autre part ; — confirmation « *gratiæ mutualis* » faite entre Raoul d'Odeneham, chevalier, et dame Jeanne de Hamelucourt ; — retenue dans le domaine de la ville de Montcuq ; — lettres de grâce pour Édouard de Balcolo ; — charte envoyée par le Roi aux gens d'Écosse, pour les conso-

ler et leur faire des promesses ; — donation du fief de Castrinovi faite au comte de Turenne ; — confirmation de la donation de la juridiction de la ville de Brive pour le vicomte de Turenne (1347-1351).

F. 24. (Liasse.) — 10 pièces, papier.

1348-1369. — Permission accordée par Édouard III, roi d'Angleterre, à Raymond de Durfort, chevalier, de rendre à l'église et à l'évêque de Cahors, la terre et le château de Belaye, qui leur appartenaient (6 juillet 1348). — Indication de la collection où se trouvent les lettres précédentes. — Concession au prieur et aux frères de N.-D. du Mont-Carmel de la ville de Calais des manses qui furent à Hugues de la Capelle, Jean de Brogcham, Jean Darc, Hugues le Poulter, Ingelran Hap, Copin Vynk et Hugues Leffeure (10 septembre 1348). — Indication de source pour Le Moine d'Orienville (Juillet-août 1348) ; — Extraits d'un compte de Bertr. de Drac où sont mentionnés : Baudoin et Gieffroy de la Greille ; Jean de Cramaille, sire de Enny ; Guy, sénéchal, sire de Mortemer, en Poitou ; Rabache de Langest ; Guillaume, sire d'Apchon en Auvergne ; Nicole d'Aubechicourt, chevalier ; Gieffroy de Couloigne (1348). — Indications de sources sur : l'arrestation de Raymond-Guitot de Durfort ; — manuscrits de la chronique de Froissart ; — l'usage de jeter des œufs dans les rues de la ville de Longeac, en y entrant le jour de la fête de St-Gal (1348).— Indications de sources pour : l'anoblissement de Bernard Palot, licencié en lois, et celui de son frère, par Bertrand, comte de l'Isle (1348) ; — lettres de confirmation de cet anoblissement (1355) ; — l'anoblissement de Jean de L'Hospital, clerc « *balisteriorum* » du Roi (1356) ; — l'anoblissement de Bertrand de *Baculo*, de la paroisse de Cressensac, diocèse de Cahors (1356). — Quittance de 140 livres tournois, délivrée à Jean Chauvel, trésorier des guerres, par Arnaut de Caraman, chevalier (1348). — description du sceau dudit Arnaut de Caraman. — Quittance de 73 livres 5 sous tournois, délivrée à Jean Chauvel, par Arnaut de Caramaing, chevalier (1348). — Quittance de 39 livres, délivrée à Jean Chauvel, par Arnaut de Carmain, fils du vicomte de Carmain (1348); — description du sceau dudit Arnaut de Carmain.— Quittance de 1177 livres 10 sous tournois, délivrée par Arnaut de Carmaing, chevalier, capitaine de Caussade (1353) ; — description du sceau. — Autre quittance de 133 livres 14 sous tournois délivrée à Jacques Lempereur, par Arnaut, vicomte de Carmaing (1355) ; — description du sceau. — Autre quittance de 660 livres, délivrée par Arnaut, vicomte de Carmaing, chevalier (1357) ; — description du sceau. — Quittance de 492 livres 3 sous 9 deniers tournois délivrée à Pierre Auzère, le jeune, trésorier du duc de Normandie, par Guillaume du Bois, secrétaire du Roi, pour avances faites au compte dudit Duc (1348). — Indication de deux quittances délivrées par Huchon Barthélemy, changeur et bourgeois de Paris, où il est question d'un tapis ouvré « auquel estoit la queste de saint Ghaal » (1368).— Quittance de 42 livres tournois, délivrée à Jean Chauvel, trésorier des guerres, par Bernard Palot, licencié en lois, juge des crimes de Toulouse (1348). — Paiement de 1,000 florins d'or fait à Bernard Palot, docteur en lois, par Jacques Lempereur (1359). — Ordre du duc d'Anjou à Étienne de Montméjou, trésorier des guerres, de payer 2,000 florins d'or au dit Bernard Palot (1368). — Ordre du même au même de payer 500 francs d'or au susdit Palot (1359); — quittance de ces 500 francs d'or (1369) ; — description du sceau de Bern Palot.

F. 25. (Liasse.) — 8 pièces, papier.

1349-1387. — Ordre du Roi à Enguerrand et Bernard Fremant, ses trésoriers, de payer 100 livres tournois à Gile de Soicourt, maître des requêtes de son hôtel, envoyé vers le duc de Brabant et l'évêque de Liège (12 février 1349). — Ordre du roi de France au sénéchal de Beaucaire et au bailli de Vivarais de recevoir en son nom, à foi et hommage pour la terre et la châtellenie de Herment, Guillaume Rogier, chevalier, comte de Beaufort, qui en a fait l'acquisition du duc de Bourbon (22 mai 1349). — Réception desdits foi et hommage par Godemard de Fay, chevalier, seigneur de Bothéon, sénéchal de Beaucaire et de Nîmes, et ordre au bailli d'Auvergne de laisser jouir paisiblement le propriétaire d'Herment (6 juin 1349). — Confirmation des actes précédents par le roi de France (13 juillet 1349) ; — note de Lacabane. — Ordre du Roi à ses trésoriers à Paris, de délivrer 100 livres tournois à Jean Marant (9 juin 1349) ; — quittance des dites 100 livres (16 juin 1349) ; — description du sceau de Jean Marant. — Quittance de 16 livres parisis, délivrée à Pierre du Dragh, lieutenant des trésoriers des guerres, par Francequin Le Fevre, du royaume d'Aragon (4 octobre 1349) ; — description du sceau de Mahieu de Harbonnières, lieutenant du prévôt des maréchaux. — Indications de sources sur : Géraud de Bugnon, capitaine du château de Thouvre; — Pierre de Lavergne, chevalier, capitaine de Villebon ; — Guillaume de

Pons, écuyer, châtelain de Cognac ; — Guillaume de Rochefort, écuyer, capitaine et châtelain de Bouteville; — Jacquet d'Aveny, écuyer, châtelain et capitaine du château de Merpins ; — Ourlonnet de Chabreville, écuyer, capitaine de la ville d'Aubeterre; — Robert du Quesne, écuyer, garde du château d'Angoulême (1349). — Mention d'une vente de fief situé à Brebière, faite à Jean le Merchier, de Douai, par Nicole d'Auberchicourt (1349). — Mentions de Robert d'Auberchicourt, seigneur d'Estainbourg (1372-1384). — Indications de sources sur anoblissement de : Bernard de Claviers (1350); — Jean Buffeti, de Cahors (1352) ; — Bernard Palot et son frère (1354); — Jean Chaudrier, bourgeois de la Rochelle (1359); — Jean Pastourelli, avocat du Roi, Pétronille, sa femme, Jean Pastourelli, valet et Fidèle, sa femme (1367); — Jean Maillard, citoyen de Paris, Isabelle, sa femme, Jean et Charles, leurs fils et leur postérité (1372); — Simon Rose, de Meaux et sa femme Jeanne (1372); — Raoul de Cayen, demeurant à Abbeville (1387).

F. 26. (Liasse.) — 9 pièces, papier.

1350-1351. — Indication de sources pour lettres du roi Jean datées « *apud Columberias prope Montempessulanum* », le 19 janvier 1350. — Note sur Baudoin, dit de Créquy, sergent d'armes, commis à la garde et gouvernement des biens d'Édouard de Bailleul, chevalier (22 mars 1350); — indication de source pour Mathieu de Cayen, chevalier, gouverneur des mêmes biens après ledit Baudoin. — Ordre d'Arnauld d'Espagne, chevalier, seigneur de Montespan, capitaine et sénéchal de Périgord et de Quercy, au trésorier du Roi en ladite sénéchaussée, de payer 12 livres tournois à Pierre Escach et Laurent Vernhes, clercs, pour avoir transcrit les lettres de trève entre les rois de France et d'Angleterre (19 juillet 1350). — Quittance des deniers de la dépense pour faire mener les engins de Poitiers à Lezignan, délivrée à Philippe Giler, receveur du Roi en Poitou, par Éon Faure, clerc, député par Guy, sénéchal, seigneur de Mortemer, capitaine de l'église de Lezignen, et lieutenant du sénéchal du Poitou et de Limousin (5 août 1350); — description du sceau d'Éon Faure; — note de Lacabane. — Mention de l'établissement, comme capitaines de Boulogne, par Jean, sire de Laudas, chevalier, capitaine général et souverain pour le Roi sur les frontières de Ponthieu, de Boulogne sur la mer et de Guines, de Guillaume, sire de Quescreque et de Jean, sire d'Isque, chevaliers bannerets (4 novembre 1350).

— Liste de chevaliers et officiers de l'ordre de la Jarretière établi par Édouard III, roi d'Angleterre (1350); — note de Lacabane. — Indication de source sur le siège de Loudun (1350-1351). — Indication de documents pour l'itinéraire du roi Jean (1350-1351).

F. 27. (Liasse.) — 24 pièces, papier.

1351-1376. — Engagement par Radulphe *Caturci*, chevalier, seigneur de Beauvoir-sur-Mer, de soumettre à l'obéissance du roi de France, Vannes, Guérande, Quimperlé, Brest, moyennant la restitution, à son profit, des forteresses de Beauvoir, de l'île Calneti de Lampan et une rémunération de 12,150 livres parisis (4 janvier 1351) ; — description du sceau de Radulphe Caturci. — Ordre d'Arnauld d'Espagne, chevalier, seigneur de Montespan, capitaine et sénéchal de Périgord et de Quercy au trésorier de la sénéchaussée de payer à Guillaume de *Floriaco*, fermier de la baillie royale de Mont-de-Dome, la somme de 9 livres tournois, montant des frais de garde et d'exécution de Guillaume Nadal, Burdus de Burdelia, dit Neyrou et B. Amrussa et 3 autres (22 mars 1351). — Quittance de 1110 livres 10 sous 1 denier tournois, délivrée à Jean Chauvel par Édouard, sire de Beaujeu, maréchal de France (4 juin 1351) ; — description du sceau d'Édouard de Beaujeu; — note de Lacabane. — Quittance de 1,000 livres délivrée au vicomte d'Arques, par Jean, archevêque de Rouen, ladite somme donnée pour la clôture de la ville de Dieppe (29 juin 1351). — Autre quittance de 1,500 livres du même au même pour le même objet (20 octobre 1351). — Indication de source pour Guillaume Boure de la Barthe-le-Vieil, capitaine de Villeneuve d'Agenais (3 juillet 1351). — Quittance de 54 livres tournois, délivrée à Jean Chauvel, trésorier des guerres, par Gille de Cauroy, chevalier (2 août 1351); — description du sceau de Gille de Cauroy. — Indication de source sur le siège de St-Jean-d'Angély (24 août 1351). — Indications de sources pour : armée devant St-Jean-d'Angély (27 août 1351) ; — montre du vicomte de Comborn, devant St-Jean-d'Angély (30 août 1351). — Capitulation « *of St-Jean-d'Angely, surrendered by the english* ». — Indication de source sur la mort, au combat d'Ardres, du maréchal Édouard, sire de Beaujeu et de Dombes (août 1351). — Extrait de l'histoire de Dombes, par Guichenon, sur la mort d'Édouard de Beaujeu, maréchal de France (1351). — Indication de source sur les arrestation et emprisonnement de Jean et Ferry de Hein, frères (19 septembre 1351). — Noms des gens d'armes ayant suivi le Roi, en Bretagne du 3 au 30 août 1351. — Description du sceau de Jean de Beaumanoir,

chevalier. — Certificat d'Artaut de Biausemblaut, chevalier, pour service fait par lui et ses compagnons, dénommés dans l'acte, au siège de St-Jean-d'Angély (6 octobre 1351) ; — description du sceau dudit de Biausemblaut. — Ordre du roi Jean aux trésoriers des guerres de rembourser ou prendre en compte le profit de Jean de Montfaucon, chevalier de son vivant, sénéchal de Périgord et Quercy, les avances faites par ce dernier dans l'intérêt de la défense du château de Mont-de-Dome (21 octobre 1351). — Indication de source sur une rencontre près de Comborn (1351). — Extrait du compte d'Étienne La Fontaine, argentier du Roi, des recettes et dépenses, depuis le 25 mars 1351 jusqu'au 1er juillet de la même année, pour les fous du Roi et de la Reine, les obsèques du vicomte de Melun et d'Édouard, sire de Beaujeu, pour la reine Blanche, Jean de France, etc. — Rectification de date pour le combat d'Ardres et la mort d'Édouard de Beaujeu. — Analyse de lettres faisant mention de l'exécution, par voie de justice, à Agen, de Raymond Bernard de Pestillac, sous-diacre, et d'Huguet de Bugat, écuyer, traîtres à la Couronne (mars 1351). — Analyse de lettres de rémission pour les habitants de St-Jean-d'Angély (août 1351). — Indication de sources pour lettres relatives au bail du comté de Bar, en faveur de Philippe de Navarre et de sa femme (juillet 1353). — Analyse de lettres de confirmation de donation de droit de Roi faite à Girard de Faiolle (février 1354). — Confirmation de la donation d'une rente annuelle et perpétuelle de 1,000 livres tournois à Regnier de Grimaldi (mars 1353) ; — note de Lacabane à ce sujet. — Donation de 400 florins à l'écu et de 100 livres en deniers à prendre chaque année sur le Trésor royal faite à Raymond de Marolio, écuyer (mai 1354). — Note sur le vicomte de Melun, gouverneur de Bretagne et sur Florimont de Sully (13 juin 1351). — Ordre de convocation de troupes adressé à Guillaume Canctel par Florimont de Soully ou Sully, chevalier, bailli de Bourges (1358). — Quittance de 273 écus d'or, délivré à Guillaume Chastillet, receveur de Bourges, par Isabel la Foulnoune, mère et Marguerite de la Forest, veuve de noble Florimont de Sully (juin 1359); — note de Lacabane. — Note sur l'identité de la comtesse de Douglas, mentionnée par Froissart (Éd. Buchon), tome III, page 93, par G.-F. Beltz, esquire (1351-1369). — Indications de sources pour : Aymar la Sudrie, maître de la monnaie de Poitiers ; — le siège de St-Jean-d'Angély ; — Berthelot de Liers, écuyer ; — Philippe, seigneur de Linières, écuyer ; — Jacquemart Lestohier, écuyer, capitaine du fort de *Souverain Molin* (1351-1376).

F. 28. (Liasse.) — 21 pièces, papier

1352-1389. — Indication de source pour lettres du Roi créant comte de Tancarville, Jean, vicomte de Melun (4 février 1352). — Nomination de capitaine de la ville de Château-Jocelin et de la forteresse de la Chaucie devant Ploermel, en faveur de Rabache de Hangert, par Guy de Néelle, sire de Mello, maréchal de France, capitaine général et souverain du pays de Bretagne, Anjou et Maine (17 avril 1352). — Montre d'Arnaud de Carmain, chevalier, capitaine de Lauzerte (30 septembre 1352). — Indications de sources sur : donation en faveur de Bertrand des Prés, le petit, et de Géraud des Prés, père de Pierre Raymond des Prés, seigneur de Montpezat, chevaliers, faits prisonniers au combat d'Auberoche (septembre 1352); — combat de Moron (14 octobre 1352); — note rectificative de Lacabane. — Retenue d'Arnaut Guillaume de la Barthe, borc (bâtard), et de sa compagnie, et nomination dudit de la Barthe comme capitaine de Villeneuve-d'Agenois, par Aymery de Rochechouart, sire de Mortemar, chevalier, capitaine général en Languedoc et sénéchal de Toulouse et d'Albigeois (26 novembre 1352); — description du sceau dudit Rochechouart. — Indication de source pour montre faite par Guillaume de la Barthe (29 novembre 1352). — Établissement d'Audoin Daire, écuyer, en qualité de capitaine de la Bastide du Temple, par Aymery de Rochechouart chevalier, capitaine souverain en Languedoc par deçà la Dordogne et sénéchal de Toulouse et d'Albigeois (26 novembre 1352). — Nomination d'Arnaud de Carmain, chevalier banneret, comme capitaine de Montauban par Aymery de Rochechouart (26 novembre (1352).— Montre de Guillaume de la Barthe, chevalier, capitaine de Mont Sourprin et St-Pastour (29 novembre 1352); — envoi de cette montre au trésorier des guerres par Guy Ferlay, chevalier, lieutenant des maréchaux de France (20 novembre 1352); — description du sceau de Guy Ferlay et note de Lacabane. — Indication de source pour transaction entre Bouchart, sieur de l'Isle et de Doué, chevalier, et l'abbé de St-Florent (1352). — Note sur un passage de l'histoire de Beaujolais et des sires de Beaujeu où l'auteur, le baron Ferdinand de la Roche-la-Carelle, place mal à propos au lendemain de la Pentecôte (28 mai 1352), la mort d'Édouard, sire de Beaujeu, maréchal de France (1352). — Indications de sources pour : lettres du roi Jean en faveur de Robert d'Yvort (27 septembre 1352);— lettres du même Roi datées *apud Galatras prope Domos* (13 juillet 1353); — la Bastide ou la Bastie de l'abbaye de Guines dont Estoc de Bailleul était capitaine (28 juin 1352); — Boissardin du Bois, écuyer, et Robert de Waringny, capitaine de l'abbaye de Guines (1354); — lettre de Jeanne de Bar, comtesse de Garenne (1352 et 1353) ; — hommage rendu par noble et puissant homme Mgr Austorg d'Aurillac, chevalier, à Aymeric, abbé d'Aurillac (1353); — lettres du roi Jean sur les efforts qu'il faisait pour repousser les agressions des Anglais (novembre 1355). — Indications de sources sur : les places de Sauveterre et de Villefranche en Périgord ; — Giraud du Puy, capitaine de Puy-Perdin; — Beraut de Pressac, capitaine de Toutolon en Bazadais ; — Gailhard de Pressac, capitaine d'Estaing : — le captal de Buch, lieutenant du roi de Navarre ; — Thierry de la Porte de St-Roullant, écuyer, capitaine de Moissac ; — lettres du captal de Buch, datées d'Évreux et de Paris ; — Raymond de Pierre Loti, capitaine de Puy-la-Roque ; — les places de Calignac et de Vic-Fezensac ; — Bertrand de Pessan, capitaine d'Astafort ; — Étienne du Petit-Celier, capitaine de la ville de Saintes (1352-1365). — Ordre d'Amaury, sire de Craon, lieutenant du roi en Languedoc au trésorier des guerres de payer certaine somme à Guillaume Bourgoys, prieur de Catus, établi capitaine audit lieu (25 septembre 1352); — description du sceau d'Amaury, sire de Craon. — Ordre d'Aymery, de Rochechouart, sire de Mortemar, chevalier, capitaine général en Languedoc et sénéchal de Toulouse et d'Albigeois, au trésorier des guerres de payer certaine somme à Guillaume Bourgoys, prieur et capitaine de Catus (26 novembre 1352); — description du sceau dudit Aymery de Rochechouart. — Montre de Guillaume Bourgoys, prieur et capitaine des château et ville de Catus (28 novembre 1352); — envoi de la susdite montre au trésorier des guerres par Guy Ferlay, lieutenant des maréchaux de France (28 novembre 1352). — Retenue, par le duc d'Anjou, de Pierre Bourgois, Jacques de Péruce et les autres consuls de Péruce (27 février 1369); —note de Lacabane sur cette dernière pièce. — Mention de créances dues au sieur d'Aynac, chevalier, sur le compte de Jacques Lempereur (1352-1357). — Retenue de Déodat, sire d'Aynac, chevalier banneret et ordre de payement adressé au trésorier des guerres par Jean, comte d'Armagnac, de Lomagne et d'Auvillars, et lieutenant du roi en Languedoc (8 juillet 1356); — retenue du même au service du Roi (12 novembre 1356). — Ordre de Jean, comte de Poitiers, à Raoul de Lille, receveur de Toulouse, de payer 208 livres à Gilbert d'Aynac, écuyer (6 mai 1359). — Ordre du duc d'Anjou à Étienne de Montméjan, trésorier des guerres, de payer certaine somme de deniers à Gisbert, sieur d'Aynac, chevalier (7 juin 1369). — Quittance de 25 francs d'or délivrée par Gisbert d'Aynac (24 novembre 1369); — description du sceau de Gisbert d'Aynac. — Indication de sources sur: Guissart Cone, capitaine du fort de Brunembert ; — Alexandre le Boursier ; — Louis de Corbon et Jean de Versailles, maréchaux du roi de Navarre ; — Condom et Mont-Royan; — la prise de Duras en 1377 ; — Cuzorn ; — Guillaume de la Bregeneur ; — Pierre Laissant ; — Jeanne de Landes ;— dame de Saquenville ;— Robert Knolles, nommé garde du château de Fougères en Bretagne, par Édouard III ; — Jean Maynard, valet, chargé de la garde du château et châtellenie de Brest ; — Thomas de Holland, capitaine et lieutenant du Roi au duché de Bretagne ; — lettres d'Édouard III au duc de Lancastre, touchant le siège de Rennes ;— Jean Austyn et Jean de Kynghethe, chevaliers, demeurant au château de Brest ; — Richard Abberbury et Jean Golofre, chevaliers, gardes du château de Brest ; — Thomas de Percy et Hugues de Calvyley ; — le duc de Bretagne ; — Richard, comte d'Arundell, garde et capitaine des château, ville et bastide de Brest (1352-1389).

F. 29. (Liasse.)— 14 pièces, papier.

1353-1376. — Indications de sources sur : Tassart ou Eustache de la Neuve-Rue, châtelain du château de St-Jean-d'Angély (21 janvier 1353); — montre d'Aymery d'Argenton, chevalier, à St-Jean-d'Angély (14 avril 1353). — Conventions entre Charles d'Espagne, comte d'Angoulême et connétable de France, d'une part, et Raymond, vicomte de Fronsac, à l'occasion de son retour à l'obéissance du roi de France, d'autre part (23 janvier 1353); — confirmation de ces conventions par le roi Jean (juin 1353) ; — déclaration et transcription des actes précédents par-devant Alexandre de Crevecœur, garde de la prévôté de Paris (juin 1353). — Quittance de 40 livres tournois, délivrée à Jacques Lempereur, trésorier des guerres, par les consuls de Montauban, pour garde et défense de la dite ville (7 mars 1353). — Description du sceau de la ville de Montauban. — Autres quittances analogues pour frais de garde des villes de Caussade et de Toulouse (1353). — Description du sceau du consulat de Montauban. — Ordre de Louis de Harcourt, sire de Montgomeri, chevalier, capitaine souverain en Poitou et Saintonge, à Jacques Lempereur, de compter dorénavant les gages de chevalier à Jean de Beuville, qui n'avait eu jusque là que

les gages d'écuyer (20 avril 1353). — Quittances de 287, 152 et 311 livres 17 sous 8 deniers tournois délivrées à Jacques Lempereur, par Raymond de Cardaillac, capitaine de Carendier (août-décembre 1353) ; — description du sceau de Raymond de Cardaillac. — Quittance de 112 sous 6 deniers tournois, délivrée à Jean Chauvel, trésorier des guerres, par Louis Vidal, écuyer (19 août 1353) ; — description du sceau de Vidal. — Indications de sources pour : abstinence de guerre arrêtée, pour quelques jours, entre Jean de Clermont, maréchal de France et le capitaine de Calais (22 novembre 1353); — Jean de Mortagne, sieur de Laudas (1353). — Quittances de 129 livres 15 sous tournois, de 500 écus d'or et de 50 livres tournois délivrées à Jacques Lempereur, trésorier des guerres, par Arnaud, vicomte de Villemur (1353 et 1360); — description du sceau d'Arnaud de Villemur. — Quittance de 100 livres tournois délivrée au même par Arnaud, vicomte de Villemur, sire de Calvinet, chevalier banneret, naguère capitaine au bailliage des montagnes d'Auvergne (14 juillet 1361). — Indications de sources pour : Gallehaut de Luilli, chevalier et honorable homme et sage sire Jean Dallainville, bailli de Dunois et de Freteval (septembre 1353) ; — Philippot Dallainville (septembre 1364). — Quittance de 40 livres tournois, délivrée à Jacques Lempereur, trésorier des guerres, par Rathier de Biaufort, chevalier (4 août 1353). — Autre quittance de 250 livres tournois délivrée au même par le même (22 octobre 1353); — description du sceau de « Ratier de Belfort ». — Retenue, par le duc d'Anjou, de Ratier, seigneur de Beaufort, chevalier (28 février 1369). — Montre de Ratier de Beaufort, chevalier bachelier (1er mars 1369). — Payement de 90 francs à Ratier de Belfort (7 août 1369). — Ordre du duc d'Anjou à Étienne de Montmejan, trésorier des guerres, de payer 4,000 francs d'or à Ratier de Beaufort, chevalier (26 août 1369). — Envoi à Étienne de Montmejan, général trésorier des guerres, de la montre de Marquès, seigneur de Cardaillac, chevalier banneret, reçue à Toulouse (4 juin 1369). — Quittance de 15 livres tournois délivrée à Jacques Lempereur, trésorier des guerres, par Marquès de Cardaillac, chevalier (23 juillet 1353); — description du sceau de Marquès de Cardaillac et note de Lacabane. — Indications de sources sur: lettres du duc d'Anjou pour Peyrusse (27 février 1369); — le prieur de Catus (septembre 1352); — Marquès de Cardaillac (1353-1372); — Ratier de Belfort (1353-1369); — Arnaud de Pelegry (juillet 1371); — Gisbert, seigneur d'Aynac (1356-1369); — Guiraud de Jauly et la ville de Mezin (1359-1369);

4

— Arnaud Barasc, seigneur de Gréalou (1359-1369) ; Gosfred de Vayrols (1376).

F. 30. (Liasse.) — 17 pièces, papier.

1354-1391. — Indication de source sur l'assassinat de Charles d'Espagne, connétable de France (6 janvier 1354). — Analyse de quittance délivrée à Jean Chauvel, par Simon de Montorgueil, chevalier (3 avril 1354). — Note de Lacabane sur un manuscrit où se trouvent « divers mémoires et traictez concernantz le le faict de monoies tant de France qu'estrangeres » et extrait concernant les mesures prises par le roi Jean en vue d'utiliser le cuivre pour l'artillerie (1354). — Don de 120 livres tournois fait aux consuls et à la communauté de Lectoure par Jean, comte d'Armagnac, Fesenzac, Rouergue, vicomte de Lomagne et d'Auvillars (4 juin 1354); — description du sceau de Jean d'Armagnac. — Quittance des 120 livres susdites, délivrée par les consuls de Lectoure (14 juin 1354); — description du sceau du consulat de Lectoure. — Don de 107 livres 10 sous tournois fait à Aissieu de Montesquieu, chevalier, par Jean, comte d'Armagnac et de Fesenzac (14 juin 1354) et note de Lacabane. — Quittance de 376 écus d'or, délivrée à Jacques Lempereur, trésorier des guerres, par Jean de Cazals, lombard (25 juin 1354) ; — description du sceau dudit Jean de Cazals. — Quittances de deniers délivrées à Jacques Lempereur par Francequin de Lucques, Moret du Prat, Pierre du Bourc, Moudon Lenglois et Bertrand de Florence (25 juin-22 juillet 1354). — Quittance de 20 livres tournois délivrée à Jacques Lempereur par Berengier Riquelme, chirurgien (30 juin 1354); — description du sceau de Berengier Riquelme et note de Lacabane. — Ordre du roi Jean au maître des forêts, au bailli de Rouen et au vicomte d'Auge de faire sortir plein et entier effet à une vente de bois faite par Guillaume Serrain, chevalier, seigneur de Manerba (8 décembre 1354). — Indication du recueil où se trouvent : confirmation de l'anoblissement de Déodat de Rivo de Calvomonte, diocèse de Rodez (1355); — anoblissement de Pierre Amati, de St-Affrique ; — anoblissement de Guillaume de Serezio, bailli des montagnes d'Auvergne (juin 1355); — anoblissement de Aymeric Rollandi, fils de mère noble et de père plébéien (juin 1355); — anoblissement de Bernard Palot, licencié en droit et de son frère (1354); — confirmation de lettres de grâce en faveur de noble Raymond Arnaldi des Près, damoiseau, seigneur de Montpezat; — lettres de grâce pour Adenet Regis et Bernard de Bailleul; — anoblissement de Raymond et Pierre Dagenas,

frères, de Villefranche de Rouergue ; — anoblissement de Jean de l'Hôpital, clerc « balisteriorum » du Roi (août 1356); — lettres de grâce pour Déodat de Marcenac, damoiseau ; — charte pour Amalvin, seigneur du château de Pestilhac et son frère ; — adjudication d'héritages pour le même ; — anoblissement de Bertrand de Baculo, de la paroisse de Cressensac, diocèse de Cahors, familier du vicomte de Turenne (1356); — anoblissement de Hoto Ébral ; — charte pour Jean de Cintré, chevalier, seigneur dudit lieu; — don de certains biens à Raymond Arnaldi, fils de feu Gérald des Prés, chevalier, neveu de Pierre, évêque de Palestrine, cardinal ; — confirmation, par le roi Jean, de la vente des château et châtellenie de Palaret, diocèse de Cahors, faite, moyennant 10,000 livres de petits tournois, à noble Bernard de Claviers d'Alvernhe, damoiseau, par Astorg d'Aurillac, chevalier, du diocèse de St-Flour. — Mentions de services militaires de Bertrand de Casnac, chevalier, en Limousin et Périgord (1354-1355). — Mention du même de Casnac, comme viguier de Toulouse (1360-1366). — Paiement de 500 francs à Bertrand de Casnac (1369). — Description du sceau de Bertrand de Casnac. — Retenue par le duc d'Anjou, de Bertrand de Casnac, chevalier seigneur de Vitrac (1370). — Indications de sources pour: quittance de Louis de Malevaut (1354); — voyage de Paris à Avignon de Phelippot de Moustardier, chevaucheur de Jean, comte de Poitiers (septembre 1356); — quittance délivrée par Thibaut de la Rivière, chevalier (28 juin 1373); — description du sceau de ladite quittance. — Voyage de Prusse de Renier Pot (14 janvier 1391).

F. 31. (Liasse.) — 14 pièces, papier.

1355-1392. — Indication de source pour l'armée devant Aiguillon (31 mai 1355). — Lettres des reines Jeanne et Blanche à leur neveu et frère Charles le Mauvais, roi de Navarre, se préparant à une descente à Cherbourg, pour le dissuader de commettre des faits de guerre et accréditer auprès de lui des envoyés chargés de faire la paix avec le roi de France (7 juin 1355) et note de Lacabane. — Mention de don de 50 écus d'or et quittance à la suite, fait à Barthélemy de Folte (alias Foulques), de la ville de Montclar, par Jean, comte d'Armagnac (8 juin 1355). — Indication de source sur l'armée de Breteuil, sous le duc de Normandie (mars 1355-juillet 1356). — Indications de sources pour : hommage rendu au Roi à raison de 200 livres de rentes viagère sur le Trésor, par Nicole d'Aubrichicourt, chevalier (16 août 1355); — la reddition au monastère de St-Martin-des-Champs, par Jean, seigneur de Châtillon, conseiller du Roi et souverain maître de son hôtel, d'un criminel, pris par le roi des Ribauds de l'hôtel du Roi, dans le district de la justice dudit monastère (8 août 1355). — Quittance de 26,666 moutons et 1 écu d'or, délivrée à Nicolas Fournier, bourgeois de Paris et commis à recevoir tous les profits et émoluments de toutes les monnaies du Roi, par Guantier de Vardelaure, chanoine de Glascow, en Écosse (15 septembre 1355); — description du sceau de Guantier de Vardelaure. — Quittance de 72 livres 6 sous 8 deniers, délivrée à Jacques Lempereur, trésorier des guerres, par Bernard-Guillaume du Vivier, chevalier, pour garde et visite des villes, châteaux et forteresses de la sénéchaussée de Rouergue (31 octobre 1355). — Commission donnée par le roi Jean à Lermite de Bachevillier, chevalier, Colart Sandre, Guiot du Bus et Symonnet de Vaugondart, écuyers, de recevoir 40,000 deniers d'or à l'écu, pour être distribués par le sieur sire de Garencières, chambellan de Charles, dauphin de Viennois, aux Écossais, vers lequel il est envoyé, pour les aider à faire la guerre aux Anglais (5 mars 1355). — Quittance et mentions de quittances délivrées à Jean Chauvel, trésorier des guerres du Roi, par Jean de Xaintré, chevalier, sénéchal d'Anjou et du Maine (1355-1356). — Quittance de 200 florins d'or à l'aignel, délivrée à Jean Poillevilain par Yon, sire de Garencières (7 septembre 1355); — description du sceau du sire de Garencières. — Récepissé de 8 arbalètes à haussepied, délivré par le sire de Garencières à Jean de Lyon, sergent d'armes et maître de l'artillerie du Régent (2 mars 1360). — Indications de sources pour : capitaine du château d'Angoulême (1355) ; — Anassaut de Caumont, vicomte de Fesenzaguet (1360); — Gaucelin de Vayrols, capitaine de Cahors (1356) (description du sceau de Gaucelin de Vayrols) ; — Guillaume de Wailly, écuyer, capitaine du château d'Esperlecque ou Espellenque (1376); — quittances de Geoffroi de Coloigne (1355); — quittances d'Hervé le Couh ou le Coc (1376 à 1392).

F. 32. (Liasse.) — 24 pièces, papier.

1356-1393. — Déclaration par Jean de Nanteuil, prieur d'Aquitaine et amiral de France, d'objets divers par lui délivrés en partie à Vinchent du Homme, garde du clos des galées, à Rouen, et l'autre partie à « plusieurs escumeurs tant de Saine que de Somme » (10 janvier 1356). — Quittance de 93 livres 6 sous 8 deniers tournois délivrée à Jacques Lempereur, tré-

sorier des guerres du Roi par Pierre de Boomont, écuyer (31 mai 1356); — description du sceau de Pierre de Boomont. — Compte de deniers délivrés au commandement de Hue de Barbenchon, chevalier, lieutenant du comte de Blois et Warin, seigneur de Becond, chevalier, gouverneur du comté de Blois, par Gillechon de Eppre, receveur dudit comté (juin-septembre 1356). — Indications de sources pour: Charles de Trie, comte de Dompmartin, fait prisonnier à la bataille de Poitiers (26 juin 1356); — Hamon de Lannoy, Sevestre de la Fueillié, Jean de Behaigne, échanson du duc de Normandie, Yvain Charruel, Olivier Arel (30 juillet 1356); — lettres du duc de Normandie « en noz tentes lez Lumbres »; — présence du roi de France au siège, devant Breteuil (juillet-août 1356); — l'armée de Breteuil en juillet et août 1356. — Mention de quittance de 35 livres tournois par Montasin de Podenas, chevalier banneret (5 août 1356); — description du sceau dudit de Podenas. — Ordre de Jean, fils du roi de France, comte de Poitiers à Nicolas Odde, receveur général ès pays par delà la rivière de la Loire et en tout le Languedoc, de payer 80 florins d'or au mouton à Olivier de Royaumont, écuyer, de retour de Limousin et Berry, où il avait été reconnaître les mouvements du prince de Galles (25 août 1356) ; — description du sceau dudit Jean. — Ordre de Jean, comte de Poitiers, lieutenant du Roi par delà la Loire et en tout le Languedoc, à Nicolas Odde, de payer 60 florins d'or au mouton à Philippe du Val, écuyer, pour avoir pris connaissance des mouvements de l'ennemi en Périgord et Limousin (28 août 1356). — Quittance de 56 livres tournois, délivrée à Jacques Lempereur, trésorier des guerres, par Sifred Hanwer, maître de mineurs, pour avoir détruit certaines tours et forteresses (29 août 1356) ; — description du sceau dudit Sifred Hanwer. — Indication de sources pour quittances de Pierre d'Angeux, écuyer, châtelain et capitaine de Najac (29 septembre 1356) ; — description du sceau dudit d'Angeux. — Quittance de « huit vins dix livres tournois en C. aignaux d'or la pièce pour XXXIIII sols tournois » délivrée à Jacques Lempereur, par Saux de Belveoir, écuyer de Béarn (5 octobre 1356). — Ordre du duc de Normandie aux trésoriers de France de payer 80 écus à Pierre de Caignac, chevalier, nommé par le cardinal de Périgord, capitaine et garde de Périgueux (1er décembre 1356). — Quittance de 80 deniers d'or à l'écu, délivrée à Hugues Guilbert, maître particulier de la monnaie de St-Pourçain, par Pierre de Caignac, garde et capitaine de la cité de Périgord (3 janvier 1357) ; — description du sceau de « Pierre de Campnhac ». — Extrait des chroniques de l'abbé de Foulhiac au sujet de l'expédition du sénéchal de Bordeaux à La Bastide-Fortanière (1356). — Récits de la bataille de Poitiers (1356).— Indications de sources sur Geoffroy de Charny et sur Calart de Biencourt, bailli d'Abbeville. — Indications de sources pour : lettres où il est question de la bataille des *Hurons nommés Jacques Bonshommes* contre les nobles (1356-1361) ; — lettres relatives à la délivrance du roi de Navarre par Jean de Pequigny, chevalier, capitaine de Picardie et gouverneur d'Artois (septembre 1358 et juillet 1364) ; — Jean de Neelle, allant à une chevauchée faite à Brillac, en la compagnie de monseigneur de Hangest, capitaine pour le Roi, ès parties de Poitou et de Saintonge (27 octobre 1356) ; —Ferry de Neelle, chevalier, garde et capitaine des trois villes de Melun (11 novembre 1365). — Don de 50 francs d'or fait par le roi Jean à Lambert Boniface, écuyer, de Périgord (31 mai 1356). — Mention de la quittance dudit Boniface et description du sceau de Boniface. — Octroi de 4 hommes d'armes pour la garde et la défense du lieu de La Douze fait par le duc d'Anjou à Lambert Boniface (18 décembre 1369). — Montre de 4 écuyers de la compagnie de Lambert Boniface, reçue à Périgueux (1er février 1370). — Indications de sources pour : lettres du roi Jean concédant à héritage perpétuel à Roger Bernard, comte de Périgord, plusieurs villes et châteaux, entre autres Montcuq des Vaux, en Quercy, Mont-de-Dome, en Périgord, etc. (août 1356) ; — rémissions en faveur de personnes ayant pris parti dans le soulèvement des paysans (1358) ; — lettres du Régent sur plusieurs places à fortifier contre les ennemis (1360) ; — lettres du roi Jean où il est parlé de l'occupation par les Anglais des lieu et château de Ste-Valéry-sur-Mer (16 novembre 1360) ; — hommage de Béraud, comte de Clermont et dauphin d'Auvergne à P., abbé d'Aurillac, pour le lieu d'Auzat (16 novembre 1368) ; — lettres qui prouvent qu'un certain Pierre Vinhal aurait voulu prendre par trahison la ville d'Aurillac (13 septembre 1371) ; — lettres de Philippe d'Eu, comte d'Eu et connétable de France, en faveur des habitants de Solempniac, en Limousin, qui avaient eu des relations avec les Anglais, maîtres de Chalmet, qu'ils occupaient depuis 13 ans environ (16 septembre 1393).

F. 88. (Liasse.)— 18 pièces, papier.

1357-1358. — Quittances consenties par divers qui reçoivent des indemnités pour pertes de chevaux, harnais, etc., au service du comte de Blois, en la compagnie de Hue de Barbenchon, « en l'ost de Poitiers » (janvier-février 1357). — Indication de source pour lettres par lesquelles Édouard, prince de Galles, confirme les privilèges octroyés par Jean Chandos et Jacques d'Audeleye, capitaine de Châtel-Sacrat, en Agenais, aux habitants dudit lieu, naguère venus en l'obéissance du roi d'Angleterre (8 avril 1357). — Bulle du pape Innocent VI par laquelle il mande à Hugues Pellegrini, trésorier de Lichtefield et nonce du siège apostolique, de faire bailler secrètement 5000 florins d'or au roi Jean et d'en retirer des lettres portant qu'il rendrait ladite somme lorsque le Pape l'en requerrait (27 mai 1357). — Ordre du duc de Normandie au vicomte de Gisors, de confier à Jeanne de la Roche la garde du fils mineur d'elle et de Jean de la Roche, tué à Poitiers (9 juin 1357). — Indications de sources pour : Jean de Melun, prisonnier, allant en Angleterre (30 juin 1357); — Florimond de Soully, prisonnier, allant en Bretagne (10 juillet 1357);— Herpin de Sancto Salvo, prisonnier, allant en France (10 juillet 1357); — Simon de Joy, prisonnier, allant en Angleterre (3 juillet 1357); — Tristan, seigneur de Magnelers, chevalier, allant en France (12 juillet 1357); — Ordre du duc de Normandie au vicomte Morstiervillier de continuer à payer la rente annuelle de 50 livres à Colin Hardi, de la ville de Leure, marinier, qui l'avait obtenue pour avoir ravitaillé la ville de Calais en 1346 (10 août 1357). — Indication de source sur siège de Honfleur (septembre 1357). — Rémission générale accordée par le duc de Normandie à tous les prisonniers du Châtelet de Paris (9 décembre 1357).— Ordre du duc de Normandie aux élus de Paris de faire payer certaine somme de deniers à Louis de Malevaux, sire de Castelus (22 décembre 1357); — note de Lacabane. — Indications de sources pour confirmation de droit de commun accordé à Boson, seigneur de Granhol, sur les lieu et territoire de ce nom (28 décembre 1357) et sur le siège de Rennes (décembre 1357). — Nomenclature des députés de France et d'Angleterre pour assurer la garde et la conservation des trèves conclues entre les deux pays, en Quercy et entre les rivières de Vézère et Dordogne (23 mars 1357). — Analyse des lettres du roi d'Angleterre portant ordre à Hélie de Pomiers, sénéchal de Gascogne à Pierre de Mouncant et au châtelain de Bergerac, d'informer sur les vexations que Pons de Gourdon, seigneur de Gourdon, et Hélie Guillelmi, de la sénéchaussée de Périgord et Quercy, chevaliers, disaient avoir été commises sur leurs personnes, au mépris des trèves, par Arnaud Amanio de Bergerac et Nicolet d'Anuseran, capitaine de Nadaillac (16 avril 1358).

F. 34. (Liasse.) — 15 pièces, papier.

1358-1389. — Déclaration d'Étienne Marcel, prévôt des marchands et des échevins de Paris, ayant fait mettre en la maison de ville de Paris l'artillerie que Jean de Lions, sergent d'armes du Roi, avait fait charger pour le mener à Meaux (18 avril 1358).— Quittance de 126 écus d'or délivrée à Jacques Lempereur, trésorier des guerres, par Benoit Johan, chevalier, sire de Johannic et de Salviac (25 mai 1358). — Rémissions accordées par le Régent à Jean Maillard et à Pierre de Laigny, bourgeois de Paris, à raison de la trahison d'Étienne Marcel (août 1358). — Indication de source pour charte relative à divers membres de la famille de Dreux (septembre 1358). — Ordre de Jean, fils du roi de France, son lieutenant en Languedoc, au trésorier des guerres, de payer ses gages à Arnaud de Cassanea (La Cassaigne), chevalier et à sa compagnie, retenus pour la guerre d'Agen (13 novembre 1358). — Mention de la montre dudit Arnaud de La Cassaigne (17 novembre 1358). — Mentions de quittances délivrées par ledit de La Cassaigne et description de son sceau. — Montre de Géraut du Puy, chevalier, capitaine de Condom et de Liarolles (17 novembre 1358). — Obligation de 100 écus passée au profit de Pierre de Flamenc, drapier et bourgeois de Paris, par Gencian Tristan, prévôt des marchands de la ville de Paris (11 décembre 1358). — Quittance de 80 royaux d'or, délivrée aux trésoriers du Roi par Nicolas de Flamenc, fils du précédent (5 février 1360). — Indications de sources pour chevauchée faite devant Saumur et sur combat de Chaude-Fouace, près Nogent-sur-Seine, où les Anglais furent défaits par Henri de Poitiers, évêque de Troyes (1358). — Récépissé de 40 livres données à Guillaume de Beaujeu, seigneur d'Amplepuis, capitaine souverain du pays de Berry, par Guillaume Canetel, pour transport d'engins de Bourges à Argenton (8 avril 1358). — Mention de quittance donnée à Oussay, en Gâtinois, par Antoine, seigneur de Beaujeu (20 septembre 1364). — Notes sur Jean Maillard (1358-1373). — Indications de sources sur Aymeric de la Rochefoucauld et sa montre à Angoulême (1358 et 1375). — Quittance de 256 écus 2/3 d'écu, délivrée à Jacques Lempereur, trésorier des guerres, par Jean de la Barthe, écuyer, sire d'Aure, capitaine de Villeneuve d'Agenais (octobre 1358); — description du sceau dudit de la Barthe. — Don de 200 francs d'or fait au sire de la Barthe, chevalier par le duc d'Anjou (11 avril 1377). — Don de 464 francs d'or fait au même par le duc d'Anjou (7 décembre 1377). — Indications de sources pour : montre de Bertrand de Terride, chevalier banneret, sénéchal de Rouergue (10 août 1358); — montre d'Arnaud d'Espagne, chevalier, capitaine de Quercy (août 1358); — revue de Guillaume de Naïlhac, capitaine général en Guyenne et sénéchal de Saintonge (avril 1388). — Quittance de 82 francs 10 sous tournois, délivrée à Jean Chanteprince, trésorier des guerres, par Guillaume Fouquaut, chevalier (16 juillet 1389). — Description des armoiries des Nailhac.

F. 35. (Liasse.) — 18 pièces, papier.

1359-1374. — Récépissé d'artillerie pour le château de Montléry, délivré à Jean de Lyon, sergent d'armes du Roi et du Régent et maître de leur artillerie, par Perrin de Saire, chevaucheur du Régent, au nom du seigneur de Garemhières (20 mai 1359). — Indication de source sur Enguerrand d'Eudin, chevalier, châtelain du château et châtellenie de Loches, en Touraine (3 juin 1359). — Récépissé de l'artillerie, conduite de Paris à Melun, délivré à Jean de Lyon, sergent d'armes du Roi et du Régent et maître de leur artillerie, par Lermite de Bachevillier, chevalier, capitaine de Saint-Mor et de la Queue, en Brie, et lieutenant général du maître des arbalétriers (17 juin 1359). — Remarques de Lacabane sur une instruction donnée, en juin 1359, par le dauphin Charles, régent de France, à ses conseillers Alexandre Lorfèvre et Guillaume de Marchières, chargés de la transmettre aux communautés du Languedoc, pour les engager à voter une somme de 400,000 florins, destinés à compléter les 600,000 que demandait Valdemar III, roi de Danemark et de Dace, pour conduire en Angleterre 12,000 hommes d'élite avec lesquels il se proposait de conquérir ce royaume, qu'il considérait comme sa propriété, et de délivrer le roi Jean. — Livre-journal des recettes et dépenses de l'hôtel du roi Jean en Angleterre, faites et payées par Denys de Collors, chapelain et notaire du Roi (1er juillet 1359 au 8 juillet 1360). — Don par Jean, fils du roi de France, comte de Poitiers, à Jordain de Pranzac, chevalier, fait prisonnier à la bataille de Poitiers (4 juillet 1359). — Indication de source pour Robert de Grenaires (12 juillet 1359). — Certificat de Baudouin Danequin, chambellan du Roi et maître des arbalétriers, pour deniers payés par le vicomte de Rouen, à raison de dépenses nécessitées par la destruction de la forteresse de St-Germain-sur-Cailly (30 septembre 1359). — Récépissé d'artillerie délivré à Jean de Lyon, sergent d'armes du Roi et du Régent, et maître de leur artillerie, par Guillemin Larchier, artilleur du Roi en son château de Melun (15 octobre 1359). — Indication de source pour la prise de Creil par les Anglais (30 octobre 1359). — Ordre d'Olivyer de Laye, chevalier, seigneur de Solorion, gouverneur du bailliage d'Auvergne, à Robert de Riom, receveur des finances et subsides à lever au pays d'Auvergne, de payer 20 écus d'or à Giraut Alteyr et à Guigonet de Bauson, écuyer, envoyés vers le Batard de Lebret (d'Albret) qui venait de s'emparer de Semur (6 novembre 1359) ; — description du sceau d'Olivyer de Laye. — Indications de sources pour : lettres données par Philippe Gilier, trésorier de France, capitaine et châtelain du château de Melun (26 novembre 1359) ; — la relation touchant les aides octroyés par les trois états du Royaume au duc de Normandie (1350) ; — Arnauld de Cervole, lieutenant général en Berry et en Nivernais (1359) ; — défense de Reims par Jean de Craon, archevêque de cette ville, contre Édouard III, roi d'Angleterre (1359) ; — Pierre, seigneur d'Aumont, capitaine de Neaufle et sur don fait à ce gentilhomme, en 1363, des terres de Sacquainville et de Berangneville, confisquées sur Pierre de Sacquainville, exécuté à mort dans la ville de Rouen. — Quittance de 600 écus d'or délivrée à Jacques Lempereur, trésorier des guerres, par Arnaut Barasc, sire de Béduer, écuyer (26 septembre 1359). — Quittance de 30 francs délivrée par Arnaut Barasc, seigneur de Gréalou (22 décembre 1369) ; — description du sceau de « Ar. Baras ».— Payement de 50 francs à Bertrand, sire de Montagut, sur le montant de sa pension (8 novembre 1371). — Indications de sources sur : la reine Blanche, dame de Gisors (1374) ; — les canons en 1367 ; — Blémur (1359).

F. 36. (Liasse.)— 22 pièces, papier.

1360-1389. — Indication de source sur Huguet de *Aurenga*, sergent d'armes de « *Castri novi de Arrio* » (19 janvier-1er février 1360). — Ordre de Jean, fils du roi de France et son lieutenant en Languedoc, à Jacques Lempereur, trésorier des guerres, de payer 100 deniers d'or à l'écu, à Louis Rombaut, écuyer (30 mars 1360) ; — quittance de cette somme délivrée par Louis Rombaut et description du sceau de ce dernier. — Indication de source sur siège de Paris par Édouard III, roi d'Angleterre (août 1360). — Quittance de 120 livres tournois délivrée à Berthelot Johan, receveur de Chartres, par Aymart de la Tour, sire de Vinay (3 mai 1360); — description du sceau d'Aymart de la Tour, sire de Vinay. — Quittance de 100 livres tournois, délivrée à Berthelot Johan, receveur de Chartres, par Jean de Groulée, sire de Nérée et de Morestel, chambellan du Régent, et Artaut, sire de Beausemblaut (3 mai 1360). — Mention de l'imposition de 25,000 moutons d'or par le comte de Flandres pour payer la rançon des forteresses d'Attigny et de Meure au comté de Rethelois, prises par Eustache d'Aubercicourt et autres (19 mai 1360). — Récépissé de 1,200 florins d'or pour la garde de la ville et forteresse d'Aultrey, donné au duc de Bar par Eustache d'Aubercicourt (3 juin 1360). — Mention de la nomination d'Eustache d'Aubercicourt comme gouverneur d'Autrey-sur-Aisne faite par le duc de Bar (13 juin 1360). — Mention d'un accord passé entre lesdits duc de Bar et Eustache d'Aubercicourt (31 octobre 1361). — Ordre de Charles, régent du royaume de France, aux gens des comptes d'allouer aux comptes de Jean le Villain, receveur général des subsides, la somme de 200 florins royaux d'or, donnée par lui au sire de Vinay, à Jean Groulée, à Artaut de Beausemblant, à Jacques et à Pépin des Essars pour leur dépense en allant vers le prince de Galles, en la ville de Louviers, recevoir son serment sur le traité de Brétigny (27 mai 1360) ; — note de Lacabane. — Indication de source pour lettres du roi Jean établissant l'abbé de St-Bertin à St-Omer et Jacques Le Riche à « Terrewanne », receveurs et payeurs de 600,000 deniers d'or à l'écu vieux, qu'il devait payer au roi d'Angleterre, avant de partir de Calais (20 juillet 1360). — Commission donnée par le roi Jean à Aléaume, abbé de St-Bertin à St-Omer et à Jacques Le Riche, official de Terouanne pour recevoir et payer les 600,000 deniers d'or mentionnés dans la pièce précédente. — Analyse de l'accord passé entre Pierre Rolland, chevalier, et Bertucat de Lebret (Albret), sur le gage de la bataille au sujet duquel ils étaient en différend (9 septembre 1360). — Quittance de 2,000 moutons d'or, délivrée au Bègue de Vilaines, Jean de Dray, Philippe Daunoy, Louis de Mittri, Pierre Daunoy, Renaut Dacy et Pierre les Champs, chevaliers, par James d'Audèle, chevalier (9 septembre 1360) ; — description du sceau de James d'Audèle. — Indications de sources pour : lettres du roi Jean relatives à son alliance avec les Écossais (26 octobre 1360) ; — alliance entre le roi de France et Robert, roi d'Écosse (1370); — lettres de défi du duc de Bretagne au roi de France (1373). — Analyse d'acte par lequel les consuls de Foix promettent au lieutenant du sénéchal du comté de Foix de s'armer pour s'en aller à Pamiers, Saverdun et Mazères, résister aux ennemis du Roi (27 décembre 1360). — Analyse d'actes relatifs à l'assiette de l'impôt de 25,000 moutons d'or pour la rançon des forteresses d'Attigny et de Meure (1360). — Lettre du roi Jean au comte d'Armagnac (1360). — Indications de sources sur la mort de Jean Mallet, seigneur de Graville, la confiscation de ses biens et la prise de son château par les gens du Dauphin et sur les châteaux du Nivernais, occupés par les gens d'Arnauld de Cervôle, dit l'Archevêque, et les traités y relatifs (1360-1361). — Indications de sources pour : rémission en faveur de Jean Maillard (mai 1363); — guerre dans la ville de St-Esprit (14 octobre 1363); — don à Pierre de Crouy, receveur des aides au diocèse d'Amiens (15 décembre 1363) ; — rémission en faveur de Pierre de Landres (décembre 1363); — guerre de Guyenne (1360) ; — Guillaume de *Bellocadro*, bourgeois de Cahors ; — *rémissions pour cause de guerre* (1360) ; — attaque des Anglais contre la ville d'Aisemont ; — rémission en faveur d'Alexandre, dit Petit Prieur, où il est dit que le siège fut mis par les Français devant la ville d'Évreux en 1364 ; — rémission en faveur de Mathieu de Gemaiges pour fait de guerre au siège d'Ussel, en 1370; — Jean de Sault, dit le Baston de Mareul, sergent d'armes du roi de Navarre (1360);— Arnaud de Sault, capitaine d'Évreux pour le roi de Navarre (1378) ;— Gilles du Coray, *alias* dou Caurroy, chevalier, gouverneur du comté de Blois (10 octobre 1360) ; — Alard de Barbenchon, écuyer, gouverneur du comté de Blois (1366-1372); — Jean de Prunelé, chevalier, seigneur de Herbaut, gouverneur de *la comté* de Blois, le 14 février 1379 ; — Philippe Gilier, capitaine et châtelain de Melun en 1360 ; — Jean, sire de Maumont, chevalier (1389).—Quittance de 400 écus d'or, délivrée à Jean le Villain, receveur général des subsides, par Colart Mardargent, chevalier, maréchal de Normandie, et Jean de la Heruppe, écuyer, capitaine de la ville de Pont-de-l'Arche (30 septembre 1360). — Note de Lacabane sur Jean de la Heruppe (1373-1379).

F. 37. (Liasse.) — 18 pièces, papier.

1361-1364. — Indication de source pour lettres de Thomas de Douclant et Nicolas de Lude, commissaires nommés par Édouard III, déclarant avoir reçu les comptes de Poitou, Limousin et autres provinces livrées à l'Angleterre par le traité de paix (19 janvier 1361). — Déclaration de paiement de 300 florins royaux fait à J. Ramon Daguerre, chevalier, par Raoul de Rayneval, panetier de France (20 janvier 1361). — Indications de sources pour : acte par lequel Jean de Chandos, ayant pouvoir du roi d'Angleterre reçoit du maréchal Boucicaut, le Poitou et autres pays cédés par le traité de paix (2 février 1361) ; — quittance de 100,000 écus d'or reçus par Édouard III du roi de France *à cause de sa délivrance* (1er mars 1361) ; — quittance analogue délivrée par Jean Malewayn et Richard d'Eccleshole, commissaires du roi d'Angleterre (8 avril 1361) ; — serment fait par Archambaud, évêque de Châlons, d'observer le traité de paix conclu entre les rois de France et d'Angleterre (31 mars 1361); — acte des protestations faites à Bruges par les députés des rois de France et d'Angleterre sur l'essai du poids de l'or des nobles et le paiement de 14 sterlings par mois (8 avril 1361); — quittance de 600 royaux d'or et 303 moutons de Flandres pour salaire de ceux qui firent, à Bruges, le paiement de 200,000 écus dus par le roi de France au roi d'Angleterre (11 août 1361). — Reprise de possession par Othos, sire de Gransson, du château de Belmond en Vaulx, diocèse de Lausane, qui reconnaît le tenir du roi Édouard III d'Angleterre (15 avril 1361). — Ordre de Charles, duc de Normandie, à Jean Dorbet, trésorier du Roi, de payer à maitre Nicole de Veires, 100 royaux d'or, pour perte d'un palefroi au voyage de Chartres (20 juillet 1361). — Indication de sources pour Hue Stokes ou Stoke, chevalier anglais, capitaine de St-Sauveur-le-Vicomte (octobre 1361). — Ordre d'envoyer « 50 pavaiz » devant Bresole, adressé à Jean de Lyon, sergent d'armes du Roi et maître de son artillerie, par Bauduin, sire d'Annequin, chevalier et conseiller du Roi et maître des arbalétriers de France (2 novembre 1361). — Récépissé des « 50 pavaiz » donné par le dit d'Annequin (18 novembre 1361). — Indications de sources pour : lettres par lesquelles le roi d'Angleterre charge Guillaume de Dormans de s'informer des cas de souveraineté qui lui appartiennent dans les pays cédés par la France et lui annonce le paiement de deux années arriérées de ses gages (8 décembre 1361) ; — ordre du roi d'Angleterre à Nicolas Oddes de payer 400 écus à Guillaume de Dormans (12 décembre 1361) ; — *Navarre* et l'itinéraire de Charles le Mauvais (1361); — bataille de Brignais en 1361. — Don de 6,000 royaux d'or fait par le Roi à Bertrand Du Guesclin (14 juin 1361) ; — ordre de paiement de cette somme adressé à Jean Dorliens, conseiller du Roi et receveur général des aides en Normandie (11 juillet 1361); — quittances délivrées par Du Guesclin à Jean Dorliens (11 janvier et 5 février 1362); — description du sceau de « Bertran du Glaquin ». — Indications de sources : pour sauvegarde pour les possessions anglaises en France donnée à Jean de Saintré, sénéchal d'Anjou et du Maine, à l'effet de poursuivre les affaires du duc d'Anjou (4 février 1361); — pour lettres du duc d'Orléans données à Londres et dans lesquelles est nommé Jean de Saintré (28 décembre 1364).

F. 38. (Liasse.) — 26 pièces, papier.

1362-1374.— Ordre de Charles, Dauphin, à Jean d'Orbec, trésorier, de payer 200 francs d'or à Rogier Lemasuier, pour l'aider à payer la rançon qui lui avait été imposée par les Anglais (25 janvier 1362). — Indications de sources pour : ordre du roi Jean de payer à Jean Chandos 30000 vieux deniers d'or (1er février 1362); — instrument notarié contenant quittance des 30000 écus d'or payés à Jean Chandos (16 mars 1362). — Quittance de 10 livres parisis, délivrée à Jean Dorliens, receveur général des aides, par Pierre de Vernon, clerc du Roi, et Guillaume Cassinel, sergent d'armes du Roi (12 février 1362). — Ordre du roi Jean portant don de 200 livres tournois et 68 royaux fait au comte de Blois, Louis de Châtillon (22 mars 1362). — Quittance de 10 florins de Florence, délivrée à Nicolas Odde, conseiller du Roi et commis aux prêts, par Guy d'Asay, chevalier (5 avril 1362); — description du sceau de Guy d'Asay et note Lacabane sur le combat de Brignais. — Quittance de 8 réaux d'or, délivrée à Jean Mauvesin, receveur général des finances, par Philippe du Boys, seigneur de Bauville (4 avril 1362) ; —description du sceau de Philippe du Bois.—Ordre de Charles, duc de Normandie, à son trésorier Jean d'Orbec, de payer 60 francs d'or à Jean des Boves, son pannetier, rançonné par les compagnies (23 avril 1362); — note de Lacabane. — Quittance de 40 francs d'or, délivrée à Jean Mauvesin, bourgeois de Caen, receveur général des finances, par Guillaume de Jourques, dit Jourquet (10 mai 1362); — note de Lacabane. — Lettres de Louis de Châtillon, comte de Blois et de Soissons, constatant un emprunt fait à Jean Sequeron, bourgeois et receveur de l'archidiacre de Bloys et exposant les motifs de l'emprunt (14 mai 1362); — note de Lacabane. — Récépissé de 12 pavois donné à Jean de Lyon, sergent d'armes et maître de l'artillerie du Roi, par Robert, sire de Fiennes, connétable de France (14 juillet 1362). — Quittance de 50 francs d'or, délivrée à Simon de Baigneux, vicomte de Rouen, par Guillaume de Kalaon, huissier d'armes du duc de Normandie (19 juillet 1362). — Quittance de 500 royaux d'or, délivrée au roi de Navarre par Jean Chandos, vicomte de St-Sauveur (26 septembre 1362); — description du sceau de Chandos. — Quittance de 500 réaux d'or, délivrée au roi de Navarre par Jean Chandos (14 octobre 1362). — Ordre de Charles, duc de Normandie, d'allouer aux comptes d'Aymar Bourgoise, son trésorier, 200 francs d'or délivrés au comte de Sarebruche, envoyé en mission vers l'Empereur (29 novembre 1362). — Indication de source pour Jean d'Étienne ou d'Estève, seigneur de Gigouzac, diocèse de Cahors (1362). — note de Lacabane. — Ordre du roi Jean aux généraux trésoriers des aides d'exécuter les ordres que leur donnera P. Blanchet, son secrétaire, qu'il accrédite auprès d'eux pour les entretenir « sur la besoigne de Adam de Beruwik » (1362 ou 1363).—Indication de source pour obligation de 2000 florins d'or et 200 marcs d'argent souscrite au profit d'Arnaud Amaneu, chevalier, seigneur d'Albret, par Séguin de Badefol, chevalier, capitaine d'Ause, au diocèse de Lyon (12 mai 1362). — Mention de la prise de Brioude par Séguin de Badefol (13 septembre 1363). — Mention de la nouvelle de la prise d'Ause par Séguin de Badefol, adressée à Jacques de Vienne, sire de Longwy, capitaine général en Bourgogne et Mâconnais, par Jean de Salornay, chantre et capitaine de Mâcon (6 novembre 1364). — Ordre du roi Jean pour paiement de 12000 royaux d'or à Jean l'Estandart, chevalier (23 juin 1362); — vidimus de cet ordre. — Indication de sources pour : 4 pièces concernant le paiement fait à Arnoul d'Odeneham, maréchal de France, de 2500 francs d'or que lui devait le roi d'Angleterre (24 octobre 1362-24 juillet 1363) — paiement de 60000 écus d'or au prince de Galles pour frais de son installation en Guyenne (1362-1363). — Extrait d'hommage rendu au comte de Périgord par Guillaume de Montpont, seigneur de Mespleto (16 février 1362).—Mention de Guillaume de Montpont, chevalier, témoin dans l'acte d'hommage fait au comte de Périgord, par Jeanne, vicomtesse de Fronsac et de Vayres, femme de Guillaume Sancii, seigneur de Pomeriis (1365). — Mention de délivrance de deniers ordonnée par le Roi à l'archevêque de Sens, au comte de Roncy et à Gaucher de Chastillon, envoyés vers le comte de Flandres (18 juillet 1362). — Quittance de 800 livres tournois, délivrée à Jean Lemercier, trésorier des guerres, par Guillaume de Mesle, sire de Melle (7 août 1369). — Mention de lettres de Charles V ordonnant à Guillaume de Melle d'emmener avec lui le plus de forces possibles au sire de Craon à l'effet de faire lever le siège de la Roche-sur-Yon (14 mars 1370). — Indications d'épitres : du pape Urbain V faisant connaître l'objet principal du voyage du roi Jean à Avignon (1362); — de Grégoire XI adressée à Jean d'Évreux, chevalier anglais, lieutenant général pour le prince de Galles(1371); — de ce pape où il est fait mention de la ville de Poitiers, de Thomas de Percy, de Guichard d'Angle, de la mort de l'abbé de St-Caprais de Poitiers, etc. (1371); — du même où il est fait mention de Jean Garcia de Palomegne, grand chancelier de Henri de Transtamare, roi de Castille, et de Jean Fernandez, chambellan du prince d'Espagne (1371). — Indications de lettres de papes dans lesquelles il est fait mention de : Jean de Réveillon, évêque de Sarlat et nonce du Pape ; Raymond, abbé de Conques, en Rouergue, nonce du St-Siège ; le sieur de Noailles ; la ville de Brive ; le pouvoir donné par le Pape au cardinal d'Estaing de créer des chevaliers ; Gaston Phœbus ; Jean Haegroud ; le duc d'Anjou. — Ordre de Charles, duc de Normandie, à Jean d'Orbec, son trésorier, de payer à Guillaume Seguier, ses gages pour la garde de ses lions (28 janvier 1362) ; — quittance de 60 écus d'or, délivrée audit d'Orbec par ledit Guillaume Seguier. — Ordre du même duc de Normandie à son trésorier de payer certaines sommes de deniers à Guillaume Seguier, maître et gouverneur de ses lions (28 février 13..). — Quittance de 60 francs d'or, délivrée à Pierre de Soissons, changeur du trésor, par Guillaume Seguier, garde des lions du Roi (25 octobre 1374).

F. 39. (Liasse.) — 19 pièces, papier.

1363-1382. — Commission donnée par Édouard III, roi d'Angleterre, à Jean Chandos, vicomte de St-Sauveur en Normandie, Guillaume de Felton, sénéchal de Poitou, Guillaume de Scris, son conseiller, et Bernard de Brocas, son connétable en sa seigneurie d'Aquitaine, de prendre possession pour lui de toutes les terres possédées par le duc d'Orléans en Poitou et Saintonge, savoir : les châteaux de Melle, Civray, Chizek, la châtellenie de Villeneuve, le châtel de la Roche-sur-Yon et celui de Dun-le-Roi (18 février 1363). — Quittance de 500 francs délivrée à Jean Gencier, receveur général des subsides, par Baudoin d'Annequin, chevalier et maître des arbalétriers du Roi (24 février 1363). — Promesse faite à Jean d'Armagnac par Jean Cressuell, lieutenant de Jean Emeric, capitaine de la Rote des Anglais, de ne prendre, dans ses terres et dans celles de son père, pendant 15 jours, que les vivres qui lui seront nécessaires (27 février 1363). — Indication de source sur envoi de Jean de Craon, archevêque de Reims, au maréchal de Boucicaut, en Bretagne, pour traiter de la paix entre Jean de Montfort et Charles de Blois (12 avril 1363). — Mention de Gibert de Cadola, seigneur de Curvale, en Albigeois (mai 1363). — Mention de Sicard, seigneur de Lescure, et de Salomon de Monestiès, seigneur de Lunassio (mai 1363). — Mention de Girard de Cadole, fils de Guibert de Cadole, de Raymond, chevalier, et

LOT. — TOME IV. — SÉRIE F.

de Guillaume de Monestiès, frères (3 août 1370). — Mention de l'occupation du château de *Tureyo* par les Anglais (3 août 1382). — Indication de source pour compte des gens d'armes qui servirent sous monseigneur de Craon, en Touraine et Poitou (mai-juillet 1363). — Ordre de Charles, duc de Normandie, aux vicomtes de Bayeux et de Coutances, de délivrer 4,500 francs d'or à Bertrand Du Guesclin (13 juin 1363). — Indication de source pour nouvelle de l'intention de Seguin de Badefol, d'aller en Bourgogne, avec plus de 10,000 chevaux et 2,000 lances, offrir ses services au duc de Touraine ou à tout autre qui voudrait les employer, adressée au bailli de Chalon par Philibert de Lespinace, gouverneur du Berry et de l'Auvergne (20 septembre 1363) ; — note de Lacabane. — Quittance de 140 francs d'or, délivrée à Simon de Baigneux, vicomte de Rouen, par Jean, comte de Salebruce (27 octobre 1363) ; — autre de 16 francs d'or délivrée par le même à Richard du Til, receveur général des aides (27 octobre 1363) ; — autre de 229 francs d'or, délivrée par le même au même (5 novembre 1363). — Quittance de 750 francs d'or délivrée à Richard du Til, receveur général des aides, par Richard de Brumares, garde du clos des galées de Rouen (30 décembre 1363). — Indications de sources pour : lettres patentes du roi Jean et du maréchal d'Audeneham (1363) ; — articles traités entre les conseils de France et d'Angleterre pour la délivrance des ducs d'Orléans, d'Anjou, de Berry et de messires d'Alençon et Jehan d'Étampes (1363) ; — traité fait à Euran, en 1363, entre Charles de Blois et Jean, comte de Montfort. — Extrait d'un rolle contenant les noms des gens d'armes, arbalétriers, canonniers, etc., menés au siège devant le fort des Murs, par Jean Bernier, chevalier, garde de la Prévôté de Paris, arrêté par lui, le mercredi avant Noël 1363 et scellé de son sceau. — Indications de sources sur : Guillaume de Séris, Guichard d'Angle et Aymery de Rochechouart, seigneur de Mortemart (1363). — Ordre de Charles, duc de Normandie, aux élus des diocèses de Rouen et de Lisieux, de faire délivrer 50 francs d'or à Jean et à Buriau de la Rivière, frères, pour le fait et la prise de Roulleboise (25 octobre 1363) ; — ordre du même pour la délivrance de 41 francs d'or au comte de Salebruce (26 octobre 1363) ; — promesse, par le même, de décharge de 150 francs d'or, reçus de Jean Luissier, receveur général des aides, et destinés à Jean de Lyons, maître de l'artillerie, pour mener engins et traits, à Bertrand Du Guesclin, assiégeant Roulleboise (4 avril 1364). — Extrait du procès-verbal des hommages faits par les comtes, barons, etc., à Édouard, roi d'Angleterre, et à son fils délivrée à Guillaume Diaire, vicomte d'Auge, par Gaspard Carit, chanoine et distributeur de Notre Dame de Rouen (2 novembre 1387) ; — description du sceau de Gaspard Carit ; — fragment de tableau généalogique de la famille de Carit.

F. 42. (Liasse.) — 16 pièces, papier.

1366-1367. — Ordre du roi Charles V aux maîtres des eaux et forêts de Rommare et de Rouveray, de livrer 14 hêtres et 20 trembles pour faire des fûts de viretons et de pavais, à Richard de Brumare, garde du clos des galées (17 janvier 1366). — Indication de source pour serment d'ôtage prêté au roi d'Angleterre par Jean, duc de Berry, fils du roi de France (22 janvier 1366). — Indication de source pour lettres par lesquelles Édouard III confirme les conventions faites entre les ambassadeurs de France et d'Angleterre touchant la terre de Belleville (1er février 1366). — Quittance de 126 francs d'or, délivrée à Aymeri Renout, vicomte de Coutances, par Raoul du Prez (21 février 1366). — Quittance de 300 francs d'or, délivrée à Colin de Florence, receveur du duc de Berry et d'Auvergne, par Guillaume de Villebœuf (27 février 1366); — quittance de pareille somme délivrée par Bertucat d'Albret (6 mars 1366). — Mandement de Henry de Tyeville, chevalier, maître d'hôtel du Roi et son commissaire pour le « videment » de Saint-Sever, au vicomte de Coutances, pour le payement de 210 francs à Étienne Dumoutier, chargé de l'exécution dudit videment (12 mars 1366); — description du sceau de Henry de Tyeville. — Ordre du roi de France à Aymar Bourgeoise, son trésorier, de faire les payements nécessaires aux troupes, dont il a ordonné la réunion à Caen et à St-Lô, pour marcher contre les compagnies (16 mai 1366); — note de Lacabane. — Ordre du roi Charles V à Étienne du Moustier, son huissier d'armes et général élu sur le fait des aides à lever aux diocèses de Lisieux, Séez, Bayeux, Coutances et Avranches, pour la défense du Royaume et à Aymeri Renout, vicomte de Coutances, général receveur des aides, de délivrer à Renier Le Coutelier, vicomte de Bayeux, les deniers nécessaires aux troupes envoyées contre les compagnies (16 mai 1366). — Envoi de la montre de Regnault de Camville, arbalétrier de la ville de Bayeux fait à Rogier Le Coutelier, clerc du roi et son vicomte de Bayeux, par Robert de Warigniez et Rogier le Mosnier (3 juin 1366). — Ordre d'Aymar Bourgeoise, trésorier de France, à Renier Le Coutelier, clerc du Roi et son vicomte de Bayeux, de délivrer 20 francs d'or à Robert Le Veneur et à Jean le Breton,

écuyers (8 juin 1366). — Indication de source pour don de la vicomté de Blois fait par Louis de Châtillon, comte de Blois, à Allard de Barbançon (12 juin 1366). — Indication de sources pour les commissaires nommés par Édouard III, roi d'Angleterre, à l'effet de terminer les contestations avec la France touchant la délivrance de diverses terres situées dans les pays de Ponthieu, Guines, Calais, Merk, Langle et Montreuil (12 juin 1366) et note de Lacabane. — Quittance de 109 francs d'or, délivrée à Renier Le Coutelier, clerc du Roi et son vicomte de Bayeux, par Guillaume du Melle, sire de Messi, capitaine général aux bailliages de Caen et de Cotentin (15 juin 1366). — Indication de source pour pièces concernant le payement de 3000 royaux d'or reçus par Jean de Meleun, comte de Tancarville, auquel le roi d'Angleterre les devait pour arrérages d'une rente (juillet 1366). — Indication de source pour rôle contenant une instruction en réponse aux raisons du roi d'Angleterre, qui réclamait, avec la terre de Belleville, plusieurs autres terres qu'il disait être de ses appartenances (vers 1366). — Indication de sources pour la prise d'Artigat et de Pailliès par Pierre d'Anchin (1366-1367).

F. 43. (Liasse.) — 7 pièces, papier.

1367-1370. — Déclaration de Hervé de Juch, chevalier, sur ses états de services et ses gages (30 janvier 1367). — Ordre de Jean, duc de Berry et d'Auvergne, comte de Mâcon et lieutenant du Roi, à Colin de Florence, receveur des subsides, d'avoir à faire un payement au vicomte de Villemur (15 février 1367). — Ordre des généraux élus à Paris sur le fait des aides, au receveur de la vicomté de Bayeux de payer à Étienne du Moustier, huissier d'armes sur le fait desdites aides, la somme de 2 francs d'or ou leur valeur pour ses gages de chaque jour (23 avril 1367). — Mention d'une lettre du roi Don Pedro (11 mai 1367). — Indication de source pour mandement scellé du sceau de la marchandise, donné par Jean Culdoe, prévôt des marchands et les échevins de la ville de Paris (18 juin 1367). — Quittance de 116 livres 8 sous tournois, délivrée à Philipon de St-Père, receveur général des aides à Tours, par Jean de Brion bailli de Touraine, commis avec Jean Chamelin, avocat du Roi en Touraine, à informer des terres prétendues par les rois de France et d'Angleterre, en vertu du traité de paix (3 février 1367). — Quittance de 200 francs d'or, délivrée à Jean Le Mire par Jean de Chambly, dit le Hare, maître d'hôtel du Roi (18 juillet 1370). — Ordre du roi Charles V de payer 300 francs d'or à Jean Chandos, chevalier, vicomte de St-Sauveur et chambellan du prince de Galles (2 juillet 1367).

F. 44. (Liasse.)— 93 pièces, papier.

1368-1384. — Quittance de la somme de 360 francs d'or délivrée à Martin Louis, vicomte et receveur de Carentan, par le Bourc de Bretot, capitaine du château et ville de Carentan, pour ses gages et ceux de deux hommes d'armes et de 8 servants (28 janvier 1368); — description du sceau de Le Bourc de Bretot. — Autre quittance du même au même de 125 francs d'or (8 mars 1369). — Autre quittance de 125 francs délivrée par Le Bourc de Bretot à Jean Climence, trésorier du roi de Navarre (2 avril 1370). — Indication de sources : sur l'anoblissement de Jean Pastourel, avocat du Roi (janvier 1368); — sur l'anoblissement de Déodat de Laparra, docteur en lois, maître des requêtes de l'hôtel du Roi (24 juin 1377); — sur l'anoblissement de Bernard de Capdenac, de Villeneuve, diocèse de Rodez (octobre 1377). — Quittance de 120 francs d'or délivrée à Nicolas de Mauregart, sergent d'armes du Roi et receveur général des aides par Jean de Rie, chevalier (27 mars 1368). — Ordre de Charles V de payer certaines sommes à François de Perilleux, vicomte de Rode et amiral de France, Jean de Rie et Thibot Hocie qu'il envoie vers les rois d'Espagne et d'Aragon (19 juillet 1368). — Ordre de Jean de Rie, seigneur de Balancon, chevalier et conseiller du Roi, à Jean de Lespine.de payer et délivrer à Yvain de Galles 300 quintaux de biscuit pour ravitailler gens d'armes, arbalétriers et archers venus en sa compagnie (1er juillet 1372); — note de Lacabane. — Déclaration d'achats d'objets de toilette pour la reine de France faite par Marie de Brabancon, dame de Tremel et Marguerite de Crusilles, dame de St-Étienne (4 avril 1368). — Détail de ce qui est dû, pour voyage, à Gauvain de Bailleul (14 avril 1368). — Quittance de la somme de 15000 doubles d'Espagne délivrée à Jean Perdiguier, receveur général des impositions du roi de France ès sénéchaussées de Toulouse, Carcassonne et Beaucaire, par Alexandre de Dalby, connétable de Bordeaux pour le prince d'Aquitaine et Richard Drayton, contrôleur du chastel de Bordeaux (25 avril 1368). — Quittance de 25 livres tournois, délivrée par Bertrand de Breteuil, dit le Bourc de Breteuil, écuyer (21 mai 1368). — Ordre du duc d'Anjou à Étienne de Montméjan, trésorier des guerres, de payer 620 francs d'or à Bertrand de Breteuil, dit le Bourc de Breteuil (25 avril 1369); — payement de 520 francs d'or audit Bertrand de Breteuil ;—description du sceau dudit seigneur et note de Lacabane. — Extrait de l'histoire de la rupture du traité de Brétigny concernant Capdenac et Bertrand de Breteuil. — Mention de Jean de Saulx, sire de Cernon, chevalier, comme châtelain et capitaine de Ste-Menehoult, en mai et juin 1368. — Don de 4000 livres de rente fait par le roi Charles V au sire d'Albret (1er juin 1368). — Analyse des lettres d'amortissement en faveur de l'abbaye de Bonnecombe, des biens et de l'hérédité qui lui avaient été donnés par feu Hélène de Belcastel, lesdites lettres accordées moyennant 1000 forts d'or (17 juin 1368); — lettres d'Édouard, prince d'Aquitaine et de Galles, à Thomas de Wethenal, sénéchal de Rouergue, pour le recouvrement des susdits 1000 forts d'or (17 février 1369). — Ordre de Charles V de payer 10 francs par jour à l'abbé de Cluny, envoyé par le Roi vers le duc d'Anjou (23 juin 1368); — note de Lacabane. — Articles de l'accord fait entre Charles V, roi de France, les comtes d'Armagnac et de Périgord et le sire d'Albret, sur les appellations qu'ils devaient interjeter des officiers du roi d'Angleterre au roi de France (30 juin 1368). — Donation de territoire par Charles V au comte d'Armagnac (1er juillet 1368);—mention du vidimus de la dite donation (6 octobre 1384). — Quittance de 240 francs d'or, délivrée par Robert de Lorris, chevalier, seigneur d'Ermenonville, conseiller du Roi, envoyé vers le duc d'Anjou et le Pape (6 juillet 1368). — Quittance de 200 francs d'or, délivrée à Jean Le Mire, receveur général des aides, par Pierre de Montagu, évêque de Nevers, envoyé vers le Pape (6 juillet 1368); — autre quittance de 900 francs d'or délivrée au même par le même (10 avril 1369); — note de Lacabane. — Mention des pouvoirs donnés par Charles V à ses conseillers François de Périlles, vicomte de Rode et amiral de France et Jean de Rie, seigneur de Rie, chevalier, pour traiter avec Henri, roi de Castille et de Léon (19 juillet 1368). — Mention d'un traité d'alliance entre Charles V et Henri de Castille contre le roi d'Angleterre (20 novembre 1368). — Quittance de 400 francs d'or, délivrée par Thibaut Hocie, secrétaire de Charles V envoyé en Aragon et en Espagne (22 juillet 1368). — Quittance de 20 francs d'or délivrée à Jean Le Mire, receveur général des aides, par Philipot de Trapes, sergent d'armes du Roi (2 août 1368). — Quittance de 192 francs d'or délivrée à Jean Le Mire, receveur général des aides, par Aynart de la Tour, sire de Vinay et Pierre de Villers, souverain maître de l'hôtel du Roi (12 août 1368). — Quittance de 300 francs d'or délivrée au même par Aynart de la Tour, sire de Vinay, chevalier, conseiller du Roi (3 septembre 1368). — Ordre de Charles V de payer 50 francs d'or à son huissier pour lettres d'Édouard III, roi d'Angleterre, à Eustache d'Auberchicourt, Robert Scot, Hugh de Colverlé, chevaliers et à tous autres gens de la nation d'Angleterre se trouvant en France et ravageant la Normandie, par lesquelles ce roi leur enjoint de vider le royaume de France, en exécution du traité de Brétigny (14 novembre 1364). — Ordre du roi Charles V pour le paiement de 3,900 francs d'or à Jeanne dite Sauvage de Serre, montant des joyaux destinés par le Roi en cadeaux de noces à sa sœur, Marie de France, qui épouse le duc de Bar (23 novembre 1364). — Ordre du roi Charles V aux gens des comptes à Paris, d'allouer 30 francs d'or aux comptes de Jean Luissier, receveur général des aides, lesquels 30 francs d'or le Roi avait donnés à Gillet de Villède, écuyer, qui avait apporté nouvelles de P. L'Estandart et de Jean de Versailles, chevaliers, que le château de Nogent-le-Roi se recouvrerait bien avec l'aide de Dieu (24 novembre 1364). — Ordre du roi Charles V de payer 200 francs d'or sur les 4,700 ordonnancés au profit d'Andrieu Beauneveu, imagier du Roi, chargé de faire les tombes de Philippe de Valois, de la reine Jeanne de Bourgogne, du roi Jean-le-Bon et de Charles V, lui-même (12 décembre 1363). — Ordre des trésoriers généraux des aides à Paris, à Nicolas de Chevreuse, maître général des monnaies, de donner les espèces dont ils auront besoin à l'archevêque de Reims et au maréchal de Boucicaut, envoyés vers le prince de Galles, la duchesse de Bretagne et le comte de Montfort (16 décembre 1364). — Envoi de la montre des gens d'armes de la compagnie de monseigneur de Blainville devant Évreux fait par Le Hase de Chambli, chevalier, maître d'hôtel du Roi (vers 1364 ou 1369). — Ordre du roi Charles V de payer 200 francs d'or au comte de Sarrebruck, bouteiller de France, envoyé en Angleterre (26 juillet 1364). — Ordre du même roi de payer 20 francs d'or à Jacques Le Riche, maître d'hôtel du Roi, de retour de mission auprès du roi d'Angleterre (5 janvier 1365). — Ordre de Charles V, roi de France, aux trésoriers généraux des aides à Paris de remettre à Nicolas Odde, trésorier des guerres, 666 francs d'or pour donner au baron d'Ivry et au sire de Blaru, capitaines de Mantes, et 334 francs d'or pour donner à Pierre de Sermoises, capitaine à Meulan (14 juillet 1364). — Quittance de 696 livres 7 sous 6 deniers, délivrée à Robert de Maule, voyer et receveur de Mantes, par Guillaume de Sacquenville, sire de Blaru, et Guillaume, sire d'Ivry, capitaines de Mantes (3 novembre 1365); — description des sceaux de Guillaume de Sacquenville et de Guillaume d'Ivry. — Quittance de 1,000 francs d'or délivrée à J. Bloville,

receveur du roi de Navarre, par Bertrand Du Guesclin, comte de Longueville, chambellan du roi de France (20 août 1364). — Certificat de services militaires délivré par Bertrand Du Guesclin en faveur de Renier Le Coutelier, vicomte de Bayeux (16 décembre 1365); — description du sceau de Bertrand Du Guesclin. — Titre d'un vidimus de lettres du prince de Galles, fait à Villefranche par Guillaume Vassalli, chevalier, seigneur de Fraissinet, docteur en lois, juge mage de la sénéchaussée de Rouergue (11 février 1364). — Analyse des lettres par lesquelles Thomas de Wetenhale, chevalier, sénéchal de Rouergue, pour le prince de Galles, ordonne au bailli de Milhau d'achever la démolition des églises de St-Jean-de-Jérusalem et des frères mineurs, situées aux faubourgs, parce qu'elles préjudicient aux fortifications de la ville (17 mars 1367). — Permission aux marchands de Castille de transporter en France leurs marchandises et spécialement aux ports de Harfleur et de Leure (avril 1364). — Don du comté de Longueville à Bertrand Du Guesclin (27 mars 1364). — Donation de 60 livres de rente annuelle accordée par le Roi à Gervaise Chrestien, son physicien, et à Lorencin le Sénéschal, son valet de chambre (2 janvier 1368). — Don d'une partie du pont d'Avignon au Pape (5 décembre 1368). — Itinéraire du duc de Bourgogne, d'après l'histoire manuscrite de Chartres (1364). — Mention de la venue du duc de Bourgogne à Chartres (20 mai 1365). — Mention de Begon de Castelnau, évêque de Cahors, comme ayant été chanoine de Chartres (1369). — Indication de source pour départ de Thomas Walkefaire en France (1370). — Indication de source pour lettres de protection en faveur de Jean de Delves, Jean Gistolcs, Thomas Felton, Thomas de Cosyngton, Thomas de Wetenhale, Robert, fils de Rodolphe de Nevill (1364). — Indication de source pour lettres de protection en faveur de Thomas de Wetenhale ou de Watenhale (1365-1368) avec note de Lacabane. — Ordre du roi Charles V à Nicolas Broque de payer 500 francs d'or à Henri de Coulombières, envoyé en Normandie (4 décembre 1364). — Fac-simile de l'écriture de Charles V. — Notification par le roi Charles V aux trésoriers généraux des aides à Paris du don de 500 francs fait à Henri de Coulombières (11 décembre 1364). — Don de 200 francs d'or fait par Charles V à Henri, seigneur de Colombières (26 août 1375). — Lettres de grâce accordées par Arnulphe d'Audeneham, maréchal de France, lieutenant du Roi « in occitanis partibus » à Geoffroi de Vayrols, accusé de divers forfaits commis particulièrement devant le lieu de Brisatesta et la Bastide de Petra « assisa prope Vaurum » (août 1364); — confirmation des lettres précédentes par le duc d'Anjou (août 1365); — autre confirmation par Charles V (23 février 1365). — Mention de Jean Ruiz d'Aynar, comme capitaine d'Avranches pour le roi de Navarre (1364); — mention du même comme capitaine de Gauray (mai 1370); — mention du même comme connétable de Carentan et lieutenant du capitaine dudit lieu (juillet-décembre 1377). — Quittance de 120 francs d'or délivrée à Guillaume Cheruel, receveur des aides des vicomtés de Valognes et de Carentan par « Jouhano Ruix Daynar »,naguère connétable de Carentan, et lieutenant du capitaine dudit lieu (6 mai 1378). — Indication de sources sur : siège et bastide de St-Gauray ; châteaux de Vernon et de Meulan ; château de Galardon ; Carentan (1364-1378).

F. 41. (Liasse.) — 21 pièces, papier.

1365-1387. — Ordre du roi Charles V pour payement de 54 francs d'or à faire à son peintre et valet de chambre, Jean d'Orléans (24 janvier 1365). — Ordre du même pour payement de 1200 francs d'or destinés à des œuvres en cours d'exécution au château du Louvre et, ajoute le Roi, « pour envoier querre un fol pour nous, lequel est au pays de Bourbonnois » (28 février 1365). — Quittance de 62 livres 6 sous tournois, délivrée aux élus et receveurs du diocèse d'Orléans, par Pierre de la Ferté, chevalier, seigneur de Brueil (12 février 1365); — description du sceau de Pierre de la Ferté. — Ordre du roi Charles V aux trésoriers généraux des aides à Paris de faire délivrer 100 francs d'or à Tassin Bertaut, chargé de conduire venaisons en Angleterre (24 mars 1365). — Indication de source pour quittances de 517 livres 10 sous tournois, délivrée à Nicolas Odde, trésorier des guerres par Arn. de Cervole, chevalier (28 mars 1365). — Ordre du roi Charles V aux élus du diocèse de Rouen de faire payer les gages pour services militaires et 200 francs d'or à Jacques Le Lieur, capitaine de Rouen, chargé de raser le château de Rolleboise (30 avril 1365); — ordre du même aux mêmes de payer à Jacques Le Lieur 240 francs (16 mai 1365). — Promesse de Du Guesclin faite au roi de France d'emmener les compagnies hors du royaume (22 août 1365). — Indication de source sur lettres par lesquelles Bertrand Du Guesclin engage au roi de France le comté de Longueville en nantissement des sommes dont ledit roi s'est obligé envers Jean Chandos pour la rançon du connétable (22 août 1365). — Ordre du duc de Berri à Colin Guide, receveur général des montagnes d'Auvergne, de payer 200 florins à Boat, écuyer, pour deux « roncins » perdus par lui en la ville de Montferrant (3

septembre 1365). — Extrait des comptes du sénéchal de Beaucaire et autres touchant le passage de Du Guesclin et des compagnies allant en Espagne (11 septembre 1365). — Engagement pris par Robert du Breuil, capitaine de Thorigny et commis par monseigneur de Longueville pour recevoir de monseigneur de Navarre 1400 francs pour la délivrance de Carentan, de faire déduire aux gens des comptes de monseigneur de Navarre la somme de 300 francs demandée pour Guillaume Lalemant, chevalier d'Angleterre (25 septembre 1365). — Indication de source pour traité fait avec Lappe de St-Julien touchant l'évacuation du lieu de St-Sever en Normandie, moyennant 9000 francs d'or (25 novembre 1365). — Note sur la prise du capitaine de routiers Louis Rambaud ou Rimbaut par le sire de la Roca (1365). — Indication de source sur rôle contenant les raisons du roi d'Angleterre pour montrer que les terres de la Gamache, Beauvoir, etc., dépendaient de la terre de Belleville et devaient lui être livrées avec cette dernière (1365). — Quittance de 400 francs d'or, délivrée à Jean de Tillie, à Jean Bloville et à plusieurs autres, par Olivier de Mauny, garde de Carentan (29 juillet 1365); — Quittance de 5350 francs d'une part et de 400 francs d'or d'autre part, délivrée par le même (11 janvier 1366). — Indication de sources pour documents concernant payement de 1714 francs 1/4 d'or, reçus par le maréchal de Boucicaut, en vertu d'un pouvoir du roi d'Angleterre qui lui devait 2000 écus de rente (1365-1366). — Mention de 15 lettres ou quittances relatives au payement de 40000 francs d'or fait à Jean Chandos pour la rançon du connétable Du Guesclin (1365-1367). — Indications de sources : pour lettres de Bertrand Du Guesclin engageant au roi de France le comté de Longueville pour sa rançon (22 août 1365); — lettres de Jean Chandos priant le roi de France d'acquitter, sur ce qu'il lui doit, 1000 francs pour son compagnon Vichol d'Agworth (8 janvier 1368) et ordre à ce sujet donné par le roi Charles V au receveur des aides (25 février 1368). — Table et indication de sources de lettres de Charles II, roi de Navarre (1365-1375). — Indications de sources : pour le compte de la Chambre aux deniers de Marie de Bretagne, femme du duc d'Anjou (1365); — pour inventaire des joyaux de Louis, duc d'Anjou, fils du roi Jean (1368) ; — pour compte de Nicolas de Mauregard, trésorier du duc d'Anjou (1375-1379). — Quittance de 400 francs d'or, délivrée à Aymard Bourgeoise, trésorier de Normandie, par Bernart Carit, chanoine de Paris et collecteur du Pape dans les provinces de Sens et de Rouen (31 mars 1365); — description du sceau « Bernardi Cariti ». — Quittance de 10 livres tournois,

Édouard, prince de Galles, sur lequel on relève les noms des familles d'Albret, Cardaillac, Caseton, St-Projet, Belfort, des Prez, de la Popie, Durfort, Galard, Montagut, St-Paul Vassal, Vairols, Burgade, Lastagh (Lostange ?), Gourdon, Concots, Caniac, Pons, Auriol, Géraud, abbé de Figeac, Thoset (1363-1364). — Itinéraire du prince de Galles d'après les actes (1363-1370). — Envoi de la montre de Jean de Villaines, chevalier, fait à Nicolas Odde, trésorier des guerres, par Philippe de Villiers, chevalier, maréchal, et Jean de Rennes, bourgeois et échevin de Paris (19 février 1363). — Indication de source sur Thomas de Sohues pour la défense de Barbezieux (1375).

F. 40. (Liasse.)— 62 pièces, papier.

1364-1378. — Extrait des grandes chroniques de France contenant des détails historiques sur le roi Jean, depuis son second passage en Angleterre jusqu'à sa mort (3 janvier-8 avril 1364). — Indication de source pour commission du roi d'Angleterre à Jean, comte de Tancarville, Jean Chandos et Guillaume de Felton, de prendre et de punir les capitaines et gens de guerres anglais faisant pillage en France (12 janv. 1364). — Indication de source pour lettres de rémission dans lesquelles il est parlé des forteresses de Corneilles et de Chauffour (janv. 1364). — Ordre des gens du conseil du duc de Normandie à Richard du Til, receveur général à Rouen et Lisieux, de payer 14 francs d'or à Jean de Pontoise, chanoine de Rouen (11 février 1364). — Indication de source pour quittance de 107,000 écus d'or reçus de Raoul Maillart par Édouard III (12 février 1364). — Indication de source pour demande au duc de Bourgogne par Arnaud de Talebardon, des prisonniers qu'il avait faits à Orchamps et de ses gages (18 février 1364). — Bulle du pape Urbain V mandant à l'official de Castres de faire droit sur contestation survenue entre le doyen et le chapitre de St-Martin de Montpezat, diocèse de Cahors, d'une part, et Mathieu Delluc, recteur de la paroisse de St-Julien de Valgineste, d'autre part (février 1364). — Quittance de 315 livres tournois, délivrée à Renier Le Coustellier, vicomte de Bayeux, par Guillaume de Saquinville, sire de Blarru, chevalier (18 mars 1364). — Indication de source pour ordre donné par Bertrand Du Guesclin, seigneur de Broon et de La Roche-Tesson, capitaine souverain en la province de Rouen (mars 1364). — Rémission par Charles, duc de Normandie et régent du Royaume, en faveur de Rogier du Fayel (mars 1364). — Ordre du roi Jean pour le paiement de 310 francs d'or à son physicien Jean de Guisery, chanoine de Paris (11 avril 1364) ; — quittance de la dite somme par Jean de Guisery (14 avril 1364) ; — description du sceau de « Johis de Guiseri ». — Quittance de 300 francs d'or, délivrée par Jean de Guisery (26 octobre 1364) ; — description du sceau de « (Johann) is de Guisery ». — Lettres du roi Charles V nommant Bertrand Du Guesclin, capitaine du duché de Normandie, ès parties d'entre Seine et Loire (24 avril 1364) ; — vidimus desdites lettres (25 avril 1364). — Mandement des trésoriers généraux des aides aux élus et receveurs du diocèse de Bayeux de délivrer leurs recettes à Renier Le Coustellier et à Maccot de Meun pour les remettre à monseigneur Bertrand Du Guesclin, capitaine général en la duchié de Normandie. — Ordre d'accomplir le mandement précédent adressé à Thomas Tilly, receveur du diocèse de Bayeux, par Guillaume le Quint, vicomte de Caen, élu aux diocèses de Bayeux, Séez, Coutances et Avranches (18 mai 1364) ; — note de Lacabane.— Ordre des commissaires des aides au diocèse de Sens à Pierre de Jeurre, sergent d'armes du Roi, châtelain de Sens et receveur des aides, de payer 100 francs d'or à Guillaume de Bourbilly et Orry de Reboursse, écuyers, pour et au nom de Geoffroy du Boschet, chevalier (30 avril 1364). — Quittance de 100 francs d'or délivrée à Pierre de Jeurre et Orry de Reboursse (30 avril 1364). — Indication de source sur bataille de Cocherel (29 mai 1364). — Indication de source pour souscription d'acte par lequel Arnaud Amaneu, sire d'Albret, chevalier, promet de tenir le traité fait par le gouvernement du duc de Berry et les trois États d'Auvergne avec Séguin de Gontaut, chevalier, et ses troupes, pour la délivrance de Brioude et de Varennes (21 mai 1364). — Don de 500 francs d'or fait à Mouton de Blainville, châtelain de Rouen, par le roi Charles V (15 juin 1364).— Ordre du roi Charles V aux conseillers et commis des aides au diocèse de Rouen, de pourvoir à tout le nécessaire pour le siège devant Molineaux (19 septembre 1364). — Indication de source pour lettres relatives aux privilèges accordés aux marchands et gens du royaume de Portugal dans le port et la ville de Harfleur (juin 1364). — Ordre de Charles, roi de France, d'allouer aux comptes de Guillaume de Dormans la somme de 40 livres 10 sols parisis pour indemnités à Oudart Rollant, prêtre, Adam Day et Henriet Petit, clerc chapelain, pour leurs peines et travaux au service dudit Guillaume de Dormans (1er juin 1364). Ordre du même roi aux généraux trésoriers députés sur le fait de la délivrance du roi Jean, de payer à Guillaume de Dormans la somme de 8 francs d'or pour frais d'un voyage en Angleterre (15 juillet 1364). —

Quittance d'une somme de 99 francs délivrée aux trésoriers généraux sur le fait des aides ordonnées pour la délivrance du roi Jean, par Guillaume, seigneur de Dormans (29 décembre 1364) ; — description du sceau de Guillaume de Dormans. — Quittance de 18 livres tournois, délivrée à Chrétien Du Cange, receveur des aides, par Jean de Longueval, sieur de Hen (4 juillet 1364) ; — quittance de 53 francs délivrée par le même (3 août). — Indication de source sur Gaullart de Moy, chevalier, au siège d'Évreux (3 août 1364). — Indication de sources sur Ernault de Roquefeuil. — Ordre du roi Charles V aux trésoriers généraux d'assurer le payement de 100 francs d'or qu'il a donnés à Mourpennot de Flez, écuyer de Gascogne (11 juillet 1364). — Mention de quittance de 100 francs, délivrée à Jean Luissier, receveur général des aides par ledit Mourpennot de Flez (13 juillet 1364). — Ordre de Philippe, duc de Bourgogne, de payer 10 livres à Guillaume de Mauvinet, chevalier, et note de Lacabane (20 juillet 1364). — Ordre du roi Charles V à Adam Nicolas, bourgeois de Nemours, de payer 400 francs d'or à Bertrand Du Guesclin, comte de Longueville (29 juillet 1364). — Don de 40 francs d'or fait à Bernardon Darinendariz (ou Darmendariz ou Darmendanz), navarrais, de la garnison du château de Cherbourg, par Robert, évêque d'Avranches, et Guillaume, abbé de Cherbourg, conseillers du roi de Navarre et lieutenants du Captal de Buch, lieutenant dudit Roi (6 août 1364). — Quittance de 700 francs d'or, délivrée à Jean de Guise, receveur général du diocèse de Soissons, par Mahieu de Roye, seigneur d'Aunoy en Normandie et capitaine de gens d'armes au diocèse de Soissons (17 août 1364) ;— description du sceau dudit Mahieu de Roye. — Quittance de 500 francs d'or, délivrée à Jean Luissier, receveur général des aides, par Antoine, seigneur de Beaujeu (6 septembre 1364) ; — description du sceau dudit Antoine. — Quittance de 261 livres tournois délivrée à Réné Le Coutelier, vicomte de Bayeux, par Bertrand Du Guesclin, seigneur de Broon et de la Roche-Tesson, capitaine général en la province de Rouen (7 septembre 1364). — Quittance de 40 francs d'or, délivrée à Godefroy Dureaume, par Jean Morel, charpentier (8 septembre 1364). — Quittance de 500 francs d'or, délivrée à Jean Luissier, receveur général des aides, par Soudam de Lestrau, chevalier (13 septembre 1364) ; — description du sceau de « Le Soudam de Latrau ». — Quittance de 500 francs d'or du même au même (26 octobre 1364). — Ordre du roi Charles V aux trésoriers généraux à Paris de payer 1000 francs d'or au comte de Sarrebruck, bouteiller de France, envoyé en Angleterre (17 septembre 1364) ; —

ordre du même aux mêmes pour paiements de 262 francs d'or et 4 *quins* de franc à faire au comte de Sarrebruck, de retour d'Angleterre (17 décembre 1364). — Quittance de 276 francs d'or délivrée à Jean Luissier, receveur général des aides, par Jean de Vernon, clerc du Roi, pour voyages en Angleterre (20 septembre 1364). — Quittance de 615 livres tournois délivrée à Nicolas de Mauregart, sergent du Roi et receveur général du subside ordonné pour la guerre, en la ville et diocèse de Paris, par Charles, comte de Dampmartin (20 septembre 1364) ; — description du sceau du comte de Dampmartin. — Quittance de 156 livres tournois, délivrée à Ricart Du Til ou Dutil, receveur général des aides au diocèse de Rouen, par Jacques le Lyeur, capitaine de Rouen (21 septembre 1364). — Indication de source pour don de 500 francs fait à Amaury de Craon par le duc de Bourgogne (27 septembre 1364). — Ordre du roi Charles V aux trésoriers généraux à Paris de faire délivrer à Nicolas Odde, trésorier des guerres, 3,500 francs d'or, pour distribuer à Jean de la Rivière et Hue de Chasteillon, capitaines de Vernon (4 octobre 1364). — Ordre du roi Charles V aux trésoriers généraux des aides de payer 120 francs d'or à Jean Chalemart, maître des requêtes de son hôtel, envoyé à Avignon (7 octobre 1364) ; — quittance des susdits 120 francs d'or (12 octobre 1364). — Ordre du roi Charles V à son trésorier Aymar Bourgoise d'assigner certaine somme de deniers au profit de Mouton, sire de Blainville (7 octobre 1364). — Indication de source pour paiement de 38 livres tournois fait par les élus des aides à Orléans à Guillaume de Flavigny, chevalier, seigneur de Milisy et de Champvallon (14 octobre 1364). — Ordre du roi Charles V de payer 500 francs d'or à Andrieu Beauneveu, imagier du Roi, pour faire les « *tumbes* » de Philippe de Valois, Jean le Bon, la reine Jeanne de Bourgogne et du roi lui-même (25 octobre 1364). — Ordre du même roi d'allouer au compte de Jean Luissier, 100 francs d'or, donnés en aumône à frère Manuel, évêque de « Adanen en Arménie povre et deshérité par les mescréanz » (10 novembre 1364). — Ordre du roi Charles V aux trésoriers généraux à Paris, de faire délivrer à Guillaume de Merle, capitaine des bailliages de Caen et de Cotentin, tous les revenus des aides ayant cours dans lesdits bailliages (30 octobre 1364) ; — vidimus dudit ordre (2 novembre 1364). — Ordre du roi Charles V aux trésoriers généraux des aides de faire délivrer 6,500 francs d'or au duc d'Anjou, frère et lieutenant du Roi en Languedoc (13 novembre 1364). — Ordre du même au trésorier du Dauphiné de défrayer de tout le duc d'Anjou en Dauphiné (13 novembre 1364). — Indication de source

d'armes Guillaume Arnaut de Labas, envoyé vers le duc d'Anjou (22 août 1368). — Quittance de 200 francs d'or, délivrée à Jean Le Mire, receveur général des aides, par Arnault Guillaume de Montlezun, comte de Pardriac (26 août 1368); — autre quittance de 300 francs d'or délivrée par le même Arnault (24 septembre 1368). — Ordre de Charles V de payer 300 francs d'or à Aymeri de Maignac, maitre des requêtes de l'hôtel, envoyé vers le Pape (26 août 1368); — autre quittance de 200 francs d'or (27 août 1368). — Quittance de 200 francs d'or, délivrée à Michiel de Caours, grènetier du sel en la ville de Paris, par Aymery, évêque de Paris, pour voyages en Allemagne et Bohême (8 avril 1372). — Ordre de Guillaume de Merle, sire de Messy, capitaine général en tout le pays de Normandie, par deça la rivière de Seine, à Renier Le Coutelier, clerc du Roi et son vicomte de Bayeux, de payer 10 francs d'or à Jean Hardi (27 août 1368). — Ratification, par le roi Charles V, du traité sur la délivrance de la ville de Vire (3 septembre 1368). — Ordre de Guillaume de Merle, sire de Messy, capitaine général aux bailliages de Caen et de Cotentin, à Renier Le Coutelier, clerc du Roi et son vicomte de Bayeux, de payer 30 francs d'or à Pierre de Villers ou Villiers, souverain maitre de l'hôtel du Roi (13 septembre 1368). — Appel du sire d'Albret contre le prince de Galles (8 septembre 1368); — note de Lacabane. — Ordre de Mouton, seigneur de Blainville, maréchal de France à Renier Le Coutelier, clerc du Roi et son vicomte de Bayeux, de payer 2200 francs aux capitaines des compagnies qui s'étaient emparé de la ville de Vire (10 septembre 1368). — Quittance de 515 francs d'or délivrée à Renier Le Coutelier par Guillaume Paesnel, écuyer, seigneur de Hambye (10 septembre 1368). — Reconnaissance, par le duc d'Anjou, d'un prêt de 1640 francs d'or et 9 gros à lui fait par Vezian Carrière, changeur et bourgeois de Toulouse (12 septembre 1368); — note de Lacabane. — Quittance de 200 francs délivrée à Renier Le Coutelier, vicomte de Bayeux, par Hochequin Roussel et Toumelin Bel, capitaines de compagnies occupant la ville de Vire (12 septembre 1368). — Ordre de Mouton, seigneur de Blainville, maréchal de France, à Renier Le Coutelier, vicomte de Bayeux, de payer 100 francs d'or à Guillaume le Bastart, chevalier, de Poitiers (13 septembre 1368) ; — description du sceau de Mouton de Blainville. — Ordre de Guillaume de Merle, sire de Messy, capitaine général aux bailliages de Caen et de Cotentin, à Renier Le Coutelier, de payer 100 francs d'or à Guillaume le Bastart, chevalier, de Poitiers (13 septembre 1368). — Mandement d'Édouard III, roi d'Angleterre, pour ras-

semblement et envoi de troupes en Guyenne (18 septembre 1368); — mandement du même roi pour le même motif (28 septembre 1368). — Ordre de Charles V de payer 40 francs d'or à Guillaume Cave, sergent d'armes (18 septembre 1368). — Appel de Rigald de Viridario, procureur de Jean, comte d'Armagnac, au roi de France, pour raison du fouage imposé par Édouard, prince de Galles (20 septembre 1368); — note de Lacabane. — Envoi à Renier Le Coutelier, clerc du Roi et son vicomte de Bayeux, de la montre de Jean de Boys-Yon, chevalier, capitaine de la ville de Vire (20 septembre 1368); — note de Lacabane. — Quittance de 120 francs d'or délivrée à Jean le Mire, receveur général des aides, par Pierre de Villers, chevalier et souverain maitre de l'hôtel du Roi (20 septembre 1368); — quittance de 80 francs d'or délivrée par le même au même (12 avril 1369). — Quittance de 83 francs d'or et 10 sous tournois, délivrée à Renier Le Coutelier, clerc du Roi et son vicomte de Bayeux, par Raoul d'Anquetonville, chevalier, châtelain du château de Vire (22 septembre 1368); — description du sceau de « Raoul de Anquetonville ». — Quittance de 60 francs d'or, délivrée par Troullart de Meignac, chevalier (23 septembre 1368). — Quittance de 100 francs d'or, délivrée par Nicole de Veyra, clerc et secrétaire du Roi (24 septembre 1368). — Sauf-conduit donné par Édouard III aux ambassadeurs du roi Charles V, allant en Angleterre (1er novembre 1368); — note de Lacabane. — Promesse de 40,000 francs d'or faite par le roi de France au comte de Périgord, dans le cas où il en appellerait contre le prince de Galles (novembre 1368). — Mention de l'adhésion du comte Archambaud de Périgord à l'appel contre le prince de Galles (13 avril 1369); — notes de Lacabane. — Quittance de 60 francs d'or, délivrée à Jean le Mire, receveur général des aides, par Jean d'Artois, sergent d'armes du Roi et Guillaume d'Arras, chevalier anglais (5 novembre 1368). — Quittance de 240 francs d'or, délivrée à Jean Luissier, receveur général des aides, par Philippe de Molins, conseiller du Roi et chancelier du duc de Berry et d'Auvergne (14 novembre 1368); — note de Lacabane. — Ordre du duc d'Anjou à Étienne de Montméjan, trésorier des guerres, de rembourser 1300 francs d'or à lui prêtés par Gaillard de Rames, mercier et bourgeois de Toulouse (15 novembre 1368); — quittance des susdits 1300 francs d'or (18 novembre 1368). — Ordre du duc d'Anjou audit Étienne de Montméjan de rembourser 256 francs d'or au même Gaillard de Rames (18 novembre 1369) et mention de la quittance de ce dernier (19 novembre 1369). — Lettres de Charles V par lesquelles il ajourne le prince de Galles à comparaître au parlement de Paris (16 novembre 1368); — note de Lacabane. — Ordre du duc d'Anjou à Étienne de Montméjan, trésorier des guerres, de payer 1100 francs d'or à Gaillard Tournier, chevalier, maître de l'hôtel du Duc, qui lui en a fait l'avance (16 novembre 1368); — note de Lacabane. — Lettres de Charles V au sénéchal de Toulouse portant ordre de faire signifier au prince de Galles les lettres par lesquelles le roi de France ajourne ce prince au parlement de Paris (16 novembre 1368). — Lettres par lesquelles Charles V demande aux sénéchaux de Toulouse, de Carcassonne et de Beaucaire aide et protection pour le sire d'Albret et pour ses adhérents (16 novembre 1368). — Lettres par lesquelles Charles V ordonne au sénéchal de Toulouse de faire présenter les lettres d'ajournement au prince de Galles (16 novembre 1368). — Lettres par lesquelles Pierre Raymond de Rabastens, chevalier, seigneur de Campanhac, conseiller et sénéchal de Toulouse et d'Albigeois, ordonne à Pierre de la Chapelle, sergent d'armes et châtelain de Castelsarrazin, de signifier les lettres par lesquelles le roi Charles V ajourne le prince de Galles au parlement de Paris (20 janvier 1369); — notes de Lacabane. — Don de 500 francs d'or fait par le duc d'Anjou à Pierre de Castelbajac, prévôt de Saint-Justin (17 novembre 1368); — quittance des susdits 500 francs d'or (23 novembre 1368). — Don de 100 francs d'or fait par le duc d'Anjou à Pierre de Chasteaubaiac, prévôt de St-Justin (3 avril 1369); — notes de Lacabane. — Sauvegarde accordée par le roi Charles V au sire d'Albret (18 novembre 1368). — Ordre du duc d'Anjou à Étienne de Montméjan, trésorier des guerres, de payer certaine somme de deniers à divers otages, parmi lesquels le sire de Montauban et Alain de Beaumont, chevaliers (18 novembre 1368); — quittance de 160 francs d'or, délivrée à Étienne de Montméjan par Alain de Beaumont (19 novembre 1368). — Ordre du duc d'Anjou à Étienne de Montméjan, trésorier des guerres, de rembourser 10,000 fr. d'or à Pabine de Gontaut, receveur général d'impôts, qui les avait prêtés au Duc (18 novembre 1368). — Lettres par lesquelles Charles V garantit au sire d'Albret le capital et la rente qui lui étaient dus par le roi d'Angleterre (19 novembre 1368); — vidimus de ces lettres (17 janvier 1380). — Ordre du duc d'Anjou à Étienne de Montméjan de payer 2,000 francs d'or à Morelet de Wissent, chevalier (20 novembre 1368); — payement de 200 francs d'or à Morelet de Wissent, chambellan du duc d'Anjou (21 novembre 1368); — description du « scel Morelet de Wissant » ; — retenue, par le duc d'Anjou, de Morelet de Wissent, chevalier (15 décembre 1368).

Lot. — Tome IV. — Série F.

— Ordre du duc d'Anjou à Étienne de Montméjan, trésorier des guerres, de payer 256 francs d'or à Pierre de Bonne-Enseigne (20 novembre 1368). — Ordre de Charles V de payer 100 francs d'or à Hannequin Lyon Days, envoyé à Cologne et à Arnoul de Cologne envoyé à Bruges, chacun 50 francs (22 novembre 1368). — Ordre de Charles V de payer 12,000 francs d'or qu'il prête à « Talerant de Pierregort » (24 novembre 1368). — Ordre de Charles V, de payer 1,000 francs d'or à Bernard de Grésignac, sergent d'armes (28 novembre 1368). — Quittance de 1,000 francs d'or, délivrée à Étienne de Montméjan par Arnaut de Lendorre, chevalier, sire dudit lieu (1er décembre 1368). — Ordre du duc d'Anjou à Étienne de Montméjan, trésorier des guerres, de payer 200 francs d'or à Guiraut de Jaulin, chevalier (1er décembre 1368) ; — payement de 200 francs audit Guiraut (1er décembre 1368) ; — description du sceau de « Giraut de Jaulien ». — Payement de 300 francs à Guiraut de Jaulin (10 avril 1370) ; — description du sceau de « Geraldi de Jaulino ». — Autre payement de 150 francs à Guiraut de Jaulin (14 septembre 1370). — Payement de 300 francs à Guiraut de Jaulin, maréchal de l'ost (12 février 1371). — Lettres par lesquelles le roi Charles V expose aux habitants de Montauban la légitimité de ses droits en recevant les appels contre le prince de Galles (3 décembre 1368) ; — notes de Lacabane. — Ordre du duc d'Anjou à Étienne de Montméjan, trésorier des guerres, de payer 400 francs d'or à Jean de Villemur (5 décembre 1368). — Retenue, par le duc d'Anjou, de Jean de Villemur, chevalier (20 décembre 1368). — Croissance de gens d'armes donnée par le duc d'Anjou, à Jean de Villemur, chevalier (24 janvier 1369) ; — payement de 800 francs à Jean de Villemur (26 janvier 1369) et description du sceau de ce seigneur. — Envoi de la montre de Jean de Villemur, chevalier banneret (7 mars 1369). — Quittance de 100 francs d'or, délivrée à « Estève de Montmeïa », trésorier des guerres, par Jean de Villemur, chevalier (2 mai 1369). — Payement de 396 francs à Jean de Villemur (4 juin 1369) ; — autre payement de 200 francs au même seigneur (5 juillet 1369). — Ordre du duc d'Anjou de payer 15,000 francs d'or au sire d'Albret (6 décembre 1368). — Quittance de 583 francs d'or, délivrée à Jean Luissier, receveur général des aides, par Soudy de Lestrau, chevalier (6 décembre 1368) ; — description du sceau de « (S) oudam de Latra... ». — Montre de 14 chevaliers et 106 écuyers en la compagnie de Jean d'Armagnac, chevalier banneret (8 décembre 1368). — Ordre du duc d'Anjou à Étienne de Montméjan de payer 24 francs d'or à Pierre de Rovigne, chevalier, sire de Montcamp, pour achat

6

d'artillerie (10 décembre 1368) ; — payement desdits 24 francs (15 décembre 1368) ; — description du sceau de « P... de Rovinhas ». — Quittance de 4,000 francs d'or, délivrée à Étienne de Montméjan, trésorier des guerres, par Jean Calvet et Ramon Jean de Gargatz, trésoriers des capitouls de Toulouse (12 décembre 1368). — Ordre du duc d'Anjou à Étienne de Montméjan, trésorier des guerres, de payer 100 francs au sire de Roys, pour mener hors du royaume des routiers bretons (13 décembre 1368) ; — payement de 400 francs d'or à Girart, seigneur de Roys (4 juin 1371). — Ordre du duc d'Anjou à Étienne de Montméjan, trésorier des guerres, de payer 25 francs d'or à Pierre Troussel, son échanson (16 décembre 1368). — Quittance de 90 livres, délivrée à Jean Lemercier, trésorier des guerres, par Pierre Trousseau, chevalier, seigneur de Chasteaux, capitaine de Tours (12 mars 1369); — note de Lacabane. — Retenue, par le duc d'Anjou, d'Arnaut, seigneur de Saixat (16 décembre 1368). — Montre de la compagnie d'Arnault Béral, écuyer banneret, sire de Lessac (22 décembre 1368) ; — ordre du duc d'Anjou à Étienne de Montméjan, de payer 240 francs d'or audit Arnault (9 janvier 1369). — Montre d'Arnault Béral, écuyer banneret, pour la garde et défense du château et ville de Najac, en Rouergue (14 janvier 1369) ; — ordre du duc d'Anjou à Étienne de Montméjan, de payer au susdit Arnault la somme de 5 francs d'or par mois et par servant de pied (4 mars 1369). — Retenue, par le duc d'Anjou, d'Aymery de Gordon, chevalier (16 décembre 1368) ; — montre d'Aymery de Gordon (5 janvier 1369) ; — payement de 100 francs à Aymery de Gordon (7 avril 1369); — payement de 80 francs au même (16 avril 1369) ; — payement de 100 francs au même (25 novembre 1369); — description du sceau de : « Aymeric de Guordo ». — Retenue par le duc d'Anjou, de Hugues, seigneur de la Mote, écuyer (18 décembre 1368); — montre de Hugues de la Mote, écuyer, reçue à Puycornet (4 janvier 1369). — Retenue, par le duc d'Anjou, de Raymon de Caussade, sire de Puycornet, chevalier (17 décembre 1368) ; — montre de Raymon de Caussade (6 janvier 1369) ; — payement de 168 francs audit Raymon de Caussade (16 avril 1369); — description du sceau de « Ramon de Caussada » ; — payement de 100 francs à Raymon de Caussade (28 avril 1369); — autre payement de 300 francs au même (3 juin 1369). — Payement de 112 francs à M. de Puechcornet (15 février 1370). — Ordre du duc d'Anjou à Étienne de Montméjan, trésorier des guerres, de payer 700 francs d'or à Ratier de Penne, écuyer (20 décembre 1368). — Ordre du duc d'Anjou à Étienne de Montméjan de payer 100 francs d'or à

Marquès de St-Marcial, écuyer (21 décembre 1368) ; — payement desdits 100 francs et description du sceau de : « Arnat, vicomte de Vilemur ». — Montre de Rogier d'Espaigne, chevalier banneret (22 décembre 1368). — Lettres par lesquelles le roi Charles V expose au seigneur de Severac la légitimité de ses droits en recevant les appels contre le prince de Galles (22 décembre 1368). — Ordre de Charles V de payer 60 francs à Franquelin de Saucourt, son huissier de salle (24 décembre 1368). — Mandement du roi Charles V pour faire payer certaine somme au comte de Tancarville, maréchal de France, qu'il envoie vers le roi d'Angleterre (27 décembre 1368) ; — quittance de 1,000 francs délivrée par Jean, comte de Tancarville, chambellan de France, connétable et chambellan de Normandie (4 février 1369) ; — quittance de 133 francs 1/3 de franc, délivrée à Jean Luissier, receveur général des aides, par Jean, comte de Tancarville, vicomte de Melun et chambellan de France (26 mars 1369); — notes de Lacabane. — Quittance de la somme de 24 francs d'or délivrée à Jean Le Mire, receveur général des aides, par Guillaume Canne, sergent d'armes du Roi, pour ses frais de mission vers ceux qui tiennent le chastel de Wyege (31 décembre 1368). — Extrait des *Tablettes chronologiques de l'histoire civile et ecclesiastique de Touraine*, concernant Jean de Saintré (1368). — Indication de source sur bail donné par le conseil du roi d'Angleterre en réponse aux articles proposés par le sire de Dormans, doyen de Paris, sur le fait de Belleville et l'appel du comte d'Armagnac (1368). — Extrait du *Petit livre noir* de la maison de ville de Périgueux : à l'égard de Thomas de Valquaffara, sénéchal pour le prince de Galles (1368); — touchant la soumission de Périgueux au roi de France (19 août 1369) ; — note de Lacabane. — Extrait du compte de Jean Le Mercier, trésorier des guerres, contenant l'état des gens d'armes de la compagnie du duc de Bourbon au siège de Belleperche (1368-1369). — Autre extrait du même compte depuis le 1er jour d'avril 1368 jusques au premier jour de juin 1369. — Cote où se trouvent des renseignements sur Pierre Gonesse, garde du trésor des archives du Roi et sur son successeur Géraud de *Monteacuto* (1368-1370). — Indications de sources sur Yvain de Galles (1368-1372).

F. 45. (Liasse.) — 98 pièces, papier.

1369. — Montre de Gaillart de Baynac, chevalier, seigneur de Floressas, reçue à Puycornet (2 janvier). — Retenue, par le duc d'Anjou, de Gaillart de Baynac, chevalier, seigneur de Floressas (4 février). — Envoi à Étienne de Montméjan, trésorier des guerres, de la croissance de 60 hommes d'armes de la compagnie de Gaillart de Baynac, chevalier banneret, seigneur de Floressas (12 février). — Extrait d'un rôle intitulé : la montre de messire Pierre Jean, chevalier bachelier et de 43 écuyers de sa compagnie (15 janvier). — Ordre du duc d'Anjou à Étienne de Montméjan, de payer certaine somme à Bertrand, vicomte de Gimoys, seigneur de Terride, chevalier (2 janvier); — mention de la montre dudit vicomte faite à Puycornet, en Quercy (8 janvier); — ordre du duc d'Anjou à Étienne de Montméjan, de payer certaine somme au même vicomte (10 janvier); — ordre analogue du 22 janvier. — Payement de 1200 francs à Bertrand de Terride (22 janvier); — description du sceau dudit Bertrand de Terride ; — ordre du duc d'Anjou à Étienne de Montméjan de payer audit seigneur de Terride la somme de 400 francs d'or, pour l'indemniser de la perte de plusieurs chevaux au lieu de Floressas, en Quercy (22 juin). — Revue de messire Jean, sire de Pois, 3 autres chevaliers et 12 écuyers de sa compagnie (20 janvier). — Montre de Guillaume de Belfort, seigneur du Soulier, en Quercy (24 janvier); — payement de 48 francs audit G. de Belfort (3 février); — description du sceau de ce seigneur ; — autres payements de 78 francs (4 mai) et de 25 francs (24 novembre) audit G. de Belfort. — Copie des fausses lettres d'ajournement du prince de Galles, données par Froissart (25 janvier). — Ordre du duc d'Anjou à Étienne de Montméjan, trésorier général des guerres de payer 2000 francs d'or au sire d'Audeneham, chevalier (1er février).—Ordre du roi Charles V à Richard de Montmarbre, garde du clos des galées de Rouen, de délivrer à Martelot du Mesnil, châtelain de Mortemer, « quatre arbalestes à haucepié et huit autres à pié, six milliers de traits, c'est assavoir deux de gros et quatre de petit, avec quatre canons qui sont nécessaires pour la garde et défense de nostre dit chastel » (3 février). — Montre de Roger de Comenge, vicomte de Bruniquel et de 15 écuyers de sa compagnie (3 février). — Indication de source sur le mariage du duc de Bourgogne (4 février). — Ordre du duc d'Anjou à Étienne de Montméjan, trésorier des guerres, de payer 30 francs d'or à Durand Odin, notaire du Roi (8 février);— payement desdits 30 francs (8 février);— description du sceau de « Durandi Audini » et note de Lacabane.— Listes de ceux qui reçurent des lettres de protection d'Édouard III pour aller guerroyer en France (8 février); — listes pour d'autres personnages et pour ce même objet (8 février et 11 mars). — Quittance de

100 francs d'or délivrée à Jean Le Mire, receveur général des aides, par Raoul de Raineval, chevalier, panetier de France (9 février). — Analyse de la donation de Talemont sur Gironde faite par le prince de Galles au Soudan de la Tran (10 février). — Extrait de « la bille baillée par les Anglais quand monseigneur de Tanquarville fut en Angleterre » (10 février) ; — note de Lacabane. — Lettre ou Bille que le roi d'Angleterre remit aux ambassadeurs de France (10 février); — note de Lacabane.— Ordre du duc d'Anjou à Étienne de Montméjan de payer 60 francs d'or à Richard du Chemin et à Legier, bâtard de la Roche (10 février). — Retenue, par le duc d'Anjou, de Gaucelm de Vayrols, chevalier, sire de Albenqua, sénéchal du Quercy (11 février). — Retenue, par le duc d'Anjou, de Nolin Pappillon, écuyer, et payement d'une somme de 100 francs à cet écuyer (12 février). — Montre de Marquès de Cardaillac, chevalier banneret, reçue à Balaguier (14 février); — note de Lacabane.— Montre de Gaston de la Parade, écuyer, viguier de Toulouse (15 février). — Montre de Gaucelm de Vayrols, chevalier, pour la garde et défense de sa terre et de la ville de Cahors (15 février). — Envoi à Étienne de Montméjan, trésorier des guerres, de la montre de Gaucelm de Vayrols, chevalier, pour la défense de Cahors (15 février). — Quittance de 1540 francs d'or, délivrée par Barthélemy Spifame, marchand et bourgeois de Paris, au nom de Simon Bonceil, son gendre, facteur à Londres (16 février). — Retenue par le duc d'Anjou, de Hugues de Rochefort, chevalier, seigneur de Corberieu (17 février); — montre dudit chevalier (22 février). — Ordre du duc d'Anjou à Étienne de Montméjan, de payer 30 francs d'or à Guérart de Habert, maître des œuvres à Toulouse (17 février); — quittance des susdits 30 francs, délivrée par Guérart de Habert, maître des œuvres en la sénéchaussée de Toulouse et d'Albigeois (28 avril). — Ordre du duc d'Anjou à Étienne de Montméjan, trésorier général des guerres, de payer 50 francs d'or à Jean Pellerin, son valet de chambre (17 février); — ordre du même au même de payer 560 francs d'or à Jean Pellerin, sergent d'armes et écuyer de l'hôtel du duc d'Anjou (21 mai); — note de Lacabane. — Ordre de payer 700 francs d'or adressé à Renier le Coutelier, clerc du Roi et son bailli à Caen, par Aymar Bourgoise, trésorier de France (18 février). — Quittance de 2000 francs d'or délivrée à François Dounoy, receveur des aides, par Louis de St-Julian et Troullart de Maignac, chevaliers (20 février) ; — description du sceau de ces chevaliers. — Indication de source pour Guy de Beaumont, chevalier, capitaine de Chartres (21 février). — Quittance de la somme de

120 francs d'or délivrée à Jean Le Mire, receveur général des aides, par Guillaume Blondel, chevalier, maitre des requêtes de l'hôtel du Roi, envoyé vers le duc de Brabant « pour certaines grosses besoignes touchant le fait de la guerre » (22 février). — Retenue par le duc d'Anjou, de Guillaume Raymond de Pins, chevalier (22 février); — payement de 105 francs à ce seigneur (13 août); — description du sceau de « Guil. Raimondi de Pinibus ». — Réquisition de navires par Édouard III, roi d'Angleterre (24 février). — Ordre du duc d'Anjou à Étienne de Montméjan, trésorier des guerres, de payer 300 francs d'or à Guiraut de la Sève, procureur de messire Anissens de Pis et de messire « Berthemil, » son fils, chevaliers (26 février); — payement de 500 francs à Anissens et à Barthélemy de Pis (31 mars);—description des sceaux de ces deux seigneurs. — Ordre du duc d'Anjou à Étienne de Montméjan, de payer 1,000 francs d'or à Barthélemy de Pis (16 avril); — payement de 300 francs au même chevalier (21 décembre); — description du sceau de « Bertomieu de Pis ». — Retenue, par le duc d'Anjou, de Guillaume de Roquefcuil, seigneur de «Versols» (27 février); — montre de Guillaume de Roquefeuil, écuyer banneret, seigneur de Berzouls (10 mars). — Don de 100 francs d'or par mois fait par le duc d'Anjou à Guillaume de Cugnoz, archidiacre de Pincherez (1er mars); — ordre du duc d'Anjou à Étienne de Montmejan de payer 200 francs d'or audit archidiacre (2 mars); — quittance de 100 francs d'or, délivrée à Étienne de Montméjan, par Guillaume de Cugnoz, archidiacre de Pincherez (1er juin); — description du sceau de « Guillermi de Cunhossio »; — ordre du duc d'Anjou à Étienne de Montméjan de payer 300 francs d'or à Guillaume de Cugnoz, archidiacre de Pincherez, en l'église de Chartres, conseiller du Roi et dudit duc (6 décembre). — Accord entre Jean, comte d'Armagnac, d'une part, et Pierre, seigneur de Panat, chevalier, vicomte de Peyrebrune, d'autre part (2 mars). — Ordre de Charles V à Pierre Scatisse, trésorier général en Languedoc, de payer 6000 francs d'or, pour la rançon du sire d'Audeneham (2 mars); — nouvel ordre de Charles V pour le payement de ces 6000 francs (8 juillet); — ordre du duc d'Anjou à Étienne de Montméjan, trésorier des guerres, de payer les 6000 francs d'or pour achever le plus tôt possible de solder la rançon du sire d'Audeneham (8 août). — Envoi à Étienne de Montméjan, de la montre de Manaut, bâtard de Barbazan, écuyer (6 mars). — Ordre d'Édouard III, roi d'Angleterre, pour l'inspection et la mise en état de défense de divers châteaux, villes et forteresses (9 mars); — ordre du même souverain pour le domaine de Ponthieu (9 mars). — Lettres par lesquelles Jean Chandos, connétable d'Aquitaine et lieutenant du prince de Galles, met sous sa protection et sous sa sauvegarde le château de St-Nicolas, appartenant à l'abbaye de Moissac (12 mars). — Retenue, par le duc d'Anjou, de Bonet de Castet, écuyer, seigneur de Labescan (12 mars); — montre dudit Bonet de Castet (27 mars). — Lettres par lesquelles Jean Chandos, connétable d'Aquitaine et lieutenant du prince de Galles, lève le sequestre mis, à l'instigation des consuls de Lauzerte, par le sénéchal de Quercy et de Périgord et par le procureur du Roi, sur la haute justice des lieu et château de la Garde-Calvière, appartenant à l'abbaye de Moissac (13 mars). — Retenue, par le duc d'Anjou, de Jean, seigneur de Granuhol en Loumaigne, écuyer (13 mars); — montre dudit Jean (27 mars).

F. 46. (Cahier.) — Petit in-folio, 34 feuillets, papier

1369. — Rôle des cités, villes, châteaux et forteresses de la Guienne et de la Gascogne qui adhérèrent aux appellations contre le prince de Galles (18 mars 1369).

F. 47. (Liasse.) — 85 pièces, papier.

1369. — Ordre du duc d'Anjou à Étienne de Montméjan, de payer 100 francs d'or à Pierre Jean Gros, chevalier (14 mars). — Ordre du duc d'Anjou au même Étienne, de payer 100 francs d'or à Guillaume Auriolla, écuyer, de Cahors (16 mars); — ordre du même de payer 100 francs d'or à Arnaud Auriolla, licencié en droit (16 mars); — payement de 100 francs à Ar. Auriolla, juge de Ribiera (16 mars); — description du sceau d'Arnaud d'Auriola. — Retenue, par le duc d'Anjou, de Guillaume de Cardaillac, chevalier (16 mars). — Don de 300 francs fait par le duc d'Anjou à Mondor de Periers, écuyer (17 mars); — payement desdits 300 francs (12 juin); — description du sceau de « Ramundi... Piriis »; — note de Lacabane. — Payement de 25 francs à Henri Englent, à Réalville (18 mars); — description du sceau de « Henri Inglan »; — autre payement de 24 francs au même Henri (30 juin); — note de Lacabane. — Ordre du duc d'Anjou à Étienne de Montméjan de payer 230 francs d'or à Jean de Bos, chanoine de Lisbonne (19 mars);— payement de 100 francs au même chanoine (30 mars). — Montre de Jean de Cardaillac, seigneur de Villoule, chevalier banneret (19 mars). — Ordre d'Édouard III, roi d'Angleterre, pour préparatifs de guerre (20 mars).

— Montre de Bernard, seigneur de Cardaillac et de Bieulles, chevalier banneret (20 mars). — Montre de Guillaume, sire de Capdenac, écuyer, pour la défense de Capdenac, reçue audit lieu (20 mars) ; — mention de l'attache des maréchaux de France portant ordre au trésorier des guerres de faire prêt et payement audit Guillaume de Capdenac et à ses gens d'armes (20 mars). — Quittance de 16 francs d'or, délivrée à Étienne de Montméjan, trésorier des guerres, par Pierre Berges et Jacques de Peyrusse, consuls de Peyrusse (22 mars); — note de Lacabane. — Envoi de la montre de Raymond de Lebret, chevalier banneret (27 mars). — Description des sceaux d'Arnaud d'Espagne et de Guy d'Azay, chevaliers, maréchaux de monseigneur d'Anjou et de toute la Languedoc. — Ordre du duc d'Anjou à Étienne de Montméjan, trésorier général des guerres, de payer 1000 francs d'or au comte de Vendôme et de Castres (28 mars); — note de Lacabane. — Quittance de la somme de 1000 francs d'or délivrée à François Daunoy, receveur du diocèse de Paris, par Jean Géncien, receveur général ès cité, ville, prévôté et vicomté de Paris (28 mars). — Ordre du duc d'Anjou à Étienne de Montméjan, de payer 100 francs d'or à Gaucelm de Vayrols, écuyer (30 mars). — Mention et indication de sources de lettres de sauf-conduit délivrées par Édouard III, roi d'Angleterre, à divers lui apportant certaines sommes de deniers (31 mars). — Lettres du duc d'Anjou, confirmant le comte de Périgord dans la plénitude de droits dont l'avait dépouillé le prince de Galles (31 mars); — note de Lacabane. — Lettres du duc d'Anjou accordant à Guillaume de Balaguier, damoiseau, et à Bertrand de Balaguier, son aïeul, la haute juridiction de Montsalès sénéchaussée de Rouergue (mars); — mention des lettres de confirmation par le roi Charles V (décembre) et extrait de l'histoire de la rupture du traité de Brétigny, relatif à cette donation. — Donation de la haute juridiction et la moitié de la basse du lieu de Cayrac, sénéchaussée de Quercy, faite par le duc d'Anjou à Reginald Donerel, doyen de Cayrac (mars); — confirmation de cette donation par le roi Charles V (août). — Don de 50 livres tournois de rente annuelle et perpétuelle fait par le duc d'Anjou à Guillaume de Belfort, seigneur de Lespaire (mars); — confirmation de ce don par le roi Charles V (novembre); — note de Lacabane. — Retenue, par le duc d'Anjou, de Ratier de Penne, écuyer, seigneur de Beaufort et de Balaguier (1er avril). — Montre de Ratier de Penne, écuyer banneret (2 avril). — Extrait du compte de Jean le Mercier, trésorier des guerres du Roi (1er avril au 1er mai). — Ordre du duc d'Anjou à Étienne de Montméjan, trésorier des guerres, de payer 1920 francs d'or à Guillaume de Puy-Buscan, docteur en lois (6 avril). — Ordre du même duc de payer 20 francs d'or à Huguet de la Roche, écuyer (8 avril). — Ordre du duc d'Anjou à Étienne de Montméjan, de payer 200 francs d'or à Raymond Carit, chevalier (9 avril); — note de Lacabane. — Montre de Géraut, seigneur de Cardaillac, écuyer (10 avril); — payement de 36 francs à « Guiraut de Cardalhac » (24 décembre); — description du sceau de « Guiraud Carda... »; — note de Lacabane. — Don de 3000 florins d'or fait par le duc d'Anjou au seigneur de Castelbajac (12 avril); — note de Lacabane. — Ordre du duc d'Anjou à Étienne de Montméjan, de payer le prêt au sire de Rocafueil, malgré le « cassement général » des gens d'armes (12 avril). — Analyse et extrait de la procuration donnée à Arnaud, seigneur de Landorre, chevalier, Arnaud Beraldi, seigneur de Cessac, Raoul de Lisle, trésorier de France et Aymeric de *Layraco*, bourgeois de Paris, par Archambaud, comte de Périgord, pour adhérer à l'appel contre le prince de Galles (13 avril). — Commission donnée par Édouard III, roi d'Angleterre, à divers pour réunion de troupes (15 avril). — Montre de Guillaume de Caraigne, écuyer, seigneur du Clusel (15 avril). — Don de 100 francs fait par le duc d'Anjou à Raymond Somade (15 avril). — Retenue, par le duc d'Anjou, de Thibaut, chevalier, seigneur de Pérusse (15 avril). — Retenue, par le duc d'Anjou, de Gisbert de Doma, chevalier (16 avril). — Ordre du duc d'Anjou à Étienne de Montméjan de payer 300 francs d'or à Guillaume Bernard de Ravat, écuyer (17 avril). — Retenue, par le duc d'Anjou, de Guilhaumoy, seigneur de Clusel, écuyer (17 avril). — Ordre du duc d'Anjou à Étienne de Montméjan, trésorier des guerres, de payer 160 francs d'or à Pierre des Pratz, écuyer (28 avril); — payement de 40 francs audit des Pratz, de Cahors. — Don de 200 francs d'or fait par le duc d'Anjou à Huguet Paya de Rabastaing, écuyer (20 avril); — payement de 200 francs à Huc Paya (26 avril). — Montre de Giraut Daurbesan, chevalier, seigneur de Lisle d'Aurbesan (21 avril); — note de Lacabane. — Ordre du duc d'Anjou à Étienne de Montméjan, trésorier général des guerres, de payer 80 francs d'or à Jean de Cabazac, de Cahors (21 avril); — payement de 80 francs d'or à Jean de Cabazac (22 mai); — description du sceau de « Johis de Cabazaco ». — Degrés généalogiques de Bernard de Cabazac, co-seigneur de Lalbenque, de sa femme Bertrande de Sabanac et de leurs deux filles entrées dans les maisons de la Popie et de Monlavart; — note sur la famille de Cabazac,

établie en Normandie et venue à Cahors. — Don de
100 francs d'or fait par le duc d'Anjou à Étienne de
Malbuisson, bachelier en lois, du diocèse de Cahors
(21 avril); — payement de 20 francs à « Esteve de
Malboysso » (24 novembre). — Don de 500 francs d'or
fait par le duc d'Anjou à Pierre Ramon de Rabastens
sénéchal de Toulouse (22 avril). — Mention de la prise
de possession du comté de Ponthieu, au nom du roi
Charles V, par Huc de Châtillon, chevalier, seigneur
de Dampierre et de Rollaincourt (23 avril). — Ordre
de Huc de Châtillon, seigneur de Dampierre et de Rollaincourt, maître des arbalétriers de France, aux trésoriers des guerres du Roi, de payer les gages de
Guillaume Chastellain de Beauvais, chevalier banneret
et de ses chevaliers et écuyers (25 avril); — quittance
de la somme de 690 livres tournois délivrée à Étienne
Braque, trésorier des guerres, par Guillaume Chastellain de Beauvais, chevalier banneret (16 mai); — montre de Guillaume Chastellain de Beauvais (25 avril). —
Payement de 16 francs à Mathieu Thozet, seigneur
de « Ylha Amada » (27 avril); — description du sceau
de Mathieu Thozet ; — payement de 30 francs à Mathieu *Tozeti*, seigneur à Meuzac (4 juin); — autre payement de 20 francs au même « Matieu Tozet
écuyer, s^r Dilha Mada » (26 juin). — Don de 80 francs
d'or fait par le duc d'Anjou à la ville de Montauban
pour fournitures d'artillerie (26 juin); — note de Lacabane. — Cédule accordée et scellée par monseigneur
Huc de Châtillon à la barrière de la porte du Bos, le
pénultième jour d'avril 1369, quand le comté de Ponthieu fut pris en la main du Roi par ledit Huc, maître
des arbalétriers de France. — Remise en possession
par le duc d'Anjou, en faveur de Guillaume de Cardaillac, chevalier, seigneur de Lacapelle-Marival et de
St-Saturnin, diocèse de Cahors, d'une rente indivis
concédée à Bertrand de Cardaillac par le roi Philippe
le Bel (avril); — confirmation de ces lettres par le roi
Charles V (juillet). — Montre de Waleran de Renneval,
chevalier banneret (1er mai). — Quittance de la somme
de 40 livres tournois délivrée à Pierre le Seve, receveur d'Amiens, par Jean d'Englebellemer, écuyer,
lieutenant de Huc de Raincheval (26 octobre); — autre
quittance de la somme de 500 florins délivrée à Pierre
le Sève, receveur de la baillie d'Amiens, par Huc de
Raincheval, capitaine du château de Crotoy (8 novembre). — Extrait des chroniques de St-Denis au sujet
de la présentation des seigneurs qui ont fait appel
contre Édouard, prince de Galles (2 mai). — Ordre du
duc d'Anjou à Étienne de Montméjan, de payer 200
francs d'or à messire Pierre d'Ornezen, chevalier, pour
la garde et défense de Châteauneuf (16 mai). — Men-

tion de lettres de retenue de Hervé de Karelleu, chevalier par le duc d'Anjou (20 mai); — envoi, par les
maréchaux en Languedoc pour le duc d'Anjou, de la
montre d'Hervé de Karelleu, reçue à Cahors (24 mai);
— quittance de 136 francs délivrée à Étienne de Montméjan par ledit Hervé (25 mai); — quittance de 240
francs d'or délivrée aux consuls de Cahors par le même
Hervé de Karelleu (4 août). — Quittance de la somme
de 120 francs d'or délivrée à Pierre Houe, receveur
général de la province de Rouen, par Guillaume de
Brosseronde, capitaine du Petit Guelet (21 mai). — Indication de source et note sur Geoffroy le Roux, le
même que Geoffroy Teste-noire (24 mai). — Croissance de la compagnie de Hervé de Kerelleu, chevalier,
reçue à Cahors (24 mai); — note de Lacabane.

F. 48. (Liasse.) — 115 pièces, papier.

1369. — Don de 500 francs d'or fait par le duc
d'Anjou à Gaston de la Parade, viguier de Toulouse
(1er juin) ; — description du sceau de Gaston de la
Parade. — Ordre du duc d'Anjou à Étienne de Montméjan de payer 1500 francs d'or à Huguet et Guillaume de Badafol et Fousson de la Roche, écuyers, de
Périgord (3 juin). — Ordre du duc d'Anjou à Étienne
de Montméjan, trésorier des guerres, de payer 100
francs d'or à Bernard de Grinzehac (Grezinhac), pour
messire Taleran de Pierregort (3 juin). — Montre de
Marquès de Cardaillac, pour la garde de la ville de
Cahors, reçue à Cahors (4 juin). — Retenue par le
duc d'Anjou, de Poncet de Baygnac, écuyer, seigneur
de Comarque (4 juin); — note de Lacabane. — Montre
de Marquès de Cardaillac pour la garde et défense
de la ville Cahors, composée de : Marquès de Cardaillac ; Guillaume de Cardaillac ; Jean de Mollon (sans
doute Morthon); Jean de Chasteauneuf; Dourde la
rasc ; Bertrand de Cardaillac ; Raymond la Grèze;
Jean Èbrart ; Guillaume de Sérignac ; Étienne Bour-
des ; Jean de Puygrave; Bertrand de Crozat; Bertrand
de Padyes; Poinget de Pomiac ; Philippe de la Lou;
Chasteaubourg de Cardaillac; Philippe de Lalou ; Jean
Roullant ; Aymeric d'Angles ; Bernard de Concorès;
Guillaume Bernart ; Guillaume Bernart de Chantemerle ; Guiraut la Barrière ; Bertrand la Grèze ; Bertrand
de Boyssorn ; Gaillart de Godour; Jean Maynart; Ray-
mond de St-Bressou ; Hugues de Concoux ; Guarin du
Port ; Hélies Buffet ; Pierre Geneys ; Guillaume Colom;
François de Lentillac ; Étienne de la Rivière ; Arnaud
de Gramat ; Pierre Bonafoux ; Guillaume de Saint-
Bressou ; Jean de Miollon ; Gohier Amblart ; Jean du
Pin ; Raymond de Cajart ; Jean Aycart ; Guillaume de

Roddez; Pierre Chaygnier; Jean de Fluyraz; Bernard du Poget; Bertrand La Roche; Raymond Gaîte; Benoît d'Espayrac; Isarn de Cadrieu; Bertrand de Cadrieu; Bernard de Balaguier; Pierre d'Allières; Bertrand de Cadrieu; Foulquet de la Roche; Aymeric de Gasc; Augier Gasc; Hugues de Puydoan; la trompette (4 juin). — Retenue, par le duc d'Anjou, d'Hélias de la Roche, écuyer (4 juin); — ordre du duc d'Anjou à Étienne de Montméjan, de payer 500 francs d'or à Hélias de la Roche, écuyer, seigneur de Larchière (15 novembre); — ordre du même de payer au même écuyer la somme de 50 francs d'or (1er décembre); — payement de 50 francs d'or à Hélias de la Roche (6 décembre). — Quittance de 12 francs d'or délivrée à Jean *Egidii*, bourgeois de Nîmes, receveur des subsides, par Jean de Henaut, écuyer, pour lui et ses compagnons gardiens de la Tralla, près Beaucaire (5 juin); — quittance de Simon de Montauban, Philibert de Serveria, Jean de Henaut et Guillaume Picardi, compagnons préposés à la garde de Tralhe, par le duc d'Anjou, pour 48 francs d'or (1er octobre). — Don de 800 francs d'or fait par le duc d'Anjou à Gaffroy, archevêque de Toulouse (5 juin); — quittance desdits 800 francs délivrée par ledit archevêque à Étienne de Montméjan (10 juin). — Ordre du duc d'Anjou à Étienne de Montméjan de payer 300 francs d'or à Dordé Raymon, capitaine de la Fons, en Agenais (6 juin); — payement de 160 francs d'or à Dordé Raymon, écuyer, capitaine de « la Foltz », près Agen (30 juin); — description du sceau de « Dordé Ramon de Sobes ». — Lettres de Charles V par lesquelles il promet à frère Ytier de Péruce, commandeur de la Chassaigne, de l'ordre de l'hôpital de St-Jean de Jérusalem, de l'indemniser des pertes qu'il pourrait subir, lui ou son ordre, par suite de son dévouement au roi de France (7 juin). — Retenue, par le duc d'Anjou, de Guillaume Arnaud de La Mote, seigneur de Chastelneuf et de Mames en partie et de Noulham, et ordre de lui payer des gages (11 juin). — Ordre du duc d'Anjou à Étienne de Montméjan, trésorier général des guerres, de payer 100 francs d'or à Jean Vassal, seigneur de Belcastel, Loupiac et Frayssinet (11 juin); — payement des 100 francs d'or (15 juin); — description du sceau de « Johan Vasal ». — Montre de Gibert, seigneur d'Aynac, chevalier, et de onze écuyers de sa compagnie, reçue à Figeac par les consuls de ladite ville (20 juin). — Ordre du duc d'Anjou à Étienne de Montméjan, trésorier des guerres, de payer 600 francs d'or à Frenon de Vayrols, seigneur de St-Jean de Ribas, pour l'aider à payer sa rançon (21 juin). — Lettres d'État accordées par Édouard, prince de Galles, à

Rose d'Albret (22 juin). — Traité et conventions entre Diguo Massi, châtelain de Milhau et de Compeyre, d'une part, et le seigneur de Séverac, d'autre part (24 juin). — Engagement par Diguo Massi, châtelain de Milhau et de Compeyre, de remettre entre les mains du seigneur de Séverac, la tour de Compeyre, s'il n'est pas secouru dans un temps fixé (24 juin); — mention d'Arnaud de Landorre, sénéchal du Rouergue (8 octobre); — note de Lacabane. — Lettre du comte d'Armagnac à Amalric de Narbonne, seigneur de Taleyran, pour lui annoncer le voyage du duc d'Anjou en Rouergue (25 juin); — lettre dudit Amalric de Narbonne à son neveu, le seigneur de Séverac, en lui envoyant copie de la lettre du comte d'Armagnac, et lui donnant des nouvelles et des instructions sur la situation au point de vue de la guerre; — notes de Lacabane. — Payement de 735 francs à Pierre de Mons (25 juin); — retenue de Pierre de Mons par le duc d'Anjou (4 août). — Ordre du duc d'Anjou à Étienne de Montméjan, de payer 1500 francs d'or au chapitre de Montauban (29 juin); — payement de 200 francs à Guiraut de St-Alari pour le chapitre de Montauban (1er juillet); — ordre du duc d'Anjou à Étienne de Montméjan, de payer 1800 francs audit chapitre de Montauban (29 août). — Ordre du duc d'Anjou pour un payement de deniers à Bertrand de Boys, bachelier en droit canon et en droit civil (fin juin); — payement de 120 francs à Bertrand de Boys, bachelier *in utroque jure* (1er juillet). — Don par le roi Charles V, à Louis, vicomte de Rochechouart, de la châtellenie de Rochefort, diocèse de Saintes, sur la Charente (juin). — Actes d'adhérence à l'appel du comte d'Armagnac contre le prince de Galles, duc de Guyenne, dans lesquels figurent : Arbert, sire de la Courtine; Ytier de Peruce, chevalier de l'hôpital de St-Jean-de Jérusalem, commandeur de Bellechassaigne, au pays de Guyenne; Regnault de Montferrant, chevalier, procureur de Regnault, seigneur de Pons; Jean de St-Chamant, chevalier; frère Guy de Moriac, chevalier de l'hôpital de l'ordre de St-Jean-de-Jérusalem; Raymond de Marueil, chevalier; Jean de Mailloret, écuyer; Jean de Cleux, écuyer; Jean de Rochefort, chevalier, sire de Chastelvert; Perrin Potet, écuyer; Mondon de Corraille, écuyer (juin à novembre); — descriptions des sceaux de ces divers seigneurs. — Donation de tous les biens meubles et immeubles ayant appartenu à Pierre Merle et à Arnauld de Riblay, de Montauban, faite par le duc d'Anjou à Ratier de Beaufort, chevalier (juillet); — confirmation de cette donation par le roi Charles V (11 novembre). — Ordre du duc d'Anjou, à Étienne de Montméjan, de payer 400 francs d'or à l'archevêque de Toulouse (2 juillet); — quittance de 400 francs d'or, délivrée à Étienne de Montméjan, par Gasfred (ou Geoffroy de Vayrols), archevêque de Toulouse (3 juillet). — Montre de messire Jaismes Ysalguier, chevalier bachelier, et de 98 écuyers de sa compagnie (3 juillet); — note de Lacabane. — Ordre du duc d'Anjou à Étienne de Montméjan, de payer 20 francs d'or à Rollan de la Porte, chevalier, allant en Rouergue (5 juillet); — payement de 20 francs à Rollan de la Porte, châtelain de Buzet (5 juillet). — Ordre du duc d'Anjou à Étienne de Montméjan, d'indemniser Guillaume de Goyrans, son maître d'hôtel, des avances faites à Genfroy Beau, écuyer d'écurie (8 juillet); — payement de 200 francs d'or à G. de Goyrans (16 août); — note de Lacabane. — Ordre du duc d'Anjou à Étienne de Montméjan, de payer 30 francs d'or à Guillaume Aymar (10 juillet). — Payement de 500 francs à Ramon Rogier, vicomte de Coserans (11 juillet). — Don de 70 francs d'or fait par le duc d'Anjou à Henri Trézels, pour l'indemniser des pertes par lui éprouvées « en la course que dernièrement a esté faicte devant Montalban » (14 juillet). — Payement de 500 francs à Ponset Laroche (21 juillet); — description du sceau dudit Laroche ; — ordre du duc d'Anjou de payer 800 francs d'or à Pons la Roche, écuyer, seigneur du Puy (15 novembre). — Retenue, par le duc d'Anjou, d'Arnaut d'Espaigne, chevalier et maréchal en son ost, pour la garde et défense du Périgord au-delà de la Dordogne (24 juillet); — envoi à Étienne de Montméjan de la montre des gens d'armes et archers de l'hôtel et de la compagnie dudit Arnaut d'Espagne (août); — description du sceau dudit Arnaut ; — mention de lettres de retenue du même Arnaut par le duc d'Anjou (1er novembre); — mention de la montre faite à Périgueux par le même Arnaut (5 novembre). — Nomination, par le duc d'Anjou, de Talairan de Périgord et d'Arnaut d'Espagne, sénéchal de Carcassonne, conseiller du Duc et maréchal en son ost, en qualité de généraux capitaines dans les pays d'outre Dordogne (26 juillet); — vidimus des lettres de nomination, par Pierre Raymond de Rabastens, chevalier, seigneur de Campagnac, conseiller et sénéchal de Toulouse et d'Albigeois (4 novembre). — Mention de la nomination de Guy, seigneur de Séverac, comme gouverneur et capitaine des lieux et ville de Compeyre, par le duc d'Anjou (29 juillet); — rôle de la montre et revue faite par Guy de Séverac, chevalier, de lui et de 20 hommes d'armes à Villefranche, devant Arnaud de Landorre, sénéchal de Rouergue (8 octobre); — confirmation, par Charles V, des lettres de nomination de Guy de Séverac. — Mention des

lettres de Charles V ordonnant à Jean Le Mercier de se transporter vers le sire de Craon pour qu'il assemble les gens de guerre contre les ennemis assiégeant La Roche-sur-Yon (29 juillet); — mention des lettres par lesquelles le roi de France retient le duc de Bourgogne, son frère, pour son lieutenant en tout le pays de Picardie (15 août); — lettres de Charles V au sire de Craon, lui ordonnant de se transporter en Bretagne pour y combattre les Anglais (16 août). — Indication de sources : sur lettres de Charles V ordonnant à Jean Le Mercier, de se transporter vers le sire de Craon pour l'engager à rassembler les gens de guerre afin de chasser les Anglais qui avaient assiégé la Roche-sur-Yon (29 juillet); — sur la retenue du duc de Bourgogne comme lieutenant du Roi en Picardie (15 août). — Lettre de Lacabane portant indication de sources pour l'histoire de Tancarville.

F. 49. (Liasse.) — 60 pièces, papier.

1369. — Ordre du duc d'Anjou à Étienne de Montméjan, trésorier des guerres, de payer 300 francs d'or à Gilbert, seigneur de Dôme (2 août) ; — envoi audit Étienne de la montre de messire Gisbert, seigneur de Dome, chevalier banneret, reçue à Gaillac (8 août). — Quittance de 100 livres, délivrée à Regnaut de Vivonne, seigneur de Poullé, par Philippot Loubat, capitaine de Talemont (7 août). — Mention de quittance délivrée par Huc de Raincheval, pour 3 mois de service comme capitaine de Crotoy (7 août). — Quittance de 30 francs d'or délivrée à Étienne de Montméjan par Philippe de Bolinia, damoiseau (15 août); — note de Lacabane. — Ordre du sire de Craon à Jean le Mercier pour qu'il ait à faire le plus grand prêt possible aux forces envoyées contre les Anglais auxquels venait d'être vendu le château de la Roche-sur-Yon (16 août); — lettre d'Amaury de Craon au même sur le même sujet; — note de Lacabane. — Ordre du duc d'Anjou à Étienne de Montméjan, de payer 500 francs d'or à Jean Calvet, marchand, de Toulouse (18 août); — payement desdits 500 francs audit Calvet (18 août); — description du sceau de « Johanis Calveti ». — Retenue des consuls de Montauban par le duc d'Anjou (21 août). — Ordre de livrer de l'artillerie à Tibaut Cosme, maître de la barque de Guerrande, adressé à Ricart de Brumare, sergent d'armes du Roi et garde du clos des galées à Rouen, par Pierre de Villiers, conseiller du Roi, souverain maître de son hôtel, Aymar Bourgoyse, trésorier de France, et Étienne du Moustier, huissier d'armes du Roi (22 août). — Don de 12,000 francs d'or fait par le duc d'Anjou à la ville de Montauban (24 août);

— quittance de 500 francs d'or délivrée à Étienne de Montméjan, trésorier des guerres, par les consuls de la ville de Montauban (26 août) ; — ordre du duc d'Anjou de payer 2,400 francs d'or aux consuls de la ville de Montauban (22 novembre). — Don de 50 francs fait par Charles, roi de Navarre et comte d'Évreux, à Jean Baugi, sous-sergent en la sergenterie d'Oissy (24 août). — Donation, par Charles V, à Jean de la Barre, d'une maison à Angers, ayant appartenu à Jean Belon, accusé d'avoir livré aux Anglais le château de la Roche-sur-Yon, dont il était capitaine (24 août). — Ordre du duc d'Anjou à Étienne de Montméjan, de payer 240 francs aux consuls de Cahors (27 août). — Ordre du duc d'Anjou de payer certaine somme au capitaine de la Fotz, près Agen (28 août). — Ordre du même de payer certaine somme à Ratier de Beaufort, chevalier, à Guillaume de Beaufort, son frère, et à Gasbert de la Garde (28 août) ; — note de Lacabane. — Lettres de Charles V portant que le doyenné de Cayrac, diocèse de Cahors, ressortira dorénavant à Cahors (août). — Don d'une rente annuelle et perpétuelle de 200 livres parisis, à prendre sur l'émolument vulgairement appelé le sexteral de la ville de Lamilhau, fait par Charles V à Guy de Roffignac, écuyer et panetier du duc d'Anjou (août) ; — note de Lacabane ; — extrait des registres du Parlement relatif à une contestation entre ledit Roffignac et les habitants de Lamilhau au sujet des 200 livres de rente. — Indication de source sur la revue de l'ost devant Tournehem, le 1er septembre 1369. — Mention des gages reçus par Guillaume, sire d'Arssouval, chevalier, d'Étienne Braque, à Tournehem (4 septembre). — Quittance de 300 florins d'or délivrée à Crestian Du Cange, receveur au diocèse d'Amiens, par Jean, seigneur de Cempy (Sempy), capitaine et garde de la ville de Boulogne-sur-Mer (7 septembre). — Quittance de 75 livres tournois délivrée à Bourges, à Jean le Mercier, trésorier des guerres, par Estèle de Marconney, écuyer (12 septembre) ; — description du sceau de Marconney.— Mention de la montre faite à St-Omer, par Jean, sire de Fraussures (14 septembre).—Ordre du duc d'Anjou à Jean Gile, receveur des finances, d'avoir à payer à Geffroy de Partenay, écuyer, la somme de 60 francs d'or, pour l'aider à sortir de prison (17 septembre) ; — mention de la quittance de ces 60 francs d'or délivrée, à Nîmes, par Geffroy de Partenay (19 septembre). — Appel au roi de France, en son parlement de Paris, par Jean de Montaut, seigneur de Benac, parce que le duc de Guyenne avait donné au captal de Buch, anglais, le comté de Bigorre, dans lequel se trouvaient les biens dudit de Montaut (2 octobre). —

Payement de 500 francs à messire Remon de Benac, seigneur de Lane (2 octobre) ; — autre payement de 250 francs au même Remon de Benac pour Ango, seigneur d'Oussan (2 octobre). — Ordre du duc d'Anjou à Étienne de Montméjan, de payer 100 francs d'or à Jean de Villemur, chevalier (3 octobre). — Liste des gens d'armes étant au siège de Belleperche et qui ont reçu des prêts : le duc de Bourbon ; Griffon de Montagu ; Philibert de Lespinasse ; Guichart Dalphin ; Lourdin de Salegny ; Pierre, sieur de Norry ; Robert de Sancerre ; Jean le Bastart de Bourbon ; Guy, seigneur de Cousant ; Nicolas Judex, arbalétrier ; Gauchier de Passac ; Geoffroy du Bochet ; Erart de Lespinasse ; Esnart de Marcelli ; Girart de Bourbon ; Gauthier Dessoubs la Tour ; Jean, seigneur de Griffier ; Guillaume de Vichi ; Aynart de la Tour, sire de Vinay ; Mile de Noyers ; comte de Joigny ; Jean de la Haye ; Jean Blainloup ; Erart, sire de Crux ; Pierre de Mascon ; Gontaut, seigneur de Toury ; Huguelin de Chasteaumorant ; Guillaume, seigneur de Chalençon ; Hugues de Digoine ; Jean de St-Vrain ; Jean de Vau-le-Conte ; Jean de la Guiche ; Jean de Bouloigne ; Guyot de Roussoy ; Guy de Rochefort ; Eudes, seigneur de Vendac ; Robert de Beaujeu ; Floton, seigneur de Revel ; Jean du Mast ; Jean de Bricolles ; Philippe d'Avenières ; Hugon du Chat ; Jean de Troizvernay ; Jean des Granges ; Guillaume de Haumes ; Jean-Pierre, Hugues de Changnet ; Hugues Dalphin ; Gibaut de Mello ; Guy de Mesanconte ; Guillaume Morin ; Jean de Tintre ; Guillaume de St-Prime ; Hugues de Blangy ; Girart de Roissillon ; Jean de Roissillon (10 octobre) ; — note de Lacabane. — Quittance de 540 livres tournois délivrée à Jean le Mercier, trésorier des guerres, par Geffroy, seigneur de Boschet (12 octobre). — Retenue, par le duc d'Anjou, du sire de Sévérac (17 octobre) ; — montre de Guy, seigneur de Sévérac, chevalier banneret (22 octobre). — Ordre du Roi à Jean le Clerc, receveur des aides ordonnées dans le diocèse de Noyon, d'avoir à installer des arbalétriers, en nombre déterminé, au pont de Beaumont-sur-Oise, à Creil, à Pont-Saint-Maxence et au pont de Choisy (21 octobre). — Mention de lettres d'ajournement de certaines gens d'église à Arras, émanées de Pierre, sire de Chevreuse, chevalier, conseiller du Roi, Tristan du Bois, bailli de Vermandois, et Pierre Cuiret, secrétaire du Roi (23 octobre). — Ordre du duc d'Anjou à Étienne de Montméjan, trésorier des guerres, de payer 50 francs d'or à Étienne Aubert, écuyer pour le récompenser de lui avoir apporté la nouvelle de la prise de Thomas Auceafare (Walkefare), chevalier d'Angleterre, se disant sénéchal de Quercy (octobre) ; — note de Lacabane. — Mention de Jean, sénéchal d'Eu, comme capitaine de Honfleur (octobre). — Lettres de rémission en faveur de Thomasse la Rousse, de Falaise, convaincue d'être restée avec des Anglais et ensuite avec des Bretons, ennemis du Royaume (octobre). — Ordre du duc d'Anjou de payer 6700 francs par parts : aux maire et consuls de la ville de Périgueux ; à Hélie Seguin ; à Hélie de Barnabé ; à Hélie de Chambon ; à Raymond de Petit ; à Lambert Boniface et autres dénommés dans l'acte (11 novembre); — note de Lacabane. — Ordre du duc d'Anjou à Étienne de Montméjan de payer 1,000 francs d'or à Guy Flamenc, écuyer, seigneur de Villac (15 novembre). — Ordre du même de payer 2000 francs d'or à Bertrand de Born, chevalier, seigneur d'Autefort (15 novembre). — Quittance de la somme de 625 francs d'or délivrée à Étienne Braque, trésorier des guerres, par Jean de Karanlouet, écuyer, huissier d'armes du Roi (18 novembre). — Payement de 30 francs aux consuls de Rocamadour (25 novembre); — description du sceau des consuls de Rocamadour. — Payement de 25 francs à Arman de Cas (28 novembre); — description du sceau « d'Arman de Cas ». — Indication de lettres confirmatives de privilèges aux habitants de Condom et, en particulier, de lettres du duc d'Anjou, datées de Toulouse (novembre); — note de Lacabane. — Indication de sources sur Jean de Chambly, dit le Hase, chevalier, maître d'hôtel et commis pour recevoir les montres. — Retenue, par le duc d'Anjou, d'Aymeri de Rochefort, chevalier, seigneur de la Pomerade (5 décembre). — Mandement de Guy de Hocourt, gouverneur du Ponthieu, aux trésoriers des guerres, pour qu'ils aient à payer les gages aux gens composant la montre de Waleran de Cambron, chevalier, et un écuyer avec lui du nombre des 500 hommes d'armes ordonnés sous le gouvernement du comte de Liney et de St-Pol, lieutenant du Roi en Picardie (9 décembre); — description du sceau de Hocourt. — Accord entre noble Mothet de la Panouse, chevalier, régent la baronnie et de la juridiction du château de Sévérac, agissant au nom et comme représentant du seigneur de Sévérac, d'une part et plusieurs habitants du lieu de Gaunhac, agissant au nom de la communauté dudit lieu, d'autre part (14 décembre). — Mandement de Jean de Chambly, dit le Hase, chevalier, maître d'hôtel du Roi, commis à recevoir les montres et revues des gens d'armes, archers, arbalétriers et autres, adressé aux trésoriers des guerres, pour qu'ils aient à payer les gages aux gens composant la montre de Jean, sire de Fontaines, chevalier bachelier, sous le gouvernement de Yvain de Galles, « capitaine général pour le présent passage de la mer », montre reçue à « St-Roman de Corllebot » (16 décembre). — Montre de Tristan de Roy, chevalier (16 décembre). — Quittance de 405 francs d'or délivrée à Étienne Braque, trésorier des guerres, par Tristan de Roy, chevalier (22 décembre). — Fragments de l'histoire de la rupture du traité de Brétigny. — Note sur la châtellenie de Concorsault en Berry. — Mention de lettres d'adhérence à l'appel formé par le comte d'Armagnac contre le roi d'Angleterre. — Indication de sources pour autorisation de changer ou établir foires et marchés dans ses terres, accordée à Louis, vicomte de Rochechouart. — Mention de la nomination de messire Regnaut de Doin, seigneur de Briansson, capitaine d'une compagnie d'hommes d'armes, comme lieutenant de Louis, vicomte de Rochechouart. — Extrait de l'histoire de Périgord par M. Tarde, chanoine de Sarlat.

F. 50. (Linsse.) — 89 pièces, papier.

1369-1497. — Retenue, par le duc d'Anjou, de Paulon de Nogaret, sergent d'armes, châtelain de Puycelse (15 janvier 1369); — payement des gages dudit Nogaret (6 février 1369); — description du sceau de « Paul de Nogaret »; — payement de 25 francs à Paulon de Nogaret pour frais de voyage à Limoges (4 septembre 1370); — ordre du duc d'Anjou à Étienne de Montméjan, de payer 100 francs d'or à Étienne de Nogaret, docteur en lois (25 janvier 1378). — Payement de 700 francs à Gualhart de Baynac, chevalier (11 février 1369); — description du sceau de Gualhart de Baynac; — quittance de 46 francs et 6 gros d'argent délivrée à Étienne de Montméjan, par Gualhart de Baynac, chevalier, seigneur de Floressas en Quercy (24 juillet 1369); — payement de 400 francs à Gualhart de Baynac, chevalier (31 août 1369) ; — autre de 1 francs au même (18 septembre 1372) ; — montre de Gualhart de Baynac reçue à Agen (2 septembre 1372). — Mention et analyse du traité conclu entre le comte d'Armagnac, d'une part, et les consuls de Peyrusse d'autre part (11 février 1369) ; — mention de la confirmation dudit traité par le duc d'Anjou (février 1369). — confirmation des privilèges de la ville de Peyrusse par le duc d'Anjou (décembre 1407). — Payement de 1,600 francs à Arnaut d'Espaigne, sénéchal de Carcassonne (13 février 1369); — payement de 150 francs au même (7 août 1369) ; — payement de 750 francs au même (23 janvier 1370); — payement de 664 francs au même (9 février 1370). — Ordre du duc d'Anjou à Étienne de Montméjan de payer 200 francs d'or à Guillaume de Sobres, chevalier (27 février 1369); —

ordre du même au même de payer 100 francs d'or à Guillaume de Soubers, chevalier (23 mars 1369); — payement de 200 francs à Guillaume de Soubers (13 avril 1372); — payement de 60 francs d'or à Guillaume de Soubers, maréchal de monseigneur le Duc (5 mai 1377); — description du sceau de « Guillo de Subers». — Accord entre Jean, comte d'Armagnac, et les consuls et habitants de St-Affrique (9 mars 1369); — approbation de cet accord par le duc d'Anjou (mai 1369); — approbation par le roi Charles V (avril 1370). — Extrait des lettres par lesquelles Jean Chandos, connétable d'Aquitaine, lieutenant du prince de Galles, met sous sa protection et sous sa sauvegarde le château de St-Nicolas, appartenant à l'abbaye de Moissac (12 mars 1369); — titres des lettres par lesquelles le même Jean Chandos lève le séquestre mis par le sénéchal de Quercy et de Périgord et par le procureur du Roi sur la haute justice des lieu et château de la Garde-Calvière appartenant à l'abbé et au couvent de Moissac (13 mars 1369); — extrait de lettres du duc d'Anjou en faveur de Bertrand Auguier, de Moissac (4 février 1372). — Retenue, par le duc d'Anjou, de Bertrand, seigneur de Cardaillac et de Bioule, chevalier (17 mars 1369); — payement de 25 écus à G. de Cardaillac (13 décembre 1369); — description du sceau de G. de Cardaillac; — ordre du duc d'Anjou à Étienne de Montméjan, de payer certaine somme à Bertrand, seigneur de Cardaillac et de « Bieule, » chevalier (23 novembre 1370); — payement de 50 francs à Bertrand de Cardailhac, sire de « Cardilhac et de Biele » (24 novembre 1370); — description du sceau de «Beradidni de Cardalhaco»; — payement de 40 francs à Bertrand de Cardailhac, chevalier, sire de « Biole » (30 août 1371). — Payement de 200 francs à Jacob Alen, à Réalville (18 mars 1369); — mention de Geoffroi Langle, capitaine de Cajarc, pour l'évêque de Cahors (1382); — mention de Perrot de Galard de Brassac; — mention de Chornier, capitaine de Loubressac (1384); — mentions d'Armand de Roset (1384), — de Gaucher de Brassac (1384), — de Benedic ou Benezet (1384), — de P. de Lheautar, Guillaume Chypairon, Jean de Lomagne, le prieur de Catus (1384). — Don de 400 francs d'or fait par le duc d'Anjou au comte de Lille (1er avril 1369); — payement de 500 florins à Bertrand, comte de Lille (1er juin 1369); — description du sceau de ce seigneur ; — autre payement de deniers audit comte de Lille (27 mai 1370). — Mention des lettres de privilèges accordées par le duc d'Anjou aux habitants de Puymirol, alias Grand-Château (4 avril 1369); — mention des lettres de confirmation du roi Charles V (juin 1370). — Mention d'accord entre le comte d'Armagnac, d'une part, Pierre Reg... et Pierre de

Marguerio, consuls de la Sauvetat (de Salvitate), au comté de Gaure, d'autre part, sur la question de l'appel contre le prince de Galles (9 avril 1369); — confirmation de cet accord, par le duc d'Anjou (9 mai 1369); — mention des lettres de ratification par le roi Charles V (avril 1371). — Ordre du duc d'Anjou à Étienne de Montméjan, trésorier des guerres, de payer 100 francs d'or à Raymond de Cardaillac, chevalier, seigneur de Privezach (12 avril 1369); — payement de ces 100 francs (16 avril 1369); — description du sceau de Raymond de Cardaillac ; — quittance de 10 livres tournois, délivrée à noble Jean *Tainturerii*, trésorier royal de la sénéchaussée de Rouergue, par Pons de Cardaillac, seigneur de Valadino (4 mai 1444); — description du sceau de « Poncet de Cardaillac »; — quittance de deniers, délivrée à Pierre *Tainturerii*, receveur des tailles de la basse marche de Rouergue, par Guillaume de Cardaillac, seigneur de Malavilla (20 février 1462); — quittance de 190 livres, délivrée à Antoine Bayart, trésorier de Languedoc, par Jacques de Cardaillac, fils de monseigneur de St-Cirq (7 avril 1597); — note de Lacabane. — Ordre du duc d'Anjou à Étienne de Montméjan, trésorier des guerres, de payer 160 francs d'or à Pierre des Pratz, écuyer (18 avril 1369); — quittance de 20 francs d'or, délivrée à « Estève de Montmeia », trésorier des guerres, par Raymond Arnaut, seigneur de Montpezat, écuyer (14 juin 1369); — description du sceau de « R. ar. d. Prat, domini Monpens.. »; — payement de 40 francs à P. des Pratz, de Cahors (12 janvier 1370); — payement de 40 francs à Jean des Pratz, sire de Fumel (22 février 1371); — description du sceau de Jean des Pratz. — Payement de 1200 francs à Gaucelin de Vayrols (19 avril 1369); — payement de 240 francs au même (4 juin 1369); — quittance de 400 francs d'or, délivrée à Étienne de Montméjan, par Gaucelin de Vayrols, chevalier (3 juillet 1369); — payement de 600 francs à Freno de Vayrols (10 juillet 1369); — description du sceau de « Gaucelm de Vairolis, militis »; — payement de 200 francs à Gaucelin de Vayrols, sénéchal de Quercy (24 novembre 1369); — payement de 300 francs au même (12 mars 1370). — Retenue, par le duc d'Anjou, de Le Nègre de Valence, écuyer (21 avril 1369); — payement de 150 francs au Nègre de Valence (14 mai 1371); — description du sceau de « Niger Spaicus Valesi »; — retenue, par le duc d'Anjou, de Le Nègre de Valence (21 février 1371). — Analyse d'assignation d'une rente annuelle de 200 livres sur le péage de Marmande, au profit d'Anissans de Pins, par le duc d'Anjou (avril 1369); — mention des lettres confirmatives de ce don par le roi de France (septembre 1371). — Nomination de commissaire et député sur le fait des appellations dans le duché d'Aquitaine, par le roi Charles V, en faveur 'd'Arnaud Guillaume, comte de Pardiac (2 juin 1369); — concession de privilèges aux habitants de Montfaucon, en Bigorre, par Arnaud Guillaume, comte de Pardiac (28 septembre 1369); — approbation de cette concession par le duc d'Anjou (juin 1373); — confirmation, par Charles VI, des lettres du duc d'Anjou (janvier 1396). — Retenue, par le duc d'Anjou, d'Archambaut, vicomte de Comborn, et d'Hélie Flamenc, chevaliers (4 juin 1369); — payement de 60 francs à Hélie Flamenc, seigneur de Bruzac (6 mars 1370); — description du sceau d'Hélie Flamenc ; — note de Lacabane. — Retenue, par le duc d'Anjou, de Dordel Raymond, écuyer, et ordre à Étienne de Montméjan de payer certaine somme de deniers audit Raymond, engagé pour la garde et défense du lieu de la Fos, en Agenais (6 juin 1369); — ordre audit de Montméjan de payer les gages de Dordé Raymond de Soubers, écuyer, qui a fait sa montre à Layrac (6 juillet 1369); — ordre du duc d'Anjou pour le payement de 400 francs d'or à Dordé Raymond de Soubers, écuyer, capitaine de la Fos (8 mars 1370); — payement de 200 francs audit Dordé (11 mars 1370); — description du sceau « Dordé Ramon de Sobes ». — Mention de la retenue de de Pierre de La Chapelle au service du duc d'Anjou, par lettres de ce prince datées de Toulouse (22 juin 1369); — quittance de 126 francs délivrée à Girart de Crépon, vicomte de Valognes, par Guillaume de la Haye, capitaine de Valognes, pour 63 sauf-conduits « pour parties des paroisses des sergenteries de Valoignes, de Pont-l'Abbé et de Beaumont » (19 janvier 1370); — note de Lacabane. — Quittance de 120 francs d'or, délivrée à Étienne de Montméjan, trésorier des guerres, par Bos Buef, chevalier (26 juin 1369); — description du sceau de « Bos Buo » ; — ordre du duc d'Anjou à Étienne de Montméjan de payer certaines sommes de deniers audit Bos Buef, retenu avec sa compagnie, pour la garde et défense de l'église des Jacobins, près Montauban (3 mars 1370); — payement de 80 francs au même Bos (10 septembre 1370); — ordre du duc d'Anjou à Étienne de Montméjan de payer certaines sommes de deniers au même, retenu pour la garde et défense de l'église « des Predicatores, laquelle est hors de la ville de Montalban » (27 avril 1371); — mention de la montre ou revue de Bos Buef (2 juin 1371). — Ordre du duc d'Anjou pour le payement de 2,500 francs d'or à «Taleran de Pierregorc» chevalier (28 juin 1369); — quittance de 100 francs d'or, délivrée à Étienne de Montméjan par «Taleyran de Peiregorc», chevalier (2 août 1369); — ordre du duc

d'Anjou, daté de Cahors, et adressé à son trésorier général Amblart Guerbois, de payer 400 francs d'or à Archambaut de Périgord (28 août 1370). — Ordre du duc d'Anjou à Étienne de Montméjan, de payer 500 francs d'or à Arnaut de Gontaut, marchand de Toulouse, qui lui aurait fait un prêt d'argent (8 juillet 1369); — payement de 500 francs à Arnaut de Gontaut (8 juillet 1369); — mention de lettres de Pabine de Gontaut, trésorier du duc d'Anjou, datées des 14 octobre 1369, 6 février et 15 mars 1370. — Indications de source : pour Baudoin de Fruville, sénéchal du Poitou pour l'Angleterre (31 juillet 1369); — pour commission donnée par le prince de Galles à Louis d'Harcourt, Guillaume Larchevêque et Guichard d'Angle pour la démolition de quelques maisons, près du fort de la ville de Charroux et pour celle de la tour de l'église de St-Sulpice (13 mars 1370). — Rôle ou montre de Louis, duc de Bourbon, chef de 350 hommes d'armes, reçue à Rouen, pour servir sous le gouvernement du duc de Bourgogne, capitaine général des gens d'armes pour le passage de la mer (1er août 1369); — extrait du compte de Jean Le Mercier, trésorier des guerres (1371-1372). — Ordre du duc d'Anjou à Étienne de Montméjan, de payer 200 francs d'or à Pierre de Beaufort « prior major » de Montauban (20 août 1369); — payement de ces 200 francs (21 août 1369); — description du sceau de « P. Prior major. Montalban » ; — quittance de 2,000 francs d'or, délivrée à Étienne de Montméjan par Ratier « senhor de Belfort » (27 août 1369); — ordre du duc d'Anjou à Étienne de Montméjan de payer certaine somme à Ratier, seigneur de Beaufort, chevalier (13 novembre 1369) ; — payement de 200 francs à P. de Belfort (24 novembre 1369); — payement de 40 francs à Ratier de Beaufort (8 janvier 1375); — description du sceau de « Rateri domini Belifortis » ; — quittance de 200 francs d'or, délivrée à Ambroise Beth, trésorier de Carcassonne, par Ratier, sire de Belfort, chevalier, conseiller du duc d'Anjou et de Touraine (5 décembre 1377). — Ordre du duc d'Anjou à Étienne de Montméjan, trésorier des guerres, de payer 340 francs d'or à Jean Clergue, de Montauban (26 août 1369); — payement des susdits 340 francs (27 août 1369); — description du « sagel de Johan Clergue »; — montre de Jean Clergue, consul de la ville de Montauban (28 août 1369); — payement de 600 francs à Jean Clergue, P. Engilbaut et Jean Prome, consuls de Montauban (24 novembre 1369); — description des sceaux desdits consuls ; — ordre du duc d'Anjou à Étienne de Montméjan, de payer 360 francs à Jean Clergue, bourgeois de Montauban (25 octobre 1374). — Ordre du duc d'Anjou à Étienne de Montméjan, trésorier des guerres, de payer 200 francs d'or à Nicolas de Lettes, chevalier et maître d'hôtel du Duc, pour avoir agi à Millau (4 novembre 1360); — ordre semblable du 31 mars 1372 ; — don de 60 francs d'or fait par le duc d'Anjou à Jean de Lettes, son écuyer d'écurie, frère de Nicolas (14 juin 1374); — note de Lacabane. — Déclaration de Pierre de Villiers, conseiller et souverain maître d'hôtel du roi de France, touchant les armures et artilleries employées à la défense de Harfleur et dont sera déchargé Richard de Brumare (12 novembre 1369); — ordre du roi de France à Richard de Brumare d'avoir à livrer toute l'artillerie qui lui sera demandée pour la défense de Harfleur, Honfleur, Moustiervillier et Caudebec (20 février 1370); — état de l'artillerie demandée pour la sûreté de Harfleur « et du navire estant audit lieu ». — Ordre du duc d'Anjou à Étienne de Montméjan de payer 150 francs d'or à Pierre Sanglier, chevalier, envoyé, avec 20 hommes, à la garde et défense de Domme (24 novembre 1369); — ordre du même au même de payer 300 francs d'or à Pierre Sanglier, chevalier (11 mars 1370). — Instructions de Charles V aux sénéchaux, justiciers et officiers royaux en Aquitaine, sur l'étendue de leurs droits et de leurs devoirs à l'égard des appelants du prince de Galles au roi de France (30 novembre 1369); — ordre d'exécution de ces instructions adressé par le duc d'Anjou aux intéressés (8 janvier 1370); — extrait du *livre tanné*, de l'hôtel de ville de Cahors, sur la publication desdites instructions et dudit ordre (30 janvier 1370); — mention de la publication des mêmes instructions dans la ville de Périgueux (février 1370); — note de Lacabane. — Mention du don du comté de Poitou fait par le roi Charles V au duc de Berry (novembre 1369); — mention des lettres de Charles V confirmant le don du duché de Touraine à son frère, le duc d'Anjou, sa vie durant seulement (6 mai 1370). — Don d'une partie de la leude habituellement levée sur les boucheries de Cahors fait par le duc d'Anjou à Gaucelin du Vayrols, chevalier (novembre 1369); — confirmation de ce don par Charles V (avril 1371). — Don du comté de Poitou fait par Charles V à son frère Jean, duc de Berry et d'Auvergne, comte de Mâcon (novembre 1369); — vidimus des lettres de ce don par Guillaume Gabereau, garde des sceaux aux contrats à Poitiers (13 novembre 1374). — Retenue par le duc d'Anjou, d'Arnaud, vicomte de Villemur, capitaine de Figeac (16 décembre 1369); — montre dudit Arnaud, reçue à Figeac (1er janvier 1370); — envoi de ladite montre à Étienne de Montméjan, trésorier des guerres (1er janvier 1370). — Ordre de Charles, roi de Navarre et comte d'Évreux au vicomte

et receveur de Valogne, d'avoir à payer la somme de 30 francs d'or à son héraut, Martin Carbonel, pour se vêtir à Noël (19 décembre 1369); — quittance de ces 30 francs délivrée à Girard Crépon, vicomte et receveur de Valognes, par Martin Carbonel, roi des hérauts du roi de Navarre (18 janvier 1370). — Mention du don de l'office de châtelain de « Ruppe Serezia et de Ruppe Forti », fait par le duc d'Anjou à Bigot de Penevaire, écuyer, du Rouergue (20 décembre 1369); — confirmation de ce don par le roi Charles V (22 avril 1370). — Don de terres, revenus et droits divers fait par le duc d'Anjou à Roger de Cominges, vicomte de Bruniquel (20 décembre 1369); — confirmation de ce don par le roi Charles V (mai 1371). — Quittance de 415 francs d'or délivrée à Étienne Braque, trésorier des guerres, par Yvain de Galles, écuyer (26 décembre 1369); — mention de la revue de Jean Win dit Poursijaut, écuyer, et de 99 autres écuyers de sa compagnie faite à Bourgneuf (1er mai 1381); — mention de la revue d'Yvain de Galles faite à « La Bastide du Moustier, devant le chastel de Ventadour » (11 août 1389). — Don des biens confisqués sur Guillaume de Rasials, rebelle, fait par le duc d'Anjou à Guillaume de Cardaillac, chevalier (décembre 1369); — confirmation de ce don par le roi Charles V (mars 1370). — Extraits du *petit livre noir* de la maison de ville de Périgueux contenant : la délibération des maire et consuls de Périgueux statuant sur la nécessité de faire contribuer les ecclésiastiques aux frais de défense de la ville (1369); — la mention de Lambert Bonifacii, maire de Périgueux (1370). — Lettres par lesquelles Charles V permet à Jean, duc de Berry, de donner à Bonne de Berry, sa fille, comtesse d'Armagnac, les châteaux et châtellenies de Melle, Civray, Chizé (1369); — lettres par lesquelles Charles V donne au duc de Berry et d'Auvergne, son frère, les châteaux et châtellenies de Melle, Civray, Chizé et la terre et châtellenie de Villeneuve (1369); — vidimus de lettres par lesquelles le Roi donne au duc de Berry, son frère, les châteaux et châtellenies de Mortemart et Gençay, confisqués sur Radegonde, femme d'un Anglais, nommé Dagorises (1374). — Extrait de l'histoire de Périgord par M. Tarde, chanoine de Sarlat et note de Lacabane (1369-1370). — Indications de sources sur Raymond, seigneur de Mareuil (1369-1370). — Demandes adressées au duc d'Anjou par les gens du vicomte de Castelbon (1369-1372) ; — note de Lacabane. — Indications de sources sur Yvain de Galles (1369-1372). — Indications de sources sur Thomas de Wetenhole, Conq en Cornouailles, Moissac, Domme, Rocamadour (1369-1373). — Indications de sources pour : prêt de 300 francs d'or fait au duc d'Anjou par l'évêque de Carcassonne ; — projet de descente en Angleterre ; — envoi en Bretagne de l'archevêque de Craon avec le maréchal de Boucicaut ; — prêt de 2,000 francs d'or à Charles V par Philippe d'Alençon, archevêque de Rouen (1369-1386).

F. 51. (Liasse.)— 43 pièces, papier.

1370-1379. — Ordre de Louis, vicomte de Rochechouart, chambellan du Roi, à Jean de Maravau, écuyer, capitaine de la tour de Bars, de remettre ladite tour à Olivier du Pont, à Guillaume de Prunh et à Aymery de Lage, écuyers (5 janvier 1370).— Quittance de 400 francs délivrée à Jean de la Haye, chevalier, et Gérard de Crépon, vicomte de Valognes, receveurs des rançons octroyées au fort de St-Sauveur-le-Vicomte, par Hochekin Hiltoune, capitaine anglais en Normandie (5 février 1370). — Analyse d'une transaction passée entre noble et puissant seigneur, messire Louis, vicomte de Rochechouart et messire Pierre de Craman, chevalier, capitaine du château de Rochechouart, par laquelle le vicomte pardonne à Pierre de Craman qui, à l'encontre de son serment de fidélité et malgré deux hommages qu'il lui avait faits, aurait révélé au prince d'Aquitaine que ledit vicomte était allé parler au roi de France et , par ce moyen , aurait été cause, qu'à son retour, ledit vicomte avait été mis en prison par ledit Prince (20 février 1370). — Ordre de Charles, roi de Navarre et comte d'Évreux, au vicomte et receveur de Valognes, de payer la somme de 100 francs à Don Thomas Louvel, religieux de l'abbaye de Notre-Dame du long Prés de Cherbourg, pour lui aider à payer sa rançon aux Anglais(24 février 1370). — Lettres de Charles V, confirmant des lettres de don fait, le 26 avril 1356, par Jacques de Bourbon à Robert, sire de Crezecques et de Long (février 1370). — Remise d'amendes et finances aux habitants de Rodez, par le roi Charles V (février 1370) ; — vidimus des lettres de remise par Arnaud de Landorre, chevalier, seigneur du château de *Solomedio*, vicomte de *Cadarcio* et sénéchal de Rouergue (28 janvier 1371). — Indication de sources sur Louis, sire de Maleval (4 mars 1370). — Rémission accordée par Charles V à Acharias Cancer, tabellion de la paroisse de *Valadino*, sénéchaussée de Rouergue, qui s'était montré favorable aux Anglais, lors de la reddition de la tour de ce lieu, le 24 juin 1369(7 avril 1370).—Quittance de 43 francs 1/2 délivrée à Jean Clémence, trésorier du roi de Navarre, par Janco Ruys Daynar, capitaine de Gaurai (20 avril 1370) ; — autre quittance de 45 francs d'or délivrée au même par le

même, pour services devant Arodeville (10 mai 1370).— Quittance de 90 francs d'or délivrée à Jean Clémence, trésorier du roi de Navarre, par Raoul de Beauchamp, seigneur de la Mourdraguière (20 avril 1370) ; — quittance de 272 francs 1/2 délivrée au même par Raoul de Beauchamp, lieutenant du roi de Navarre, sur les gages de Jean de Hotot et de Jean de Trousseauville, chevaliers, 29 hommes d'armes et 7 archers de leur compagnie (10 mai 1370) ; — tableau généalogique de la famille de Beauchamp, depuis Guillaume de Beauchamp jusqu'à Guillemette et Jeanne de Beauchamp. — Rémission accordée par Charles V à Bernard Broissini, écuyer (avril 1370). — Confirmation, par le duc d'Anjou, du traité conclu entre le comte d'Armagnac et Barthélemy de Pins, chevalier seigneur de Vertuolh (avril 1870) ; — confirmation du même traité par le roi Charles V (1371). — Analyse des lettres de Charles V confirmant, au profit de Jean d'Armagnac, chevalier, le droit de tenir et posséder les quatre châtellenies de la Guiole, de la Roque Valzergue, de St-Geniez et de Cassagnes (31 mai 1370) ; — note de Lacabane à ce sujet ; — protestations de Motet de la Panouse, procureur du baron de Sévérac, sur les préjudices qu'il prétendait avoir été causés audit de Sévérac par le capitaine du comte d'Armagnac au château de la Roque Valzergue (1er février 1371). — Don de 300 francs par Charles, roi de Navarre et comte d'Évreux, à Gaillart Fourdinay, son échanson, pour lui aider à payer sa rançon (3 juin 1370). — Mention de Rosay, écuyer, comme capitaine de « Dannemours » (15 juin 1370) ; — quittance de 165 livres tournois, franc d'or, délivrée à Jacques Renart, trésorier des guerres, par Pierre de Rosay, allant au pays de Champagne servir contre des compagnies venant d'Allemagne (1er mars 1376). — Indication du document qui fait mention de la présence de Charles le Mauvais à Cherbourg (28 juin 1370) ; — indication du document faisant mention du capitaine de Tournehem (1373). — Indication de source pour amortissement, par Amaury, sire de Craon et Péronnelle de Thouars, sa femme, d'un hôtel et autres héritages, qui avaient été donnés par Pierre du Saut, chevalier, aux Dominicains de Thouars, pour la construction de leur église et de leur couvent (10 juillet 1370) ; — note de Lacabane. — Quittance de 3000 francs d'or délivrée à Gérard de Crépon, vicomte et receveur de Valognes, par Thomas Catertonne, lieutenant de Guillaume, sire de Latimer, Guillaume Chelletonne, Gieffroy Valletonne, Robert Myttonne et Henry Brun, capitaines anglais en Normandie (12 juillet 1370) ; — quittance de 600 francs d'or délivrée à Jean de Crépon et Thomassin de Crépon, fils et héritiers de feu Gérard de Crépon, par Thomas Catertonne, capitaine de St-Sauveur-le-Vicomte, procureur fondé de Robert Mytonne, chevalier, Guillaume Chelletonne, Gieffroy Valletonne, Adam Ourmestonne et Henry Brun (17 octobre 1370) ; — note de Lacabane. — Indications de sources pour : traité entre le comte d'Armagnac et Guy, seigneur d'Azay, chevalier, d'une part et la ville de Vic, en Bigorre, d'autre part (13 juillet 1370) ; — confirmation du susdit traité par le duc d'Anjou (juillet 1370) ; — confirmation par le Roi (mars 1371) ; — traité identique avec la ville de Tarbes (13 juillet 1370), avec Bagnères-de-Bigorre (14 juillet 1370). — Mention de quittance, délivrée par Ligier d'Orgessin, chevalier, lieutenant du roi de Navarre (8 août 1370) ; — mention d'autre quittance délivrée par le même (10 mars 1371) ; — déclaration par Charles, fils aîné du roi de Navarre, de payement de 850 francs, fait à Ligier d'Orgessin, chevalier, par Jean Le Franc (14 janvier 1379). — Mention de quittance, donnée à Montluçon, par Rogier de Beaufort, écuyer, pour lui et les gens d'armes de sa compagnie pour la garde de Limoges (30 août 1370). — Quittance de 101 francs d'or 1/2 3 sous 4 deniers tournois délivrée à Girart de Crépon, vicomte et receveur de Valognes, par Jean de la Haye, chevalier, connétable de Valognes, qui avait été au siège d'Arronville (1er septembre 1370).—Mention des lettres royaux de Charles V, par lesquelles le Roi défend aux sujets d'Édouard d'Angleterre et d'Édouard, son père, duc d'Aquitaine, de leur obéir et leur ordonne de ne reconnaître et de n'obéir qu'à lui et à ses officiers (5 septembre 1370). — Indication de source pour montre d'Olivier, seigneur de Montauban, chevalier banneret (22 septembre 1370). — Quittance de 710 francs d'or délivrée à François Daunois, receveur des aides à Paris, par Robert de Juilly, chevalier, prieur de l'Hôpital St-Jean de Jérusalem, général conseiller sur le fait des aides (30 septembre 1370) ; — note de Lacabane. — Donation du lieu de Rochefort, en Limousin, faite à Guillaume de Prunly, écuyer, de la ville de Rochechouart, par le roi Charles V (septembre 1370) ; —donation des biens possédés dans la châtellenie d'Aixes faite au même par Charles V (juillet 1372). — Indication de source pour confirmation par le duc d'Anjou, d'un accord des habitants de St-Rome-de-Tarn (octobre 1370) ; — indication de source pour donation d'une rente annuelle de 1000 livres faite par le roi Charles à Guillaume de Séris, premier président au parlement de Paris (mai 1371). — Ordre du duc d'Anjou à Étienne de Montméjan, de payer la somme de 120 francs d'or à Geffroy de Partenay, écuyer d'écurie du Duc, allant en Périgord et sur la

frontière du Limousin avec les gens de Du Guesclin (16 novembre 1370). — Mandement du Roi à Richard de Leallier pour en obtenir un prêt de 45 francs d'or (22 novembre 1370) ; — mandement du Roi pour le payement de 2000 francs d'or à la comtesse de Longueville, femme de Du Guesclin (7 janvier 1371). — Don, par le Roi, à Louis, vicomte de Rochechouart, chevalier, son conseiller et son chambellan, de tous les biens et droits confisqués sur ses sujets rebelles en Limousin (novembre 1370). — Mentions de documents sur le siège de Montpont par les Anglais (10 décembre 1370 et 8 janvier 1371) ; — ordre du duc d'Anjou à Étienne de Montméjan, trésorier des guerres, d'avoir à payer la somme de 50 francs d'or à Louis de Moncuoil, écuyer breton, pour lui aider à payer sa rançon aux Anglais qui l'avaient fait prisonnier au siège de Montpont (20 février 1371) ; — indication d'un acte touchant la tentative du duc d'Anjou pour faire lever le siège de Montpont (1er août 1371). — Renseignements sur le siège de Rochechouart (14 décembre 1370). — Donation du château de Mirabel, avec appartenances et dépendances, droits, etc., confisqué sur Simon de la Chassengne, tenant le parti des Anglais, faite par le roi de France à Aubert de Tinière, le jeune, sire de la Courtine, du duché de Guyenne (décembre 1370). — Indications de sources pour : donation des château, ville et châtellenie de la Roche-sur-Yon faite à Jean, duc de Lancastre, par son frère Édouard, prince d'Aquitaine et de Galles (1370) ; — châteaux de Moulineaux, de Lyon en Normandie, et Gaillart (1370); — incendie et destruction de Millau (1370) ; — don de 500 livres tournois de rente annuelle fait par Charles V à Jeanne de Rays (1370). — Indication de renseignements sur la bataille de Pontvallain et le siège du château de Vaas (1370). — Adresse au lecteur par Girard de *Monteacuto*, garde du Trésor ou Archives du Roi (1370). — Extraits du compte d'Étienne Valée, de Bourges, maître de la chambre aux deniers de Jean, duc de Berry et d'Auvergne et comte de Mâcon, commençant le 1er juin 1370 et finissant le dernier mai 1371, précédés d'une table des matières. — Itinéraire du duc de Berry (1370-1371). — Extraits de comptes du duc de Berry et itinéraire de ce prince (1370-1373).

F. 52. (Liasse.) — 86 pièces, papier.

1371-1385. — Analyse d'un ordre du Roi pour le payement d'une somme de 20 francs par jour à l'abbé de Fécamp, envoyé vers le Pape (6 janvier 1371) ; — quittance de 440 francs d'or délivrée, à cet effet, à Jean Luissier, receveur général sur le fait de la guerre, par

Jean de la Grange, abbé de Fécamp (8 mai 1371) ; — quittance de 450 francs d'or délivrée au même par le même Jean de la Grange, pour voyage en Flandres avec le comte de Sarrebruck (27 septembre 1371). — Don d'une rente annuelle et perpétuelle de 60 livres fait à Pierre de Montvert, écuyer du pays de Guyenne, par Charles V (12 janvier 1371) ; — mention des lettres du pape Grégoire XI au roi de France pour le prier de faire rendre au seigneur de Noailles, les places de Monclar et de Chambres, confisquées sur lui (1371) ; — mention des lettres par lesquelles le roi de France déclare subreptices les lettres de don des terres d'Élie de Noailles et ordonne de les lui rendre (31 juillet 1371).—Note sur une « endenture » entre Jean, duc de Lancastre et Héliot Buade, pour la garde du château de Bergerac (15 janvier 1371) ; — indication de sources et note de Lacabane sur le siège de Montpont. — Ordre du Roi pour la délivrance, aux habitants d'Harfleur, d'une obligation de 1600 francs qu'ils avaient contractée pour mettre la ville en état de défense (18 janvier 1371). — Quittance de 300 francs d'or délivrée à Jean Luissier, receveur général des aides, par Jean Noble, épicier et valet de chambre du Roi, pour fourniture de cire à l'occasion des obsèques du Pape (18 janvier 1371). — Mention de la montre de Roque, sire de Moreuil, chevalier banneret, reçue à Blois, en la compagnie de Mouton de Blanville, maréchal de France (27 janvier 1371). — Quittance de 370 francs, délivrée à Jean Luissier, receveur des aides, par Imbert le Damoysel, armurier et valet de chambre du Roi, pour ouvrages de son état à l'occasion des obsèques de monseigneur d'Audeneham et de monseigneur Gieffroy de Charny (31 janvier 1371) ; — note de Lacabane. — Don fait par le duc d'Anjou à Bernard Pelegrini, damoiseau, de la sénéchaussée de Cahors, de tous les cens, droits, revenus, juridictions, etc., par Pons Ricardi, chevalier, de la sénéchaussée de Quercy, rebelle, dans les lieux de Gourdon, du Vigan, de « Monteabbatis » et ailleurs dans la sénéchaussée de Quercy (janvier 1371) ; — confirmation de ce don par le roi Charles V (juillet 1371). — Quittance de 300 francs d'or délivrée à Guillaume Cheruel, garde de la vicomté et recette de Valognes, par Pierre du Tertre, secrétaire du roi de Navarre (4 février 1371). — Indications de sources pour : rémission accordée par Bertrand Du Guesclin, connétable de France « ès bastides devant Conches » (8 février 1371) ; — confirmation par le roi de France (20 février 1371). — Indication de source pour lettres par lesquelles Charles V compense les sommes que lui devait Bertrand Du Guesclin, en mémoire de ses services

contre l'Angleterre (15 février 1371). — Montre reçue à Montauban, dans laquelle sont mentionnés Raymond Sagrave, Hizart de Gairo, Guillaume de Mausselb, Jean Focaut (19 février 1371); — notification de la réception de la montre de Raymond Sagrave, par Pierre Dastices, adressée à Étienne de Montméjan, trésorier des guerres, par Manaud, seigneur de Barbazan, maréchal de l'ost du duc d'Anjou(19 février 1371);—description du sceau de M. de Barbazan. — Ordre du duc d'Anjou à Étienne de Montméjan, d'avoir à payer la somme de 80 francs d'or à Maurice de Trefuilli, écuyer, envoyé vers Bertrand Du Guesclin, connétable de France (25 février 1371). — Ordre du duc d'Anjou à Étienne de Montméjan pour qu'il ait à payer la somme de 475 francs d'or à Guinoffle de Passis, marchand de Florence, demeurant à Avignon, pour avoir contracté un emprunt de 13500 francs d'or (8 mars 1371). — Ordre du duc d'Anjou de payer la somme de 500 francs d'or à Armand de Laujac, chevalier, fait prisonnier à la prise de Limoges (15 mars 1371). — Ordre du duc d'Anjou à Étienne de Montméjan d'avoir à payer à Pierre Laysaut, sergent d'armes du Roi et maître des ports, en la sénéchaussée de Beaucaire, la somme de 200 francs d'or « pour mettre et convertir en la réparation de nostre hostel de Villeneuve lequel nous avons donné à nostre saint père le pape, pour sa demourance » (26 mars 1371) ; — quittance de 200 francs d'or délivrée par Pierre Lesant, sergent d'armes du Roi et maître des ports de la sénéchaussée de Beaucaire et de Nîmes (27 mars 1371) ; — description du sceau de Lesant ; — ordre du duc d'Anjou à Étienne de Montméjan d'avoir à payer à Pierre « Leuzens, » maître des ports de la sénéchaussée de Beaucaire, la somme de 100 francs d'or « pour iceulx paier et délivrer aux pointres pour poindre la grant sale et les galeries de l'ostel que nous avons donné à nostre saint père le pape » (31 mars 1371) ; — mention de la recette de ces 100 francs (31 mars 1371). — Donation par le duc d'Anjou à Guy Lasteyrie, conseiller et maître des requêtes de son hôtel, docteur ès lois, de toute la juridiction du lieu de Bropchar, paroisse d'Alassac, diocèse de Limoges (mars 1371) ; — confirmation de cette donation par le roi Charles V (28 mars 1372). — Indications de sources pour : donation de toute juridiction sur les lieux de Laage-au-Chat et Mansac faite par le duc d'Anjou à Aymeric Chati, seigneur de Laage-au-Chat et de Mansac, évêque de Limoges (mars 1371) ; — donation de tout ce qui peut appartenir au Roi, en la ville de Bropchar faite par Charles V à Girart de Ventadour, chevalier, seigneur de Donzenac (avril 1372). — Ordre du roi de France (pour le payement de 10 francs par jour au comte de Brenne, pour avoir été en compagnie du comte d'Étampes et de plusieurs autres conseillers du Roi « ès parties de Flandres » (7 avril 1371). — Ordre du Roi de payer, à raison de 2 francs d'or par jour, telle somme qu'il conviendra, à Jean Champenois, sergent d'armes, envoyé en Écosse (9 avril 1371) ; — quittance de 200 francs d'or délivrée par Jean Champenois (15 avril 1371) ; — note de Lacabane. — Ordre du roi de France pour le payement de 5 francs d'or par jour alloués, pour des voyages en Flandre, à Pierre de Bournaseau (9 avril 1371) ; — mention d'une dette de 210 francs au profit de Pierre de Bournaseau, conseiller du Roi (18 avril 1371). — Ordre donné au grènetier et contrôleur du grenier à sel de Pontoise, par Guillaume de Longuil, grènetier à Dieppe, d'avoir à payer la somme de 30 francs 5 sous parisis à Michel Le Chauf, pour chargement de sel (12 avril 1371). — Lettres de Charles V portant traité entre le Roi et Pierre de Monfrebeu, écuyer, qui s'engage à tenir pendant un an et moyennant 500 francs d'or, le château de la Coussière dans la sénéchaussée de Périgord (13 avril 1371) ; — mention d'une quittance de 500 francs délivrée par le susdit Pierre de Monfrebeu (20 avril 1371. — Analyse d'une quittance de 500 livres tournois et 500 francs d'or délivrée par Jean Karalouet, écuyer (20 avril 1371) ; — quittance de 500 livres tournois délivrée à Jean Le Mercier, trésorier des guerres, par Jean Karalouet, écuyer, de Bretagne (23 avril 1371) ; — description de sceau de «Kaeranlouet»; — quittance de 120 francs d'or délivrée à Jean Le Mercier, par Jean Karalouet, pour avoir été au mandement du sire de Clisson, pour la chevauchée de Moncontour (12 septembre 1371) ; — analyse de la déposition de Jean de Karalouet, écuyer, de la paroisse de Plezuin, au diocèse de Quimper, âgé d'environ 35 ans, à l'enquête pour la canonisation de Charles de Blois, duc de Bretagne ; — indication de pièces du 20 juin 1374, touchant un Hervé de Karalouet ou Karanlouet ; — mention d'une fondation pour feu Karalouet, faite par le roi Charles V, dans son testament. — Ordre du roi de France pour le payement de 400 francs à Antoine Doria, envoyé ès parties de Gênes et de Lombardie (22 avril 1371). — Donation de *Pratum comitale*, situé sur les bords de la Vienne, près du pont St-Martial, faite par le roi Charles V à Pierre de Ponte, habitant du château et de la ville de Limoges (24 avril 1371. — Ordre du roi Charles V à ses conseillers généraux trésoriers à Paris, de payer à Mothe Sibo, de Genève, la somme de 180 florins d'or, pour achat de 40 arbalètes et de 30 baudriers du pays de Gênes (25 avril 1371). — Lettres de Charles V confirmant le don d'un revenu

annuel et perpétuel de 1000 livres tournois, à prendre sur les lieux de Caylus, Lauzerte, sénéchaussée de Cahors et St-Antonin, sénéchaussée de Rouergue, fait par le duc d'Anjou à Gaucelin de Vayrols, chevalier, seigneur de Vayrols et de Albanca, diocèse de Cahors, et à la demande de Geofroi, archevêque de Toulouse, frère dudit Gaucelin, étendant l'assiette de cette rente sur les lieux et villes de *Mirandolio* et de *Causaco*, dans la judicature d'Albigeois, et de St-Julien, dans la judicature du Lauraguais, sénéchaussée de Toulouse (avril 1371). — Ordre du duc d'Anjou à Étienne de Montméjan, trésorier des guerres, d'avoir à payer à Pierre de Salvignac, capitaine de Castellano, en Agenais, la somme de 200 livres de monnaie de Guyenne, dont était tenu envers le roi de France, Arnaud de la Cassagne, coseigneur de Savignac, chevalier (10 mai 1371). — Quittance de 14000 francs d'or délivrée à Raoul de Bray, receveur général des deniers, ordonnés pour l'achat et évacuation du château de Thury, par Eustache de Pollehay, dit Rifflart, chevalier, et Jean de Pollehay, dit le Moine, capitaines du dit château (20 mai 1371). — Quittance de 97 francs d'or 1/2 délivrée, à Louviers, à Étienne Braque, trésorier des guerres, par Guillaume de Launoy, chevalier (25 mai 137.) ; — quittance de 135 francs d'or délivrée, à la Bastide, devant Conches, au même Étienne Braque par ledit Guillaume de Launoy (11 juillet 1371). — Ordre du duc d'Anjou à Étienne de Montméjan d'avoir à payer la somme de 25 francs d'or à Huguet le Seurre, écuyer de Pierre-Raymond de Rabastens, sénéchal de Toulouse, pour lui avoir apporté la nouvelle de la prise de messire Aymenion du Fossat et d'autres (30 mai 1371) ; — mention d'un don de 30 francs à Huguet le Seurre (30 mai 1371) ; — description du sceau de Renauld de Lugière, clerc du sénéchal de Toulouse. — Lettres par lesquelles Charles V, à la requête de Gaucelin de Vayrols, chevalier, seigneur de Albanca, ratifie et confirme les acquisitions qu'il avait pu faire pendant qu'il était sénéchal de Quercy, des lieux de *Roussillicne*, de *Valle-Rupheria* et de *St-Pierre-de-Foliis* et de terres et possessions dans le lieu de *Cayslucio*, sis dans la dite sénéchaussée (mai 1371). — Concession de faire toute espèce d'acquisition dans la sénéchaussée de Quercy, pendant le cours de son sénéchalat, accordée par le roi Charles V à Gaucelin de Vayrols, damoiseau (mai 1371). — Quittance de 1,000 francs d'or pour la garde du château de St-Savin, délivrée à Jean Luissier, receveur général des aides, par Guillaume de Naillac, chevalier (26 juin 1371). — Mention de la promesse de garder, pendant un an, le fort de St-Savin, au duché de Guyenne, faite par Guillaume de Naillac, chevalier (26 juin 1371). — Lettres du duc d'Anjou à Étienne de Montméjan portant qu'il a retenu, moyennant 15 francs par mois et par homme d'armes, le comte de Pardiac avec 40 hommes pour garder les forteresses en son pays, sénéchaussée de Bigorre (2 juillet 1371) ; — mention de la montre du comte de Pardiac, reçue à Montlezun (26 juillet 1371). — Lettres de Louis, duc d'Anjou, portant règlement de comptabilité à l'occasion d'une somme de 4,500 francs comptée par Étienne de Montméjan, pour être distribuée au sire de Pons et à Étienne Guiraume (10 juillet 137.). — Ordre de Charles V, roi de France, de payer la somme de 20 francs d'or à Jean de Lyons, son sergent d'armes et maitre de son artillerie, pour conduire de l'artillerie au siège de Conches (12 juillet 1371) ; — quittance de 145 francs d'or délivrée à Jean Luissier, receveur général des aides, par Jean de Lyons, sergent d'armes du Roi, pour frais de transport d'artillerie au siège de Conches (14 janvier 1372). — Lettres du roi de France, portant ordre et règlement du payement de la pension annuelle de 10,000 francs d'or accordée par lui au comte d'Armagnac, lors de son appel contre le prince de Galles (15 juillet 1371) ; — mention du vidimus de ces lettres (6 octobre 1384) ; — note de Lacabane ; — indication d'une pièce du 22 décembre 1369 sur l'appel de l'abbé et du couvent de Bonnecombe, en Rouergue. — Analyse des lettres du roi Charles V, portant don au comte de Périgord, des lieux de Réalville et de Mirabel, en Quercy, et de certaines rentes en la ville de Montauban, moyennant, entre autres choses, une rente de 3,000 livres tournois (16 juillet 1371). — Mention de lettres de Charles V desquelles il résulte qu'il avait emprunté à plusieurs marchands d'Avignon une somme de 100,000 francs d'or (19 juillet 1371). — Ordre de Louis d'Anjou à Pierre de Baigneux, trésorier de Toulouse, d'avoir à payer la somme de 200 francs d'or à son panetier, Robert de Laumone, sergent d'armes et sous-viguier de Toulouse, en récompense de services rendus, principalement pour la levée du siège de Montpont (1er août 1371). — Quittance de 199 livres 10 sous tournois délivrée à Étienne Braque, trésorier des guerres, par Pierre Barbe, écuyer, pour services au siège de Bécherel (3 août 1371). — Ordre du roi Charles V de payer à Macé de Fresnes, chevalier, la somme de 200 francs d'or pour ses frais de voyage ès parties d'Avignon, d'Aragon et d'Espagne, de 40 francs d'or pour offrande à l'église de St-Jacques en Galice (10 août 1371). — Ordre du roi de France à Jean Luissier d'avoir à payer la somme de 20 francs à son sergent d'armes, Philipot de Trapes que le Roi envoie porter des lettres au sire de Clisson, à Guillaume des Bordes et à Jean de Bueil (21 août 1371). — Quittance de 20 francs d'or délivrée à Jean Luissier, receveur général des aides, par Philipot de Trapes, sergent d'armes du Roi (21 août 1371). — Ordre du roi de France de payer 4 francs d'or par jour à Aléaume Boistel, maître des requêtes de son hôtel, envoyé vers le comte de Flandre (23 août 1371); — quittance de 100 francs d'or délivrée par ledit Aléaume Boistel à Jean Luissier (24 août 1371). — Lettres du roi Charles V touchant les fortifications du prieuré de Gayne, dépendant de Fontevrault (août 1371). — Ordre du Roi, de payer 50 francs d'or, à raison de 5 francs par jour, à Pierre de Bournaseau, maître des requêtes de l'hôtel du Roi, envoyé au pays de Touraine (1er septembre 1371). — Ordre du roi de France de payer 40 francs d'or à Jean du Rochier, écuyer, de Bretagne, qui avait été envoyé vers le Roi par Thibaut du Pont, écuyer, capitaine de Rochechouart et que le Roi renvoyait vers ledit Thibaut (4 septembre 1371) ; — mention de la quittance de 40 francs d'or délivrée par ledit Jean du Rochier (9 septembre 1371). — Ordre du roi de France de payer à son écuyer de corps et maître de son écurie, Martelet du Mesnil, envoyé en Touraine et Poitou la somme de 300 francs d'or (5 septembre 1371). — Mention de la montre faite à Tours par Louis de Sancerre, maréchal de France (6 septembre 1371). — Lettres par lesquelles le roi de France retient son service Louis de Sancerre, maréchal de France, avec 300 hommes d'armes, pour servir en Touraine et Anjou et « reconforter le fort de Moncontour », moyennant 30 francs d'or par chevalier, 15 francs d'or par écuyer et 300 francs par mois pour le maréchal (26 août 1371) ; — ordre du Roi à Jean Le Mercier d'avoir à payer, sans exiger de montre, les gages des gens d'armes qui se présenteront pour servir à la levée du siège de Moncontour ; — mention des lettres du Roi au sire de Clisson sur le même sujet (26 août 1371) ; — mention de la qualité de lieutenant général du Roi en Touraine, Anjou et Maine, donnée au sire de Clisson (15 septembre 1371). — Mention d'une montre faite par Jean, comte de Sancerre (5 septembre 1371) ; — mention de la présence du maréchal de Sancerre à Tours (7 et 8 septembre 1371) ; — mention d'une quittance délivrée à Bourges par Robert de Sancerre (12 septembre 1371) ; — quittance de 1110 francs d'or délivrée à Jean Le Mercier, trésorier des guerres, par Louis de Sancerre, maréchal de France, allant devant la ville de Limoges (1er novembre 1371) ; — quittance de 195 francs délivrée au même, par Henri de la Main-Ferme, écuyer, allant avec Louis de Sancerre (1er novembre 1371) ; — quittance de 3280 francs d'or délivrée à Jean Le Mercier par Louis de Sancerre, maréchal de France, après la campagne en Limousin (13 janvier 1372). — Quittance avec description de sceaux, de 120 francs d'or délivrée, dans Saumur, à Jean Le Mercier, par Jean de Karalouet, écuyer, de Bretagne, qui était allé au mandement du sire de Clisson « pour la chevauchée de Moncontour » (12 septembre 1371). — Quittance de 60 francs d'or délivrée au même par Geffroy de Carrymel, chevalier, pour le même fait (14 septembre 1371), — autre quittance de 525 francs, délivrée au même par noble Jean de Malestroit, chevalier, pour le même fait (15 septembre 137.). — Ordre donné par Louis, duc d'Anjou, à Étienne de Montméjan, trésorier des guerres, de payer à Robert de Laumone, sous-viguier de Toulouse, la somme de 10 francs, pour aller à Béziers, chercher des nouvelles de Jeanne de France, tante du Duc (16 septembre 1371). — Lettres du roi de France portant ordre de délivrer 4,000 francs d'or à Guillaume de Rubergues pour la garde du château du Dorat, au duché de Guyenne (30 septembre 1371.) — Lettres de grâce accordées par le roi de France à Guillaume de Meron, capitaine du fort du Lude et aux habitants du Lude, pour avoir brûlé ledit fort et la dite ville (septembre 1371.) — Mention de la montre de Pierre de Mornay, chevalier (1er octobre 1371). — Quittance de 500 francs délivrée à Pierre Lorée (ou Loric), receveur au diocèse d'Orléans, par Jean Karalouet, écuyer, huissier d'armes du Roi, capitaine de Roiche de Pousay (4 octobre 1371) ; — analyse de quittance analogue. — Don de 100 francs d'or fait par Louis, duc d'Anjou, à Gausbert de Lolmie, chevalier (4 octobre 1371). — Ordre du roi Charles V aux gens des comptes à Paris, de payer à Renier le Coutelier, bailli de Rouen, 2 francs 1/2 par jour, pendant le temps que ledit le Coutelier a vaqué au service du Roi (11 octobre 1371) ; — note de Lacabane. — Don de 100 francs d'or par mois, fait par le duc d'Anjou à Pierre de Chastel-Bajac, prévôt de St-Justin et chanoine de l'église de Tarbes, pour la garde des château et forteresse de la Sede de Tarbes (16 octobre 1371). — Analyse de la déposition d'Hervé de Karalen, chevalier, seigneur d'Azé, diocèse de Tréguier, dans l'enquête pour la canonisation de Charles de Blois, duc de Bretagne (26 octobre 1371) ; — mention de la mort de Marie de Clef, femme d'Alain de Karalen, frère d'Hervé (1386). — Ordre du Roi de payer les gages de Honoffle Spinart, du pays de Gênes, lui, 2 connétables et 47 arbalétriers en sa compagnie, pour servir sous le commandement du sire de Clisson, lieutenant du Roi dans les Basses-Marches (31 octobre

1371). — Quittance de 75 francs d'or délivrée à Jean Le Mercier, trésorier des guerres, par Philippe, sire de Linières, chevalier (1er novembre 1371). — Ordre du duc d'Anjou à Étienne de Montméjan pour qu'il ait à payer les gages, à raison de 15 francs par mois et par homme, à Arnoult, seigneur de Landorre, chevalier et sénéchal de Rouergue, chargé de garder et défendre le lieu de Capdenac (4 novembre 1371) ; — mention d'un payement de 100 francs audit Arnoult, à Toulouse (4 novembre 1371). — Extrait de l'enquête faite à Angers, en 1371, pour la canonisation de Charles de Blois. — Lettres de sauvegarde, datées de Moncontour, et accordées à Jean Tesson, sa suite et ses bagages, par Jean de Tessonalle, capitaine d'une « rote » des gens d'armes anglais pour le « roy de France et d'Engleterre » (8 novembre 1371) ; — note de Lacabane. — Ordre du roi de France portant délivrance de deniers en faveur des maire, pairs et habitants de la ville de Rouen (4 décembre 1371). — Lettres du roi Charles V aux élus receveurs ès cité et diocèse de Bayeux, pour imposer sur toutes les villes fermées du diocèse, un fouage destiné à procurer des fonds pour la défense du pays contre les Anglais (6 décembre 1371). — Quittance de 40 francs d'or, pour dépenses d'artillerie, délivrée à Jean Luissier, receveur général des aides, par Jean de Lyons, sergent d'armes du Roi et maître de son artillerie (29 décembre 1371). — Confirmation par le roi Charles V, des privilèges de la ville de Millau (décembre 1371). — Inventaire en gros du Trésor, c'est-à-dire des archives du Roi (1371). — Début de l'inventaire ou répertoire des privilèges, chartes et registres existant au Trésor du Roi, par Gérard de Montaigut, secrétaire de Charles V et garde du Trésor ou Archives (1371). — Indications de sources pour : bastides devant Conches ; — traité pour la délivrance du château de Toiry, occupé par Le Moine de Poullehay (1371). — Extraits des comptes d'Étienne Valée, maître de la chambre aux deniers, de Jean, duc de Berry et d'Auvergne, comte de Mâcon (1361-1373). — Indication de source pour Pierre de Fay, capitaine de Chaumont-en-Vexin (1371-1385).

F. 53. (Liasse.) — 131 pièces, papier.

1372-1380. — Mention de la montre de 9 bacheliers et 40 écuyers faite par Gauchier de Passac, chevalier, à Aysse, en Limousin (1er janvier 1372) ; — lettres du roi de France portant licenciement de troupes, mais retenue de la compagnie de Gauchier de Passac (8 janvier 1372). — Lettres de Charles, roi de

Navarre et comte d'Evreux, dit le Mauvais, par lesquelles ce prince, étant dans l'abbaye de Cluny, déclare vouloir être dorénavant frère et fils des religieux de ladite abbaye (3 janvier 1372). — Lettres de Charles V dans lesquelles il est fait mention de la campagne de Louis de Sancerre, maréchal de France, en Limousin, du siège de la ville d'Aysse, de la reddition de Soloignac, des emprunts et dépenses du maréchal (8 janvier 1372). — Mention de la Bastide faite devant Conches (16 janvier 1372). — Don de 150 francs d'or fait par le duc d'Anjou à Guillaume Pons de Morles, chevalier, de Toulouse (28 janvier 1372). — Montre de Jean de Noal, écuyer, reçue par Hugues de Froide-Ville, chevalier, maréchal d'Auvergne, en la ville d'Ourcival (1er février 1372). — Note sur Florimond, seigneur de Lesparre, chevalier (février 1372) ; — note généalogique sur Bernard d'Albret, seigneur de Langoyran (février 1372). — Lettres du duc d'Anjou par lesquelles il mande à ses officiers et receveurs de laisser jouir Bertrand Auger, de Moissac, de 2400 livres qu'il lui a données en considération des pertes faites à l'armée, au service du Roi (4 février 1372 ; — note de Lacabane. — Mention d'une obligation de 3000 francs d'or au profit de Bertrand Du Guesclin, connétable de France, par Archambaut de Gresly, chevalier (7 février 1372). — Ordre du duc d'Anjou à Étienne de Montméjan, trésorier des guerres, de payer 50 francs d'or à Gantonnet d'Estissac, chevalier, pour aller à Figeac (11 février 1372) ; — note de Lacabane. — Ordre de Charles V aux gens des comptes à Paris d'avoir à allouer aux comptes de Jean Luissier, trésorier général des aides, la somme de 100.000 francs d'or, empruntée dès le 19 juillet 1371 à des marchands d'Avignon (12 février 1372. — Indications de sources pour : présence à Vannes, de Jean, duc de Bretagne, comte de Montfort (21 février 1372) ; — présence du même au château d'Auray (25 février 1372) ; — présence du même à Brest (22 novembre 1372) ; — présence de Du Guesclin à Paris (19 janvier 1373) ; — nomination du duc d'Anjou en qualité de lieutenant du roi Charles V, en Bretagne (18 octobre 1373). — Quittance de 135 francs d'or délivrée à Jean Luissier, receveur général des aides, par Nicole du Bosc, clerc et conseiller du Roi, envoyé, avec d'autres conseillers du Roi, en Picardie, vers les cardinaux de Cantorbery et de Beauvais, messagers du Pape pour arriver à un traité entre les rois de France et d'Angleterre (25 février 1372). — Lettres du roi Charles V, par lesquelles, en considération de la conquête du comté de Bigorre par le comte d'Armagnac, il ordonne qu'aucun officier n'y sera destitué et que s'il l'est, ou que l'office vienne à vaquer par mort, il ne sera mis d'autre à leur place qu'à la nomination dudit comte (28 février 1372). — Quittance de 120 francs d'or délivrée à Jean Luissier, receveur général des aides, par Aléaume Boistel, conseiller et maître des requêtes de l'hôtel du Roi, pour aller assister, avec d'autres conseillers eu Roi, au traité de paix, à St-Omer (29 février 1372). — Ordre du duc d'Anjou à Étienne de Montméja, de payer 30 francs d'or à son écuyer Jacques Rastel, pour aller au siège de Mortaigne (9 mars 1472). — Quittance de 9 livres parisis délivrée à Regnaut de la Chapelle, élu et receveur à Noyon, par Foursile Carbonnier, demeurant à Péronne (12 mars 1372). — Ordre de Charles V pour faire délivrer par Jean Luissier, receveur général des aides, la somme de 300 francs d'or à Ancelin Grille, « clerc de l'armée de la mer et maître des réparations de notre navire » (16 mars 1372) ; — quittance de 600 francs d'or délivrée par Acelin Grille (12 janvier 1372) ; — indication de source pour autres quittances dudit Grille, en 1371, 1372 et 1373. — Quittance de 20 francs d'or payés à Jean de Lyons, sergent d'armes du Roi et maître de son artillerie (18 mars 1372). — Donation par Charles V, roi de France, au sire d'Albret, de tous les biens appartenant au sire de Puyanne (mars 1372), — Donation par le roi Charles V, au comte de la Marche, de tout ce qui serait tenu en fief ou arrière fief du comté de la Marche et qui serait confisqué sur les ennemis au profit du Roi (mars 1372). — Indication de source touchant la possession du château de Civray par Bertrand de Caselis, chevalier (2 et 22 avril 1372). — Ordre du duc d'Anjou à Etienne de Montméjan d'assigner 200 francs d'or sur subside à prélever aux villes et lieux de Soubers et de Cornelha, donnés par le Duc à Guillaume de Soubers, écuyer (8 avril 1872). — Lettres de pouvoir données par Charles V à son frère, le duc de Bourbonnais, allant en Guyenne, Limousin, Saintonge et Poitou (8 avril 1372). — Mention de la quittance de 200 francs d'or délivrée à Michel de Caours, grènetier du sel à Paris, pour Aymeri, évêque de Paris, pour frais de voyage en Allemagne et Bohême (8 avril 1372). — Indication de source pour don fait à Guichard d'Angle, maréchal d'Aquitaine, par le prince de Galles (20 août 1372) ; — confirmation de ce don par le roi d'Angleterre (26 avril 1363). — Nomination, par Édouard III, roi d'Angleterre, de John, comte de Pembroc, en qualité de son lieutenant en la principauté d'Aquitaine (20 avril 1372). — Arrivée de Louis de Sancerre, maréchal de France, à Limoges (24 avril 1872 ; — entrée dudit maréchal dans le château de Limoges et prise de possession de la ville (26 avril 1372); — remise du lieu de l'Isle au même maréchal par Marot Audebert, moyennent 2000 francs d'or (2 mai 1372) ; — reddition de la ville de Nailles (18 juin 1372). — Indication de source pour visite de forteresses du bailliage de Rouen par Jean de Franqueville et Claude de Hallenviller (29 avril 1372). — Payement de 900 francs d'or fait à Yvain de Galles, écuyer, par Étienne Braque, trésorier des guerres (1er mai 1382) ; — description du sceau d'Yvain de Galles ; — quittance de 1170 francs d'or, délivrée à Jean de Rie, seigneur de Balançon, par Yvain de Galles, lieutenant du Roi « en la flote de la mer de l'armée des Barges qui présentement se sont armées en Harefleur » (24 juillet 1372) ; — autre quittance de 1515 livres tournois délivrée par le même à Jacques Renart, trésorier des guerres (31 mai 1376) ; — autre de 1615 livres tournois, délivrée au même par le même (12 août 1376);— note de Lacabane. — Confirmation par Charles V du don des châteaux, terres et appartenances de Mirabel, en faveur d'Aubert de Trenière, chevalier et seigneur de la Courtine, en Guyenne (6 mai 1372). — Ordre du duc d'Anjou à Étienne de Montméjan de payer 48 francs d'or à Guillaume de Goyrans, chevalier, maître de son hôtel et à Jaufroy Vieux, écuyer de son écurie (9 mai 1372) ; — payement des susdits 48 francs d'or (11 mai 1372). — Indication du document contenant les lettres d'hommage d'Odet de Bourbon à la reine Blanche, régente du royaume de France (sans date) ;— indication du document contenant lettre obligatoire de 300,000 francs dûs au Roi par Yvain de Galles et traité d'alliance (12 mai 1372). — Ordre du duc d'Anjou à Étienne de Montméjan de payer 200 francs d'or à frère Raymond del Bas, chevalier de l'ordre de St-Jean de Jérusalem, commandeur de Aurelhan de Bourdières (14 mai 1372). — Payement de 100 francs donnés par le duc d'Anjou à Andrieu de Moyria, chevalier, sire de Mailhie, de la terre de Vilars, en Savoie (19 mai 1372). — Ordre du roi Charles V à Jean d'Orléans de payer 200 francs d'or à maître Nicolle Oresme qu'il a chargé de traduire 2 livres intitulés les « *Polithiques et les Yconomiques* » (21 mai 1372) ; — ordre du même Roi aux gens des comptes d'allouer les 200 francs d'or au compte de Pierre de Laudez, changeur du trésor royal (31 août 1374) ; — extrait de la Bibliothèque protypographique ou librairies des fils du roi Jean, par M. de Barrois, député du Nord, touchant l'ouvrage de Nicolas Oresme. — Lettre du roi Charles V à son frère le duc de Berri qu'il félicite de sa bonne tenue, principalement à Cognac (6 juin...). — Indication de source pour lettres d'anoblissement de François Calveti, bourgeois de Toulouse (17 juin 1372. — Ordre du duc

d'Anjou à Étienne de Montméjan de payer 50 francs d'or à Bernard de Maichmont, chevalier (30 juin 1372); — payement de ces 50 francs à Moissac (30 juin 1372). — Note sur la reddition de Limoges (1er juillet 1372).— Mention d'une lettre du duc d'Anjou aux consuls de Cahors leur annonçant qu'il a retenu, pour la garde et défense de la ville de Cahors, Aymeric de Gourdon et Jean de Gourdon, chevaliers, Arnaut Bérail, sire de Saissac et Guillaume de Vailat, capitaines de 30 hommes d'armes, et Guillaume de Vailat, Naz de Sauzet, capitaines de 20 arbalétriers (4 juillet 1372) ; — revue par les consuls de Cahors des hommes d'armes d'Aymeric de Gourdon, d'Arnaut de Saissac et de Jean de Gourdon. — Indications de sources de lettres par lesquelles Édouard III, roi d'Angleterre, accorde à son cousin, Jean de Grelly, captal de Buch, la garde, pour 5 ans, des villes de Melle, Chisay, Villeneuve et de tous les autres châteaux, terres et seigneuries de son fils Thomas de Wodestock, situés en Aquitaine, à l'exception du château de Civray, dont la garde a été donnée à Bertrand de Cazelis, chevalier (6 juillet 1372). — Retenue, par le duc d'Anjou, pour la garde et la défense d'Aiguillon, de Bernard de Maymont, chevalier, seigneur de Lisinhan (6 juillet 1372). — Retenue, par le duc d'Anjou, de Raffen, seigneur de Montpezat, et de 30 hommes d'armes à Aiguillon (6 juillet 1372) ; — payement de 225 francs audit Raffen (10 juillet 1372). — Donation des château et ville de Montbrun faite par Charles V à Gaucher de Passac, son sénéchal en Limousin (9 juillet 1372). — Don des château, ville et châtellenie de Mortemar, en Limousin, fait à Alain de Saisi, écuyer, par Bertrand Du Guesclin, duc de Moline, connétable de France (10 juillet 1372) ; — confirmation de ce don par le roi Charles V (22 juillet 1372); — Ordre du duc d'Anjou à Étienne de Montméjan, de payer 50 francs d'or à Bernard de la Rivière, sénéchal de Bigorre (23 juillet 1373). — Traité entre le duc de Bourbon, d'une part, Simon Bule et Nicolas Dagorne, chevaliers anglais, d'autre part, sur le fait de la délivrance de la duchesse de Bourbon, mère dudit Duc, prisonnière des compagnies (23 juillet 1372) ; — note de Lacabane. — Indication de document contenant le pouvoir donné par Édouard III à Jean de Neuville, de justicier les troupes dont il a le commandement en Bretagne (24 juillet 1372). — Lettres de rémission accordées par le roi Charles V à Belle Assez (*Satis pulchra*) dame de Maignac, veuve d'Aymery de Tastes (juillet 1372). — Compte présenté au Roi par Jacques de Montmor, chevalier, et Morelet de Montmor, écuyer, son frère, pour leurs services militaires (juillet 1372); — note de Lacabane. — Ordre du duc d'Anjou à

Étienne de Montméjan, de payer certaine somme à Olivier de Mauny et ses 200 hommes d'armes, plus 60 hommes d'armes en la compagnie de messire Prigeut Trulenet et de Renoul, son frère, au lieu de Cugnac (1er août 1372). — Cote de la donation de tous les biens meubles et immeubles ayant appartenu à l'anglais Gualter Springlinton, écuyer, faite par le duc de Berry à Gaufred Budes, Gaufred de Kimel, chevaliers, et Gaufred Payen, écuyer (9 août 1372). — Indication de source du don des meubles ayant appartenu à Jean et Aymery de Bonneval, chevaliers, en Limousin, et à Rouffaut de Bonneval, leur frère, partisans des Anglais, fait par Du Gesclin à Pierre de la Roche-Rousse, écuyer, de Bretagne (9 août 1372) ; — indication de source du don d'une maison à la Rochelle fait par ledit Du Guesclin à Jamet Duchesne, bourgeois de la Rochelle (8 septembre 1372) ; — mentions de la confirmation de ces dons par le roi de France. — Note de Lacabane sur le combat de Soubise, le 23 août 1372. — Don de 300 francs fait par le duc d'Anjou à Andry de Morien, chevalier, en compensation des effets perdus par lui dans un bâteau remontant la Garonne, du Port Ste-Marie à Agen (28 août 1372) ; — payement de 100 francs d'or au même Andry de Morien (30 août 1372) ; — description du sceau ; — payement de 200 francs au même, mais au compte de la dame de Madilhan et de Bertrand de la Mote (30 août 1372). — Lettre de Charles V à Jacques de Montmor, chevalier, et à Morelet de Montmor, écuyer, frères, en accréditant auprès d'eux frère Jean de Montmor, leur frère, qui traitera la question du captal de Buch, fait prisonnier au combat de Soubise (29 août 1372. — Ordre du duc d'Anjou à Étienne de Montméjan, trésorier des guerres, de payer certaine somme de deniers à Sylvestre Budes et à Auffroy de Gabrien, bretons, capitaines de routiers (29 août 1372) ; — ordre du duc d'Anjou, de payer à Sylvestre Budes, 200 francs d'or, pour acheter un coursier (13 avril 1373). — Ordre du duc d'Anjou à Étienne de Montméjan, trésorier des guerres, de payer 200 francs d'or à Bethon de Marcenac, chevalier, bailli de Sens et d'Auxerre (29 août 1372) ; — payement des 200 francs audit Bethon de Marcenac (30 août 1372) ; — autre de 50 francs au même « pour le fait de Figeac » (14 décembre 1372) ; — autre de 50 francs au même « pour le voyage de Rouergue à Cahors » (17 décembre 1372) ; — quittance de 137 francs d'or délivrée par le même à Pierre le Pelletier, receveur du bailliage de Sens (2 novembre 1373) ; — autre délivrée par le même Bethon, qualifié de conseiller du Roi « naguère baillif de Sens » (25 avril 1380). — Ordre du duc d'Anjou à Étienne de Montméjan, trésorier

des guerres, de payer 200 francs d'or à Olivier Du Guesclin, frère du connétable, pour payer sa rançon (30 août 1372). — Indication de source sur le captal de Buch (août 1372). — Itinéraire du duc de Bourgogne au moyen des montres de ce prince (août-décembre 1372). — Ordre du duc d'Anjou à Étienne de Montméjan, de payer 40 francs d'or à Gaillart de Mascaren, écuyer (3 septembre 1372) ; — payement de ces 40 francs d'or (18 septembre 1372) ; — description du sceau. — Donation du Trueil de St-Regracian et de toutes les vignes étant en ladite paroisse et une lieue environ dudit lieu de St-Regracian, auparavant possédées par Robert Parc, anglais, faite par Charles V à Aymeri Normant, bourgeois de la Rochelle, pour le récompenser de la part qu'il a prise à la reddition de cette dernière ville (5 septembre 1372 ; — note de Lacabane. — Donation d'immeubles à la Rochelle faite par Charles V à Yvon Le Corrit, pour le récompenser de la part qu'il a prise à la reddition de la ville (5 septembre 1372). — Retenue d'Amenion de Montpesat, chevalier, pour la garde et défense de la ville du Mas d'Agenais, et ordre du duc d'Anjou à Étienne de Montméjan pour le payement des gages dudit Amenion (7 septembre 1372) ; — ordre du duc d'Anjou de payer 50 francs d'or à Amenion de Montpesat, chevalier, capitaine du Mas d'Agenais (22 septembre 1372) ; — payement de ces 50 francs (22 sept. 1372) ; — note de Lacabane. — Don d'une maison sise à la Rochelle, dans la rue de la Blatrie, fait à Jamet Duchesne, bourgeois de la Rochelle « de la nassion de Bretaigne », par le connétable Du Guesclin, pour services rendus dans la soumission de cette place (8 septembre 1372) ; — confirmation de ce don par Charles V (5 janvier 1373) ; — ordre de Charles V pour payement de 60 francs d'or à son sergent d'armes Gabriel, autrement dit Geoffroy de Brain, pour le récompenser de lui avoir apporté la nouvelle de la reddition de la Rochelle (18 septembre 1372) ; — note de Lacabanes. — Ordre de Bertrand Du Guesclin, connétable de France, aux trésoriers des guerres du Roi, de payer telle somme qu'il conviendra à Morelet de Montmor et à 16 hommes d'armes qu'il commet spécialement à la garde de Jean de Grelli, captal de Buch et de Thomas de Percy, anglais (8 septembre 1372) ; — certificat de Bertrand Du Guesclin constatant la livraison de 26 chevaux ou juments, appréciés 469 francs d'or, faite à divers par frère Jean de Montmor (17 décembre 1372) ; — description de sceau. — Retenue d'Augier Moute, chevalier, seigneur de Ste-Livrade, et ordre de payement, adressés par le duc d'Anjou à Étienne de Montméjan (10 septembre 1372) ; — note de Lacabane. — Arrivée à Paris du captal de

Buch, de Guillaume de Percy, du sire de Mareuil et autres prisonniers gascons et anglais, sous la conduite de Pierret d'Auvillier, écuyer, qui avait pris le captal de Buch au combat de Soubise (11 décembre 1372) : — mention de l'hommage pour le comté de Poitiers fait au Roi par le duc de Berry et du serment de fidélité prêté à Charles V par le sire de Parthenay et autres barons du Poitou (12 décembre 1372). — Ordre du duc d'Anjou à Étienne de Montméjan, de payer 300 francs d'or à Antejeac de Lustrac, écuyer, pour l'aider à fortifier et à ravitailler son lieu de Rigolières (16 septembre 1372); — payement desdits 300 francs d'or, à Penne d'Agenais (17 septembre 1372) ; — description du sceau de Bernard de Lustrac. — Ordre du duc d'Anjou de payer à Raymond de la Pugeade, écuyer, la somme de 300 francs d'or pour l'aider à fortifier et ravitailler le lieu de la Pugeade (16 septembre 1372) ; — description du sceau de Raymond de la Pugeade. — Ordre du duc d'Anjou de payer 300 francs d'or à Raymond Guilhem de Moron, d'Agen (16 septembre 1372 ; — payement de ces 300 francs, à Penne (19 septembre 1372] ; — description du sceau de Jean de La Barthe; — note de Lacabane. — Traité fait devant Surgères, en Poitou, entre Jean, duc de Berry et d'Auvergne, comte de Poitou et de Mâconnais, d'Angoulême et de Saintonge, d'une part, et divers prélats et barons du pays de Poitou, sur la manière de faire retourner à l'obéissance du roi de France le pays et duché de Guyenne (18 septembre 1372) — Ordre du duc d'Anjou de payer 30 francs d'or à Guy de Chesnac, chevalier (18 septembre 1372) ; — mention de ce payement (19 septembre 1372) ; — description du sceau de Chesnac. — Ordre du duc d'Anjou de payer la somme de 30 francs d'or à Vesian Moys, écuyer (20 septembre 1372). — Analyse des lettres du don fait par le duc de Berry à messire Jean Isoré, seigneur de la Varenne, chevalier, et messire Regnaut Chenin, sire de Mansé, chevalier, beaux-frères, des biens confisqués sur Guichard d'Angle, dont ils étaient gendres (20 septembre 1372). — Mention d'un don fait par Jean, duc de Berry et d'Auvergne, à Jean Isoré et à Regnaut Chenin (20 septembre 1372) ; — mention des lettres confirmatives du Roi (6 octobre 1373); — mention de commission adressée par ledit duc de Berry au sénéchal de Poitou pour mettre Jean Isoré et Regnaut Chenin, son chambellan, en possession d'un pré ayant appartenu à Guichard d'Angle (23 juillet 1373). — Retenue de messire Arranfray, sire de Montpesat, chevalier, pour la garde et défense de la ville de Montclar et ordonnance de payement (21 septembre 1372); — note de Lacabane. Lettres de retenue de messire Gassion du Castel, maî-

tre d'hôtel du duc d'Anjou, capitaine et gouverneur des villes et lieux de Marmande, Caumont, Montpoulhan, Samazan, Bouglon, Villefranche, Pueg de Gontault, Damozan et Faolhec et ordonnance de payement, adressées par le duc d'Anjou à Étienne de Montméjan (22 septembre 1372); — Ordre du duc d'Anjou de payer 120 fr. d'or, par mois, à Gassion du Castel (22 septembre 1372); — mention d'une somme de 900 fr. payée audit Gassion, à Villeneuve d'Agenais (29 septembre 1372); — description du sceau de Gassion du Castel ; — mention d'une somme de 450 francs payée audit Gassion, à La Réole (17 septembre 1374). — Obligation de 1000 francs d'or au profit du duc de Bourbonnais par Simon Burle, chevalier anglais (24 septembre 1372). — Indication du document contenant le traité de Surgères ; — copie de ce traité ; — ordre de Charles V au bailli des exemptions de Touraine, d'Anjou et du Maine, de faire payer les arrérages dûs, en vertu du traité de Surgères, à Louis de Harcourt, chevalier, vicomte de Châtellerault (8 janvier 1373); — lettres exécutoires de l'ordre de Charles V adressées à Geoffroy le Ber, sergent au bailliage des ressorts et exemptions de Touraine, de Poitou, d'Anjou et du Maine par le bailli Thomas Darmeuille, écuyer (22 avril 1376); — ordre de payement d'arrérages dûs à Louis d'Harcourt, donné par Pierre Daunois, sire de Chasteau-Frémont, chambellan du Roi (22 mars 1379) ; — note de Lacabane ; — tableau généalogique de la famille de Coloigne, depuis Geoffroy de Coloigne, seigneur de Puigné, jusqu'à Jacques de Coloigne. — Lettres d'amortissement d'une rente annuelle de 30 setiers de blé pour la fondation d'une chapellenie dotée de revenus, assis en la paroisse de Flaugnac, en Rouergue (septembre 1372). — Don de 60 francs d'or fait par le roi de France à Guillet de Crouchié, écuyer, pour l'aider à payer sa rançon, ayant été fait prisonnier avec Guillaume de Briqueville, sire de la Mic, en compagnie de Guillaume de Manneville, chevalier (7 octobre 1372). — Lettres de sauvegarde royale accordées par le roi Charles V à la ville de St-Jean-d'Angély (9 novembre 1372). — Certificat de fournitures de drap faites par Jean Regnaut, bourgeois de Poitiers, pour les gens d'armes et arbalétriers préposés à la défense de cette ville et montant à la somme de 127 francs d'or 4 sous tournois, ledit certificat délivré par Barthélemy de Noces, clerc et lieutenant de Raymond Coustave, trésorier général du duc de Berry et d'Auvergne, comte de Poitou (15 novembre 1372; — note de Lacabane. — Don de la viguerie de Mauvezin, évêché de Tarbes, fait par Édouard III, roi d'Angleterre, à Roger-Bernard de Foix, comte de Castelbon et seigneur de Navailles (20 novembre 1372); —

don du même au même de la terre de Marensyn (20 novembre 1372) ; — note de Lacabane. — Indication de source pour donation d'une partie de la succession de Pierre de Casalis, du pays des Landes, faite par Édouard III, roi d'Angleterre, à Pierre de Navailles (20 novembre 1372). — Mention de lettres du duc d'Anjou, datées de Cahors, dans lesquelles il est question du traité fait avec le sire de Pons (23 novembre 1372). — Ordre du roi Charles V aux gens des comptes, à Paris, de passer le prix de 3 chevaux à Renier le Coutelier, bailli de Caen (26 novembre 1372). — Indication de source pour confirmation, par le roi Charles V, de plusieurs privilèges en faveur de l'abbaye de St-Maixent en Poitou (26 novembre 1372). — Lettres des franchises, libertés, immunités et privilèges, accordés aux habitants de Belvès, par le duc d'Anjou (novembre 1372). — Indication de source pour promesse du roi Charles V au vicomte de Châtellerault, de lui rendre la vicomté de St-Sauveur, lorsqu'il l'aura retirée des mains des Anglais (novembre 1372); — indication de source pour traité entre Charles V et plusieurs prélats, barons, etc., de Poitou et de Saintonge (15 décembre 1372). — Indication de document contenant des lettres du duc de Berry et de Du Guesclin, datées de Loudun (1er décembre 1372). — Ordre du duc d'Anjou de payer 250 francs d'or à Bernardon Joban, écuyer, pour l'aider à payer sa rançon, à Cahors (4 décembre 1372). — Don de 200 francs fait par le roi de France à son sergent d'armes Robert de Ricainres (ou Ricaumes) pour le récompenser d'avoir accompagné l'abbé de Fécamps à Rome, afin d'en ramener le pape Urbain et l'aider à accompagner le même abbé à Gênes et ailleurs (10 décembre 1372). — Ordre de Louis, duc d'Anjou, de payer 500 francs d'or aux consuls de Lauzerte pour leur traité (12 décembre 1372). — Ordre du duc d'Anjou de payer 120 francs d'or à Bernard d'Averières, de Montauban (13 décembre 1372). — Lettres de Charles V dans lesquelles il est fait mention du traité de Surgères, passé entre les ducs de Berry et de Bourgogne d'une part et avec les prélats, barons et nobles de Poitou, Saintonge et Angoumois (15 décembre 1372) ; — note de Lacabane. — Lettres d'absolution générale de Charles V pour Isabeau d'Avaugour, vicomtesse de Thouars et dame de Talemont, ses gens, hommes et sujets (15 décembre 1372) ; — lettres de restitution à la même (15 décembre 1372); — note de Lacabane. — Mention du payement d'une somme de 300 francs à Jean de Durfort, pour le traité de Moissaguel (16 décembre 1372) ; — description du sceau de Jean de Durfort ; — ordre du duc d'Anjou à Ambroise Berth, trésorier des guerres, de payer 50 francs d'or à

Bertrand de Durfort, sire de Gavaudun (30 juin 1377); — autre au même pour payement de 30 francs à Bertrand de Durfort, sire de Gavaudun et de la Roque (13 février 1378) ; — description du sceau de Bertrand de Durfort. — Mention de quittance délivrée par Bertrand de Fumel, sire de Montségur (21 décembre 1372). — Ordre du duc d'Anjou de payer 320 francs d'or à Robert Le Conte, chevalier et maître d'hôtel du Duc (22 décembre 1372). — Quittance de 40 francs, délivrée à Étienne de Montméjan, trésorier des guerres, par sœur Gualiana, abbesse du monastère de Leyme, ordre de Citeaux, diocèse de Cahors (22 décembre 1372) ; — description du sceau de la cour commune du pariage de Cahors. — Donation par le roi Charles V au seigneur de Parthenay, du lieu, fief et terre de Dampère en Aunis et de la terre et fief de Laleu, près La Rochelle (23 décembre 1372). — Indication de source pour ordonnance du roi Charles V, touchant la levée, en Normandie, de la somme de 40,000 francs d'or, pour être employée aux frais du connétable et de son armée, chargés de faire lever le siège de St-Sauveur-le-Vicomte (27 décembre 1372). — Indication de source pour instructions données aux messagers du Roi en Picardie, sur la conduite qu'ils auront à tenir vis-à-vis des messagers anglais, dans leurs conférences et en présence des cardinaux et envoyés du Pape (1372). — Donation de maison et appartenances à la Rochelle, faite par le roi Charles V à Guillaume de Séris, premier président au Parlement de Paris (1372). — Extrait de la vie de Charles V par Christine de Pisan (1372). — Lettres d'Édouard III, roi d'Angleterre, à Thomas de Felton, chevalier, sénéchal de Guyenne, et à Henri Laye, chevalier, sénéchal d'Angoulême, pour qu'ils aient à juger définitivement une contestation entre Jean Chauderier, bourgeois de la Rochelle et noble Aymeric, seigneur de Credonis (1372). — Indications de sources sur la Rochelle, Yvain de Galles et Montmorillon (1373). — Extraits du journal de Pierre Scatisse, trésorier du duc d'Anjou (1372-1374). — Notice sur un registre manuscrit provenant de Raymond Coustave, trésorier général du duc de Berry, et appartenant aux archives de la ville de Clermont, en Auvergne (1372-1377).

F. 54. (Liasse.) — 48 pièces, papier.

1373-1441. — Mention de lettres d'anoblissement données par Charles V en faveur de Jean Regnaut, maire de Poitiers, des 25 échevins ou pairs de cette ville et de leurs successeurs, en ligne masculine ou féminine (8 janvier 1383) ; — note de Lacabane. —

Indication de source pour la concession des privilèges accordés aux maire, échevins et pairs de la Rochelle et à leurs successeurs mâles (8 janvier 1373). — Don d'une rente annuelle de 200 livres tournois, à prendre sur les biens et possessions du vicomte de Fronssac, partisan des Anglais, fait par le roi Charles V à Jean Dupuis, bourgeois et habitant de la Rochelle, pour le récompenser de la part prise par lui à la reddition de cette ville (22 janvier 1373); — confirmation de ce don par le roi Charles VI (1er juillet 1402). — Analyse du testament de Jeanne, fille aînée du roi de France, reine de Navarre et comtesse d'Évreux (27 janvier 1373). — Ordre donné par Manald ou Manaud, seigneur de Barbasan, chevalier, maréchal en la présente guerre et sénéchal de Quercy, à Jean de Pinata, *alias* Bel, notaire royal à Montauban, d'expédier pour le chapitre de l'église de Montauban, un acte d'échange entre ledit chapitre et Arnould, patriarche d'Alexandrie (30 janvier 1373); — vidimus de cette pièce (2 mars 1373). — Extrait de la charte de Charles V accordant à la ville d'Angoulême une commune en tout semblable à celle de St-Jean-d'Angély (janvier 1373). — Quittance de 200 livres, délivrée à Jean de la Fresnaye, receveur des aides au diocèse d'Avranches, par Alain de Malny, capitaine de Pointourson, pour et au nom de Bertrand Du Guesclin (16 février 1373). — Indication de source pour nomination, par Édouard III, roi d'Angleterre, de Thomas de Felton, en qualité de sénéchal d'Aquitaine (6 mars 1373). — Indication de source pour confirmation, par Édouard III, de concession faite, le 16 avril 1372, à Giraud de Tartas, seigneur de Póyane (29 mars 1373). — Extrait du *Petit livre noir* de la ville de Périgueux au sujet du siège et de la prise de Condat (5 avril 1373); — note de Lacabane. — Quittance de 392 livres 3 sous tournois délivrée à Jean de la Garde, élu et receveur aux diocèses de Lyon, Mâcon et Châlon, sur le fait des aides, par Gilles de Caysel, Eynart de Villenove-le-Grant, Mathieu de Chapponnay, Jean de Floreis, Henri Chivrier, Jean de Villars et Bartholomée de Mollon, bourgeois et conseillers de la ville de Lyon (21 avril 1373); — description du sceau de la ville de Lyon; — mention d'une quittance délivrée par les consuls de la ville d'Aigueperse, en Auvergne, et scellée du sceau de cette ville (1441). — Ordre du duc d'Anjou à Guillaume Bequet, son trésorier et général gouverneur de ses finances, de payer 250 francs d'or à Jean Bonneau, écuyer (23 avril 1373). — Quittance de 1,000 francs d'or délivrée à François Daunay, receveur des aides, par Jean de Juch, chevalier, de Bretagne, pour la garde et défense de Kemper Corentin (28 avril 1373); — note de Lacabane. — Privilèges ac-

cordés par Charles V aux habitants de la ville d'Ermenc, en Auvergne (13 mai 1373). — Donation de la terre de Guillot et appartenances, faite par le roi Charles V à Olivier, sire de Clisson (22 mai 1373). — Donation des villes et châtellenies de Bospredon et de Foenant, en l'évêché de Cornouailles, en Bretagne, faite par Du Guesclin à son cousin et bachelier Jean de Juch (28 mai 1373); — mention de la confirmation de ce don par Charles V (30 novembre 1373); — note de Lacabane. — Montre de Guillaume, châtelain de Beauvez, chevalier banneret (1er juin 1373). — Retenue par le duc d'Anjou, de Hélie La Roche, pour la défense de Périgueux (1er juin 1373). — Indication de documents relatifs au siège de Brest (1er juin 1373). — Don de la viguerie de Godon en Bigorre fait par le duc d'Anjou au comte d'Armagnac (20 juin 1373); — confirmation par Charles V (décembre 1373); — note de Lacabane. — Ordre de Richard de Cormeilles, panetier du Roi, d'envoyer biscuits, vin, chair et toutes autres choses nécessaires aux navires d'Espagne, qui doivent aller incessamment se ravitailler « ès parties de Hareffleur » (20 juin 1373). — Indication de source pour commission en faveur de Guillaume de Beaufort, vicomte de Turenne, où il est parlé de la réception faite par les habitants de Brives au duc de Lancastre et à son armée (19 septembre 1373). — Rectification d'erreur dans un acte authentique relatif au péage de Montpont, faite par Archambaud V, comte de Périgord et Guillaume de Montpont (24 juin 1373). — Ordre du Roi aux gens des comptes à Paris pour qu'ils aient à allouer aux comptes de François Chanteprime, receveur général des aides, la somme de 50 francs d'or que le Roi a pris audit Chanteprime pour donner à un messager qui, de par le sire de Beaujeu, lui a annoncé la déconfiture des ennemis, près de Calais, par le maître des arbalétriers et le dit sire de Beaujeu (26 juin 1376). — Donation du château et de la seigneurie de Mauvesin en Bigorre faite au comte d'Armagnac par le duc d'Anjou (30 juin 1373); — confirmation par Charles V (décembre 1373); — note de Lacabane. — Indication de sources pour : don de la viguerie de Godon en Bigorre fait par le duc d'Anjou au comte d'Armagnac; don du château et de la seigneurie de Mauvesin du même au même; nomination du comte d'Armagnac comme lieutenant-général du Roi en Languedoc et Guyenne (juin-décembre 1373); — extrait de la donation des château, forteresse et châtellenie de Tournon faite au comte d'Armagnac par Charles V; — note de Lacabane. — Quittance d'une somme de 450 francs d'or délivrée à Jean le Mercier, trésorier des guerres, par Étienne Maynart, écuyer

(4 juillet 1373). — Sauf-conduit et sauvegarde aux partisans du roi de France par Pierre Arnault de Béarn, chevalier, capitaine du château de Lourdes, en Bigorre (5 juillet 1373); — note de Lacabane. — Indication du document contenant le traité passé, pour la restitution de Brest, entre Jean de Neuville, Robert Knolles, Thomas de Melbourne, pour le roi d'Angleterre et le duc de Bourbon, le connétable et le vicomte de Rohan, pour le roi de France (6 juillet 1373); — indication du document contenant l'obligation des ôtages anglais, pour la reddition de Brest, entre les mains de Bertrand Du Guesclin (8 juillet 1373). — Copie du traité précédent concernant la restitution de Brest (6 juillet 1373); — description des sceaux de : Jean de Neuville, de Robert Knolles et de Thomas de Melbourne. — Reconnaissance d'être ôtages de Du Guesclin faite par Jourdan Daulen, chevalier, Robert Cliston, Jean Wedewort, Jean Pil, Jean Ambloy et Jean Hector, écuyers anglais, en attendant la restitution de Brest aux Français (8 juillet 1373). — Don de 300 francs d'or fait à Roger d'Espaingne, chevalier et chambellan du Roi, par le duc d'Anjou (10 juillet 1373). — Indication de source pour lettres de Du Guesclin datées de Lantreguer (11 juillet 1373) et de Rennes (20 août 1373). — Lettre-close par laquelle Jean, sire de Neuville, Robert Knolles, sire de Derval et de Rouge et Thomas de Melbourne redemandent au duc de Bourbon, à Bertrand Du Guesclin et au vicomte de Rohan, les ôtages qu'ils avaient livrés en vue de l'exécution du traité sur la restitution de Brest aux Français (4 août 1373). — Quittance de 119 sous 2 deniers parisis délivrée à Jean Galiot, clerc et collecteur des exploits du bailliage de Rue, par Guillaume Le Mauvier, bailli de Rue, pour frais de démolition de plusieurs ponts, écluses et « costiches » sur la rivière « d'Auchié » (10 août 1373); — indication de document sur Maumont et les bastides devant Ventadour (31 juillet 1389). — Récépissé de pièces d'artillerie délivré à Jean de Lyon, sergent d'armes du Roi et maître de son artillerie, par Jacques de Hangert, huissier d'armes du Roi, capitaine de la forteresse du pont de Charenton (7 septembre 1373). — Analyse de la confirmation, par Charles V, du don des châtellenies de Rosporden et de Fouesnant, confisquées sur Robert Knolles, fait à Jean de Juch par Bertrand Du Guesclin (22 septembre 1373). — Indication de source sur la reddition de Derval (29 septembre 1373). — Extrait du compte de Jean Le Mercier, trésorier des guerres, portant don de 2000 francs à Bureau, sire de La Rivière, pour la part qu'il a prise à la reddition de Derval (8 octobre 1373); — don de 2000 francs par mois fait audit sire de la Rivière pour l'aider à soutenir son état et défrayer plusieurs gens d'armes qu'il a amenés en sa compagnie par devers le duc de Bourgogne (17 octobre 1373). — Mention de l'heure, du jour, de l'année et du lieu de la mort de Jeanne de Bourbon, reine de Navarre (3 novembre 1373). — Certificat par lequel Barthélemy de Noces, clerc et lieutenant de Raymond Coustave, trésorier général du duc de Berry, déclare qu'il est dû 143 francs 8 sous à Jean Renaut, marchand de Poitiers (4 novembre 1373); — récépissé par le duc de Berry, de 2 chapeaux garnis de pierreries qu'il avait mis en gage entre les mains de Denis Gilier (21 avril 1375). — Indications des documents dans lesquels il est fait mention de Simon *Maillardi*, maître des eaux et forêts du Roi (1373-1374) et d'Ambroise de *Bucanigra*, chevalier, amiral de Castille (1373). — Indication de sources pour le siège de Brest (1373). — Inventaire de documents jugés inutiles par le garde du Trésor ou archives du Roi (1373 ou 1374).

F. 55. (Liasse.) — 58 pièces, papier ; cah. p. in-quarto, 23 feuillets, papier.

1374-1387. — Certificat de la montre et revue de Castaigne Dore, écuyer de Gênes, et de 29 autres arbalétriers de sa compagnie, délivré par Guillaume Morfouacé, lieutenant du capitaine de St-Malo (1er janvier 1374); — quittance de 350 livres tournois délivrée à Pierre Chanteprime, trésorier des guerres, par Castaigne Dore, écuyer, capitaine d'un certain nombre d'arbalétriers génois (17 décembre 1374) ; — description du sceau de *Castonia Doria*. — Ordre du roi Charles V de payer 179 francs d'or à Jean Mandole, pelletier et bourgeois de Paris (3 janvier 1374). — Quittance de 13 livres 14 sous parisis, délivrée à Lorens du Moulinet, receveur de Paris, par Nicolas de Salines, « questionneur et tourmenteur des malfaiteurs au Chastellet de Paris » (12 janvier 1374) ; — description du sceau dudit Nicolas de « Sallim ». — Ordre de Charles V pour le payement de 100 francs d'or à son cousin et chambellan, le vicomte de Rochechouart (7 février 1374). — Payement de 60 francs à Arnaud Guillaume de Laneplane, espion, envoyé à Bordeaux (22 février 1374). — Quittance de 6,000 francs d'or, délivrée à Étienne de Montméjan, trésorier des guerres, par Philippe de Jean, chevalier, seigneur de la Johanie, pour la rançon de Bertucat d'Albret (20 février 1374); — note de Lacabane ; — description du sceau de Philippe de Jean. — Ordre du roi Charles V pour payement à Pierre Villequin, coutelier à Paris, d'une somme de 12 francs d'or, prix d'une paire de couteaux à trancher, destinée à la Reine, pour la fête de Pâques (12 mars 1374). — Rémission accordée par le roi Charles V à Guillaume de Eschamel, chevalier, seigneur de Favar et de Chairel, du pays de Guyenne (15 mars 1374). — Procuration donnée par le duc d'Anjou à ses conseillers, Jean de St-Cernin, docteur en lois, Marquis de Cardaillac, seigneur de Montbrun, et Migon de la Pomarède, chevalier et chambellan du Duc, pour traiter de paix ou de trève avec le comte de Foix et autres (17 mars 1374). — Donation de tous les droits, rentes, possessions et héritages que Pierre de Maumont, chevalier, pouvait avoir en la châtellenie de Sanner (ou Fauves), faite par le roi Charles V à Guy d'Aubusson, seigneur de la Borne, écuyer (mars 1374). — Indication de source pour arrêt du parlement de Paris ordonnant que frère Ythier de Perruce, chevalier de St-Jean de Jérusalem, sera livré aux religieux de son ordre par le prévôt de Paris, pour être jugé et châtié par eux selon les statuts de l'ordre (12 avril 1374). — Ordre du roi de France pour un payement, à raison de 4 francs d'or par jour, à faire à son conseiller Aléaume Boistel, maître des requêtes de l'hôtel, qu'il envoie vers le sénéchal de Hainaut, à Tournay et en Flandre (13 avril 1374). — Nomination par le duc d'Anjou, de Jean de Bouloygne, en qualité de capitaine général « ès jugeries de Rivière et de Rieux » (17 avril 1374).— Ordre du duc d'Anjou au juge de Verdun d'informer contre le bâtard de Terride, accusé d'avoir enlevé et violé une jeune vierge, fille du seigneur de Juniato, conseiller du Roi (22 avril 1374). — Indication pour Raymond du Temple, maître maçon du Roi (avril 1374). — Quittance de 200 florins d'or, délivrée à Gille Villet, grénetier du grenier à sel de Paris, par Raoul, sire de Louppy, chevalier et conseiller du Roi, pour reliquat de solde des frais de voyage en Bohême et Hongrie (20 mai 1374). — Indication de source pour sièges de Framais (1er juin 1374) et de Brest (1374). — Ordre du duc d'Anjou à Étienne de Montméjan, trésorier des guerres, de payer 2,000 francs d'or à Jean Bel, marchand de Florence, pour fournitures de velours, drap d'or, d'argent, etc., à l'occasion d'une réunion avec le roi de Castille (10 juin 1374); — payement desdits 2,000 francs d'or (10 juin 1374). — Lettres de Renier le Coutelier, bailli de Caen au vicomte de Falaise ou à son lieutenant, lui enjoignant de faire crier dans tous les lieux de la vicomté que chacun se garde, attendu que Robert Knolles, arrivé à St-Sauveur-le-Vicomte, menaçait le pays (19 juin 1374). — Quittance de 3,000 francs d'or délivrée à Étienne de Montméjan par Sylvestre Budes, Juhel Rollant et Hervé de Karalouet, écuyers, capi-

taines de 400 hommes d'armes (20 juin 1374); — descriptions des sceaux de ces trois capitaines. — Ordre du duc d'Anjou de payer 120 francs d'or à Philippe de Montchivrel, de Carcassonne (22 juin 1374); — payement desdits 120 francs (24 juin 1374) ; — description du sceau de « Felip Mochebrel ». — Payement de 100 francs à Hervé de Karalouet (24 juin 1374). — Quittance d'artillerie délivrée à Jean de Lyons, garde de l'artillerie du Roi, par Pierre de Karrimel, capitaine de St-Mahic de Fine Poterne (3 juillet 1374). — Indication de source pour ledit Pierre de Karrimel (4 juillet 1374). — Commission donnée par le roi Charles V aux évêques de Bayeux et de Coutances, à Jean de Vienne, à Jean le Mercier et au Bègue de Faïel, de réunir les trois États de Normandie et d'imposer les aides nécessaires pour la délivrance de St-Sauveur-le-Vicomte (1er août 1374); — vidimus de la susdite commission par Guy Bestien, bailli du Cotentin (16 octobre 1374). — Ordre du roi Charles V pour payement de 50 francs d'or à Pierre Groussaut, sergent d'armes du Roi, pour lui avoir apporté les premières nouvelles de la prise de Cressewelle (16 août 1374); — note de Lacabane. — Retenue, par le duc d'Anjou, de Guillaume Arremont, alias Raymond, de Marmande, sire de Tailhacavat (29 août 1374); — payement de 600 francs audit seigneur (29 août 1374); — description du sceau de « le senhor de Talhacavat »; — mention d'une quittance de 100 francs délivrée par Guillaume Raymond de Marmande (14 juin 1377). — Ordre du commissaire du Roi au pays de Normandie, adressé à Jean de la Fresnaye, receveur des aides au diocèse d'Avranches pour la levée d'un tiers du fouage, consenti par les gens des trois États de Normandie et la remise des deniers en provenant entre les mains de Raoul Campion, receveur général (31 août 1374). — Quittance de 1300 francs d'or, délivrée au duc d'Anjou par Louis Doyre (Doria), écuyer (4 septembre 1374). — Créance de 90 francs d'or au profit de Johannet d'Estouteville et de Morelet de « Montemauri », écuyers qui étaient allés à Bordeaux pour la délivrance de Roger de Belfort, frère du Pape (5 septembre 1374); — quittance des 90 francs d'or, délivrée à Jean Francou, receveur général des aides en la province de Rouen, par Johannet d'Estouteville (16 octobre 1374); — note de Lacabene. — Don de 600 francs d'or fait à son échanson, Huguenin Du Bois, par le roi Charles V (28 septembre 1374). — Indication de source pour brevet de capitaine, châtelain et garde du château de Lusignan, accordé à Lyonnet de Pennevayre, par Jean, duc de Berry et d'Auvergne, comte de Poitou (1er octobre 1374). — Mention de la confirmation des lettres du don des héritages de Guillaume de Briençon fait à Jean d'Estouteville, frère de Colard d'Estouteville, seigneur de Torcy, par Du Guesclin (2 octobre 1374). — Obligation de 5000 francs pour cause de la rançon de Jean Cressevaille, anglais, passée au profit de Louis de Sancerre, maréchal de France, par Jean, duc de Berry et d'Auvergne et comte de Poitou (2 octobre 1374); — note de Lacabane. — Payement de 400 francs d'or à Simon Michiel, châtelain de Sauveterre (5 octobre 1374); — note de Lacabane. — Mention d'un ordre de payement de gages en faveur de Guillaume Bonnet, donné à Niort, par le duc de Berry (16 octobre 1374); — mention du nombre d'hommes tenus par Lyonnet de Pennevayre, capitaine de Lusignan, pour la garde du château (octobre 1374) ; — ordre de Jean, duc de Berry et d'Auvergne, comte de Poitou, à Étienne Daniel, receveur du Poitou, d'avoir à payer la somme de 294 francs d'or 10 sous tournois à Lyonnet de Pennevayre, châtelain de Lusignan, pour frais de garde du château (13 juin 1375); — retenue du susdit Lyonnet de Pennevayre par le duc de Berry pour la garde de Lusignan (14 juin 1375); — note de Lacabane. — Don de 300 francs d'or fait par le duc d'Anjou à Jean de Lussembourc (28 octobre 1374). — Quittance de 300 francs d'or, délivrée à Raoul Campion, général élu et receveur en la Basse-Normandie, par Yon de Tremagon, chevalier (31 octobre 1374); — note de Lacabane. — Ordre de Jean de Vienne, seigneur de Roulans, amiral de France et lieutenant du Roi en Basse-Normandie, à Nicolas Le Prestrel, receveur des aides au diocèse de Coutances, de payer ses gages et de fournir tout ce qui lui sera demandé pour artillerie, à Gérart de Figac, canonnier (1er novembre 1374); — note de Lacabane. — Engagement de deux chapeaux garnis de pierreries fait par le duc de Berry, pour la somme de 5600 francs d'or destinés à la délivrance de Lusignan (5 novembre 1374). — Quittance de 30 francs d'or délivrée à Nicolas le Prestrel, receveur au diocèse de Coutances, par Gérart de Figac, canonnier (16 novembre 1374). — Don de 100 francs d'or fait par le duc d'Anjou à Arnaut de Voisins, sergent d'armes du Roi et châtelain des Planques (21 novembre 1374). — Quittance de 330 francs d'or, prix de 60 bêtes de somme chargées de froment, livrées aux jurats de La Réole, délivrée à Étienne de Montméjan, par Jean de Camperdon, marchand de Vic-Fezensac (22 novembre 1374); — description du sceau de la viguerie de Roquemaure. — Don de 200 francs d'or fait par Charles V à son huissier d'armes Étienne Poissonnare, du pays de Guyenne, neveu de feu Guillaume de Séris, premier président du parlement de Paris (18 décembre 1374). — Indication du document dans lequel il est fait mention d'un traité pour la délivrance de Ségur, occupé par les compagnies (1374). — Mention de fondation d'une chapelle par Charles V, en mémoire de Karalouet, huissier d'armes du Roi (1374). — Indications de sources pour exécution d'un traître par le bourreau de Carucier et pour Archamb. de Combourt, bailli de St-Gengoux, contre l'archevêque de Lyon (1374). — Promesse conditionnelle de livrer le château de Lourdes faite au duc d'Anjou par Gaston, comte de Foix, seigneur de Béarn, vicomte de Marsan et de Gavardan (1374). — Extrait du compte d'Étienne Renart, trésorier des guerres, où figurent : Louis, duc de Bourbonnais, comte de Clermont; Jean, seigneur de Rochefort; Guillaume d'Anglars; Eurart, seigneur de Marcilly; Guillaume de Vichy; Érart de Lespinasse; Blain Loup; Jean de Changy; Fouques de Montagu, commandeur de la Marche; Jean de Laye; Guillaume de Cordebuef; Guy de St-Priet; Le Borgne de Veausse; Guillemin de Guaret; Philippot de Passac; Audebert Garet; Jean Du Fresne; Pierre de Montfaucon; Berthelot Le Roy; Jean, seigneur de Veilliers; Jean de Billy; Pierre, seigneur de Norry; Hutin le Baveux; Jean, seigneur de Ginglers (ou Cinglers); Jean, seigneur de Chastellus; Robert de Chazeron; Guillaume de Bourbon; Guillaume de Chastel de Montaigne; Guichart de Culent; Franc de Chazeron; Jean Vairet; Guillaume, seigneur de Blanfossez; Guichart de Chastelmorant; Loys de Mesy; Jean de Noal; Bernadet de Lebret; Gauvain Michaille; Othenet, seigneur de Vilnevave; Jean de Berry (1374-1375). — Extraits des comptes du duc de Berry, précédés de la table suivante des matières : Jean Chanderos; Alain de Beaumont, sénéchal de Poitou ; le duc de Berry au Puy; prise de Cressoelle ou Cressewaille; Lusignan; le chapeau de madame de Berry engagé pour les frais de la guerre ; Thomas de Percy ; le connétable en Bretagne ; le connétable en Poitou ; Piédevache, capitaine de Routiers; Bernard Douhet, capitaine anglais; Hugues de Vivoine, capitaine de Niort ; Yvain de Galles ; traité pour Lusignan; journée emprise, le 14 octobre 1374; les ennemis font emprise sur une ville du Rouergue ; Aymenion de Pommiers ; Gençay, 14 août 1375 ; Perceval de Caloigne, sénéchal de Poitou ; Montreuil Bonnin pris par les Anglais, le 9 janvier 1375 et repris par le connétable en février 1375 ; Mortemer, 1er mai 1375; journée de Coignac ; Bretons en Berry sous Olivier Du Guesclin ; les grandes compagnies entre le Puy et la Chaise-Dieu ; joutes à la Mothe ou à St-Maixent, en Poitou ; Bonne de Berry épouse Amédée, comte de Savoie, à St-Pol ; l'ermite de Mante visité par le Roi;

siège et prise de Ravel en Auvergne ; campagne du duc d'Anjou en Guyenne ; siège de Carlat ; Jeanne de Navarre (femme de Jean Ier, vicomte de Rohan) accouche d'un fils (1374-1378). — Indications de sources pour : Pierre de la Rocherousse ; Jean, sire de Sempy, capitaine général en Limousin ; les « fossiers » du Roi (1374-1387).

F. 56. (Liasse.) — 50 pièces, papier.

1375-1395. — Indications de sources pour montres du sire de Clisson, à Vannes les 1er janvier, 1er février, 1er mars 1375 et 1er juin et 1er août 1376. — Établissement de Jean des Vieux comme commissaire et receveur d'aides au diocèse de Rouen, par Jean de Vienne, sire de Roullans, amiral de France et lieutenant du Roi en Basse Normandie (29 janvier 1375). — Indications de sources pour : capitaine et gens d'armes en la Bastide de Lesneven, près Brest (fin janvier 1375) ; — lettres du duc de Bretagne à Bertrand Du Guesclin et à Olivier de Clisson (2 septembre 1375) ; — lettres de Du Guesclin datées de Quimper-Corentin (12 octobre 1375). — Lettres par lesquelles Charles V ordonne à Jean Le Franc, trésorier des terres du Roi, de payer les legs aux personnes et aux établissements dénommés comme légataires dans le testament de la reine de Navarre (6 février 1375) ; — liste des légataires avec le taux particulier des legs. — Octroi, par Bertrand Du Guesclin, comte de Longueville et connétable de France, à Dagory Sais, seigneur de Gençay, de tenir pour lui, sa femme, ses héritiers et ayant cause, tous les héritages, profits, revenus et émoluments de tous les héritages tenus par ledit Dagory et sa femme au temps où le pays était en l'obéissance du prince de Galles (17 février 1375) ; —confirmation de cet octroi par Charles V (22 février 1375) ; — note de Lacabane. — Don de la rançon de Thomas de Parcy, chevalier anglais, prisonnier du Roi, fait par Charles V à son frère, le duc de Berry, qui reçoit en même temps du Roi un don de 47,000 francs d'or (3 mars 1375) ; — vidimus des lettres de ce don (8 mars 1375) ; — quittance du duc de Berry pour ces 47,000 francs d'or ; — note de Lacabane. — Accord et traité entre Jean, duc de Berry et d'Auvergne, comte de Poitou, d'une part et Jeanne d'Eu, comtesse d'Étampes et duchesse d'Athènes, d'autre part, touchant le payement d'une créance de 5,000 francs d'or due à Louis de Harecourt, chevalier, vicomte de Chatellerault et moyennant lequel la comtesse d'Étampes rentrera en possession des châteaux, forteresses, etc., qui lui appartiennent en Poitou et que ledit vicomte a

tenus, tient ou fait tenir (8 mars 1375). — Ordre de Nicolas le Prestrel, receveur des aides ordonnés au diocèse de Coutances pour le siège de St-Sauveur, de payer à Milet de Lyons, maître des gros canons de Paris, qui sont audit siège, la somme de 100 francs d'or pour acheter 200 livres de poudre (12 mars 1375). — Quittance de 100 livres tournois, pour achat de poudre, délivrée à Nicolas le Prestrel, receveur au diocèse de Coutances, par Milet de Lyons (13 mars 1375). — Rôle signé du duc de Berry et d'Auvergne, baillé à Raymond Coustave, son trésorier général, fait en la ville de Corbeil, en présence du comte de Sancerre et du chancelier « pour paier et agréer les parties qui sont cy après escriptes et aux personnes illecques contenues » (13 mars 1375). — Don des châteaux et forteresses de Gensay, Mortemar et autres lieux, ayant appartenu ou appartenant à Dagorissez, chevalier anglais, à sa femme et à sa fille, fait à Jean, duc de Berry et d'Auvergne, comte de Poitou, par le roi Charles V (7 avril 1375) ; — note de Lacabane. — Donation d'un marc d'or pour faire ou agrandir la châsse contenant le corps de St-Germain d'Auxerre, faite par Jean, duc de Berry, en reconnaissance de la prise de Lusignan que le Duc attribue à l'intercession de ce saint (30 avril 1375). — Mention de la présence du duc de Berry à Poitiers (2 mai 1375) ; — don fait par Jean, duc de Berry, à Hervé Le Coch, chevalier, de tous les droits, profits, émoluments « appartenans deuement à droit de connestable et de pourtier » des héritages de la ville de Cognac qui avaient été donnés au Duc, au mois de septembre 1372 (7 mai 1375). — Quittance de matériaux reçus pour service de canon, délivrée à Nicolas le Prestrel, receveur des aides au diocèse de Coutances, par Girart de Figac, canonnier et gouverneur du grand canon fait à St-Lô, pour le fait de St-Sauveur-le-Vicomte (4 mai 1375) ; — note de Lacabane. — Mandement du duc de Berry à Jean Boutoroue, capitaine de Villeneuve et aux habitants dudit lieu, en leur signifiant d'avoir à livrer le fort de Villeneuve et à obéir, comme à leur châtelain, à Jean de Coutes, châtelain de Chisac (Chizé) (10 mai 1375) ; — notes de Lacabane. — Extraits des comptes de Nicolas de Mauregard, trésorier du duc d'Anjou (16 mai 1375-16 septembre 1376). — Capitulation de St-Sauveur-le-Vicomte (21 mai 1375). — Quittance de 170 livres tournois, délivrée à Jacques Renart, trésorier des guerres, par Hémon de la Vallée, écuyer, ayant pris part à la journée de Cognac (23 mai 1375) ; — envoi de la montre de Jean Chaperon, écuyer, allant à la journée de Cognac (23 mai 1375). — Quittance de 550 francs d'or, délivrée à Étienne de Montméjan, par Jean du Bueil, chambellan du Roi et du duc d'Anjou, sénéchal de Beaucaire et de Nîmes, Pierre de Cazeton, chevalier, conseiller du Roi et maître de la Chambre de ses comptes, Laurens de Faye, docteur en lois et en décrets et conseiller du Roi et du duc d'Anjou, et Philippe de St-Pere, trésorier de France (4 juin 1375); — note de Lacabane. — Envoi de la montre de Thierry Du Puys, écuyer (11 juin 1375); — quittance de 154 livres tournois, délivrée à Jacques Renart, trésorier des guerres, par Thierry Du Puys, écuyer (3 juillet 1375); — envoi de la montre de Mandon Du Puys, écuyer (3 juillet 1375). — Mention de lettres données en faveur de Philippe Jacques, marchand de Poitiers, par le duc de Berry (14 juin 1375). — Montre de Regnault de Vaudelle, écuyer, reçue à Rouen (18 juin 1375); — envoi de ladite montre (18 juin 1375). — Mandement du duc de Berry à Raymond Coustave ou à son lieutenant ou à Étienne Daniel, receveur du duc en Poitou, pour le payement d'une somme de 1250 francs, reliquat du solde dù à Perceval de Culoigne, chevalier et sénéchal de Poitou (29 juin 1375); — note de Lacabane — Ordre du roi Charles V pour le payement de 40,000 francs d'or pour l'évacuation de St-Sauveur-le-Vicomte (30 juin 1375). — Ordre à Yvon Girart, receveur à Caen, de payer 40 sous tournois à Guillaume Le Galloiz pour la peinture de 60 panonceaux aux armes de France, destinés aux charrettes « qui portèrent les biens et estoremens aux Englois de St-Sauveur-le-Vicomte jusques au Havre de Carteret » (20 juin 1375). — Quittance de la somme ci-dessus délivrée à Yvon Girart par Guillaume le Galloiz, peintre (30 juin 1375). — Mention de la prise de la Roche-Briant, appartenant au seigneur de la Roche-au-Broc, par les Anglais, qui occupaient le fort d'Emburs (juin 1375). — Déclaration par laquelle les commissaires pour la délivrance de St-Sauveur-le-Vicomte, constatent le payement de 53,000 francs d'or, fait, pour ladite délivrance, par Raoul Campion, conseiller du Roi, receveur général des finances (3 juillet 1375). — Quittance de 80 livres tournois délivrée à Jacques Renart, trésorier des guerres, par Georget de la Mote, écuyer (4 juillet 1376). — Quittance de 1500 francs d'or, délivrée à Raoul Campion, receveur des aides en Basse Normandie, par Jean, sire de Gouhenans, chevalier (8 juillet 1375). — Indication de source pour nomination, par Édouard III, roi d'Angleterre, de Guillaume de Elmhan, chevalier, en qualité de gouverneur de la ville de Bayonne et de sénéchal des Landes (28 juillet 1375). — Donation de la terre de Condat et de Barbène faite à Raymond de Montaut, seigneur de Mussidan, par Édouard III, roi d'Angleterre (6 août 1375); —

donations des seigneurie et baillie de St-Privat et du lieu de Bourdeille au même (6 août 1375). — Quittance de 450 livres tournois délivrée à Jean Stancon, receveur général des aides dans la province de Rouen, par Étienne de Brandis, maître et garde du clos des galées de Rouen « du navire du Roi et de ses garnisons pour la mer », à employer pour la construction de deux engins appelés truies (26 août 1375). — Indication de source pour don du lieu de Montpazier (Montpassier) fait à Aimeri de Biron, seigneur de Montferrand en Périgord, par Édouard III, roi d'Angleterre (10 septembre 1375). — Don de 1000 francs d'or fait par le duc d'Anjou à Jordain, bastard de Lile, chevalier, et Raymonet de Lespès, écuyer, en récompense des services qu'ils lui ont rendus à l'occasion du transport du royaume de Majorque et du comté de Roussillon, fait au duc par sa cousine Ysabel de Maillorgues, marquise de Montferrat (17 septembre 1375) — note de Lacabane. — Indications de sources pour 17 montres ou revues (1er octobre 1376-1er octobre 1395); — don de la châtellenie de Tuit, en la vicomté de Falaise et de la forêt de Cinglas et leurs appartenances, fait par Charles V à Bertrand Du Guesclin, comte de Longueville, connétable de France (16 décembre 1376); — don de la vicomté de Pont-Orson et appartenances fait par le même au même (13 mars 1376). — Ordre des commissaires, sur le fait et délivrance du fort de St-Sauveur-le-Vicomte, à Gieffroy de Montfiquet, receveur à Bayeux, de payer 287 livres 5 sous 2 deniers tournois à Pierre Aubert (20 octobre 1375). — Montre de messire Étienne Menart, chevalier bachelier, et de 8 écuyers de sa chambre, reçue à St-Juniou (1er novembre 1375). — Quittance de 13 livres tournois, montant de ses gages, délivrée à Jacques Renart, trésorier des guerres du Roi, par Étienne Menart, chevalier (22 novembre 1375). — Quittance de 120 livres tournois délivrée à Jacques Renart, par Regnaut de Marconnay, écuyer (22 novembre 1375). — Nomination de Poncet de Lenghac pour lever en certains lieux d'Auvergne le subside d'un demi-franc par feu pour les frais de la délivrance de Sarlat (12 décembre 1375). — Ordre du roi Charles V au receveur de Mantes de payer à Henriet de Villemorien, la somme de 100 livres tournois pour édifier la maison et habitation « en un lieu désert nommé Notre-Dame-la-Désirée » où il a l'intention de mener la vie contemplative et solitaire (13 décembre 1375); — quittance desdits 100 francs par Henriet de Villemorien (14 mai 1376). — Ordre pour payement de charrettes accordées par la capitulation de Sauveur-le-Vicomte à ceux qui voudront emporter leurs biens

(1375). — Indication de sources pour pièces relatives à l'ajournement au Parlement de France, des bourguemestres de Bruges et du duc de Lancastre, qui avaient fait arrêter à Bruges, comme appartenant au roi d'Angleterre, des sommes et des obligations de seigneurs anglais envoyées par le comte de Pembrok à Bertrand Du Guesclin, en remboursement du prix de la rançon dudit comte de Pembrok, que le connétable lui avait avancée pour le faire sortir des prisons du roi d'Espagne (1375-1377).

F. 57. (Liasse.) — 34 pièces, papier.

1376-1389. — Donation de la tour et de la forteresse de Chitré, en Poitou, faite au connétable Du Guesclin par le roi Charles V (11 janvier 1376). — Revue de Jean Le Chat, écuyer et de dix autres écuyers de sa chambre (15 janvier 1376). — Ordre du roi Charles à Raoul Campion de se mettre à la disposition de l'amiral de France, Jean de Vienne (15 janvier 1376). — Revue de Malicet de Letre, écuyer et de neuf autres écuyers de sa chambre, reçue à Limoges (1er février 1376). — Don de 300 francs d'or fait par le roi Charles V à Renier Le Coutelier, bailli de Caen (14 février 1376). — Revue de Pierre de Villiers, écuyer et de neuf autres écuyers de sa chambre (1er mars 1376). — Quittance de 150 livres tournois francs d'or délivrée à Jacques Renart, trésorier des guerres, par Louis de Mésy pour ses gages à lui et à 9 autres écuyers de sa chambre, allant à la poursuite de compagnies venues d'Allemagne (1er mars 1376) ; — quittance de 120 livres tournois francs d'or délivrée au même, pour le même motif, par Huc de Hencourt, chevalier (3 mars 1376) ; — autres quittances délivrées au même, pour le même motif, par Jean de Rye, écuyer (16 mars), Fretolet de Fretel, écuyer (2 avril 1376), Raoulin de Friquant, écuyer (2 avril 1376). — Quittance de 165 livres tournois délivrée à Jacques Renart, trésorier des guerres, par Henri de Sorig, écuyer, allant en Champagne contre les compagnies venant d'Allemagne (1er mars 1376) ; — mention de Jean de Sigoingnes, chevalier, comme employé à la garde et défense des ville et château d'Angoulême, sous le gouvernement de Robert le Baveux (juin-juillet 1376). — Ordre du roi Charles V d'augmenter de 100 francs d'or par mois, les 1900 francs qu'il avait fixés pour les dépenses de sa maison (3 mars 1376); — vidimus de cet ordre par Hugues Aubriet, prévôt de Paris (7 avril 1376).—Revues de Raoul de Lanvaloy et de Jean le Clanersier, écuyer (1er avril 1376). — Revue de Guillaume de la Hossoie, écuyer et de neuf autres

écuyers de sa chambre (1er avril 1376); — revue de messire Alain de la Hossoie, chevalier bachelier, d'un autre chevalier bachelier et de huit écuyers de son hôtel (1er mai 1376). — Quittance de 120 livres tournois délivrée à Jacques Renart, par Jean Longuet, écuyer, marchant contre les compagnies (2 avril 1376); — mention de monseigneur de la Rivière, comme gouverneur pour le roi de France, en Picardie (18 juillet 1380) ; — quittance de 120 francs d'or délivrée à Jean Le Flamenc, trésorier des guerres, par Jean de Lar, écuyer (5 septembre 1380). — Ordre de Charles V pour payement de deniers à l'évêque de Beauvais, envoyé par le Roi en Normandie, en compagnie de Jean de Vienne, amiral, pour le fait de St-Sauveur-le-Vicomte (23 avril 1376). — Obligation de 1330 livres d'or, consentie, au profit des maire et consuls de Périgueux, par Bertrand Du Guesclin, comte de Longueville et connétable de France (28 avril 1376). — Revue de Briant Blanchart, écuyer et de neuf autres écuyers de sa chambre (1er mai 1376). — Quittance de 1000 francs d'or, délivrée à François Chanteprime, receveur général des aides, par Guy de Morges, chevalier, seigneur de Rozans, envoyé en Sicile (4 juin 1376); — description du sceau de Guy de Morges. — Ordre du roi d'Angleterre, Édouard III, de remettre dans ses mains, pour être à jamais unis à la couronne d'Angleterre, la ville et le château de Blaye, qui avaient été précédemment donnés par le prince de Galles à Auger de Montaut, seigneur de Mussidan (3 juillet 1376). — Ordre itératif du Roi au Parlement de Paris d'avoir à entériner et faire publier des lettres d'exemption pour l'évêque et l'église de Limoges (23 juillet 1376). — Indication de sources pour : donation de la baillie de Nancras faite par Édouard III, roi d'Angleterre à Raymond de Montaut, seigneur de Mussidan (6 août 1376) ; — donation des lieux de Poy de Chaluz, Montpaon et Montagnac fait au même par le même (6 août 1376) ; — note de Lacabane. — Quittance de 180 francs d'or délivrée à François Chanteprime, receveur général des aides, par Philibert de Lespinasse, chevalier, seigneur de la Claiete, conseiller du Roi, pour voyage à Bruges, en vue de traité de paix entre la France et l'Angleterre (4 novembre 1376) ; — description du sceau de Philipert de Lespinasse. — Extraits du *Petit livre noir* de la maison de ville de Périgueux, comprenant : l'arrivée à Périgueux de Louis de Sancerre, maréchal de France, son départ pour St-Astier, la prise de ce lieu, où s'étaient renfermés Talayrand, seigneur de Granhal, Rocgiers et Archambaut Barieyra et Bos de Jaure, et la rentrée triomphale du maréchal à Périgueux (8 et 9 novembre 1376) ; — le commencement du siège du château de Bourdeilles par le duc d'Anjou, le connétable et le maréchal de France (ledit château commandé par M. de La Porte se rend le 16 août 1377) ; — le commencement du siège de Bergerac par le duc d'Anjou, en compagnie de Du Guesclin, de Louis de Sancerre et de Yve de Galles (soumission de la ville et du château le 3 septembre 1377) ; — la relation de la bataille d'Aymet (1er septembre 1377). — Ordre de Charles, roi de Navarre à Gomis Laurens de Anclaal, capitaine de la forteresse de Revierville, d'avoir à rendre ladite forteresse à Pierre, fils dudit Charles (19 novembre 1376). — Ordre du duc de Berry à Raymond Coustave, son trésorier général, de payer à Jean de Lussan, son chambellan, capitaine et châtelain du château de Civray, la somme de 400 francs, pour le compte de Louis de St-Julien, aussi chambellan du duc de Berry, qui lui avait donné le château et la terre du Blanc (15 décembre 1376). — Ordre du duc de Berry à Étienne Daniel, son receveur en Poitou, de payer à son chambellan, Jean de Bueil, la somme de 600 francs d'or, reliquat du solde de la rançon d'un prisonnier anglais (18 décembre 1376). — Notes sur : Guillaume de Mareuil (1376) ; — Gaucher de Passac, sénéchal du Limousin (1376) ; — Perrot le Béarnais, autrement Pierre ou Pey de Fontaines, célèbre capitaine de Routiers (1376-1389). — Obligation de Gaston, comte de Foix, de servir le roi de France, moyennant 100,000 francs (1376) ; — promesse dudit comte de rendre au Roi la vicomté de Bigorre, moyennant 5,000 francs (1389).

F. 58. (Liasse.) — 64 pièces, papier.

1377-1387. — Ordre d'Étienne du Moustier, huissier d'armes du Roi et vice-amiral de la mer, à Jacques de Launay, receveur des aides en la vicomté de Moustiervillier, de payer 70 francs d'or à Jean Frogier et 70 francs d'or à Robin de Maret, se chargeant d'apporter des lettres du Roi au roi de Castille, à l'évêque de Léon et à dom Pierre de Valenque, chambellan maieur de Castille, et de rapporter les réponses (4 janvier 1377). — Mention de quittances délivrées à Thomas Pierres, vicomte et receveur de Coutances, par Loppe Gil, garde de la ville de Gauray (3 février et 1er novembre 1377); — mention de quittances délivrées, par Gacy ou Giacy Gil, capitaine du château de Beaumont-le-Roger (6 juillet et 24 novembre 1377). — Don de 100 francs d'or fait par le duc d'Anjou à Pierre Martin, bachelier en décrets (28 février 1377). — État de ce qui est dû au comte de Sarrebruck pour son voyage en Picardie, à l'effet de traiter de la paix, de la part du roi de France (5 mars-2 juillet 1377); — quittance de 600 francs d'or délivrée à François Chanteprime, receveur général des aides, par Jean, comte de Sarrebruck, bouteillier de France (13 juillet 1377); — quittance de 600 francs d'or délivrée par le même au même (14 janvier 1378). — Ordre du duc d'Anjou à Ambrosin Both, receveur de Carcassonne, de payer 1000 francs d'or à Jean du Bueil, chambellan du Roi, qui les avait prêtés pour les dépenses de l'hôtel du Duc, allant à Tarbes, pour rétablir la paix entre les comtes d'Armagnac et de Foix et la dame de Comminges (10 mars 1377). — Ordre du duc d'Anjou à Ambroise Both, trésorier de Carcassonne et général de toutes finances, de payer 250 francs d'or au patriarche d'Alexandrie (17 mars 1377); — quittance de la susdite somme délivrée par Jean, patriarche d'Alexandrie, administrateur perpétuel de l'évêché de Rodez (17 mars 1377); — ordre du duc d'Anjou de payer une somme de 2500 francs d'or au même patriarche (4 mai 1377) et quittance de cette somme (8 mai 1377). — Ordre du duc d'Anjou à Ambroise Both de payer 24 francs d'or à Bernard Milhas, notaire de Narbonne (19 mars 1378). — Ordre du duc d'Anjou de payer 50 francs d'or au sire de Lendorre et au sire de Castelnau-de-Bretenoux (2 avril 1377); — ordre du même de payer 300 francs d'or à Jean, sire de Castelnau-de-Bretenoux (2 avril 1377); — quittance de la somme précédente (24 avril 1377); — autres quittances de 100 et 50 francs d'or (4 et 24 avril 1377). — Mention de quittance délivrée par Martin Sens Dürete, capitaine de Pont-Audemer (6 avril 1377); — description du sceau dudit Martin ; — quittance de 2500 francs, délivrée par le même Martin à Jean Le Franc, trésorier de Charles de Navarre (14 juin 1377). — Confirmation par Édouard III, roi d'Angleterre, de la donation des lieux de Montendre et de Talmont, faite par le prince de Galles au Soudan de la Trawe (12 avril 1377). — Mention de quittances délivrées par Michel Sens Darssue, chevalier, conseiller du roi de Navarre et naguères son bailli de Cotentin (12 avril 1377-8 février 1378); — ordre de Charles, fils aîné du roi de Navarre, à Jean Le Franc, son trésorier, de faire délivrer 1060 francs d'or à Jean Le Mercier (19 mai 1378); — mention d'autres ordres de payement, au profit de Michel Sens Darssue, par le même prince (6 et 25 mai 1378); — quittance de 500 francs d'or délivrée à Jean Le Franc par ledit Michel (19 mai 1378); — ordre de Bertrand Du Guesclin, comte de Longueville et connétable de France, à Henri de Mante, vicomte d'Avranches, de payer 100 francs d'or au même Michel (28 mai 1378) — Quittance de 600 francs d'or, délivrée à

Étienne de Montméjan, trésorier des guerres, par Jean de Baleine, écuyer, capitaine de 80 hommes d'armes sur la frontière de la sénéchaussée de Rouergue (27 avril 1377); — description du sceau dudit Jean de Baleine ; — payement de 2 francs 1[2 audit Baleine, à Figeac (18 mai 1377). — Mention de Raymond Desparce, capitaine de Cherbourg (1er mai 1377); — quittance de deniers, délivrée à Guillaume Charnel, receveur des aides des vicomtés de Valognes et de Carentan, par Raymond Desparce, capitaine des château et ville de Cherbourg (22 avril 1378) — Don de 100 francs d'or fait à Jean d'Arpajon, par le duc d'Anjou (6 mai 1377).
— Ordre des généraux conseillers sur le fait des aides à Yvon Huart, receveur des aides à Bayeux, de payer 12 livres tournois à Jean Tollenier et à Ricart Muldrac, charretiers, chargés de transporter de l'artillerie (16 mai 1377). — Ordre du duc d'Anjou à Ambroise Beth, trésorier de Carcassonne, de payer 120 francs à Dordet de La Parra, chevalier (20 mai 1377) ; — quittance desdits 120 francs délivrée par Dorde de La Parra, docteur en lois, de la ville de Rodez (22 mai 1377); — note de Lacabane. — Quittance de 70 francs délivrée à François Chanteprime, receveur général des aides, par Jean Le Mercier, conseiller du Roi (24 mai 1377); — description du sceau de Jean Le Mercier. — Ordre du duc d'Anjou à Ambroise Beth, trésorier de Carcassonne, de payer 60 francs d'or à Barthélemy Forens, sergent d'armes, envoyé en Agenais et en Quercy (26 mai 1377). — Ordre du duc d'Anjou à Ambroise Beth, receveur de Carcassonne et de Béziers, de payer 100 francs d'or à Jean de la Rivière, écuyer de cuisine du Duc, en compensation de chevaux perdus en la compagnie de gens d'armes récemment envoyés devant la ville et fort de Fons (27 mai 1377); — note de Lacabane. — Indication de source pour ordre de Louis, frère du Roi et son lieutenant en Languedoc, au receveur de Carcassonne, de payer à son frère, le duc de Berry, et à son oncle, le duc de Bourgogne, la somme de 1000 francs, pour la solde, pendant le mois de juillet, de 200 hommes d'armes, employés au siège de Carlat (22 juin 1377). — Montre de Huguet de Cardaillac, faite à Villefranche-de-Rouergue (23 juin 1377).— Ordre du roi Charles V, pour payement de 40 francs d'or à un chevalier de la Pouille, nouvellement créé (2 juillet 1377); — note de Lacabane. — Quittance de 170 francs, délivrée à François Chanteprime, receveur général des aides, par Jean Le Mercier, conseiller du Roi (8 juillet 1377). — Rôle des prêts faits à 200 hommes d'armes servant sous le duc de Bourbon au siège devant Carlat (9 juillet 1377). — Ordre du roi Charles V de payer 20 francs d'or à

Johannin d'Amiens, garde de ses tourelles blanches (13 juillet 1377). — Quittance de 150 francs, délivrée à Étienne de Montméjan, trésorier des guerres, par Pierre de Bueil, chevalier, chambellan et maréchal du duc d'Anjou (28 juillet 1377). — Mention de Ferrando Dayens, conseiller du roi de Navarre, comme son capitaine du château de Gauray (1er août 1377); — mention de Simon Paien, comme capitaine du château de Gauray, pour le roi de Navarre (30 avril 1378). — Ordre de Charles V de payer 40 francs d'or à Richardin Paien, huissier de salle du duc d'Anjou, qui lui a apporté les nouvelles de la prise de Condat et de plusieurs autres forteresses du Périgord et que le Roi renvoie hâtivement vers son frère (19 août 1377); — note de Lacabane. — Quittance de 40 francs d'or délivrée par Richardin Paien, huissier de salle du duc d'Anjou (20 août 1377). — Analyse d'un accord relatif à la remise du château de Balaguier, sénéchaussée de Rodez, au comte d'Armagnac par Bernard d'Alem, aliàs Bernard Doat, anglais, et dans lequel figurent, comme témoins, Armand Gabey et Aymbart de Angulis (29 août 1377). — Mention de noble Bérenger, sire de Castelpers, chevalier, comme caution de la somme de 10,000 francs d'or promise par le comte d'Armagnac au capitaine anglais du château de Balaguier, en Rouergue, pour la remise dudit château (29 août 1377); — mention d'une quittance pour services militaires, délivrée par Briguier, aliàs Meno, seigneur de Castelpers (1er janvier 1387). — Promesse du duc d'Anjou de payer au maréchal de France, Louis de Sancerre, la somme de 30,000 francs, pour la rançon de Bérart de Lebret, sire de Laguoiren, Raymond de Montaut, sire de Mussidan et Gualhart de Durfort, sire de Duras (14 septembre 1377); — note de Lacabane. — Ordre du Roi aux gens des comptes, à Paris, d'allouer aux comptes de François Chanteprime, receveur général des aides, à Paris, la somme de 2000 francs d'or, que le Roi a fait délivrer à ses ennemis, occupant naguère le château d'Andruit, en Picardie (22 septembre 1377). — Don de 120 francs d'or fait par le duc d'Anjou à Barthélemy Foroys, sergent d'armes du Roi (23 septembre 1377). — Ordre du Roi de France pour payement de deniers à Nicolas Braque, son maître d'hôtel, envoyé vers le roi de Castille (25 septembre 1377). — Ordre du roi de France pour payement de deniers à Jean de Vienne, sire de Roullan, amiral, envoyé vers le roi de Castille (25 septembre 1377); — ordres se in blables en faveur de Pierre de Bournaseau et de Yve-Derian (25 septembre 1377). — Quittance de 340 francs d'or, délivrée à François Chanteprime, receveur gén é ral des aides, par Jean Le Mercier, conseiller du Roi-

10

1378 ; — description du sceau dudit des Bordes ; — certificat de dépôt de pièces d'artillerie à la garnison de Montebourg, par Philipot le Breif, délivré par Guillaume des Bordes, chevalier, chambellan du Roi et capitaine général du Cotentin (29 juin 1379) ; — mention de montre fait à Valognes par le dit Guillaume des Bordes (12 juillet 1378); — revue de la compagnie de Guillaume des Bordes, reçue à Saint-Sauveur-le-vicomte (1er octobre 1378). — Deniers dus par le duc d'Anjou à Étienne de Montméjan, pour avances faites : aux consuls de Marmande ; à Bernard de Dormans ; à Serp de Lisque, écuyer lombard; à Jean Dusages, chevalier ; à Raymond de Vaulz, chevalier ; à Jean Droin, autrement Filastre, valet de chambre du Duc ; à Beraudon de Faudoas ; à dame Guillemette; à Guyon de San Pere ; à Benezeg Chiparel; au bâtard de Savoie ; au bâtard de Landorre ; à Pierre Langlois, huissier d'armes ; au frère de Bertrand du Fossé ; à Jean Algot, huissier d'armes: à Jean Boyssel; à Hugues Dartenay; aux bonnes gens de Craon; à Guy de Chasnac; à Chapuron; au sire Dasse ; aux bonnes gens de Duras, pour vivres; pour les ouvrages de la Rioule ; au sire de la Val ; au dauphin d'Auvergne ; au sire de Rouche ; au sire de Chauvigny; au sire de Rouchedragon ; à Jaucelin de Vieillelune ; à Bernard de Dormans; à Therrin le comte ; à Jean Pellery ; à Roger d'Espaigne ; à maitre Étienne, maitre du grand canon; à Monet Girart ; Hugo Estassi et à Jean de Saint-Mexami, connétables de 80 arbalétriers; à Philippe de Bunguy; à maître Pierre, physicien du Duc ; au sire de Rouches; à Juhel Rollan etc. (16 juillet 1378 — 1er mars 1384). — Indications de sources sur : Mathieu de Gourney, chevalier, sénéchal des Landes (2 août 1378) ; Jean de Pomers, seigneur de Lescun, sénéchal des Landes (1380-1381). — Quittances de 158 francs d'or et 13 deniers tournois, délivrée à Pierre Trenchant, naguère receveur des revenus extraordinaires d'Évreux, par Guy le Baveux chevalier, capitaine et garde du château d'Évreux (9 septembre 1378) ; — quittance de 1.200 francs d'or, délivrée par le même, à Jean Le Franc, trésorier du roi de France (23 juin 1379) ; — note de Lacabane. — Indication du document contenant les lettres de don de la terre et seigneurie d'Aunou à Jacques Le Gris, par Pierre, comte d'Alençon (23 novembre 1378) ; — analyse d'un accord intervenu entre le comte d'Alençon et Jean de Carrouges, par lequel la terre d'Aunou demeure à ce dernier (14 janvier 1389). — Extrait d'un rôle de gens d'armes (1378); — extrait d'un compte de Pierre Cauchon, trésorier des guerres, du 27 janvier 1378 au 6 juillet 1381. — Indications de sources pour : la présence du duc d'Anjou à Ponterson (3 septembre

1379); — les capitaines d'hommes d'armes ayant servi en Bretagne (13 février 1379); — Pierre Fresnel et ses divers voyages en Angleterre, Écosse, Hongrie et Aragon (2 octobre 1388) ; — Gallehaut de Morchier, capitaine du château de l'Écluse (1er septembre 1390); — M. d'Angoudessent, capitaine de Boulogne en Picardie (5 mai 1378); — Jean, seigneur de Nantoillet, écuyer, capitaine du château de Château-Neuf-sur-Loire (20 juin 1391); — Jean de Fayel, châtelain de Gard-lez-Rue (8 juin 1389); — Pierre de Villaines, capitaine du château d'Yèvres-le-Châtel (8 décembre 1390); — Jacques, sire de Montberon, capitaine et sénéchal d'Angoumois (17 septembre 1390); — Pierre Fresnel, évêque de Meaux, ambassadeur en Italie (18 octobre 1398); — Blain Loup, chevalier, sire de Beauvoir, maréchal du duc de Bourbonnais (1er août 1385).

F. 61. (Liasse.) — 17 pièces, papier.

1379-1470. — Quittance de 190 francs d'or, délivrée à Rigaut de Beacler, chevalier, par Robinet Mareschal, dit Malo, reliquat de solde de rançon d'un prisonnier (7 janvier 1379) ; — analyse d'un brevet par lequel Gilbert de Bourbon, dauphin d'Auvergne, lieutenant général du Roi, nommé capitaine du château, de la châtellenie et du mandement de Rouvre-lez-Dijon, Guy de Beauclerc, conseiller et chambellan du Roi (18 mars 1470). — Quittance de 700 livres tournois délivrée à Jean Le Flamenc, trésorier des guerres, Renier Le Coutelier, bailli de Caen, Raoul Campion, conseiller du Roi et Bertaut Aladent, trésorier des aides en Basse-Normandie, par Jean Vauchis le jeune, receveur des finances en la ville et vicomté de Bayeux (17 janvier 1379). — Retenue, par le duc d'Anjou, de Jean Saulaye, écuyer du Duc (20 janvier 1379) ; — note de Lacabane. — Lettre du duc d'Anjou à Étienne de Montméjan, trésorier des guerres, relativement au service de Jean de Ver et de sa suite en la ville de Saint-Macaire (20 janvier 1379) ; — mention de payement fait audit Jean de Ver, capitaine de Saint-Macaire (31 janvier 1379). — Ordre du roi de France de tenir compte à Guillaume Charnel, vicomte de Valognes, de la somme de 20 francs, qu'il avait été contraint de donner à Guillaume de la Haye, chevalier, alors que ce dernier était capitaine de Valognes (28 janvier 1379). — Commission donnée par le roi Charles V à Raoul Campion, son conseiller et Bertaut Aladent, receveur général des aides en Basse-Normandie, pour contrôler les opérations de levées d'aides en Normandie (28 janvier 1379) ; — vidimus de la dite commission par Girart du Temple, garde du scel des obligations de la vicomté de Caen (1er mars 1379). — Payement de 100 francs à Gentin ou Sentin Roux, Jean Boyleaue, Pierre Roux, Jean de Barat, Pierre Nicol, Arnault Castang, bourgeois de Saint-Macaire (31 janvier 1379) ; — description du sceau de Saint-Macaire ; — note de Lacabane. — Mention du serment de Jean et Perrot Le Coq, écuyers, et d'un grand nombre d'autres chevaliers et écuyers, unis aux bourgeois et notables de Rennes, « de vivre et mourir à la garde des ville et château de Rennes et de ne les remettre qu'au légitime héritier du duché de Bretagne » (26 avril 1379). — Revue, à Moissac, d'hommes d'armes de la compagnie de Pierre de Bueil, capitaine général du duché de Guyenne (11 mai 1379). — Ordre du roi Charles V de faire payer 2 francs d'or par jour, pour la dépense du Ferrando Dayens, navarrais, détenu à Rouen, sous la garde de Robert Davesnes (20 mai 1379) ; — quittance de 94 livres tournois, délivrée à Simon de Baigneux, vicomte de Rouen, par Robert Davesnes, écuyer, pour gages de garde de Ferrando Dayens (28 novembre 1379). — Certificat, par Audouin Chauveron, docteur en lois, bailli du Cotentin, du payement de 60 sous fait par Jean Legey, vicomte d'Avranches, à Jean Davin, « pendart », pour couper la tête à deux traitres (27 mai 1379). — Ordre du roi Charles V d'allouer 40 livres aux comptes de Jean Le Franc, trésorier des terres qui furent au roi de Navarre (1er juin 1379). — Quittance de 165 francs, délivrée à Jean Le Flamenc, trésorier des guerres par Guillaume de Morfouasse, écuyer (24 juillet 1379) ; — description du sceau de Guillaume de Morfouasse ; — autre quittance de 165 francs délivrée par le même (8 septembre 1379). — Mémoire de ce qu'aura à faire le sénéchal du comté de Rodez pour que le comte ait, à la fête de la Toussaint, l'argent qui lui est dû par les gens du Rouergue (2 septembre 1379). — Ordre du roi Charles V à Laurent du Val, receveur de « certaine finance naguaires imposée pour le fait de Chierebourc, sur les habitans des terres à l'évesque d'Evreux, des huit chanoinnes d'Evreux, de Louviers et de Mainneval », de payer à Richette, fille de feu Guillaume Crestien, cousine de maître Gervaise Crestien, physicien du Roi et nièce du bailli de Rouen, la somme de 400 francs, pour aider au mariage de ladite Richette avec Richard de Heronville (14 septembre 1379) ; — quittance de la somme ci-dessus, délivrée par Richard de Héronville, seigneur de Batenville (18 février 1382). — Indications de sources pour : plusieurs pièces intéressantes sur la guerre de Bretagne (1379) ; — Robert de Néclle (1379-1388).

1380-1397. — Déclaration de Bertrand Du Guesclin, comte de Longueville, connétable de France, à la décharge de Pierre de La Roque, vicomte de Mortain (20 avril 1380) ; — description du sceau de « Bertran... comitis Longueville ». — Mention de retenue d'une crue de 500 lances, outre 100 hommes d'armes, de la compagnie de Bertrand Du Guesclin, comte de Longueville, connétable de France, sire de Tintoniac (8 mai 1380) ; — note de Lacabane. — Indication de source pour donation, par Charles V, d'une tour à Paris, en faveur de Thomas de Pizan (20 mai 1380). — Ordre du roi Charles V à Jean André, grenetier du grenier à sel à Harfleur, de payer 300 francs à Nicolas Boisseau, maître des garnisons « du navire et armée de la mer » (15 juillet 1380). — Indication de sources pour Philippe et Simon de Pierrefite, morts devant Poitiers (juillet 1380). — Quittance de 504 francs d'or délivrée à François Chanteprime, receveur général des aides, par Jean Le Mercier, conseiller du Roi, pour frais de mission en Normandie, La Rochelle, Nantes, Château-Jocelin, en Picardie (18 août 1380) ; — description du sceau de Jean Le Mercier ; — quittance de 248 francs, délivrée au même par le même, pour frais de mission en Bretagne ; — note de Lacabane. — Quittance de 72 francs d'or délivrée à Étienne Fourquant, receveur des aides, par Pierre de Bournoseau, chevalier, conseiller du Roi (20 août 1380). — Indication de sources pour la poursuite des Anglais sous M. la Rivière et le duc de Bourgogne (août et octobre 1380). — Quittance de 120 livres tournois délivrée à Jean le Flamenc, trésorier des guerres, par Jean de Garches, chevalier, pour services militaires à la poursuite des Anglais (8 septembre 1380). — Quittance de 75 francs d'or délivrée à Jean le Flamenc, par Cordelier de Giresme, écuyer, pour services militaires à la poursuite des Anglais (11 septembre 1380). — Indication des lettres de Charles V portant abolition des fouages ayant cours dans ce royaume (16 septembre 1380) ; — note de Lacabane. — Quittance de 50 sous, délivrée à Jean Baudoin, vicomte d'Avranches, par Guillaume Rogeron, sénéchal du franc-lieu de Tonie, venu en la main du Roi, par la mort de Du Guesclin, pour sa part en la recette de la châtellenie de Pontorson (4 octobre 1380). — Mention de Guichard d'Angle, comte de Huntington, de François Van Halle et de Sanchet d'Ambreticourt (1380). — Mentions des châteaux de Curvalle, Penne, Paulin, Thuriès, Jaunes, Rosières, Las Planques et Combefa (1380-1387) ; — analyse des lettres de rémission

né au seigneur de Mussidan (30 mars); — note de Lacabane. — Indication de sources sur : Le Hase, bastard de Flandres, Nicolas de Clite, Antoine de Poutiers, Humbert de la Plote, Jean du Gué, Jean du Champ (mars). — Indications de source pour : quittance délivrée par Jean du Moustier, écuyer, capitaine de Breteuil (6 avril); — quittance de 1481 francs 17 sous 1 denier tournois, délivrée à Charles de Navarre par le susdit de Moustier (5 mai) ; — note de Lacabane. — Certificat de réception de montre et mandement, pour payement de prêt, adressés à Guillaume du Hazay, receveur des finances, par Jean de Cintray, chevalier (12 avril). — Ordre de Charles V aux gens des comptes d'allouer aux comptes de François Chanteprime, la somme de 200 fr. d'or, donnée à maître Jean Dendin, chanoine de la Ste-Chapelle royale de Paris « pour ce qu'il a translaté de nostre commandement de latin en françoiz un livre appelé Patrac » (14 avril). — Reçu de 20 francs d'or, pris par Guillaume de la Haie, capitaine de la Valognes, de Guillaume Chartrel, vicomte et receveur de Valognes (15 avril). — Indication de source pour Jean de la Haie, connétable et capitaine de Valognes (17 avril).— Dates de redditions ou prises de places du roi de Navarre : Pont-d'Oure, Bernay, Avranches, Remerville, Beaumont-le-Roger, Gauray, St-Lô, Évreux (avril-mai). — Quittance de 102 livres 6 sous 8 deniers tournois, délivrée à Guillaume du Hazel par Berengier Féric, « connestable de certains arbalestriers à cheval » (5 mai). — Note sur Foulque de Marcilly, capitaine de Breteuil (6 mai); —note sur le même, capitaine du château et ville d'Anet (20 juin). — Lettres de la reddition du château de Beaumont et pardon accordé à ses défenseurs par le comte d'Harcourt et Bureau, seigneur de la Rivière, premier chambellan du Roi (6 mai) ; — confirmation des lettres susdites par le roi Charles V (2 juillet) ; — note de Lacabane. — Ordre du roi de France à Pierre Trenchant, receveur des revenus extraordinaire d'Évreux et de Breteuil, de payer 1064 francs d'or à Guillaume du Hazay, élu à Louviers (7 mai). — Quittance de 50 francs d'or, délivrée à Fouquet Culvat, receveur des aides, par Henri de St-Denis, chevalier (17 mai). — Quittance de deniers, délivrée, pour services militaires, à Jean Le Franc, trésorier de Charles de Navarre par Ruiz Daynar, naguère capitaine de Carentan (19 mai). — Ordre de Guillaume de Ste-Croix, lieutenant du vicomte de Caen, de payer à Sanson Le Fèvre, 314 livres pour fournitures de matériaux et engins de siège (23 mai). — Quittance de 170 francs d'or délivrée à Jacques Renart, trésorier des guerres du Roi, par Jean Magloire, demeurant à Orléans (24 mai). — Ordre de

Bertrand Du Guesclin, comte de Longueville, connétable de France, pour payement de 300 francs aux mineurs employés au siège de Gauray (24 mai). — Quittance de 385 francs d'or, délivrée par Jean Le Mercier, conseiller du Roi (26 mai). — Don de 600 francs d'or fait par le roi Charles V à plusieurs chevaliers, pour leurs gages pendant le temps qu'ils ont servi dans les Bastides, devant le château de Gauray (31 mai). — Quittance de 100 francs délivrée par Hervieu de Mauny, chevalier (1er juin); — description du sceau de ce chevalier. — Ordre du roi Charles V d'allouer 130 francs d'or, pour être distribués à divers, parmi lesquels Cobain Days, gardien des rossignols au château du Louvre (5 juin); — ordre du même Roi d'allouer 200 francs pour achat de parchemin « pour escrire certains livres pour nous » (8 juin). — Quittance de 255 francs d'or délivrée à Étienne Fourcaut, receveur des aides à Lisieux, par Jean de Sainte-Croix, chevalier (15 juin). — Ordre du roi Charles V à Raoul Campion de faire payer 19,900 francs à Bertrand Du Guesclin, connétable de France (16 juin). — Lettres du roi Charles V portant nomination de Jean de Siffrevast, comme châtelain, capitaine et garde du château et ville de Valognes et règlement de ses gages en cette qualité (1er juillet); — vidimus de ces lettres par Raoul Lemprere, garde du sceau de la vicomté de Valognes (8 décembre). — Certificat de services militaires délivré à Pierre Gille, canonnier, par Jean de Vienne, seigneur de Roullans, amiral de France et capitaine commandant le siège avant le château de Pont-Audemer (1er juillet). — Nomination, par le roi Charles V, de son huissier d'armes Desrée Disque, en qualité de châtelain, capitaine et garde de Nogent-le-Roi (1er juillet); — vidimus de ces lettres par Hugues Aubriot, chevalier, garde de la prévôté de Paris (6 juillet). — Nomination, par Charles V, de son écuyer d'écurie Jean de Monteuil, comme châtelain, capitaine et garde des château et ville de Breval (1er juillet) ; — vidimus de ces lettres par Hugues Aubriot (juillet). — Lettres de rémission accordées par le duc d'Anjou au comte d'Armagnac et à tous ceux qui avaient pris part aux événements qui eurent pour résultat le mariage du fils du comte Jean II d'Armagnac avec Marguerite de Comminges (6 juillet).—Quittance de 400 francs d'or, délivrée par Guillaume Arnaut du Sault, naguère châtelain d'Évreux pour le roi de Navarre (15 juillet). — Ordre de Guillaume de Sainte-Croix, lieutenant du vicomte de Caen, à Michel de la Fosse, receveur des aides à Caen, de payer 12 livres tournois à Guillaume Mabon et à Ricart de la Londe pour transport d'engins (30 juillet). — Ordre du même au même, pour payement de 15 livres à Sausson Le Feuvre « pour deulx esseuls de bridolle » (18 septembre). — Indication de lettres de Richard II, nommant sénéchal des Landes, Mathieu de Gournay, chevalier (2 août). — Indication de source pour nomination de Pierre de Béarn, en qualité de sénéchal des Landes, par Richard II (4 août); —note de Lacabane. — Ordre de Guillaume de Sainte-Croix, lieutenant du vicomte de Caen, à Michel de la Fosse, receveur des aides, de payer à divers 28 sous 8 deniers tournois pour confection d'engins (16 août). — Quittance de 120 livres tournois, délivrée à Robert de la Marre, receveur général des finances « pour le fait de l'abatement et arasement du castel de Mortaing », par divers arbalétriers (28 août). — Quittance de 19,900 francs d'or, délivrée à Thevenin Fourcaut, receveur général en Normandie, par Bertrand Du Guesclin, comte de Longueville, conétable de France (10 septembre). — Indication de source pour les lettres de don de 350 marcs sur la rançon de Géraud de Tartas, seigneur de Poyane, fait à Jean Elkin de Villeneuve, par Richard II, roi d'Angleterre et pour le mandement aux héritiers de Géraud de Tartas d'avoir à payer les 350 marcs (16 septembre). — Quittance de 40 sous tournois, délivrée à Étienne Fourcaut, par Étienne Le Changeur (4 octobre). — Quittance de 200 francs, délivrée à Jean Gontier, vicomte d'Orbec, par Robert de Lettre, vicomte d'Évreux (28 octobre). — Quittance de 10 francs d'or délivrée à Jean Le Franc, trésorier de Charles de Navarre, par Jean Larmeurier (2 novembre).—Quittance de 126 livres tournois délivrée à Guillebert Charles, receveur en la ville et vicomté de Pont-Audemer, par Jean Davalon, Jean Duval, le jeune, Ricart Droelin, Jean Levavassour, Ricard Toustain, Mathieu Millez, Robert Obout, Guillaume Bias, Pierrez de France, Jouen Gambon, Étienne Borin, Rogier de Feuguierez, Jean Bloudel, drapier, Jean Heber, Jean Le Prévost l'aîné, Pierre Legoupil, Guillaume Lefevre, Raoul Teillart, Binet Villemin, Jean Viquelin, Raoul Morant, Drouet Regnaut, Bertaut Ami, Colin de la Tour et Guillaume Fretin, « ordonez pour tendre l'engin que doit faire et fournir la ville et vicomté dudit lieu de Pont-Audemer au siège de Chierebourg » (8 novembre). — Certificat de présentation de gens pour servir et gouverner un engin au siège de Cherbourg, faite au bailli de Rouen par Simon Le Renier et Jean Katerine, bourgeois de Louviers (20 novembre). — État des pièces d'engin mis en garde en la maison de Regnaudin Brieffer, à Harfleur, dressé par Jean Le Brun, charpentier (20 décembre).— Don de 4,000 francs d'or fait à Du Guesclin, par le roi Charles V (21 décembre).

— Commission donnée par le roi Charles V au vicomte de Conches de lever un aide de 2,000 francs sur les habitants des comté et terre de Damville (27 décembre). — Mention de donation de maison ou manoir à Pacy, faite à Jean Goulain, de l'ordre des Carmes (décembre). — Indications de sources pour : diplôme de l'empereur Charles IV, établissant Charles, fils aîné du roi de France, comme son vicaire dans le Dauphiné; — N. de Luxembourg, dit le Bâtard de Bréban.

F. 60. (Liasse.) — 11 pièces, papier.

1378-1399. — Indications de sources pour : traité et accord entre Gailhardet de Besseux, sénéchal du comté de Rodez et des montagnes de Rouergue, et Audoin Marchès, doyen de Mauriac, au nom du comte d'Armagnac, d'une part et Peyrot de Fontans, capitaine de Chalusset et de Saint-Supery, d'autre part, pour la délivrance du lieu de Saint-Supery (Exupéry) (4 janvier 1378); — traité entre le comte d'Armagnac et Ramonet de Sort, pour la remise des places occupées par ce dernier (3 avril 1388); — traité entre le comte d'Armagnac et Raymond Guillem de Caupène, capitaine de Carlat, touchant la remise de Carlat (11 avril 1388); — traité entre le comte d'Armagnac et le Borc de Garleux, touchant la remise au lieu d'Aloysa, *alias* Allerse (1er mai 1388); — traité entre le comte d'Armagnac et Charpi ou Chapi de Badafol pour l'évacuation de Turlande (1er mai 1388). — Ordre du roi Charles V, touchant le payement de 100 francs aux religieuses de Saint-Jean « du Boz » et de 60 francs à Gobin « garde de noz roussignoulz » (26 avril 1378); — ordre du même Roi touchant le payement de 200 francs d'or aux hérauts et ménétriers ayant joué devant le Roi, le jour de Pâques (27 avril 1378); — ordre du même touchant le payement d'une autre somme de 200 francs aux hérauts et ménétriers ayant joué à la Cour, le jour de la Pentecôte (8 juin 1378); — ordre du même pour le payement d'une somme de 959 francs 3 deniers tournois à Jean de Maucroix, orfèvre de Paris, qui a fourni au Roi « un ydre en manière d'un flascon d'or pesant 15 mars, une once, huit esterlins, à 63 francs le marc pour or et pour un estuy à mettre ladite ydrie » (26 juillet 1379). — Rémission accordée par le duc de Bourgogne à Jean et Regnaut de Picquigny, frères, qui auraient tenu le parti du roi de Navarre (7 mai 1378); — confirmation des lettres de rémission par le roi Charles V (janvier 1379); — note de Lacabane. — Quittance de 220 livres tournois, délivrée à Jean Le Flamenc, trésorier des guerres, par Guillaume des Bordes, chevalier et chambellan du Roi (19 juin

(26 septembre 1377). — Ordre du duc d'Anjou à Étienne de Montméjan, trésorier des guerres, de payer 16 francs d'or à Jean de Trogio, maître de l'artillerie de la sénéchaussée de Toulouse, partant pour l'armée près Bordeaux (2 octobre 1377). — Indication du document contenant la confirmation des privilèges de la ville de St-Macaire, par le duc d'Anjou (7 octobre 1377); — confirmation par le roi de France (janvier 1387). — Quittance de 900 francs d'or, délivrée à François Chanteprime par Pierre de Bournaseau, chevalier, pour frais de voyage auprès du roi de Castille (11 octobre 1377); — description du sceau de Pierre de Bournaseau. — Ordre du duc d'Anjou à Ambroise Beth, trésorier de Carcassonne, de payer 1000 francs d'or à Pierre de Villiers, chevalier, grand maître de l'hôtel du Roi et du Duc (19 octobre 1377); — note de Lacabane. — Certificat par lequel Jean de Ver, chevalier, sire de Chansaux, commis par le duc d'Anjou, à recevoir les montres des gens d'armes, déclare à Étienne de Montméjan, trésorier des guerres, qu'il a reçu la montre des bourgeois de St-Macaire (21 octobre 1377); — note de Lacabane. — Ordre du duc d'Anjou à Ambroise Beth, trésorier de Carcassonne, de payer 7 livres, 10 sous tournois à Vital de Villefranche, un des trois nautoniers chargés de conduire, par la Garonne jusqu'à Marmande et de là à l'armée du Duc, 3 barils pleins de salpêtre, et 12 livres tournois à Raymond Bernardi, un des trois arbalétriers chargés de protéger ce convoi (24 octobre 1377). — Ordre de Pierre de Navarre, comte de Mortaing, lieutenant du roi de Navarre en ses terres de France, à Jean Le Franc, trésorier dudit Roi, de payer des gages déterminés aux gens nommés dans l'acte (24 octobre 1377). — Ordre du roi Charles V d'allouer aux comptes de François Chanteprime, receveur général des aides, 100 francs d'or destinés à Pierre de Ste-Beatte, horloger du Roi pour façon d'une horloge à l'hôtel de Beauté (28 octobre 1377); — ordre du même Roi pour payement de 240 francs d'or au même horloger (18 mars 1378). — Ordre du roi Charles V touchant le payement de 40 francs d'or à certains ouvriers « qui ont fait et ordené la librairie (bibliothèque) de nostre chastel du Louvre » (7 novembre 1377); — note de Lacabane. — Quittance de 198 francs d'or délivrée par Arnault de Corbie, chevalier, conseiller du Roi et premier président au Parlement, pour voyage en vue du traité de paix entre la France et l'Angleterre (19 novembre 1377), — taxe des gages d'Arnault de Corbie, envoyé à Bruges pour traité de paix (4 février 1378); — taxe des gages de Pierre de Cadoret, secrétaire du Roi, envoyé à Bruges (5 février 1378); — note de Lacabane. — Ordre

du roi Charles V d'allouer aux comptes de François Chanteprime, diverses sommes distribuées à divers pour, entre autres choses, une chapelle, une vielle, une horloge portative, un timbre, etc. (24 novembre 1377); — ordre semblable pour emploi d'une somme de 200 francs (23 décembre 1377). — Don de 100 francs d'or fait par le duc d'Anjou à Pierre Lavastre, venu de Cahors à Toulouse avec les consuls de Cahors (28 novembre 1377); — quittance des susdits 100 francs délivrée par ledit Pierre Lavastre, licencié en lois (28 novembre 1377); — Ordre du duc d'Anjou de payer 80 francs d'or à Jean Garnier, licencié en lois (28 novembre 1377), — quittance desdits 80 francs (2 décembre 1377); — Don de 400 francs d'or fait par le duc d'Anjou à l'évêque de Cahors (28 novembre 1377); — quittance desdits 400 francs délivrée à Ambroise Beth, par Bégon, évêque de Cahors (12 janvier 1378); — autre don de 120 francs d'or fait par le duc d'Anjou à l'évêque de Cahors (16 janvier 1378). — Détails sur la campagne, en Périgord, de Louis de Sancerre, maréchal de France (novembre 1377). — Ordre du duc d'Anjou à Ambroise Beth, trésorier de Carcassonne, de payer la somme de 25 francs d'or à Gérald Barrileti, habitant de Duracio (1er décembre 1377); — quittance des 25 francs ci-dessus mentionnés (9 décembre 1377). — Don de 200 francs d'or fait par le duc d'Anjou à Rathier, sire de Belfort (4 décembre 1377). — Assignation de 200 francs d'or, au profit de Jean Jourdain, seigneur de Omeville (ou Onreville), par le duc d'Anjou (6 décembre 1377); — note de Lacabane. — Certificat par lequel, Jean, sire de Montaloiz, capitaine général en Bordelais et Bazadais, et Guillaume Le Roy, maréchal du duc d'Anjou, déclarent à Étienne de Montméjan, trésorier des guerres, qu'ils ont reçu la montre de la compagnie de Jean de Ver, châtelain de St-Macaire (12 décembre 1377). — Ordre du roi Charles V de payer à Jehannin Tarenne, changeur, 1086 francs d'or et 5 sous tournois, montant d'une nef d'argent doré émaillée (13 décembre 1377); — ordre du même Roi de payer à Jehannin Boistel, orfèvre, de Paris, 446 francs et 6 deniers parisis, montant d'un tableau d'argent doré (23 février 1378); — ordre du même Roi de payer à Henryet Orlant, changeur, la somme de 110 francs, montant d'un tableau d'or à pierreries (4 mars 1378). — Ordre du roi Charles V de payer 500 francs d'or à son premier écuyer de corps et maître d'écurie Troullart d'Estaffort, pour harnais envoyés, en Écosse, au comte de Douglas, à son fils et à Robert Dersvine (29 décembre 1377). — Ordre de Charles V, touchant des payements faits à diverses personnes de sa maison, montant à la somme de 24 francs d'or (23 décembre 1377); — quittance délivrée par Charles V à François Chanteprime, d'une somme de 300 francs, dont il explique l'emploi (8 mars 1378). — Quittance de 2000 francs d'or, délivrée à François Chanteprime, receveur général des aides, par Raymond Coustave, trésorier général du duc de Berry et d'Auvergne, somme allouée au Duc par le roi de France, pour le défrayer à l'occasion de la venue de l'Empereur (31 décembre 1377); — quittance de 42 francs délivrée par le même Raymond Coustave à Nicaise Bougis, receveur des aides, au diocèse de Clermont (26 avril 1380). — Liste de chevaliers et écuyers qui firent faits d'armes devant St-Omer, Ardres et Calais (1377). — Mention de confirmation de certain décret d'héritages qui furent à Jean de Champouval, chevalier, au profit de Guillaume Cognardi (1377).

F. 59. (Liasse.) — 63 pièces, papier.

1378. — Quittance de 200 francs d'or délivrée à François Chanteprime, receveur général des aides, par Aleaume Boistel, conseiller du Roi et maître des requêtes de son hôtel, pour ambassade en Hongrie (5 janvier). — Ordre du roi Charles V de payer 100 francs d'or au sire de Mont-ferrant, envoyé vers le comte de Flandres (18 janvier). — Ordre du duc d'Anjou à Ambroise Beth, trésorier de Carcassonne, de payer 400 francs d'or à Raymond Bernard Flamenc, docteur en lois, que le Duc envoie en Espagne (25 janvier); — ordre du même au même de payer 200 francs d'or à Jean Foroys, docteur en lois que le Duc envoie vers les rois d'Espagne et de Portugal (25 janvier). — Ordre du duc d'Anjou de payer 30 francs d'or à Jean, sire de Gordon, chevalier (26 janvier); — quittance desdits 30 francs (28 janvier). — Montre du sire de Puy-Cournet, reçue au Puy de la Roque par Jean de Besdon, écuyer d'écurie du duc d'Anjou, commis à recevoir ladite montre, en compagnie de Philipot Paien, secrétaire du Duc (27 janvier). — Ordre du roi Charles V de payer à Jean Demoville les gages à lui taxés pour mission à Bruges, en vue d'un traité de paix entre la France et l'Angleterre (3 février). — Ordre du roi Charles V pour payement de deniers à Aleaume Boistel, maître des requêtes de son hôtel, envoyé à Rome et à Florence, en vue d'un traité entre l'Église d'une part, et les habitants de Florence et leurs alliés, d'autre part (4 février). — Ordre du roi Charles V pour payements de deniers au comte de Braine, à Raoul de Reneval, à Pierre de Corbie, envoyés à Rome et à Florence pour le traité mentionné ci-dessus (4 février); — quittance de 200 francs d'or, délivrée à François Chanteprime

par Pierre de Corbie, clerc, secrétaire du Roi, revenant de Florence et de Rome (1er juin). — Mention de Pierre de Saint-Martin, écuyer, capitaine des château et ville de Breval (6 février); — description du sceau de Pierre de St-Martin. — Ordre du roi Charles V pour payement de gages convenables au comte de Sarrebruck, bouteillier de France, envoyé à Bruges, en vue de traité de paix entre la France et l'Angleterre (6 février) ; — quittance de 600 francs délivrée par le susdit comte de Sarrebruck (18 février); — note de Lacabane. — Quittance de 2648 francs, délivrée par Aléaume Boistel, conseiller et maître des requêtes de l'hôtel du Roi, pour : voyages vers le roi de Hongrie, la reine de Sicile et le Pape (7 février). — Indications de sources pour: ordre duc d'Anjou de faire payer 30 francs d'or à son chambellan Pierre Trousseau, en récompense de ses services (7 février) ; — ordre de Bertrand Du Guesclin, comte de Longueville et connétable de France, pour faire construire dans chacune des villes de Pont-de-l'Arche, Louviers et Vernon un grand engin pour mener devant Cherbourg (25 juin) ; — ordre de Charles V pour démolir les forteresses de Pont-Audemer, Orbec, Breteuil, Ribles, Mortain, Avranches et Gournay (14 juillet) ; — ordre de Charles V pour abattre les forteresses de Pacy, Anet et Nonnencourt (2 septembre) ; — ordre au bailli de Rouen et de Givors pour faire mener au siège, devant Cherbourg, deux grand engins et autres pièces, avec un certain nombre de charpentiers, maçons, etc. (15 octobre). — Quittance de 20 francs, délivrée à Pierre Tranchant, receveur de Nogent-le-Roi, par Jean de Bélicon, connétable de Nogent-le-Roi, pour le roi de Navarre (16 février). — Ordre du roi Charles V de payer 585 francs à Simon de Lengres, pelletier et bourgeois de Paris, montant des fourrures des robes de Pâques prochaines, pour les physiciens et chirurgiens du Roi, au nombre de douze, et pour le maître qui enseigne son fils aîné, le dauphin de Viennois (8 mars). — Ordre du roi Charles V de payer à Digne Responde, 75 francs d'or, montant de matières de couvertures de livres (11 mars). — Ordre de Charles V de payer à Jean Broulart 1500 francs d'or pour une table d'autel d'argent doré à images (11 mars). — Extrait d'un compte de Jean Laton, naguère maître des garnisons du Roi, « de son navire et armée de la mer » (21 mars) ; — note de Lacabane. — Ordre du roi Charles V pour payement à Antoine de Ponsan, changeur et bourgeois de Paris, d'une somme de 100 francs, prix d'une ceinture donnée par le Roi à un écuyer de la compagnie du seigneur de Mussidan (28 mars); — ordre du même pour payement de 200 francs, prix d'un coursier don-

accordées aux habitants d'Albi (1383). — Note sur la Roche Blanche, anciennement dénommée La Roche d'Onzat ou Donezat, près de Montrognon et de Gergovie, en Auvergne (1380-1392). — Notes et indications de sources pour : Étienne de Flavigny ; Jean Cossart ; Étienne de Paroy ; le sire de Sempy ; Guillaume de la Boessière, dit Parrigny ; le comte de St-Pol ; François, seigneur de Chassenaye et de Vinay ; de Saveuse ; Jean de la Personne, vicomte d'Acy ; Robert de Guité, chevalier, sieur de Vaucouleur ; Denis de Neaufle ; Pierre de Villaines, chevalier, seigneur de Malicorne ; Hélion de Neilhac ; Philippe de Florigny ; Arnoul de Puiseux ; Jean de Lor ; Olivier, sire de Clisson, connétable de France (1380-1397).

F. 63. (Liasse.) — 8 pièces, papier.

1381-1407. — Indication de source et notes sur Olivier de Grialo, chevalier, seigneur de Pachins (1381-1407). — Traité d'alliance entre Louis, fils du roi de France, duc d'Anjou et de Touraine et comte du Maine, d'une part, et Jean, duc de Bretagne, comte de Montfort et de Richemont, d'autre part (9 mai 1381). — Quittance de 50 sous tournois, délivrée à Jean ou Jehanin Hemery, receveur pour le Roi à Châteauregnaut, par Guillaume Sohier, conseiller du comte de Blois, à Tours, pour pension (27 juin 1381) ; — quittance de 50 sous tournois, délivrée au même, pour pension, par Guillaume Sohier, conseiller à Tours, du duc d'Orléans, comte de Valois, de Blois et de Beaumont, sire de Coucy (28 août 1403). — Décharge de la garde de Ferrando Dayens, écuyer de Navarre, donnée par le roi Charles VI, à Mouton de Blainville (15 juillet 1381) ; — vidimus de la dite décharge (16 janvier 1382 ; — certificat de la garde de Ferrando Dayens par Robert Davesnes, écuyer, délivré par Mouton, sire de Blainville, maréchal de France (1er août 1381). — Quittance de 6000 francs d'or, délivrée à Ambroise Beth, naguère receveur de Carcassonne, par Louis de Sancerre, maréchal de France (8 septembre 1381) ; — note de Lacabane. — Indications de sources pour : lettres de pardon accordées par Richard II, roi d'Angleterre, aux bourgeois de la Rochelle, dénommés dans l'acte (15 septembre 1381 ; — lettres du Roi confirmant tous les privilèges des bourgeois de La Rochelle dans le cas de soumission (20 septembre 1381). — Analyse des lettres de rémission pour Louis Grimault, écuyer, capitaine d'arbalétriers, lequel, dans un dîner chez le maréchal de Sancerre, à Clermont en Auvergne, le 17 août 1381, tua à la suite d'une discussion, Boniface de Goussin, écuyer, du pays de Lombardie.

— Indications de sources : sur lettres de grâce accordées à Ricouvardo d'Auterive, Philippe d'Auterive, Ricard d'Auterive et Roger d'Auterive ; — sur la reddition d'une tour située à Maire-Hoste d'Auterive (1381-1391).

F. 64. (Liasse.) — 4 pièces, papier.

1382. — Confirmation par Charles VI de la donation des biens de Maubrini de Linières, rebelle, faite à son père, Jean de Linières par le roi. Jean (8 février) — Ordre du roi Charles VI à son sergent d'armes Gennequin Champenoir, maître du clos des galées à Rouen, et à son artilleur Robert, de fournir de l'artillerie à Fernant Ruiz Cabesse de Vaque, capitaine de galées du roi de Castille et de Léon (31 juillet). — Donation de tous les biens meubles et héritages à Bertrand de Pallerat, rebelle, faite par Charles VI, à Guillaume, sieur de Marueil et Guillaume de Neilhac (24 décembre). — Mention du mariage de Guy de la Rochefoucauld, seigneur de Verteuil et de Barbesieux, et de Rosine de Montault, fille de Raymond de Montault, seigneur de Mussidan, de Blaye, de Montendre, etc.

F. 65. (Liasse.) — 12 pièces, papier.

1383. — Ordre du roi Charles VI à Guieffroy de Charny, chevalier, bailli de Caux, et au vicomte de Caudebec de faire publier défense aux barons, chevaliers, etc., de sortir du royaume, en prévision d'une invasion de la France par les Anglais (1er avril 1383) — vidimus de cet ordre (10 avril 1383). — Lettres de rémission accordées aux habitants de Limoges pour avoir pactisé avec l'ennemi qui occupait les châteaux de Charlucet, des Cars de Courbefy, de Jumilhac, de Becoms, de Moruscle, de Drueil et plusieurs autres (mai 1383). — Indication du document contenant la nomination de Guillaume de Marolis, chevalier, comme sénéchal d'Angoumois (18 juin 1383). — Analyse des lettres de rémission accordées à Robert Bardout, chevalier, partisan du roi de Navarre (juin 1383). — Extrait du cartulaire de la ville de Senlis, contenant mention de la lecture faite à la communauté de Senlis de lettres closes envoyées par le Roi au bailli de Senlis, pour envoi d'artilleurs et d'artillerie à Péronne (5 juillet 1383) ; — note de Lacabane. — Nomination de Roger d'Espagne, chevalier, à la sénéchaussée de Carcassonne (20 août 1380) et prestation de serment dudit Roger d'Espagne (14 octobre 1383). — Quittance de 112 livres 10 sous tournois, délivrée à Guillaume Defernet, trésorier des guerres, par Astorg, sire d'Aurillac écuyer (6 septembre 1383) ; — description du sceau de cet écuyer ; — note de Lacabane. — Ordre du roi Charles VI pour payement de 500 francs à Robin de Gromesnil et à Guillaume de la Hogue (28 octobre 1383). — Ordre du roi Charles VI pour payement de 1,000 francs d'or à son conseiller, le patriarche d'Alexandrie, administrateur perpétuel de l'église de Toulouse (27 novembre 1383) ; — quittance desdits 1000 francs (30 novembre 1383) ; — description du sceau de Jean, patriarche d'Alexandrie ; — note de Lacabane. — Ordre du roi Charles VI pour payement de 4000 francs au comte de la Marck, en Écosse (10 décembre 1383). — Indication de source sur Thibaut Hocie, secrétaire du Roi, envoyé en ambassade vers le roi de Castille et de Léon (1383). — Lettres de rémission pour Raymond de Mareuil, chevalier, qui avait tué de sa main Guillaume de Fayel, Jean Maillebrat et Girardin le Mareschal, pour crime de trahison, au château de Villebois (1383).

F. 66. (Liasse.) — 6 pièces, papier.

1384. — Ordre du roi Charles VI pour payement de prêt à Jean Dartois, son sergent d'armes (27 février); — vidimus dudit ordre (1er mars) ; — ordre du roi Charles VI pour payement de 300 francs à Briant de Lannion, chevalier, familier du duc de Bretagne, envoyé en Auvergne, contre Teste-Noire (27 février). — Ordre du roi Charles VI pour payement de deniers à Pierre Fresnel, envoyé vers le roi d'Écosse (9 mars) ; — quittance de 540 francs d'or, délivrée par Pierre Fresnel, à Berthaut Aladent, receveur général des aides (17 mars); — quittance de 180 francs d'or délivrée par Guichard de Marzé, chevalier et Pierre Fresnel, envoyés en Écosse (17 mars); — description des sceaux de Guichard de Marzé et de Pierre Fresnel ; — quittance de 820 francs d'or délivrée à Berthaut Aladent par Guichard de Marzé, chevalier (17 mars). — Ordre de Charles, fils aîné du roi de Navarre à son trésorier Jean Le Franc, de faire payement de deniers à Jean Le Roux, envoyé en France (23 mai). — Lettre de rémissions accordées par le duc de Berry et d'Auvergne, comte de Poitou et lieutenant du Roi en Guyenne, aux consuls et habitants de Cahors, pour avoir pactisé avec l'ennemi (juillet) ; — confirmation de ces lettres par le roi de France (juillet); — indication de source pour lettres pareilles en faveur des habitants de Montauban. — Indication de source pour Aymery de Rochechouard 2e du nom, seigneur de Mortemart, sénéchal du Limousin le 24 novembre 1384 et capitaine général en Poitou et Saintonge par lettres du 19 décembre 1392. — Ordre de Charles VI, roi de France à Jean Choque, dit

Lot. — Tome IV. — Série F.

de Frame, maître des galées, près Rouen, de payer sur la somme de 17,200 francs d'or, qui lui sera délivrée par Nicolas de Plancy, les armes et le matériel pour une armée de mer (24 décembre).

F. 67. (Liasse.) — 15 pièces, papier.

1385-1386. — Indication de source sur Guyot de Longpré et Tristan de Lambres, écuyers, capitaines de Pethengien (20 janvier 1385). — Indication de sources pour : quittance délivrée à Arras, par Brunet Le Brun (27 avril 1385) ; — revue de Brunet Le Brun, chevalier, reçue à Édimbourg, en Écosse (3 août 1385). — Traité du capitaine Le Bourg de Garteux avec le comte d'Armagnac, pour l'évacuation d'Aloze, près Saint-Flour (1er mai 1385). — Quittance de 152 livres tournois, délivrée à Jean Choque, dit de Frame, maître des ouvrages et réparations des navires du Roi, garde de son clos des « galées, armeures et artilleries pour le fait de la mer », par Jean Douhen, marchand (17 mai 1385) ; — quittance de 56 livres 18 sous tournois, délivrée au dit Jean Choque, par Pierre But, Gille de la Passe, Ernoul Lempereur, Guillaume Bauduissonne et Jean le Mastmalrd (18 mai 1385). — État des poudres, plomb et pierres pris à l'Écluse, par ordre de Jean de Vienne, sire de Roullans, amiral de France, « pour résister contre les ennemis du Roy nostre sire estans devant icelle ville » (18 mai 1385) ; — certificat de Gille le Foullon, secrétaire du duc de Bourgogne, comte de Flandres, constatant que le matériel sus-indiqué a été pris du commandement de Jean de Vienne, pour le prix de 211 livres 8 sous tournois (18 mai 1385); — note de Lacabane. — Indication de sources pour montres de gens d'armes français reçues à Édinbourg et à Saint-Jehauston, en Écosse (mai-octobre 1385). — Quittance de 60 francs d'or, délivrée à Guillaume Seguin, secrétaire du Roi, trésorier de Bourbonnais, par Pierre de Neyron, chevalier (12 août 1385). — Donation des château, ville et châtellenie de Montleu, en la sénéchaussée de Saintonge, faite par Charles VI à Arnançon de Bordes et à Jeanne de Garlande, sa femme (15 août 1385). — Récépissé de matériel de guerre maritime délivré à Hervieu de Neauville, « maistre des garnisons de ceste presente seconde armée de la mer du Roy » par Gilles Le Foullon, secrétaire du Roi et du duc de Bourgogne, comte de Flandres (26 octobre 1385) ; — description du sceau de Gilles Le Foullon. — Analyse des lettres par lesquelles Charles VI accorde au chancelier Pierre de Giac, une prise d'eau pour l'hôtel du dit chancelier, qui fut l'hôtel de Hugues Aubriot, sis en la rue de

11

Jouy, près l'hôtel de Saint-Pol (octobre 1385). — Quittance de 54 francs, délivrée à Guillaume Seguin, receveur général des aides, par Le Borgne de Veauce, seigneur du Chastelar (22 novembre 1385). — Extrait d'un compte du trésorier des guerres pour frais payés en vertu de traité conclu pour l'évacuation, par les Anglais, de Penne en Albigeois (1385-1386). — Indication de source pour le siège de Verteuil (1385). — Remise de tout droit sur le château de Verteuil, faite par le roi Charles VI à Geoffroy de la Roche, chevalier, à qui appartient ce château, occupé par les Anglais (1385).

F. 68. (Liasse.) — 10 pièces, papier.

1386-1411.— Étendue à 2 cousins et à la postérité de Bernard Chini (de Chin), sergent d'armes du Roi, des armoiries concédées par Charles VI audit Bernard (janvier 1386). — Confirmation par Charles VI de la donation faite par ce Roi, le 2 décembre 1382, au sire de Clisson de tous les biens des Anglais de la ville de Bruges et en Flandres (février 1386). — Don fait par Charles VI à Léger de Lavergne, écuyer, du pays de Guyenne, d'une rente annuelle et perpétuelle de 20 livres parisis sur tous les biens de Marie Thorelle, femme de Hélie de Mortemer, demeurant à Libourne, tenant le parti des Anglais (février 1386). — Envoi par les maréchaux de France à Jean Le Flamenc, trésorier des guerres, de la montre de Jean de Bonnebaut, écuyer, reçue à Clermont en Auvergne (1er mars 1386) ; — quittance de 200 francs délivrée par Jean de Bonnebaut, écuyer, sire de la Condamine (4 mai 1386) ; — autre quittance de 130 livres délivrée à Pierre Buffandi, trésorier du Roi en Rouergue, par ledit Jean de Bonnebaut (1405) ; — description du sceau de ce seigneur ; — indication de source pour Jean de Bonnebaut, chevalier, seigneur de Bonnebaut et de la Condamine, chambellan et conseiller du Roi et son sénéchal de Toulouse et d'Albi (30 octobre 1411). — Don de la haute et basse seigneurie et juridiction de Montcabrier et Duravel, en Quercy, fait à son chambellan Raymond de Caussade, chevalier, seigneur de Puycornet, par Jean de France, duc de Berry et d'Auvergne, comte de Poitou, lieutenant du Roi en Languedoc et duché de Guyenne (26 mars 1386) ; — note de Lacabane. — Quittance de 3,040 livres tournois délivrée à Jean Le Flamenc, trésorier des guerres, par Jean de Bonnebaut, écuyer, maréchal du duc de Berry (10 avril 1386). — Ordre du roi Charles VI à Nicolas de Plancy, maître des comptes, commis au gouvernement de la recette générale de l'aide nouvellement ordonnée pour le passage de la mer, de payer certaines sommes de deniers à Étienne du Moustier, pour aller dans la province de Reims, faire préparer diverses provisions pour ledit passage (22 juin 1386). — Quittance de 735 livres tournois délivrée à Guillaume d'Enfernet, trésorier des guerres, par le Grant Yssel, écuyer du pays de Galles, pour passer en Angleterre, en la compagnie d'Élion de Neilhac, sous le gouvernement du duc de Bourgogne (24 octobre 1386). — Revue de Pierre de Mornay, sénéchal de Périgord, chevalier bachelier, de 6 autres chevaliers bacheliers et de 8 écuyers de sa compagnie, reçue à Saint-Jean-d'Angély, le 15 novembre 1386.

F. 69. (Liasse.) — 7 pièces, papier.

1387. — Indication de source pour « Burellus, dominus de Ripparia », premier chambellan du Roi et capitaine de la tour « Montgandii » (1er janvier-1er juillet 1387). — Quittance de 165 francs d'or, délivrée à Jean Le Flamenc, trésorier des guerres, par Giraud de Gourdon, écuyer (20 février 1387) ; — description du sceau dudit Giraud de Gourdon ; — autre quittance de 150 francs d'or, délivrée au même par Gourdonnet, écuyer (24 mars 1387) ; — description du sceau dudit écuyer. — Indication du document relatif à l'institution de Pierre de Mornay, chevalier, comme sénéchal de Carcassonne et de Béziers, et à sa prestation de serment (17 et 22 mars 1387). — Quittance de Geoffroy de la Roche, sire de Verteuil, donnée au siège devant le château de Puynaudon (Puyredon ?) (24 mai 1387). — Mention d'un traité fait à Rodez avec les capitaines des compagnies pour la délivrance des places qu'ils occupaient, avec la liste des capitaines et des places (6 juillet 1387). — Articles touchant les conventions faites entre le comte d'Armagnac et Mérigat Marchès (texte et traduction) (30 novembre 1387). — Indication de source pour descente des Anglais devant l'Écluse, en Flandres (1387).

F. 70. (Liasse.) — 9 pièces, papier.

1388. — Lettres du roi Charles VI portant rémissions en faveur d'Amédée Varnassa, écuyer, et de deux de ses valets, Jean de Alvernia et Jean de Guerra, qui s'étaient joints aux sociétés de gens d'armes et avaient commis plusieurs maux et crimes dans le Royaume (janvier 1388). — Rémission et pardon accordés par Charles VI aux habitants de la ville et châtellenie de Cognac et des environs, qui avaient contribué à la démolition et au demantèlement du château de Jarnac et de la tour du château de Bourg-sur-Charente (février 1388). — Mandement de Jean Oujart, chanoine de Paris, et de Pierre Mespin, chevalier, maître d'hôtel du Roi, à Bernat Baudran, juge de Gragnac (ou Guignac), receveur des aides en la sénéchaussée de Carcassonne, pour payement de 31,426 francs d'or au comte d'Armagnac et de Comminges, chargé de distribuer cette somme pour l'évacuation des lieux et forteresses occupés par les Anglais en Auvergne, Rouergue, Gévaudan, Velay et Quercy (18 mars 1388) ; — mandement des mêmes au même pour payement de 25 francs d'or à Jean Solier, chambellan du duc de Berry et d'Auvergne, comte de Poitou, lieutenant du Roi en Languedoc et Guyenne (4 juin 1388). — Accord et conventions faites et accordées entre le comte d'Armagnac et Ramon Guilhem de Caupène, capitaine de Carlat, de l'obéissance du roi d'Angleterre, sur l'évacuation, la vente et la remise dudit lieu de Carlat (11 avril 1388). — Indication de sources sur forteresses occupées par les ennemis dans les trois sénéchaussées de Toulouse, Carcassonne et Beaucaire (15 juin 1388). — Quittance de 136 livres parisis, délivrée à Jean Chanteprime, receveur général des aides, par Nicaise Bougis, secrétaire du Roi (8 novembre 1388); — description du sceau de Nicaise Bougis. — Indication de sources pour : lettres du Roi sur l'imposition de 25,000 francs destinés à l'entretien de 100 hommes d'armes et 50 arbalétriers de croissance gardant les bastides faites devant la forteresse de Ventadour, occupée par les rebelles, sous les ordres de Geoffroi Testenoire (8 décembre 1388) ; — Oujart, Pierre Mespin et Guiraud de Malepuē (1388) ; — Galehaut de Morchiès, capitaine de l'Écluse (1288).

F. 71. (Liasse.) — 10 pièces, papier.

1389-1390. — Extraits du compte de Montagut relatifs à : Gassot de Bottonvillier ; Robin de la Cressonnière ; Gouvain Michaille, écuyer ; Blardin de Chalus, chevalier ; Mabillette ; Gieffroi de la Grezille (février-mai 1389). — Quittance de 120 francs, délivrée à Jean Chanteprime, trésorier des guerres, par Jean du Bérat, écuyer, pour services devant le château de Ventadour (30 juin 1389) ; — revue de Jean du Bérat, reçue à la bastide de Ventadour (1er juillet 1389). — Indication de sources sur le jour de la mort de Pierre d'Orgemont, chancelier de France (8 juillet 1389). — Réception de la montre de Rabin Apledin, écuyer, par Pierre Saquet (10 août 1389) ; — envoi à Jean Chanteprime, par Pierre Saquet chevalier, maître d'hôtel du duc de Berry, de la montre ou revue de

Philippe d'Ars, écuyer, faite à la bastide du Moustier, devant le château de Ventadour (11 août 1389). — Quittance de 150 francs, délivrée par Yvain Agriffin, écuyer, pour services devant le château de Ventadour (30 juin 1389 ; — autre quittance de 75 francs délivrée par le même pour le même objet (31 juillet 1389). — État de la dépense faite par Montagut, dans un voyage du roi Charles VI, de Paris à Lyon (septembre-octobre 1389) ; — itinéraire établi par Lacabane d'après cet état. — Indication de source pour Guillaume le Bouteiller de Senlis, seigneur de St-Chartier, lieutenant du seigneur de Coucy en 1389, sénéchal du Limousin, le 15 avril 1390.

F. 72. (Liasse.) — 10 pièces, papier ; cah. p. in f⁰, 55 feuillets, papier.

1390-1392. — Lettres de Charles VI portant donation à son secrétaire Pierre Manhac, des héritages de Mérigot Marchiès (février 1390) ; — confirmation royale de cette donation (juillet 1390) ; — note de Lacabane ; — indication de source pour anoblissement de Jean de *Brolio*, habitant de Maurs, diocèse de St-Flour (novembre 1391). — Ordre du roi de France Charles VI, pour payement de 100 francs d'or à Henri de Ludensede et à Jean Testedor, envoyés du comte de la Marche, alors en Allemagne (3 août 1390). — Revue de la compagnie d'Aubert de Lespine, reçue au siège devant le Roc de Vaudois (8 août 1390) ; — envoi aux trésoriers des guerres, par Guichart Daulphin, sire de Jalligny, conseiller du Roi et maître des arbalétriers de France, de la revue d'Aubert de Lespine (8 août 1390) ; — quittance de 270 livres tournois délivrée à Arnoul Boucher, trésorier des guerres, par Aubert de Lespine, écuyer, capitaine d'arbalétriers à cheval, du pays de Gênes (18 août 1390) ; — description du sceau d'Aubert de Lespine. — Indications de sources pour : rémission accordée à Bertrand de Sartiges (1390) ; — confirmation de donation de tous les héritages de Mérigot Marchès faite à Pierre Manhac, secrétaire du Roi (1391) ; — Raymond de Sabanac (1391) ; — description des armoiries de De Lort de St-Étienne, à Aurillac et à Thonon, dans le Chablais, en Savoie. — Indications de sources sur : le château de la Montoire (1390) ; — le château de Belle (1390) ; — Jean Canard, conseiller du Roi, envoyé en Picardie pour traiter avec les messagers du roi d'Angleterre (1390) ; — sièges de Ventadour et du Roc de Vaudois (1390-1392).—Extrait des comptes de Arnoul Boucher, trésorier des guerres, du 5 juin 1390 au 31 janvier 1392.

F. 73 (Liasse.) — 24 pièces, papier.

1391-1398. — Consentement de Guillaume Le Bouteillier, chevalier et chambellan du Roi, à un accord par lequel il accepte 10,000 francs pour ses services militaires et la cession des frères Le Roux, ses prisonniers (18 février 1391) ; — quittance de 1000 francs délivrée par ledit Guillaume Le Bouteillier à Jacques Hémon, receveur général des aides (4 mars 1391) ; — description du sceau dudit Le Bouteillier ; — note de Lacabane. — Actes divers intéressant Poncet ou Ponchou ou Poncherot de Langhac, qui fut sénéchal d'Auvergne (1391-1398). — Ordre du roi Charles VI de faire délivrer à son valet de chambre, Symonet de Dampmartin, la somme de 1400 francs pour prix de hanaps, aiguières, gobelets, etc., donnés par le Roi aux messagers du roi d'Angleterre et à leur suite (22 février 1391). — Note sur les château et châtellenie de « Rosapio in Thcrasca » retenus par le Roi, après la mort d'Enguerrand d'Endin, qui en avait fait l'acquisition de Pierre de Craon (28 mars 1391) ; — Serment réciproque de Mathieu, comte de Foix et des habitants de Montmaurin (28 août 1391) ; — note de Lacabane. — Lettre de Guillaumot de Solatges, seigneur de Tolet, de Castelnau et de Peyreles, à son frère, pour l'engager à empêcher les capitaines et compagnies du seigneur de Severac de traverser le Rouergue et à les inciter à aller passer le Lot, au pont de Valentré, à Cahors (15 décembre 1391). — Indication de source pour Pierre Fresnel, évêque de Meaux, envoyé en Bretagne avec le vicomte d'Acy et Étienne de Givry (1391). — Ordre de Louis, fils du roi de France, duc de Touraine, comte de Valois et de Beaumont, aux commis à l'audition de ses comptes, d'allouer à ceux de Jean Poulain, 2000 francs d'or par lui donnés à plusieurs de ses chevaliers et écuyers, revenant de Prusse (3 février 1392). — Pouvoir donné par le roi d'Angleterre à Gaillard de Durfort, seigneur de Duras, à Jean Trailly, maire de Bordeaux, à Guillaume Elmhan, chevalier et à Raymond Guillaume de Caupène, dit Bourt, d'accorder des saufs-conduits (1392-1393). — Lettre du roi Charles VI au comte d'Armagnac, l'invitant à faire conduire à Paris, Mérigot Marchès, chef de routiers, fait prisonnier par Jean Tournemire, chevalier (31 janvier 1392). — Quittance de 6 francs d'or délivrée à Étienne Champanhac, receveur des montagnes d'Auvergne, par Jean Charpin, écuyer (20 mai 1392). — Indication de sources sur Étienne d'Avantois, chevalier, échanson, puis chambellan du duc de Berry et d'Auvergne et sénéchal du Berry (1392). — Indica-

tions de sources pour : délivrance du château de Chalucet ; — projet du connétable d'aller devant Domme (1392). — Note de Lacabane sur les dates des chartes de Charles VI en 1393. — Indications de sources pour Jean Blondel, seigneur de Longvillier et Bureau de la Rivière (1393). — Règlement de gages par Guillaume Le Bouteillier, sénéchal de Limousin, Étienne de Vantois, chambellan du Roi, et Audoyn Chauveron, seigneur du Dompnhon, sénéchal d'Auvergne, chevaliers, en faveur de Jean Vergnaut, écuyer, receveur particulier des fouages à lever dans les diocèses de Poitou et de Berry, pour la délivrance de Chalucet (15 décembre 1393) ; — description des sceaux de Guillaume Le Bouteillier, d'Étienne de Vantois et d'Audoyn de Chauveron ; — indication de sources pour Audoyn Chauveron, docteur en lois et bailli du Cotentin. — Lettres de rémission accordées par le roi Charles VI à Marguerite Lestrade, fille et héritière de feu Étienne Lestrade, seigneur de Floirac et de Agude, en la sénéchaussée de Quercy, et femme de Bertrand Malafayde, écuyer, seigneur de Noailhs (18 septembre 1394). — Quittance de 367 florins petits, délivrée à Pierre de Canteleu, commis au payement des gages des gens d'armes, archers, etc., par Arnauton de Campane, écuyer (17 novembre 1394) ; — quittance de 376 florins petits délivrée par le même Arnauton de Campane (24 décembre 1394). — Envoi, par le duc de Bourgogne vers Bajazet, de Thevenin Cutelem, chevaucheur du Roi, sur l'avis de la prise du comte de Nevers (1396) ; — don de 22 francs fait par le duc de Bourgogne à 2 valets du connétable de France, porteurs des nouvelles sur l'aventure arrivée aux Chrétiens ès marches de Turquie (28 février 1397) ; — mention de présents envoyés par le duc de Bourgogne à Bajazet (1396) ; — mention du départ de Paris, de Dyne Raponde, maître d'hôtel du duc de Bourgogne, portant à Venise la rançon du comte de Nevers (15 novembre 1397). — Indication du document contenant le vidimus des lettres du roi Charles VI au sénéchal de Ponthieu, portant abolition de l'usage, établi de temps immémorial dans le pays coutumier, de ne point faire confesser, avant de les conduire au supplice, les coupables condamnés à mort (12 février 1397) ; — note de Lacabane. — Indication de source pour quittance de 150 livres tournois, délivrée à Guillaume d'Orgemont, écuyer, trésorier des guerres, par Ponchon de Langac (14 août 1398) ; — quittance de 165 livres tournois délivrée au même d'Orgemont, par Guy, dit le Bourgne Fouquaut, chevalier (25 septembre 1398).

F. 74. (Liasse.) — 11 pièces, papier.

XIIIe et XIVe Siècles. — Nomination par le duc d'Anjou, frère du Roi et son lieutenant en Languedoc, de Talayrand de Périgord et d'Arnauld d'Espagne, en qualité de généraux capitaines au-delà de la Dordogne; — vidimus des lettres de nomination par Pierre Raimondi de Rabastens, chevalier, seigneur de Campagnac, conseiller du Roi et son sénéchal de Toulouse et d'Albigeois. — Indications de sources sur: un exposé des désordres de toute espèce qui eurent lieu en Angleterre, sous le règne de Henri III ; — lettre close adressée par le duc de Lancastre au roi de France, pour lui expliquer comme quoi ses commissaires n'ont pu s'entendre avec le maréchal de Boucicaut, sur le fait des « patiz » demandés par Arnaulton de Bordes ; — les plaintes du roi d'Angleterre contre la conduite des officiers du roi de France, dans le duché d'Aquitaine ; — la supplique des gens du roi d'Angleterre à Charles-le-Bel, pour lui demander le maintien de leurs droits contre les appelants d'Aquitaine et la grâce des communes de Montréal, Craon, Bordeaux et Condom ; — un rôle minute contenant un inventaire de lettres relatives aux traités passés entre la France et l'Angleterre ; — la supplique adressée par Édouard II à Philippe-le-Bel contre les appelants d'Aquitaine et les entreprises des officiers du roi de France ; — un cahier contenant les réponses à faire aux gens du roi d'Angleterre sur leurs prétentions aux biens des églises, leurs demandes en Saintonge, les restitutions qu'ils réclament, les plaintes qu'ils formulent contre le roi de France et les excès qu'on leur reproche. — Description des armes du prince de Galles. — Note sur la ville de Bath, en Angleterre. — Itinéraire de Froissart, de Tarbes à Orthez.

F. 75. (Liasse.) — 5 pièces, papier.

1364-1446. — Indications de sources pour: Jacques Froissart, clerc du roi de Navarre (1364) ; — rémission en faveur de Philibert Froissart (1375) ; — rémission en faveur de Jean de Bailleul, *aliàs* Froissart (1383-1384) ; — rémission de Jean de Werquigneil, *aliàs* Froissart ; — rémission en faveur de Guiote, femme de Viennot Froissart (1395-1396) ; — rémission en faveur de Jean Froissart (1403-1404) ; — rémission en faveur de Thomas de Lilers, dit Froissart (1427-1429) ; — Jean de Bours, dit Froissart (1444-1446) ; — Thomas Froissart, médecin de Philippe-le-Hardi, duc de Bourgogne (1385-1387). — Quit-

tance de 20 francs d'or, délivrée au duc d'Orléans, par Jean Froissart, prêtre et chanoine de Chimay, pour un livre appelé « le Dit roial » (7 juin 1393) ; — note de Lacabane. — Note sur Jean Froissart, chaudronnier à Valenciennes (1400).

F. 76. (Liasse.) — 6 pièces, papier.

Sans date. — Portrait de Froissart à la plume. — Fac-simile de différents dessins de manuscrits des Chroniques de Froissart. — Itinéraires de Froissart, de Carcassonne à Tarbes, de Carcassonne à Latilhoux, dans les Landes, de Barbazan à Tarbes, avec notes de Lacabane.

F. 77. (Liasse.) — 12 pièces, papier.

Sans date. — Note de Lacabane sur la composition des chroniques de Froissart. — Indication de source pour note sur l'époque à laquelle Froissart a commencé l'année. — Note critique de Lacabane, sur plusieurs points des Mémoires de La Curne de Sainte-Palaye, sur la vie et les œuvres de Froissart. — Commentaire de Henri Martin sur l'opinion de Froissart au sujet de la mort de Robert d'Artois. — Erreur signalées dans Froissart. — Extraits du messager des sciences et des arts de la Belgique contenant un article signé J.-J. de Smet et intitulé : *Tables des noms propres d'hommes et de villes dans une nouvelle édition de Froissart.* — Tables de noms de lieux et de personnes contenus dans Froissart.

F. 78. (Liasse.) — 78 pièces, papier.

Sans date. — Lettre au sujet des chroniques de Froissart adressée à Lacabane par Rigollot, médecin, à Amiens ; — extrait des chroniques de Froissart, manuscrit d'Amiens. — Notes diverses pour les chroniques et la biographie de Froissart. — Notices sur plusieurs manuscrits du chroniqueur Froissart.

F. 79. (Liasse.) — 3 pièces, papier.

Sans date. — Minute de lettre adressée par Lacabane à M. Jules Desnoyers, sur les chroniques manuscrites de Froissart. — Extrait du journal de Jean Le Fèvre, évêque de Chartres, chancelier du duc d'Anjou, roi de Sicile, touchant un exemplaire des chroniques de Froissart. — Note critique de Lacabane sur une nouvelle édition des chroniques de Froissart, par Buchon.

F. 80. (Liasse.) — 13 brochures, imprimées.

XIX⁰ Siècle. — Note de M. de Laborde sur la nécessité de publier la nouvelle édition des chroniques de Jean Froissart, annoncée depuis 30 ans, *Paris, imprimerie générale de Ch. Lahure, 1864, in-12.* — Épreuve de la première feuille des *Chroniques de Jean Froissart*, corrigée par Lacabane. — Nouvelles recherches sur la vie de Froissart et sur les dates de la composition de ses chroniques, par M. Paulin Paris, de l'Institut, *Paris, librairie de J. Téchener, 1860, in-16.* — Guerre de 1346-Édouard III-Philippe de Valois, par M. de Pongerville, de l'Académie française, *extrait du Journal général de l'Instruction publique et des cultes.* — Béatrice de Courtray, par M. Kervyn de Lettenhove, *extrait des Bulletins de l'académie royale de Belgique.* — Mémoire sur le manuscrit de Froissart de la bibliothèque de la ville d'Amiens, et en particulier sur le récit de la bataille de Crécy, par M. Rigollot, *Amiens, Imprimerie de Seblon et Cⁱᵉ, in-16.* — Notice historique sur Crécy, par M. de Cayrol, *extrait des Mémoires de la Société d'émulation d'Abbeville* (1836-1837). — Dissertations sur l'histoire de France au XIV⁰ siècle. — Notice sur la vie et les ouvrages de M. le baron Dacier, par M. le baron Silvestre de Sacy, *extrait du moniteur du 23 août 1834.* — Le siège de Calais et Eustache de Saint-Pierre, discours prononcé à la salle des conférences de la rue de la Paix, le 15 décembre 1864, par Eugène D'Auriac, *extrait de la Revue des provinces.*

F. 81. (Volume.) — In-folio, 316 feuillets, papier.

Sans date. — Livre premier des chroniques de Froissart, annoté et corrigé par Lacabane.

F. 82. (Cahiers.) — In-folio, 552 feuillets, papier.

Sans date. — Copie du livre III des chroniques de Froissart (Manuscrit de Soubise).

GÉNÉRALITÉ DE MONTAUBAN

F. 83. (Cahier.) — In-quarto, 24 feuillets, papier.

1699. — Extrait d'un mémoire sur la généralité de Montauban et les pays d'états ou abonnés qui composent l'intendance, accompagné de cette note de Lacabane : « Ce mémoire sur la généralité de Montauban fut composé par ordre de Mgr le duc de Bourgogne, en 1699. M. le comte de Boulainvilliers l'a publié en abrégé dans son État de la France, imprimé à Londres, en formats in-folio et in-12. — Le duc de Bourgogne fit dresser un mémoire semblable sur chacune des généralités du Royaume. Ces mémoires sont pleins de fautes et ne méritent point le cas qu'on en fait généralement ; ils contiennent néanmoins des détails, surtout sous le rapport de l'industrie, qu'on chercherait vainement ailleurs ».

F. 84. (Cahiers.) — Petit in-folio, 137 feuillets, papier.

1631. — Copie d'un « Estat des parroisses quy sont dans lestendue de chacune eslection de la generallité de Bordeaulx, contenant le nombre des feux et le revenu desdittes parroisses, le nom et revenu des Ecleziatics nobles et rotturiers, seigneurs d'icelles, les domaines du Roy, les fiefs rellevant de Sa Majesté et d'aultres, les abbayes, prieurés, commanderies, hospitaulx, colleges, estant dans l'enclave d'icelles et leur revenu, comme encore le nombre des sergents et notaires royaulx estant dans lesdittes parroisses et les octroys et patrimoine dont jouissent les villes estant dans laditte generallité ». — Lieux décrits : Figeac, Gramat, le Ségala et son annexe de Pradines, St-Chignes, Reignac, Salgues, Rocamadour, Mayrinhac-Lentour, Meyronne, Vayrac, Alix, St-Cirq, Carlucet, Thégra, Lavergne, Mayrinhac-Lentour, Mayrinhac-le-Francal, le Bougayrou, Miers, Cadirat, les Fieux, Mézels, Carennac, Loubressac, Maniagues, Pauliac, Gintrac, Bio, Molières, Aynac, Thémines, Rueyres, l'Hopital-Issendolus, Fontanes, Celle, Planiat près Rueyres, Reilhac, Banzac, le Bastit, Labastide-Fortanière, Goudou, Caniac, Sénaillac, Domenac, Lentillac, Orniac, Marcillac, St-Chels, Sauliac, Blars, Larnagol, Montbrun, St-Sulpice, Quissac, Espédaillac, Cajarc, Gréalou, Carayac et Ste-Neboule, Faycelles, Béduer, Laroque-Toirac, le Bourg, Reilhaguet, Camy, Souillaguet, St-Romain, Lanzac, Cieurac, Pinsac, Cazillac, Condat, Strenquels, Felzins, Girac, St-Michel, Glanes, Belmont, Gagnac, Biars, Cornac, St-Martin, Calviac. Pontverny, le Montet, Labathude, Labastide-du-Ht-Mont, Comiac, Soucirac, Sénaillac, Teyssieu. St-Hilaire, Lenat, Lentillac, Latronquière, Gorses, Bouxal, Ste-Colombe, Sabadel, Lacapelle, Bagnac, St-Cirgues, St-Jean-de-Mirabel, Montredon, Laurosses, Labathude, St-Félix, Lunan, Terrou, Anglars, Leyme, Souillac, St-Etienne-Lacombe, Lachapelle-Auzac, Paunac, Assier, Livernon, Ginouillac, Brengues, Corn, Camboulit, Cambes, Boussac, Ste-Eulalie et Espagnac, St-Simon, Sonac, Fons, Théminettes et Rudelle, Issepts, St-Médard-de-la-Garinie, Lissac, Fourmagnac, Camburat, le Bouyssou, Cardaillac, Lacapelle-Marival, Montauban, la Salvetat, Caylus, St-Étienne, Labarthe, Le Piat, Belmont, St-Paul d'Espis, Casalès, Lavaurette, Beauregard, Septfons, Montclar, Bruniquel, Puycornet, le Soulié, Malauze, Auty, Lalbenque, Labastide-de-Penne, l'Honor de Cos, Fontanes, Loubéjac, Montdoumerc, Lapencbe, Lafrançaise, Montalzat, Montesquieu, St-Caprais, Moissac, St-Projet et Losse, Belfort, Mirabel, Cayriech, Salvagnac, Limogne, Montastruc, Lesparre, Labastide-Marsa, Saillac, Puylagarde, Cayrac, Réalville, Mordaigne, Caussade, Lacapelle-Livron, Cas, Jamblusse, Ste-Alauzie, Molières, Puylaroque, Negreplisse, Fontneuve.

F. 85. (Brochure.) — In-octavo, 67 feuillets, papier.

XIX⁰ Siècle. — Nobiliaire de la généralité de Montauban.

F. 86. (Cahiers.) — Petit in-quarto ; 12 feuillets, papier.

1697-1717. — État des noms, surnoms et demeures « d'aucuns particuliers de la généralité de Montauban assignés à la requeste de M. Charles de Lacour de Beauval, chargé par Sa Majesté du recouvrement des sommes dues, en exécution de la déclaration du 4 septembre 1696, contre lesquels quoiqu'ils ne se soient pas présentés, il n'a esté donné aucun jugement parce qu'ils sont d'une noblesse connue » (1705). — État des noms, surnoms et demeures « d'aucuns particuliers de la généralité de Montauban assignés à la requeste de M. François Ferrand subdélégué au traité de Charles de Beauval, chargé par Sa Majesté du recouvrement des sommes dues en exécution des déclarations du Roi, du 4 septembre 1696 et 2 janvier 1703 par les usurpateurs du titre de noblesse et de ce qui a esté fait et ordonné en conséquence desdites assignations « (1703-1704). — Mention d'un état des noms, surnoms et demeures de ceux de la généralité de Montauban qui furent assignés en exécution de la déclaration du mois de septembre 1696 contre lesquels (quoique condamnés par défaut) il n'a été fait aucune poursuite « à cause de leur décès avant la condamnation » (1695-1717).

F. 87. (Cahiers.) — Petit in-quarto, 33 feuillets, papier.

1701-1705. — Inventaire des ordonnances de décharges rendues par les intendants de la généralité

de Montauban et pays d'états en dépendant, au profit d'aucuns particuliers assignés, à la requête de M. Charles de Lacour de Beauval, chargé par Sa Majesté du recouvrement des sommes dues en exécution de la déclaration du Roi, du 4 septembre 1696 et de M⁰ François Ferrand subrogé au traité dudit de Beauval (1705). — État des personne qualifiées qui demeurent dans la généralité de Montauban. — Recherches contre les usurpateurs du titre de noblesse faites dans la généralité de Montauban (1705). — État des noms et qualités des personnes et communautés qui ont payé les droits d'enregistrement des armoiries (1701).

F. 88. (Cahiers.) — Petits in-folio et quarto, 35 feuillets, papier.

1697-1716. — Nobiliaire. — Élection de Cahors. — Recherches contre les faux nobles depuis 1697 jusqu'en 1716, sous les intendants Sanson, Lepelletier de la Houssaye, Legendre et Laugeois. — Maintenus et condamnés.

F. 89 (Liasse.) — 98 pièces, papier.

1433-1716. — Nobiliaire. — Élection de Cahors. — Maintenues de nobles. — Notices sur les familles nobles suivantes de l'élection de Cahors: Alane, seigneurs de Lebreil, de Guitard et de St-Laurent ; — Aly, seigneurs du Trépadou ; — Astorg, seigneurs de Couderc et de Sudré ; — Baron, seigneurs de Sansot ; — Beaufort ; — Beaumont, seigneurs de Beaumont et de Montfort, puis de Payrac ; — Beaumont, seigneurs de Peyretaillade, puis de Ferrières et barons des Junies ; — Belcastel, seigneurs de Montvaillant, puis d'Escayrac, de Troupenat et Montfabès ; — Bosredon, seigneurs de Bosredon, de Lagarenie ; — Bouscat, seigneurs du Bouscat, puis du Syndic et de Labarthe ; — Bousquet, seigneurs de Gigouzac ; — Brous, seigneurs de la Roumiguière ; — Camy, seigneurs du Débat et d'Aymare ; — Caors, seigneurs de la Sarladie ; — Castanier, seigneurs de Faure, puis de Ste-Foy ; — Caussade, seigneurs de Moncassin ; — Cazelles ; — Chambon, seigneurs de Rival, puis de Rouget ; — Cunhiac, seigneurs de Giversac et de St-Pampon, puis de Sermet et vicomtes de Puycalvel ; — Dablanc, seigneurs d'Anglars ; — Dablanc, seigneurs de Labouisse ; — Dalbareil, seigneurs de St-Clair ; — Deslacs, seigneurs dudit lieu, près de Lacapelle ; — Deslats, seigneurs de Pern, près du Pouzals, d'Arcambal et du Bousquet ; — Deshoms ; — Desplats, seigneurs de Planis ; — Dolive ; — Domergue, seigneurs de Lamolère, puis de Lacoste, de Maffre et de Lagrange ; — Dumas, seigneurs de Peyssac, Laborie,le Mas, Laserre, Estivaux, puis de Couserans ; — Dupin seigneurs de Lagerie, puis de St-Clair ; — Dupuy ; — Durfort, seigneurs de Léobard, Berbejan, Cornac ; — Escayrac, seigneurs dudit lieu, co-seigneurs de Cayriech, puis de Cazillac, de Laduguie, de St-Paul, de Montarnac et de Faure ; — Garric, seigneurs et baron d'Uzech ; — Garric, seigneurs de la Peyre et d'Uzech, puis d'Aurimont ; — Gaulejac, seigneurs de Puycalvel, de Lacan et de Toule ; — Gaulejac, seigneurs de St-Paul et de Touffailles ; — Geniez, seigneurs de Combret et de Langle, puis de Nauvalet, de Maurals et del Cayrou ; — Gironde, seigneurs marquis de Monclara, puis de Montamel, de Floyrac, de Marminiac ; — Giscard, seigneurs de Boignes, puis de Pène et de St-Geniez ; — Gouzon, seigneurs d'Aix et de Saux ; — Granier, seigneurs de Lagorsse et du Coustet ; — Guillem, seigneurs de Belmontet, de Peyralade et de Lalande ; — Guiscard, seigneurs de Lacoste, puis de Lalaurie, de Lavercantière, du pech de Sirech ; — Issaly ; — Labondie, seigneurs de Besse et de La Gibertie ; — Laborie, seigneurs de Figeac (près Montcuq), puis de Nogarède, de Ventalais et de St-Cernin ; — Laborie, seigneurs de Sauzet, puis du Rouzet, de St-Ignan et de Cézerac ; — Lacombe, seigneurs de Lagrave ; — Lacroix, seigneurs de Lopès, puis de Gironde ; — Laduguie, seigneurs du Bosc et de Lacapelle, puis de Lamatère, de Castella et de Rouinal ; — Lagerie, seigneurs de Laventure ; — Lamothe, seigneurs de Battens ; — Lautrec, seigneurs de Lavaur et de Lalande ; — Leblanc, seigneurs de St-Fleurien ; — Leygue, seigneurs dudit lieu et co-seigneurs de Prouillac ; — Lom ; — Longuet, seigneurs de Labastidette ; — Lort, seigneurs de Grimard ; — Malegat, seigneurs de Cazelle et d'Angles ; — Maranzac, d'abord marchands de de Salviac, puis bourgeois, puis juges, enfin, seigneurs de Langlade-Dondradieu ; — Montagut, seigneurs du Boulvé, de Lalande et de Moncrabel ; — Moustoulac, seigneurs de Gagnac,puis de Lafage ; — Pelagrue, seigneurs de Montagudet ; — Peyronnenc, seigneurs de St-Chamarand et de Frayssinet ; — Pugnet ; — Regourd ; — Reillac, seigneurs de Reillac et de Lolmie, puis de St-Avit et de Cieurac ; — la Roche-Lambert, seigneurs de Myom, en Dauphiné, puis de Grimencour et de Laboissière ; — Rodolel, seigneurs de Conduché ;—la Roque de Rupe;—la Roque-Bouillac, seigneurs de Bouillac ; — Rossanges, seigneurs de Baneut ;— Rouzet, seigneurs de Lagarde ; — Rouzet, seigneurs du Rouzet ; — Saunhac, seigneurs du Fossat, barons de Belcastel et de Verdun ; — Séguy ; —

Selves, seigneurs de Selves, puis de Condat et de Genebrède ; — Sirech ; — Sirech, seigneurs de Lacoste, puis de Pechgaillard et d'Aurimont ; — Souiris, seigneurs de Souiris ; — Tholon, seigneurs de Guiral ; — Vassal, seigneurs de Dasilhac, du Couderc, puis de Lagarde et de la Tour ; — Vervais, seigneurs de Mascla ;—Vezins, seigneurs de Vezins, de Roudier, de Montagnac, de Charry et de Guitard ; — Videran, seigneurs de la Fourtounie, puis de St-Cirq ; — Vigier, seigneurs de Latour ; — Vigier, seigneurs de St-Benoît et de la Bellonie ; — Viguier, seigneurs de St-Geniez ; — Viguier, seigneurs de Ricard, puis de Latour et de Castelmauroux. — Nombre de ces notices portent la description des armoiries des familles mentionnées.

F. 90. (Cahiers.)— Petit in-folio et in-quarto ; 27 feuillets, papier.

1697-1783. — Nobiliaire. — Élection de Figeac. — Recherches contre les faux nobles depuis 1697 jusqu'en 1716 sous les intendants Sanson, Lepelletier, Legendre et Laugeois. — Maintenus et condamnés. — Noms des nobles ou prétendus tels soumis à la capitation (1783).

F. 91. (Liasse.) — 8 pièces, papier.

Sans date. — Rôle des familles nobles ou des familles réputées nobles de l'arrondissement de Figeac (familles d'ancienne chevalerie et familles anoblies par charges ou par lettres patentes du Roi).— Rôle des familles de l'arrondissement de Figeac qui pourraient être nobles. — Rôle des familles de l'arrondissement de Figeac dont la noblesse n'est pas sûrement connue.

F. 92. (Liasse.) — 85 pièces, papier.

1292-1716. — Nobiliaire. — Élection de Figeac. — Maintenues des nobles. — Notices sur les familles nobles suivantes de l'élection de Figeac : Araquy, seigneurs de Cantagreil, de St-Saury, d'Ussel ; — Boisset, seigneurs de Laupière et del Montet ; — Boutaric, seigneurs de la Sabertie ; — Buisson, seigneurs de Monmaur, puis d'Aires et barons de Labastide ; — Cadrieu, seigneurs dudit lieu, puis du Cuzoul, de Puylaunès, de Narbonnès ; — Cajarc, seigneurs de Gaillac ; — Cayron, seigneurs de Mandens ; — Chouriny, seigneurs de Roumegonse, de Blanat, de Pounon ; — Colong, seigneurs de Favars, de la Gorse, de Larause, de Puyblanc ; — Conquans, seigneurs de Conquans, la

Salle, Monteyly, Lastensouses, Cancès, Camburat, etc.;
— Corn, co-seigneurs d'Anglars, seigneurs de Sonac,
d'Ampare, Lieucamp, etc.; — Coulomb, seigneurs de
Martelles et de Lomagne ; — Desplas; — Dujols, seigneurs de Laroque-Toirac ; — Dujols, seigneurs de
St-Affre; — Durfort, seigneurs de Goujounac, puis de
Montraudier et de Salvagnac ; — Gasc, seigneurs de
Lagasquie ; — Jaubert, seigneurs de Rassiols ; — Lagarde, seigneurs de Bonnecoste, de Saignes et de Reillac ; — Lamothe, seigneurs de Flamont ; — Lentillac,
seigneurs de Lentillac et La Mothe, puis marquis de
Gimel et barons de Lentillac ; — Linars ; — Molières,
seigneurs de Labastidette ; — Paillasse; — Peret, seigneurs de Peret, puis de Canteperdrix ; — Plas, seigneurs de Foussac, de Tanes, de Palmeison, de Salgues, de Mazairac, de Reveillon, etc.; — Pouget, seigneurs de Nadaillac, de la Goudarie ; — Prudhomme,
seigneurs de Cins, de Labernadie, de Doulan, du Roc, co-
seigneurs de Camboulit, etc.; — la Ramière, seigneurs
de Prades, de Pecharnaud, du Tustal et de Mallecoste;
— Renac, seigneurs de Lestrade, de Lacaze, du Vialla;
— Sabattier, seigneurs de Montville et de Lagardelle ;
— Séguy, seigneurs de Gaulejac, de Campagnac, de
Périgal et de Beaulieu ; — Séguy, seigneurs d'Anglars
et du Cayrou ; — Vayrac, seigneurs de Vayrac, de
Lartimalie et St-Michel ; — Viguier, seigneurs d'Auglanat ; — Viguier de Souillols, seigneurs de Delmas.
— Nombre de ces notices portent la description des
armoiries des familles mentionnées.

F. 93. (Cahiers.)— Petit in-folio et in-quarto ; 28 feuillets,
papier.

1697-1716. — Nobiliaire. — Élection de Montauban. — Recherches contre les faux nobles depuis 1697
jusqu'en 1716, sous les intendants Sanson, Lepelletier,
Legendre et Laugeois. — Maintenus et condamnés.

F. 94. (Liasse.) — 155 pièces, papier.

1419-1716. — Nobiliaire. — Élection de Montauban. — Maintenues des nobles. — Notices sur les familles nobles suivantes, de l'élection de Montauban :
Audouin, seigneurs de Lagarrigue et de Villeneuve ;—
Bar, seigneurs et barons de Meauzac, puis de Lamothe, d'Ardus et de Lagarde; — Bar, seigneurs et barons de Villemade ; — Beaufort, seigneurs de Lesparre;
— Bonfontan, seigneurs de la Boulbène ;— Bonnefous,
seigneurs de Lacoste-Caminel, puis de St-Félix, de
Caminel, de Pestels, de Lasbouygues et de Lamouli-
ne ; — Bousquet, seigneurs de Verlhac et de Mont-

gaillard ; — Broue (La), seigneurs de Gandalou ; —
Bruel, seigneurs de Lagarde, puis de Longueville et
de Lagarde-Arzem ; — Cajarc, seigneurs de La Serre,
de Drulhies et de Lagrave ; — Carit, seigneurs de
Belmont, de la Bastide et de Labarthe-Belmont ; —
Costes ; — Dablanc ; — Daribat, seigneurs de Paillai-
rol, de La Treille et de Camil; — Dairac (du nom de
Calmete), seigneurs d'Aigo, de Cantemerle, de Garde-
mont et de Lastours ; — Debia; — Descorbiac, seigneurs de Bilières ; — Dubreuil, seigneurs de Cas,
puis des Places et d'Espanel; — Faure, seigneurs de
Ste-Juliette, puis de St-Christophe ; —Faure, seigneurs
de Boutifare, puis de Poujols, de Rouffillac et de
Prouillac ; — Dubois, seigneurs de Boutaric, puis de
Gaudusson ; — Ducros, seigneur de Péjuliande ; —
Filhol, seigneurs de Latour et de Cabanes ; — Filières;
— Fleurans, seigneurs de la Bessières ; — Le Franc,
seigneurs de Caïx, de Lisle et de Latour ; — Galabert-
d'Aumont, seigneurs de Lapeire;—Garrisson, seigneurs
de Lacourt ; — Gautier, co-seigneurs de Savignac, puis
seigneurs de la Bastende et de La Salle ; — Gimel, seigneurs de Palvel ; — Gironde, seigneurs de Sigounhac,
puis de Castelsagrat et de Gaure ; — Godaille, seigneurs de Vaylats ; — Grenier, seigneurs de Raisin et
de Lassagne ; — Guillem, seigneurs du Bourguet ; —
Héricourt, seigneurs de Hedouville ; — Ireune, seigneurs de Ginibrat, puis de Maillé et de St-Maurice ; —
Jougla, seigneur du Colombié ; — Laburgade, seigneurs
de Lalbenque, puis de Belmont et de Gardamon ; —
Lacoste, seigneurs de Barthas ;— Laduguie, seigneurs
de Castanède, de Laroque et de Calles ; — Lagardelle,
seigneurs de Marssa, Larit et autres lieux ; — Lasalle,
seigneurs d'Astorg et de Bezombes ; — Lauriac ; —
Lautron ; — Lavalette, seigneurs de Parisot ; — Lezir,
seigneurs de Salvezou ;— Lolmie, seigneurs de la Penche, puis de St-Martin, de Bro et de Flaujac ; —
Lom, seigneurs del Lard et de Félines ; — Lupé, seigneurs de Faumont, puis de Garis ; — Malaret, seigneurs de Jalles, puis de La Barthe et de Lacoste ; —
Marsa, seigneurs de Puiveyrols, puis de Fontneuve, de
las Teularies, de Salles, de St-Michel et de Lestang ;—
Montratier, seigneurs de Favols, puis de Lisle, de
Labarthèse et de la Baronie ; — Morlhon, seigneurs de
la Rossille ; — Morlhon, seigneurs de Coulombié ; —
Pauze, seigneurs de Mondésir ; — Pechdo, seigneurs
de Labarthe et de Vidaillac ; — Péchels, seigneurs de
Laboissonade ; — Pechpeyrou, seigneurs de Beaucaire ; — Rapin, seigneurs de Mauvers, de Toirac
et de Rabeau ; — Raymond, seigneurs d'Auty ; — Renac, seigneurs de Monmège ; — Richard, seigneurs
de Gastaud ; — La Roche-Chassincour, seigneurs

de Laval ; — Rozet, seigneurs du Coulombié ; — Sarraud , seigneurs d'Augé ; — Saint-Gily , seigneurs de Péchaurier, puis de Sénaillac ; — Saint-Martin , seigneurs de Séguy ; — Saint-Supery , seigneurs de Miramont, de Pignols et de St-Amans ;— Tieys, seigneurs de Dariat et de Bonnencontre ; — Ticys, seigneurs de Dariat et de Fontneuve ; — Timbrune, seigneurs de Valence; — Vignals, seigneurs de Fontestelle ; — Verdier-Vilette ; — Vialettes ; — Villeneuve, seigneurs de Saintou, de Laboulbéne. — Quelques-unes de ces notices contiennent la description des armoiries des familles mentionnées.

PROVINCE DU QUERCY

F. 95. (Liasse.) — 5 pièces, papier.

1486-1649. — États du Quercy. — Composition des États du Quercy, en 1486, 1512 et au XVI⁰ siècle. — Composition en 1486 : Clergé : l'Évêque de Cahors, l'abbé de Figeac, l'abbé de Rocamadour, l'abbé de Marcillac, l'abbé d'Aurillac, l'abbé de Maurs, l'abbé de Souillac, le doyen ou prieur de Carennac, le commandeur de Lacapelle-Livron, le commandeur de Latronquière ;—noblesse : le vicomte de Turenne, le vicomte de Bruniquel, le vicomte de Bruniquel-Casals, le vicomte de Montclar, le baron de Castelnau-Bretenoux, le baron de Puycornet, le baron de Gourdon, le baron de Luzech, les seigneurs de Cardaillac-Bioule, de Cardaillac-St-Cirq, de Cardaillac-Montbrun, de Cardaillac-Thémines, de Cardaillac-St-Sernin, de Cardaillac-Varaire, de Caussade, de Roquefeuil, de Montpezat, de Négrepelisse, de St-Sulpice, de Gramat, de Vaillac-Genouillac, de Felzins, de Cazillac, de Cessac, de Durfort-Boissières ; — villes ou tiers-état : Cahors, Montauban, Figeac, Moissac, Caylus, Lauzerte, Gourdon, Montcuq, Mirabel, Réalville, Caussade, Montpezat, Puy-la-Roque, Négrepelisse, Bruniquel, Martel, Cajarc, Castelnau-des-Vaux, Rocamadour, Septfonds, Vers et Puybrun. — Mentions des assemblées des états du Quercy, de 1507 à 1649.

F. 96. (Liasse.) — 36 pièces, papier.

1308-1830. — Députés du Quercy aux États généraux. — Députés du diocèse de Cahors aux États généraux de Tours, en 1308 : Raymond, évêque de Cahors ; Jean Cadeneda, archidiacre de Tornès ; messire R. de Laval, recteur de l'église de St-Jean-de-Perche ; messire B. de Grézel, recteur de l'église de la Masse ; maître Gausbert Pelfi, recteur de l'église de Cornac ; Jean de Baynac, laïc ; Guillaume de Cardaillac ; maître Jean Ricas, consul. — Députés de la sénéchaussée de Périgord et de Quercy, en 1318. — Députés aux États de Tours en 1484 : monseigneur de Cahors, le seigneur de Castelnau de Bretenoux, le vicomte de Bruniquel, François Mercy. — Députés aux États de Blois en 1576-1577 : vénérable maître Antoine Regourd, archidiacre en l'église de Cahors ; le seigneur de Lachapelle-de-Lozières ; maître Pierre de Regaignac; maître Jean de Marignac ; Jean Ponfade, aliàs Poujade; maître Paul de Lacroix. — Assemblée du Clergé en 1585 : l'évêque de Cahors, député. — Députés de la sénéchaussée du Quercy aux États de Blois, en 1588 : révérend père en Dieu, messire Antoine d'Ébrard de St-Sulpice, évêque, baron et comte de Cahors, président-né et perpétuel des trois États du pays de Quercy ; messire Pons de Cardaillac-Thémines, chevalier, seigneur et baron dudit lieu, capitaine de 50 hommes d'armes ; maître Pierre de Regaignac, docteur et avocat à Cahors ; maître Paul de la Croix, docteur et syndic des États dudit pays; maître Pierre Arnaldy, licencié et avocat au siège particulier de Figeac. — Assemblée des notables de la Guyenne, tenue à Rome en 1596: MM. de Cahors et de Sarlat, le maréchal de Matignon, de Saignes, de Lamothe-Fénelon, de Laforce, de Thémines, de Pontac, le maire de la ville de Bordeaux et l'un des jurats de ladite ville. — Députés de la sénéchaussée de Quercy aux États généraux tenus à Paris, en 1614 : Ébrard de St-Sulpice, archidiacre de Cahors; de Lauzières, marquis de Thémines, sénéchal de Quercy ; maître Pierre de Lafage, premier consul de la ville de Cahors, docteur en droit et avocat au siège présidial; maître Paul de La Croix, docteur et syndic du pays de Quercy. — Députés du Quercy aux États généraux d'Orléans, en 1560 : maître François de Seguier ; maître Jean Sabatier ; maître Guy Escorbiac ; Raymond Belles, aliàs Votyer. — Copie du procès-verbal d'élection des députés du Quercy aux États généraux de 1789. — Députés du Lot en 1805, 1814, cent jours, 1816, 1817, 1820, 1823, 1827 et 1830.

F. 97. (Liasse.) — 3 pièces, papier.

1202-1655. — Sénéchaux du Quercy. — Listes chronologiques des sénéchaux du Quercy : Pierre de Rabastens, sénéchal du Quercy pour le comte de Toulouse, en 1202 ; — Martin Algais, sénéchal de Gascogne et de Périgord pour le roi d'Angleterre, en 1203 ; — Pons de Grimaud, de Castelsarrasin, sénéchal pour le comte de Toulouse, en 1234 ; — Jean de N.., pour le roi de France, en 1242 ; — Gilbert de Malamorte, pour le roi de France, en 1243 ; — Gérald de Malamorte, pour le roi de France, en 1245 ; — Sicard d'Alaman, pour le comte de Toulouse, en 1249 ; — Hugues de Arsis ou d'Arsie, pour le comte de Toulouse, en 1251 ; — Rodulphe de Boniria, pour le roi de France, en 1252 ; — Pierre Sirven ou Sirvent, pour le roi de France, en 1253 ? ; — Géraud de Malamorte, pour le roi de France, en 1254 ; — Aymeri de Malamorte, pour le roi de France, en 1254 ; — Philippe de Villafaverosa, chevalier, pour Alfonse, comte de Toulouse, en 1257 ; — Bertrand de Cardaillac, pour le roi d'Angleterre, en 1260 ; — Jean de Villette, sénéchal d'Agenais et de Quercy, en 1261 ; — Guillaume de Baignols, sénéchal pour le comte de Toulouse, en 1260 ; — Jean de la Lande, pour le roi d'Angleterre, en 1262 ; — Henri de Cosanciis, pour le roi de France, en novembre 1265 ; — Radulphe de Trapis, pour le roi de France, en juillet 1266 ; — Jean d'Argevillar, pour le comte de Toulouse, en 1267 ; — Sicard d'Alleman, sénéchal d'Agenais et de Quercy, pour le comte de Toulouse, en 1267 ; — Henri de Boudevillar, pour le comte de Toulouse, en décembre 1270 ; — Jean de Mortaric, pour le comte de Toulouse, en décembre 1270 ; — Pierre de Salicibus, chevalier, pour le roi de France, en 1272 ; — Reginal de Rouerio, pour le roi de France, en septembre 1272 ; — Anselme de Sancto Yone, pour le roi de France, en septembre 1273 ; — Odon de Fayello, pour le roi de France, de 1275 à 1277 ; — Étienne Ferioli de Tonneins, pour le roi d'Angleterre, le 5 juin 1276 ; — Simon de Meleduno, chevalier, pour le roi d'Angleterre, en 1277, 1281 et 1282 ; — Bertrand de Citon, chevalier, nommé le 13 novembre 1379, pour le roi d'Angleterre ; — Jean de Greilly, sénéchal de Guyenne, pour le roi d'Angleterre, en 1282 ; — Jean de Villete, pour le roi d'Angleterre, en 1282-1283 ; — Jean de Monteigne (de Monteigniaco, aliàs Montigniaco), en mai et juin 1284 ; — Pierre de Barber, chevalier, en 1285 ; — Radulphe de Bruleyo, en 1288-1290 ; — Élie de Caupène, pour le roi d'Angleterre, en 1291-1292 ; — Jean d'Arrablay, chevalier, en 1292-1293 ; — Guichard de Marziaco, chevalier, en 1294-1295 ; — Guido Caprarii, chevalier, en août 1297 ; — Géraud Flotte, chevalier en 1298, 1300 et 1301 ; — Jean de Arrablayo, chevalier, en 1303, 1310, 1311 ; —Arnaud de Caupene, sénéchal de Périgord, pour le roi d'Angleterre, en 1308-1310 ; — Pierre Pileti, sénéchal de Périgord, pour le roi d'Angleterre, en avril 1312 ; — Jean Bertrandi, chevalier, en 1313-1314 ; — Jean-Bertrand Baron, en 1315 ; — Fulcaud de Archiaco, en 1315 — Jean de Arrablayo, junior, chevalier, en 1316 et 1318 ; — Guillaume de Tholose, pour le roi d'Angleterre, en 1319 et 1328 ; — Guillaume de Morneyo, chevalier, en 1322 ; — Aimeri de Croso, chevalier, en 1323-1324 ; — Jourdain de Luberto, chevalier, en 1327, 1329 et septembre 1330 ; — Guillaume Thel, sénéchal de Périgord, pour le roi d'Angleterre, duc de Guyenne, dès le 23 juin 1328 (ce Guillaume Thel est peut-être le même que Guillaume de Tholose, ci-dessus mentionné) ; — Guido Caprarii, en 1330 ; — Pierre de Marmande, chevalier, en 1333, 1334, 1336 et 1339 ; — Payen de Malhivo, chevalier, en 1340-1341 ; — Guillaume de Labarrière, chevalier, en 1341, août 1342 et 1343 ;—Henri de Montanhi (Henri, seigneur de Montignac ou Montigny), en 1343 et 15 août 1345 ; — Guillaume de Montefalcone, chevalier, en 1347-1348 ; — Hélie de Pomeriis, chevalier, pour le roi d'Angleterre, en 1357-1361 ; — Olivier de Laya, chevalier, en 1349 ; — Geofroy de Rebayne, chevalier, en août 1349 ; — Jean de Cayer, en novembre 1350 ; — Guy Seneschal, seigneur de Mortuo-Maré (Mortemer en Poitou), en 1351 et 1352 ; — Arnaud d'Espagne, chevalier, en 1349, 1350, 1354 et 1357 ; — Géraud de Jaulino, chevalier (seigneur de Villeneuve), en 1359 et 1362 ; — Thomas de Walkafara, pour le roi d'Angleterre, en 1364, 1368 et 1369 ; — Gaucelm de Vairols, seigneur de Lalbenque, en 1369 et 1371 ; — Gaucelm de Vairols, damoiseau, fils du précédent, sénéchal en 1371 ; — Patrice de Castro Girone, chevalier, en 1378 ; — Manau de Barbasan ; en 1382 ; — Guichard d'Ulphe (Urfé), en 1390 ; — Robert de Vendaco, chevalier, en 1410 et 1411 ; — Petrus Foulcandi, domicellus, en 1411 ; — Amauri de Séverac, en 1412—1413 ; — Raymond, seigneur de Salagnac, en 1413, 1418, 1419 et 1420 ; — Pons de Roset, en 1429 (douteux); — Raymond-Roger de Comminges, chevalier, en 1428 ; — Jean Roger de Comminges, chevalier, en 1433 ; — Jean de Carmaing, seigneur de Négrepelisse, en 1439 et 1442 ; — Pierre de Ramon, chevalier, en novembre 1460, 1461, 1464 et 1466 ; — Riumas, en 1469, pour Charles, duc de Guyenne ; — Jean de Volvire, seigneur de Ruffec, chevalier, en 1469, pour Charles, duc de Guyenne ; — Pierre de Raymond de Folmont, chevalier, en 1473-1476 ; — Guinot de Lauzières, chevalier, en 1483 ; — Raymond de Cardaillac St-Cirq, en 1491; — Jacques de Cardaillac, fils du précédent, en 1500 ; — Jacques de Genouillac, dit Galiot, chevalier, en 1517 ; — François de Genouillac, fils du précédent, en 1532 ? ou 1536 ; — Antoine de Crussol, vicomte d'Uzès, en 1545; — François de Séguier, chevalier, en 1559-1570 ; — N. de Vaillac, en 1560 ? ; — Antoine Gilbert de Cardaillacla-Capelle, en 1570 ; — Jean de Vezins (de Lusençon-Levezou), en 1576; — Jean de Morlhon, en 1581 ; — Bertrand Ébrard de St-Sulpice, en 1584; — Gui de Touchebœuf, en 1587; — Pons de Lausières-Thémines, seigneur et baron de Thémines (le maréchal), en 1589; — Antoine de Lausières, marquis de Thémines, fils du précédent, en 1610; — Pons Charles de Thémines, petit-fils du maréchal et fils du précédent, en 1627 ; — François Annibal d'Estrées, en 1647; — Emmanuel Galiot de Lostanges St-Alvère, en 1655.

F. 98. (Liasse.) — 29 pièces, papier.

1186-1301. — Sénéchaux du Quercy. — Indications de sources pour : don à Grandmont par Lecsius Anglus, sénéchal d'Aquitaine (1186); — Bernard de Livro, sénéchal du roi de France, dans le diocèse de Limoges (1236) ; — Gérard ou Géraud de Malemort, sénéchal en Limousin, Périgord et Quercy (1243) ; — Pierre Servientis, sénéchal de Limousin, Périgord et Quercy (1253-1264) ; — sentence rendue par Hugue Massera, bailli de la cité et du diocèse de Limoges (1253); — Raoul de Campis ou Trapis, sénéchal de Limousin (1269); — Imbert Guy, sénéchal de Limousin (1269) ; — Anselme de St-Yone, sénéchal de Périgord, Quercy et Limousin (1273) ; — Simon de Melun, chevalier, sénéchal de Périgord, Limousin et Montmorillon (1277); — Jean de St-Denis, chevalier, sénéchal de Poitou et Limousin (1299) ; — Girbert de Thémines, (1206) ; — Girbert de Thémines, père et fils (1240) ; — Gérald de Malemort (1230); — Aimeric de Malemort (1254); — G. de Malemort (1255). — Notes de Lacabane sur le Périgord et ses sénéchaux en 1223-1258.— Indications de sources pour : lettres de Louis IX, roi de France, faisant connaître à Gilibert de Malobussono, bailli du Quercy, de quelle manière il a reçu l'hommage de Guillaume de Gourdon (août 1233) ; — Gilbert de Malemort, sénéchal de Limousin, Périgord et Quercy (1240); — vidimus par Jean..., chevalier du roi, sénéchal de Périgord et de Quercy, d'une charte de Raymond, comte de Toulouse, où se trouvent des exemptions de redevances et servitudes imposées aux habitants de Lauzerte, en faveur des membres des familles de Castanhier et de Rozeto (1241); — Guil. de Malemort, sénéchal de Limousin, Périgord et Quercy (1243); — Gérald de Malemort (1243-1246) ; — Pons de Ville, sergent du roi de France, bailli de Périgord (1246) ; — serment réciproque d'Hélie, comte de Périgord et du chapitre de St-Front, qui promettent d'observer exactement la sentence arbitrale de Philippe de Grandchamp, bailli de Bourges, et de Géraud de Malemort, sénéchal de Périgord (6 mai 1245). — Promesse de G. de Malemort, sénéchal du roi de France, aux consuls et prud'hommes de Sarlat, touchant la levée du commun de paix (17 juin 1245). — Indications de sources pour : insultes reçues, dans la cité de Périgueux, par Pons de Ville, sénéchal du roi de France, en Périgord (août 1246) ;— réponse de G., évêque de Cahors à G. de Malemort, sénéchal du roi de France, sur les demandes à lui adressées, de la part du Roi, touchant les injures qu'il faisait aux bourgeois de Cahors (8 septembre 1246) ; — sentence arbitrale rendue par Gérald de Malemort, sénéchal de Périgord, avec Pierre de St-Astier, évêque de Périgueux, entre Raymond de St-Astier, chevalier, d'une part et l'abbé et le chapitre de St-Astier; d'autre part (20 avril 1249); — nomination, comme arbitre, de G. de Malemort, sénéchal de Périgord, avec l'évêque de Périgueux, dans un différend entre le chapitre de St-Astier et Éblon de St-Astier, seigneur de Montancès (avril 1249) ; — présence, à Cahors, de Radulphus de Boniria, chevalier, sénéchal du roi de France (septembre 1252), — Pierre Sirvent, sénéchal de Périgord (1253 et 1263); Gérald de Malemort, sénéchal du Quercy (mars 1254); — Aimeric de Malemort, sénéchal de Limousin, Périgord et Quercy (1254);—Henri de Cousances, chevalier, sénéchal de Limoges, Périgueux et Cahors (1255 et 1268) ; — Ay. (Aymeric Daneys), sénéchal du roi de France, choisi pour arbitre avec l'évêque de Périgueux, pour régler un différend entre Archambaud III, comte de Périgord et l'abbé et le chapitre de St-Astier (1256, 1257 et 1261) ; — les sénéchaux de Périgord et de Quercy, Jean de la Lande (1262), P. Sirven (1263), Jean de Villette (1283), Guichard de Marziac (1295), Guido Caprarii (1297) et Géraud Flotte (1301) ; — Henri de Cousances, sénéchal de Périgord (1265) ; — présence à Aurillac de Radulphe de Trapes, sénéchal de Périgord, Quercy et Limousin (1266) ; — Radulphe de Trapes, sénéchal de Périgord et de Quercy (juillet 1266); — présence, au port de Carennac, de Radulphe de Trapes, sénéchal de Quercy, Limousin et Périgord (7 octobre 1266) ; — transaction passée, par l'entremise de Radulphe de Trapes, sénéchal de Quercy, Limousin et Périgord, entre le prieur ou doyen de Carennac et Garin de Castelnau, au sujet des droits de pêche sur la rivière de Dordogne (1266).

F. 99. (Liasse.)— 25 pièces, papier.

1272-1289. — Sénéchaux du Quercy. — Indications de sources pour : Réginald de Rovroy, chevalier, sénéchal de Quercy (1er septembre 1272) ;— Simon

Guiberti ou Gausberti, lieutenant du bailli du susdit sénéchal, en Quercy ; — transaction entre dame Alasie, prieure du couvent d'Espagnac, d'une part, et Bertrand de Cajarc, chevalier, et Pierre de Cajarc, fils de Bertrand, d'autre part, lesquels prennent pour arbitres Simon Guiberti, bailli en Quercy, pour Réginald de Rovroy, chevalier, sénéchal et Géraud Coinhte, sergent de la dite sénéchaussée (1272) ; — Réginald de Rovroy et Odo de Fayelle, sénéchaux, le premier en 1272, le second en 1277 ; — saisie du temporel de l'évêché de Cahors, ordonnée par Anselme de St-Yone, sénéchal de Périgord (septembre 1273) ; — Odo de Fayelle, chevalier, sénéchal de Périgord et de Quercy (juillet 1275 et 1277) ; — ordonnance de Simon de Meleduno, chevalier, sénéchal de Périgord, de Limousin et de Quercy et de Henri de Gadonvila, chevalier, bailli d'Auvergne, sur l'amende de 1200 livres à laquelle les habitants de Cahors avaient été condamnés pour meurtre de Jacques de Donadieu, consul de la dite ville, de sa femme et de ses enfants (décembre 1277); — présence à la Souterraine de Simon de Meleduno, chevalier, sénéchal de Périgord, Limousin et Quercy (19 décembre 1277); — sentence arbitrale rendue par l'archevêque de Bourges et Simon de Meleduno, sénéchal de Périgord et de Quercy, sur un différend entre le chapitre et les consuls de Cahors (1279) ; — présence à Cahors de Simon de Meleduno, chevalier, sénéchal de Périgord et de Quercy (21 mars 1280) ; — lettres de Simon de Meleduno, chevalier, sénéchal de Périgord et de Quercy, exécutoires de lettres du roi Philippe-le-Hardi (1280) ; — mandement de Jean de Greilly, sénéchal d'Aquitaine, pour le roi d'Angleterre, adressé, à la réquisition de Jean de Villette, chevalier, sénéchal de Périgord et de Quercy, pour le roi de France, à Gaston de Gontaut, à l'effet de faire faire justice de ceux qui avaient volé et assassiné un bourgeois de Rochechouart, dans les limites de la terre de Badefol (août 1282) ; — présence à Périgueux de Jean de Villete, chevalier, sénéchal de Périgord et de Quercy (septembre 1282) ; — N. de Maynate, clerc et juge de Jean de Villete, chevalier, sénéchal de Périgord et de Quercy, choisi comme arbitre dans une contestation entre l'archiprêtre de Thégra, d'une part, et Guillaume de Valon, Arnaud d'Estève, son frère, chevalier et Rigal de Cavanhac, chevalier, à raison de certains droits et actions sur la seigneurie de Thégra (28 novembre 1282). — Mention de Jean de Villete, sénéchal de Périgord et de Quercy, en 1283. — Convocation adressée aux consuls de Sarlat par Jean de Montigny, sénéchal de Périgord et de Quercy, pour un duel entre Raymond de Gramat, chevalier et Hélie de

la Barde (23 mai 1284). — Indications de sources pour : confirmation d'un traité par Jean de Montigny, sénéchal de Périgord et de Quercy (16 juin 1284) ; — Jean de Montigny, chevalier, sénéchal de Périgord et de Quercy (1284) ; — lettres et présence à Périgueux de Jean de Montigny, sénéchal de Périgord et de Quercy (juin 1284) ; — intervention de Pierre de Barbery, chevalier, sénéchal de Périgord et de Quercy, dans une contestation entre Hugues de Castelnau, baron de Gramat et le prieur de Carennac (1285). — Sentence rendue par Mathieu, abbé de St-Denis en France et Simon, seigneur de Nigelle, dans une contestation entre Hélie et Raymond de St-Astier et le roi d'Angleterre, du temps où Réginald de Rovroy était sénéchal de Périgord (1285). — Indications de sources pour : présence à Périgueux de Radulphe de Bruleio, chevalier, sénéchal de Périgord et de Quercy (avril 1288) ; — lettres d'amortissement du repaire de Lissac délivrées par Radulphe de Bruleio, sénéchal de Périgord et de Quercy (1289).

F. 100. (Liasse.)— 27 pièces, papier.

1291-1326. — Sénéchaux du Quercy. — Indication de source pour présence à Périgueux de Jean d'Arrablay, chevalier, sénéchal de Périgord et de Quercy (octobre 1291). — Acte par lequel Raoul Vigerii, viguier de Sarlat, déclare que la proclamation qu'il a faite au sujet d'un certain lépreux de la léproserie de Sarlat, a été faite par le commandement de Jean d'Arrablay, chevalier, sénéchal de Périgord (24 octobre 1291). — Ordre d'informer au sujet des troubles populaires à Sarlat donné par Jean d'Arrablay, sénéchal de Périgord (25 novemble 1291). — Indications de sources pour : Jean d'Arrablay, sénéchal de Périgord et du Quercy (1293); — ajournement, au parlement de Paris, d'Édouard, roi d'Angleterre, signifié au nom du roi de France, par Jean d'Arrablay, ledit ajournement motivé pour entreprises coupables de la garnison de Bayonne et autres sujets du roi d'Angleterre (décembre 1293); — présence à Montdome, de Jean d'Arrablay, sénéchal de Périgord et de Quercy (avril 1293); — Jean d'Arrablay, chevalier, sénéchal de Périgord et de Quercy (1293-1294) ; — Guichard de Marziaco, chevalier, sénéchal de Périgord et de Quercy (juillet 1294). — Ordre de convocation d'hommes en armes, adressé au bailli de Sarlat par Guich. de Marziaco, sénéchal de Périgord et de Quercy (10 juillet 1294); — acte de présentation de lettres patentes de Philippe-le-Bel à Jean d'Arrablay, sénéchal de Carcassonne et de Béziers, par le prieur des Carmes de Carcassonne (1294). — Indication de sources pour Guichard ou Guitard de Marziaco, chevalier, sénéchal de Périgord et de Quercy (28 février 1295 et janvier 1298). — Défenses au peuple de Cahors de tenir des assemblées, tramer des conspirations contre le Roi, la ville et les consuls, à peine de la vie, faites par le juge de Guichard de Marchiaco (de Marziaco), chevalier, sénéchal de Périgord et de Quercy et par le châtelain de Bergerac (février 1895). — Indications de sources pour : Jean des Barres, dit Peau de chat, sénéchal de Périgord et de Quercy, dans le duché d'Aquitaine (1295); — P. de Balcux, sénéchal de Saintonge (1295); — Aubert de Nangierville, sénéchal de Rouergue (1295); — Guillaume de Combrosio, sénéchal de Rouergue (1298); — Jean de Varennes, sénéchal de Périgord et de Quercy (1326); — Guichard de Marziaco, chevalier, sénéchal de Périgord et de Quercy (1297); — Guy de Caprarii, chevalier, sénéchal de Périgord et de Quercy (1297 et 1299); — Gérald Flotte, chevalier, sénéchal de Férigord et de Quercy (1300) ; — lettres adressées au bailli de Périgueux par Gérald Flotte, chevalier, sénéchal de Périgord et de Quercy (1301) — Jean d'Arrablay, chevalier, sénéchal de Quercy (juillet 1303); — présence dudit Jean d'Arrablay, à Montdome (mars 1304). — Défense de port d'armes imposée par Jean d'Arrablay, sénéchal de Périgord et de Quercy (7 mars 1304). — Mentions de Jean d'Arrablay, sénéchal de Périgord et de Quercy (1304, 1307 et 1309). — Indications de sources pour : présence à Négrepelisse de Jean d'Arrablay, le jeune, fils du précédent, chevalier, sénéchal de Périgord et de Quercy (18 août 1316); — Ebles de Campania, chevalier, lieutenant de Jean d'Arrablay, chevalier, sénéchal de Périgord et de Quercy (1310) ; — Jean Bertrandi, sénéchal de Périgord et de Quercy (1313 et 1314); — lettres données à Cahors par Jean Bertrandi, chevalier, sénéchal de Périgord et de Quercy (juillet 1314). — Mention de Foulcaud d'Archiac, chevalier, sénéchal de Périgord (1315).

F. 101. (Liasse.) — 27 pièces, papier.

1316-1342. — Sénéchaux du Quercy. — Indications de sources pour : Adémar d'Archiac, sénéchal de Quercy (entre 1316 et 1322); — présence à Périgueux de Pierre ou mieux Jean d'Arrablay, le jeune, chevalier, sénéchal de Périgord et de Quercy (22 février 1318) — Raymond Ricardi, lieutenant dudit d'Arrablay ; — présence à Montauban de Jean d'Arrablay, chevalier, sénéchal de Périgord et de Quercy (6 mai 1318); — G. de Sabanac, docteur en lois, lieutenant de Jean

Bertrandi, chevalier, sénéchal de Périgord et de Quercy (7 mars 1319); — lépreux pris par ordre de Foucauld d'Archiac, sénéchal de Cahors et brûlés vifs à Cahors (1321). — Note sur Guillaume de Mornay, chevalier, sénéchal de Périgord et de Quercy (2 juin 1322). — Indications de sources pour : sauvegarde royale déclarée en faveur d'Amanieu d'Albret par Philippe de Gréalone, docteur en lois, juge-mage et lieutenant de Guillaume de Mornay, chevalier, sénéchal de Périgord et de Quercy (17 septembre 1322); — Guillaume de Mornay, chevalier, seigneur de Ranches et de Villiers-Haguenau, sénéchal de Périgord et de Quercy (1322) ; — Aimeric de Croso, chevalier, sénéchal de Périgord et de Quercy (11 octobre 1323) ; — demande de 10 soldats, pour quelques affaires du côté de Lauzerte, adressée par Aimeric de Croso, sénéchal de Périgord et de Quercy (octobre 1323) ; — Aimeric de Croso, chevalier, sénéchal de Périgord et de Quercy (13 novembre 1323) ; — présence à Montdome, d'Aimeric de Croso, chevalier, sénéchal de Périgord et de Quercy (1323, janvier 1324 et 25 février 1324) ; — commission donnée par Jourdain de Lubert, chevalier, sénéchal de Périgord et de Quercy (25 mars 1325) ; — Bertrand de Rupenagata, chevalier, sénéchal de Saintonge, Périgord, Quercy, Limousin et de toute la terre conquise au duché de Guyenne (1325). — Mention de la mise à exécution des lettres de Charles-le-Bel, en faveur de l'abbaye de Vendôme, par ordre de Hélie de Vassal, valet du roi de France et de Navarre, et lieutenant de noble Bertrand de Rupenagata, chevalier, sénéchal de Saintonge, Périgord, Quercy, Limousin et de toute la terre conquise du duché de Guyenne (1325). — Note sur Alphonse d'Espagne, seigneur de Lunel, lieutenant du roi de France en Languedoc et son sénéchal de Périgord et de Quercy (1326). — Indications de sources pour : Jourdain de Lubert, chevalier, sénéchal de Périgord et de Quercy (1327, 1er juin 1328, 7 juin 1328) ; — Foucauld d'Archiac, sénéchal de Périgord, vers 1328 ; — mandement de Jourdain de Lubert, chevalier, sénéchal de Périgord et de Quercy (1er juin 1328) ; — Pierre de Marmande, chevalier banneret, sénéchal de Périgord (1338-1341) ; — Guillaume de la Barrière, sénéchal de Périgord et de Quercy (1338-1341) ; — Payen de Mailly (Maillé), sénéchal de Périgord, capitaine et gouverneur de la dite sénéchaussée (1338-1341) ; — Henri de Montigny, chevalier, châtelain de Penne, capitaine des pays de Périgord, Cahors, Agen, etc. (1342) ; — injonction de Jourdain de Luberto, chevalier, sénéchal de Périgord et de Quercy, aux baillis royaux de Beaumont et de Montpazier, pour requérir Seguin de Baleux, co-seigneur de Montferrand, de remettre Guillaume Lagros, aliàs Troïo, et Guillaume de Mortres, entre les mains de noble Guillaume de Biron, aussi co-seigneur de Montferrand, afin de faire leur procès, à cause des délits par eux commis dans la terre dudit Guillaume de Biron (7 septembre 1329) ; — Jourdain de Lubert (8 décembre 1330) ; — mandement du lieutenant du sénéchal de Poitou et Limousin, Jourdain de Lubert, portant défense à Nicolas et Jean du Moulin, frères, de citer hors de la sénéchaussée de Limousin Léonard, Pinchère et Guillaumette, sa femme, avec lesquels ils étaient en procès (8 février 1333) ; — pour présence à Périgueux de Jourdain de Lubert, chevalier, sénéchal de Périgord et de Quercy (2 février 1330) ; — quittance reçue par Jourdain de Lubert, chevalier, sénéchal de Périgord et de Quercy (7 septembre 1330) ; — Guy-Chevrier (Caprarii), sénéchal de Périgord (1330).

F. 102. (Liasse.) — 26 pièces, papier.

1331-1491. — Sénéchaux du Quercy. — Indications de sources pour : commission donnée à noble Philippe de Gualone (aliàs de Grialone), chevalier, juge-mage de la sénéchaussée de Périgord et de Quercy, par le sénéchal Jourdain de Lubert, chevalier (31 mars 1331) ; — Pierre de Marmande, sénéchal de Périgord (1333) ; — ordre donné par Pierre de Marmande, sénéchal de Périgord, aux maire et consuls de Périgueux, de faire réparer les chemins publics, dans l'étendue de leur juridiction (1334) ; — Pierre de Marmande, sénéchal de Périgord et de Quercy (1336). — Mention de Raymond Bertrandi, maître des œuvres du Roi, sénéchal de Périgord et de Quercy (9 octobre 1337, mars et avril 1338). — Mention de lettres données par Henri de Montigny, chevalier, sénéchal de Périgord et de Quercy (21 décembre 1343 et 15 août 1345). — Indication de source pour don fait par le roi de France à Jean Boucher, roi d'Yvetot, conseiller et chambellan (16 novembre 1491). — Indication de source pour Arnaud d'Espagne, 2ᵉ du nom, sénéchal de Périgord (1338). — Note sur Arnaud d'Espagne, 3ᵉ du nom, sénéchal de Quercy (1349-1357). — Indication de source pour Pierre de Marmande, sénéchal de Périgord, avec note de Lacabane (janvier 1338 ou 1339). — Note rectificative sur Péan de Maillé, sénéchal de Périgord et de Quercy, de 1339 au 14 juin 1341. — Indications de sources pour : Péan de Maillé, chevalier, sénéchal de Périgord et de Quercy (15 janvier 1341) ; — Arnaud de St-Astier, seigneur de Crognac et Péan de Maillé, sénéchal de Périgord et de Quercy (1340) ;

— Guillaume de Labarrière, sénéchal de Périgord et de Quercy (12 octobre 1341, 22 août 1342, 1343) ; — Guillaume de Montfaucon, chevalier, sénéchal et capitaine pour le Roi en Périgord (27 mars 1348 ou 1349) ; — Olivier de Laya, chevalier, sénéchal de Périgord et de Quercy et Hugues de Cardaillac, chevalier, seigneur de Bioule, capitaine de Cahors (1349) ; — Geofroy de Rebayne, chevalier, sénéchal de Périgord et de Quercy (9 août 1349) ; — Jean de Cayoto, seigneur de Senarpont, sénéchal de Quercy (5 novembre 1350) ; — Pujol, sénéchal de Quercy, vers 1350 ; — don d'un droit royal dans les paroisses de Perdus et de Mensignac fait à Géraud de Fayolle, par Arnaud d'Espagne, seigneur de Montespan, capitaine et sénéchal de Périgord et de Quercy (27 août 1351) ; — Guy Sénéschal, sire de Mortemer, en Poitou, capitaine et sénéchal de Périgord et de Quercy (27 septembre 1351) ; — lettres de Guy Sénéschal, seigneur de Mortemer, chevalier, capitaine et sénéchal de Périgord et de Quercy pour contraindre les habitants de Périgueux à clore de pals leur ville (24 février 1352) ; — lettres d'Arnaud d'Espagne, chevalier, seigneur de Montespan, sénéchal, de Périgord et de Quercy (14 mars 1354) ; — Arnould Bertrandi, juge-mage et lieutenant de Gérald de Jaulin, chevalier, seigneur de Villeneuve, sénéchal de Périgord et de Quercy, en deçà de la Dordogne (mars 1359 ou 1360).

F. 103. (Liasse.) — 81 pièces, papier.

1369-1789. — Sénéchaux du Quercy. — Indications de sources pour : Gaucelin de Vayrols, chevalier, seigneur de Lalbenque, sénéchal de Quercy (novembre 1369) ; — autre Gaucelin, fils du précédent, aussi sénéchal de Quercy (mai 1371). — Mention de lettres de Manaut de Barbazan, chevalier, sénéchal de Quercy (30 janvier 1374). — Indication de source pour Patrice de Château Giron, sénéchal de Quercy (13 novembre 1378). — Note sur Louis de Cardaillac, comte de Bioule, marquis de Cardaillac, vicomte de Lautrec, lieutenant général des armées du Roi et au gouvernement de Languedoc (1661-1666). — Indication de source pour commission donnée à Guillaume Medici, seigneur du lieu de St-Martin de Baneriis, par Patrice, seigneur de Château Giron, chevalier, sénéchal de Quercy (13 novembre 1378). — Note sur Patrice de Château Giron, sénéchal de Quercy (1378-1380). — Indications de sources pour : lettres données à Cahors par Manaud, seigneur de Barbazan, chevalier, sénéchal de Quercy (2 décembre 1384) ; — Guichard Dulphe, seigneur d'Urfé, chevalier et sénéchal de Quercy (13 janvier 1391). — Notes sur Guichard d'Urfé, sénéchal de Quercy, de 1392 à 1408. — Indications de sources pour : Robert de Vendac, chevalier, sénéchal de Quercy (mars 1409) ; — Raymond de Salignac, sénéchal de Périgord (5 juillet 1410) ; — le même, sénéchal de Quercy (2 octobre 1413 ; — Robert de Vendac, chevalier, seigneur de Beauregard et chambellan du roi de France, sénéchal de Quercy (2 septembre 1410) ; — le même (24 janvier 1411) ; — présence à Montauban de Pierre Foulcaudi, damoiseau, régent de la sénéchaussée de Quercy pour le duc de Guyenne (20 février 1412) ; — Bertrand, seigneur de Terride, sénéchal de Quercy (septembre 1413) ; — Raymond de Salignac, sénéchal de Quercy (25 septembre 1413) ; — lettres de Charles VII confirmant Raymond de Salignac comme capitaine de Montcuq et sénéchal de Quercy (2 mai 1423). — Notice sur Raymond, seigneur de Salignac, chambellan du Roi, capitaine de Montcuq et sénéchal de Quercy (25 septembre 1413—20 juillet 1430). — Indications de sources pour : Raymond de Salignac, sénéchal de Quercy et capitaine de Montcuq (2 octobre 1413); — Amaury de Séverac, chevalier, restitué sénéchal de Quercy (14 décembre 1413); — Chatard de Rupe Dagoux, écuyer, ordonné sénéchal de Rouergue (3 juillet 1414); — Raoulet de Lorre, restitué sénéchal de Rouergue (17 octobre 1418) ; — Raymond-Roger de Comminges, vicomte de Couserans, seigneur de Terride, sénéchal de Quercy (3 novembre 1428). — Note sur Jean Roger de Comminges, chevalier, chambellan du Roi et son sénéchal de Quercy (décembre 1433). — Indications de sources pour : mariage de Jean de Montagu de Lomagne, baron de Montagu, seigneur de Négrepelisse, comte de Stafford, chambellan du Roi et son sénéchal de Quercy, avec l'héritière de la maison de Cusorn, en 1432 (indication fausse d'après M. Lacabane); — lettres données à Montauban par Jean Roger de Comminges, chevalier, chambellan du Roi et son sénéchal de Quercy (1er décembre 1433); — Jean de Carmaing, chevalier, seigneur de Négrepelisse, sénéchal de Quercy (4 janvier 1440); — le même (16 février 1443). — Note sur Pierre de Ramundo, chevalier, seigneur de Folmont, maître d'hôtel, chambellan et conseiller du Roi et son sénéchal de Quercy et d'Agenais (15 mars 1461). — Indications de sources pour : présence à Agen de Pierre de Ramundo, chevalier, seigneur de Folmont, maître d'hôtel, conseiller et chambellan du Roi, et son sénéchal d'Agenais et de Quercy (12 décembre 1461); — le même (9 juillet 1466); — présence à Cahors de Jean de Volvire, écuyer, seigneur de Ruffec et de Fresnay, conseiller et chambellan du duc de Guyenne et son sénéchal de Quercy (27 novem-

bre 1469); — rectification d'une erreur commise par Maleville, au sujet de ce sénéchal. — Indications de sources pour : Pierre de Ramond, chevalier, seigneur de Folmont, conseiller, chambellan et maître d'hôtel du Roi et son sénéchal de Quercy (27 janvier 1473); — mandement de Pierre de Raymond, chevalier, seigneur de Folmont, conseiller, chambellan et maître d'hôtel du Roi et son sénéchal de Quercy, adressé, de Cahors, à Jacques du Vivier, de payer 100 sous tournois à Étienne de la Croix, châtelain et geôlier de la ville de Cahors et à Pierre Garnier, exécuteur des hautes œuvres de la dite ville, pour avoir fouetté deux malfaiteurs et leur avoir fait courir la ville dans les lieux de Beauregard et de Vers (30 août 1475); — présence à Montauban de Raymond de Folmont, chevalier, maître d'hôtel, chambellan et conseiller du Roi et son sénéchal de Quercy (18 janvier 1477); — provision de la charge de sénéchal de Quercy, en faveur de Guion de Toucheboeuf, baron de Clermont, seigneur de Concorès, Verteillac, etc. (15 novembre 1587) ; — provision de gouverneur de la province de Quercy, en faveur du même (30 janvier 1588). — Nomenclature des membres de la famille de Lostanges de St-Alvère, sénéchaux de Quercy (1655 à 1789).

F. 104. (Liasse.) — 21 pièces, papier.

1211-1461. — Sénéchaux des comtes de Toulouse, en Quercy. — Indications de sources pour : Hugues d'Alfar, chevalier espagnol, sénéchal d'Agenais (et sans doute de Quercy, en 1211-1212); — Pons de Grimaud, de Castelsarrasin, sénéchal du comte de Toulouse, en Quercy (1234 ; — règlement des dépenses à supporter par les consuls d'Agen, fait par Guillaume Arnald de Tantalon, sénéchal d'Agenais, de concert avec l'évêque et les consuls d'Agen (mai 1245) ; — Arnald de Tantalon, sénéchal de Quercy et d'Agenais (1245) ; — Sicard d'Alaman, sénéchal de Quercy (1249); — réception par Sicard d'Alaman, sénéchal général du comte de Toulouse, d'hommage fait par Gaillard d'Ademar (février 1251) ; — Hugues de Arcis ou d'Arsie, sénéchal de Toulouse, Quercy et Agenais (1251); — Simon Claret, chevalier, sénéchal de Quercy et d'Agenais (1252-1253) ; — Hugues de Arcis, sénéchal de Toulouse, Quercy et Agenais (1255) ; — Guillaume de Bagneux, sénéchal d'Agenais et de Quercy (1263) ; — Jordan de Luberton, chevalier, sénéchal de Périgord et de Quercy (1327) ; — Pierre Raymondi, sénéchal d'Agenais (1461) ; — Guillaume de Bagneux, sénéchal de Quercy (1256); — Guillaume de Balneolis, sénéchal d'Agenais et de Quercy (1260); — lettres de Jean de Villette, chevalier, sénéchal d'Agenais et de Quercy (1261) ; — Philippe de Villafavereuse, chevalier, sénéchal d'Agenais et de Quercy (avril 1264 et novembre 1265); — confirmation par Alfonse, comte de Toulouse, de sentence rendue entre Bernard de Durfort, damoiseau, et Philippe de Villafavereuse, son sénéchal en Agenais, sur la construction de la Bastide de Dunes (juillet 1269); — lettres du comte de Toulouse, prouvant que Philippe de Villafavereuse était encore sénéchal d'Agenais et de Quercy, en avril 1270 ; — Jean de Argenvillers, chevalier, sénéchal d'Agenais et de Quercy (1269). — Description des armoiries de Henri de Gaudonvilar (1269). — Indications de sources pour : Philippe de Villafavereuse et de Jean d'Argenvillers, comme sénéchaux de Quercy (1269-1271) ; — sentence arbitrale rendue par Jean de Mortarie, chevalier, sénéchal d'Agenais et de Quercy pour Alfonse, comte de Toulouse (16 décembre 1270); — Jean de *Morteriaco*, chevalier, sénéchal d'Agenais et de Quercy, pour le comte de Toulouse (1271); — partage entre le même de *Morteriaco* et l'abbé de Belleperche (1304).

F. 105. (Liasse.) — 27 pièces, papier.

1203-1367. — Sénéchaux des rois d'Angleterre, en Quercy. — Lettres de Jean, roi d'Angleterre, à ses vassaux de Gascogne et de Périgord, leur enjoignant d'être prêts à le servir en armes à la première sommation qui leur sera faite de sa part, par l'archevêque de Bordeaux, frère P. de Vernol et Martin Algais, sénéchal de Gascogne et de Périgord (1203). — Indications de sources pour : Martin Algais, sénéchal de Gascogne et de Périgord (1203) ; — Guillaume de Ferriol se portant, avec d'autres seigneurs, garant dans un traité fait entre Gaston de Gontaut et Hélie Rudel, seigneur de Bergerac (21 mai 1239) ; — Étienne de Ferriol, seigneur de Tonneins, sénéchal de Périgord, Limousin et Quercy, pour le roi d'Angleterre (5 juin 1276) ; — mariage d'Étienne Ferriol, damoiseau, seigneur en partie de Tonneins, avec Dauphine de Gontaut (5 mai 1327) ; — Bertrand de Cardaillac, chevalier, sénéchal de Limousin, Quercy et Périgord, pour le roi d'Angleterre (3 mai 1260) ; — commission donnée à Jean de La Lande, sénéchal de Limousin, Quercy et Périgord et à l'évêque de Bazas, Amanieu d'Albret, par le roi d'Angleterre, de décider Renaud de Pons et Marguerite, sa femme, rétablis en leur château de Ginsac, de faire hommage à la couronne d'Angleterre (1262) ; — contrat de mariage entre Aimeric, vicomte de Rochechouart et Garmasie, sœur de Renaud de Pons (16 septembre 1298) ; — Jean de La

Lande, sénéchal de Limousin, Quercy et Périgord (1262); — Guido Caprarii, chevalier, sénéchal de Périgord et de Quercy (1297). — Don fait à Jaques, abbé de Valete, par Jean de La Lande, chevalier, sénéchal du roi d'Angleterre, en Limousin, Périgord et Quercy (1262). — Mention de Jean de La Lande, comme sénéchal de Limousin, Quercy et Périgord (1262). — Indication de source pour Jean de La Lande, sénéchal de Limousin, Périgord et Quercy, pour le roi d'Angleterre (mai 1262). — Lettres du roi d'Angleterre Henri III, reconnaissant avoir reçu, dans la personne de Bertrand de Cardaillac, son sénéchal en Limousin, Périgord et Quercy, le serment de fidélité pour le château de Limoges et dépendances (14 juillet 1263); — vidimus de ces lettres par le roi Édouard III (19 juillet 1362). — Indications de sources pour : Imbert Guidonis, sénéchal de Limousin, pour le roi d'Angleterre (avant 1269); — Étienne Ferriol, nommé sénéchal de Périgord, par Édouard 1er, roi d'Angleterre (5 juin 1276) ; — nomination de Bertrand de Citon, chevalier, comme sénéchal de Limousin, Périgord et Quercy, par le roi d'Angleterre (13 novembre 1279) ; — lettres de Jean de Greilly, sénéchal du roi d'Angleterre dans le duché de Guyenne, à Gaston de Goulart, seigneur de Badefol, pour faire rendre justice du meurtre commis dans Badefol, sur la personne de Hélie de Tolose, bourgeois de Rocamadour (juin 1282) ; — la nomination d'Élie, seigneur de Caupène, comme sénéchal de Limousin, Périgord et Quercy, par le roi d'Angleterre (12 juin 1289) ; — accord procuré par Arnaud de Caupène, chevalier, sénéchal du roi d'Angleterre en Périgord, Quercy et Limousin, entre Gaston de Gontaut, seigneur de Badefol, d'une part, l'abbaye de St-Cybor d'Angoulême et le prévôt de Tremolat, d'autre part (novembre 1304). — Mention d'Arnaud de Caupène comme sénéchal du roi d'Angleterre, en Périgord (avant St-Martin d'hiver 1304). — Indications de sources pour : nomination d'Arnaud de Caupène, comme sénéchal de Périgord, par Édouard II, roi d'Angleterre (27 juin 1308) ; — Arnaud de Caupène, sénéchal de Périgord, Quercy et Limousin, nommé par le roi d'Angleterre, pour recevoir les châteaux de Bernard de Cominges, vicomte de Turenne, y planter les étendards du Roi, etc. (26 octobre 1309) ; — nomination d'Arnaud de Caupène, comme sénéchal d'Agenais par Édouard II, roi d'Angleterre (12 mars 1308) ; — le même, sénéchal de Périgord pour le roi d'Angleterre (1310) ; — Guillaume de Toulouse, valet, sénéchal de Périgord, Quercy et Limousin, pour le roi d'Angleterre (avril 1314-mai 1316) ; — Guillaume de Toulouse, sénéchal de Périgord et de Quercy pour le roi d'Angleterre (1328 ou 1329); — nomination d'Élie de Pomiers, chevalier, comme sénéchal de Périgord, Quercy et Limousin, par le roi d'Angleterre (4 août 1317); — lettres de don fait à Élie de Pomiers, seigneur d'Arbenac, sénéchal de Périgord, Limousin et Quercy, par Édouard III, roi d'Angleterre (novembre 1355). — Mention d'Élie de Pomiers, chevalier, seigneur d'Arbenac, sénéchal de Périgord, Limousin et Quercy (mars 1357). — Indication de source pour lettres de Thomas de Walkeffar, chevalier, sénéchal de Périgord et de Quercy, adressées à Pierre Flamenc, clerc du roi d'Angleterre et homme de loi, concernant Jean de Lespinatz, écuyer, fils de Pierre de Lespinatz de Gabillon (30 novembre 1367).

F. 106. (Liasse.) — 1 pièce, papier.

1241. — Hérétiques. — Extrait du catalogue d'un grand nombre de prévenus d'hérésie auxquels les inquisiteurs enjoignent des pénitences. — Ces extraits concernent des hérétiques de Gourdon, Montcuq, Sauveterre, Montauban, Moissac, Montpezat, etc.

F. 107. (Liasse.) — 20 pièces, papier.

1561-1598. — Religionnaires. — Catalogue de documents intéressant les guerres de religion et la Ligue (1561-1598). — Notes sur les attaques de Duras contre Lauzerte, Caylus, Gourdon, Rocamadour, Fons (1562). — Extrait du manuscrit de Jean Tremeilhes sur la guerre des « ygounaux » en Quercy (1562). — Extrait des pièces fugitives d'Aubois concernant des personnages ou des lieux du Quercy, pendant les guerres de Religion (1569-1574). — Nomenclature des noms des seigneurs calvinistes commandant du côté de Montauban (1574). — Lettres attestatoires d'Antoine Gilibert de Cardaillac, sénéchal de Quercy, au sujet des excès commis dans la province du Quercy par « ceulx qui tenoient le party de la nouvelle oppinion » (8 mars 1574). — Lettres attestatoires du même Sénéchal au sujet des troubles et massacres des ecclésiastiques du diocèse de Cahors « ès villes de Lauserte, St-Céré, fortz de Martisainet, La Peyrière, Paulhac, Gironde, La Penche, Myé, Montvalen, Pechbru, Teissieu, Leyme, Molières, Les Alix, La Cappelle-Lieuron, Sonac, Durban, Montpazié, la Vernède, Gimbrede, Montfalcon, St-Jean de Perges, La Valette et Saincte Lauzie, lorsque les dites villes et fortz ont esté prins par surprinse et trahison, oultre les villes de Montauban, Caussade, Negrepelisse, Vieule, Borniquel, St-Anthonin, Cardalhac et fortz et chasteaux de Montal-

zat, Senebières, la Toulzanie, Capdenac, Gréalou, La Tronquière, Sauliac, Yceps et aultres qu'ilz ont tenu pendant les derniers troubles et des puys et davantaige auroient esté les dits beneficiers, pillés, voullés de toutz leurs biens, tant ès dites villes que ès maisons de leurs benefices, etc. » (28 juin 1574). — Lettres attestatoires du même Antoine Gilibert de Cardaillac, sénéchal de Quercy, établissant « que lesdits huguenotz que ont occuppés et se sont emparés de plusieurs villes, chasteaulx et fortz audit dioceze (de Cahors) tant a haut que bas pays, oultre les grandz et insuportables contributions qu'ilz font sur les habitans des environs ès dits fortz, emprisonnant toute sorte de personnes pour en avoir les rançons, prennent et se font appourter bledz, vins, lard, motons, bœufs, constraignantz les consulz et juratz des lieux à ce faire, à peine du feu qu'ilz mettent en leurs maisons, granges et autres biens... » (12 juillet 1574). — Information faite par Pierre de Regourd, conseiller du Roi, juge en la sénéchaussée de Quercy, siège principal et présidial de Cahors, au sujet des excès et violences commis dans la sénéchaussée de Quercy et le diocèse de Cahors par « ceulx qui se disent de la prethendue nouvelle religion » (20 août 1574). — Note sur les localités du haut Quercy tombées au pouvoir des Protestants (août 1574). — Lettres attestatoires du sénéchal Antoine Gilibert de Cardaillac établissant l'impossibilité où se trouve l'évêque de Cahors, Jean de Balaguier, de repartir sur les beneficiers du diocèse la somme de 14,000 livres imposée sur les bénéfices, à cause « des empechemens que les hugonots donnent en toute cette province tant au hault païs que au bas, parcequ'ils tiennent de toutes parts, villes, borgades, chasteaux, forts et places qu'ils occupoient longtemps y a que autres qu'ils ont prins, comme le chasteau de Rossilhon, une petite lieue près la présente ville de Cahours, Peyreille, Cabrayrets, Belaye, Loberssac, la ville de Cajarc, Les Alix, Presques, Terro, Lauzerte, Cardaillac, Lauture, Capdenac, Senebières, les villes de Caussade et Montalzac et plusieurs autres avec les villes, forts et chasteaux et places qu'ils tiennent, environnans de toutes parts ladite ville de Cahours et faisans cources près des portes d'icelle et quasi tous les jours tuent les passans ou les font prisonniers et iceulx admenent en leurs fortz ou les rançonnent de manière qu'il n'est possible de sortir de ladite ville n'y y venir sans grand danger... » (1er mars 1575). — Lettre du roi Henri III à M. de Vezins, chevalier de l'ordre du Roi, lieutenant de la compagnie de M. le marquis de Villars, amiral de France, déclarant que lorsqu'il est arrivé dans son royaume, il a trouvé que le gouvernement d'Agenais était déjà entre les mains du sénéchal du pays et que par suite ce n'est pas lui qui l'a enlevé à M. de Vezins (16 octobre 1575). — Lettre du vicomte de Turenne à M. de Vezins, sénéchal de Quercy, au sujet de la livraison d'un canon qui se trouve à Lauzerte (18 novembre 1576). — Notes sur les places du Quercy possédées par les Protestants (21 décembre 1576). — Notes sur Sully et les guerres de religion entre Fons et Cardaillac. — Extraits de documents concernant les prises de Figeac et de Cahors (1576-1580).

F. 108. (Liasse.)— 15 pièces, papier.

1576-1685. — Religionnaires. — Notes sur divers synodes provinciaux : synode provincial tenu en la ville de Réalmont (1576) ; — synode de Toulouse, Quercy, Rouergue, etc., tenu à Mauvezin, le 28 novembre 1577 ; — synode provincial des colloques de Toulouse, Lauraguais, Albigeois, Quercy, Rouergue, Foix, Armagnac, Gascogne et Basse-Auvergne, tenu en la ville du Figeac, du 14 au 28 avril 1579 ; — synode provincial du Haut-Languedoc et de la Haute-Guyenne, tenu en la ville de Montauban, le 9 avril 1581 ; — synode provincial du Haut-Languedoc et de la Haute-Guyenne, tenu à Revel en 1582 ; — synode provincial du haut Languedoc et de la haute Guyenne, tenu à Cajarc, le 25 octobre 1652. — Indications de sources pour : l'exercice de la R. P. R. à Lislemade, près Montauban (1576-1684) ; — le temple de Cajarc (1576-1685) ; — le synode de Cajarc, en 1652 ; — l'exercice de la R. P. R. à Cardaillac (1582-1585) ; — les troubles et manifestations de St-Antonin, Bruniquel et Caussade (1623-1683). — Lettre du roi Henri III à M. de Clermont-Lodève, commandant en Quercy, reprochant à ce dernier d'avoir laissé prendre la ville de Figeac par les Protestants et l'invitant à prendre les mesures nécessaires pour que la sénéchaussée soit dorénavant protégée (22 janvier 1577). — Lettre du même roi à M. de Vezins, sénéchal de Quercy, lui ordonnant de se rendre à Bordeaux, aussitôt que M. de Clermont-Lodève, appelé à le remplacer à Cahors, sera arrivé dans cette dernière ville (22 janvier 1577). — Lettre de Catherine de Médicis à M. de Vezins, sénéchal de Quercy, lui prescrivant de réunir la compagnie de M. de Villars, dont il a la lieutenance (26 janvier 1577). — Lettre de Henri III a « messieurs de la noblesse de son pays de Quercy » au sujet de l'impossibilité où il s'est trouvé de donner présentement la charge de gouverneur du Quercy, à M. de Vezins (26 janvier 1577). — Analyse d'une lettre du roi Henri mandant à M. de

Vezins, sénéchal de Quercy, de se « départir du gouvernement de son pays de Quercy », d'assembler la compagnie de M. de Villars, dans laquelle il est lieutenant, et de la conduire à son capitaine (13 mars 1577). — Lettre du même au même, approuvant ce dernier d'avoir, suivant ses instructions, délaissé la charge de gouverneur du Quercy à M. Clermont-Lodève (12 avril 1577). — Lettre de Catherine de Médicis à M. de Vezins, capitaine de 50 hommes d'armes des ordonnances du Roi et sénéchal de Quercy, approuvant les mesures prises en Quercy contre les Huguenots et indiquant celles à prendre pour faire exécuter le capitaine La Berte, fait prisonnier (3 novembre 1578). — Extrait d'une lettre de Catherine de Médicis à M. de Vezins, sénéchal de Quercy, lui témoignant toute sa satisfaction « que vous aiez commencé l'exécution de la commission que vous ay baillée a repurger le païs de vostre seneschaulcée de ces briguans et volleurs qui commectent tant de meschancetés comme a faictz ce sieur de la Berthe dont chascun se rejoïst de la prinse qu'en avez faict faire et de l'exécution exemplaire que m'escripvez qui se fera bientost de luy et de ses complices » (28 octobre 1578). — Analyse d'une lettre du roi Henri III à M. de Vezins, mandant à ce dernier qu'il avait été choisi pour, en qualité de commissaire de sa part, faire observer l'édit de pacification en son pays de Quercy (30 octobre 1578). — Lettre du maréchal de Biron à M. de Vezins, sénéchal de Quercy, demandant des renseignements sur une entreprise qui aurait été faite sur la ville de Figeac « et laquelle a esté menée à tel point qu'il ne reste que la citadelle qui ne soit en la puissance des catholiques qui y sont rentrez par force » (28 septembre 1579). — Lettre du maréchal de Biron à M. de Vezins au sujet de la prise de Figeac (29 septembre 1579). — Autre lettre du même maréchal à M. de Vezins, invitant ce dernier à se rendre auprès de M. de St-Sulpice, afin de prendre ensemble les mesures nécessaires pour mettre fin aux désordres provoqués par la prise de Figeac (30 septembre 1579). — Lettre de Henri de Lorraine priant M. de Vezins d'aider M. de Suzanne à rentrer en possession de son château de Montbrun « que luy détient par force un nommé le sergent Rocques et aussy lui faire restituer les meubles, papiers, tiltres et enseignemens qui estoient dedans ledit chasteau, lorsque ledit Rocques s'en empara » (29 octobre 1579). — Lettre du vicomte de Turenne demandant à M. de Vezins de faire tous ses efforts pour faire cesser les attaques dont Figeac et autres localités sont l'objet (26 mars 1580). — Lettre du roi Henri avisant M. de Vezins qu'il lui donne la charge de la moitié de la compagnie des gens d'armes que commandait M. de Villars (29 septembre 1580).

F. 109. (Liasse.) — 8 pièces, papier.

1581-1588. — Religionnaires. — Lettres attestatoires de Jean de Vezins, sénéchal de Quercy, au sujet de l'impossibilité où se trouve Louis de Ginouillac, évêque, vicomte et seigneur de Tulle, abbé et seigneur de Rocamadour, de jouir des fruits, cens, rentes et revenus à lui appartenant dans le ressort et bailliage de Martel, comme de Rocamadour, Vayrac, Meyronne et Brancelhies « entr'autres l'année dernière 1580, n'ayant le dit seigneur rien jouy dudit Roquemadour, comme il est nothoire et que ung nommé la Rue, avec son frère Paoul, tenant le party de la relligion, l'auroient en ce empesché luy ayant prins et emporté lesdits fruitz, sans que ledit sieur en aye aulcunement jouy, ny s'en estre prevalu, comme de mesmes ledit sieur n'a jouy dudit Meyronne et qu'il est nothoire le dit Larue et son dit frère, ensemble le capitaine Masclat, luy avoir enlevé et emporté les dixmes, rentes et autres revenuz dudit Meyronne, comme luy en ont admené le bateau tenu par ledit sieur au port dudit Meyronne pour le passage de la rivière, encores que pis est luy ont abbatu son chasteau, maison et tour fort belle qu'il avoit audit lieu… » (1er mars 1581). — Extraits d'actes de baptêmes de divers appartenant à la religion protestante, dans le Haut-Quercy (1583-1588). — Lettres attestatoires de Jean de Morlhion, seigneur et baron de St-Vensen, Belcastel, etc., sénéchal de Quercy, constatant que la ville de Figeac occupée par « ceulx de la nouvelle prétendue religion reformée » n'a pas été imposée en 1582 et 1583. — Dénombrement des villes et places fortes que tiennent « ceux de la Religion dans le royaume de France, suivant le mémoire qui en a été baillé au Roi, au mois de mars 1586, avec le nom des capitaines qui font la guerre pour le roy de Navarre ». — Enquête faite par Louis Devès, lieutenant général civil et enquêteur en la sénéchaussée de Quercy, siège de Martel, sur les ravages des Protestants en 1586, 1587 et 1588.

F. 110. (Liasse.) — 11 pièces, papier.

1619-1689. — Religionnaires. — Liste des députés du Haut et du Bas-Quercy envoyés à l'assemblée ou colloque tenu à Mauvezin, du 7 août au 23 août 1619. — Extrait des actes du colloque mixte des églises du Haut-Quercy tenu à St-Céré, le 6 juin 1619. — Mention de pièces relatives au colloque mixte du Haut-Quercy tenu à St-Céré et à ses résultats (1619-1653). — Enquête dressée par M. de Pousargues, lieutenant principal au sénéchal et présidial de Cahors, sur les effets de la guerre de 1622, dans le Quercy (septembre 1623). — Indications de sources pour : temples de Caussade, Labastide, St-Amans, St-Antonin, Réalmont et autres lieux (1623 à 1664) ; — rapport de l'intendant de Montauban sur l'état des biens ayant appartenu aux consistoires supprimés et situés dans la généralité de Montauban. — Notes sur l'exercice de la religion réformée à Cajarc (1638-1685). — Notes sur le synode tenu à Caussade en novembre 1677. — Indications de sources pour délibérations par les habitants — de la religion réformée — des villes de Montauban, Millau, St-Affrique, etc. (1685). — État des conversions faites dans plusieurs paroisses du Haut-Quercy, du 3 au 8 septembre 1685. — Jugement rendu le 6 décembre 1689 par M. de la Berchère, intendant de la généralité de Montauban, au sujet des assemblées faites par divers nouveaux convertis de Caussade, en contravention de l'ordonnance rendue à ce sujet par ledit intendant, le 23 juin 1689.

F. 111. (Liasse.) — 4 pièces, papier.

1083-1391. — Sources de documents sur le Quercy. — Indications de sources pour : fondation du monastère du Vigan (1083) ; — le monastère de Carennac ; — Géraud, évêque de Cahors (1095) ; — la vie du pape Jean XXII ; — bulle du pape Alexandre III pour l'église St-Pierre de Carennac (1175) ; — les chartes de Moissac et de Figeac ; — Guillaume de Balaguier, abbé de Figeac (1181) ; — Pons de Grimaud de Castelsarrasin, sénéchal du comte de Toulouse, en Quercy, vers l'an 1234 ; — actes de serment de fidélité prêté par les villes, barons et chevaliers du comté de Toulouse, en Quercy, au comte Alfonse et à Jeanne, son épouse, en 1249 ; — Sicard d'Alaman, sénéchal de Quercy, en 1249 ; — Hugues de Arcis ou d'Arsie, sénéchal de Toulouse, Quercy et Agenois, en 1251 ; — l'union des sénéchaussées de Quercy et d'Agenais en 1261 ; — la prestation de serment à l'abbé de Moissac par Guichard Dulphe, sénéchal de Quercy (5 mars 1391) ; — vente par Frotar, vicomte de St-Antonin à Ratier de Caussade de tout ce qui appartenait au vicomte, en justice ou autrement, au château de Caussade (juillet 1198) ; — promesse de Guillaume, abbé de Figeac, de rendre au Roi le château de Petrucia, s'il est en son pouvoir de le faire, et en échange le Roi promet de conserver l'abbé dans tous ses droits (1226) ; — lettre des consuls et habitants de Peyrusse, au diocèse de Rodez, au sujet de la paix de 1243 entre le Roi, l'Église et le comte de Toulouse (1243) ; — le don par Isarn, vicomte de St-Antonin, à son neveu R. de Caussade de ce qui appartenait audit vicomte dans ladite ville de St-Antonin (1238).

F. 112. (Liasse.) — 13 pièces, papier.

1203-1451. — Sources de documents sur le Quercy. — Indications de sources pour : ratification, faite par le chapitre de Cahors du compromis entre l'évêque et les consuls de Cahors, en la personne du Roi (1203) ; — lettre de Raymond, évêque de Cahors portant que ceux nommés par le Roi pourront juger les différends existant entre le Roi et lui, pourvu que le Pape donne son assentiment (1289) ; — lettres par lesquelles l'évêque de Cahors se déclare satisfait de l'assiette, à lui faite par le Roi, de 450 livres de rente en conséquence du pariage de l'année 1306 ; — lettres du chapitre de Cahors au Roi, lui mandant, sur ce qu'il n'avait pas agréable le rappel au siège apostolique de pariage fait par l'évêque avec lui, sans leur en avoir communiquer, qu'ils avaient mandé à leur procureur en cour de Rome qu'il ne fît plus aucune poursuite (1307) ; — lettres du chapitre de Cahors donnant pouvoir à divers de se trouver à l'assemblée des prélats à Tours au sujet des affaires des Templiers (1308) ; — lettres de Philippe Auguste par lesquelles ce roi déclare que Bertrand de Gourdon lui a fait la foi et hommage-lige (1211) ; — déclaration du roi Louis VIII constatant la foi et hommage-lige de Bertrand de Gourdon (1227) ; — lettres de Gilbert de Thémines déclarant avoir fait foi et hommage-lige au Roi, de son château de Palaret et de ses forteresses de Bio et Albiars (1242) ; — lettres de Raymond, vicomte de Turenne, par lesquelles il s'engage, dans le cas où le Roi lui remettrait son château de Turenne, de faire jurer fidélité à tous ses chevalier, bourgeois et sujets pour le service du Roi (1253) ; — lettres de l'évêque et du chapitre de Cahors par lesquelles ils s'accordent avec Alfonse, comte de Poitiers, au sujet des différends qui existaient entre eux (1257) ; — lettres de Bernard de Gourdon qui reconnaît tenir du Roi ses terres et châteaux (1225) ; — lettres d'aveu de Fortanier de Gourdon, par lesquelles il reconnaît tenir à foi et hommage, du comte de Toulouse, ce qu'il possède à Biart, à Laure et autres lieux (1241) ; — hommage fait au Roi par Barthélemy, évêque de Cahors, pour le comté de la ville de Cahors et promesse du Roi de ne point mettre hors sa main ledit hommage, ni l'évêché de Cahors (1271) ; — vente faite par Fortanier de Gourdon, chevalier, Pons et

Galhard de Gourdon, frères, à Jacques Jean, bourgeois de Cahors, des lieux et châteaux dits Labastide de Fortanier, de Goddorio et de Soiris pour 5,000 livres (1300) ; — Raymond, seigneur de Salignac, chevalier, sénéchal de Quercy et capitaine de Montcuq (1413) ; — Gilbert, seigneur d'Aynac (6 mai 1359) ; — Albarel, seigneur de Saint-Clar, lieutenant général du sénéchal de Quercy ; — Gaucelin de Vayrols (1359) ; — Guillaume Vassal (1359) ; — Guillaume de Belfort du Solier, écuyer (6 mai 1359) ; — Jean de Biron, écuyer (6 mai 1359) ; — Guillaume Bourgeois, prieur de Catus (6 mai 1359) ; — Guillaume, vicomte de Bruniquel, chevalier (1303) ; — Dordé, vicomte de Calvignac (6 mai 1359) ; — Guillaume de Calvimont (1226) ; — Géraud de Cardaillac, seigneur d'Espédaillac, écuyer (6 mai 1359) ; — Gaubert de la Garde, écuyer (6 mai 1359) ; — Jean, seigneur de Salviac et de la Johannie (10 mars 1349) ; — Dordé de Lentillac, écuyer (6 mai 1359) ; — le seigneur de Mareval ; — Meynard ; — Bertrand, vicomte de Monclar (1359) ; — Faure de Montfavez, écuyer (6 mai 1359) ; — le seigneur de Pechpeyrou et de Beaucaire ; — Raymond Bernard de Penne, écuyer (6 mai 1359) ; — Guillaume de Roques, écuyer (6 mai 1359) ; — Guillaume, sire de Thémines, écuyer (6 mai 1359) ; — accord entre Raymond, comte de Toulouse et l'abbé de Saint-Théodard de Montauban, sur plusieurs différends existant entre eux, parmi lesquels les droits de justice et certains revenus à prendre sur la ville de Montauban et sur l'île annexée à Gaillac (1231) ; — compromis entre Alfonse, comte de Poitiers et Barthélemy, évêque de Cahors, par lequel ils se soumettent à des arbitres au sujet des différends qui existaient entre eux, pour raison du droit de fief au château de la Chaussée de Poitiers (1252) ; — lettres de l'abbé et des religieux de Belleperche, par lesquelles ils délaissent à Alfonse, comte de Poitiers, toutes les demandes qu'ils lui pouvaient faire, moyennant 100 livres tournois de rente, que le comte leur assigne sur la saline de Toulouse (1254) ; — lettres de l'abbé de Moissac, ordre de Cluni, au diocèse de Cahors, par lesquelles tant en son nom qu'en celui du monastère, il s'accorde avec Alfonse, comte de Poitiers et la comtesse Jeanne, sa femme, sur les différends qui existaient entre eux à raison des droits de justice, taille et autres audit Moissac et ses appartenances (1266) ; — procurations de plusieurs villes, églises, monastères et autres communautés qui donnent charge et pouvoir à leurs procureurs de se trouver à l'assignation à eux donnée par le Roi pour aviser aux affaires du Royaume en l'an 1303 ; — les baillis d'Agenais et de Quercy (1259) ; — compte de Jean d'Angervillers, chevalier, sénéchal d'Agenais et de Quercy (1268 et 1269) ; — plaintes de Raymond de Calviat, damoiseau, au sujet des injures et violences dont il a été victime de la part des hommes de Labastide de Molières (1269) ; — plaintes du prieur de Carennac au sujet des oppressions de Hugues de *Castronovo*, chevalier (1269) ; — pension annuelle de 150 livres de Cahors accordée par le comte Alfonse à Raymond et Renée de Calviat (1269) ; — Réginald de Lavergne (1269) ; — la guerre de l'abbé de Figeac contre noble Arnaud de Cardaillac, damoiseau (1269) ; — Imbert de Bouzargues, damoiseau, croisé (1269) ; — Capdenac, dans la sénéchaussée de Rouergue (1269) ; — Guy de Sevcrac, croisé (1269) ; — lettres pour les habitants de Capdenac (1269) ; — lettres constatant que Marguerite, mère d'Astorg d'Aurillac, s'était emparé du château de Tenore (1269) ; — Géraud de Cardaillac, seigneur de Monsalès (1269) ; — lettres du roi Henri III à Philippe le Hardi (25 octobre 1271) ; — le traité d'Amiens (23 mai 1279) ; — frère Raymond de Boissono, commandeur du temple de *Caturcio* (1272) ; — donation par Philippe le Bel en faveur de Bertrand de *Pratis*, fils de Pilo de *Estivo* d'Aragon, clerc du Pape (juin 1273) ; — hommage fait à Henri, comte de Rodez, par Étienne, prévôt de Montsalvi, de l'ordre de St-Augustin (1280) ; — lettres d'Édouard, roi d'Angleterre, où il est question de droits sur les vins et de la ville de Moissac (1286) ; — lettres du roi Henri le Hutin où il est parlé du Quercy (1316) ; — lettres données à Périgueux par Simon de *Melenduno*, chevalier, sénéchal de Périgord, de Limousin et de Quercy, pour le roi de France (1278) ; — confirmation, par Thomas Colr..., chevalier, sénéchal du duché d'Aquitaine, d'un accord entre Raymond Bernard de Durfort chevalier, d'une part et l'évêque, le chapitre et les habitants de Cahors, d'autre part (1347) ; — commission donnée à noble Guillaume Medeci, seigneur de St-Michel de Banières, par *Patricius*, seigneur de Castrogitone, chevalier, sénéchal de Quercy, pour le roi de France (novembre 1778) ; — Jean de Carmain, chevalier, seigneur de Négrepelisse, comme sénéchal de Quercy (août 1451). — Arrêt du parlement de Paris portant, contrairement à l'opinion de l'évêque de Cahors, que le roi de France a le droit de transférer au roi d'Angleterre le Quercy, en conservant la souveraineté sur ce pays (1290).

F. 113. (Liasse.) — 11 pièces, papier.

1301-1462. — Sources de documents sur le Quercy. — Indications de sources pour : échange entre le Roi et l'abbé et le couvent de Figeac ; ils baillent au Roi toute la justice haute et basse avec la supériorité qu'ils ont sur la ville de Figeac avec tous les émoluments appartenant à la dite justice et le Roi promet leur asseoir en terre la valeur de leur justice — (1301) ; — vente faite au Roi par Hélie Taillerand, comte de Périgord, du château de Haumont, de la bastide de Mirabel et de tout ce qu'il avait en l'honneur de Cos et ce qui en dépendait, et ce, pour la somme de 5029 livres 6 sous 6 deniers, lesquelles terres il avait eues du Roi par permutation, quelque temps auparavant (1301) ; — vente faite au Roi par Gérard Balcine, chevalier, de ses châteaux de Beaumont, de Mirabel et de Sept Fons (1306) ; — lettre du roi Louis le Hutin, par laquelle il baille à Louis, comte d'Évreux, son oncle, le château de Négrepelisse, diocèse de Cahors, contre une rente qu'avait le dit comte sur le Trésor de Paris (1315) ; — acte concernant Jean d'Arreblay (1339) ; — lettres royaux par lesquelles le Roi cède et transporte au comte de Périgord les villes et lieux de Ste-Livrade, avec le péage sur la rivière du Tarn, au diocèse de Cahors, de Verlhac, au même diocèse et d'Angneuville, au diocèse de Toulouse (1305) ; — lettres par lesquelles Charles, roi de France, baille à Tallerand, comte de Périgord, les lieux de Réalville et de Mirabel, en Quercy, avec leurs appartenances et dépendances, en toute justice, sauf et à lui réservée la souveraineté, ensemble certaines rentes en la ville de Montauban et ce, pour la somme de 3.000 livres tournois de rente (1371) ; — procuration du bâtard d'Orléans, comme comte de Périgord, à Bertrand de la Filholie (1492) ; — donation de Louis, fils et frère de roi de France, lieutenant général en Aquitaine, faite à Taillerand, frère du comte de Périgord, de 3.000 livres de rente sur la conquête qu'il pourrait faire ès sénéchaussée de Périgord et de Quercy ; — lettres faisant mention des motifs pour lesquels les lieux de St-Amans et de Ste-Perpafle dépendent des justice et châtellenie de Molières, en Quercy ; — procurations de quelques villes du diocèse de Cahors à quelques uns de leurs bourgeois pour se trouver à l'assignation donnée par le Roi pour un emprunt qu'il entendait faire pour marier sa fille Isabelle avec le roi d'Angleterre (1309) — parmi ces villes figurent celles de Cahors, Martel, Lalbenque, Lauzerte, Catus, Luzech, Bélaye, Castelfranc, Bretenoux, Figeac, Montcuq, Tauriac, Caylus, Camboulit, etc. ; — accord fait par les gens « des bonnes villes qui furent mandés pour le fait des monnaies, l'an 1314 » ; — hommages au Roi par des seigneurs et tenanciers en la sénéchaussée de Périgord et de Quercy (1316) ; — lettres du roi Philippe le Long aux baillis et sénéchaux du Royaume pour faire assigner les prélats, abbés et autres personnes, barons et nobles du Royaume de se trouver à Paris, à certain jour pour aviser sur le passage d'outre-mer et autres affaires concernant la paix du Royaume (8 mars 1316); — procurations diverses données pour se trouver à la réunion ci-dessus mentionnée — parmi ces procurations figurent celles de Raymond de Châteauneuf, seigneur de Milanès, Bérengier d'Arpajon, chevalier, Raymond, vicomte de Bruniquel, Guillaume de Cardaillac, Aymeri de *Gordonio*, chevalier, Pierre de Malamort, Bertrand de *Gordonio*; — Dieppe (1340); — Calais (1339); — Frolée (1360); — Aubert, seigneur de Chassenaige (1338); — Raymond de Gontain, écuyer, capitaine de la tour de St-Antonin (mai 1355); — Seguin de Gontaut, seigneur de Badefol (7 juin 1328); — Raymond Gauceline, écuyer, capitaine de la tour de St-Antonin (9 juillet 1355); — Raymond de Gourdon, écuyer (23 août 1342); — Pons de Gourdon, chevalier, sire de Peyrilles (12 août 1346); — Penne, en Albigeois (1353); — Pierre de Grèze, chevalier, capitaine de Florence (1353); — lettres de Jean, duc de Normandie et de Guyenne (19 septembre 1345); — Montcuq, place en Quercy (1352); — Arnaud de St-Genez, écuyer, capitaine de Montcuq (1356); — Ste-Colombe, place en Gascogne (1342); — sceau d'Hugues d'Arpajon, chevalier (1344); — Martin Gazel, premier médecin du Roi (1406); — Ernoul de Gaure, capitaine d'Audenarde (24 juin 1385); — rémission accordée à Manfred de St-Astier; — composition faite entre le Roi et l'évêque de Cahors; — grâce accordée aux consuls de Mirabel; — don à Aymeric de Roquefort; — grâce accordée à Jean Pipe; — confirmation de l'anoblissement de Jean Buffeti; — lettres de grâce pour Bernard de Capdenac et son frère; — confirmation de plusieurs petites clauses pour Gaillard et Bertrand de Durfort; — confirmation des lettres de grâce pour Gailhard et Bertrand de Durfort; — Anoblissement de Bertrand de Rabastens; — légitimation de Bertrand de Rabastens; — donation de 500 livres de rente perpétuelle à Robert Dangerent, écuyer; — permission de réparer la forteresse de la ville de Dieppe; — confirmation du don d'une rente annuelle de 200 livres fait à Guillaume Roulandi; — confirmation de certain accord entre Charles d'Espagne, d'une part, et Gaillard et Bertrand de Durfort, d'autre part; — anoblissement de Pierre *Mancipii*; — anoblissement de Guillaume Cornilhan; — confirmation de lettres de grâce pour Guimbert de Marsenac; — lettres de grâce pour Jean Medici; — accord entre Philippe de Navarre, cousin du Roi et sa femme d'une part et le seigneur de Garesnes, d'autre part; — don d'une rente annuelle et perpétuelle de 1000 livres à Guillaume de Beaufort, vicomte de Turenne; — les familles de Lille, Villemur, Armagnac, Carmain, Puycornet, Bruniquel, Labarthe (1352-1377); — Bernard et Pierre Touchebœuf (1354); — Jean de Charrolis, chevalier, Thibaut de Charrolis, son fils, écuyer, Agnès, femme dudit Jean, Jeannette, sœur dudit Thibaut et femme de feu Jean Rabutin (1354); — Charles Toussac, bourgeois de Paris et Marguerite, sa femme, fille de Simonet de Louvain (1354); — Dieudonné, évêque de St-Flour (1355); — le Quercy (1355).

F. 114. (Liasse.) — 29 pièces, papier.

1359. — Sources de documents sur le Quercy. — Indications de sources pour quittances de : 250 écus d'or délivrée par Guillaume, sire de Thémines, écuyer : — 150 écus d'or délivrée à Jacques Lempereur, trésorier des guerres, par Guillaume Jehan, écuyer ; — 100 écus d'or délivrée par Dordé, vicomte de Calvignac; — 100 écus d'or délivrée par Raymond Bernard de Durfort, sire de Boissières ; — 100 écus d'or délivrée par Pons, sire de Gourdon, écuyer ; — 100 écus d'or délivrée par Raymond Arnaut des Pras, sire de Montpezat ; — 100 écus délivrée par Giraut de Cardaillac, écuyer, sire d'Espédaillac; — 100 écus délivrée par Bertrand de Cardaillac, écuyer, sire de Varaire ; — 100 écus d'or délivrée par Gilebert, sire d'Aynac, écuyer; — 100 écus d'or délivrée par Ratier de Penne, écuyer ; — 100 écus d'or délivrée par Guillaume Bourgeois, prieur de Catus ; — 80 écus d'or délivrée, à Montpellier, par Guillaume de Roques, écuyer ; — 80 écus d'or délivrée par le même ; — 50 écus d'or délivrée par Faure de Montfavez, écuyer ; — 50 écus d'or délivrée par Pierre Oriol, écuyer ; — 40 écus d'or délivrée par Dordé de Lentillac, écuyer ; — 80 écus d'or délivrée par Pierre-Jean de Cazeton, écuyer ; — 30 écus d'or délivrée par Pierre de Verneuil, écuyer ; — 25 écus d'or délivrée par Raymond Bernard de Penne, écuyer ; — 25 écus d'or délivrée par Guillaume de Belfort du Soulier, écuyer ; — 25 écus d'or délivrée par Guillaume Vassal, écuyer ; — 25 écus d'or délivrée par Giraut Huc de Saint-Clar, écuyer ; — 25 écus d'or délivrée par Pierre Raymond Buffet, écuyer ; — 15 écus d'or délivrée par Gaubert de la Guarde, écuyer ; — 15 écus d'or délivrée par Jean de Biron, écuyer. — Table des seigneurs du Quercy ayant donné quittance pour participation aux libéralités royales en 1359. — Descriptions des sceaux de : Guillaume de Jean ; Dordé, vicomte de Calvignac; Raymond Arnaut des Pras, sire de Montpezat ; Giraut de Cardaillac, écuyer ; Bertrand de Cardaillac ; Gilebert d'Aynac ; Ratier de Penne ; Guillaume Bourgeois, prieur de Catus ; Guillaume de Roques ; Faure de Montfavez ; Dordé de Lentillac ; Pierre-Jean de Cazeton ; Pierre de Verneuil ; Raymond Bernard de Penne ; Guillaume de Vassal ; Bonnefos de Biron ; Gaubert de la Guarde.

F. 115. (Liasse.) — 12 pièces, papier.

1368-1748. — Sources de documents sur le Quercy. — Indications de sources pour : Jean Medici (1368) : — Ébrard de St-Sulpice ; — les fiefs du Quercy ; — Marcillac. — Commission donnée au sénéchal de Rodez de se transporter à Millau, à St-Affrique et dans l'évêché de Vabres à l'effet de poursuivre le paiement de la somme à laquelle a été cotisée cette partie du Rouergue pour subvenir aux frais du traité pour l'évacuation des places de Comiac, Lentour, Palaret, Corn et Montvalent (1379). — Ordre du roi Charles VI pour paiement de deniers à l'abbé de St-Guillem-le-Désert, chargé de lever des aides dans les sénéchaussées de Toulouse, Carcassonne et Beaucaire pour que le comte d'Armagnac fasse vider et délivrer les forteresses occupées par l'ennemi en Quercy, Rouergue, Auvergne, Gévaudan et Velay (8 novembre 1387) ; — vidimus de cet ordre par Albert de *Podio Calmo*, damoiseau, recteur de Montpellier. — Lettres adressées par le roi Charles VI aux conservateurs « des trêves ordonnées dans la sénéchaussée de Quercy, pour faire réparer les dommages causés par les courses de la garnison anglaise du château de Blansac dans le même pays, laquelle avoit arrêté prisonniers les consuls de Montauban qui alloient à Toulouse faire la révérence au maréchal de Sancerre » (décembre 1389). — Indications de sources sur : le Quercy (1409) ; — l'hommage d'Olivier Jehan pour les terres et seigneuries de St-Projet, La Bastide, Cabazac, etc. (1461) ; — le terrier de la baronnie de Castelnau de Bretenoux en 1508 ; — les cens et rentes que les emphytéotes de Cieurac doivent à l'archevêque d'Auch, en qualité d'abbé commandataire de N. D. de Souillac ; — la vente par les commissaires du Conseil à Adrien Maurice, duc de Noailles, maréchal de France, pour la somme de 45.000 livres, de la seigneurie des paroisses de St-Bonnet et Gignac et leurs dépendances (1748);— la vente au même maréchal pour la somme de 135.000 livres, de la seigneurie de la paroisse de Valeyrac ; — la vente au même, moyennant 8.500 livres, de la châtellenie de Martel et ses dépendances (1748) ; — l'état

de la recette ordinaire de la sénéchaussée de Quercy, pour l'année commençant le 1er juillet 1473 et finissant le 1er juillet 1474. — Fermes des droits royaux en Quercy, pour 1476-1477. — Indication de source pour le rôle de la recette ordinaire du pays de Quercy, en 1480-1481. — Extrait d'un édit du Roi contre l'abolition des sièges sénéchaux de Figeac, Gourdon, Lauzerte et Martel (29 avril 1487).

F. 116. (Liasse.) — 7 pièces, papier.

1553-1643. — Sources de documents sur le Quercy. — Aliénation du pays et comté de Quercy par le Roi, en faveur du comte du Rhin (1553). — Cession du comté de Quercy à Marguerite de Valois, sœur du Roi, reine de Navarre, le 18 mars 1578. — État des charges des domaines d'Agenais, Gascogne, Rouergue, Quercy (1578). — Mentions des soulèvements des mécontents en Limousin, Périgord, Agenais et Quercy (1592 et 1636). — Indication de source pour évaluation des revenus des vigueries de Figeac, Cahors, etc., au XVIe siècle. — Notes sur la peste en Quercy, en 1629. — Indication de source pour le soulèvement du peuple en Rouergue et en Quercy, en 1643.

F. 117. (Liasse.) — 15 pièces, papier.

Sans date. — Sources de documents sur le Quercy. — Indications de sources pour : cession de la garde de Figeac par le roi au comte de Toulouse ; — contestations entre le Roi et l'évêque de Cahors au sujet de la donation du comté de Cahors ; — les baillis du Quercy ; — l'abandon du Quercy au roi d'Angleterre ; — généalogie des vicomtes de Thouars ; — Aymeric, comte de Rochechouart ; — lettres de noblesse accordées à différentes personnes par Philippe le Hardi ; — cartulaire du monastère de Beaulieu ; — titres sur les de Naillac ; — Cahors ; — les monastères de Moissac, Figeac, Gourdon, Agen, etc.; — chartes et communes du Quercy. — Liste de manuscrits à consulter pour l'histoire du Quercy. — Indications Lacabane pour ouvrages à consulter dans l'intérêt d'une histoire du Quercy. — Notes pour : formation d'une bibliothèque quercynoise ; — discussions sur les comtes de Rouergue ; — dates des bulles ; — commencement de l'année ; — les comtes de Quercy, etc.

F. 118. (Liasse.) — 11 pièces, papier.

Sans date. — Sources de documents sur le Quercy. — Indications de noms de personnes mentionnées dans les lettres de Henri IV (Le Brun, receveur du Quercy, — demoiselle de Camboulit, — sieur de Camburat, — Chambaret ou Chamberet, lieutenant général en Limousin, — sieur de Chambres, — sieur de Giversac, — sieur de La Guiche, — de la Lauze, receveur des finances du Quercy, — sieur de Meausse, gouverneur de Figeac, — sieur de Montal, — vicomte de Panat, l'un des commissaires nommés pour apaiser les troubles de Rouergue et de Quercy, — Parisol — Jeanne de Poydeval, abbesse de Leyme, — Renyes de Roaldès, homme de lettres, recherché par le roi de Navarre, — Laroquebouillac, — Sauventan, sénéchal de Rouergue, — de Scorbiac). — Indications de noms de lieux du Quercy mentionnés dans les lettres de Henri IV (Cahors, Cazals, Comiac, Fiac, Figeac, Gourdon, Lauzerte, Linas, St-Sulpice, Laramière, Toulousane). — Indications de sources pour les familles de : Salviac, pape Jean XXII, St-Geniès, *Dulcini*, la Vie, de Jean, du Pouget, Montfavez, Geraldi, La Tour de Camboulit, des Prez de Montpezat, *Testoris*, Rufi, de Puist, *Guidonis*, *Villanius*, Duèze, Aigrefeuille, *de Molendino*, Carmain, *Farinarii*, *de Rupeceissa*, de Vassal, Le Maingre dit Boucicault, Sudre, Arnaud, patriarche d'Alexandrie, de Bousquet, Latgier, Sortenac, La Sale, capitaine d'une bande de Gascons, Béraldi, Cardaillac, Trian. — Indications de sources dans les 9 volumes de l'Inventaire du Trésor des chartes pour les lieux de Figeac, Cahors, Toulouse, Fons, Peyrusse, Montauban, Caussade, Moissac et pour les familles Bonafos, Barasc, Gasc et Thémines. — Liste des sceaux de villes et de prélats et seigneurs du Quercy. — Indications de sources pour des lieux et des familles du Quercy. — Pièce rimée en patois quercynois sur les principales familles du Quercy.

F. 119. (Liasse.) — 4 pièces, papier.

1140-1326. — Sources de documents sur le Quercy. — Indications de textes de coutumes pour les communes de Cahors, Figeac, Fons, Rocamadour, Cardaillac, Cajarc, Gramat, Gourdon, Caussade, Moissac, Montauban, Najac, St-Antonin, Millau, Bretenoux, Camboulit, Rudelle, St-Sernin du Causse, Lacapelle-Marival. — État général des hôtels-Dieu de France dans la province du Quercy. — État des maladreries des diocèses de Cahors et de Montauban et de la province du Quercy.

F. 120. (Liasse.) — 2 pièces, papier ; 2 cahiers in-quarto et in-folio, 37 feuillets, papier.

466-1000. — Précis d'une histoire du Quercy, de 466 à 814. — Autre précis de 511 à 622. — Abrégé chronologique de l'histoire du Quercy jusqu'à l'an 1000.

F. 121. (Cahier.) — In-folio, 7 feuillets, papier.

1183-1372. — Extraits du Recueil de Doat. — Sommaires de pièces concernant le Quercy : lettres d'Alfonse, par lesquelles il donne à Pierre de Combis, de Moissac, tous les droits qu'il avait sur les biens et possessions de Giraude de Lamegia, qui avait été brûlée dans Agen par sentence du comte Raymond, son prédécesseur (août 1270) ; — lettres d'Alfonse, comte de Poitiers, par lesquelles il confirme l'assignation faite par Philippe de *Villafaverosa*, chevalier, son sénéchal d'Agenais et de Quercy, des biens de Pons Vigourous, condamné pour crime d'hérésie, valant 15 livres de revenu, situés dans les appartenances de Ste-Livrade, pour la fondation d'une chapellenie pour le salut de son âme et celle de la comtesse Jeanne, son épouse (avril 1270) ; — coutumes, franchises et libertés accordées par Alfonse, comte de Poitiers, aux habitants *Castri Sacrati*, au diocèse de Cahors (mai 1270) ; — lettres du comte Alfonse par lesquelles il confirme à Pierre de Paon, de Moissac, chevalier, l'île appelée Comtal que le comte, son père, lui avait donnée en considération des services qu'il lui avait rendus (mai 1270) ; — confirmation faite de tous les biens que le précepteur des maisons du Temple de Jérusalem, de Toulouse, d'Agenais, de Quercy, d'Albi et de Rouergue avait acquises aux lieux y mentionnés (juin 1270) ; — confirmation par Alfonse de la vente faite par *Egidius Camelini* et *Thomas de Novilla*, ses clercs, à Bertrand de St-Geniès et à Gaillard et Gaubert, ses frères, des terres, possessions et droits qu'il avait en la paroisse de Ste-Eulalie, au diocèse de Cahors, avec toute justice (juin 1270) ; — échange fait entre Gausbert, abbé, et le couvent St-Pierre de Marcillac, d'une part, et Guillaume, abbé, et les religieux de Grand Selve, d'autre part, des terres que le dit Gausbert et ses religieux possédaient « *apud Sanctum Quiricium* » et d'une soterée que lesdits religieux de Grand Selve avaient « *infrà pontem Sancti Quiriaci* » (1183) ; — bulle du pape Urbain II par laquelle il loue Guy, comte de Toulouse, de ce qu'il avait empêché que les abbés de Moissac et de Lezat ne fussent injustement chassés de leurs monastères, lui déclare que

14

Asquitilius était le véritable abbé de Moissac et que Sa Sainteté en avait démis Béraud, comme usurpateur; — donation faite par Géraud, commandeur de l'Hôpital, à Ste-Marie de la Daurade, à Pons, abbé de Cluni, et à *Ansquitinus*, abbé de Moissac, de l'église de Ste-Marie de la Daurade, du consentement d'Amelius, évêque, d'Arnaud Raymond, prévôt et des chanoines de St-Étienne; — bulle du pape Grégoire IX par laquelle il prend sous sa protection l'abbé et les religieux de St-Pierre et de St-Paul de Moissac, ordonne que *la règle de St-Benoît y serait toujours observée et l'institution de Cluni*, leur confirme la jouissance de tous leurs biens et de tous les monastères en dépendant, savoir les abbayes de Lezat, de Campredon, *Sanctæ Mariæ Arulensis* et plusieurs autres monastères, prieurés et églises, les exempte des dîmes des terres qu'ils défricheraient et cultiveraient à leurs dépens et leur accorde divers privilèges (août 1240); — ordonnance des définiteurs du chapitre provincial de Cahors, de l'ordre des frères prêcheurs, par laquelle ils distraient la ville de Castelsarrasin des limites assignées au couvent de Montauban par celui de Toulouse, sauf qu'on la leur laisse pour trois ans à la considération de l'évêque de Toulouse (1255); — règlement fait par les prieurs de Toulouse et de Montauban, de l'ordre des frères prêcheurs, portant que les religieux du couvent de Montauban pourront aller prêcher dans la ville de St-Laurent, au diocèse de Toulouse (1265); — testament de Aymercendis Barrave, veuve de Raymond-Bernard de Durfort, chevalier (1343); — testament de Bertrande de Montant, femme de Bertrand de Durfort, damoiseau, co-seigneur de Clairmont-Soubira et seigneur des châteaux de Lachapelle et de Malause (octobre 1372); — restitution faite par Guillaume Bernard de St-Justin au prieuré de Ste-Marie de Madiran, de la moitié de la dîme de St-Justin de Terraube, après avoir été excommunié pour l'avoir usurpée; — donation par Alfonse, comte de Toulouse, aux frères mineurs de Montauban, d'un jardin qu'il avait acheté à l'abbé de Montauban (1251); — transaction entre Alfonse, comte de Toulouse, et Barthélemy, évêque, sur les différends qu'ils avaient au sujet des châteaux de Calviat, de Montalzat, de Lauzerte, de Belcaire et de Miramont, que ledit comte disait lui être confisqués pour crime d'hérésie, tandis que l'évêque soutenait qu'ils appartenaient à son église cathédrale (mai 1257); — lettres d'Alfonse, comte de Toulouse, par lesquelles il affranchit de servitude Raymond *Morerii* et Jean, Pierre et Arnaud, ses enfants et toute leur postérité (juin 1261); — restitution faite par Alfonse, comte de Poitiers, à Bertrand de Montagut, abbé de Moissac, des bois de St-Pierre, de Leyraguet et de Bossac, que le comte Raymond, son prédécesseur avait autrefois fait fermer pour la chasse, au préjudice dudit monastère (1266); — transaction passée entre Alfonse, comte de Poitiers et de Toulouse, et Bertrand de Montagut, abbé du monastère de Moissac (juillet 1266); — paréage fait entre Alfonse, comte de Poitiers, et Bertrand, abbé de Moissac, de toutes les justices et autres droits de la ville de Gardua ? au diocèse de Cahors, excepté les dîmes et prémices que ledit abbé se réserve (juillet 1266); — restitution faite par Alfonse, comte de Toulouse, au précepteur du temple de Jérusalem de Lachapelle de Cahors, avec tous ses revenus que les Templiers disaient leur avoir été donnés par Raymond, son prédécesseur (1266); — lettres d'Alfonse par lesquelles il accorde aux habitants de Moissac, une foire de huit jours, à la fête de St-Martin d'Hiver (décembre 1268); — confirmation, par Alfonse, comte de Poitiers et de Toulouse, de la vente faite par *Egidius* Camelin et Thomas de Novilla, ses clercs, à Hugues de Cardaillac, chevalier, des biens qui avaient appartenu à Bernard de *Castronovo* de St-Cirq de Popia, condamné pour crime d'hérésie (mars 1269); — donation faite par Alfonse, comte de Poitiers, à Bertrand de Gourdon, chevalier, des terres et biens ayant appartenu à Guiraud de Gourdon, son oncle, situés aux lieux de Sauveterre et Montlevard, pour laquelle ledit Bertrand lui fait hommage-lige (1269); — lettres d'Alfonse, comte de Toulouse, par lesquelles il quitte et donne à Raymond de *Podiocelsi*, le château de Puech-la-Roque qu'il lui avait baillé en échange pour celui de *Podiocelsi* (1270); — lettres des consuls de Cahors, Figeac, Montauban, Moissac, Fons et autres villes et lieux du pays de Quercy, par lesquelles ils déclarent au pape Clément V qu'ils ont constitué leurs procureurs, Hugues *Cambaloni*, Jean *de Fonte* et autres pour poursuivre au St-Siège l'appellation faite par le sénéchal de Périgord et de Quercy, par le procureur du Roi de ladite sénéchaussée et par eux, de la cour de l'évêque de Cahors et des commissaires que ledit évêque avait établis pour procéder contre les usuriers (mars 1310).

F. 122. (Cahier.) — In-folio, 28 feuillets, papier.

1373-1396. — Extraits du Recueil de Doat. — Contrat par lequel Marquès, seigneur de Thémines, confesse avoir reçu de Jean, comte d'Armagnac et de Rodez, 4,000 francs d'or pour raison de la vente du château de Gourdon (9 mai 1379). — Extrait des lettres de commission de Louis, fils et frère du roi de France, lieutenant en Languedoc et Guyenne, duc d'Anjou, à messire Bérart de Lebret, chevalier, de se transporter au pays d'entre deux mers, pour solliciter les barons, chevaliers, écuyers, consuls, capitaines et gardes des villes et châteaux et forteresses dudit pays de venir et demeurer en l'obéissance du Roi et y prendre leur serment (septembre 1377). — Extrait du contrat par lequel Marquès, seigneur de Thémines et de Cardaillac,confesse avoir reçu de Jean, comte d'Armagnac et de Rodez, 4,000 francs d'or pour raison de la vente du lieu et château de Gourdon (mai 1379).—Analyse d'un accord intervenu entre les États de Gévaudan et Jean, comte d'Armagnac, par lequel ce dernier s'oblige à chasser les Anglais des lieux de Carlat, Castel d'Anzo et Benevent, en Auvergne et Rouergue, moyennant 6,000 francs d'or (14 juillet 1379). — Mention des articles acceptés entre le comte d'Armagnac et Garsarnad de Caupène, capitaine de Carlat pour les Anglais, en vertu desquels ils s'engagent à exécuter de point en point les clauses des rôles faits entre eux, au sujet de l'évacuation, de la part dudit de Caupène, du lieu de Carlat et du château d'Acho (ou d'Anzo) et du payement, de la part dudit comte, du prix convenu pour ladite évacuation (29 août 1379). — Actes de la plaidoirie faite, en divers jours, devant le comte d'Armagnac et son conseil, entre Jean Ébrard, seigneur de St-Sulpice,et Bertrand de Bessanat, capitaine de Lagarnie, au sujet de la réparation demandée par ledit Ébrard, des dommages et préjudices que lui et ses amis avaient reçus des Anglais qui occupaient le lieu de Gréalou, par le secours que ledit Bessanat leur avait donné au préjudice de leurs trèves et conventions (juin 1387). — Conventions par lesquelles le comte d'Armagnac et de Rodez s'oblige envers les gens d'église, nobles et les communes d'Auvergne, du Velai, Gévaudan, Rouergue, Quercy et des sénéchaussées de Toulouse, Carcassonne et Beaucaire, de faire vider aux capitaines anglais et à leurs adhérents, les places et forteresses qu'ils tenaient et occupaient dans ledits pays, en lui payant la somme de 250,000 francs (6 juillet 1387). — Mentions : des lettres du comte d'Armagnac et de Rodez instituant des gouverneurs sur le fait de la guerre, dans le pays de Rouergue (septembre 1386); — des lettres de Jean, fils de roi de France, duc de Berry, par lesquelles il établit le comte d'Armagnac, capitaine général sur le fait de la guerre de Languedoc et de Guyenne (octobre 1385); — des lettres du Roi au comte d'Armagnac exhortant ce dernier à faire vider les forteresses occupées par les ennemis ; — des articles touchant les conventions et accord entre le comte d'Armagnac et Merigot Marches, capitaine de Charlus-Champagne et de Castelnau sous St-Viteri, au sujet de l'évacuation de ces deux forteresses (novembre 1387); — des articles du traité fait entre Jean de Blasy, chevalier, commissaire du Roi et le comte d'Armagnac, sur le délaissement des places et forteresses y mentionnées, suivant l'accord fait avec les capitaines anglais (28 juillet 1390). — Lettres de Charles VI autorisant Jean de Blasy, son chambellan, à lever la somme de 30,000 francs, pour laquelle les Anglais, qui occupaient les lieux et forteresses de Saillant, Massillac, le Bois Roqueboitat, Blanzac et Lesgranges, avaient promis de les livrer et les remettre entre les mains du roi de France (1390). — Articles sur l'accord fait entre le comte d'Armagnac et Jean de Blasy touchant le fait et l'accomplissement de l'évacuation des forteresses occupées par les capitaines du parti anglais (25 novembre 1390). — Lettres du don fait par Jean, comte d'Armagnac de la place, terre et seigneurie de Gourdon, à Ramonet de Sort, en considération de ses services (4 avril 1389). — Autres lettres de Jean, comte d'Armagnac, seigneur de Gourdon, par lesquelles il ratifie la donation par lui faite dudit lieu de Gourdon à Ramonet de Sort, capitaine anglais,à la charge de tenir les conditions dudit don, portant que lui ni aucun des siens ne feraient aucun préjudice au parti de France, et de tenir le pariage fait par ledit comte avec les habitants dudit Gourdon (20 avril 1389). — Lettre de Guillaume de *Agrifolio*, cardinal, à Jean, comte d'Armagnac, par laquelle il le prie de continuer son assistance au seigneur de Gramat, pour le recouvrement du château de Lubersac (note sur le cardinal Guillaume d'Aigrefeuille). — Lettre missive du duc d'Anjou et de Touraine au sire de Severac, par laquelle il lui donne avis des dommages irréparables que faisaient les ennemis du Roi, qui étaient à Figeac (4 mars 1373). — Mémoire pour une consultation sur le prétendu dédommagement, réclamé par le comte d'Armagnac, d'une somme de 12,000 francs baillée aux Anglais,pour leur faire vider le château de Montbrun, suivant accord fait entre lui et Jean de Blasy, commissaire du Roi.

F. 123. (Cahier.) — In-folio, 18 feuillets, papier.

1144-1491. — Extraits du Recueil de Doat. — Mention de l'accord fait entre le comte d'Armagnac et Ramonet de Sort, où il est dit que ledit Ramonet rendra audit comte une partie des places qu'il occupe, moyennant 19,000 francs d'or (sans date). — Accord entre le comte d'Armagnac d'une part et Arnaud

Guillem de Clarens, connétable, et Robert de Cazals et leurs compagnons d'autre, par lequel ils promettent audit comte de lui rendre les lieux et garnisons d'Orgueil et de Penne en Quercy, moyennant *Sieis milia franx et los drechs dels cinq milia franx* (sans date).— Extrait d'une lettre missive de Jean, duc de Berri et d'Auvergne, comte de Poitou, au comte d'Armagnac, disant que le comte Dauphin, son cousin, vient de lui écrire que lui, comte d'Armagnac, aurait exposé audit Dauphin et aux gens de Velay et de Gévaudan qu'il se chargerait de délivrer toutes les forteresses que les ennemis tiennent en Auvergne, en Quercy et en Rouergue (6 juillet 1387 ?) — Articles touchant l'état dans lequel le comte d'Armagnac laisse le Languedoc et les provinces voisines, en allant en France (1386).— Lettre missive du roi Charles à Michel de Lisle, écuyer, capitaine de la place de Malause, en Quercy, par laquelle il lui mande de la remettre en main du roi d'armes qu'il lui envoyait ; — réponse de Michel de Lisle (sans date). — Observations sur les prises successives de Gramat, de Fons et de Rocamadour par les Anglais en mai 1369. — Donation à l'abbaye de Conques du village de *Solarius*, en Quercy (sans date). — Démission faite par Astorg de Marcenac, en faveur d'Odolric, abbé et des religieux de Conques, de l'église de St-Mamet et de St-Jean avec autres appartenances (sans date). — Analyse de l'hommage et du serment de fidélité fait par Fortanier de Gourdon au comte de Toulouse (1244). — Le comte Raymond prend sous sa protection Géraud de Mausac, prieur de Lanzac (1248). — Mention de la charte des libertés accordées par le comte de Toulouse à la ville de Montauban (1144). — Mention des actes d'hommages consentis en faveur du comte de Toulouse par Bernard, Gaillard et Bertrand de Lagarde et Bertrand de Cardaillac (1229 et 1232). — Analyse de l'acte de donation de Sauveterre, par Géraud de Gourdon (1230). — Analyse de l'hommage fait au comte de Toulouse par Bernard de Durfort (1213). — Donation du château de Montpezat au comte de Toulouse, par Étienne de Montpezat (1224). — Reconnaissance faite par Guillaume de Gourdon de Salviac, de la seigneurie des châteaux de Gourdon et de Salviac (1241).

F. 124. (Cahier.) — In-folio, 8 feuillets, papier.

1389-1616. — Extraits du Recueil de Doat. — Mention des lettres de provision nommant François de Bethune, comte d'Orval, fils du grand Sully, en qualité de gouverneur des villes, châteaux et citadelles de Figeac, Capdenac et Cardaillac, en remplacement de M. de Chambaret, qui avait donné sa démission de cette charge (1616). — Analyse de la promesse de Jean de Blaysi, chevalier et chambellan du Roi, au comte d'Armagnac, de payer à sa décharge aux Anglais, qui devaient évacuer certaines forteresses, la somme de 27,000 francs que M. de Bourgogne et le sire d'Apchier devaient donner audit de Blaysi, du prix de l'engagement du comte de Charolais (7 mai 1390). — Extrait des conditions auxquelles Bernard, bâtard de Garleux (Bort de Garleux), l'un des capitaines des compagnies anglaises avec lesquelles le comte d'Armagnac avait traité de l'évacuation des places et forteresses, s'oblige à aller servir ledit comte en la guerre d'Italie (1390). — Lettres de Charles VI pour faire délivrer au sire d'Albret le château de Duras, pour le raser ou autrement en faire à son plaisir (1389). — Raisons pour lesquelles le comte d'Armagnac fit assembler les gens des trois États des pays d'Agenois, Quercy, Rouergue et Bigorre, pour avoir leur conseil sur la manière dont ils se devraient gouverner pour l'honneur et profit du Roi et desdits pays et conservation de leurs bonnes coutumes et privilèges. — Articles de l'accord fait entre le comte d'Armagnac et Ramonet de Sort où il est dit que le dit Ramonet délivrera audit comte des places et forteresses, moyennant la somme de 19,000 francs d'or.

F. 125. (Cahier.) — In-folio, 16 feuillets, papier.

1110-1667. — Extraits du Recueil de Doat.— Mention de lettres du roi Charles à (sans doute au comte d'Armagnac) au sujet des sommes à lever sur la ville d'Aurillac et lieux voisins, pour l'évacuation du fort de Carlat (vers 1373). — Extrait d'une lettre missive de Jean, duc de Berri et d'Auvergne, comte de Poitou, au comte d'Armagnac, par laquelle il lui mande que le Roi et lui avaient été informés des conquêtes du Bâtard de Monsac et autres capitaines tenant le parti du roi d'Angleterre, du côté de Toulouse et se plaint qu'il n'ait pas fait tous ses efforts pour s'opposer aux progrès des ennemis (1385). — Extrait d'une histoire latine du monastère de St-Florent de Saumur où il est question de l'abbé de Figeac, à l'époque de la mort du comte Thibaut. — Mention d'un acte par lequel Aldegarius, évêque d'Albi, Raymond, son frère, etc., donnent en alleu le château de Penne à Bernard Ato, vicomte (1110). — Extraits des hommages faits au comte de Montfort par : le vicomte de Turenne (1214), l'abbé de Moissac (1212), l'évêque de Cahors (1215), B. de Cardaillac (1215), Pierre de Ste-Colombe (1220), Bertrand de Gourdon (1218); —

extraits des prestations de serment de fidélité prêté au même comte par Déodat Barasc (1214), l'évêque de Cahors (1212). — Mention de l'acte par lequel Bernard d'Armagnac, frère du comte d'Armagnac, capitaine général établi par le duc de Berry, reconnaît avoir reçu du receveur des tailles de Rodez la somme de 7,310 francs 9 sols 5 deniers, pour le payement des gages de ceux qui servaient en la guerre de Rouergue (1386). — Articles de l'accord fait entre le comte d'Armagnac d'une part, Ramonet de Sort, capitaine pour le roi d'Angleterre, Bertrand de Baylens, son connétable, et Guitard de Basaudu d'autre part, sur la délivrance du lieu de Laroque-Natou (commune de Marmanhac en Auvergne (1388). — Conventions faites, le 15 janvier 1389, entre le comte d'Armagnac et Ramonet de Sort, capitaine pour le roi d'Angleterre. — Prescriptions ordonnées par le comte d'Armagnac, au sujet du duel qui doit avoir lieu le 2 janvier 1389, entre Jacques Breton, de la garnison de Carlat, de l'obéissance du roi d'Angleterre, et Louis de Cera, de l'obéissance du roi de France.

F. 126. (Cahier.) — In-folio, 16 feuillets, papier.

1194-XVIᵉ siècle. — Extraits du Recueil de Doat. — Extraits des procès-verbaux des séances des États du Quercy ou mentions de ces mêmes séances en 1486, 1512, 1550 et 1551. — Fragment des coutumes de Moissac octroyées vers le mois d'avril 1197 par Raymond VI. — Fragment de copie de la charte de Pepin, roi d'Aquitaine, en faveur du monastère de Conques. — Mention de diverses copies du manuscrit de Froissart. — Extraits du « *cartularium comitum Tolosæ* » touchant : la donation du château de Mondenard (diocèse de Cahors) en faveur de Raymond, comte de Toulouse, marquis de Provence (1247) ; — les coutumes et usages donnés ou approuvés par Raymond, comte de Toulouse, aux chevaliers et habitants du château de Mondenard (1246) ; — l'hommage de Bos d'Orgueil au comte de Toulouse, pour tout ce qu'il possédait dans le château d'Orgueil et ses appartenances (1245) ; — l'hommage et le serment de fidélité faits par Raymond Bernard de Durfort au comte de Toulouse, pour les lieux de Puycornet et ses appartenances, la moitié de la ville d'Espanel, pour tout ce qu'il possède depuis le *puy de grua* jusques à Molière et au fleuve du Tarn, pour l'église de *Montado* et toutes les autres églises et possessions qu'il a dans les limites des dits lieux (1239) ; — l'acte par lequel R. Géraud de Moissac, pour lui et ses frères, reconnaît devoir au comte de Toulouse cinq sous de Cahors de rente ou de cens (1244); — le compromis entre Raymond, comte de Toulouse et Guillaume de Bessens, abbé du monastère de St-Pierre de Moissac, par lequel, voulant mettre fin aux disputes qu'ils avaient ensemble et améliorer le sort de l'église de Moissac, ils élisent des arbitres pour juger leurs différends (1246); — le don fait par le roi de France au comte de Toulouse de la garde et du gouvernement de *Fisiaci*, au diocèse de Cahors (1194); — l'hommage de Gausbert de Boisse, au diocèse de Cahors, à Raymond, comte de Toulouse (1236) — l'hommage de Fortanier de Gourdon au comte de Toulouse pour sa ville de St-Cirq et autres du diocèse de Cahors (1241) ; — l'hommage de Gaubert de Dome au comte de Toulouse (1234) ; — l'hommage de *Orgolhosius de Orgolhio et Treuga* au comte de Toulouse, pour le château d'Orgueil, au diocèse de Cahors (1238); — l'acte de donation faite par les habitants de Moissac au comte de Toulouse (1245); — l'hommage et le serment de fidélité de Hugues Arnald au comte de Toulouse (1237); — l'acte de reconnaissance du vicomte de Turenne (1236); — l'acte de reconnaissance de Matfred de *Castronovo* (1238).

F. 127. (Cahier.) — In-4o, 54 feuillets, papier.

755-1668. — Extraits du Recueil de Doat. — Analyse des lettres de libertés et privilèges accordés aux consuls et aux habitants de Figeac par le roi Philippe le Long (1318). — Lettres du roi Philippe VI portant confirmation des privilèges des consuls et habitants de la ville de Figeac, conformément aux lettres du roi Pepin (1345). — Extrait de la procuration des habitants de Figeac par laquelle ils nomment des représentants pour traiter en leur nom, de la délivrance de la dite ville, occupée par les Anglais, et s'obligent à payer les sommes imposées pour l'exécution du traité (1372). — Copie du traité fait par l'entremise de Jean, comte d'Armagnac, entre Bertucat d'Albret et Bernard de la Sale, d'une part, et les habitants des pays des montagnes d'Auvergne, Quercy et Rouergue, d'autre part, pour la délivrance et l'évacuation de Figeac et autres places détenues par les Anglais, depuis la rivière d'Olt jusqu'à la Dordogne (sans date); — vidimus du traité précédent fait à Figeac le 6 février 1464. — Obligation des procureurs des habitants de Figeac en faveur de Bertucat d'Albret et de Bernard de la Sale, de la somme de 3,000 francs d'or payable à Montcuq ou à Bergerac (mai 1373). — Autre obligation des consuls des villes de St-Antonin, Verfeuil, Najac, Villefranche et Peyrusse en Rouergue, agissant tant au nom desdites villes, qu'au nom des autres communautés du pays de Rouergue, de la somme de 12,000 deniers d'or, appelés francs, payable à Montcuq ou à Bergerac, en faveur de Bertucat d'Albret et de Bernard de la Sale (1373.) — Serment prêté par les habitants de Figeac à Bernard de la Sale (24 juillet 1373). — Substance des articles envoyés à Avignon, pour la ville de Figeac, dans le procès pendant en cour de Rome, entre ladite ville et Bernard de la Sale et Bertucat d'Albret sur l'indue occupation par eux faite de ladite ville. — Analyse des lettres de Louis, duc d'Anjou, frère et lieutenant du roi de France, par lesquelles il confirme les libertés, franchises et privilèges des consuls et habitants de la ville de Figeac (1372). — Extrait des lettres par lesquelles Louis, frère du roi de France et son lieutenant en Languedoc, fait don et octroi aux habitants de la ville de Figeac des amendes infligées aux gens de la viguerie et du ressort de Figeac qui avaient eu des intelligences avec les ennemis (1373). — Extrait des lettres de Louis, frère du Roi et son lieutenant en Languedoc et Guyenne par lesquelles, ayant égard à ce que la ville de Figeac avait été en grande partie brûlée par les Anglais et que les habitants avaient contracté diverses dettes pour se racheter, il défend à leurs créanciers de rien exiger d'eux pendant un an et leur accorde divers privilèges (11 mars 1374). — Analyse de lettres de Jean, comte d'Armagnac, par lesquelles il donne quittance aux habitants d'Aurillac et du pays d'Auvergne, moyennant la somme de 1500 francs d'or de ce qu'ils étaient tenus de payer pour cause du traité fait avec les Anglais, pour la délivrance des lieux de Carlat et autres localités que tenaient et tiennent encore les Anglais (5 septembre 1379). — Analyse des lettres par lesquelles Jean, fils du roi de France, duc de Berri et d'Auvergne, lieutenant du Roi en Languedoc et Guyenne, fait grâce aux consuls et aux habitants de Figeac pour le commerce qu'ils avaient eu avec les Anglais (juillet 1384). — Mention des lettres des gens du conseil du Roi, ordonnées sur le fait du gouvernement des pays de Languedoc et de Guyenne, portant remission et pardon en faveur des habitants de Figeac, pour avoir fait plusieurs pactes et traités avec les Anglais et leur avoir fourni des vivres, marchandises, chevaux, chariots et argent (septembre 1391). -- Extrait d'une transaction entre Bernard, comte d'Armagnac, fils de Jean d'Armagnac, et les consuls et habitants de Figeac, au sujet d'une rente de 500 livres tournois que lesdits consuls et habitants avaient transportée et cédée audit Jean, comte d'Armagnac, qui leur avait prêté, lors du traité pour la délivrance de la ville de Figeac, la somme de 5,000 francs d'or (octobre 1393). — Extrait de l'acte de réception et de publication, faite en la ville de Figeac, des lettres des conseillers et commissaires sur le fait de la justice et de la réformation générale en Languedoc et Guyenne, par lesquelles ils déchargent les habitants de la sénéchaussée de Cahors de toutes sortes de crimes, même les plus énormes, pour la somme de 1,000 francs (1407). — Extrait de l'acte d'appellation faite par les consuls et habitants de la ville de Figeac, du jugement d'Arnaud de Carmaing, seigneur de Négrepelisse, commissaire, prétendant qu'il avait jugé contre leurs privilèges en supprimant la monnaie de ladite ville (1426). — Extrait d'un autre acte d'appellation faite par les consuls et habitants de Figeac contre Pierre Terrail, châtelain de Montauban, et l'exécution des lettres du duc de Guyenne, au sujet de l'imposition faite sur eux par le comte d'Armagnac, pour délivrer le pays des Anglais et pour le payement de laquelle ils étaient enlevés et emprisonnés à Capdenac (1471). — Mention des lettres de Raoul de *Boniria*, chevalier, sénéchal du roi de France à l'abbé d'Aurillac, administrateur du monastère de Figeac, par lesquelles il le prie et requiert de permettre aux Frères prêcheurs de bâtir dans la ville de Figeac (1252). — Mention d'un acte en vertu duquel, sur la plainte de manque d'eau présentée par les frères prêcheurs de Figeac, les consuls de cette ville les autorisent à prendre de l'eau à la fontaine qui existe au delà du Pont et à la conduire jusqu'à leur couvent, au moyen d'un aqueduc (1260). — Mention des lettres de Bérenguier, abbé de Figeac, autorisant les frères prêcheurs de Figeac à construire un pont sur le Célé, qui passe entre les murailles de la ville et leur couvent (1291). — Mention de l'assignation faite par Marquès de Cardaillac, seigneur de Montbrun, au couvent des frères prêcheurs de Figeac, de 6 livres cahorsines à prendre sur les habitants de Toirac (*Rupe Toiraco*) (1405). — Mention des lettres du vicaire général de de l'évêque de Cahors sur la consécration de l'église et des chapelles du couvent des frères prêcheurs de Figeac (1454). — Mention d'un échange de rentes consentie, en présence de Guibert, abbé de Figeac, entre Austorge de Ferrières, doyen du monastère de Figeac, et les carmes de cette ville (1383). — Mention des lettres de sauvegarde de Guichard, seigneur d'Ulphe, chevalier, sénéchal du Quercy, en faveur des carmes de Figeac contre Jean de Prudhomme, viguier royal de ladite ville (1399). — Copie de l'acte d'hommage rendu à Simon, comte de Leycester, seigneur de Montfort, vicomte de Carcassonne et de Beziers, par les seigneurs de Capdenac, pour le château et forteresse de Capdenac avec ses dépendances (octobre 1214). — Analyse des lettres du roi Charles VI, confirmant les lettres des rois Jean et Philippe le Long, portant confirmation des privilèges accordés aux habitants de la ville de Capdenac (octobre 1393). — Mention des lettres de Louis, frère du Roi et son lieutenant en Languedoc, duc d'Anjou, comte de Maine, par lesquelles, ayant égard à la constante fidélité des habitants de la ville Capdenac, qui avaient reconnu le Roi pour seul seigneur souverain, à cause du duché du Guyenne et souffert beaucoup pour se maintenir à force d'armes dans son obéissance, le dit duc permet aux dits habitants d'acquérir pendant vingt ans toute sorte de biens et les posséder noblement sans payer aucune finance (novembre 1369). — Analyse de lettre du même prince par lesquelles il met sous la protection et sauvegarde du Roi les habitants de Capdenac et les met hors du pouvoir du prince de Galles, duc de Guyenne, pour les oppressions et violences duquel ils s'étaient rendus appelants au Roi et à sa cour de Parlement. Le Duc exempte aussi lesdits habitants du droit commun de paix, que les seigneurs de Capdenac avaient coutume de percevoir et leur accorde en même temps les droits de passage et de barrage et de pouvoir prélever pendant cinq ans sur tout cavalier passant par ledit lieu de Capdenac, 2 deniers, sur tout animal 2 deniers encore et sur tout piéton 1 denier, pour employer le produit de ses droits à fortifier ladite ville (1369). — Mention des lettres du roi Charles VII portant provision de la charge de capitaine et garde du château et de la seigneurie de Capdenac en faveur du comte d'Eu (11 janvier 1446). — Extrait des lettres de Gérald, abbé du couvent de Marcillac, à Bernard, abbé, et aux frères et amis du couvent de Tulle, par lesquelles, au sujet des contestations qui existaient entre lesdits couvents, touchant l'église de Rocamadour, il déclare renoncer à sa prétention, en faveur du couvent de Tulle (1193). — Extrait d'une bulle du pape Alexandre (III) à Géraud, abbé de Tulle, portant confirmation des acquisitions par lui faites ou à faire à l'avenir des églises qu'il desservait avec la permission des évêques de Cahors et de Limoges. — Mention de la donation faite par Raymond et Aimeri de Lavaysse à Ste-Marie de Rocamadour et à B., abbé de Tulle, des prétentions qu'ils avaient contre l'abbé de Tulle au sujet de l'église de Rocamadour, moyennant 200 sols tournois donnés par ledit abbé aux donateurs (sans date). — Analyse des lettres par lesquelles P. de Gourdon déclare avoir donné à Dieu, à Ste-Marie de Rocamadour et au monastère de Tulle, la

seigneurie, propriété, hommage et tous les droits qu'il avait sur le château de Belcastel, à Loupiac, et à Meyraguet, moyennant 8,000 sols que l'abbé de Tulle lui donnait en compensation (1234). — Copie de l'acte de donation de 25 écus d'or de cens faite au monastère de Ste-Marie de Rocamadour par *Sancius*, roi de Navarre (1239). — Mention des lettres par lesquelle le roi Philippe ordonne au sénéchal de Rouergue de payer, en deux termes, 20 livres tournois de rente à l'église de Rocamadour (1276). — Mention d'une transaction intervenue entre P., abbé de Tulle, et Jacques, abbé d'Obazine (1279). — Extrait d'une quittance donnée à Raymond, abbé de Tulle, par Albert de *Gerundula*, scribe du Pape et nonce député par lui, pour lever les droits et cens qui étaient dus à l'église de Rome, en France, Bourgogne et Provence (1291). — Mention d'un acte par lequel Raymond, abbé de Tulle, donne la permission à Raymond de *Cornelio*, damoiseau, de faire « *unam pacceriam super aquam dictam de Dordonha inter loca dicta de Bello castro et Mayrona* » (1295). — Analyse de lettres du roi Philippe au sujet des fortifications de la ville de Rocamadour (1303). — Analyse de l'acte d'hommage rendu par Olivier de Belcastel, chevalier, à Archambaud, évêque de Tulle, pour tout ce qu'il possédait à Belcastel et à Vayrac (1357). — Extrait de l'acte d'hommage rendu par noble et puissant homme Guillaume de Thémines, seigneur de Thémines et de Gourdon, à Archambaud, évêque de Tulle, seigneur temporel de Vayrac, pour tout ce qu'il possédait à Belcastel (1360). — Autre hommage du même seigneur en 1365. — Mention des lettres du roi Charles ordonnant au trésorier et receveur de la sénéchaussée de Rouergue, de payer à l'église de Rocamadour 20 livres tournois et 2 marcs d'argent qu'Alfonse, comte de Poitiers, lui avait léguées (8 mars 1386). — Analyse d'un acte de donation faite par noble et puissant homme Pierre de Beaufort, comte de Beaufort et vicomte de Turenne, aux chanoines et couvent de Rocamadour, de 10 livres tournois de rente, pour le salut de son âme et de celle de noble et puissante dame Blanche de Gimel, son épouse (juin 1444). — Mention de l'acte d'hommage fait par les chanoines de Rocamadour à Antoine Alamandi, évêque et comte de Cahors, pour certaines rentes qu'ils avaient dans la paroisse de St-Sozi (1467). — Mention d'une donation faite par noble et puissant homme Jean Ricardi, chevalier, baron et co-seigneur de Gourdon, au couvent de Ste-Marie de Rocamadour, de 2 sols 6 deniers tournois et autres droits seigneuriaux qui lui étaient dus par plusieurs individus (9 mars 1506). — Analyse d'une transaction intervenue entre noble Pierre de Rignac et divers, au nom du duc de Bouillon et le syndic de l'église de Rocamadour, au sujet de la somme de 10 livres tournois que Pierre, comte de Beaufort et vicomte de Turenne, avait donnée à la dite église (30 octobre 1613). — Mention des lettres du roi Pepin sur la fondation par lui faite de l'abbaye de Figeac (755). — Copie de la bulle du pape Étienne II sur la consécration par lui faite de l'église du monastère de Figeac et sur le miracle qui précéda cette consécration (755). — Extrait de la bulle du pape Pascal Ier par laquelle il mande à Étienne, évêque de Cahors, d'aider Aymar, qu'il avait créé abbé du monastère de Figeac, à réparer et réformer ledit monastère, qui avait été détruit et brûlé par les Payens, afin d'y rétablir les moines et en chasser les prêtres qui s'en étaient saisis (822). —Copie d'une bulle du pape Urbain II par laquelle il ordonne aux évêques de Cahors, Rodez et Limoges de prêter la main au recouvrement des biens enlevés aux religieux de Figeac et d'excommunier les détenteurs de ces biens 1095). —Mention des lettres, en forme de bulle, du pape Urbain II, contenant le règlement donné sur le différend qui existait, pour raison de prééminence, entre les abbés de Figeac et de Conques (1097). —Copie d'un acte de la visite faite par Louis, abbé de Figeac, au prieuré de Fons et du serment d'obéissance prêté par le prieur et les religieux dudit prieuré (1493). — Analyse de l'acte par lequel les consuls et les habitants de Figeac, à la requête de Bernard, comte d'Armagnac, renouvellent devant notaire, l'accord qu'ils avaient fait avec ledit Bernard au sujet d'une rente annuelle de 500 livres tournois qu'ils s'étaient engagés à payer à Jean II, comte d'Armagnac (1404).

F. 128. (Cahier.) — In-quarto, 19 feuillets, papier.

838-1556. — Extraits du Recueil de Doat. — Copie des instructions du conte d'Armagnac et de Rodez au sénéchal du comté de Rodez, pour le recouvrement de ce qui lui était dû par les gens de Rouergue, pour le traité qu'il avait fait avec les Anglais (1379). — Mention d'une quittance de 1.000 francs d'or délivrée par Jean, comte d'Armagnac, aux consuls d'Aurillac (1380). — Extraits des prestations de serment fait aux abbés de Figeac par les viguiers de cette ville, Pierre de Sainte-Artémie, damoiseau (1317) Arnaud de Concorès 1314) et Aymeric de *Manso*, damoiseau (1344). — Copies des lettres patentes accordées par le prince d'Aquitaine et de Galles à l'abbé de Figeac (1365). — Copie d'une bulle du pape Jean XXIII nommant comme abbé de Figeac, Bégon, prieur de Sainte Croix, en remplacement de Jean de

Hotot, nommé par l'abbaye. — Autre bulle du même pape ordonnant aux religieux du monastère de Figeac de recevoir Bégon, prieur de Sainte-Croix, pour abbé et de lui obéir comme à leur pasteur. — Mentions de diverses bulles du même pape relatives à Bégon, abbé de Figeac. — Mention de l'acte de procuration faite par Bégon à Aymeric de Roquemaurel, prieur de Saint-Félix, pour prendre possession en son nom, de l'abbaye de Figeac (1413). — Copie d'un acte duquel il résulte que Bégon, abbé du monastère de Figeac étant mort, les religieux dudit monastère commirent Géraud Roget, doyen, et Antoine de Murat, infirmier, pour procéder à l'élection d'un abbé et que lesdits commettants élurent Astorg La Roque, prieur du prieuré de Fons, du consentement desdits religieux et dudit élu (10 août 1441). — Copie de la supplication faite par les religieux du monastère de Figeac au pape Eugène IV de vouloir bien confirmer l'élection qu'ils venaient de faire de la personne d'Astorg La Roque pour leur abbé (1441). — Mention de la bulle du pape Eugène IV adressée au prévôt du monastère de Montsalvi, par laquelle il lui ordonne de s'enquérir de la naissance et de la capacité d'Astorg La Roque et de la régularité de son élection (1441). — Analyse d'une sentence de l'official de Rodez, commissaire député par le pape Innocent VIII pour connaître et juger du différend entre l'abbé et le prieur claustral de Cluni, et l'abbé et les religieux de Figeac (1495) ; — confirmation de cette sentence par le pape Alexandre VI (1496). — Analyse d'une bulle du pape Clément VII portant confirmation de la bulle du pape Urbain II accordant des indulgences à ceux qui visiteront le monastère de Figeac (1383). — Mention de la bulle du pape Paul III qui, à la prière de François 1er, sécularise l'abbé et les religieux de Figeac (1536). — Mention des lettres du roi Henri II par lesquelles ce prince autorise la sécularisation du monastère de Figeac, suivant la bulle du pape Paul III (1556). — Copie de la charte de Pépin, roi d'Aquitaine, concernant l'abbaye de Conques (22 août 838).

F. 129. (Cahier.) —In-folio, 12 feuillets, papier. -

1191-1401. — Extrait du Recueil de Doat. — Extrait des conventions passées, en mars 1191, entre Philippe, roi de France, et Richard, roi d'Angleterre. — Analyse d'un accord intervenu entre les consuls de la haute et basse marche de Rouergue sur la contribution de 10,000 francs qu'ils devaient donner au duc d'Anjou, pour l'entretien de la guerre contre les ennemis du Roi (12 octobre 1374). — Copie d'un acte de l'assemblée des trois États du Rouergue, convoquée par Jean, comte d'Armagnac, pour la levée de 28,000 francs d'or, qu'ils devaient payer pour l'évacuation de quelques places occupées par les Anglais (1376). — Extrait de l'acte d'abandon, fait au roi de France par Raymond, comte de Toulouse, de la ville de St-Antonin et de la cité de Cahors (1229). — Extrait de l'acte d'hommage au Roi de France, de Guillaume de Calvimont, pour tout ce qu'il possède dans les diocèses de Cahors et d'Agen (octobre 1226). — Extraits des informations faites pour Jean, comte d'Armagnac et de Rodez, en vertu des lettres de commission de Jordain, seigneur de Tournemire, sénéchal du comté de Rodez, sur les dommages, ravages, meurtres et enlèvements commis par les Anglais, maîtres de Carlat et de Comiac, dans les terres dudit comté, pendant la trêve faite entre les rois de France et d'Angleterre (1375). — Mention d'un acte d'hommage rendu par Hugues Aymeric et Isarn, frères, à Roger de Béziers, leur seigneur (1401).

F. 130. (Cahier.) — In-folio, 12 feuillets, papier.

1248-1484. — Extraits du Recueil de Doat. — Copie d'un acte duquel il résulte que, y ayant eu division et inimitié entre le peuple de la ville de Cajarc, la majeure et plus saine portion des deux parties avait provoqué leur réunion et pour marque de leur réconciliation tous avaient mangé et bu ensemble dans le même vase, en l'hôtel de ville (1248). — Copie des lettres de G., évêque de Cahors par lesquelles il permet aux habitants de Cajarc d'établir une foire chaque année, à la fête de St-Luc, et donne franchise aux allants et venants à la dite foire (1249). — Sentence arbitrale d'Étienne Banhols, chanoine de Reims, clerc d'Alfonso, comte de Poitiers et de Toulouse, arbitre nommé par Dieudoné de Baras, chevalier, et les consuls et habitants de Cajarc, pour régler un différend qui existait entre eux, au sujet de la propriété de certains terroirs (1255). — Texte des coutumes accordées aux habitants de Cajarc par Barthélemy, évêque de Cahors (1256).

F. 131. (Cahier.) — In-folio, 20 feuillets, papier.

1218-1468. — Extraits du Recueil de Doat. — Analyse de la sentence arbitrale rendue par Barthélemy, évêque de Cahors, au sujet du différend qui existait entre Pierre de Cajarc, chevalier et ses deux frères, d'une part, et les consuls de Cajarc, d'autre part,

LOT — TOME IV. — SÉRIE F.

relativement à l'usage des bois et pacages des terres que les dits frères possédaient, près du chemin public qui conduit de St-Cirq à Figeac (1258). — Extrait des lettres de Barthélemy, évêque de Cahors, ordonnant aux ecclésiastiques du diocèse d'exhorter le peuple à faire des charités, pour la réparation de la maison des Lépreux de la ville de Cajarc (1267). — Mention d'une sentence du juge de l'évêque de Cahors, par laquelle il déclare qu'un débiteur de Cajarc qui a payé la dette à son créancier, dans les deux jours après la demande, n'est obligé de payer aucun droit de clam ou de clameur au seigneur, suivant l'article de la coutume de ladite ville (1288). — Mention des lettres de Raymond, évêque de Cahors aux consuls de la ville de Cajarc, par lesquelles il leur ordonne de réparer le pont de pierre de la dite ville, avec du bois ou des pierres, comme ils le jugeront nécessaire ou comme ils l'ont fait pour les autres ponts de la dite ville (1290). — Extrait de l'acte de l'appellation faite par les consuls de la ville de Cajarc au Pape ou à l'archevêque de Bourges, sur l'infraction de leurs privilèges et les violences à eux faites par l'évêque de Cahors et ses officiers (1294). — Extrait de la donation faite par Aymeric Ébrard, évêque de Coïmbre, de tous ses biens, en faveur de Galhard Ébrard, fils de Guillaume Ébrard, chevalier, neveu dudit évêque (1295). — Mention d'un acte par lequel Bertrand de Balaguier, seigneur en partie de la ville de Cajarc et de celle de Capdenac, approuve et confirme l'ordonnance que les consuls de Cajarc avaient faite, de l'avis des principaux habitants et du bailli, et par laquelle lesdits habitants étaient notamment obligés de donner leur blé à moudre au poids (1300). — Extrait de l'acte de l'appellation faite par les consuls et habitants de la ville de Cajarc au Roi, de l'ordonnance de Jordain de Nisua, de Guillaume, vicomte de Bruniquel et de Géraud Ballene, chevaliers et commissaires députés avec Jean, comte de Forez et *Folcandus de Riginaco*, pour la subvention de l'armée de Flandres és sénéchaussées de Toulouse, Beaucaire, Carcassonne, Rouergue, Périgord et Quercy, par laquelle ils avaient enjoint auxdits consuls et habitants d'envoyer, par chaque centaine de feux, 6 soldats armés et bien munis, deux avec des arbalètes et les quatre autres avec des lances, en l'armée de Flandres et la ville d'Arras, pour y servir quatre mois à leurs dépens, ou bien de payer au trésor du Roi 20 livres tournois, pour chacun desdits soldats (avril 1304). — Copie de l'acte par lequel Armand de Montaigu, vice-gérant en la temporalité et comté de Raymond, évêque de Cahors et son procureur spécial pour tenir et régir le *camp du duel*, entre Guillaume de Laroque et Gaillard Borcelli, somme et requiert les consuls de Cajarc de lui prêter main forte pour tenir et régir ledit camp (1310). — Mention d'une transaction entre Arnaud *Barassi*, chevalier, seigneur de Béduer et Isarn de Cadrieu, damoiseau, d'une part, et les consuls de Cajarc d'autre part, au sujet du droit de pêche des habitants de ladite ville sur la rivière du Lot (1313). — Analyse d'une sentence du sénéchal du Périgord et du Quercy, par laquelle il casse et annule, sur l'appel et la plainte des consuls de Cajarc, la sentence arbitrale des archiprêtres de Cajarc et de St-Médard, adjugeant à Hugues, évêque de Cahors, la juridiction haute, moyenne et basse de ladite ville de Cajarc (1319). — Mention d'un acte duquel il appert que les consuls de la ville de Cajarc ayant été cités par Hugues, évêque de Cahors, pour comparaître par devant lui, afin d'aller, sous son enseigne, servir le roi de France, en la guerre de Flandres, à peine de perdre tout ce qu'ils tenaient de lui, protestent que la coutume était de ne point y aller à sa suite, sous les enseignes ni par le commandement dudit évêque, mais seulement par celui de Sa Majesté ; sur quoi ledit évêque les condamne comme défaillants (1315). — Mention de lettres des consuls et habitants de la ville de Cajarc au roi Louis X, par lesquelles ils déclarent à ce roi qu'ils ont constitué leur procureur et syndic, Raymond de *Calciata*, bourgeois de Cahors, pour poursuivre par-devant lui et sa cour, toutes lettres et écrits contenant grâce et justice et faire pour cela tous autres actes nécessaires (1315). — Mention d'un acte sur la présentation faite par les consuls de Cajarc à Hugues, évêque de Cahors, des clefs, au nombre de cinq, des portes de la ville de Cajarc, pendues à un bâton avec une corde, sous cette réserve qu'ils ne les lui présentaient pas en vertu de la sentence des archiprêtres de Cajarc et de St-Médard, leurs arbitres, qu'ils soutenaient être nulle, et qu'ils ne prétendaient point donner par là aucun nouveau droit à l'évêque, lequel approuve leur protestation (1315). — Mention des lettres de Géraud, évêque de Limoges, ordonnant aux ecclésistiques de son diocèse de traiter favorablement ceux qui feront la quête pour la reconstruction du pont de la ville de Cajarc et d'exhorter les diocésains d'y contribuer (1320) ; — mentions de lettres de l'official de Cahors (1321) et de Pierre, évêque de Rodez, touchant le même objet. — Mention d'une sentence par laquelle le juge de l'évêque de Cahors maintient les consuls de Cajarc dans l'administration et le gouvernement de la maladrerie de ladite ville et dans le droit d'y établir et d'y destituer les pauvres (1322). — Mention des lettres du roi Charles V, par lesquelles il ordonne aux sénéchaux de Périgord et de Quercy de maintenir les habitants de Cajarc dans le privilège

qu'ils avaient de ne pouvoir être arrêtés en leurs personnes, ni en leurs biens, allant et revenant ou demeurant en la ville de Caylus, privilège dans la jouissance duquel les dits habitants se plaignaient d'être troublés (1325). — Mention d'un acte par lequel Fortanier de Gourdon, damoiseau, seigneur de *Laorco* et co-seigneur de Gourdon et de St-Cirq-Lapopie, confesse devoir aux consuls de Cajarc, 100 livres pour raison de la promesse faite auxdits consuls de ladite somme par Bertrand de Gourdon, son feu frère, pour la reconstruction du pont de ladite ville (décembre 1333). — Mention des lettres de Bertrand, évêque de Cahors, par lesquelles il déclare aux consuls et habitants de la ville de Cajarc qu'il a prêté le serment de fidélité et d'obéissance au roi d'Angleterre, suivant l'ordre du roi de France et qu'il veut à son tour que lesdits consuls et habitants lui prêtent le même serment (1361). — Acte du serment de fidélité et d'obéissance fait par les bailli, consuls et habitants de la ville de Cajarc et par Guibert de Cajarc, damoiseau, à Édouard, prince d'Aquitaine et de Galles, suivant les lettres de Bertrand, évêque de Cahors (1363). — Mention d'une transaction entre le baron Marquès de Cardaillac, fils et procureur du baron Marquès de Cardaillac et de Montbrun, d'une part, et les consuls de la ville de Cajarc, d'autre part, au sujet d'une certaine somme d'argent que ledit de Cardaillac avait prêtée auxdits consuls, pour contribuer aux ressources nécessaires pour le recouvrement de la ville de Figeac, occupée par Bertucat de Lebret et Bernard de la Sale, capitaines du parti anglais (1395). — Mention de l'acte sur la supplication faite par les consuls de la ville de Cajarc à Antoine Alamandi, évêque de Cahors, de confirmer leurs privilèges, contenant le serment fait par ledit évêque de les garder et observer et de ne point en souffrir l'infraction (1465). — Mention de l'acte par lequel les consuls de Cajarc offrent à Jean de Balaguier, seigneur de Salvagnac, fils de Guillaume de Balaguier, chevalier, un denier d'argent qu'ils disaient recevoir de cens à chaque mutation du seigneur de Salvagnac, pour certains terroirs, duquel denier d'argent ledit Jean de Balaguier fait refus, prétendant que lesdits consuls n'avaient aucun droit sur lesdits terroirs et qu'ils n'en avaient aucune inféodation (mai 1468). — Extrait d'un article de l'inventaire des titres de l'abbaye de N.-D. de la Couronne, duquel il appert qu'il y avait un acte très ancien d'Aymeric, abbé de la Couronne, lequel donna à Ubzaba et à toutes les religieuses l'église d'Espanhac, sous la seule réserve de deux écus d'or payables audit monastère de la Couronne, le jour de la Pentecôte, et du droit de confirmation, visitation, correction et procuration (sans date). — Mention d'un acte par lequel Guillaume et Gaillard de Bedoir, frères, déclarent que Bertrand de Bedoir, leur père, laissa par son testament, à Dieu et à la maison d'Espanhac, sa fille Guiralde, pour y être religieuse, et le village de *Valgodeira* et autres biens (1218). — Analyse des lettres de Combaud, abbé de l'église Ste-Marie de la Couronne, au diocèse d'Angoulême, par lesquelles il accorde à Alasie, prieure, et aux sœurs du couvent d'Espanhac, le droit de vivre selon la règle de St-Augustin, détermine leurs habits, leur façon de vivre et leur donne pouvoir d'élire leur prieure (1256). — Mention d'un bail à cens d'Aymeric de Godor et de Saure, sa femme, à Dome de Thémines, prieure, et au couvent d'Espanhac, du terroir de La Roquette (1262). — Mention d'une transaction entre Alasie, prieure du couvent d'Espanhac d'une part, et Bertr. de Cajarc, chevalier, et Pierre, son fils, d'autre part, sur certaines terres, dommages et violences (1272). — Mention d'une donation faite par Gaillard d'Issepts, donzel, fils de Gaillard d'Issepts, chevalier, à Alasie, prieure, et au couvent d'Espanhac, du terroir appelé Vieilles-Vignes, dans la paroisse de Ste-Eulalie (1275). — Mention d'une transaction entre la même Alasie et Arnaud et Hugues de Cardaillac, sur le terroir de Planasvals (1276). — Mention d'un bail à cens par Guillaume Ébrart, chevalier, tuteur de Laurens, Raymond, Guillaume et Bertrand, enfants de Raymond de Cajarc, à Alasie, prieure d'Espanhac, du terroir de Planasvals (1277). — Extrait d'une donatoin faite par *Fulcandus*, abbé du monastère Ste-Marie de la Couronne, à Aymeric de *Godoria*, fils de Guillaume, chevalier, du prieuré de Ste-Eulalie (1277). — Mention de la donation faite par Bertrand de Cajarc, chevalier, et Pierre de Cajarc, son fils, et Indie, femme dudit Pierre, à Alasie, prieure d'Espanhac et à son couvent, du terrain de Planasvals (1277). — Copie d'une transaction entre Alfonse, comte de Toulouse et Barthélemy, évêque de Cahors, sur les différends qu'ils avaient au sujet des châteaux de *Calciata*, de Montalzat, de Lauzerte, de Belcaire et de Miramont (1257). — Copie de la bulle du pape Nicolas III par laquelle il met le couvent d'Espanhac sous sa protection et lui accorde plusieurs privilèges (1279). — Mention d'une donation faite par Guillaume Ébrard, chevalier, à Alasie, prieure d'Espanhac, de trois setiers de froment (1280).

F. 132).Cahier.) — In-folio, 24 feuillets, papier.

755-1302. — Extraits du Recueil de Doat. —

Mention des lettres de Pepin (novembre 755) et de celles de Philippe Auguste (1186), concernant Figeac. — Copie d'une sentence arbitrale entre Gaillard de Cardaillac, abbé de Figeac et les consuls de cette ville (sans date). — Autre sentence arbitrale de Guillaume, évêque de Paris, réglant plusieurs droits de justice et de police entre l'abbé et les consuls de Figeac (1245) ; — autre sentence arbitrale sur les mêmes contestations, rendue par Géraud, abbé d'Obazine (1258). — Mentions et extraits de lettres du sénéchal de Périgord et de Quercy, du bayle de Fons et du roi Philippe le Bel au sujet des contestations entre l'abbé et les consuls de Figeac (1288-1302).

F. 133. (Cahier.) — In-folio, 13 feuillets, papier.

1245-1290. — Extraits du Recueil de Doat. — Copie de la sentence arbitrale de Guillaume, évêque de Paris, réglant plusieurs droits de justice et de police entre l'abbé et les consuls de Figeac (1245). — Copie d'une autre sentence arbitrale rendue par Géraud, abbé d'Obazine, sur ces mêmes droits de justice et de police (1258). — Copie d'un procès-verbal sur une violente altercation survenue entre le bayle du monastère de Figeac et les consuls de cette ville (1289). — Mention d'une sommation faite par les consuls de Figeac à Pierre de St-Perdoux, damoiseau, de leur montrer les lettres du Roi, par lesquelles il est nommé gardien et défenseur de l'abbaye de Figeac (1290).

F. 134. (Liasse.) — 10 pièces papier ; cahier in-quarto, 220 feuillets, papier.

XVIIe siècle. — Manuscrits sur le Quercy. — *Esbats de Maleville*. — Préface ; — 2e et 3e parties ; — sénéchaux du Quercy ; — fiefs du Quercy ; — généalogies ; — bénéfices électifs en Quercy ; — comtés et baronnies du Quercy ; — revenus et dépenses du Quercy ; — maisons nobles du diocèse de Cahors ; — les trois états du Quercy ; — l'orthographe du mot Cahors ; — l'évêché de Cahors ; — assemblées ou *botes* ; — Ébrard de St-Sulpice, évêque de Cahors ; — expressions quercynoises ; — le sieur de Giverzac ; — reliques et lieux de dévotion en Quercy. — Notes sur Maleville.

F. 135 (Cahier.) — In-folio, 22 feuillets, papier.

XVIIe siècle — Manuscrits sur le Quercy. — Mémoires sur les anciens comtes du pays de Quercy et sur le comté de Cahors, par Dominicy.

F. 136 (Cahiers.) — Petit in-folio, 690 feuillets, papier.

XVIIe siècle. — Manuscrits sur le Quercy.— *Chroniques du pays du Quercy avec les preuves de ce qui s'est passé de plus considérable jusqu'au XVIIe siècle,* par l'abbé de Foulhiac. — Ces chroniques ne vont pas jusqu'au XVIIe siècle, mais seulement jusqu'en 1560.

F. 137 (Cahier.) — Petit in-folio, 54 feuillets, papier

XVIIe siècle. — Manuscrits sur le Quercy.— Catalogue des « livres manuscrits » anciens trouvés dans le Quercy, par l'abbé de Foulhiac.

F. 138. (Cahiers.) — Petit in-folio, 58 feuillets, papier ; — 2 plans.

XVIIe siècle — Manuscrits sur le Quercy.—Extraits d'un cahier manuscrit intitulé : « Mémoires de Caors tirés des manuscrits qu'a laissés, sur l'histoire de Quercy, Raymond de Foulhiac, docteur en Sorbonne et vicaire général sous MM. de Sevin, de Noailles et Le Jay, évêques de Caors, mort en 1692 ; avec des additions relatives au temps postérieur, faites par M. Maisonneuve, chanoine de l'église de Cahors. » — Explication des lieux marqués dans la carte ancienne de Quercy, du temps des Romains.— L'amphithéâtre, les bains et l'aqueduc de Cahors. — « Uxellodunum maintenant Puy-d'Issolut ». — Anciens sceaux trouvés en Quercy. — Carte du Quercy donnant l'emplacement des monuments anciens. — Tracé de l'aqueduc conduisant à Cahors les eaux de la fontaine Polémie.

F. 139. (Liasse.) — 20 pièces, papier ; brochure de 6 feuillets.

XVIIe siècle. — Manuscrits sur le Quercy. — Notes sur l'abbé Raymond de Foulhiac, auteur des chroniques sur le Quercy. — Lettre de l'abbé de Lamothe-Fénelon à l'abbé Foulhiac (28 février 1675). — Trois lettres inédites de l'abbé de Foulhiac à Baluze, publiées par Ph. Tamizey de Larroque.

F. 140. (Cahiers.) — In-folio, 191 feuillets, papier.

XVIIe siècle. — Manuscrits sur le Quercy. — Manuscrit de la statistique du Lot (partie historique), par Delpon, avec les notes de Lacabane.

F. 141. (Cahiers.) — Petit in-folio, 142 feuillets, papier.

Sans date. — Armorial du Quercy. — Descriptions des armes des familles suivantes : anciens comtes de Rouergue ; — comtes de Toulouse ; — vicomtes de Turenne ; — vicomtes de Bruniquel ; —comtes d'Armagnac et de Rodez, barons de Capdenac, de Caussade, etc. ; — barons de Castelnau-Bretenoux ; — de Caussade, barons de Puycornet; — barons de de Luzech ; — Bertrand de Gourdon ; — marquis de Cardaillac; — de Thémines, seigneurs-barons de Thémines, Bio, Palaret, Issendolus, etc. ; — barons de Roquefeuil,— barons de Castelnau de Vaux ; — Després-de-Lettres, marquis de Montpezat ; — d'Ébrard, barons de St-Sulpice ; — barons de Genouillac, de Vaillac, de Gourdon, de Capdenac, seigneurs d'Assier; — de Barasc ou Baras, barons de Béduer, de Montauban, de Cabrerets, seigneurs de Gréalou, Lissac, Le Poujoula, co-seigneurs de Camboulit, etc.; — de Lauzières, marquis de Thémines ; — de Castelnau-Clermont — Lodève de Bretenoux ; — de Béral, marquis de Cazillac, comtes de Cessac, — de Felzins, marquis de Felzins et de Montmurat; — de Lentilhac, marquis et comtes de Lentilhac, vicomtes de Sedières, barons de Gimel, Sarran, Felzins, seigneurs de Bétut, Nomars, Vic, Capdenac, etc.; — de Pechpeyroux, barons, puis marquis ; — ducs de Durfort-Duras ; — marquis de Souillac; — ducs de Pompar-Caumont-la-Force ; — ducs et marquis de Gontaut-Biron ; — Duese et quelquefois Deuse, comtes de Carmaing, de Négrepelisse, etc.; — de Lostanges, marquis de St-Alvère, de Béduer, etc. ; — de Turenne, marquis d'Aynac ; — Hector, fils naturel de Raymond Louis de Rogier-Beaufort, comte d'Alais et vicomte de Turenne; — Galliot de Turenne, chevalier de l'ordre du Roi, seigneur d'Aynac ; — de Lascazes, barons de Roquefort, seigneurs de St-Paul; — de Corn, marquis d'Ampare, barons de Puymerle, seigneurs d'Anglars, de Ponac, de Queyssac, etc. ; — de Gascq, seigneurs de Mialet, Lagasquie Mauriac, etc.; — de Luzençon-de-Levezou-de-Vezins, — de Gozon, seigneurs d'Aix ou d'Ays ; — de Cadrieu, barons dudit lieu; — de Cajarc, co-seigneurs de Cajarc, seigneurs de Gaillac, Gaillaguet, etc.; — de Balaguier, seigneurs dudit lieu; — de Capdenac, co-seigneurs de Capdenac, co-barons de Felzins ; — marquis de Guiscard; — de Vassal, seigneurs de Lagarde; — de Plas, comtes de Tanes, de Salgues et Réveillon, seigneurs de Veyroses; — de Malemort, baron de Salviac en 1287; — de Chapt de Rastignac, marquis de Luzech; — marquis de Salignac de La Mothe-Fénelon ; — de

Lagrange-Gourdon, comtes de Floirac ; — d'Araqui ; — D'Araqui, seigneurs de Cantagreil, d'Envernhes, de Laborie, etc.; — comtes de Lapanouze de St-Céré ; — de Peyronnenc-St-Chamarand; — de La Valette-Parisot, seigneurs de Lalbenque ; — de Bonaffos, seigneurs de Presques, Bonaffos, Lentour, etc.; — de Robert de Lignerac, en Quercy et en Auvergne; — de Chateignier, seigneurs de Haut-Castels ; — de Rogier de Beaufort, comtes d'Alais et vicomtes de Turenne ; — de Galard de Limeuil-Brassac; — de Gironde, marquis de Moncléra ; — de Lasudrie, seigneurs de Calvairac, Brocart, etc.; — de Faydit ou Feydit de Terssac, en Quercy ; — de Loubejac ; — d'Escayrac, seigneurs d'Escayrac, de Vignals, de Lauture, etc.; — Le Franc, marquis de Pompignan ; — barons de Gimel, en bas-Limousin ; — de Gimel, seigneurs de Paluel (branche bâtarde des précédents) ; — de Boissel de La Salle, seigneurs de Vic, en Carladais, de la Salle, de St-Miard, co-seigneurs de Fons, en Quercy ; — du -Montel, seigneurs de Malussen, barons de Mazet, marquis de Cardaillac; — de Latour-Ancien, de Camboulit — de Laroque-Bouillac, seigneurs barons de Larroque-Bouillac, St-Géry, Ferrières, St-Constans, Miers, la Guinerie, etc.; — de Gaulejac, vicomtes de Puycalvel ; — de Montvaillant; — d'Ecorailles, en Auvergne et en Rouergue ; — de Prud'homme, seigneurs de Rebombigne, de Cins, de St-Bressou, du Roc, de Plaisance, du Cros, de Labernadie, de Lascardonnies, du Val, co-seigneurs des châteaux d'Assier, de Camboulit, de la Garenie, etc.; — de Péret, seigneurs de Péret, de Canteperdrix, de Mazarieu, etc.; — de Faure, seigneurs de Prouillac, Rouffilhac, etc,; — de Vervays, seigneurs de Mascla, de Montcalou, etc.; — du Tillet, barons d'Orgueil et de Mauroux ; — de la Duguie, seigneurs de Castello et de Roumal ; — de Laroque-Toyrac, seigneurs de Laroque, de la Vernhes, etc.; — de Cornély, seigneurs de Melac, cosseigneurs de Camboulit, Cambes, etc.; — de Caors, du surnom de Pol, seigneurs de la Sarladie ; — de Saunhac-Belcastel, barons de Fossat et de la Caussade ; — de Laroque-Bouillac ; — de Colomb, seigneurs de St-Thamar, de Martelles, de la Verrière, de Lomagne, du Port, etc.; — de Sirieys de Mayrinhac, seigneurs de Boussac, Molières, etc.; — de Dufau, barons de Laroque-Toyrac; — de Gasquet, seigneurs de Paramelle, marquis de Clermont, etc.. — de Cairon, seigneurs de Mandens;— de Narbonnés, seigneurs de Puylaunès; — de Colomb, seigneurs de Favars, La Rauze, La Serre, Doulan, La Prade; — de Palhasse de Salgues, barons de Salgues ; — de Gauthier de Savignac, seigneurs de Labastende; — de Termes, seigneurs de Termes, de Lavaux, de St-Martin, etc·; — de Roquefeuil, en Rouergue; — de Garrigues, sieurs de Seinac et de Flaujac ; — Deslats de St-Benoît; — Desplas de Béduer; — de Conquans, seigneurs de Conquans, Monteyli, Leysozès, Cancès, Camburat, La Garrigue, Queyriguts, etc.; — de Montarnal de Figeac, du nom de Guirard ; — de Dujols, seigneurs de Laroque-Toyrac, de Marmont de St-Affre, de Cavairot, etc.; — de Fleurans ou Florens, seigneurs de Griset, du Theil, de Lagrocezet, de la Bessière, de Laprade, de Bullac, etc.; — de Viguier, sieurs d'Auglanat, del Mas, du Geniès, de Souillols, etc.; — de Laporte, barons de Larnagol; — de Dufau-Broussoles ; — marquis de Crugi ou Cruzi-Marcillac; — de Fontanges, en Auvergne et Quercy; — de Vayrac ; — du Sirech ou Delsirech, seigneurs d'Aurimon, de Lacoste, etc.; — Coulon ou Colomb du Theil, seigneurs de Lacombe ; — de Vidal-Lapise, de Gourdon ; — Dablanc ou Dalban, seigneurs d'Anglars ; — de Longuet, sieur de Labastidette; — de Camy, sieur d'Aymare; — de Jaubert, seigneurs de Rassiols ; — de Labroue, seigneurs de Gaudelon; — de Lavaur de Gaignac ; — de Lavaur-Laboisse, seigneurs de la Boisse ; — d'Issaly-Peyrusse, de Cahors ; — de Brons, sieur de la Romiguière ; — de Alane ou de Halane, seigneurs de Guitard, del Breil et de St-Laurent ; — de Touchebœuf, seigneurs de Beaumont, des Junies, comtes de Clermont; — comtes de Périgord, barons de Caussade, seigneurs de Ste-Livrade de Mirabel ; — de Bosredon, barons de Lacourt ; — d'Ayguesvives ou d'Ayguevive ; — le baron Bazelle, capitaine au 72ᵉ régiment d'infanterie de ligne, membre de la Légion d'honneur, baron de l'Empire ; — de Dejean, marquis de St-Projet ; — de Lavergne, seigneurs d'Aynac; — d'Arliguié de Boutières de Lafajolle, à Martel ; — de la Chièze, seigneurs de Briance ; — de Rudel, sires de Bergerac, de Geussac, de Blaye et en partie, vicomtes de Turenne ; — d'Acier, en Auvergne ; — de Lestrade, seigneurs de Floyrac; — de Belcastel ; — de Merle ; — des Ondes; — de Vairols (Gaucelin); — Vassal (Guillaume), écuyer: — de Biron (Jean), écuyer; — Bourgeois (Guillaume), prieur de Catus ; — vicomte de Bruniquel (Guillaume);— de Calvignac (Dordé, vicomte de); — de Cardillac-Despedoliac (Girant); — de Gourdon (Pons), chevalier, sire de Peyrilles ; — de Gourdon (Pierre), chevalier; — de la Garde (Gaubert), écuyer ; — Johan, seigneur de Salviac de la Johannie, — de Mareval; — Maynard; — de Montclar (vicomtes); — de Montfavez ou Montffabès ; — de Penne (Raymond Bernard); — de Quelus, seigneur de Quelus, — de Rassiels, seigneur de Rassiels; — de Roquemaurel; — de Roques, (Guillaume), écuyer ; — seigneurs de

St-Géry ; — d'Ornhac, seigneurs d'Ornhac ; — seigneurs de Cornil ; — de Roffiliac; — de Senaillac ; — de Mirabel; — de Merle ; — Brun, seigneur de Montbrun; — de Malesec ; — Castanhier d'Aucastel ; — Jean Fouilhiac, lieutenant de justice de Bort, en Limousin; — Joseph de Lagrange, écuyer; -- de Gain de Montagnac ; — Verlhac, procureur du Roi à Brive ; — Delperé, barons de Belfort et de St-Paul ; — des Ondes, seigneurs des Ondes, de Salles, paroisse de St-Loup en Rouergue; — de Turenne, seigneurs de Soursac, de Durfort, du Bac et de St-Martin; — Moustoulac de la Fage, en Quercy; — Moustoulac de Gaignac, dans le vicomté de Turenne ; — de Colon du Theil, paroisse de Siran, en Auvergne ; — Delfau de Pontalba et de Belfort ; — les Rhingraves, comtes Sauvages du Rhin, princes de Salm , — de Molières, seigneurs de Labastidette ; — de Pelegry du Vigan, fondateurs du collège de Pelegry, à Cahors ; — de St-Clair ou St-Clar, bienfaiteur du collège de Pelegry ; — de Rodez (de Ruteno), fondateur du collège du même nom à Cahors; — d'Auriolle ; — de Banze ; — seigneur de Grignaux ; — le pape Jean XXII; — de Miers ; — de la Popie ; — de Clusel, alliés aux Ébrard; — du Puy, alliés aux Ébrard ; — de Rigal de Conques ; — de Galabert d'Haumont, seigneurs d'Haumont et de la Peyre ; — de Marauzac, sieurs de Langlade — d'Ondradieu ; — de Rodorel, écuyer, seigneur de Cunducher et Berriac ; — de Cajarc, seigneurs de la Serre ; — de Seguy, sieurs de Périgal ; — de la Roche-Lambert, seigneurs de Myons, en Dauphiné, de Grimencourt, de la Boissière, en Quercy ; — Vidal; — la Cayrouse ; — Filhol, sieurs de la Tour, de Cabanes, etc.; — de Dayrac, du nom de Calmette, seigneurs de Cantemerle, Lastours, barons de Cieurac; — du Mont ou Dumont, seigneurs de Plaisance ; — Pierre Farac, juge de Gramat en 1700; — du Garric, seigneurs d'Uzech ; — d'Albareil, seigneur de St-Clar ; — Dupuy, à Cahors, en 1700; — Maschac ou Machat, seigneurs de la Mechaussée, de la Coste, de la Vaux ; — Pontanier, seigneurs du Saulon, de Salles-Carbatières ; — Jean de Lolmie, seigneurs de Flaujac, en 1696; — de Day ; — de Roaldès ; — de Renac, sieurs de Moumege, du Vialo, de Lestrade, de a Jonquière ; — de Tanes, seigneurs de Tanes, de Salgues, etc. — de Fraust (d'Issepts), seigneurs de Giniès; — de Baudus de St-Privat; — de Testas de Folmont ; — Pierre Jean de Cazeton, écuyer, en 1359; — de la Borie de Rouzet; — de Vernouil, seigneurs de Peyrac ; — de Gengès ou Giniès, seigneurs de Langle ; — de Beaumont; — de Puniet de Cavensac et de Montfort; — de Loubrérie ou Loubrayrie, seigneurs

de la Roque, paroisse de Montvalent ; — de Cornil; — d'Angoulême, seigneurs de Nadaillac, co-seigneurs de Frayssinet ; — d'Antejac, seigneurs de Cos ; — de Baleine, à Figeac, seigneurs de Rivière, co-seigneurs de Camboulit ; — de Carmain de Foix, vicomtes de Venez ; — de Sabanac ; — de Rampous, seigneurs de Pechimbert : — de Linars; — de Béduer, co-seigneurs de Corn, Camboulit, etc.; — Balthazar de Boutaric (de Figeac), conseiller au parlement de Toulouse; — Jean de Fraust (de Figeac ou d'Issepts), conseiller secrétaire du Roi, maison et couronne de France, en la chancellerie de Toulouse ; — de Guiscard, seigneurs de Thédirac et de Montgesty ; — d'Audin, seigneurs de Virolon, barons de Brengues et co-barons de Cardaillac ; — des Lacs, seigneurs d'Arcambal, du Bousquet, de Pern, de St-Benoît, etc.; — de Gironde, ancien bourgeois de Cahors ; — de Panat, seigneurs de Panata en Rouergue; — de la Parra ; — de Beaufort, seigneurs de Lesparre, de Lestrade, etc.; — de Trian, seigneurs de Creissac, de Castelnau-de-Montmirail, vicomtes de Tallard, etc.: — d'Araguy, seigneurs de St-Vincent et de Mechmont ; — de Gasceq de Mialet; — de la Serre, en Quercy et en Limousin, seigneurs de la Gorsse, de Conques, de Langlade, de St-Denis, de St-Martin, de Laval, de La Roque près Montvalent, etc.; — de Bessonies, seigneurs de Bessonies, de las Gazailles, de Poujoulo, etc.; — de Bonal, à Castelnaude-Montratier; — de la Chieze, seigneurs de la Malvinie et de Briance, et de St-Sozi, dans la vicomté de Turenne ; — de Vignes, seigneurs marquis de Puyla-Roque; — de Bernard, sieurs de la Borie, del Trieu, de Baussac, etc.; — Destroa, autrefois de Lestroa, ancienne famille bourgeoise de Figeac ; — Arnaldy d'Estroa; — de Boissieux ou Boissieu, seigneurs de Nicourby ; — de la Garde de Narbonnez, à St-Céré; — le Pelletier de la Houssaye : — de Trimond ; — du Fau, baron de St-Santin ; — d'Allemand ou Alemand; — Pierre d'Olive, conseiller du Roi en la cour des aides de Montauban ; — de Lacoste-Fontenilles, de la Bastidette, commune de Ponteirq ; — de Sales de Sérignac ; — de la Chezc-Murel ; — Roger, sieurs de Lalande et de Lairac, à Martel ; — Pierre Hugues Roger de Lalande, en 1779 ; — de Maffre, seigneurs de Soulages; — de Salviac de Vielcastel (du nom de las Vignes) barons de Verdun, seigneurs de Veziac, de Cazals, du Causse, etc., — de Dourdon, seigneurs de Cuernègre, de Pierrefitte, à St-Céré ; — de Montal, seigneurs de Laroquebroue, barons de Carbonnières, co-barons de Montbrun; — d'Aigrefeuille, en Limousin, barons de Gramat ; — les ducs et la province de Guyenne ; — les ducs d'Uzès, seigneurs d'Assier, barons de Capdenac ; — de Conflans, marquis de St Sulpice ; — d'Albert, ducs de Luynes, de Chevreuse, barons de Castelnau-Bretenoux ; — Guyon de Malleville-Tégra, chevalier de Malte, en 1595; — de la Tour, ducs de Bouillon, vicomtes de Turenne ; — le duc de Sully, gouverneur de Figeac ; — de Noailles, ducs de Noailles, seigneurs de Mayrinhac, de Lentour, etc.; — de Roquemaurel; — de Gozon, seigneurs d'Ays, de Saux, de Faure, de Cajarc, etc.; — Bercegol de Latour, famille non noble, mais de bonne bourgeoisie, demeurant au au château de Floyras ; — d'Aurillac, seigneurs d'Aurillac, de Palaret, en Quercy, etc.; — les vicomtes de Montclar ; — Lageneste de Crozefin, chevalier de St-Louis, juge de paix à Vayrac, en 1826; — de Montagu, seigneurs de Montcuq, de Montpezat, de Négrepelisse, barons de Montagu, de Cremps, de la Lande, comtes de Stafford ; — de Bourbon-Lavedan, marquis de Malause, comtes de la Caze, vicomtes titulaires de Lavedan; — de Malartic, comte de Montricoux, vicomtes de St-Antonin, seigneurs d'Artigues et de St-Geniez ; — de Lastic, comtes de Lastic, de Sieujac, barons de St-Georges et d'Alleuse, vicomtes de Murat; — de Loupiac ou Lopiac de la Devèze , seigneurs de Loupiac , de la Garrigue , de Ladevève ; — de Faudoas-Barbasan, seigneurs de Faudoas, Barbasan, barons de Gramat, Loubressac, etc.; — du Lion, seigneurs de Malouse ; — de Comminges, vicomtes de Comminges et de Bruniquel ; — d'Aroux de la Serre, seigneurs de la Serre ; — de Fumel de Monségur; — Bertrand, vicomte de Bruniquel et de Monclar, frère de Raymond VII, comte de Toulouse ; — de Foucault, colonel de gendarmerie à Cahors en 1821, colonel de gendarmerie à Paris ; — d'Albignac ; — de Naucaze, en Auvergne, seigneurs de Naucaze, de Boisse et de la Roque ; — du Pouget, comte de Nadillac, vicomte de Monteil, baron de la Farge ; — de Polastron, comte de Polastron, seigneur de Lorac, de Villeneuve ; — de Pezet, à Figeac (famille anoblie par le Capitalat); — d'Azémar ou d'Adhémar de Panat; — de Buisson d'Aussonne et de Bournazel ; — de Moustoulac de Gaignac ; — de Bonet de la Chapoulie, seigneur de Saigne ; — de Chaunac, seigneur de Lanzac ; — de Bousquet de Montlaur, seigneur de Verlhac ; — Latapie de Ligonie de Balaguier, seigneur de Lasfargues, coseigneur de Prendeignes ; — de Lapanouse, de St-Céré ; — Flotte ; — d'Arrablay ; — de Barasc, barons de Béduer, Montbrun, Cabrerets, seigneurs de Gréalou, Lissac, etc.; — de Timbrune, sieur de Valence ; — de Séguier, seigneurs de Boulac, de Villandrie et de la Gravière ; — de Certain, sieur de la

Méchaussée, de la Coste, etc.; — George, cardinal d'Armagnac; — de Vayrols, seigneurs de Lalbenque ; — Fortanier de Gourdon, chevalier en 1302 ; — Raymond de Gourdon, écuyer, en 1342; — Aimeri de Gourdon, écuyer ; — Arnaud de Carmaing, chevalier, vicomte de Carmaing, seigneur de Negrepelisse et sénéchal de Rouergue, en 1422; — Bernard de Casnac, chevalier, capitaine d'une compagnie de gens d'armes et de pied, pour la défense du Quercy, en 1342; — Hugues, sire de Cardaillac et de Bioule, 1339 ; — Raymond de Cardaillac, écuyer banneret en 1353 ; — Mathurin de Cardaillac, chevalier, seigneur de Montbrun ; — Beton de Balaguier Monsalès, écuyer, 1420 ; — Pierre Ricart, dit de Genoillac, écuyer, 1421 ; — Bernard de Rassials, chevalier, capitaine d'une compagnie pour la garde du Quercy, en 1420 ; — Pons de Gourdon, chevalier, sire de Peyrilles, 1347 ; — Gaucelm de Vayrols, seigneur de Lalbenque (1353 et 1358) ; — Guillaume, vicomte de Bruniquel en 1302; — Guilbert de Thémines, écuyer banneret en 1348 ; — Guillaume de la Barrière, sénéchal de Périgord et de Quercy, en 1342 ; — Bertrand, vicomte de Monclar, en 1359 ; — Guillaume La Valette écuyer, capitaine d'une compagnie pour la garde du château de Balaguier, en 1355 ; — Barasc de Castelnau, seigneur de Thémines, capitaine de Lauzerte, en 1346 ; — d'Escaffre du Trioulou, seigneur du Trioulou, de Peyrou, du château d'Ause, de Careygues, etc.; — Castelpers, en Rouergue, au XIVᵉ siècle ; — Gaillard de Burbuzo ou Burbuzon, capitaine de Fons, en 1356 ; — de Lafon St-Projet;—de Saunhac, seigneur d'Ampiac de Castan; — de Pouzargues ; —Pierre de Ray mond, seigneur de Folmon, sénéchal du Quercy, en 1466 ; — Vassinhac, co-seigneurs de Miers, Alvignac, Carennac, comtes d'Imécourt, etc.; — de la Vie (de Via), vicomtes de Villemur, en Languedoc, barons de Calvinet, seigneurs de Baussac, etc.; — de Luquet du Chaslar ou Chaylar, seigneurs de Mayrac, Salgues, Réveillon, etc.; — le vicomte de Bruniquel ; — les vicomtes de Cahors ; — le seigneur de Puycornet ; — de La Grange-Gourdon, comtes de Floirac ; — Gaucelin de Jean ; — Guillaume et Foulques de Vilaret ou Villaret, grands maîtres de l'ordre de St-Jean de Jérusalem ; — Solminihac ; — de Popian, dont un évêque de Cahors ; — Sicard de Montagu, évêque de Cahors, au XIIIᵉ siècle ; — l'église cathédrale de Cahors ; — Bessières, duc d'Istrie ; — Durfort de Montrodier et de Goujounac ; — de La Garde de Saignes ; — Cardaillac-Végène, seigneurs de Végène, de la Trayne et de Meyraguet ; — d'Armagnac de Castanet, seigneurs de Cambairac ; — de la Tour de Camboulit ; — Foulhiac de Mordes-

son et de Padirac ; — Guillaume de Monfaucon, chevalier, seigneur de Verdras, capitaine et sénéchal du
Périgord et du Quercy ; — de Via ou de la Vie,
vicomtes de Villemur et seigneurs de Calvinet ; —
Dalmas ;— Barrairon, de Gourdon; — Le Franc, seigneurs de Caix, marquis de Pompignan ; — de Valon,
seigneurs de la Raimondie en Quercy, co-seigneurs
de Thégra, etc.; — d'Estresses, du nom de Roquet.

F. 142. (Cahier) — In-quarto, 20 feuillets, papier.

Sans date. — Armorial du Quercy. — Description des armes des familles suivantes : les comtes de
Toulouse ; — les vicomtes de Turenne ; — les vicomtes de Bruniquel ; — les barons de Castelnau-Bretenoux ; — les barons de Gourdon ; — les barons, puis
marquis de Cardaillac ; — les barons de Thémines ; —
les barons, puis marquis de Montpezat ; — Ébrard,
barons de St-Sulpice ; — les barons Ricard de Genouillac de Vaillac ; — les barons de Felzins ; — Barasc,
barons de Béduer, de Montbrun, etc,; — Pechpeyroux, barons, puis marquis ; — Lentilhac, barons,
puis marquis ; — Lauzières-Thémines, marquis ; —
Durfort-Duras, ducs ; — Souillac, marquis ; — Nompar Caumont la Force, ducs ; — Gontaut-Biron, ducs ;
— d'Euse ou Vaise, comte de Négrepelisse, Carmaing,
etc.; — la Roquebouillac ; — Lascases, barons de
Roquefort;— Lostanges - Béduer, marquis;— Turenne
d'Aynac, marquis ; — Gasc, seigneurs de Mialet,
Lagasquie, etc.; — Corn, seigneurs de Caissac, Ampa-
re, puis marquis de ce dernier lieu ; — d'Araqui,
seigneurs d'Envernhes ; — de Prud'homme du Roc, à
Fons ; — Peret, seigneurs de Canteperdrix, à Fons ;
— Colomb St-Amar, de Terrou; — Desplats, de Béduer;
— Palhasse de Salgues ; — Lapanouze, comtes de
Céré ; — Sirieys de Mayrinhac ; — Balaguier ; —
Cajarc, anciens co-seigneurs de Cajarc, seigneurs de
Gaillac ; — Capdenac, co-seigneurs de Capdenac, co-
barons de Felzins ; — Luzençon de Levezou de
Vezins, seigneurs de Rodier, Charri, etc.; — marquis
de Cadrieu ; — Boisset de la Salle, seigneurs de Vic,
co-seigneurs de Fons ; — Gozon, seigneurs d'Aix ou
d'Ays ; — Jaubert, seigneurs de Rassiols ; — Peyronnenc St-Chamarand ; — Caors, du surnom de Pol,
seigneurs de la Sarladie ; — Saunhac-Belcastel,
barons de Verdun, Fossat, etc.; — marquis de Guiscard ; — Vassal, sieurs de Lagarde, du Couderc, etc.;
— Laporte, barons de Larnagol ; — Bérail, comtes de
Cessac et marquis de Cazillac ; — Gasquet, seigneurs
de Paramelle, Clermont, etc.; — Plas, comtes de
Tanes ; — Malamort, baron de Salviac, en 1287 ; —

Labroue, seigneurs de Gandelon   — marquis de
Salignac — Lamothe-Fénelon ;— Cairon, seigneurs de
Mandens ; — Faure, seigneurs de Prouillac et de
Rouffilhac; — de Lagrange-Gourdon, comte de Floirac;
— Chapt de Rastignac, marquis,e barons de Luzech;
— Cornely, seigneurs de Cambes, Camboulit, etc.; —
Gautier de Salvignac, seigneur de Labastende, parois-
se de Névéges ; — Giniès, seigneurs de Cantecor ; —
Lasudrie, seigneurs de Calvairac, Brocart, etc.; —
Dufau-Laroque, barons de Laroque-Toirac ; —
Gironde, marquis de Moncléra ; — Lefranc, marquis
de Pompignan ; — Lavalette-Parisot, seigneurs de
Lalbenque ; — Gimel, sieurs de Palvel ; — Bonaffos,
seigneurs de Presques, Bonaffos, Lentour, etc.; —
Escayrac, seigneurs de Vignals, près Lauzerte ; —
Termes, seigneurs de Termes, de Lavaux, de St-
Martin, etc.; — Loubejac ; — du Chateignier, sei-
gneurs de Hauts-Castels ; — Robert de Lignerac;—
Roger ou Rogiers de Beaufort, vicomtes de Turenne;
— Roquefeuil, en Rouergue ; — Faydit ou Feydit de
Terssac ; — Mesclajac du Montet, seigneurs de Malus-
sen, barons de Mazet, marquis de Cardaillac; —
Scorailles ; — Galard-Limeuil-Brassac ; — Gascq, sei-
gneurs de Mialet, Lagasquie, Mauriac, Prendeignes,
etc.; — la Duguie, sieurs de Castella et de Roumal; —
Issaly-Peyrusse, de Cahors; — de Brons, sieurs de la
Romiguière ; — de Alane ou de Halane, sieurs de
Guitard del Breil, de St-Laurent ; — Deslats de St-
Benoît ; — Vayrac ; — Vervays, sieurs de Mascla;—
Sirech ou Delsirech, seigneurs de Lacoste et d'Aurimon ; — du Tillet, barons d'Orgueil et de Mauroux;
— Vidal Lapize, de Gourdon ; — Dablanc ou Dablan,
seigneurs d'Anglars ; — Longuet, seigneurs de Labas-
tidette ; — Crugi ou Cruzi-Marcillac, marquis de
Marcillac ; — Fontanges, seigneurs de Chambon, en
partie de Blanchefort ; — Garrigues, sieurs de Seinac
et de Flaujac ; — Peyrounenc de St-Chamarand.

Description des armes des villes suivantes : Cahors,
Montauban, Figeac, Castelnau-de-Montratier, Castel-
nau-de-Bretenoux, Caylus, Montcuq, Gramat, Duravel,
Sauveterre en Gourdonnais, Capdenac, Gourdon,
Martel, Caussade, Castelnau-de-Vaux, Molières, La-
française, Bélaye, Tauriac, Montalzat, Monclar,
Lalbenque, Montfaucon, Fons, Lacapelle-Marival,
Carennac, Souillac, Marcillac, Castelnau-de-Bretenoux,
Gourdon, Rocamadour, Sept-Fonds, Montpezat et
Négrepelisse.

F. 143.(Liasse.) — 7 pièces, papier.

1274-1666. — Armorial du Quercy. — Liste de

noms : Deudes Barasc, seigneur de Laroque-Toirac en 1285 ; — Guillaume Barasc en 1320 ; — Astorg de Boisset en 1284 ; — Jean et Guillaume de Boisset, de Marcolis, en 1470 ; — Hugues de Caumont, seigneur dudit lieu, près de Maurs, en 1281 ; — Rigal de Conquans, vassal de Carlat en 1450 (armoiries) ; — Hugues de Conquans, en 1470 (armoiries) ; — Guillaume Escaffre, seigneur de Trioulou, en 1274 ; — Jean Escaffre, bailli des Montagnes, en 1366 ; — Jean d'Escaffre (armoiries) ; — Guillaume de Felzins, en 1302 ; — Gilbert de Felzins, seigneur de Montmurat, en 1312 ; — Jacques de Felzins (armoiries) en 1450 ; — Balthazar et Christophe de Felzins, père et fils, en 1581 ; — Jacques Louis de Gironde, en 1666 ; — Louis de Guirard, seigneur de Lagane (armoiries) en 1666 ; — Géraud de Naucaze, écuyer, en 1285 ; — Guillaume de Naucaze, en 1307 ; — Géraud de Naucaze, chevalier, en 1319 ; — Rigaud de Naucaze (armoiries) ; — Claude de Naucaze (armoiries) ; — François des Ondes, seigneur du Fraisse et de Montagnac (armoiries). — Description des armes de Renault de Chrevole, du sire de Puycornet, du sire de Cardillach, du sire de Thémines et du seigneur de Villemur, tirées du fonds d'Hozier. — Armoiries de : d'Araquy ; Pierre Faral, juge de Gramat ; François du Mont, conseiller à l'élection de Figeac ; de Cajarc, seigneur de Gaillac ; la ville de Figeac ; François de Marauzac, seigneur de Langlade ; Henri de Rodorel, écuyer, seigneur de Conduché et Berriac ; Jean de Cajarc, sieur de la Serre ; Gabriel du Garric, seigneur d'Uzech ; Pierre Victor d'Albarel, seigneur de St-Clar ; Jean de Camy, sieur d'Aymare ; Antoine de Peyronnenc, seigneur de St-Chamaran ; Antoine du Puy, conseiller du Roi, professeur en l'Université de Cahors ; Jean Baudus, sieur de St-Privat ; Armand de Foulhiac, conseiller avocat du Roi au siège présidial et sénéchal, professeur en l'Université de Cahors ; Gaspard de la Roche-Lambert, sieur de la Boissiele, conseiller du Roi, président au bureau de l'élection de Cahors ; Jean Filhol, conseiller du Roi, professeur de droit français de l'Université de Cahors ; Hugues Vidal de la Cayrouse, conseiller, secrétaire du Roi en la chancellerie près la cour des aides de Montauban ; Astorg de Dayrac, sieur de Cieurac ; Pierre de Conquans, seigneur de Conquans, Caucès et Camburat ; Joseph d'Issaly, chanoine théologal du chapitre du Vigan ; Pons de Lagrange-Gourdon, chevalier de Lavercantière ; Jacques de Sirech, sieur d'Aurimon ; Géraud Joseph de Longuet de Labastidette ; Guy de la Duguie, sieur de Castela ; François de Marsa ; Joseph de Lavalette, sieur de St-Hilaire ; Jean du Tillet, baron d'Orgueil et Mauroux ; François d'Al-

Lot. — Tome IV. — Série F.

ban, seigneur d'Anglars ; Jean de Brons, sieur de la Romiguière ; Antoine de Vervaix, sieur de Mascla, prêtre, curé de St-Géry de rive d'Olt ; Framon de Balaguié de Condat ; Pierre de Ponchiet, sieur de Puylausier, curé de St-Projet ; Claude de Vignes, veuve de M. Deslacs, seigneur d'Arcambal ; — Hugues Vidal Lapize, conseiller du Roi, lieutenant général de la sénéchaussée de Gourdon ; Fabien de Lautrec, sieur de Lalande-Cabazac ; Jean-Pierre de Laborie ; Clément de Halanc, sieur del Brel et St-Laurent ; Pierre Deslatz de St-Benoit ; M. de Montegut ; François Issaly-Peyrusse, curé de Montal ; Louis de Faure, sieur de Rouffillac ; François Dumont, conseiller en la cour des aides de Montauban : Jean Joseph Dujolz, seigneur de Laroque ; le couvent des religieux de l'ordre de St-Benoît, de Fons ; Jean Lestournel, juge royal de Fons ; Bertrand de Colomb, sieur de la Geisse ; M. Darcimole, avocat ; Delphine de Conquans, veuve de Joseph de Colonel ; Pelras, bourgeois de Cajarc ; l'abbaye séculière de Figeac ; la ville de Fons ; la ville de Lacapelle-Marival ; la ville de Carennac ; la ville de Souillac ; la ville de Marcillac ; la ville de Castelnau de Bretenoux ; le monastère des religieuses de l'ordre de St-Jean de Jérusalem ; François Rochy, notaire ; Thomas de Colomb ; Barthélemy Lacabane, marchand ; Gabriel Murat, juge de Thémines ; Pierre Teilhard, de Faycelles ; Antoine Lacassaigne, avocat ; les villes de Gourdon, Gramat, Duravel, Montfaucon, Castelnau-Montratier.

F. 144. (Liasse.) — 4 pièces, papier.

Sans date. — Armorial du Quercy. — Description des armoiries des villes et établissements suivants : le couvent des religieuses Ste-Claire du Pouget, Castelnau-Montratier, Duravel, Montfaucon, le prieuré de Francoulès, Gramat, Sept-fonds, Montpezat, Caussade, Négrepelisse, Moissac, Rodez, Milhau, Villefranche, Périgueux, Sarlat, Bergerac, Saintes, St-Jean-d'Angély, Barbezieux, Limousin, Limoges, St-Yrieyx, Tulle, Brive, Uzerche, Turenne, Haute-Auvergne, St-Flour, Aurillac, Salers, Bordeaux.

F. 145. (Liasse.) — 2 pièces, papier.

1225-1422. — Armorial du Quercy. — Description des sceaux de : Pierre Ricart de Genouillac, écuyer (1421) ; — Hugues, sire de Cardaillac et de Bioule, chevalier (1339) ; — Raymond de Cardaillac, écuyer (1353) ; — Mathurin de Cardaillac, chevalier, seigneur de Montbrun (1421) ; — Arnaud de Carmain,

16

chevalier, capitaine de Caussade (1353) ; — Arnaud de Carmain, seigneur de Négrepelisse et sénéchal de Rouergue ; — Jean de Carmain, écuyer (1421-1422) ; — Bernard de Cosnac, chevalier (1342); — Fortanier, chevalier de Gourdon (1302) ; — Aymeri de Gourdon, écuyer (1302) ; — Raymond de Gourdon, écuyer (1342);— Pierre de Gourdon, écuyer (1345); — Pierre de Gourdon, chevalier (1353) ; — Géraud de Gourdon, écuyer (1390) ; — Guordonnet, écuyer (1386) ; — Pons de Gourdon, chevalier, sire de la Bouffie (1342); — Pons de Gourdon, chevalier, sire de Peyrille (1346); — Olivier de Pene (1302) ; — Gisbert de Thémines, écuyer banneret (1348) ; — Jean de Caussade, dit de Puycornet, chevalier banneret (1419) ; — Guillaume, vicomte de Bruniquel (1302) ; — Gaillard de Barbuson, écuyer (1356) ; — Arnaud Béral, sire de Cessac (1355).

F. 146. (Liasse.) — 2 pièces papier ; 2 cahiers in-quarto, 19 feuillets, papier.

1096-1588. — Noblesse du Quercy. — Extrait d'un manuscrit intitulé « Noms et surnoms, avec les armoiries des nobles qui se croisèrent pour aller oultre mer contre les Sarrasins, l'an 1096 », le dit extrait contenant les noms des nobles du Quercy ayant fait partie de cette croisade. — Nomenclature des nobles du Quercy, ayant servi dans les guerres de Périgord, de 1338 à 1341. — « Rolle de la plus grande partie de la noblesse du pays de Quercy, tant des gentils hommes estans dans le dit pays de Quercy que des absens, constituez en bas ou vieux âge et Huguenots, ensemble de ceux que tant seulement sont appelez, ont séance et voix délibérative aux Estats du pays de Quercy » (1588).

F. 147. (Liasse.) — 16 pièces, papier.

XVᵉ-XVIIIᵉ siècles. — Noblesse du Quercy. — Rôles des chevaliers de Malte, originaires du Quercy. — Liste des pages quercynois de la petite écurie. — Listes de Quercynois ayant fait leurs preuves de noblesse pour l'École militaire.

F. 148. (Liasse.) — 4 pièces, papier ; cahier petit in-folio, 32 feuillets, papier.

1253-1639. — Ban et arrière-ban du Quercy. — Rôles du ban et arrière-ban de la province du Quercy, en 1253, 1271 et 1557. — Liste des volontaires commandés par le comte de Vaillac, en l'armée de Roussillon, au ban et arrière-ban dans l'armée du prince de Condé (1639).

PROVINCES AUTRES QUE LE QUERCY

F. 149. (Liasse.) — 1 pièce, papier.

Sans date. — Alsace. — Liste des principaux ouvrages imprimés et manuscrits à consulter sur l'Alsace.

F. 150. (Liasse.) — 3 pièces, papier.

1570-1573. — Anjou. — Lettres du roi Charles IX au sujet de la jouissance de l'apanage et du supplément d'apanage de son frère le duc d'Anjou.

F. 151. (Liasse.) — 1 pièce, papier.

Sans date. — Armagnac. — « Ce sont les noms des citez, villes, chasteaulx et forteresses qui, pour cause des appellations, sont venues à l'obéissance du Roy et de mons ; le duc d'Anjou et les noms de ceux à qui elles sont » au comté d'Armagnac et au pays et vicomté de Lomagne.

F. 152. (Liasse.) — 19 pièces, papier.

1357-1669. — Auvergne. — Indication de sources pour les états d'Auvergne, en 1357. — Procès-verbal d'assemblée des états de la Haute-Auvergne dressé les 19 et 27 février 1649 par Jean de Lort, écuyer, conseiller du Roi, lieutenant général au bailliage et siège présidial d'Aurillac, en vertu de la lettre de cachet de Sa Majesté du 24 janvier précédent, contenant les noms des personnes convoquées. — Extrait de l'armorial d'Auvergne, de Bourbonnais et Forez. — Familles maintenues en Auvergne par l'intendant de Fortia, lors de la recherche de 1666. — Rôle des condamnés parmi les nobles de la prévôté de Maurs, lors de la recherche de 1667-1668.

F. 153. (Liasse.) — 2 pièces, papier.

1190-1369. — Berry. — Indication de sources pour usurpateurs de noblesse en Berry et Bourbonnais. — Liste de baillis et gouverneurs de Berry, de 1190 à 1369.

F. 154. (Liasse.) — 3 pièces, papier.

1368. — Bourgogne. — Rôles de montres de Bourgogne en 1368. (Extraits des archives de la chambre des comptes de Bourgogne).

F. 155. (Liasse.) — 1 pièce papier ; cahier in- 8°, 8 feuillets, papier.

1338-1343. — Gascogne. — Liste de gens d'armes ayant servi dans la guerre de Gascogne de 1338 à 1341, prise dans les comptes de Barthélemy du Drach, trésorier des guerres,et de Fr. de Lospital, clerc des arbalétriers. — Extrait du compte de la guerre de Gascogne.

F. 156. (Liasse.) — 14 pièces, papier.

1367-1671. — Languedoc. — Extrait de l'histoire du Languedoc, de D. Vaissète, touchant les lieux où l'on fabriqua la monnaie royale en Languedoc ; — autre extrait du même ouvrage touchant l'entrée du maréchal de Matignon en Rouergue (1595). — Familles maintenues en Languedoc par M. de Bezons, intendant de cette province. — Ces familles sont celles de Bar, Rapin, Bousquet, Roger de Comminges, Sauniac, Gaulejac, La Roque-Boulhac, Roset, Rabastens, Bonfontan, Crusi, Ducros et Cours.

F. 157. (Liasse.) — 1 pièce, papier.

1227-1570. — Limousin. — Liste des sénéchaux du Limousin d'après les chartes et les cartulaires, de 1227 à 1570.

F. 158. (Liasse.) — 2 pièces, papier.

1596-1715. — Lomagne. — Maintenues dans l'élection de Lomagne : famille de Bonnefous.

F. 159. (Liasse.) — 2 pièces, papier.

1301-1601. — Périgord. — Extrait des lettres de de Philippe IV, réunissant à la sénéchaussée de Périgord, divers lieux et territoires situés dans la sénéchaussée de Gascogne (1301). — Cession de lieux et territoires faite à Hélie de Talleyrand, comte de Périgord,par le roi Philippe-le-Bel, en compensation de ce qu'il lui avait déjà cédé et qu'il est obligé de rendre au roi d'Angleterre, en vertu de traité (1305). — Concession de coutumes aux habitants de Caussade par Hélie de Talleyrand (1306). — Mention d'actes relatifs au péage de Ste-Livrade, sur le Tarn (1318). — Extraits des chroniques du Périgord et du diocèse de Sarlat, au sujet des guerres de religion (1540-1601).

F. 160. (Liasse.) — 1 pièce, papier.

1512. — Provence. — Répartition sur les « nouveaux chrétiens de Provence, descendus de tige et vraye racine hébraïque et judaïque » d'une imposition de 6000 livres ordonnée par le roi Louis XII.

F. 161. (Liasse.) — 12 pièces, papier.

1268-1779. — Rouergue. — Comptes de Philippe de Boissiac, chevalier, sénéchal de Rouergue (1268). — Listes et indications de sources sur les sénéchaux de Rouergue (1307-1613). — Extrait des mémoires de Bosc pour servir à l'histoire du Rouergue, touchant les dons de terres et seigneuries faits au comte d'Armagnac (1360-1374). — Mention de l'acte par lequel les états de Rouergue s'imposent, pour le rachat du comté de Charolais que le frère du comte d'Armagnac avait engagé, afin de payer les frais d'évacuation des places occupées par les Anglais, tant sur les frontières du Rouergue que dans le Quercy (1392). — Extrait des mémoires sur le Rouergue par Bosc au sujet de l'introduction du calvinisme en Rouergue et les faits des Religionnaires à Villefranche (1541).—Mention des instructions données au sieur de Langeron, envoyé en Rouergue pour réduire les rebelles (1643). — Extrait de la description du département de l'Aveyron par Monteil.

F. 162. (Cahier.) — Petit in-folio, 10 feuillets, papier.

1696. — Vivarais. — Rôle des personnes, maisons, familles, villes, archevêchés, évêchés, abbayes, bénéfices, compagnies, corps et communautés dont les armoiries doivent être enregistrées en exécution de l'Édit du mois de novembre 1696.

VILLES ET LOCALITÉS

F. 163. (Liasse.) — Cahier, petit in-huit, 12 feuillets, papier ; 5 pièces, papier.

1218-1405. — Agen. — Copie des conditions

d'un emprunt de 200 livres fait par Philippe, sénéchal d'Agenais et de Quercy, à 4 prudhommes d'Agen, sous la garantie de deux otages et sous celle d'Arnaud III, évêque d'Agen (1218).— Extraits du registre des délibérations de la jurade de la ville d'Agen, de 1345 à 1350. — Dates extraites des titres originaux conservés aux archives de la ville d'Agen (1328-1393). — Extraits d'un registre original des délibérations des consuls et jurats d'Agen, de 1344 à 1355. — Mention d'Arnaud de Guillaume, sénéchal d'Agenais, en 1405.

F. 164. (Liasse.) — 1 pièce , papier.

1302. — Albi. — Fragment historique : Protestation des consuls d'Albi, pour le maintien des droits et privilèges de leur ville.

F. 165. (Liasse.) — 1 pièce, papier.

1572. — Alix (Les), près Gramat. — Mention de la prise des Alix par le capitaine Visans, lieutenant du vicomte de Gourdon.

F. 166. (Liasse.) — 2 pièces, papier.

Sans date. — Assier. — Inscriptions relevées dans l'église d'Assier. — Minute d'une lettre adressée par le maire et les membres du conseil municipal d'Assier au ministre des travaux publics et du commerce pour le prier de faire classer l'église d'Assier au nombre des édifices dont l'entretien est à la charge de l'État.

F. 167. (Liasse.) — 8 pièces, papier.

899-1707. — Aurillac. — Indications de sources sur le monastère et la ville d'Aurillac. — Récits des diverses prises d'Aurillac (1196-1567). — Notes sur les abbés d'Aurillac et de Maurs (1238-1707).

F. 168. (Cahier.) — In-quarto, 42 feuillets, papier.

1503-1572. — Bagnac. — Reconnaissances consenties en faveur des prêtres de l'église St-Pierre de Bagnac, par : Jean Rauffet, de Lalaurie, paroisse de Bagnac ; — Guillaume Delbos, cordonnier ; — Gausbert Ratyé, vieux, de Bagnac ; — Jean Defrons, laboureur ; — Antoine Belveze, du village del Teil, paroisse de Bagnac; — Jean Lalaurye;— Antoine Lalaurye, du village de Lagrange ; — Antoine Baldy ; —

Jean Mascou, fils de feu Pierre, de Costeperbouze, paroisse de Bagnac ; — Guisbert Aymar, du village de Lacam, paroisse de Bagnac ; — Géraud et Antoine Aymar, cousins, du village de Lacam;— Jean Mascou, jeune, fils de feu autre Jean, du village de Peupeul;— Dorde Mascou, dudit village de Peupeul ; — Jean Frons ; — Pierre Bodou, jeune, fils d'autre Pierre, de Frons, paroisse de Bagnac ; — Marty, mercier, de Bagnac, faisant tant pour lui que pour Raymond Marty, son père ; — Pierre Laguane, de Lacapelle;— les époux Auriac et Guillaume Auriac, clerc, tous du lieu de Bagnac ; — Guillaume Baldy, de Malaret ; — Pierre Bodou, couturier, de Falissert ; — Michel Auriac, du village de Falissert ; — Guillaume et Jean Frons, du village de Frons ; — Dorde Latremolhière; — Jean Mascou, clerc, du village de Peupeul ; — Jean Laleguède ; — Antoine Frons et Antoine Belveze, du village de Teil, paroisse de Bagnac, etc.

F. 169. (Liasse.) — 1 pièce, papier.

Sans date. — Le Bastit. — Déclaration et consistance de la commanderie du Bastit.

F. 170 (Liasse.) — 10 pièces, papier.

1470-1534. — Baussac, près Carlucet. — Description de Baussac. — Historique du domaine de Baussac et de ses seigneurs. — Sentence arbitrale prononcée entre noble Guisbert de Burbuson, seigneur de Baussac et les habitants de Carlucet, au sujet des limites des lieux de Baussac et de Carlucet (1470). — Analyse du testament de noble Antoine de Burbuson, seigneur de Baussac (1524). — Analyse du testament de noble Matheline de Burbuson, dame de Baussac (1530) ; notes de Lacabane. — Mention de quittance donnée, dans le château de Baussac, à noble Mathurin de Fénelon et Hélène de Bernard, mariés, seigneurs de Baussac, par Jean de Burbuson, bâtard de Baussac (1534).

F. 171. (Liasse.) — 1 pièce, papier.

1250-1363. — Bazas. — Analyse de l'acte d'hommage par lequel Amaneu de Lebret reconnaît tenir de Gaston de Béarn, comme vicomte de Gavarred, le château de Bazas, avec toutes ses appartenances (1250). — Hommage du même Amaneu de Lebret à Gaston de Béarn (1268). — Autre hommage d'Armand Amaneu, seigneur d'Albret (de Lebret), à Gaston, par la grâce de Dieu, comte de Foix, vicomte de Béarn, etc.

F. 172. (Liasse.) — 1 pièce, papier.

1306-1438. — Bordeaux. — Extrait d'une chronique du XVe siècle, qui se trouve dans un manuscrit de la Bibliothèque nationale, à Paris, contenant les coutumes de Bordeaux, de Bergerac et de Bazas.

F. 173. (Liasse.) — 3 pièces, papier.

1309. — Bretenoux ou Orlande. — Procuration donnée à divers par la communauté d'Orlande ou autrement Bretenoux pour la représenter aux États généraux. — Représentation du sceau consulaire de Bretenoux. — Description du contre-scel de Bretenoux.

F. 174. (Liasse.) — 1 pièce, papier.

1347-1355. — Brive. — Extrait d'une histoire de Brive-la-Gaillarde, publiée en 1810, touchant les ravages de la peste en Limousin et les mesures prises pour défendre la ville contre les gens d'armes.

F. 175. (Liasse.) — 1 pièce, papier.

1174-1375. — Bruniquel. — Mention de donation par le vicomte de Bruniquel aux Frères de Beaulieu, de tout ce qu'il avait entre l'Aveyron et la forêt de Tulmon (1174) ; — mention de la confirmation de ce don par le comte de Toulouse (1178). — Mention du sceau d'Hélie de Cornil, damoiseau (1375).

F. 176. (Liasse.) — 23 pièces, papier.

1203-1259. — Cahors. — Extraits de Doat. — Mention et copie des lettres de R., duc de Narbonne, marquis de Provence, par lesquelles il prend sous sa protection les bourgeois et hommes de la ville de Cahors, avec tous leurs biens (novembre 1203). — Mention et copie de la transaction intervenue entre les consuls et habitants de Cahors, d'une part, et les consuls et habitants de Toulouse d'autre part, par laquelle ils abandonnent réciproquement toutes les demandes et prétentions qu'ils avaient les uns sur les autres (1207). — Analyse et copie de la bulle du pape Innocent III par laquelle il remet aux consuls de la ville de Cahors, la peine qu'ils avaient encourue lorsque le

cardinal *incaliomonte* allant en ladite ville, avait trouvé les portes fermées (1216). — Mention des lettres de Raymond, duc de Narbonne, comte de Toulouse, marquis de Provence, par lesquelles il met sous sa sauvegarde les consuls et les habitants de Cahors, en procès avec leur évêque (1225). — Mention et copie de la bulle du pape Grégoire IX ordonnant de faire observer la sentence d'excommunication lancée par le prieur de St-Cyprien contre le prieur et le sacristain de l'église cathédrale, en faveur des consuls de Cahors (1228). — Mention des lettres de Romain Diaire, cardinal du titre de St-Ange, par lesquelles, vu l'enquête de l'archevêque de Bourges par lui commis sur les contestations qui existaient entre l'évêque et les chanoines de Cahors d'une part, et les consuls et habitants de la dite ville d'autre part, sur ce que lesdits évêque et chapitre prétendaient empêcher les dits consuls de faire sonner certaine cloche, le dit légat, pris pour arbitre dans cette contestation, ordonne que les dits consuls pourront la faire sonner (1229). — Indication de la place qu'occupe dans la collection Doat, le texte des privilèges et coutumes de Cahors. — Mention de l'acte d'alliance intervenue entre Géraud, évêque et le chapitre de Cahors, d'une part, et certains prud'hommes de la dite ville d'autre, lesquels se promettent réciproquement secours, aide et conseil contre toutes personnes (1237). — Bulle du pape Innocent IV par laquelle il mande à l'abbé de Lagarde-Dieu de citer l'évêque de Cahors pour aller répondre devant Sa Sainteté sur les différends qu'il avait avec les habitants de la dite ville (1247). — Mention de l'ordonnance de Guillaume, évêque d'Agen, commissaire député par la bulle du pape Innocent IV, pour juger des différends qui existaient entre l'évêque et les consuls de Cahors (1249). — Forme du serment que les consuls de la cité de Cahors doivent prêter à l'évêque, à son nouvel avènement et au sénéchal, s'il est présent, pour raison du paréage, dans l'église de Cahors, avec les ordonnances faites sur le fait de la justice, police et libertés de la ville dont le viguier et le juge, qui sont institués par les dits évêque et sénéchal, doivent jurer l'observation en leurs mains (sans date). — Extraits des articles des droits prétendus par l'évêque de Cahors, au nom du chapitre de l'église cathédrale, contre le Roi et les consuls de la dite ville (sans date). — Copie de la réponse faite par G., évêque de Cahors à G. de Malamorte, sénéchal, sur les demandes à lui faites suivant les lettres du roi St-Louis, y insérées, touchant les injures qu'il faisait aux bourgeois de Cahors et sur ce qu'il les obligeait à plaider et répondre par-devant lui (1246). — Lettres de

Barthélemy, évêque de Cahors, par lesquelles, s ivant la sentence de Raymond, évêque de Toulouse, arbitre choisi par le dit évêque et par les consuls de Cahors, il ordonne à Raymond, clerc et chanoine de Cahors, son frère, de sortir du diocèse, et le dit Raymond jure de ne jamais plus y rentrer et de ne rien faire ni entreprendre contre les dits consuls et la communauté de la dite ville (1259).

F. 177.(Liasse.) — 9 pièces, papier.

1207-1309. — Cahors. — Notes de Lacabane sur l'origine de l'établissement de la commune à Cahors. (Le premier texte établissant sûrement l'existence de la commune daterait de 1207.) — Mention des lettres octroyées par les consuls de la ville de Cahors au peuple d'icelle, touchant la manière de jouir de leurs libertés et de lever la taille ou collecte de chacun de la dite ville (1269). — Copie de l'ordonnance de Simon Melun, sénéchal de Périgord, de Limousin et de Quercy, et de Henri de Gadonvilard, bailli d'Auvergne, au sujet de l'amende de 12,000 livres à laquelle les habitants de Cahors avaient été condamnés pour le meurtre de Jacques Donadieu, consul de la dite ville (1277). — Indication de sources sur l'information contre les Templiers du Quercy, à Cahors, le 2 janvier 1308. — Mention de nominations de procureurs par les consuls et habitants de Cahors, Lalbenque et Bretenoux (1309); — description des sceaux de Cahors, Lalbenque et Bretenoux et notes de Lacabane. — Extrait d'une dissertation manuscrite, intitulée « Mémoire des anciens comtes du pays de Quercy et du comté de Cahors, par Marc-Antoine Dominici ».

F. 178. (Liasse.) — Cahier in-huit, 8 feuillets, papier; 4 pièces, papier.

1360-1394. — Cahors. — Extrait des chroniques manuscrites du Quercy, par l'abbé de Foulhiac, touchant la protestation des Cadurciens à l'occasion de l'occupation de la ville et du comté de Cahors par le roi d'Angleterre, en vertu du traité de Brétigny (1360). — Copie de l'acte de prise de possession de Cahors par J. Chandos, au nom du roi d'Angleterre (janvier 1362). — Indication de sources pour privilèges ou confirmation de privilèges accordés par le duc d'Anjou aux villes de Cahors, Caylus et Caussade (1369). — Concession de tous les meubles et immeubles appartenant, en Quercy, à Jean de Beton, faite par le roi Charles V à « Jacobe de Proboleno, femme de Guillaume de Pertica », bourgeois de Cahors (1370). — Mention des lettres du roi Charles VI portant confirmation de l'exemption accordée en 1370, par Charles V, aux habitants, bourgeois et marchands de Cahors, du péage et autres tributs imposés pour la rançon de son prédécesseur, en considération de ce qu'ils étaient remis sous son obéissance (1394).

F. 179. (Liasse.) — 7 pièces, papier.

1428-1716. — Cahors. — Mention de Raymond Roger de Comminges, de Pierre de Raymond et de Jacques de Cardaillac St-Cirq, sénéchaux de Quercy; — peste de Cahors de 1558 et 1559. — Mandement de Jacques de Ginouillac, sénéchal de Quercy, au sujet du payement d'une somme de 43 livres 16 sols 9 deniers, pour frais de procès et d'exécution du nommé Benoit Gréalon, prêtre, convaincu d'avoir commis « le péché sodomitte » avec 3 ou 4 petits enfants et condamné à être brûlé vif (1536). — Procès-verbal de l'impossibilité où l'on s'est trouvé de lever l'impôt à Cahors par suite de la peste (1559). — Mention de l'arrêt du Conseil d'État transférant le bureau de l'élection de Cahors à Montauban et celui de Figeac à Capdenac, à la suite de quelque émotion du peuple arrivée à Cahors (1637). — Indication de source sur un placet adressé au Roi par les officiers de Cahors contre la translation de la cour des aides de Cahors à Montauban (1673). — Mention de l'apposition des sceau et armes de la ville de Cahors par les consuls à l'acte de vente de la terre et seigneurie de Tonnac, faite à Gaston Louis de la Prune-Montbrun, chevalier, marquis de Salvaniac, seigneur de St-Clair, Ste-Gemmes, Anglars et Laval, par François de Laroche, marquis de Fontenilles (1716). — Indication de sources dans l'inventaire du Trésor des Chartes, pour procurations, promesses, hommages, croisades, histoires de Cahors, Toulouse, Languedoc et procès contre le pape Boniface VIII.

F. 180. (Liasse.) — 7 pièces, papier.

Sans date. — Cahors (Évêques). — Listes chronologiques des évêques de Cahors, de 258 à 1714. — Indications de sources pour St-Didier, St-Ambroise, Habert et Alain de Solminihac, évêques de Cahors. — Descriptions des armoiries des évêques Alain de Solminihac, Popian et Ricard de Montagu.

F. 181. (Liasse.) — 13 pièces, papier.

930-1365. — Cahors (Diocèse). — Copie de l'acte de donation de territoires dans le diocèse de Cahors, faite au monastère d'Aurillac, par Frotard, vicomte, Adelberge, vicomtesse et Gérald, leur fils (930). — Copies d'actes et notes de Lacabane sur la prétendue donation du comté de Cahors faite à l'évêque de Cahors par Raymond, comte de Toulouse (1090). — Indications de sources : pour lettres de l'évêque de Cahors et du comte de Toulouse au sujet d'arrière-fiefs de l'évêché de Cahors ; pour hommages du comte de Toulouse à l'évêque de Cahors. — Indication de fêtes observées dans l'évêché de Cahors, vers 1250. — Réception, par le roi de France, de l'hommage de Barthélemy, évêque de Cahors, pour le comté et la cité de Cahors (1254). — Indications de sources pour : transaction entre le chapitre de Cahors et Bertrand de Cardaillac, chevalier ; — sentence arbitrale rendue entre le chapitre de Cahors et Bertrand de Cardaillac, chevalier, au sujet de la propriété de certaines terres (1258) ; — lettres du roi Philippe-le-Bel accordant divers privilèges aux chanoines de l'église cathédrale de Cahors (1304);— vidimus, par Philippe-le-Long, des lettres du roi Louis-le-Hutin, contenant le paréage fait entre le roi Philippe-le-Bel et Raymond, évêque de Cahors (1320). — Description du sceau du chapitre de Cahors, en 1306. — Procuration donnée par le chapitre de Cahors à Armand Fabri, son chapelain, pour assister aux États du Royaume (1317) ; — description du sceau et du contre-scel du chapitre de Cahors.— Extraits de bulles du pape Jean XXII relatives : à l'archidiaconé *des Vallibus*, dans l'église de Cahors ; — à la Chartreuse de Cahors ; — à l'Université de Cahors (1317-1333). — Mention de la bulle du pape Jean XXII autorisant Bertrand, évêque de Cahors, à concéder en fief à noble Faure de Montfavez, coseigneur de Gaudolena, la quatrième partie dudit lieu de Gaudelena, appartenant à l'église de Cahors (1332) ; — mention de la bulle du pape Urbain autorisant le même évêque à donner en emphytéose les maisons et biens de sa mense restés improduits par suite de la mortalité et des guerres (1365). — Mention de bulles : autorisant les évêques de Cahors, Agen et Sarlat à user de censures, excommunications et interdictions (1354) ; — annexant au chapitre de St-Martin de Montpezat, l'église paroissiale de St-Genies « de Amilhano », près Montpezat (1354). — Indication de source pour la régale de Cahors.

F. 182. (Liasse.) — 2 pièces, papier ; 2 cahiers in-huit, 30 feuillets, papier.

Sans date. — Cahors (Diocèse). — Extrait du Pontifical du diocèse de Cahors intitulé « ad judicium faciendum » ou liturgie pour le jugement par l'eau froide ; — autres extraits du même, contenant 1° une oraison « ad barbas tondendas », 2° une bénédiction de maison (X° siècle). — État des amendes reçues par le sénéchal de Quercy et de Périgord R. de Trapes, dans le diocèse de Cahors. — Revenus du diocèse de Cahors.

F. 183. (Cahiers.) — In-huit, 68 feuillets, papier.

1637. — Cahors (Diocèse). — Catalogue de tous les bénéfices du diocèse de Cahors. « Catalogus abbatiarium, Decanatuum, Prioratuum secularium et regularium, conventualium et non conventualium, Archipresbiteratium et ecclesiarum Parrochialium Diœcesis Cadurcensis ». — (Ce Pouillé présente quelques différences avec le Pouillé publié, par M. A. Longnon, dans les *Documents inédits* sur l'histoire de France. — *Mélanges historiques*. — *Choix de documents*. — *Tome* 2°.

F. 184. (Registre.) — In-huit, 314 feuillets, papier.

XVIII siècle. — Cahors (Diocèse). — Pouillé du diocèse de Cahors, avec notes de M. Lacabane. — Ce pouillé, pour chaque paroisse du diocèse, donne les noms des curés, le nombre des communiants, les décimateurs, les revenus, les patrons, les noms des généralité, élections, sénéchaussées, présidiaux et parlements dans le ressort desquels elles sont comprises. — La fin du pouillé renferme : 1° le catalogue des congrégations du diocèse de Cahors, par ordre alphabétique, dans le haut et le bas Quercy ; — 2° le catalogue des paroisses pour les cinq départements du diocèse : Cahors, Figeac, Martel, Moissac et Puy-l'Évêque ; — 3° la liste de pricurés simples à la nomination de l'Évêque ; — 4° la liste des abbayes d'hommes dans le diocèse ; — 5° la liste des communautés religieuses d'hommes et de femmes.

F. 185. (Liasse.) — 161 pièces, papier.

Sans date. — Cahors (Diocèse). — Courtes notices sur les saints et saintes fêtés dans le diocèse de Cahors. — Saints et saintes avec les noms des paroisses du diocèse de Cahors placées sous leur invocation.

F. 186. (Liasse.) — 4 pièces, papier.

1310-1484. — Cajarc. — Mentions des confirmations des coutumes accordées à Cajarc par l'évêque Barthélemy, par les successeurs de cet évêque, Raymond en 1310, Guillaume en 1319, Bertrand de Cardaillac en 1332, le même en 1361, Bégon de Castelnau en 1368, François de Cardaillac en 1392, Guillaume en 1405 et Antoine Alamandi en 1484. — Analyse d'une sentence de Bernard Gervais, lieutenant du sénéchal du Périgord et de Quercy, par laquelle il casse, sur l'appel des consuls de Cajarc, la sentence arbitrale des archiprêtres de Cajarc et de St-Médard, par laquelle ils adjugeaient à Hugues, évêque de Cahors, la juridiction haute, moyenne et basse de la dite ville de Cajarc (1319). — Copie des lettres du roi Charles IV par lesquelles il ordonne aux sénéchaux de Périgord et de Quercy, de maintenir les habitants de Cajarc dans les privilèges qu'ils avaient de ne pouvoir être arrêtés, ni eux ni leurs biens, lorsqu'ils allaient, revenaient ou demeuraient à Caylus (1325). — Analyse des lettres de Bertrand, évêque de Cahors, par lesquelles il déclare aux consuls et habitants de Cajarc qu'il a prêté le serment de fidélité et d'obéissance au roi d'Angleterre, suivant l'ordre du roi de France et qu'il veut que les habitants de Cajarc prêtent le même serment (1362). — Mention du serment de fidélité prêté par les bailli, consuls et habitants de Cajarc et par Guisbert de Cajarc, damoiseau, à Édouard, prince d'Aquitaine et de Galles, suivant les lettres de Bertrand, évêque de Cahors (1363) ; — copie des lettres ci-dessus mentionnées (1363).

F. 187. (Liasse.) — 34 pièces, papier.

972-1770. — Calais. — Indications de sources pour l'histoire de Calais et principalement de son siège. — Indications de sources pour : lettres du Roi en faveur de plusieurs bourgeois de Calais (1348) ; — dons faits aux bourgeois de Calais, privés de leurs biens, lors de la prise de cette ville (1351) ; — lettres relatives aux héritiers de feu Gille Cul de Boulle et Jean Paoul, bourgeois de Calais, chassés lors de la prise de cette ville (1361) et texte de ces lettres. — Extrait des lettres de Philippe de Valois aux maïeur et échevins d'Abbeville les convoquant pour aller au siège de Calais (1347). — Extrait des lettres du même roi limitant le contingent d'Abbeville au siège de Calais (1347).

F. 188. (Liasse.) — 7 pièces, papier.

1250-1631. — Camboulit. — Indication de source pour vente faite par Armand Baras à Guillaume de Cardaillac, du droit qu'il avait sur la terre de Camboulit et de Corn (1250). — Mention de la donation de la seigneurie de Camboulit par Bertrand III, baron de Cardaillac à Géraud, son troisième fils (1266). — Notes sur la cession au prieuré de Figeac par Géraud Balène, chevalier, de sa part de juridiction haute et basse du château de Camboulit, avec toutes les rentes que lui et son frère, pouvaient avoir sur ledit château (1302). — Notes sur : la contribution sur Camboulit pour l'entretien de 2 hommes d'armes (1347) ; — la prise de Camboulit par Bernard de la Salle, en 1377 ; — la surprise de Balaguier par les Anglais de Camboulit et de Corn en 1377 ; — la tentative de surprise de Cajarc par les Anglais de Camboulit et de Corn en 1383 ; — l'occupation de Camboulit par les Anglais en 1426. — Extrait d'un état des paroisses des généralités du Royaume, duquel il résulte qu'un tiers de la seignerie de Camboulit appartenait à l'abbé de Figeac, un autre tiers au sieur de Roquefort et le dernier tiers au sieur de Camboulit (1631).

F. 189. (Liasse.) — Cah. in-8, 12 feuil. papier; — 17 pièces, papier.

1214-1572. — Capdenac. — Indication de source pour présence de Lentillac, comme témoin dans l'acte d'hommage rendu à Simon, comte de Leycester, seigneur de Montfort, pour le château et forteresse de Capdenac et ses dépendances (1214). — Prestation de serment prêté au roi St-Louis par les consuls, nobles et bourgeois de Capdenac, y dénommés, à l'occasion de la paix entre l'Église, le roi de France et le comte de Toulouse (1243). — Représentation du sceau et du contre-scel de la communauté de Capdenac, en 1243. — Mention de la vente de Capdenac au comte d'Armagnac (1246). — Lettres de Philippe-le-Long accordant des libertés et des privilèges aux habitants de Capdenac (1320) ; — confirmation de ces lettres par le roi Jean (1361) ; — autre confirmation par le roi Charles VI (1393). — Analyse des lettres du duc d'Anjou, mettant les habitants de Capdenac sous la protection et la sauvegarde du roi de France (1369) ; — notes de Lacabane. — Analyse de l'acte de vente du château et de la châtellenie de Palaret, diocèse de Cahors, faite à noble Bertrand de Clavière d'Alverhne, damoiseau, par noble Astorg d'Aurillac (1354) ; —

confirmation de cette vente par le roi Jean (1355). — Mention des privilèges de Capdenac donnés ou confirmés par les rois de France Philippe le Long, Charles V et Charles VI. — Mention de lettres du duc d'Anjou, datées de Toulouse, en avril 1369, époque où Capdenac avait appelé contre le prince de Galles. — Anoblissement d'André de *Hospitali*, de Capdenac (1370) . — Mention des lettres du roi Charles VII portant provision de la charge de capitaine du château de Capdenac, en faveur du comte d'Eu (Charles d'Artois), datées de Chinon, le 12 mars 1446. — Arrêt du parlement de Paris contre les co-seigneurs et les habitants de Capdenac (février 1321) . — Arrêt du même Parlement refusant une enquête réclamée par les co-seigneurs de Capdenac (7 août 1321) ; — nouvel arrêt annulant un précédent arrêt rendu contre les co-seigneurs de Capdenac (22 mars 1322). — Extrait de l'inventaire des titres trouvés au château d'Alençon, touchant diverses mutations de la baronnie et du château de Cap--denac (1363-1518). — Lettres du duc d'Anjou en faveur de Capdenac (1369). — Lettres du duc d'Anjou accordant aux habitants de Capdenac le privilège d'acquérir, pendant 20 ans, toutes sortes de biens et de les posséder noblement sans payer aucune finance (novembre 1369) ; — notes de Lacabane. — Lettres de Jean, comte d'Armagnac et de Rodez, par lesquelles il nomme et présente Hector *Basterii*, prêtre du lieu de Capdenac, à 2 chapellenies qu'il avait annexées à l'autel du corps de J.-C. de l'église de Capdenac et qui avaient été fondées, l'une par Bertrand de Balaguier, chevalier, de Capdenac et l'autre par autre Bertrand de Balaguier, fils du précédent (1390). — Notes sur Capdenac et ses seigneurs de 1417 à 1572. — Lettres d'abolition accordées par le roi Charles VII aux habitants de Capdenac qui avaient pris le parti des Anglais (1445). — Mention de la présence de noble Raymond de Capdenac à l'hommage fait au comte de Rodez, par noble Antoine de Murat, pour une portion du château et toute la justice de Lupiac, près Capdenac (1461). — Mention de la cession faite au Roi par Raymond de Capdenac et Jacques, son fils, de leur seigneurie de Capdenac, s'en réservant néanmoins la jouissance pendant 10 ans (1471).

F. 190. (Liasse.) — 3 pièces, papier.

1227-1299. — Cardaillac. — Mention d'un accord intervenu entre Bertrand de Cardaillac et Hugues, son frère, d'une part, Raymond de Cardaillac et Bertrand, son frère, d'autre (1227). — Mention de l'achat fait de Pons de Laroque, donzel, du château de Car-

Lot — Tome IV. — Série F.

daillac, par Bertrand de Saint-Bressou, aussi donzel, de la huitième partie de la seigneurie de Cardaillac (1274). — Autre achat dudit de St-Bressou fait de Raymond, Hugues et Bertrand de Cardaillac, de tous droits de directe et taille aux quatre cas (1275). — Reconnaissance par Hugues de Cardaillac, chevalier et Géraud de Cardaillac, des droits de Bertrand de St-Bressou, chevalier, sur la seigneurie de Cardaillac (1297). — Accord et sentence arbitrale entre les barons de Cardaillac, Bertrand, Arnaud, Géraud, Hugues, Guillaume et Raymond de Cardaillac d'une part et les nobles dudit Cardaillac d'autre part (1299).

F. 191. (Liasse.) — 5 pièces, papier.

1060-1789. — Carennac. — Indication de sources pour donation, par Bernard, évêque de Cahors, à l'abbaye de Cluny, de l'église de St-Saturnin, à Carennac, en échange de son héritage dans la ville de Gramat (1060) ; note de Lacabane. — Analyse de la bulle du pape Alexandre III par laquelle il prend sous sa protection le monastère de Carennac, où il veut que la règle de St-Benoit soit perpétuellement observée et lui confirme la possession de ses biens présents et à venir (1175). — Mention de transactions passées : entre Hugues de Castelnau, seigneur de Gramat et le prieur de Carennac, au sujet d'une rente (1252) ; — le prieur de Carennac et noble homme Garin de Castelnau, sur le droit de pêche en Dordogne (1266) ; — noble homme Hugues de Castelnau, seigneur de Gramat, et le prieur de Carennac, sur ce que le dit prieur aurait fait ériger des potences au lieu de Peires taillades, dépendant de la baronnie de Gramat, et y aurait fait pendre un homme, le samedi après la Noël 1285. — Analyse des lettres d'Édouard II, roi d'Angleterre, par lesquelles il donne à Guillaume de Ventadour, doyen de Carennac, l'administration du prieuré de Ste-Marie de Thefford (1308). — Notes sur divers doyens de Carennac, de 1175 à 1789.

F. 192. (Cahier.) — Petit in-folio, 6 feuillets, papier.

1000-1560. — Carennac, Figeac, Fons, etc. — Extraits d'un ancien inventaire des archives de Cluny. — Donation faite à l'abbaye de Cluny par Bernard, évêque de Cahors, Robert, son frère et Matefrède, femme dudit Robert, de l'église de Carennac (du temps de St-Odile, environ l'an 1000). — Mention de provisions du prieuré de Mauzanes par le doyen de Carennac, duquel le dit prieuré dépend (1425). — Lettres relatives à l'élection de l'abbé de Figeac en 1245. —

17

Mentions : de compromis entre les religieux de Figeac pour l'élection de leur futur abbé (1260);— de procuration des religieux de Figeac pour demander à l'abbé de Cluny la permission d'élire leur abbé (1260) et du procès verbal d'élection intervenu (1260);— des plaintes adressées aux abbé et définiteurs du chapitre de Cluny, par les religieux de Figeac, contre un de leurs confrères (1273). — Requête des anciens et de la plupart des religieux de Figeac à l'abbé de Cluny, par laquelle ils le supplient de ne point approuver l'élection d'un jeune homme, nommé Lucas, pour leur abbé (1288).—Actes des cérémonies faites et honneurs rendus à l'abbé de Cluny, à son entrée dans l'abbaye de Figeac (1291). — Procès-verbal de l'élection du prieur de la Voute, pour abbé de Figeac, par les religieux de cette abbaye (1315). — Bulle du pape Grégoire II par laquelle il recommande à l'abbé de Cluny Guibert que les religieux de Figeac avaient élu pour leur abbé (1376). — Élection d'un abbé de Figeac par les religieux de cette abbaye (1410). — Autre élection d'abbé en 1441. — Provision du prieuré de Fons, dépendant immédiatement de l'abbaye de Figeac (1441). — Procès-verbal des religieux de l'abbaye de Figeac, assemblés pour procéder à l'élection de leur abbé futur (1447). — Sentence définitive rendue par Oddo, abbé de Cluny, par laquelle il casse l'élection précédente faite sans sa permission et contre les privilèges de l'ordre (1447) ; — visite et réforme de l'abbaye de Figeac faites par ordre de l'abbé de Cluny (1447) ; — citation de l'abbé de Cluny et de ses vicaires généraux en cour de Rome, à la requête des religieux de l'abbaye de Figeac (le siège abbatial vacant) se plaignant des ordonnances, citations, excommunications, aggravations faites et fulminées contre eux par ledit abbé de Cluny (1448). — Appel, interjeté par l'abbé de Figeac, des lettres et citations données contre lui par l'abbé de Cluny (1453). — Commission de l'abbé de Cluny pour citer l'abbé de Figeac à Cluny, afin de lui jurer obéissance (1460) ; — appel au Saint-Siège et au parlement de Toulouse, interjeté par l'abbé de Figeac contre l'excommunication et autres censures fulminées contre lui par l'abbé de Cluny ou son vicaire général (1460) ; — acte de procuration de l'abbé de Figeac pour comparaître en son nom à Cluny et y faire serment de soumission et d'obéissance (9 juin 1461) ; — acte par lequel l'abbé de Figeac, après avoir promis obéissance à l'abbé de Cluny, en la ville du Puy en Auvergne, s'oblige à comparaître au premier chapitre général et d'y répondre aux conclusions que le procureur général du seigneur de Cluny voudra prendre contre lui (17 juin 1461) ; — assignation des jours fixés à l'abbé de Figeac, pour venir à Cluny rendre l'obéissance qu'il devait à l'abbé de Cluny (septembre 1461). — Sentence des définiteurs du chapitre général en vertu de laquelle l'abbé de Figeac est condamné à promettre obéissance sans exception à l'abbaye de Cluny (1462). — Procès-verbal du 28 octobre 1475, contenant l'élection faite par les religieux de l'abbaye de Figeac, de Raymond Bonnaut pour leur abbé ; — acte par lequel l'abbé de Cluny, sur la requête à lui présentée par Louis de St-Germain, pourvu par Sa Sainteté de l'abbaye de Figeac, révoque la commission de vicaire général qu'il avait donnée au prieur de Bort pour approuver ou improuver l'élection faite par les religieux de Figeac de Raymond Bonnaut (février 1476) ; — procuration de Raymond Bonnaut, élu abbé de Figeac, pour résigner et céder entre les mains du Pape et de l'abbé Cluny, en faveur de Louis de St-Germain (mai 1476) ; — sentence du grand-prieur et vicaire général de l'abbé de Cluny, déclarant nulle l'élection faite par les religieux de Figeac, de Raymond Bonnaut (8 juin 1476) ; — bénédiction de Louis de St-Germain, abbé de Figeac, en 1476. — Excuses des abbés de Figeac de ce qu'ils ne pouvaient se trouver en personne aux chapitres généraux de Cluny, ès années 1327, 1351, 1361, 1395, 1401, 1417, 1452, 1453, 1454, 1455, 1456, 1459, 1460, 1461, 1469, 1512, 1515, 1516, 1517, 1521, 1523, 1526 et 1536. — Appel au St-Siège interjeté par l'abbé de Cluny, au sujet de l'absolution donnée par l'official de Rodez, juge délégué du St-Siège, aux abbé et couvent de Figeac de l'excommunication qui avait été fulminée contre eux par les abbé et définiteurs du chapitre général de Cluny en 1490. — Lettre du visiteur de l'ordre de Cluny à l'abbé dudit Cluny contenant ce qui s'était passé entre lui et les religieux de Figeac lorsqu'il avait voulu les visiter en 1495 ; — appel du syndic de l'abbaye de Figeac contre la visite que le prieur de la Voute et le doyen de Cluny prétendaient faire de leur monastère (1495) ; — arrêt de la cour de parlement de Toulouse rendu en faveur des abbé, couvent et définiteurs de Cluny contre les prieur et religieux de Figeac (1499) ; — visite de l'abbaye de Figeac par le député des définiteurs du chapitre général de Cluny, en vertu de l'arrêt précédent (1505). — Lettres apostoliques impétrées par les abbé et religieux de Figeac contre l'abbé et les définiteurs de Cluny, au sujet de la juridiction que ces derniers prétendaient exercer tant sur la dite abbaye de Figeac que sur les membres dépendant d'icelle (1512). — Aggravation d'excommunication fulminée par les définiteurs du chapitre général contre l'abbé de Figeac, parce que, depuis plusieurs années, il ne s'était trouvé aux chapitres (1541). — Mention d'un registre sur lequel sont transcrits : la bulle de prévision de sécularisation de l'abbaye de St-Sauveur de Figeac faite par le pape Paul III (1536);— la bulle du pape Paul IV dans laquelle il ratifie la transaction faite entre le cardinal de Lorraine, abbé de Cluny, d'une part, et le cardinal d'Armagnac, abbé de Figeac, d'autre part, par laquelle le cardinal de Lorraine consent à la sécularisation de l'abbaye de Figeac, en considération de quoi et comme témoignage de supériorité de l'abbaye de Cluny sur celle de Figeac, le cardinal d'Armagnac consent et promet de faire consentir les chanoines de Figeac à ce que l'abbé de Cluny pourra conférer alternativement avec les dits chanoines les huit canonicats perpétuels et qu'il aura le droit de visiter ou faire visiter ladite église de Figeac et celui de pourvoir aux églises, bénéfices, etc. (1555) ; — les lettres patentes du roi Henri II contenant approbation et homologation de la sécularisation de l'abbaye de Figeac et de l'accord susmentionné (1556); — l'approbation et l'homologation dudit accord par les doyen, chanoines et chapitre de Figeac, en 1556 ; — le bref du pape Paul IV adressé aux définiteurs du chapitre général de Cluny, par lequel il les exhorte à consentir à l'accord fait entre le cardinal, l'abbé et l'église de Figeac (1556) ; — la ratification définitive de cet accord (1559) ; — les reconnaissances au cardinal de Lorraine, abbé de Cluny, par les procureurs spéciaux des doyen et chapitre de Figeac, de ses droits de pensions, supériorité, visites, collations, etc. (1559). — Mentions : de la bulle du pape Grégoire VII par laquelle il confirme et soumet perpétuellement à l'abbaye de Cluny tous les monastères, églises et possessions en dépendant et notamment, dans l'évêché de Cahors, l'abbaye de St-Pierre de Moissac, l'abbaye de Figeac et le monastère de Carennac (1077) ; — de la procuration des doyen et chapitre de Figeac pour venir payer à l'abbé de Cluny le tiers d'une once d'or qu'ils lui devaient de reconnaissance annuelle (1560) ; — de la reconnaissance du doyen de Carennac, de 500 livres qu'il devait de pension annuelle à l'abbé de Cluny (1377) ; — de la citation du doyen de Carennac par-devant le juge délégué du St-Siège, pour le contraindre au payement de la pension qu'il devait à l'abbé de Cluny (1451).

F. 193. (Liasse.) — 2 pièces, papier.

839-1476. — Carlat en Auvergne. — Récit des diverses prises de Carlat en Auvergne (839-1476). — Notes sur les abbés d'Aurillac (1245-1280). — Indications de sources pour : cession de territoires aux diocèses de Cahors et de Toulouse faite par Philippe-le-Bel au comte de Périgord, pour le dédommager de ce qu'il lui avait retiré pour le rendre à Édouard, roi d'Angleterre (1305) ; — accord entre les États du Gévaudan et Jean d'Armagnac, lequel s'engage à chasser les Anglais de Carlat et autres lieux (1379) ; — lettres de Charles VII au seigneur d'Albret (1450) ; — apanage du duché de Guyenne donné par le roi Louis XI à Charles, son frère (1469).

F. 194. (Liasse.) — 1 pièce, papier.

1309. — Castelnau-des-Vaux. — Procuration donnée par la communauté de Castelnau-des-Vaux à Arnald de *Colhuenha* et Gailhard Fabri, de Montauban, pour la représenter auprès du Roi, à l'occasion du mariage de sa fille. — Fac-similé du sceau consulaire de Castelnau.

F. 195. (Liasse.) — 1 pièce, papier.

1270. — Castelsagrat. — Indication de source pour coutumes, franchises et libertés accordées par Alphonse, comte de Poitiers et de Toulouse, aux habitants « Castri sacrati » au diocèse de Cahors.

F. 196. (Liasse.) — 7 pièces, papier.

1305-XVIII⁰ siècle. — Caussade. — Paroisses formant la baronnie de Caussade. — Mentions des mariages : de Régine de Gots ou de Gouth, comtesse de Lectoure, vicomtesse de Lomagne, d'Aurillac et Carlat, baronne de Caussade (1305) ; — de Jeanne de Périgord, fille aînée de Roger Bernard, comte de Périgord et de Léonore de Vendôme, laquelle apporte en dot à son mari, Jean II d'Armagnac, la baronnie de Caussade (1359). — Donation, par son père, à Pierre, bâtard d'Armagnac, comte de Lisle en Jourdain, de 15000 écus sur la baronnie de Caussade (1486). — Pierre d'Armagnac, chevalier, baron de Caussade (1510). — Don de la terre de Caussade à Gilbert de Chabanes, seigneur de Curton, par le duc de Guyenne (1469). — Mention de procès entre Pierre, bâtard d'Armagnac et Jean de Chabanes, aussi chevalier, seigneur de Curton, au sujet de la baronnie de Caussade (1514). — Mention des mariages de Bonne et de Jeanne de Martel, filles de Jean de Martel-Fontaines, baron de Caussade (1553 et 1557). — Mention de procès entre Jean Foucaud, écuyer, seigneur de Cubzac et Marguerite de Bosc, sa femme, d'une part et Geoffroi de Cugnac, seigneur de

Caussade et Jacquette de Bosc, sa femme, d'autre part (1600). — Mention de procuration donnée à Hugues de Maurimon, bourgeois de Caussade, par les consuls dudit lieu pour représenter la communauté aux États Généraux (1309) ; — représentation du sceau du consulat de Caussade. — Indication de sources pour la baronnerie de Caussade et les suites de la révocation de l'Édit de Nantes.

F. 197. (Liasse.) — 1 pièce, papier.

1357. — Caylar (Hérault). — Transaction entre Robert (Devia), évêque de Lodève et les habitants du Caylar, au sujet de la contestation relative à la garde de nuit du château du Caylar, dont le dit évêque était seigneur. — L'évêque voulait exiger cette garde comme un devoir que les habitants lui devaient, tandis que les habitants prétendaient ne faire cette garde que par complaisance.

F. 198. (Liasse.) — 5 pièces, papier.

1243-1309. — Caylus. — Indication de source pour serment prêté par les consuls et les habitants de Caylus au roi de France, à l'occasion de la paix entre ledit Roi, l'Église et le comte de Toulouse (1243) ; — description du sceau de la communauté de Caylus ; — description du sceau du chapitre cathédral de Cahors. — Indication de source pour confirmation, par Alphonse, comte de Poitiers et de Toulouse de la vente faite par Jean d'Angeville, chevalier, sénéchal d'Agenais et de Quercy, à Raymond Atho, chevalier, de Caylus, des *valats* et fossés dudit lieu, depuis la porte neuve jusqu'à la porte de l'église (1269). — Mention de procuration donnée par les consuls de Caylus (1309) ; — description du sceau et du contre-scel des consuls de Caylus ; —note sur le sceau consulaire de Lauzerte ; — mention de procurations données par les consuls de Caylus, Luzech, Belaye, Castelfranc et Puy-l'Évêque (1309); — note sur l'état de 3 des sceaux attachés à cette procuration ; — description du sceau et du contre-scel de la communauté de Belaye. — Indication de source pour enquête au sujet de 2 bannis qui avaient été cachés par Gisbert de Thémines, dans les châteaux de Caylus et de Montfort, appartenant à Geoffroy de Pons, seigneur desdits lieux (1309).

F. 199. (Liasse.) — Cahier, petit in-folio, 8 feuillets papier ;
13 pièces, papier.

796-1132. — Conques (abbaye). — Relation de la fondation du monastère de Conques par Dadon, en 796. — Notes et minutes de lettres de Lacabane au sujet de la fondation ou des restaurations de l'abbaye de Conques. — Copies du diplôme de Pépin, roi d'Aquitaine, en faveur de l'abbaye de Conques (838). — Extrait de la chronique du monastère de Conques avec notes de Lacabane. — Extrait du poème élégiaque d'*Ernoldus Ingellus* touchant les gestes de Louis-le-Débonnaire, depuis 781 jusqu'en 826 et dans lequel il est question de la fondation de l'abbaye de Conques, avec notes de Lacabane. — Notes pour fondation de l'église de St-Jean de Mirabel par l'abbaye de Conques (XIe siècle). — Notes sur le prieuré conventuel de Coulommiers, dépendant de l'abbaye de Conques. — Extraits de documents relatifs à la translation des reliques de Ste-Foy, d'Agen à Conques en 886 ou 887. — Notes sur St-Vincent, martyr d'Agen. — Indication d'ouvrages dans lesquels il est question de l'abbaye de Conques.

F. 200. (Liasse.) — 5 pièces, papier.

801-XIVe siècle. — Conques (abbaye). — Dadon résigne l'abbaye de Conques entre les mains de Medralde (801). — Mention de Girbert, abbé de Conques (883). — Indication de source pour Vesian, abbé de Conques (1209); —note de Lacabane.—Mention de Bertrand de St-Genez, moine de Conques (1312). — Indications de sources pour divers abbés de Conques au XIVe siècle.

F. 201. (Liasse.) — 30 pièces, papier.

801-1209. — Conques (abbaye). — Donation faite par Leutrade à Madralde, abbé, et aux religieux de Conques, d'une église dans la vallée du Tarn, au lieu nommé *Prescio* (801). — Copie du diplôme de l'empereur Louis-le-Débonnaire portant dons en faveur du monastère de Conques (819); —annotations de Lacabane. — Échange fait par commandement de Louis-le-Débonnaire entre Anastase, 3e abbé de Conques, et Bertrand, vassal du Roi (*Bertrandus dominicus vassus*) de certaines terres en Auvergne (823). — Donation par Bertrand au monastère de Conques, de la ville de *Verneducio* (villa de Verneducio) avec toutes ses appartenances et des églises de St-Cyprien et St-Jean et de St-Amant (883) ; — notes de Lacabane. — Donation faite par Signald et Aiga, sa femme, au monastère de Conques, de deux villages (888) ; — indication de source pour donation faite au même monastère par

Bernard, comte, et Hermengarde, sa femme, de la ville appelée Bautone, dans la vicairie de Severac. — Donation par Pétronille, fille d'*Austrinus*, à Ste Foy et aux religieux de Conques,de la portion qu'elle avait de la ville de Rossin, de la dîme, préférences, sépultures et changements de prêtres. — Indication de source pour donation faite par *Ilosfridus de Bellomonte*, Bertrude, sa femme, ses enfants et son frère, en faveur de Ste-Foy de Conques, du lieu de *Verida fons*. — Donation faite par Senegunde et Rodolphe, abbé, son fils, au monastère de Conques (910). — Indication de source pour don de fief à l'abbaye de Conques par Senegunde et Rodolphe, son fils (913) ; — notes de Lacabane. — Donation faite par Senegunde à Fredelon, son fils, abbé de Conques, de sa terre de Liviniac, avec l'église de St-Adrien et tout ce qui en dépend (926). — Donation par *Sigoinus* à l'autel consacré en l'honneur de Dieu, dans l'église de Conques, de 2 villages situés au lieu appelé *Redunda*, avec ses dépendances (930) ; — notes de Lacabane. — Convention faite entre *Niguarius*, religieux, Bernard et Boniface, son fils, au sujet d'un village dans le lieu de *Frayxinias*, en vertu de laquelle ledit religieux a la moitié du village durant sa vie et Bernard et Boniface l'autre moitié et, après leur mort, il en fait donation à l'église et au monastère de Conques (930) ; — notes de Lacabane. — Donation faite par Gausbert et ses frères, au monastère de Conques, de l'église de *Monte-Aldone*,en Quercy (930);— note de Lacabane. — Indication de source pour donation faite par *Rostagnus* au monastère de Conques, d'un village appelé Casals, avec ses appartenances, pour les ames de *Bernundus*, son père, et de *Folcrado*, sa mère (935) ; — note de Lacabane. — Donation faite par Pons, abbé, à l'église de Ste-Foy de Conques, de l'alleu de 4 villages et de 6 autres en dépendant. — Donation par *Avierna* et ses deux enfants, Bernard et Aimo, au monastère de Conques des acquêts par eux faits en Rouergue, dans la vicairie *Dunense*, en la ville appelée *Caranciago*, du village de *Favo fonte* et de ses appartenances (990) ; — notes de Lacabane. — Mention de donation du village de *Solarius*, faite par Bernard Oddo et Armand, son frère, de Ste-Foy, à l'abbé et aux religieux de Conques. — Donation faite par Austin de Moret et Richarde, sa femme, à Bégon, abbé et aux religieux de Conques, du village de *Cavabeceira*, en alleu (1095 ?). — Donation des villages de *Busonis* et de *Petra Fissa*, faite par Aldebert, évêque de Mende, en faveur de Bégon, abbé de Conques (1099). — Donation faite par *Austrinus* et *Avierna*, sa femme, à Odolric, abbé et aux religieux de Conques de 6 villages du

Rouergue. — Échange entre Adrald, abbé d'Aurillac et Arlald, abbé de Conques, par lequel ledit Adrald donne à l'abbé de Conques les alleus de *Alteriaco* et de *Picanolo* et reçoit l'alleu de *Montelobono*. — Mention de la donation de l'église de *Monte Aldone* faite par Gausbert et ses frères à l'abbaye de Conques sous le règne de Henri ; — note de Lacabane. — Donation faite par Pierre de Felzins à l'abbé Odolric et aux religieux de Conques,du village de Batut avec ses appartenances ; — notes de Lacabane. — Indication de source pour abandon, par un seigneur de Panat, de ses prétentions sur le prieuré et les terres de l'église de Marcillac ,en faveur de l'abbaye de St-Sauveur et de Ste-Foy de Conques (1209).

F. 202. (Liasse.) — 1 pièce, parchemin ; 2 pièces, papier.

1591-1774. — Corn et Lentillac. — Analyse du contrat de mariage entre noble Théodore de Corn, seigneur dudit lieu, Sonac, Montoy, Roumegoux et autres lieux, d'une part,et noble Françoise de Lentillac, damoiselle de Goudou, d'autre part (1591). — Analyse du testament de noble Françoise de Lentillac, damoiselle de Sonac, seigneuresse de Goudou, Lunan, et autres lieux, par lequel elle veut être enterrée dans l'église paroissiale de St-Laurent de Corn et dans la chapelle de cette église qui lui appartient (1625). — Lettres de ratification de la vente d'un pré consentie par Guillaume Galabert, du lieu de Corn,en faveur de Jean-Louis Serres, marchand, du même lieu (1774).

F. 203. (Liasse.) — 1 pièce, papier.

1178-1210. — Dalon (abbaye). — Mentions de donations diverses faites en faveur de l'abbaye de Dalon.

F. 204. (Liasse.) — 21 pièces, papier.

1211-XVIII° siècle. — Espagnac (prieuré). — Notice sur le monastère et l'église d'Espagnac ; — prieures du monastère d'Espagnac. — Copie de la charte de fondation du prieuré d'Espagnac (1211). — Acte par lequel Guillaume et Gaillard de Bedoir, frères, déclarent que Bertrand de Bedoir, leur père, laissa par testament à Dieu et à la maison d'Espagnac, sa fille Guiralde, pour y être religieuse, ainsi que le village de *Valgodeira* et autres biens (1218). — Lettres de *Gombaudus*, abbé de Ste-Marie de la Couronne, par lesquelles il accorde à Alasie, prieure, et aux sœurs du couvent d'Espagnac, de vivre selon la règle de St-Augustin, règle leurs habits et leur manière de vivre et leur donne pouvoir d'élire leur prieure (1256). — Analyse de transaction intervenue entre Alasie, prieure d'Espagnac, d'une part, et Bertrand et Pierre de Cajarc, père et fils, d'autre (1272). — Transaction entre Alasie, prieure d'Espagnac, et Armand et Hugues de Cardaillac, au sujet du territoire de Planesvals (1276). — Analyse de la donation faite par Bertrand de Cajarc, chevalier, et par Pierre de Cajarc, damoiseau, fils dudit Bertrand, à Alasie, prieure de la maison d'Espagnac, de tout ce qui leur appartenait sur le territoire de Planesvals (1277). — Copie des lettres de Raymond, évêque de Cahors, par lesquelles, à la prière d'Aymeric, évêque de Coïmbre, il confirme la donation de l'église de Ste-Eulalie faite à la prieure et au couvent d'Espagnac par l'abbé et le couvent de Ste-Marie de la Couronne, au diocèse d'Angoulême (1287). — Bulle du pape Nicolas IV dispensant, pendant un an et 40 jours, tous ceux qui visiteront l'église d'Espagnac pendant huit jours, de la pénitence qui leur serait enjointe (1289). — Analyse de la charte d'Aymeric, évêque de Coïmbre, en faveur de l'abbaye d'Espagnac (1295). — Mentions de : procès-verbal de visite du monastère d'Espagnac faite par Hélie, abbé de la Couronne (1331) ; — accord entre le couvent d'Espagnac et Bertrand Hébrard, patron dudit lieu (1342) ; — union de Ste-Appollonie de Ginouillac à Ste-Eulalie d'Espagnac (1617) ; — procès-verbal de l'élection, comme prieure d'Espagnac, de Brunète de Bernat (1650). — Analyse de donation de 10 livres quercynois faite aux prieures qui lui succèderont par Dome de St-Geniès, prieure du monastère du val de Paradis d'Espagnac (1338). — Nomination par le monastère d'Espagnac de procureurs fondés pour la poursuite des affaires de la communauté (1408). — Copie d'acte par lequel Robert de Beaufort, chevalier de Ste-Marie de Jérusalem, déclare avoir reçu d'Alhors de Tayac, prieure d'Espagnac, la solde d'un écuyer pour la défense de la foi catholique contre les Turcs, les Sarrasins et lui accorde, par l'autorité du pape Eugène, le droit de choisir un confesseur pour le monastère (1442). — Réception d'Isabeau de Corn, novice du couvent d'Espagnac et formule du serment prêté par la récipiendaire (1551). — Autorisation accordée à Marie Guyonne de Gourdon-Ginouillac-Vaillac, religieuse de l'ordre de St-Jean de Jérusalem au monastère de l'Hôpital-Beaulieu, de passer dans l'ordre des chanoinesses de St-Augustin, au monastère d'Espagnac (1684).

F. 205. (Cahier.) — In-huit, 6 feuillets, papier.

Sans date. — Fieux (monastère). — Notice sur le monastère des Fieux fondé en 1292, contenant la liste des prieures de ce monastère de 1297 à 1579.

F. 206. (Liasse.) — 8 pièces, papier.

1259-1309. — Figeac. — Extrait des registres du parlement de Paris portant que les habitants de Figeac sont condamnés à l'amende envers le Roi, pour avoir battu et injurié messire Bertrand de Châteauneuf, chevalier, et le lieutenant du sénéchal de Périgord (1259). — Acte d'accord et d'union entre les consuls de Périgueux, Brive, Sarlat et Figeac pour la conservation de leurs privilèges (1263). — Constitutions de procureurs par les consuls de Figeac en 1308 et 1309. — Description du sceau de la ville de Figeac en 1309. — Représentation du sceau et du contre-scel de la communauté de Figeac.

F. 207. (Liasse.) — 4 pièces, papier.

1318-1471. — Figeac. — Extraits d'inventaires mentionnant les pièces suivantes : libertés et franchises accordées aux consuls et aux habitants de Figeac par le roi Philippe-le-Long (1318) ; — lettres de Philippe VI portant confirmation de privilèges accordés aux consuls de Figeac par les lettres du roi l'épin (1344) ; — procuration des habitants de Figeac pour traiter de la délivrance de la dite ville et s'obliger au paiement des sommes imposées pour l'exécution du dit traité (1372) ; — traité fait par l'entremise de Jean, comte d'Armagnac, entre Bertucat d'Albret et Bernard de la Sale, d'une part et les habitants du pays des montagnes d'Auvergne, Quercy et Rouergue, d'autre part, pour la délivrance et évacuation de la ville de Figeac et autres places détenues par les Anglais, depuis la rivière du Lot jusqu'à la Dordogne (1373) ; — obligation des procureurs des habitants de Figeac en faveur de Bertucat d'Albret et de Bernard de la Sale, de la somme de 3000 deniers d'or (1373) ; — autre obligation des villes de St-Antonin, Villefranche, Villeneuve et autres (1373) ; — serment fait par les habitants de Figeac à Bernard de la Sale, le 24 juillet 1373 ; — articles de défense envoyés en cour de Rome par les habitants de Figeac, dans le procès pendant entre la ville de Figeac et messires Bernard de la Sale et Bertucat d'Albret ; — lettres de Louis, duc d'Anjou, par lesquelles il confirme les privilèges, franchises et libertés des consuls des habitants de Figeac (1372) ; — lettres du duc d'Anjou donnant aux habitants de Figeac les amendes et forfaitures des gens de la viguerie et du ressort de Figeac, qui avaient eu intelligence avec les ennemis (1373) ; — acte de publication faite en la cour royale de Figeac, le 10 avril 1374, des lettres de Louis, duc d'Anjou, par lesquelles ayant égard à ce que la dite ville avait été brûlée par les Anglais et que les habitants avaient contracté diverses dettes pour la sauver, il défend à leurs créanciers de rien exiger d'eux pendant un an et leur accorde d'autres avantages ; — lettres de Jean, comte d'Armagnac, par lesquelles il quitte les habitants de Figeac, moyennant 3500 francs d'or, de la part et portion de ce qui lui était dû par les habitants du pays, pour avoir fait évacuer aux Anglais, les lieux de Carlat, Château d'Auzel, Unsac et Benavent (1379) ; — acte de publication des lettres de Jean, duc de Berri et d'Auvergne, lieutenant du Roi en Languedoc, par lesquelles il fait grâce aux consuls et habitants de Figeac, pour le commerce qu'ils avaient eu avec les Anglais (1384) ; — lettres des gens du conseil du Roi sur le fait du gouvernement de Languedoc et de Guyenne, portant remission et pardon en faveur des habitants de Figeac pour avoir fait plusieurs traités avec les Anglais, leur avoir fourni des vivres, marchandises etc. (1391) ; — transaction entre le comte d'Armagnac et les consuls et habitants de Figeac, sur une rente de 500 livres que les dits consuls avaient cédée audit comte, pour les frais de la délivrance de ladite ville, occupée par les Anglais (1404) ; — acte de la réception et publication faite en la ville de Figeac, le 18 avril 1407, des lettres des conseillers et commissaires sur le fait de la justice en Languedoc, par lesquelles ils déchargent les habitants de la sénéchaussée de Cahors de toute sorte de crimes, moyennant la somme de 1000 livres ; — acte de l'appellation faite par les consuls et habitants de Figeac, du jugement d'Armand de Carmaing, seigneur de Négrepelisse, prétendant qu'il avait jugé contre leurs privilèges, en supprimant la monnaie de la dite ville (1426) ; — autre appellation faite par les consuls et habitants de Figeac, contre Pierre du Terrail, châtelain de Montauban, au sujet de l'imposition mise sur eux par le comte d'Armagnac, pour délivrer le pays des mains des Anglais et pour le paiement de laquelle on avait emprisonné quelques-uns des dits habitants, à Capdenac (1471) ; — privilèges accordés aux consuls de Figeac par le roi Charles V (1369) ; — lettres portant que les habitants de Figeac qui se trouvent dans les terres de l'obéissance d'Édouard, fils d'Édouard, roi d'Angleterre, ne seront point inquiétés dans leurs biens, s'ils reviennent dans les terres de l'obéissance du roi de France (1369).

F. 208. (Liasse.) — Cahier, in-huit, 10 feuillets, papier ; 17 pièces, papier.

1336-1394. — Figeac. — Extraits des comptes des consuls de Gourdon faisant mention de leurs relations avec Figeac (1336-1338). — Lettres patentes du roi Philippe VI, touchant la frappe de la monnaie forte à Figeac et certains privilèges accordés aux habitants de cette ville (1343). — Confirmation par Philippe de Valois de la charte de Pépin en faveur de Figeac (1344). — Accord entre Jean, comte d'Armagnac et les consuls et habitants de Figeac (1368) ;—confirmation de cet accord par le duc d'Anjou (1368) ; — confirmation des lettres du duc d'Anjou par le roi Charles V (1368) ; — confirmation des lettres précédentes par le roi Charles VII (1394). — Institution de foires à Figeac par le roi Philippe VI (1345). — Indication de source pour comptes de Jean de Trinité, clerc du receveur des émoluments de la viguerie de Figeac (1350). — Analyse d'un contrat par lequel les changeurs de Rouergue s'obligent en faveur de Pierre Betalha ou Setalha, maître général des monnaies du Roi, à porter à la monnaie royale de Figeac, 1000 marcs d'argent en billon et 2000 marcs suivant la convention entre eux faite pour le terme déjà passé (1356). — Indication de source pour privilèges accordés à Figeac par le duc d'Anjou (1369).—Envoi de la montre de 20 hommes d'armes octroyés par le duc d'Anjou à la ville de Figeac, pour la garde et défense de ladite ville (1369) ; — note de Lacabane. — Quittance de Jean, fils du comte d'Armagnac, ayant pouvoir du duc d'Anjou, de la somme de 3300 francs d'or, pour la contribution des évacuations de la ville de Figeac et autres lieux, que Bertucat d'Albret et Bernard de la Sale, ennemis du Roi, tenaient en deçà de la Dordogne (1372). — Lettres du duc d'Anjou, lieutenant du Roi en Languedoc, par lesquelles il ordonne l'exécution de l'accord passé entre Jean d'Armagnac et les habitants de Villefranche, Najac et St-Antonin sur ce qu'ils devaient contribuer pour la délivrance de Figeac (1372). — Lettres de Louis, duc d'Anjou, par lesquelles il confirme les libertés, franchises et privilèges des consuls et habitants de Figeac, en considération de leur fidélité et de ce qu'ils s'étaient remis de leur propre mouvement sous l'obéissance du Roi et souffert les violences à eux faites par les ennemis de Sa Majesté (1372). — Lettres du duc d'Anjou par lesquelles il donne aux habitants de Figeac le produit des amendes et forfaitures des gens de la viguerie et du ressort de Figeac, qui avaient eu des intelligences avec l'ennemi (1373). — Lettres de Louis, frère du Roi et son lieutenant en Languedoc, informant Étienne de Montméjan, trésorier des guerres, qu'il accorde aux habitants de Figeac une somme de 500 francs d'or pour leur permettre de payer la rente qu'ils doivent au comte d'Armagnac (1376). — Lettres de Jean, duc de Berri, lieutenant du Roi en Languedoc et Guyenne, par lesquelles il fait grâce aux consuls et aux habitants de Figeac, coupables d'avoir eu des relations avec les Anglais (1384).—Reçu de la somme de 190 francs sur celle de 500 de rente, due par les consuls de Figeac au comte d'Armagnac (1386). — Supplique des consuls de Figeac au duc de Berri, au sujet du maintien de l'impôt de 12 deniers pour livre, sur les marchandises vendues à Figeac et demandant des secours en hommes d'armes pour résister aux ennemis (1587). — Lettres de Bernard, comte d'Armagnac, faisant défense à ses officiers et justiciers, de lever à Figeac la rente du blé (1393).

F. 209. (Liasse.) — 10 pièces, papier.

1435-1475. — Figeac. — Obligation de 200 livres de rente, au profit du comte d'Armagnac par les consuls et habitants de Figeac (1435).—Extrait d'arrêt condamnant les habitants de Figeac au paiement annuel de 200 livres tournois de rente (1467). — Mentions de sommation par le procureur du comte d'Armagnac, à certains habitants de Figeac de lui rendre la maison de Balène et le don de la somme de 200 livres fait aux habitants de Figeac. — Extrait d'arrêt du parlement de Paris portant don fait par le roi aux habitants de Figeac des 200 livres qu'ils payaient au comte d'Armagnac (1475). — Mention de l'entrée à Figeac du roi Charles VII (2 juin 1442). — Fixation des limites, bornes et divisions de la juridiction de la ville de Figeac faite après enquête devant le Viguier, conformément aux lettres du Roi, du 20 février 1449. — Fixation des limites des juridictions de Figeac et de Felzins, de Figeac et de Cardaillac (1449). — Lettres patentes pour don fait par Louis XI aux habitants de Figeac, de tous les droits que le Roi pouvait avoir par la confiscation des biens du comte d'Armagnac, des 200 livres de rente dues par les dits habitants audit comte et d'une maison appelée de Balène, sise dans la dite ville (1475) ; — notes de Lacabane.

F. 210. (Liasse.) — 7 pièces, papier.

1579-1728. — Figeac. — Mention de la tenue à Figeac du synode national, le 2 août 1579. — Entérinement des lettres d'abolition et rémission obtenues par Robert d'Emery, dit le capitaine brave, lieutenant du sieur de Chambret, en la ville de Figeac, à raison de la mort de Thomas Cardinault (1606). — Mention de Louis de Pierre-Buffière, seigneur de Chambret, gouverneur des villes et citadelles de Figeac, Capdenac et Cardaillac (1613). — Analyse des lettres patentes du Roi octroyant au comte d'Orval, François de Béthune, les charges de capitaine et gouverneur des villes, châteaux et citadelles de Figeac, Capdenac et Cardaillac, vacantes par la démission du sieur de Chambret (1616). — Indication de source pour meurtre d'un catholique par un protestant, au sortir de l'église de Figeac (1666). — Délibération des consuls et habitants de Figeac portant concession d'un bâtiment aux Pénitents bleus de Figeac, pour une chapelle (1728).

F. 211. (Liasse.) — 3 pièces, papier ; Cahier in-huit, 28 feuillets, papier.

1789-1846. — Figeac. — Histoire manuscrite des débuts de la Révolution à Figeac par M. Liauzu, maire de cette ville pendant la Terreur (1789-1798). — Lettres de M. Liauzu à Lacabane (1836 et 1838). — Notice sur M. Liauzu (1846).

F. 212. (Liasse.) — 8 pièces, papier.

1677-1743. — Figeac. — Copies de minutes de notaires. — Contrat entre les marguilliers de l'église paroissiale du Puy, de Figeac, et Géraud et Pierre Laguarrigue, charpentiers, au sujet de la réfection de la toiture du clocher nouvellement construit de la dite église (1677). — Reconnaissance d'une somme de 24 livres due à l'hôpital général de Figeac par Antoine Delfour, laboureur (janvier 1742). — Vente d'une pièce de terre à Pierre Alvan, travailleur du village de Lamothe, paroisse de St-Félix, par Jeanne Pepy, veuve de Jean Murat, du village de Laborie, paroisse de Viazac (février 1742). — Constitution d'une rente de 15 livres en faveur de M. Gabriel Roques, prêtre et vicaire de Loubressac, par Pierre Delcorn, de Toirac (septembre 1742). — Vente d'une pièce de terre dans la paroisse de St-Félix, consentie à Jean Mouisset, du village de Lacaze, paroisse de Lentillac, par Géraud Olieu, de la paroisse de Lunan (décembre 1742). —

Constitution d'une rente annuelle de 4 livres 19 sous en faveur de Marc Antoine Laroumiguière, marchand, de Livinhac, par Géraud Delport, de la même paroisse (février 1743). — Ouverture du testament d'Étienne Dufour, agent de l'hôpital général de Figeac (mai 1743). — Remboursement d'une somme de 218 francs faite à Jean Labanhie, laboureur, du village de Goudou, paroisse de Corn, par Pierre Serres, marchand, du même village (novembre 1743).

F. 213. (Liasse.) — 6 pièces, papier.

Sans date. — Figeac. — Description des armes de Figeac. — Description des villes de Figeac, Saint-Céré, Cajarc et Fons. — Liste d'ouvrages imprimés et manuscrits à consulter pour l'histoire de Figeac.

F. 214. (Liasse.) — 55 pièces, papier.

1302-1705. — Figeac. — Mentions ou indications de sources sur les viguiers de Figeac ci-dessous dénommés : Bernard de Savignac, premier viguier de Figeac (1302) ; — Raymond de *Fontibus* (1309) ; — Hélie Corbel... (1310) ; — Guillaume Alquier (1311) ; — Arnaud de Concorès (1314) ; — Pierre de Ste-Artémie (1317) ; — Pierre Daurenga (1320) ; — Pierre *Arcolini*, damoiseau (1327) ; — Armand de..... (1329) ; — Aymeric de Manso, damoiseau (1344) ; — Raymond de Saux, damoiseau (1348) ; — Raymond de Salis (1351) ; — Jean Michiel (1360) ; — Raymond de Pomiers (1363) ; — Raymond de Cazals (1371-1373) ; — Bernard Medici (Metge), damoiseau, sieur de Savanhac (1374) ; — Jean de Prudhomme, damoiseau (1377-1407); — François Labornie, damoiseau (1411) ; — Berthon, sieur de Roquemaurel et de Thémines, chevalier, chambellan du Roi (1414) ; — Astorg Bernardi, écuyer de l'écurie du Roi (1429) ; — Auger de Bosc, co-seigneur d'Assier, aïeul de Galiot de Genouillac (sans date) ; — Mathelin de Cardaillac, chevalier, seigneur de la baronnie de Cardaillac, des châteaux de Montbrun et de Brengues, chambellan du Roi (1435) ; — Hector de Turenne (1444) ; — Louis d'Anjoani, seigneur de Larmandie, écuyer de l'écurie du Roi (1448) ; — Louis d'Anjohani, seigneur de Tournemire (1460) ; — Bertrand de Bernet, damoiseau (1463) ; — Galiot de Genouillac, écuyer d'écurie du duc de Guyenne (1469) ; — Jean Boysso, régent de la viguerie de Figeac (1472); — Bertrand de Bernet, écuyer d'écurie du Roi (1474-1485) ; — Jacques de Genouillac, conseiller et chambellan du Roi (1495); —

Jacques de Ricard-de-Gourdon-Genouillac, dit Galiot, chevalier, seigneur d'Assier, de Montrichard, de la Leu et de Capdenac, conseiller et chambellan ordinaire du Roi, maître et capitaine général de son artillerie, sénéchal d'Armagnac et de Quercy, viguier de Figeac, le 29 décembre 1517 ; — Guy de Cambefort, seigneur de Cambion (1534-1549) ; — Jean de Prudhomme, damoiseau (1386); — Bernard de Furno, bachelier en droit, régent de la viguerie de Figeac (1395) ; — Augier de Bosco, damoiseau (1439-1441) ; — Guy de Cambefort, capitaine de Capdenac, conseiller du Roi (1561) ; — Jean de Lagrange, seigneur d'Espédaillac et de Lapanonie (1563) ; — Antoine de Paramelle (1579-1585) ; — baron de Montbrun-Laurency (1624-1625). — Tableau généalogique de la famille Palhasse-Lacalm, dont les membres furent viguiers de Figeac (1647-1705). — Mention de réception de page du Roi en la grande écurie, d'Antoine François de Gontaut, 4e du nom, comte de Cabrerets, baron de Roussillon, gouverneur de la ville de Figeac (1676).

F. 215. (Liasse.) — 10 pièces, papier.

1236-1454. — Figeac. — Testament de Hugues, bourgeois d'Aurillac, duquel il résulte que les Frères mineurs étaient établis à Figeac en 1236. — Fondation à Figeac du couvent des Frères prêcheurs (1251). — Mentions : de lettres de Radulphe de *Boniria*, chevalier et sénéchal du roi de France, par lesquelles il prie et requiert l'abbé d'Aurillac, administrateur du monastère de Figeac, de permettre aux Frères prêcheurs de bâtir au lieu de Figeac et de leur donner les secours dont ils pourront avoir besoin (1252); — de l'acte par lequel Guillaume de Ladirat, chevalier, premier consul de Figeac, sur la plainte faite par le prieur du couvent des Frères prêcheurs qu'ils manquent d'eau potable, leur accorde d'en prendre à la fontaine qui est au delà du pont et de la conduire par un aqueduc jusqu'à leur couvent (1260); — des lettres de Beranguier, abbé de Figeac, accordant aux Frères prêcheurs le droit de construire un pont de bois sur la rivière du Célé, qui passe entre les murailles de la ville et leur couvent (1291); — de l'assignation faite par Marquès de Cardaillac, chevalier, seigneur de Montbrun, au couvent des Frères prêcheurs de 6 livres caorsines sur les habitants de Laroque-Toirac (1405); — des lettres du vicaire général de l'évêque de Cahors, sur la consécration de l'église et des chapelles du couvent des Frères prêcheurs de Figeac (1454); — de l'échange fait entre le doyen du chapitre de l'abbaye de Figeac et les Pères Carmes, de certaines rentes (1383); — des lettres de sauvegarde de Guichard, seigneur d'Ulphe, chevalier, sénéchal du Quercy, en faveur des Pères Carmes de Figeac, contre Jean de Prudhomme, viguier royal de la dite ville (1399). — Acte par lequel Guillaume de Ladirat, chevalier, premier consul de Figeac et ses collègues accordent au couvent des Frères prêcheurs le droit de prendre de l'eau à la fontaine qui est au-delà du pont et de la conduire jusqu'au couvent par un aqueduc (1260). — Fondation en faveur des Frères mineurs de Figeac (1340). — Prieurs du couvent des Frères prêcheurs de Figeac. — Indication de source pour le couvent des Frères prêcheurs de Figeac. — Mention d'un registre concernant les religieux Augustins de Figeac.

F. 216. (Cahier.) — In-folio, 8 feuillets, papier.

Sans date. — Figeac, — Extraits du catalogue de la bibliothèque de la ville de Figeac (Manuscrits et imprimés.

F. 217. (Liasse.) — 30 pièces, papier; cahier in-8º, 24 feuillets, papier.

755-855. — Figeac (abbaye). — Lettres du roi Pepin sur la fondation par lui faite de l'abbaye de Figeac en 755; — notes et extraits d'ouvrages et de chroniques au sujet de l'authenticité de cette charte.— Bulle du pape Pascal Iᵉʳ par laquelle il mande à Étienne, évêque de Cahors, d'aider Aymar qu'il avait créé abbé de Figeac, à réparer et réformer ledit monastère, qui avait été brûlé et détruit par les Païens, à y rétablir les moines et à en chasser les prêtres qui s'en étaient saisis (822). — Mention du diplôme de Pepin Iᵉʳ, roi d'Aquitaine, en faveur de l'abbaye de Conques et portant fondation de l'abbaye de Figeac (voir aussi F. 128), en 838; — extraits divers et notes de Lacabane au sujet de ce diplôme. — Mention de la translation du corps de St-Bibien, évêque de Saintes, de cette dernière ville à Figeac (846); — extrait d'un manuscrit concernant la vie de ce saint. — Extraits divers touchant la translation du corps de St-Vincent (855).

F. 218. (Liasse.) — 15 pièces, papier.

960-1097. — Figeac (abbaye). — Donation faite par Ranulphe au monastère de Figeac de l'église de Fons ou d'Artellis et autres lieux (960). — Bulle du pape Grégoire VII portant union de l'abbaye de Figeac à celle de Conques et ordonnant qu'elles seront gouvernées par un même abbé (1084). — Mention d'une bulle du pape Urbain II contre les seigneurs détenteurs des biens appartenant à l'abbaye de Figeac (1095); — notes au sujet de l'authenticité de cette bulle. — Lettres, en forme de bulle du pape Urbain II, contenant le règlement donné sur le différend pour préséance entre les abbés de Figeac et de Conques (1097).

F. 219. (Liasse.) — 13 pièces, papier.

1147-1291. — Figeac (abbaye). — Mention d'une bulle du pape Eugène III par laquelle il prend sous sa protection Adhémar, abbé, et le monastère de Figeac et le confirme dans la possession et la jouissance de certaines églises (1147). — Mentions de : lettres de Philippe-Auguste en faveur de l'abbaye de Figeac (1186) ; — remise au comte de Toulouse de la garde de Figeac (1194); — don en fief par l'abbé de Figeac au comte de Montfort du château de Capdenac, de Lentillac, etc. (1214) ; — promesse de l'abbé de Figeac, s'il peut recouvrer le château de Peyrusse, de le tenir du roi de France (1226). — Analyse de sentence arbitrale entre l'évêque de Cahors et Bertrand, abbé de Figeac (1258). — Mention d'octroi de coutumes à Serinhac, en Brullois, par Gaston, vicomte de Béarn et Gaillard, abbé de Figeac et ministre du prieuré de Layrac, au diocèse d'Agen (1273). — Vidimus par Édouard III des lettres de Gaston, vicomte de Béarn, lequel promet, en présence de G., évêque de Lectoure et de Gaillard, abbé de Figeac, de procurer l'exécution des sentences de la juridiction de St-Sever pour la saisie de ses terres (1273). — Indication de sources pour dépendance du prieuré de Caussade à l'abbaye de Figeac (1285). — Procès entre les consuls de Figeac et Pierre de St-Pardulphe, défenseur de l'abbaye de Figeac, au sujet de l'arrestation par le dit St-Pardulphe d'un certain Durand Codenc, accusé d'homicide sur la personne de Pierre de Combres (1290). — Procès-verbal de visite de l'abbaye de Figeac par Guillaume, abbé de Cluny (1291).

F. 220. (Liasse.) — 13 pièces, papier.

1302-1495. — Figeac (abbaye). — Échange entre le Roi et les religieux de Figeac en vertu duquel les religieux cèdent au Roi tous les droits de justice qu'ils pouvaient avoir sur Figeac, contre des fiefs ; — constitution d'une rente de 1000 livres à l'abbaye de Figeac à prendre sur le Trésor royal ; — lettres relatives à cet échange (1302-1305). — Enquête, devant le Parlement de Paris, au sujet d'une querelle intervenue entre les religieux de l'abbaye de Figeac et les Frères prêcheurs de cette ville (1310). — Lettres de sauvegarde accordées par Philippe-le-Bel à Guillaume Robert, moine de Figeac et à sa famille (1311). — Mention de paiement à l'abbé et au couvent de Figeac pour l'échange de la juridiction de la dite ville (1316). — Constitution de procureurs par l'abbé de Figeac (1317). — Mention d'actes d'échanges entre le Roi et l'abbé de Figeac (1357-1359). — Bulle du pape Clément VII portant confirmation de la bulle du pape Urbain II, y insérée, par laquelle voulant aider à la réparation du monastère de Figeac, qui avait été détruit et brûlé par les Païens, il accorde des indulgences à ceux qui visiteront le monastère, remet la moitié des peines du Purgatoire à ceux qui y seront enterrés et octroie cent ans d'indulgences à ceux qui contribueront à la réédification de l'église dudit monastère (1383). — Notes sur le procès-verbal de l'official de Rodez, commissaire député par le pape Innocent VIII pour connaître et juger le différend survenu entre les abbés de Figeac et de Cluny (1495.)

F. 221. (Liasse.) — 4 pièces, papier; cahier in-huit, 18 feuillets, papier.

1536-1579. — Figeac (abbaye). — Bulle du pape Paul III portant sécularisation de l'abbé et des religieux du monastère de Figeac (1536). — Mention du don de l'abbaye de Figeac au cardinal d'Armagnac par le pape Paul IV. — Lettres du roi Henri II par lesquelles, sur les instances du cardinal d'Armagnac, abbé commendataire du monastère de Figeac, il autorise la sécularisation dudit monastère, conformément aux bulles du pape Paul III (1556). — Lettres du cardinal d'Armagnac au Roi et à la Reine pour leur demander que l'abbaye de Figeac qu'il avait donnée au fils aîné du seigneur Caylus, décédé depuis peu, lui soit rendue (1579).

F. 222. (Liasse.) — 9 pièces, papier; cahier in-huit, 24 feuillets, papier.

VIIIe-XVIIIe siècle. — Figeac (abbaye). — Chro-

nologie des abbés de Figeac, de Conques et de Cluny. — Notes sur divers abbés de Figeac.

F. 223. (Liasse.) — 4 pièces, papier.

755-1556. — Figeac (abbaye). — Inventaire de titres concernant l'abbaye de Figeac. — Inventaire de titres concernant la ville de Figeac, conservés dans les registres du Trésor des Chartes.

F. 224. (Liasse.) — 2 pièces, papier.

Sans date. — Figeac (abbaye). — Opinion de Lacabane sur la prééminence de l'abbaye de Figeac sur celle de Conques.

F. 225. (Liasse.) — 1 pièce, papier.

1704. — Floressas. — Lettres du roi Louis XIV érigeant en marquisat la terre de Floressas, et établissant audit Floressas « un marché tous les mardi de chaque semaine et quatre foires par chacun an pour être tenu à perpétuité, le lendemain de la fête des Rois de janvier, le jour de Ste-Croix, 3 may, le lendemain de la fête de St-Louis, 26 aoust, le lendemain de la St-Martin, 13 novembre. »

F. 226. (Liasse.) — 1 pièce, papier ; cahiers in-folio, 14 feuillets, papier.

XIXe siècle. — Fons. — Notices historiques sur la ville de Fons.

F. 227. (Liasse.) — 7 pièces, papier.

846-974. — Fons. — Mention de la translation du corps de St-Bibien ou Vivien, évêque de Saintes, dans le monastère de Fons, dont Adhémar était abbé (846). — Donation par Ranulphe, en faveur du monastère de Fons ou d'Artellis, Calston étant abbé (973). — Mention des actes de fondation du monastère de Fons (973). — Copie de la bulle du pape Benoît VI approuvant et confirmant la donation de Ranulphe en faveur du monastère de Fons (974).

F. 228. (Liasse.) — 5 pièces, papier; 2 cahiers, in-4o, 28 feuillets, papier.

1255-1296. — Fons. — Sentence arbitrale prononcée par l'abbé de Figeac, entre le prieur et les consuls de Fons (1255). — Vente par Rigal Paissonatz, bourgeois de Figeac, aux consuls de Fons, de 22 setiers de froment de rente au prix de 6260 sous (1256). — Mention de la tenue des assises du sénéchal de Quercy, à Fons, en 1278. — Lettres de Fulco de Popia, prieur de Fons, par lesquelles il donne le prieuré d'Anglars à frère Augerius de Durfort, religieux, neveu de l'abbé de Figeac (1282). — Accord entre le prieur et les consuls de Fons, au sujet des coutumes de la ville (1296).

F. 229. (Liasse.) — 17 pièces, papier; 2 cahiers in-4o, 28 feuillets, papier.

1303-1369. — Fons. — Extraits de titres mentionnant l'adjonction de la baillie de Fons à la ville de Figeac (1303-1805). — Nomination, faite par les consuls de Fons, de Pierre Destampes et de Hugues de Solayrial, comme députés aux États généraux de Tours et fac-simile du sceau du consulat de Fons (1308). — Indication de source pour Raymond Benive ou Benivet, bayle royal de Fons (1308-1327). — Procuration donnée par les consuls de Fons, à Arnaud Navarre, pour se rendre à Paris auprès du Roi, au sujet du subside imposé pour le mariage d'Isabelle, fille du Roi, avec Édouard, roi d'Angleterre (1309). — Indication de source pour la transaction intervenue entre la prieure de Val-de-Paradis d'Espagnac et Aygline de Castelnau, dame de Thémines, dans laquelle transaction il est question de la cour royale de Fons (1309). — Copie de lettres de Philippe-le-Bel au sujet de la transaction intervenue entre le prieur de Fons et les consuls de cette ville (1310-1312). — Mention d'un arrêt confirmant un jugement du lieutenant du sénéchal de Périgord, contre le bayle du précepteur de St-Jean-de-Jérusalem, à Latronquière, convaincu d'avoir, avec Foulque de Facto, chevalier de St-Jean, arraché violemment un banni (Bernard Astorg), des mains de Guillaume Bastide, sergent du Roi, dans le village de Gorses, dépendant de la baylie royale de Fons (1315). — Indication de source pour transaction entre le prieur et les consuls de Fons (1316). — Extrait de lettres patentes portant que les appels de la baillie de Fons seront portés d'abord devant le viguier de Figeac et ensuite devant le sénéchal de Cahors (1318). — Lettres du pariage de la ville de Fons et de ses dépendances, établi entre le Roi et le prieur de Fons (1323). — Comptes de la recette des baillies de la sénéchaussée de Quercy : Montauban, Réalville, Mirabel, Moissac, Lauzerte, Montcuq, Sept-fons, Puylaroque, Caylux, Gourdon, Cahors, Fons (avec la description de l'étendue de cette baillie),

Beaulieu, Martel, etc. (1343). — Quittance de la somme de 56 livres 4 sous tournois, délivrée à Jacques Lempereur, trésorier des guerres, par Gaillard de Burbuson, écuyer, pour la garde de Fons (1356). — Indication de sources pour le baillic de Fons et les autres baillies du Quercy (1363-1366). — Extraits concernant la prise de Fons par les Anglais (1369).

F. 230. (Liasse.) — 7 pièces, papier; 1 parchemin; 2 cahiers in-quarto, 16 feuillets, papier.

1411-1491. — Fons. — Extrait de lettres patentes du Roi et ordonnances du maître des eaux et forêts et du viguier de Figeac concernant divers privilèges accordés à Fons et notamment la liberté de la chasse (1411). — Mention d'un accord entre Nicolas de Tremouilles, prieur de Fons et les consuls de cette ville (1452). — Sentence arbitrale prononcée par le prieur de Thémines, entre Nicolas de Tremouilles, prieur de Fons et les consuls de cette ville (1452). — Acte de collation de la chapellenie de St-Jacques de Fons, par Géraud de St-Miard, patron et collecteur, en faveur de son frère Jean de St-Miard, recteur de Gramat (1466). — Transaction intervenue entre noble Gaspard de Prudhomme et les consuls, manants et habitants de la ville de Fons, au sujet du paiement des tailles (1490). — Confirmation par Charles VIII des privilèges des habitants de Fons (1491).

F. 231. (Liasse.) — 13 pièces, papier.

1531-1615. — Fons. — Lettres du roi François Ier accordant à la ville de Fons un marché, le jeudi de chaque semaine et 4 foires qui se tiendront le 12 février, le mardi après la Pentecôte, le 21 juillet et le 5 octobre (1531). — Fragment d'un contrat entre noble Étienne de Prudhomme et les consuls et habitants de Fons, au sujet de la tenue des foires (1532). — Transaction entre Nicolas de Prudhomme, prieur de Fons et les consuls et habitants de la ville de Fons au sujet du paiement des rentes (1541); — notes de Lacabane. — Extraits divers établissant la prise de Fons par les Huguenots, en 1562. — Procès-verbal du lieutenant du juge royal de Fons constatant que noble Jean de Bouysset et noble Antoine de Prudhomme tiennent garnison à Fons (1580). — Extrait du testament de noble Antoine de Prudhomme (1591). — Lettres du marquis de Thémines, sénéchal du Quercy, chargeant Antoine de Prudhomme de lever 100 hommes armés « d'arquebuzes et aultres armes » pour la garde de la ville de Fons

(1615). — Extraits des registres paroissiaux de Fons, dans lesquels il est fait mention de divers membres de la famille de Prudhomme, prieurs de Fons (1597-1607). — Vente aux consuls de Fons, moyennant la somme de 1513 livres 10 sous tournois, par noble Antoine de Prudhomme, sieur du Roc, de ses droits de justice sur la ville de Fons (1598).

F. 232. (Liasse). — 30 pièces, papier.

1608-1689. — Fons. — Notice sur les ravages causés par la peste de 1608 à Fons et relevé des décès de septembre à décembre de la même année. — Ordonnance du sénéchal du Quercy pour la levée par Antoine de Prudhomme, sieur du Roc, de 100 hommes armés d'arquebuses (1615). — Extraits divers et notices sur un combat livré au bout de la côte de l'Étang, à Fons, entre Catholiques et Protestants, le 11 mars 1622. — Extraits des registres des décès de la ville de Fons mentionnant les noms des soldats tués pour la défense de Fons (1622-1638). — Procès-verbal d'une assemblée tenue à Fons pour la nomination de députés chargés d'aller complimenter le Roi, qui était en Quercy, et lui exposer la déplorable situation du pays et de la ville de Figeac (1622). — Notice et extrait d'un livre journal tenu par M. Pierre Mabit, religieux de Fons et prieur de Reyrevignes, au sujet de la peste de Fons en 1628; — liste des personnes décédées à Fons durant cette peste. — Extrait du registre de la Confrérie du Rosaire portant fondation à Fons de cette confrérie (1630). — Comptes de la communauté de Fons, de 1636 à 1665, et notes de Lacabane. — Ordonnance des commissaires députés par le Roi pour la vente et revente de ses domaines dans le ressort du parlement de Toulouse, relativement à la mise en adjudication de la justice haute, moyenne et basse de la ville de Fons (1640). — Contrat d'afferme d'une terre et d'une vigne au terroir de Valeilles, juridiction de Fons, consenti par Jean-Étienne de Lacassaigne, en faveur de Jacques Roques, tisserand, de Fons (1671). — Quittance d'une rente de 4 quartons de froment due par mademoiselle de Brajac aux religieux du monastère de Fons (1681). — Donation entre vifs consentie par demoiselle de Lacassaigne, veuve de Louis du Buisson, avocat, en faveur de noble François-Bertrand Delboisset de Salle, sieur de la Cipière, habitant de Fons (1687). — Compte des recettes et des dépenses faites par Lacabane, consul de Fons, en 1688. — Vente d'une maison à Fons, consentie par Jean Gaillard, bourgeois, en faveur de Marguerite Gaillard, sa sœur, de Fons (1689).

F. 233. (Liasse.) — 21 pièces, papier.

1693-1751. — Fons. — Lettres du roi Louis XIV nommant François Dumon et Jean Labarthe, conseillers du Roi, maires de la ville et communauté de Fons ; — édit du Roi, ordonnance de l'Intendant de la généralité de Montauban et correspondance relative à la création des nouveaux offices de maires (1693-1707). — Comptes des recettes et des dépenses faites en 1698 et 1711 par Lacabane, consul de Fons. — Dénombrement des habitants de Fons et état des grains recueillis dans la juridiction et le taillable de cette ville, en 1709. — Procès-verbal des dommages causés à Fons par l'inondation du 16 août 1711. — Assignation, à la requête du seigneur-prieur de Fons, contre Pierre Fontanet, prêtre et vicaire perpétuel de Fons, en renouvellement de reconnaissance d'un fief situé dans la juridiction dudit Fons (1725). — Pièces d'un procès entre le prieur de Fons et les consuls de cette ville au sujet de la nomination de ces derniers (1737). — Acte de vente d'une rente foncière consentie par noble François de Péret en faveur de noble Pierre-Étienne Giles de Palhasse, seigneur-prieur de Fons (1746). — Procès-verbal de réception et d'installation du sieur Cas, de Figeac, à la charge du procureur juridictionnel de Fons (1751).

F. 234. (Liasse.) — 24 pièces, papier.

1758-1789. — Fons. — Délibération des consuls et notables de Fons au sujet des droits de robe, chaperon, etc. (1758). — Constitution de rente de la somme de 1200 livres pour fondation au monastère de Fons (1760). — Translation de la chapelle de St-Jacques dans l'église du monastère de Fons (1766). — Prise de possession d'un pré ayant appartenu à Jeanne Roux, veuve Bernard, de la ville de Fons, par noble Jean de Péret, sieur de Canteperdrix (1770). — Extrait des délibérations de la communauté de Fons, portant approbation de certaines dépenses (1771). — Délibération consulaire au sujet de la nomination des consuls de Fons pour l'année 1773. — Reconnaissance féodale consentie en faveur de messire Bertrand de Prudhomme chevalier, seigneur du Roc, Vals et autres lieux, par noble François de Dumon, dans la juridiction de Fons (1774). — Délibération des consuls et notables de la ville de Fons, portant protestation contre l'arrestation de M. André Delbos, consul de Fons, par les gens de la Gabelle (1775). — Extrait des registres des délibérations de la communauté de Fons, portant décharge de 8 sols 8 deniers en faveur de Jean-Joseph Labernadie (1776). — Procès-verbal de nomination des consuls de Fons pour l'année 1777. — Compte des recettes et des dépenses de la ville de Fons, dressé par Antoine Lacarrière, consul collecteur de la communauté dudit Fons (1777). — Pièces de procès entre messire Bertrand de Prudhomme, seigneur du Roc et le sieur Jean Descamps, marchand, de la ville de Fons, au sujet de l'usage des eaux de l'étang de Compayre ou du Roc (1781-1786). — Nomination d'Antoine Lacarrière en qualité de substitut du procureur juridictionnel de Fons (1782). — Procès-verbal de nomination des consuls de Fons, pour l'année 1785. — Délibération communale ayant pour objet la répartition des charges locales de la communauté de Fons (1786). — Délibération du conseil de la communauté de Fons au sujet de la nomination des assesseurs appelés à s'occuper du rôle de la capitation roturière (1787). — Procès-verbal d'installation des consuls de Fons, de l'année 1788. — Ordonnance de l'évêque Nicolay, au sujet du transfert de l'église paroissiale de Fons dans l'église des religieux bénédictins de Fons (1788). — Délibération de la communauté de Fons au sujet de la confection des rôles supplémentaires sur les ci-devant privilégiés et la faction du rôle de la capitation pour l'année 1790. — Extrait de l'état des charges locales de la communauté de Fons en 1789.

F. 235. (Liasse.) — 14 pièces, papier.

1790-1794. — Fons. — Procès-verbal portant organisation de la municipalité de Fons (février 1790). — Lettres de MM. Ayroles et Boutaric aux officiers municipaux de Fons au sujet du choix de Fons, comme chef-lieu de canton (mars 1790). — Sommation aux consuls de Fons d'avoir à payer à la recette des tailles de Figeac, la somme de 1885 livres 17 sous pour restes des impositions de l'année 1789 (1791). — Délibération du Conseil général de la commune de Fons pour l'établissement de marchés dans cette localité (1793). — Enquêtes, proclamations du représentant Bo, extraits des registres des délibérations de la commune de Fons, procès-verbaux, correspondance et jugements du tribunal criminel du département du Lot relativement à l'émeute survenue près de Camburat et dans laquelle le représentant Bo aurait été l'objet d'une tentative d'assassinat (1794).

F. 236. (Liasse.) — 6 pièces, papier.

1825-1834. — Fons. — Dossier relatif à un projet de changement d'une étude de notaire de Fons à Figeac (1825.) — Minute de la requête adressée au ministre des cultes au sujet de la prétention de M. Prudhomme de faire célébrer la messe dans une ancienne église lui appartenant (vers 1830). — Extrait des registres des délibérations de la commune de Fons au sujet de la réunion projetée d'un terrain appelé « Cloup de Puy les Martres » au territoire de la commune d'Issepts (1834).

237. (Liasse.) — 4 pièces, papier.

1255-1789. — Fons. — Listes chronologiques des prieurs-seigneurs de Fons (1255-1789). — Mentions de décès de prieurs (1730-1751). — Chronologie de divers juges de Fons (1473-1691).

F. 238. (Liasse.) — 2 p. pap.; 1 cah. in-8o, 12 feuillets, papier.

1284-1640. — Gourdon. — Inventaire des titres et actes justifiant les droits, libertés et privilèges de la ville de Gourdon, avec l'explication de l'antiquité des dits titres et actes (1284-1640). — Procuration donnée à Arnal de Verneuil, damoiseau, par la communauté de Gourdon, pour la représenter aux États généraux (1309) ; — description du sceau du consulat de Gourdon.

F. 239. (Cahier.) — In-folio, 9 feuillets, papier.

1244 — Gourdon. — Coustumes du lieu de Gordon, donnés par Fortanier, Aymeric et Guillems, seigneurs dudit lieu, l'an 1244, en langage gascon (Texte et traduction).

F. 240. (Liasse.) — 1 pièce, papier; 1 plan.

1366-1369. — Gramat. — Notes de Lacabane servant à établir que c'est Gramat dont Froissart a voulu parler dans ses chroniques, sous le nom de Gaignac ou Gavaches, lorsqu'il raconte l'expédition de Robert Canolle dans le Quercy, en 1369. — Carte de la baronnie de Gramat en 1366.

F. 241. (Cahiers). — In-huit, 113 feuillets, papier.

1257-1541. — Gramat. — Mémoire instructif de l'origine de la baronnie de Gramat et de ses dépendances. — Noble et religieux homme Roger de Cornil, doyen de Carennac, pour lui et son monastère reconnaît devoir à noble et puissant homme Alzias d'Aigrefeuille, seigneur baron de Gramat, 15 livres de Cahors de rente annuelle (1399). — Hommage fait à Hugues d'Aigrefeuille, chevalier, baron de Gramat, par *Egidius* de Bosco, doyen de Carennac (1469). — Autre hommage rendu par François de Châtillon, doyen de Carennac, en faveur de Jean d'Auriole, chevalier, baron de Gramat (1516). — Sentence arbitrale prononcée par Hugues de Cornil, archiprêtre de Thégra et Étienne de Cotets, chevalier, sur le différend existant entre le prieur et le couvent de Carennac, d'une part et noble Hugues de Castelnau, seigneur de Gramat, d'autre part, au sujet de leurs droits sur Padirac (1257). — Hommage consenti à noble et puissant homme Jean d'Auriole, chevalier, baron de Gramat, par honorable et religieux homme François de Châtillon, seigneur et doyen moderne de Carennac, pour la ville, le lieu et les hommes de Padirac (1516). — Vente, moyennant 300 livres tournois, par Adhémar d'Aigrefeuille, chevalier, seigneur de Gramat, à nobles Jean Guilloti, Jacques de Vernhes et Raymond de Cornil, de Carennac, de toutes les actions et droits que pouvait avoir le dit d'Aigrefeuille dans le lieu de Manhagues (1418). — Hommage de noble Garin de Valon, chevalier, seigneur de Thégra, reçu par noble et puissant homme Bertrand de Terride, chevalier, seigneur de Penenville et de Gramat (1363). — Hommages de Guillaume de Valette, chevalier, Gailhard Aymeric, chevalier, Raymond de Valette, autre Raymond de Valette, reçus par noble homme Garin de Castelnau, seigneur de Gramat (1316). — Déclaration d'Arnaud Aymeric, damoiseau, à noble Garin de Castelnau, damoiseau, seigneur de Gramat, au sujet des rentes du mas de Bèdes, dans la paroisse de St-Anian (1311). — Hommage d'Eustorge Aymeric, damoiseau, reçu par Bertrand de Terride, chevalier, seigneur de Penenville et de Gramat (1362). — Hommages divers de Raymond de Vernhol, damoiseau, de Bertrand de Tuele, chevalier (1366), de Roger de Cornil (1316), de Bernard Aymeric, de Bernard de Bic, de Bertrand de Gramat, d'Armand de Gramat, damoiseau, reçus par ledit seigneur de Gramat. — Hommage de Guillaume de Valette, damoiseau, de Gramat, reçu par Jean d'Ai-

grefeuille, seigneur de Gramat (1367). — Autres hommages en faveur du même seigneur de Gramat par Hugues de Capra, damoiseau (1344), Armand de Gramat, chevalier, Maffre de Banze (1366), Bernard de Pons. — Hommage de nobles Bertrand et Astorge de Banze, damoiseaux, d'Autoire, reçu par noble Alzias d'Aigrefeuille, damoiseau, seigneur de Gramat (1400). — Autres hommages faits au seigneur de Gramat, par Rigal de Beriac, habitant du château de St-Céré (1405), noble Antoine de Cornil (1405), noble Élie Folchier, co-seigneur de Ste-Fortunade, au diocèse de Tulle, comme mari de noble Marie de Tutel, seigneuresse d'Artense (1444). — Achat par noble Jean de Miers des lieux de Gramat et de Loubressac, appartenant à magnifique et puissant homme Béraud de Barbazan, seigneur de Faudoas (1487). — Mention d'une vente faite par noble Aynet Danglars, habitant de Laroque du Pont, en faveur de noble Raymond de Gontaud et Anne d'Auriole, mariés, de toutes les langues de bêtes « boynes » et bétail gros qui se tueront à perpétuité dans la ville de Gramat, les jours de foire de St-Martial et St-Michel (1541). — Mention d'une vente faite par Hugues d'Aigrefeuille, baron de Gramat, à Arnaud Tamier, d'un masage appelé d'Albanhac, situé dans la baronnie de Gramat (1450). — Rachat de rentes faites aux prêtres obituaires de Gramat, par noble Jean d'Auriole, baron de Gramat (1510). — Cession de rente consentie par Jean Bergougnoux, dit Redon, habitant du lieu de Merdanson, paroisse de Gramat, à noble Antoine de Loubrayrie, écuyer, seigneur de Laval (1505). — Délaissement fait par Jean Fabié, marchand de Gramat, en faveur de noble Jean d'Auriole, baron de Gramat, des « borios » de la Rossignole et de Culnaut, comme à son seigneur direct et féodal desdites métairies (1508). — Analyse d'un échange passé entre le chapitre de Cahors, d'une part, et noble Antoine d'Auriole, prieur de Duravel, et archiprêtre de St-André, en qualité de procureur fondé de nobles Aymard et Jean d'Auriole, père et fils, ses frère et neveu, seigneurs de Gramat, Loubressac, Roussillon, etc., d'autre part (1510). — Inféodation faite par Hugues d'Aigrefeuille, baron de Gramat, en faveur de Pierre Pauly, cordonnier, d'un certain territoire situé à Gramat, sous le cens et rente foncière et directe d'un setier de froment, mesure de Gramat (1454). — Reconnaissances de Jean Roques, de la paroisse de Gramat, en faveur de noble Hugues d'Aigrefeuille, baron de Gramat (1455). — Vente faite par Jean Capolade, de Gramat, en faveur de noble Jean d'Auriole, baron de Gramat, d'un pré au terroir de la Molinarie (1522). — Vente faite par Pierre Calfourn, prêtre, de Gramat, en faveur de noble Jean d'Auriole, baron de Gramat, de la moitié d'un pré situé dans la rivière Vaurès, paroisse de St-Anian (1514). — Inféodation faite par noble Antoine d'Auriole, procureur de Jean d'Auriole, baron de Gramat, en faveur d'Antoine Volpilière, tisserand à Gramat, d'une maison située audit Gramat (1509). — Lausime portant reconnaissance faite par Pierre Lagrange, procureur du seigneur de Gramat, à Pierre Bergougnoux, de l'acquisition par lui faite de Pierre Vayssouse, de certaine terre située au terroir de Vète, paroisse de Gramat (1462). — Vente d'immeubles consentie par Jean Faurie, marchand de Cahors en faveur de noble et puissant seigneur Jean d'Auriole, baron de Gramat (1513). — Inféodation de divers immeubles faite par noble Hugues d'Aigrefeuille, baron de Gramat, en faveur de Bertrand de Brolhio, aliàs Tamier, de Gramat (1460). —Autre inféodation en faveur de Guillaume Bouyssou, habitant de Gramat (1407). — Autre inféodation faite par Hugues Tamier, de Gramat en faveur de Mᵉ Raymond d'Issaly, prêtre (1488). — Analyses: de lausime portant reconnaissance par Pierre Lagrange, de Rocamadour, comme procureur fondé du baron de Gramat, en faveur de Jean Salès, de Gramat (1459); — de reconnaissance par Antoine Soulié, de la paroisse de Gramat, en faveur du seigneur baron de Gramat (1449); — de reconnaissance par Jean Arènes, de Gramat, en faveur dudit baron (1466); — de vente par Pierre Ferrier, habitant du mas de las Aspes, paroisse de Gramat, en faveur de noble Barthélemy Lagarde, seigneur de Saignes (1486); — de vente par Antoine Claretie, hôte de Gramat, en faveur de noble Jean d'Auriole, baron de Gramat (1522); — de vente par Pierre Lagrange, dit Petrou, hôte de Gramat, en faveur de noble Jean d'Auriole (1522); — de vente en faveur du même par Mᵉ Jacques Alaman, prêtre (1521) — d'échange entre noble Jean d'Auriole, baron de Gramat, et Jacques Tamier, prêtre et Jean Tamier, neveu de ce dernier (1514); — d'investiture donnée par noble Béral de Merle, seigneur de Merle, au diocèse de Tulle, en faveur d'Antoine Chamel, de l'acquisition de divers terrains (1444); — de vente faite par Jean Mazarguil, tisserand de Gramat, en faveur de noble Jean d'Auriole, baron de Gramat; — de reconnaissance consentie par Jean Rigal, du mas del Bos, paroisse de St-Anian, en faveur de Jean Tamier, de Gramat (1456); — d'inféodation faite par Arnaud Tamier, de Gramat, en faveur de Jean Conord, de la paroisse de Rignac (1452); — d'investiture donnée par Pierre Lagrange, marchand de Rocamadour, en faveur

de Pierre Bergougnoux, du lieu de Rignac, de l'acquisition par lui faite de Pierre Calfour (1472). — Hommage de la baronnie de Gramat, fait par noble Adhémar d'Aigrefeuille, chevalier, seigneur de Gramat en faveur de noble Bertrand de Cavagnac, chevalier, lieutenant de Guillaume Roger de Beaufort, vicomte de Turenne (1365). — Lettres patentes du roi Jean portant translation de la seigneurie de Gramat à la vicomté de Turenne (1350) ; — hommage rendu au vicomte de Turenne par le seigneur de Gramat à la suite de ces lettres patentes (1350). — Hommage d'Adhémar de Miers, pour son château de Miers, en faveur de Jean d'Aigrefeuille, seigneur de Gramat (1365).

F. 242. (Liasse). — 28 pièces, papier.

1311-1541. — Gramat. — Mention d'un accord passé entre Arnaud d'Aymeric, damoiseau et noble homme Garin de Castelnau, seigneur de Gramat, relativement aux rentes du Mas de Bèdes, dans la paroisse de St-Anian, acquises par ledit Arnaud audit seigneur de Gramat, moyennant le prix de 230 livres de Cahors (1311). — Mention de l'hommage rendu à noble Garin de Castelnau, seigneur de Gramat, par Guillaume de Valette, chevalier, Gaillard d'Aymeric, Raymond de Valette, autre Raymond de Valette, seigneur de Floirac et autre Gaillard d'Aymeric, chevalier, pour tout ce qu'ils peuvent avoir dans les paroisses de Gramat, du Ségala, de Rignac, etc. (1316). — Mention d'hommages consentis par Hugues de Capra, damoiseau et Armand de Gramat, chevalier, en faveur du seigneur de Gramat (1344). — Mention de l'hommage consenti par nobles Rigal de Miers, Guillaume Lacarrière, Bertrand de Miers, Pierre de Salgues, Bertrand Vassignac, Hébrard Dartens, Guillaume de Miers, Pons d'Aymeric, Géraud Fossac et Géraud Valette, co-seigneurs de Miers, en faveur de noble Garin de Castelnau, baron de Gramat, pour les château, châtellenie et juridiction de Miers (1320). — Lettres-patentes du roi Jean portant translation de la baronnie de Gramat à la vicomté de Turenne ; — hommage rendu au vicomte de Turenne par le seigneur de Gramat, à la suite des lettres-patentes précédentes (1350). — Mention de l'hommage d'Eustorge d'Aymeric, damoiseau, en faveur de Bertrand de Terride, chevalier, seigneur de Penenville et de Gramat (1362). — Reconnaissance par noble Garin de Valon, chevalier, co-seigneur de Thégra, en faveur de Bertrand de Terride, chevalier, seigneur de Penenville et de Gramat (1363). — Hommage d'Adhémar de Miers, pour son château de Miers, en faveur de Jean d'Aigrefeuille, seigneur de Gramat (1365). — Mentions de reconnaissances consenties en faveur de Jean d'Aigrefeuille, seigneur de Gramat, par Raymond de Vernhal, damoiseau et Bertrand de Tuele, chevalier (1366). — Mention de l'acte d'hommage de Maffred de Banze, damoiseau, en faveur dudit Jean d'Aigrefeuille, pour tout ce qu'il possède dans la juridiction de la baronnie de Gramat (1366) ; — hommage semblable fait par Bertrand de Ponte, damoiseau, fils de Guerin de Ponte, chevalier, habitant de Lentour (1366). — Mention d'hommage rendu au même Jean d'Aigrefeuille, par Guillaume de Valette, damoiseau (1367). — Reconnaissance de fief par nobles Bertrand et Astorg de Banze, damoiseaux, d'Autoire, en faveur de noble Alzias d'Aigrefeuille, damoiseau, seigneur de la baronnie de Gramat (1400). — Mentions d'hommages rendus au même d'Aigrefeuille, par Rigal de Bériac et Antoine de Cornil (1405). — Mention d'inféodation faite par Hugues d'Aigrefeuille, baron de Gramat et de Loubressac, en faveur de Guillaume Bouyssou, habitant de Gramat (1407). — Mention de l'acte par lequel Adhémar d'Aigrefeuille, chevalier seigneur de Gramat, vend, moyennant 300 livres tournois, à noble Jean Guilhoti, Jacques de Vergnes et Raymond de Cornil, de Carennac, toutes les actions de droit qu'il pouvait avoir dans le lieu de Manhagues, diocèse de Cahors (1418). — Mention de l'hommage de noble Élie Folchier, co-seigneur de Ste-Fortunade, agissant comme mari de noble Marie de Tutel, seigneuresse d'Artense et Dalassac, en faveur de noble Hugues d'Aigrefeuille, baron de Gramat et de Loubressac (1444). — Mention de l'hommage fait audit Hugues par Rigal de Bériac, seigneur du Caylar, au diocèse de St-Flour, pour trois maisons situées à Gramat (1447). — Mention de lausime portant reconnaissance par Pierre Lagrange, procureur du seigneur de Gramat, à Pierre Bergougnoux, de Rignac, de l'acquisition par lui faite de Pierre Vayssouse, de certaine terre située dans la paroisse de Gramat, au terroir appelé de Velle (1462). — Extrait du testament de Jean II, chevalier, baron de Faudoas et de Barbazan, léguant à son fils puîné, Béraud de Faudoas, toutes les terres qu'il possède en Quercy et dans la baronnie de Gramat et de Loubressac (1473). — Analyse du testament de noble Hugues d'Aigrefeuille, baron de Gramat (1476). — Achat par noble Jean de Miers, de magnifique et puissant homme Béraud de Barbazan, seigneur de Faudoas, des lieux de Gramat et de Loubressac (1487). — Mention de l'inféodation faite par Hugues Tamier, de Gramat, en faveur de Raymond d'Issaly, prêtre,

d'un ayral avec un jardin, dans le lieu de Gramat (1488). — Mention d'un acte duquel il résulte que Jean Bergougnoux, dit Redon, du mas de Merdanson, paroisse de Gramat, avait acquis de Jean Tamier, de Gramat, la directité dudit mas de Merdanson, laquelle directité était tenue en fief et pagésie perpétuelle de noble Antoine de Loubrayrie, écuyer, seigneur de Laval (1505). — Mention de l'achat fait à Béraud de Barbazan, seigneur de Faudoas, de la baronnie de Gramat et de Loubressac, par les frères d'Auriole (1507). — Analyse d'un échange passé entre le chapitre de Cahors d'une part et noble Antoine d'Auriole, prieur de Duravel et archiprêtre de St-André, en qualité de procureur fondé de nobles Aymard et Jean d'Auriole, père et fils, ses frère et neveu, seigneurs de Gramat, Loubressac, et Roussillon, etc. (1510). — Mention de l'hommage fait à noble et puissant homme Jean d'Auriole, chevalier, baron de Gramat, par honorable et religieux homme, le seigneur François de Châtillon, seigneur et doyen moderne de Carennac, pour la ville, le lieu et les hommes de Padirac (1516). — Mention de la vente d'un pré faite par Pierre Lagrange, dit Petrou, hôte de Gramat, en faveur de noble Jean d'Auriole, baron dudit Gramat (1522). — Analyse de l'acte de vente consentie par noble Agnet d'Anglars, habitant de Laroque-du-Pont, en faveur de nobles Raymond de Gontaud et Anne d'Auriole, mariés, de toutes langues de bêtes « boynes » et bétail gros, qui se tueront à perpétuité dans la ville de Gramat, les jours de foire de St-Martial et St-Michel (1541). La plupart des pièces analysées dans le présent a figurent déjà dans l'article précédent, F. 241).

F. 243. (Cahier.) — In-folio, 36 feuillets, papier.

XIVᵉ siècle. — Gramat. — Texte des coutumes de Gramat confirmées en 1319 et 1397.

F. 244. (Liasse.) — 1 pièce, papier.

XIVᵉ siècle. — Gréalou. — Notes sur l'occupation de Gréalou par les compagnies anglaises.

F. 245. (Liasse.) — 22 pièces, papier.

1245-1312. — Hôpital-Beaulieu. — Donation de l'église d'Issendolus faite à l'hôpital fondé par Guirbert de Thémines, par Géraud de Barasc, évêque de Cahors (1245). — Donation de la métairie de Diège par Aymeric de Godor, en faveur de la fille de Guirbert de Thémines et de l'hôpital fondé par ledit Guirbert (1250). — Donation de diverses terres en faveur de l'hôpital par le fondateur Guirbert de Thémines (1253). — Donation faite par Guirbert de Thémines et Aigline, sa femme, de l'hôpital par eux fondé dans la paroisse d'Issendolus, à l'ordre de St-Jean de Jérusalem (1259). — Extraits divers intéressant l'Hôpital-Beaulieu (1259-1291). — Bulle portant confirmation en faveur de l'Hôpital-Beaulieu du droit de ne point payer de dîmes (1265). — Lettres par lesquelles Guillaume de Vilaret, prieur de St-Jean de Jérusalem, accorde à Guirbert de Thémines la sépulture dans l'Hôpital-Beaulieu (1287). — Règlement donné à l'Hôpital par Guillaume de Vilaret, prieur de l'ordre de St-Jean de Jérusalem (1298). — Donation de l'église de Sonac consentie en faveur de l'Hôpital-Beaulieu par Sicard, évêque de Cahors (1298). — Échange entre Sicard de Montaigu, évêque de Cahors, et Aigline de Thémines, prieure de l'Hôpital-Beaulieu (1299). — Donation de villages et territoires à Aigline, prieure de l'Hôpital-Beaulieu, par Guilbert de Thémines (1300). — Donation de la maison de « Curamontano », en Auvergne, faite au monastère de Fieux, par Foulque de Vilaret, grand maître de l'ordre de St-Jean de Jérusalem et confirmation de cette donation (1300-1312).

F. 246. (Liasse.) — 14 pièces, papier.

1298-1794. — Hôpital-Beaulieu. — Extrait de « Gallia Christiana » touchant les prieures qui se sont succédé à l'Hôpital-Beaulieu, de 1298 à 1422. — Élection d'Angline de Thémines comme prieure et de Cebelie Seguerie, comme sous-prieure, de l'Hôpital-Beaulieu (1347). — Notes sur les nominations de prieures de l'hôpital-Beaulieu (1387-1597). — Liste des religieuses de l'Hôpital-Beaulieu, de 1656 à 1743. — Listes des grandes prieures de l'Hôpital, de 1634 à 1789. — Professions des religieuses à l'Hôpital-Beaulieu (1652-1739). — Réception des preuves de noblesse de demoiselle Marie de Plas de Salgues (1704). — Copie d'une lettre de l'abbé de Vaillac aux religieuses de l'Hôpital-Beaulieu au sujet du choix d'une nouvelle supérieure (1716). — Notes extraites de la « France chevaleresque et chapitrale » au sujet de l'Hôpital-Beaulieu (1707). — Notes sur la sœur Feyt et sur son frère, mort curé de Fons (1788-1789). — Copie d'une lettre de la sœur Feyt (1794).

F. 247. (Liasse.) — 5 pièces, papier ; cahier, in-folio,
10 feuillets, papier.

1588-1618. — Hôpital-Beaulieu. — Notices sur Galiote de Ricard de Genouillac de Vaillac, prieure de l'Hôpital-Beaulieu, en Quercy, et réformatrice de son ordre. — Vie de Galiote de Gourdon-Genouillac, supérieure perpétuelle et réformatrice du monastère de l'Hôpital-Beaulieu, ordre de St-Jean de Jérusalem. — Essai sur la réforme de la vénérable ancienne Galiote de Vaillac. — Extraits de la vie de Galiote de Genouillac.

F. 248. (Liasse.) — 5 pièces, papier.

XIVᵉ siècle.— Hôpital-Beaulieu.— Histoire de la vie et des miracles de Ste-Flore, religieuse de l'hôpital-Beaulieu, fille de Pons et de Melhors, du lieu de Maurs, extraite des écrits du père confesseur de cette sainte et contenue dans un vieux livre manuscrit trouvé dans les archives dudit monastère et à côté de la première feuille duquel sont écrits les mots suivants : « L'an mille trois cens quarante et sept trépassa madame Saincte Flors le ousiesme juin, le jour Sainct Barnabé. La maison d'ou elle est sortie se nommoit Corbie ». — Extraits de divers manuscrits et notices concernant Ste-Flore.

F. 249. (Liasse.) — 3 pièces, papier.

507-838. — Junant. — Notice sur la fondation du monastère de Junant, dans le Haut-Quercy, en 507. — Mention d'un échange en vertu duquel Pépin I, roi d'Aquitaine, reçoit d'Antgarius, évêque de Cahors, le monastère de Junant, bâti en l'honneur de St-Martin, avec ses églises, ses maisons, ses villages et généralement toutes ses autres appartenances (820). — Mention de la cession du monastère de Junant à l'abbaye de Conques, faite par Pepin I, roi d'Aquitaine (838).

F. 250. (Liasse.) — 1 pièce, papier.

1307-1348. —Labastide-nouvelle de Montcabrier.— Indication de source pour lettres de confirmation des libertés accordées aux habitants du Château ou Bastide nouvelle de Montcabrier, près Pestillac (1307). — — Note sur la fondation de Labastide-nouvelle de Montcabrier. — Indication de source pour une convention entre le Roi, Gaillard et Bertrand de Durfort,

frères, où il est question de Bélaye, Moissaguet, etc.
(1348).

F. 251. (Liasse.) — 1 pièce, papier.

1266. — Lacapelle-Livron. — Extrait concernant la restitution faite par Alphonse, comte de Toulouse, au commandeur de la maison Lacapelle-Livron, d'une partie du territoire dudit Lacapelle, que les Templiers disaient leur avoir été donnée par Raymond, prédécesseur d'Alphonse.

F. 252. (Liasse.) — 1 pièce, papier.

XV⁰ et XVII⁰ siècles. — Laramière. — Indications de sources pour : excommunication lancée par Pierre, abbé de la Couronne, contre Olivier de Murat, prieur de Laramière (1441); — excommunication de Pierre de Manso, prieur de Laramière, par Pierre, abbé de la Couronne (1450); — provision de prieur de Laramière en faveur de Mangat Mignet, en remplacement de Jacob Horric (1499); — charte de réintégration du prieuré de Laramière, faite par Benoît Adam, entre les mains de Raymond Achart, abbé de la Couronne (1499); — chartes relatives à l'union du prieuré de Molières avec celui de Laramière (XV⁰ siècle); — demande faite à Rome, par François Pathier, prêtre, à l'effet d'obtenir le prieuré de Laramière (XVII⁰ siècle)

F. 253. (Liasse.) — 1 pièce, papier.

Sans date. — Latronquière. — Déclaration et consistance de la commanderie de Latronquière.

F. 254. (Liasse.) — 1 pièce, papier.

Sans date. — Lauzun. — Indication de source pour confirmation de donation du lieu de Lauzun et appartenances, faite à Pierre de Gontaut, sieur de Biron, par Marquèse de Caumont ; — note de Lacabane.

F. 255. (Liasse.) — 1 pièce, papier.

1200. — Lavercantière. — Mention de la charte octroyée par le comte de Toulouse aux habitants de Lavercantière, contenant une coutume de cette localité et l'abandon d'un terrain d'une grande étendue appelé le Fraux ; — note de Lacabane.

F. 256. (Cahiers.) — Petit in-folio, 140 feuillets, papier.

1231-1491. — Leyme. — Donation faite par P. del Castel, commandeur de la maison du Bastit, du consentement des frères de la dite maison, à Dieu et à Guillelme, abbesse de la maison de la Grâce-Dieu, autrement de Leyme, et à tout le couvent, des villages de la Frangete et de Corbo, avec leurs appartenances, sous la réserve de deux sols caorciens d'acapte, de sept setiers de blé et de sept sols de cens annuel (1231.) — Donation faite par Raymond, abbé de Marcillac, du consentement du prieur et des religieux de son abbaye, à Guillelme, abbesse de Leyme et aux frères et aux sœurs dudit couvent, de l'église de Flaujac, avec ses appartenances, sous la réserve de six setiers de froment de rente annuelle (1233). — Donation faite par Villafors de Iliverno, Guillelme, sa femme, et Archambaud, leur fils, à Guillelme, abbesse de Leyme et au couvent, de tous les biens qu'ils avaient dans la paroisse de Flaujac (1233). — Donation faite par Girbert de Castelnau, fils de Guarin, et par Fines (Delphine), femme dudit Girbert, à Guillelme, abbesse, et au couvent de Leyme, de deux setiers de froment à prendre sur le mas de Lacombe, à Mayrinhac (1240). — Donation faite par Raymond, vicomte de Turenne, aux religieuses du couvent de Leyme d'un muid de vin (*unum modium vini*), mesure de Turenne (1252). — Donation faite par Raymond, vicomte de Turenne, à l'abbesse et au couvent de Leyme, de quatre setiers de seigle, dont deux à prendre annuellement sur le village des Fieux, situé dans la paroisse de Ste-Espérie et les deux autres sur le mas de Laborinas, paroisse de St-Vincent (1270). — Acte par lequel Raymond, vicomte de Turenne, confirme à Esclarmonde, abbesse et au couvent de Leyme, sous l'obligation de l'hommage, tous les biens y dénombrés, situés dans la juridiction, le district et la châtellenie de St-Céré, tels qu'ils leur avaient été donnés par divers particuliers (1293). — Confirmation par Barasc de Thémines, chevalier, d'une vente par lui consentie à l'abbesse et au couvent de Leyme (1296). — Échange fait entre Esclarmonde, abbesse de Leyme et Bertrand La Roque, prieur du couvent de Carmels, au diocèse de Clermont ; — le prieur de Carmels cède au couvent de Leyme les droits qu'il avait sur la moitié des bois de Molières ou de Leyme situés dans la paroisse de Molières; le couvent de Leyme donne en retour cent sols de Cahors de rente annuelle, représentés en biens, fiefs, rentes, acaptes, etc. (1298). — Lettres d'amortissement et de sauvegarde du roi Philippe-le-Bel pour l'abbesse et le couvent de Leyme

(1304). — Transaction entre Hugues, seigneur de Cosvac, chevalier, et Mᵉ Pierre de Champagnac, procureur fondé de magnifique et puissant homme Guillaume Roger de Beaufort, vicomte de Turenne, d'une part, et vénérables et religieuses dames Aygline, par la grâce de Dieu, abbesse du monastère de Leyme, Hélène de Mayrinhac, prieure dudit monastère, Hélène de Burbuson, sous-prieure, Gaillarde de Buxurno, etc., sur les différends qui existaient entre eux (1351). — Acte de l'hommage rendu par le procureur du couvent de Leyme à Guillaume Roger de Beaufort, vicomte de Turenne, pour les biens y dénombrés et qui avaient fait la matière de la transaction précédente (1352). — Bulle du pape Clément VII par laquelle il accorde à l'abbesse du couvent de Leyme, le droit de présenter et de choisir les curés pour les églises *« de capella sancti Serini et sancti Illarii de Baia, caturcensis diocesis »* (1388). — Lettres du roi Charles VII, par lesquelles, à la requête de Barrane de Castelnau, abbesse du monastère de Leyme, fondé par St-Louis, il amortit des rentes dudit couvent (1435). — Transaction entre Hélène de Beaufort, abbesse de Leyme et Jeanne de Barasc, prieure de Lissac (1491). — Contrat de la vente consentie par B. de Lhumhac à la maison de Leyme, de toutes les dîmes qu'il avait aux villages del Fraisse, de Crualgas, de Petrasol et plusieurs autres y dénommés, moyennant 15 livres de cens annuel (sans date).

F. 257. (Liasse.) — 8 pièces, papier.

1370-1372. — Limoges. — Extraits touchant la prise de la ville de Limoges par les Anglais (1370). — Contrat entre le maréchal de Sancerre et les consuls et habitants de Limoges, en vertu duquel ces derniers se remettent sous l'obéissance du roi de France (1371). — Mention des lettres de concession de privilèges accordés par le Roi aux habitants de Limoges (1371). — Indication de sources : sur la remise du lieu de l'Isle, moyennant 2000 francs d'or, à Louis de Sancerre, maréchal de France ; — pour donation de plusieurs héritages et terres faite à Gilbert de Brolio, écuyer (1372) ; — note de Lacabane.

F. 258. (Liasse.) — 5 pièces, papier.

1241-1493. — Lissac. — Indication de source pour transaction entre Dorde Barasc et W. Ticals au sujet de la propriété des villages de Preissac, Laborie et la Julianne (1240). — Lettres d'amortissement de Radulphe de Bruleio, sénéchal de Périgord et de Quercy, du repaire de Lissac que Déodat Barasc avait laissé, par son testament, pour y bâtir un couvent de religieuses (1289). — Mention de Gaillarde de Durfort comme prieure de Lissac (1296). — Analyse d'une transaction entre noble homme Déodat Barasc, seigneur de Béduer, et dame Delphine de Lentillac, prieure du couvent de Lissac au sujet du droit de patronage de la maison ou de l'hôpital de *Pojolano* qu'elle prétendait appartenir audit couvent, en vertu du testament de feu Déodat de Barasc, seigneur de Montbrun (1371). — Mention d'une bulle du pape Nicolas V par laquelle il ordonne à l'abbé d'Aurillac et à l'official de Rodez, de procéder contre Jean de Calciat, chevalier, seigneur de Puicornet, de Larnagol et de Calvignac et autres laïques du diocèse de Cahors, par censures ecclésiastiques, pour la restitution des biens qu'ils possédaient au préjudice de la prieure de Lissac (1470). — Mention de transaction entre Hélène de Beaufort, abbesse de Leyme et Jeanne de Barasc, prieure de Lissac, au sujet d'une certaine somme due par le couvent de Lissac à celui de Leyme (1491). — Mention d'une autre transaction passée, par l'entremise de nobles Mathelin Gasc, seigneur de Prendeignes et Jean Maffre, seigneur de Camburat, entre Jeanne de Barasc, prieure de Lissac, d'une part, et Jean Bertrandi, moine de Fons et prieur de Cambes et Jean Pinquier, curé dudit Cambes, au sujet de certaines dîmes (1493).

F. 259. (Cahier.) — In-folio, 10 feuillets, papier.

1093-1594. — Marcillac. — Donation faite par Martin et Arsius de Vassa, la femme d'Arnaud Ramon et Guillaume, son fils, et Arnaud de Las Kera, de l'église « sancti Quiriaci et sancti Nicomedis » avec toutes leurs appartenances, à Dieu, à St-Quirin et aux religieux de Marcillac (1093). — Notes de Lacabane sur la donation précédente. — Indications de sources pour : échange fait entre Raymond, évêque de Cahors et Guillaume, abbé de Marcillac, de quelques églises (1286) ; — transaction entre Girbert de Thémines, chevalier, et Girbert, son fils, damoiseau, d'une part et Gaillard de Buxurno, curé de l'église de Canhac, sur les dîmes du terroir del Boug (1301) ; — acte en vertu duquel Jeanne, prieure du monastère de la Daurade, de Cahors, reçoit certaines filles de condition, avec protestation de ne point excéder le nombre voulu de religieuses (1348) ; — transaction entre Marquès de Cardaillac, seigneur de Thémines et le syndic du couvent de Marcillac, au sujet de leurs prétentions réciproques (1408) ; — acte par lequel Marquès de Cardaillac, en qualité d'héritier de Guillaume de Thémines, chevalier, son oncle, donne, en vertu du testament dudit Guillaume, six livres de cire pour deux torches à Gasbert, abbé de Marcillac, à prendre sur les sept livres que ledit abbé était tenu de lui bailler pour l'église de Canhac (1410) ; — donation faite par Jean de Calciat, seigneur de Puicornet et de Larnagol, au couvent de Marcillac, de trois setiers de froment (1422) ; — acte par lequel Guillaume Ébrard, abbé élu de Marcillac, confirme les statuts qui lui sont présentés par les religieux, avant de prendre possession de ladite abbaye (1461) ; — fondation d'un obit dans l'église du couvent de Marcillac par noble et puissante dame Marguerite de Castelnau, dame de Larnagol, sœur de feu Antoine de Castelnau (1472) ; — vente par Pons de Penne, aliàs de Gourdon, seigneur de Puylagarde, de Limogne, de St-Jean-de-Laur, etc., à Guillaume Ébrard, abbé, et au couvent de Marcillac, de 10 livres tournois de rente pour le prix de 100 livres (1490) ; — acte par lequel Guillaume, abbé de Marcillac, donne et transporte aux religieux certaines dîmes que Raymond, évêque et comte de Cahors, avait données audit monastère, fondé par Pepin (1496) ; — acte par lequel Frotard Ébrard, abbé du monastère de Marcillac, accorde certains privilèges aux religieux, dont le premier est de ne prendre de l'annuel rien que la dépouille, lorsqu'ils mourront (1515) ; — statuts faits entre Jean Ébrard, abbé de Marcillac et les religieux (1530) ; — acte d'ouverture du testament de messire Christople d'Ébrard de St-Sulpice, abbé de Marcillac et grand archidiacre de Cahors (1594) ; — codicille du testateur précédent (1594).

F. 260. (Liasse.) — 4 pièces, papier ; cahier in-huit, 6 feuillets, papier.

1218 — XVIIIe siècle. — Martel. — Indication de source pour coutumes de Martel (1218). — Extrait d'un répertoire de titres de la ville de Martel (1219-1586), dressé en 1632 par Louis Lascoux, avocat. — Mention de procuration donnée par la communauté de Martel pour être représentée aux États généraux (1309) ; — description et fac-simile du sceau et du contre-sceau de Martel ; — fac-simile du sceau de Lalbenque. — Mention d'autorisation de faire fortifier la ville de Martel, accordée aux habitants par Jean, duc de Normandie (1349) ; — mention du mandement du même prince aux consuls de Martel pour faire démolir certains édifices servant de retraite aux brigands

(1358) ; — mention de lettres du même prince accordant aux consuls le dixième de tous les vins se vendant dans la communauté, pour subvenir à une partie des dépenses occasionnées par les fortifications dont ils entourent leur ville. — Mention des exactions dont les habitants de Martel sont victimes de la part des compagnies logées à Montvalent (1375-1399). — Mémoire concernant la communauté des religieuses de l'hôpital-prieuré St-Marc, de l'ordre de Malte, établi dans la ville de Martel (XVIIIe siècle).

F. 261. (Liasse.) — 8 pièces, papier.

1203-1672. — Maurs. — Chronologies des abbés de Maurs de 1203 à 1672. — Mention de G..., abbé de Maurs, dans un acte par lequel il fait défense de porter des armes dans la ville de Maurs (1239).

F. 262. (Liasse.) — 1 pièce, papier ; cahier in-4°, 14 feuillets, papier.

1187-1628. — Millau. — Mention de consuls à Millau, en 1187. — Mentions d'assemblées des Trois États du Rouergue à Millau, en 1376 et 1586. — Extrait des séries CC et EE de l'inventaire des archives de Millau.

F. 263. (Liasse.) — 1 pièce, papier.

1307. — Mirabel. — Lettres par lesquelles le roi Philippe-le-Bel retient sous le domaine royal la ville de Mirabel, diocèse de Cahors.

F. 264. (Liasse.) — 19 pièces, papier.

1063-1678. — Moissac. — Indication de source pour acte en vertu duquel Gausbert, abbé, ayant acquis de Guillaume, comte de Toulouse, la protection du monastère de Moissac, au prix de 30,000 sols, s'en démit en faveur de Pons et de Guillaume, son fils, comtes palatins, à la condition qu'ils ne la pourraient vendre à aucun clerc ou laïque et que même ils jureraient de ne point la donner à d'autres qu'à l'abbé régulier dudit monastère de Moissac (1063). — Mention de la date de la confirmation de l'union de l'abbaye de Moissac à celle de Cluni (1063). — Indication de source pour donation faite par Gausbert de la Ribière au monastère de Moissac, de son corps, de son âme, de toute sa postérité et de son alleu consistant en deux mas (1066). — Donation au monastère de Moissac, par

Rigald, de son domaine de « Verangas » (1066). — Acte par lequel Bernard, dit de Narcès, se donne, du consentement de sa femme et de ses enfants, à St-Pierre et à St-Benoit, pour être moine dans le monastère de Moissac et lui donne l'alleu qu'il avait dans la paroisse de St-Aureil, en Quercy (1081). — Donation en faveur du monastère de Moissac, par Bernard, dit Traucauspect, et sa femme Blanche, d'une « condamine » qu'ils tenaient en fief au lieu de Liciac (1091); — autre donation par Raymond Guillaume (1101). — Donation des personnes d'Étienne del Poys et de son frère, à l'abbaye de Moissac, par Gausbert Borrelh de de Orgoilh et Arnald, son fils (1131-1139). — Cession faite au monastère de Moissac, par Arnaud de Corme, son fils Arnaud et son gendre Seguin de Rodoche, de tout ce qu'ils possédaient au terroir d'Estit (1142). — Indication de source pour acte par lequel Raymond VII, après la prise de Moissac, prend sous sa sauvegarde l'abbé et les moines de Moissac (1222). — Serment prêté par les consuls et la communauté de Moissac au roi St-Louis, au sujet de la paix conclue entre l'Église, le roi de France et le comte de Toulouse (1243); — description du sceau consulaire de Moissac ; — fac-simile de ce sceau; — serment prêté au roi de France par Guill. Barasc, Vill. de Gourdon de Salviac et Bertrand de Cardaillac (1243); — description du sceau de Bertrand de Gaillac, bailli du comte de Toulouse. — Ordonnance d'Ive, abbé de Cluni, au sujet du procès entre les abbés de Moissac et de Figeac (1260). — Charte par laquelle le roi de France concède que son sénéchal de Quercy fasse hommage à l'abbaye de Moissac (1284.) — Procuration donnée à Bertrand Jean de Magistro et à Arnald de Monteaureo, par les consuls et la communauté de Moissac, pour les représenter aux États généraux (1309). — Mention d'un arrêt du Parlement rendu entre le comte de Périgord et les consuls de Moissac; au sujet de la baillie de Ste-Livrade (1335). — Indication de source pour histoire de Moissac (1340). — Donation par Guillaume de Murato Castelo, vicomte, au monastère de Cluni et à Durand, abbé de Moissac, de l'église appelée Bredons, fondée au pays d'Auvergne (sans date). — Indication de source pour le catalogue des manuscrits trouvés dans les archives de l'abbaye de Moissac, en 1678, et dont la rédaction fut faite par M. Foulhiac, chanoine de Cahors.

F. 265. (Liasse.) — 3 pièces, papier.

1332-1363. — Molières. — Mention de diverses acquisitions dans la paroisse de Molières, par noble Raymond Hugonis, habitant du château de Cardaillac (1332-1333). — Mention de 13 reconnaissances féodales faites à Raymond Hugonis, damoiseau du château de Cardaillac, par plusieurs habitants au lieu de Molières (1340). — Vente de Molières, près Figeac, faite à Gisbert, sieur d'Aynac, par Marquès de Cardaillac, seigneur de Brengues (1363).

F. 266. (Liasse.) — 1 pièce, papier.

1299-1664. — Mons, près d'Assier. — Vente du territoire de Mons et appartenances, paroisse d'Assier, faite à Rustan de *Monte alto*, chevalier, commandeur de la maison de l'hôpital St-Jean de Jérusalem, du château d'Assier, par Pons de Torrellis, prieur des Frères prêcheurs de Figeac (1299). — Reconnaissance féodale à Jean Vitalis, commandeur du lieu d'Assier, par Guy Cambou, forgeron à Assier (1446). — Reconnaissance féodale à Bernard Grossi, chevalier de St-Jean de Jérusalem, par Pierre Hug (1496). — Retrocession de la métairie de Mons, paroisse d'Assier, faite à François de Crussol, duc d'Uzès, par son frère Louis de Crussol d'Uzès, marquis de Crussol (1664).

F. 267. (Liasse.) — 1 pièce, papier.

1309. — Montalsat, Montclar et Montauban. — Descriptions des sceaux des consuls de Montalsat, de Montclar et de Montauban, attachés aux procurations de leurs députés aux États de 1309.

F. 268. (Liasse.) — 8 pièces, papier.

1243-1787. — Montauban. — Serment prêté par les consuls et la communauté de Montauban au roi Louis IX, à la suite de la paix conclue entre l'Église, le roi de France et le comte de Toulouse (1243) : — description et fac-simile du sceau consulaire de Montauban ; — descriptions et notes concernant les sceaux consulaires de Moissac, de Cahors et de Montcuq, en 1243 et 1309. — Donation faite par Sicart de Montagut, frère de Bertrand de Montagut, abbé de Moissac, en faveur de Bernard, abbé de St-Théodard, de Montauban, et du prieur de l'église St-Michel, de Montauban, de tous ses droits sur les dîmes et autres revenus appartenant à la dite église St-Michel (1270). — Indication de source pour don et amortissement en faveur des religieux mendiants et frères de l'ordre de St-François du couvent de Montauban (1378). — Indication de source pour siège de Montauban en 1621. — Listes des membres de la cour des aides, de 1643 à

1785. — Liste des membres du bureau des finances de la généralité de Montauban (1787).

F. 269. (Liasse.) — 2 pièces, papier.

1305-1334. — Montbrun et Montcabrier. — Indication de sources : sur la baronnie de Montbrun (1319-1334) ; — pour les coutumes et la fondation de Montcabrier ; — pour ordonnances de Philippe-le-Long, régent de France (1316).

F. 270. (Liasse.) — 3 pièces, papier.

1309-1406. — Montcuq et Tauriac. — Mentions de procurations données par les communautés de Montcuq et de Tauriac à leurs députés aux États généraux (1309) ; — descriptions des sceaux des consulats de Montcuq et de Tauriac. — Mention de la cession de Bergerac à Philippe de Valois, par les comtes de Périgord, en échange de Montcuq, en Quercy (1336). — Indication d'un fait historique dans l'histoire d'Aquitaine (1406) ; — notes sur les sieurs de Gourdon, coseigneurs de Domme, en Périgord et sur Lalinde, en Périgord. — Indication de source pour donation de la châtellenie et de la ville de Montcuq des Vaux, faite à Roger Bernard, comte de Périgord, par le roi Jean (1356).

F. 271. (Liasse.) — 3 pièces, papier.

1255-1369. — Najac, en Rouergue. — Coutumes accordées à Najac par Alphonse, comte de Poitiers et de Toulouse (1255). — Ratification, par Philippe le Bel, de la vente faite aux consuls de Najac par Godefroi Bassi, sénéchal de Rouergue, moyennant 350 livres, de deux maisons contigues à la place commune, ayant appartenu à Hugues Paraderis et tombées entre les mains du Roi, par suite de confiscation pour cause d'hérésie (177). — Lettres de Philippe de Valois portant exemption, en faveur des habitants de Najac, de la contribution pour la chevalerie de Jean, son fils, et pour le mariage de Marie, sa fille, au cas où ils n'auraient pas payé à ses prédécesseurs (1332). — Lettres de rémission accordées par Charles V aux consuls et habitants de Najac qui avaient tué 17 Anglais opposés à leur dessin de remettre la ville sous l'obéissance du roi de France (1369). — Fragment d'analyse de lettres de rémission accordée par Charles V aux habitants de Najac, coupables de plusieurs crimes, sous le prétexte d'empêcher le retour de la ville à l'Angleterre. —

Copie de la première partie des lettres patentes par lesquelles Louis, duc d'Anjou, confirme les privilèges de la ville de Najac, qui s'était soumise au Roi et avait adhéré à l'appel contre le prince de Galles (1368).

F. 272. (Liasse.) — 3 pièces, papier.

1266-1530. — Penne, Pestillac, Payrac, Vayrac et Reilhaguet. — Indications de sources pour : restitution par Alphonse, comte de Toulouse, à Bernard de Penne, chevalier, de la quatrième partie du lieu de Casalive, que Pierre de Vicinis lui avait usurpée, à l'occasion de l'échange du château de Penne (1266);— charte en faveur d'Amalvin, seigneur du château de Pestillac; — adjudication d'héritages pour Amalvin, seigneur de Pestillac; — charte en faveur de Jean de Cintré, chevalier, seigneur de Pestillac (1354-1356); — création de marchés et de foires à Payrac, Vayrac et Reilhaguet (1525-1530).

F. 273. (Liasse.) — 10 pièces, papier.

1262-1566. — Peyrusse, Piquecos et St-Cirq, Poujoulat, Puygaillard et Puylaroque. — Indication de source pour chapellenie royale fondée à Peyrusse (sans date); — notes sur Peyrusse. — Indications de sources pour : création de foires et de marchés à Piquecos, par le seigneur de Montpezat (1566); — création de foires et d'un marché hebdomadaire à St-Cirq-Lapopie (1566), etc. — Confirmation, par noble Pierre de Vayrac, seigneur de Comiac, héritier universel de Guillaume Labarrière, damoiseau, de Figeac, de donation de maison à Figeac, dans la gâche appelée de Monviguier, faite par ledit Labarrière à l'hôpital du Poujoulat et à noble Élisabeth de Béduer, directrice dudit hôpital (1362). — Indication de source pour : vente d'un pré situé dans la paroisse de Camburat, consentie par Gaillard Gasc, damoiseau, en faveur de Guillem de Quadre, commandeur du Poujoulat (1273) ; — reconnaissance du lieu de Langlade, dans la paroisse de Lissac, consentie par Pierre del Bourg, en faveur de l'hôpital du Poujoulat, dont religieux et discret homme, Me Pierre de Peset, prêtre, était commandeur (1417) ; — transaction entre le duc d'Alençon et Marguerite de France, sa femme, d'une part et François Roger de Comminges, vicomte de Bruniquel, d'autre part, par laquelle les premiers cèdent à ce dernier, le lieu de Puygaillard (1449) ; — échange entre Alphonse, comte de Poitiers et de Toulouse, d'une part et Ray-

mond de Puycelsi et Gauzida, sa femme, d'autre part,
par lequel ledit comte donne à ces derniers le château
de Puylaroque et la ville de Mazerac (1262); — lettres
d'Alphonse, comte de Poitiers et de Toulouse, par
lesquelles il donne à Raymond de Puycelsi les 7 livres
de revenu, que le château de Puylaroque qu'il lui
avait baillé, en échange pour celui de Puycelsi, valait
au-delà de 322 livres 10 sous 6 derniers (1270).

F. 274. (Liasse.) — 3 pièces, papier.

1250-1745. — Roquefort, Réalville et Réveillon.
— Vente par Aymeric de Goudou, damoiseau, à Douce,
fille de Girbert de Thémines et à l'hôpital que ledit
Girbert avait fait construire entre les villes de Thémines et de Gramat, de la métairie de Dièges et de ses
appartenances, pour le prix de 1200 sols et la terre
de Roquefort (1250). — Indication de sources pour
fondation de la Bastide de Réalville par Jean d'Arreblay, sénéchal de Périgord et de Quercy (1316). —
Échange de la terre et seigneurie de Réveillon contre le
repaire de Lavaur, dans la paroisse de St-Médard,
consenti entre Jean Charles de Plas, écuyer, seigneur
et baron de Rivières, Salgues, Réveillon et autres
places d'une part et Giles de Palhasse, écuyer, conseiller et avocat du Roi au sénéchal de Figeac, d'autre
part (1745).

F. 275. (Liasse.) — 8 pièces, papier.

250-1632. — Rocamadour. — Notes et indications
de sources sur St-Amadour et Rocamadour (250-1632).
— Donation d'un hôpital par Hugues, évêque de
Rodez, à Guillaume, abbé de Conques et aux religieux
(1179). — Cession de tout ce qu'ils avaient dans l'église
de Rocamadour consentie à St-Martin de Tulle, par
Aralbert de Borme et sa femme (1095). — Indications
de sources pour : pélérinage de St-Louis, de sa mère
et de 3 de ses frères à Rocamadour (1243) ; — pélérinage du comte Gauthier (1293). — Retenue par le
duc d'Anjou, des consuls de Rocamadour et montre
des servants à pieds retenus pour la défense de Rocamadour (1369).

F. 276. (Cahiers.) — Petit in-folio, 77 feuillets, papier.

XVIe et XVIIe siècles. — Rocquemont. — Notice
sur Rocquemont, à Luzarches (Seine-et-Oise), pendant
les XVI et XVIIe siècles.

F. 277. (Liasse.) — 13 pièces, papier.

1360-1471. — Rodez. — Acte par lequel Jean de
Calvinhac, de Montpellier, essayeur des monnaies,
déclare que la monnaie qui se bat au bourg de Rodez,
doit être d'un poids spécifié (1360). — Établissement
par le comte d'Armagnac, d'une foire à Rodez (1369).
— Concession de privilèges à la ville de Rodez par
Pierre-Raymond de Rabastens, chevalier, seigneur de
Campanhac, conseiller et sénéchal de Toulouse et
d'Albigeois, capitaine général en Rouergue et Quercy
(1369) ; — privilège de la gabelle accordé à la dite ville
par le même (1369) ; — confirmations par le duc
d'Anjou et par le roi de France (1369 et 1370). — Indication de source pour sceau du consulat de Rodez,
en 1471. — Extraits de l'histoire de la comté de Rodez
et de l'histoire des évêques de cette ville, par Antoine
Bonal, juge des montagnes du Rouergue.

F. 278. (Liasse.) — 5 pièces, papier.

1368-1369. — St-Astier. — Lettres du prince de
Galles au sénéchal de Périgord et de Quercy, lui or-
donnant de recommander bonne garde aux habitants
de St-Astier. — Vidimus de ces lettres par Thomas de
Walkefare, sénéchal de Périgord et de Quercy. —
Note de Lacabane.

F. 279. (Liasse.) — 4 pièces, papier.

1574-1790. — St-Céré. — Accord des habitants
de St-Céré pour payer à M. de Montal, la somme de
10,000 livres tournois, destinée à l'indemniser des frais
qu'il a dû faire pour reprendre la ville de St-Céré aux
Huguenots qui l'occupaient (1574). — Notes sur les
violences dont les Réformés de St-Céré auraient été
victimes le 24 décembre 1652. — Adresse de la ville
de St-Céré aux électeurs du département du Lot, à
l'effet de faire créer St-Céré, chef-lieu de district
(1790).

F. 280. (Liasse.) — 3 pièces, papier.

1534-1566. — St-Chamarand, St-Cirq-Lapopie,
Piquecos, Lamothe, St-Cyr d'Alzou et Thégra. —
Mentions de créations de foires : à St-Chamarand, en
1534 ; à St-Cirq-Lapopie, en 1566 : — à Piquecos et
à Lamothe, en 1566. — Notes sur St-Cyr d'Alzou et
sur Thégra.

F. 281. (Liasse.) — 6 pièces, papier.

1270-1829. — St-Laurent-les-Tours et Ste-Eula-lie. — Fac-similé du sceau sculpté à la clef de voûte de la grande tour de St-Laurent. — Analyse de l'acte de vente faite, moyennant la somme de 300 francs, par M. Jean-Paul-François de Noailles, d'Agen, au sieur Guillaume Vernejoul, du puy du château de St-Laurent (la plate-forme et les tours de St-Laurent, l'ancien St-Céré), avec réserve de ne pas toucher à la petite tour et défense de la démolir ou d'en altérer la construction d'aucune manière, et le dit vendeur se réservant l'action de poursuivre les auteurs, complices ou fauteurs de la démolition de partie de la chapelle et du moulin vendus (1806). — Analyse de l'acte de donation faite moyennant le prix de 20 francs, au département du Lot, par le sieur Guillaume Vernejoul, propriétaire, adjoint au maire de St-Laurent, de la grande tour de St-Laurent et de tout le droit qu'il peut avoir sur la petite tour. Cette donation est faite par le sieur Vernejoul dans le but de conserver la mémoire de l'existence ancienne du château de St-Céré (1829). — Analyse de l'acte de confirmation par Alfonse, comte de Poitiers et de Toulouse, de la vente faite par Gilles Cancelini et Thomas de Novalville, ses clercs, à Bertrand de St-Geniez et à Gaillard et Gaubert, ses frères, des terres, possessions et droits qu'il avait en la paroisse de Ste-Eulalie, au diocèse de Cahors (1270).

F. 282. (Liasse.) — 6 pièces, papier.

1240-1369. — Sarlat, Sauveterre et Septfonds. — Mention de différend entre Géraud de *Vallibus*, abbé de Sarlat et les bourgeois de cette ville, au sujet de la création des consuls (1240). — Extraits de la table des registres du pape Innocent VI relatifs au diocèse de Sarlat (1353-1354). — Indication de source pour donation faite par Alfonse, comte de Poitiers et de Toulouse, à Bertrand de Gourdon, chevalier, du diocèse de Cahors, de toute la terre et des biens ayant appartenu à Guiraud de Gourdon, son oncle, situés aux lieux de Sauveterre et de Mont-Léonard (1269). — Nomination de députés aux États généraux par la communauté de Sauveterre (1309) ; — description du sceau du consulat de Sauveterre ; — fac-similé de ce sceau ; — mention de la procuration donnée aux députés aux États, par la communauté de La Française et description du seau du consulat de La Française (1309). — Retenue par le duc d'Anjou, de Simon

Lot. — Tome IV. — Série F.

Mihiel, écuyer, châtelain de Sauveterre (1369) et note de Lacabane. — Mention d'une rente annuelle de 200 livres accordée par le roi Philippe le Bel à Mathieu de Trie, chevalier, seigneur de Fontanet et maréchal de France, la dite rente à prendre dans la baillie royale de Septfonds, au diocèse de Cahors (1298).

F. 283. (Liasse.) — 8 pièces, papier.

778-1774. — Terraube (Gers), Tonnay-Charente (Charente-Inférieure), Toulouse, Turenne. — Copie incomplète des coutumes de Terraube (1284). — Indication de source pour quittance de 105 livres, délivrée à Pierre Couchon, trésorier des guerres, par Guérart de Maumont, sire de Tonnay-Charente (1380). — Précis sur les ducs bénéficiaires de Toulouse, ducs d'Aquitaine (778-844). — Indication de source pour Bertrand Ier de *Monteacùto*, prieur du monastère de la Daurade, de Toulouse (1254). — Lettres de Philippe de Valois accordant une remise sur les subsides à payer par les habitants de Toulouse, à raison « de la grande mortalité qui a esté en la dite ville et pour plusieurs autres causes » (1349). — Indication de source pour sceau et noms des capitouls de Toulouse en 1428. — Liste des capitouls de Toulouse, originaires du Quercy (1527-1774). — Indication de source pour confirmation de privilèges de la vicomté de Turenne (sans date).

F. 284. (Liasse.) — 7 pièces, papier.

1635-1726. — Uxellodunum. — Copie de lettres de M. Lasserre-Devès, lieutenant général de la sénéchaussée de Martel, adressées à M. Justel, auteur de *l'Histoire généalogique de la maison d'Auvergne et de Turenne*, au sujet d'Uxellodunum (1635). — Indications de sources pour : *Parallèle de la situation de l'ancienne ville de Cahors et celle d'Uxellodunum*, par M. La Montre, professeur de mathématiques et de philosophie (1698) ; — la *Dissertation sur la véritable situation d'Uxellodunum* (1725) ; — lettre sur Uxellodunum par M. Augier, curé de Sauveterre (1725); — lettre de M. Le Sage de Mostolac, archiprêtre de Luzech, sur la position d'Uxellodunum (1726).

F. 285. (Liasse.) — 6 pièces, papier.

1264-1811. — Vayrac, Vers, Vialolles et le Vigan. — Analyse de la vente d'une vigne, dans la paroisse de Vayrac, au Mas de *Bruxeria*, par Engelrand de Vayrac, chevalier (1264). — Accord entre Raymond de Cavagnac de Bornia et Rigald de Cavagnac, damoiseau et hommage à l'abbé de Tulle par le dit Rigald (1278). — Hommage, pour acquisitions faites dans la paroisse de Vayrac, en faveur de Jean, évêque de Tulle, par Marguerite Picharda, fille de feu Jean Picardi, écuyer (1343). — Don de la haute et basse justice de Vers et de Montfaucon fait par le duc d'Anjou à Ratier de Belfort, chevalier, seigneur de Belfort (1369) ; — confirmation de ce don par le roi Charles V. — Notes sur la vente de la terre de Vialolles (1811). — Lettres du roi Jean, portant don à Arnauld Pélegrini, chevalier, de la haute justice et de tous les droits y attachés, dans le lieu du Vigan et dans la paroisse de ce lieu, baillie royale de Gourdon, sénéchaussée de Périgord et de Quercy (1355) ; — vidimus confirmatif de ces lettres par le roi Charles V.

F. 286. (Liasse.) — 7 pièces, papier; cahier, parchemin, in-folio, 12 feuillets.

XIe**-XVI**e **siècles**. — Villefranche en Rouergue. — Histoire de Villefranche d'Aveyron depuis sa fondation jusqu'en 1593. — Description des armoiries de Villefranche . — Opinion de Bosc sur la fondation de Villefranche ; — opinion de Lacabane. — Extrait de l'histoire de Languedoc, par Dom Vaissète, touchant la fondation de Villefranche. — Notes diverses touchant l'histoire de Villefranche (1361-1588).

F. 287. (Liasse.) — 16 pièces, papier.

1256-1596. — Villefranche en Rouergue. — Mention des coutumes données à Villefranche, par Alfonse, comte de Poitiers et de Toulouse (1256). — Mention du procès-verbal de Jean de Blesy, chevalier, chambellan du Roi, commissaire député avec Pierre de Sauls et le prieur de St-Pourçain, pour l'évacuation des places occupées par les ennemis du Roi, sur les crimes, rébellions, etc, des consuls de Villefranche (1390). — Indication de source pour transaction entre les habitants et les consuls de Villefranche (1331). — Permission accordée par Girbert, évêque de Rodez, aux consuls de Villefranche, de faire une muraille dans le cimetière de la ville, pour le fermer (1240). — Mention des lettres par lesquelles le roi de France Charles V proroge, pour dix ans, en faveur des habitants de Villefranche, l'exemption des gabelles, fouages, etc., accordée à cette ville par le duc d'Anjou (1370). — Mention des lettres par lesquelles Jean, comte d'Armagnac et de Rodez, promet de défendre les consuls et habitants de Villefranche, contre les

courses des Anglais et des Français, moyennant 950 livres qu'ils lui offrent (1383). — Mention de la mise en possession de la ville de Villefranche par Boucicaut, mandataire du roi de France, au profit de Jean Chandos, vicomte de St-Sauveur (1363). — Lettres par lesquelles le duc d'Anjou concède à Villefranche le droit de battre monnaie (1371) ; — mention de la confirmation de ces lettres par le roi Charles V (1373) ; — note sur les privilèges de Villefranche. — Mention des lettres du duc d'Anjou, frère du Roi, et son lieutenant en Languedoc, accordant des privilèges aux villes de Peyrusse, Villeneuve, Villefranche, St-Antonin, Verfeuil, Najac, Rieupeyroux et Sauveterre (1377). — Mention du procès-verbal de Jean de Blesy, chevalier et chambellan du Roi, mentionnant le refus d'abord et le consentement ensuite des habitants de Villefranche de payer 3.000 francs d'or, qu'ils avaient promis aux Anglais, pour l'évacuation des lieux et forteresses de Saillant, Marcillac-le-Bois, La Roquebouillac, Blossac et les Garrigues. — Mention du danger que courut Villefranche d'être surprise par l'ennemi, danger qui put être conjuré, grâce à une lettre écrite de Figeac (1390). — Mention de traité de paix et d'accord entre Villefranche et Rodez (1412). — Mention de lettres du roi Charles VI aux habitants de Villefranche, leur recommandant de bien garder leur ville (1415). — Mention de tenue des États de Rouergue à Rinhac (1383). — Extrait du *Dictionnaire généalogique* de La Chesnaye des Bois, touchant Antoine de Morlhon-Valette, baron de St-Vincent, chevalier de l'ordre du Roi, chambellan et ambassadeur du roi Louis XI, en Pologne, président à mortier au parlement de Toulouse, qui rétablit à Villefranche le siège de sénéchal de Rouergue qui avait été transporté à Rodez (1489) ; — extrait du même ouvrage touchant Jean, 4e du nom, baron de Valette-Morlhon, sénéchal de Rouerge en 1589. — Copies d'actes et notes touchant la résistance des habitants de Villefranche de Rouergue aux demandes de subvention pécuniaire introduites auprès d'eux par Jean de Blasy, chevalier, chambellan du Roi et commissaire sur le fait de l'évacuation des forteresses occupées par les ennemis en Languedoc et duché de Guyenne (1389-1390). — Notes sur la rivalité entre Villefranche et Rodez et sur le traité de paix intervenu entre ces deux villes (1412). — Mention de bulle du pape Nicolas V portant érection de l'archiprêtré et chapitre de Villefranche en église collégiale (1447). — Mention de transaction entre Guillaume, évêque de Rodez, et le prévôt de l'église collégiale de Villefranche (1453). — Mention de confirmation par le prieur et le chapitre général de la grande Chartreuse, de l'acceptation par Pierre *Macellarii*, prieur de la Chartreuse de Castres, de la donation faite par Vesian Valette, pour fonder la chartreuse de Villefranche (1451). — Mention de lettres du roi Louis XI ordonnant au sieur de St-Pierre, son chambellan et grand sénéchal de Normandie, de faire mettre Don Frédéric d'Aragon, prince de Tarente, en possession des villes et châteaux du Rouergue dénommés dans l'acte, pour l'assignation de 1200 livres de rente à lui données par son contrat de mariage (148.) — Mention de la résistance des habitants de Villefranche à l'exercice du droit que tenait, par son contrat de mariage, Don Frédéric d'Aragon, sur certaines villes et certains châteaux du Rouergue (1480) ; — note de Lacabane sur la famille de Don Frédéric d'Aragon. — Mention de lettres par lesquelles Julien, évêque de Sabine, cardinal du titre de St-Pierre aux liens et grand pénitentier du Pape, en France, ordonne aux abbés de Locdieu, Beaulieu et au prévôt de Villefranche de faire continuer dans cette ville l'école où l'on enseignait les lettres et les arts et d'en choisir le recteur (1481). — Arrêt du Parlement de Toulouse contre les magistrats et les habitants de Villefranche qui déserteraient la ville à cause de la contagion (1588). — Observations de Lacabane sur les coutumes de Villefranche.

F. 288. (Liasse.) — 3 pièces, papier.

1369-1370. — Villeneuve en Rouergue. — Indication de source pour acte d'appel des consuls et habitants de Villeneuve en Rouergue, contre le prince de Galles. — Analyse de l'acte de soumisson de Villeneuve au roi de France ; — mention de la confirmation, par le duc d'Anjou, de l'acte précédent qui contient les priviléges de Villeneuve ; — mention de confirmation par le roi Charles V.

FAMILLES ET GÉNÉALOGIES

F. 289. (Liasse.) — 3 pièces, papier.

1463-1826. — Aboville. — Notes sur la famille d'Aboville, Abouville ou Abosville, originaire de la paroisse de Gonneville, sergenterie du Val de Seré, élection de Valognes, en Normandie. — Représentée en 1463 par Gillet et Guillaume d'Aboville. — Cette famille s'est subdivisée en quatre branches : la première est celle des comtes d'Aboville, pairs de France

la seconde et la troisième en Normandie, et la quatrième en Lorraine.

F. 290. (Liasse.) — 6 pièces, papier.

1299-1365. — Abrichicourt. — Documents, notes et extraits sur la famille d'Abrichicourt, Obercicourt, Aubrichecourt, Aubichecourt, Aubriccourt, Aubiscourt. — Indication de source pour Eustache d'Aubrichicourt, lieutenant du roi de Navarre en Normandie, se disant cousin de Roi (1356).

F. 291. (Liasse.) — 1 pièce, papier.

1030-1098. — Adémar, vicomte de Toulouse. — Extraits de D. Vaissete et de la chronique d'Aymeric de Peyrat et notes de Lacabane sur une déclaration d'Adémar, vicomte de Toulouse, au sujet de l'usurpation de l'alleu de *Majeuse*, situé en Quercy.

F. 292. (Liasse.) — 1 pièce, papier.

1411-1491. — Adhémard, seigneur de Villelongue, en Rouergue. — Le 13 août 1411 épouse noble Cebelie de Barreria, dame de Firmy. — De ce mariage naquirent 5 enfants mâles, dont le 3e fut noble Guillaume d'Adhémard, écuyer, seigneur de la Garinie, habitant de Montbazens, en Rouergue, qui épousa, le 12 avril 1474, noble demoiselle Souveraine de Salgues. — De ce mariage naquit noble Raymond d'Adhémard, seigneur de la Garinie, qui épousa le 23 novembre 1491, noble Claire de *Petrussa*.

F. 293. (Liasse.) — 2 pièces, papier.

1579. — Adine (D') d'Auteserre. — Analyse de l'acte de vente consentie par le seigneur de St-Magrin à sire Grion (ou Giron) d'Adine, seigneur d'Auteserre et bourgeois, habitant de Cahors, de la vicomté de Calvinhac, seigneurie et place de Larnagol, leurs appartenances et dépendances quelconques, assises et situées en la sénéchaussée de Quercy et sur la rivière du Lot, ès paroisses de St-Chels, Saujac, la Toulzanie, St-Martin-Labouval, Cornus et autres lieux. — M.... d'Adine d'Auteserre, conseiller du Roi, procureur général en la cour des aides de Montauban, portait : *de gueules, à un chien d'argent passant en pointe, surmonté d'une tour de même et un chef cousu d'azur chargé de trois étoiles d'or.*

F. 294. (Liasse.) — 2 pièces, papier.

1771-1816. — Agar de Mosbourg. — Mention de la naissance, le 18 décembre 1771, de Jean Antoine Michel Agar de Mosbourg, propriétaire, officier de la Légion d'honneur, *comte* par lettres du 11 mai 1816 ; — Armoiries : *Tiercé en fasce : le 1er de gueules à la croix tréflée d'or accostée de deux molettes du même ; le 2e d'or au lion de sable ; le 3e de sinople à une sirène d'argent.* — Mention des Lettres patentes portant autorisation à M. Jean Antoine Michel Agar, âgé de 40 ans, né à Mercuès, département du Lot, ministre des Finances de S. M. le roi des deux Siciles, d'entrer au service de sa dite Majesté sous les conditions exprimées au titre IV du décret impérial du 26 août 1811.

F. 295. (Liasse.) — 11 pièces papier ; 1 pièce parchemin.

1313-1460. — Aigrefeuille. — Généalogie de la famille d'Aigrefeuille, de 1313 à 1407, remontant à Béraud ou Géraud d'Aigrefeuille, chevalier, habitant de la paroisse de Champagnac, près de Maumont, en Limousin. — Note sur la famille d'Aigrefeuille, seigneurs de Gramat et de Thémines (1340-1473). — Original du contrat de mariage d'Aymar d'Aigrefeuille et d'Aigline de Montal (1350). — Analyse du testament de Raymond, évêque de Rodez, portant legs en faveur de messire Adémar d'Aigrefeuille, son frère germain, de ses nièces, de ses sœurs, etc., (1361). — Armoiries des d'Aigrefeuille, seigneurs barons de Gramat, Thémines, etc.: *d'azur à trois étoiles d'or, 2 et 1 ; au chef cousu de gueules.* — Analyse d'une quittance de 2.000 florins d'or délivrée par noble Raymond de Laudun à noble et puissant homme, messire Adémar d'Aigrefeuille, chevalier, seigneur de Tudelle et de Fontaine (1377). — Armoiries de Faidit d'Aigrefeuille, évêque d'Avignon en 1379 : *d'azur à trois molettes d'or posées 2 et 1 ; au chef de gueules, et une bordure d'argent chargée de seize besants de sable.* — Analyse du testament de Marie d'Aigrefeuille, fille de noble homme Aymar d'Aigrefeuille, chevalier, et épouse de noble homme Raymond de Laudun (1383). — Analyse du testament de Guillaume d'Aigrefeuille, cardinal-prêtre du titre de St-Étienne *in celio monte* (1394). — Analyse du contrat de mariage de noble et puissant homme *Alziarcus de Agrifolio*, damoiseau, seigneur de Gramat et de noble damoiselle Jeanne de *Montealto*, fille de noble et puissant homme Jean de Montal, damoiseau, seigneur de Roquebrou et de Carbonnières, au diocèse de St-Flour (1396). — Inféodation faite par noble Hugues d'Aigrefeuille, baron de Gramat, en faveur de Bertrand de *Brolhio*, aliàs Tamier, de Gramat, pour diverses possessions (1460).

F. 296. (Liasse.) — 5 pièces, papier.

1354-1720. — Albin. — Généalogie des d'Albin, seigneurs de Valzergues et de Serez qui portent : *de sable au lion d'or, qui est d'Albin ; écartelé d'argent, à trois tourteaux de gueules, qui est Naussac.* — Quittance de 15 livres tournois délivrée à Jacques Lempereur, trésorier des guerres, par Arnault d'Albin, écuyer (1354); — description du sceau de *Arnal Dalbin*. — Extrait du contrat de mariage de noble François Labroa, d'Aurillac, et de noble *Alumget de Valserga*, aliàs de *Pelegrino* (1458). — Mention de procès entre Jeanne de Pelegry, veuve de noble Guillaume d'Albin, seigneur de Vigan et Aymeric d'Albin, aliàs de Pelegry, co-seigneur de Senaillac et de Domenac, d'une part et les principaux habitants desdits Sénaillac et Domenac, d'autre part (1476). — Note sur noble et discret homme Jean de Pelegry, chanoine du monastère du Vigan, et prieur de Nozac, oncle d'Antoine de Pélegry , seigneur du Vigan, d'Ussel, de Lamothe-Cassel, de Fages, de Nadillac, co-seigneur de Sénaillac (1507). — Mention de la vente des terres de Boisset, La Croix et de la Barre St-Serlin, consentie au marquis de Castellane, par François d'Albin, chevalier, seigneur de Naussac et Alexandre d'Albin, chevalier, seigneur de Valzergues (1720).

F. 297. (Liasse.) — 3 pièces, papier.

1265-1383. — Albon, Albret, Aldouin et Aldoy. — Indication de source pour Henri d'Albon, seigneur de Ferrel et de Turnis (1338). — Indication de sources pour : don du lieu de Virogane fait à Bertucat d'Albret par Richard II, roi d'Angleterre (1381); — donation de la prévôté d'Entre deux mers faite par le même au même (1382). — Mentions de Bertrand Aldoin, fils de sire Austorge Aldoin (1265) et de Girbert Aldoy (1355).

F. 298. (Liasse.) — 3 pièces, papier.

1360-1749. — Amarzit de Sahuguet, Ambert de la Tourette et Anduze. — Généalogie de la famille d'Amarzit de Sahuguet, seigneurs du Vialard, de St-

Michel, de Puymarez, d'Espagnac et originaires de Brive la Gaillarde ; — armes : *d'azur, à deux épées d'argent, contournées et posées en pal, les pointes en bas, les gardes et poignées de même, et accompagnées en chef de trois fillets vivrés d'argent en cœur d'un croissant renversé de même, et en pointe de trois étoiles aussi d'argent.* — Armes de d'Ambert de la Tourette, en Quercy, en 1749 : *de gueules, à une panthère d'or, et un chef d'azur, chargé d'un croissant d'or, accosté de deux étoiles d'argent.* — Notes généalogiques sur plusieurs membres de la famille d'Anduze, sieurs de la Voute, Choumairac et La Roche, dont faisait partie Louis qui, en 1365, fit prisonnier le fameux chef des Routiers, Louis Raimbaud (1360-1395); — indication de source pour testament dudit Louis d'Anduze.

F. 299. (Liasse.) — 3 pièces, papier.

1233-1489. — Anekin et Anglars. — Indication de source pour donation en faveur du curé d'Anekin, faite par Létard, seigneur d'Anekin, chevalier (1233); — mention de ratification d'accord fait entre Godefroy de Lens, chevalier, sire d'Anekin (Annequin) et Isabeau, sa femme, dame d'Anekin, d'une part et Baudoin, dit Caudron, fils de feu Jean d'Anekin et d'Yde d'autre part (1264); — ordre de Louis, comte de Flandres, de payer 500 livres, pour arrérages de rente, au sire d'Anekin, maître des arbalétriers de France (1360). — Tableau généalogique de la famille d'Anglars (1407-1489); — armes : *de sable, au lion d'argent armé et lampassé de gueules, accompagné de trois croissants aussi d'argent, 2 en chef et 1 en pointe ;* — notes sur divers membres des familles d'Anglars, des Ages et d'Ussel (1436-1447).

F. 300. (Liasse.) — 11 pièces, papier.

1220-1782. — Angle. — Généalogie de la famille d'Angle, fondue par les femmes, dans celle d'Ysoré, marquis de Pleumartin. — Indications de sources pour : aveu de la terre de Boisgarnault à Marguerite Turpine, veuve d'Eschivart de Preuilli, par dame Marguerite Maubert, veuve de Guichard d'Angle, chevalier (1323); — lettres du roi Jean, ordonnant à Guichard d'Angle, châtelain et capitaine de la Rochelle, et sénéchal de Saintonge, de remettre au roi d'Angleterre les ville, château et forteresse de la Rochelle; — procuration générale donnée par Guichard d'Angle, chevalier, à Jeanne de Monpipeau, sa femme ; —

lettres du roi Jean ordonnant à Guichard d'Angle, de remettre la garde de la Rochelle entre les mains du roi d'Angleterre et le déliant du serment de fidélité (1360); — aveu rendu par Guion Lamignan, verrier, à Guichard d'Angle, pour ce qu'il avait dans les paroisses de Cremillé, Saincenery et Maillé (1363); — assignation donnée à Larchevêque, chevalier, sieur de Partenay, à la requête de Jeanne de Monpipeau, femme *déguerpie* de feu Guichard d'Angle (1381); — don des château et châtellenie de Rochefort, fait à Guichard d'Angle, par Charles, régent de France. — Montre de Guichard d'Angle, sire de Pleumartin, chevalier, sénéchal de Saintonge, reçue à St-Jean d'Angély (1353).

F. 301. (Liasse.) — 4 pièces, papier.

1060-1460. — Anjoni, Antin et Autoing. — Quittance de 25 livres tournois, pour ses gages d'une année, délivrée à Jacques du Vivier, commis à la recette ordinaire de Quercy, par Louis d'Anjohani (Anjoni), écuyer, sieur de Tournemire et viguier de Figeac (1460). — Généalogie des d'Antin, en Bigorre (1060-1400); — armoiries : *écartelé aux 1er et 4 de gueules, à trois lions naissants d'argent, à trois tourteaux de gueules; sur le tout d'or à la clef de sable posée en pal, attachée à une serrure de même.* — Notes sur plusieurs membres de la famille d'Autoing (1285-1383).

F. 302. (Liasse.) — 20 pièces, papier.

1278-1738. — Araqui. — Généalogie des d'Araqui, en Auvergne, Limousin et Guyenne (1278-1730); — armoiries : *d'azur au lion d'or, lampassé de même, à l'orle de 9 besants aussi d'or.* — Copie de la transaction intervenue entre Bertrand d'Araqui, damoiseau, et Denis, son frère, d'une part et Raymond, vicomte de Turenne, d'autre part, au sujet de la viguerie et des droits de leude de St-Céré (1278). — Contrat de mariage de Raymond d'Araqui, fils de Bernard, de St-Vincent, et de noble Agne de Soyritz (1506). — Testament de noble Jean d'Araqui, aîné, écuyer, seigneur d'Araqui, habitant du lieu et paroisse de St-Vincent, en Quercy (1558). — Articles de mariage de noble Gabriel d'Araqui, écuyer, seigneur d'Araqui, fils de Jean et d'Isabeau de Giscard, avec demoiselle Anne de Bonnefons, fille de noble Guy de Bonnefons, écuyer, seigneur de Presques et de Marguerite de la Meschaucée (1572). — Contrat de mariage de noble Guion d'Araqui, seigneur dudit lieu, de la juridiction de St-Céré, accordé le 16 août 1598, avec damoiselle

Jeanne Deslacs, fille de noble Bras des Lacs, seigneur des Lacs et Brettes. — Transaction, faite le 12 juin 1605, entre noble Guion d'Araqui, écuyer et damoiselle Françoise d'Araqui, sa sœur. — Mention du contrat de mariage de noble Vincent d'Araqui, écuyer, fils légitime de feu noble Guion d'Araqui, et de Jeanne Deslacs, accordé le 12 septembre 1644, avec damoiselle Antoine de Méric, fils légitime de Bernard de Méric, conseiller du Roi en l'élection de Figeac. — Analyse de l'ordonnance rendue à Aurillac, le 4 octobre 1666, par Bernard de Fortia, départi par Sa Majesté pour l'exécution de ses ordres en la généralité de Riom et commissaire député pour la vérification des titres de noblesse, par laquelle il donne acte à Jean Hector d'Araqui, écuyer, sieur d'Ussel, de la représentation de ses titres de noblesse. — Analyse d'une autre ordonnance rendue, le 21 juillet 1667, par M. de Lartigue, sieur de Cahuzac, délégué de l'intendant de la généralité de Guyenne, par laquelle il donne acte à noble Vincent d'Araqui, seigneur de St-Vincent (frère germain de Jean Hector d'Araqui), de la représentation de ses titres de noblesse depuis 1278. — Analyse de transaction faite, le 6 décembre 1678, entre le père Guillaume Bartholoméo, prieur du couvent de frères prêcheurs de St-Gaudens, agissant en qualité de fondé de pouvoirs du couvent de Toulouse, héritier de Bernard Marcilhac, docteur en médecine, de la ville de St-Céré, d'une part et Vincent d'Araqui, écuyer, sieur de St-Vincent, du village de Vernhes, paroisse de Mayrinhac. — Ratification faite par Jean Breu et Pierre Vargues, fermiers de la frérie Notre-Dame, de St-Céré, de l'achat fait par noble Vincent d'Araqui, écuyer, du syndic des frères prêcheurs de la ville de Toulouse, d'une pièce de terre située au tènement appelé de Bourman, appartenances du village de la Maynardie (1678). — Contrat de mariage de noble Vincent d'Araqui, écuyer et de damoiselle Suzanne de Séguy de Pechrigal (1682). — Obligation de la somme de 116 livres faite le 3 mars 1689, par Joseph Solinhac, marchand, du village de Gaules, paroisse de Thégra, en Quercy, au profit de noble Vincent d'Araqui, habitant du village de Vernhes. — Accord fait le 27 janvier 1695, entre noble Vincent d'Araqui, écuyer, d'une part et noble Antoine d'Araqui, aussi écuyer, faisant tant pour lui que pour damoiselle Jeanne d'Araqui, sa sœur, d'autre part, pour partage de succession. — Contrat de mariage de noble Étienne d'Araqui, écuyer, fils de noble Vincent d'Araqui, accordé le 30 juin 1728, avec damoiselle Louise de Combarel de Gibanel, fille de feu messire Jean François de Combarel, chevalier, seigneur de Gibanel, St-Martial d'Entraygues,

Verniolles, etc. — Bail à rente perpétuelle fait le 6 mars 1729, pour le prix de 120 livres, par noble Étienne d'Araqui, écuyer, à Pierre Massy, travailleur, d'une pièce de terre située au tènement des camps de la Parte.

F. 303. (Liasse.) — 41 pièces, papier.

1657-1772. — Arboussié. — Contrat de mariage de noble Pierre d'Arboussié, seigneur de Montagut, fils de Marc Antoine et de Jeanne de Montfaucon, résidant audit Montagut, diocèse de Toulouse, sénéchaussée de Lauragais, accordé, le 12 juin 1657, avec damoiselle Gabrielle de Cardaillac, veuve de noble Philippe de Nautonier, seigneur de Castelfranc. — Accord entre Gabrielle de Durfort, veuve de noble Marc Antoine d'Arboussié, d'une part et noble Pierre d'Arboussié, seigneur de Montagut, agissant tant pour pour lui que pour Gabriel, Jeanne et Marie d'Arboussié, ses frère et sœurs (1657.). — Lettres attestatoires de noblesse délivrées à noble Pierre d'Arboussié, par Pierre de Basset, conseiller du Roi, juge, pour Sa Majesté, en la ville de Revel (1658). — Transaction faite, le 24 février 1660, entre damoiselle Gabrielle de Durfort, veuve de noble Marc Antoine d'Arboussié, seigneur de Montagut d'une part et noble Pierre d'Arboussié, sieur de Montagut, fils et donataire contractuel dudit feu sieur de Montagut, sur les différends qu'ils avaient tant pour la restitution de la somme de 5000 livres que noble Jean de Durfort, seigneur de Rouzines, avait donnée en dot à la dite Gabrielle de Durfort, sa sœur, que pour les avantages matrimoniaux acquis à ladite damoiselle de Durfort, par le prédécès dudit sieur de Montagut, arrivé 7 ou 8 ans après la passation du contrat de mariage. — Extrait de baptême de noble Antoine d'Arboussié, fils de noble Pierre et de noble damoiselle Gabrielle de Cardaillac (27 août 1661). — Ordre donné par le prince de Conty à messieurs de Beausoleil de Croziliac et de Montagut, d'avoir à se rendre auprès de sa personne pour régler les différends qui existent entre eux (28 avril 1662). — Extrait de baptême de noble Joseph d'Arboussié, fils de Pierre et de Gabrielle de Cardaillac (12 juillet 1669). — Lettres de tonsure données à Calin, le 23 mai 1671, par Joseph de Montpezat de Carbon, évêque de St-Papoul, à Antoine d'Arboussié, fils de Pierre et de Gabrielle de Cardaillac. — Mention de l'hommage de la seigneurie haute, moyenne et basse de Montagut, fait au Roi, le 28 juin 1689, par noble Pierre d'Arboussié, seigneur dudit lieu. — Brevet de la charge de cornette en la compagnie de Feugre, dans le régiment de cavalerie de Demon, délivré le 20 mai 1690 au sieur de Montagut. — Commission de capitaine d'une compagnie de cavalerie, dans le régiment de la Bessière, donnée le 2 septembre 1692 au sieur de Montagut. — Extrait mortuaire de noble Pierre d'Arboussié (25 août 1694). — Convocation adressée par le sénéchal de Lauragais à M. d'Arboussié, seigneur de Montagut, pour marcher en 1695 avec l'arrière-ban de la noblesse. — Certificat du sénéchal et gouverneur du pays de Lauragais portant que noble sieur la Motte de Montagut (François d'Arboussié) avait servi pendant tout le temps qu'il avait plu à Sa Majesté, dans l'arrière-ban de la province de Languedoc (8 septembre (1697). — Publications des bans de mariage entre noble Jean François d'Arboussié, seigneur de Montagut et demoiselle Anne d'Aversens (30 juillet 1704). — Contrat de mariage du même Jean François d'Arboussié et de demoiselle Anne d'Abessens ou Aversens (4 août 1704). — Extraits de baptêmes de Louise d'Arboussié (2 octobre 1706) et de Marie d'Arboussié (23 septembre 1707). — Analyse du testament de dame Gabrielle de Cardaillac, veuve de Pierre d'Arboussié, seigneur du lieu de Montagut (23 septembre 1708). — Extraits de baptêmes de noble Jean Jacques d'Arboussié (29 janvier 1709), de demoiselle Isabeau d'Arboussié (1er février 1710), de noble Louis d'Arboussié (22 juin 1711), de noble Philippe d'Arboussié (10 novembre 1712), de demoiselle Geneviève d'Arboussié (23 janvier 1714), de noble Pierre d'Arboussié (3 mai 1715), de noble Jean-Louis d'Arboussié (25 octobre 1716), de noble Jean-François d'Arboussié (26 février 1718), de Marianne d'Arboussié (26 juillet 1719), de noble Joseph d'Arboussié (5 novembre 1720) de Françoise d'Arboussié (25 juin 1723). — Extraits des registres mortuaires constatant les décès de nobles Pierre d'Arboussié, âgé de 10 ans (15 juillet 1725), de demoiselle Françoise d'Arboussié, âgée de 2 ans (26 septembre 1725), de Jean François d'Arboussié, seigneur de Montagut, âgé de 57 ans (8 octobre 1725). — Analyse du contrat de mariage de messire Jean Jacques d'Arboussié, écuyer, seigneur de Montagut, accordé, le 27 février 1748, avec dame Marie d'Avessens de Saint-Rome. — Copie de requête adressée à l'Intendant de la généralité de Languedoc par Jean-Jacques d'Arboussié, seigneur de Montagut, pour être déchargé de droits de francfief (25 juin 1750). — Extrait de baptême de Marie Jeanne-Jacquette d'Arboussié (29 octobre 1750.) — Analyse du contrat de mariage de messire Jean-Louis d'Arboussié, écuyer, capitaine au régiment d'infanterie de Rohan, accordé, le 27 novembre 1754, avec demoiselle Louise Margue-

rite de Maubeuge. — Extrait de baptême de Louis Jean d'Arboussié (3 octobre 1755). — Analyse du contrat de mariage de messire Mathias Marie Armand Pierre du Bourg, seigneur de Rochemontels, accordé, le 23 octobre 1771, avec demoiselle Jeanne-Marie Jacquette d'Arboussié. — Contrat de mariage de messire Jean Jacques d'Arboussié, seigneur de Montagut et de Revel, accordé, le 5 mai 1772, avec demoiselle Anne-Marie-Sophie-Julienne Mercurin de Valbonne.

F. 304. (Liasse.) — 3 pièces, papier.

1369. — Arcimoles, Argenton et Arjac. — Indication de source pour la famille d'Arcimoles, en Quercy (sans date) et pour le seigneur d'Argenton (sans date). — Indication de source pour rémission accordée à Guy d'Arjac, de la sénéchaussée de Rouergue, qui avait tenu le parti du prince de Galles (1369).

F. 305. (Liasse.) — 4 pièces, papier.

1630-1815. — Arliguié de Boutière. — Généalogie (1630-1713) de la famille d'Arliguié de Boutière de la Fajolle, à Martel, en Quercy, dans la vicomté de Turenne ; — armes : *d'argent, à un lys au naturel, tigé et feuillé de sinople*. — Lettre de M. de Boutière au chevalier de Contye, gentilhomme de son altesse le prince de Condé et colonel de cavalerie, annonçant à ce dernier l'envoi de truffes et de gibier (5 janvier 1815). — Lettre du même à.... à Paris, au sujet d'une adresse au Roi, de recommandations pour ses enfants et de la situation politique aux environs de de Martel (17 août 1815).

F. 306. (Liasse.) — 11 pièces, papier.

1358-1789. — Armagnac. — Échange fait entre Jean d'Armagnac, vicomte de Fesensaguel et de Brulhois, d'une part et Jean d'Arpajon et Hélène de Castelnau, sa femme, d'autre part, de la vicomté de Creyssel et de la baronnie de Roquefeuil, en Rouergue, contre la baronnie de Castelnau des Vaux ou de Montratier, en Quercy (1358). — Mention de quittance de 15.000 florins d'or délivrée à Roger Bernard, comte de Périgord, par Jean, comte d'Armagnac (1360). — Quittance de 10.000 florins d'or, délivrée à Archambaud, comte de Périgord, par Jean, comte d'Armagnac (1364). — Indication de source pour traités faits par le comte d'Armagnac avec les capitaines de compagnies (1387). — Sauf-conduit pour les ambassadeurs du comte d'Armagnac, en Angleterre (1442). — Notes sur Jean IV, Jean V, Charles, Pierre et George d'Armagnac (1443-1585). — Lettres de grâce et de rémission accordées par le roi Charles VII en faveur de Jean, comte d'Armagnac et de Rodez, et de Jean d'Armagnac, vicomte de Lomagne, son fils (1445). — Mention de l'hommage de toutes les terres et seigneuries dont jouissait à sa mort Jean, comte d'Armagnac, fait au Roi par le comte d'Armagnac, fils du défunt (1450). — Mention de la déclaration par laquelle le Roi veut que Jean d'Armagnac jouisse du comté de l'Isle-Jourdain, de la vicomté de Gouve, de la baronnie de Caussade, de la ville de Chaudesaigues (1450). — Notes sur Jean, bâtard d'Armagnac, surnommé de Lescun, maréchal de France, qui portait *écartelé d'Armagnac et de Comminges, a la cotice de sable mise en barre brochant sur le tout* (1450-1473). — Extrait du testament de Jacques d'Armagnac, duc de Nemours (1475). — Cote du testament de Pierre, bâtard d'Armagnac, chevalier et baron de Caussade et de Ste-Livrade, sieur de Molières, de la Française et de Montalzat (1517). — Historique de la maison d'Armagnac, seigneurs de Castanet (1399 à aujourd'hui).

F. 307. (Liasse.) — 9 pièces, papier.

1289-1831. — Arnaldy, Arnault, Aroux de la Serre, Aroux du Pré. — Correspondance et notes sur la famille Arnaldy d'Estroa, de Figeac. — Note sur François Arnault, seigneur de Saint-Laurent, capitaine de cavalerie, tué à Peyrac, en Quercy, le 4 octobre 1591, dans un combat contre les Religionnaires. — Indication de source pour généalogie de la famille d'Aroux de la Serre qui portait : *écartelé au 1er et au 4e, d'azur à un besant d'or ; au 2 et au 3 d'or a l'aigle éployé de sable.* — Mention de noble Antoine du Pré, sieur de Barthes, comme témoin au contrat de mariage entre Raymond d'Aroux, écuyer et Marguerite de Roquemaurel (1501).

F. 308. (Liasse.) — 5 pièces, papier.

1194-1567. — Arpajon. — Extrait de l'acte de donation faite par Bernard d'Arpajon à Bertrand, abbé, et aux frères de Bonnecombe, des alleu, fiefs et vicairie des villages de Poig, de Malaval et de Faiet (1194). — Texte de l'acte de la donation de l'alleu du village de Faiet et de Lacalm, faite par Bernard d'Arpajon, à Arbert, abbé et aux frères de Bonne-

combe (1200). — Indication de source pour sentence arbitrale de Pierre, évêque et de Henri, comte de Rodez, sur le différend qui existait entre Bernard d'Arpajon et Amblard, abbé de Bonnecombe, touchant l'alleu de la ville de Magrin (1217). — Mention de la présence de Bérenger d'Arpajon à la fondation de N.-D. d'Arpajon, faite par Hugues, son père (1297). — Mention de l'hommage fait au comte d'Armagnac par Bérenger d'Arpajon, vicomte de Lautrec (1361). — Indication de source pour les seigneurs qui allèrent joindre sur la fin de 1567, vers Alais et Anduze, le vicomte d'Arpajon.

F. 309. (Liasse.) — 5 pièces, papier.

1290-1348. — Arrablay et Asnac. — Notes généalogiques sur la maison d'Arrablay, du Périgord, qui a donné un chancelier de France et un cardinal, évêque de Porto (1290-1346). — Citation à comparaître au Parlement adressée à la prieure de Lissac, par Pierre de Valekes, sergent royal de la cour de Fons, en exécution d'un mandement de Jean d'Arrablay, chevalier (1310-1311). — Attributions du ressort des baronnies de Négrepelisse, Belmont, Albias et autres terres données à Louis, comte d'Evreux, réservées à la bastide de Réalville par Jean d'Arrablay, le jeune, chevalier et sénéchal du Périgord et du Quercy, fils de Jean d'Arrablay, le vieux, fondateur de la dite bastide (1316). — Constitution de dot pour Galiène de Asnac, future épouse de Guillaume de *Sancto Amantio* (1313).

F. 310. (Liasse.) — 4 pièces, papier.

1235-1780. — Asnières. — Fragments de la généalogie de la famille d'Asnières, en Saintonge, qui porte : *d'argent à 3 croissants de gueules posés 2 et 1* (1235-1780). — Extraits de la preuve de cour de la maison d'Asnières dressé en juillet 1780. — Notes sur Jean et autre Jean d'Asnières (1541-1560).

F. 311. (Liasse.) — 4 pièces, papier.

1381-1568. — Assier. — Tableau généalogique de la famille d'Assier, depuis noble Astorg d'Assier, *alias* de la Garinie, jusqu'aux trois enfants de noble Gaillard d'Assier, damoiseau, du lieu de Cardaillac et de Comtesse d'Orgueil (1397-1490). — Quittance de la somme de 130 florins d'or, donnée le 7 juin 1381, par noble et puissant homme Marquès, seigneur de Montmurat, tant en son nom que comme fondé de procuration de noble Marguerite d'Assier, fille et héritière universelle de feu Rigaud d'Assier, co-seigneur d'Assier, au diocèse de Cahors. — Reconnaissance féodale à noble Gaillard d'Assier, par Jean Vaissière, habitant d'Assier, pour terre et pré dans les appartenances d'Assier, au terroir vulgairement appelé « de bos de Sorquos » (1465). — Récit de l'expédition du sieur d'Assier, à travers le Quercy (1568).

F. 312. (Liasse.) — 5 pièces, papier.

1236-XIXe siècle. — Audeneham, Audin, Aurillac. — Notes sur Arnoul, sieur d'Audeneham, Moreau ou plutôt Morelet de Wissant, neveu d'Arnoul, Jean de Wissant et Foulque de la Motte, dit Warinois (1368-1419). — Descendance de Guillaume Audin de Virolon, bourgeois de Rocamadour, qui portait : *Pallé d'argent et d'azur de six pièces* (XVIIIe et XIXe siècles). — Extrait d'un cartulaire du comte de Toulouse portant reconnaissance d'Astorg d'Aurillac (1236) et diverses autres pièces. — Lettre de M. Cherin, fils, généalogiste du Roi, adressée au duc de Villequier, au sujet des preuves de noblesse de la famille d'Aurillac (janvier 1790).

F. 313. (Liasse.) — 3 pièces, papier ; cahier petit in-f°, 85 feuillets, papier.

1299-1560. — Auriole. — Généalogie de la famille d'Auriole à partir de Guillaume d'Auriole, seigneur de Roussillon. — Indication de source pour cession à messire Jacques Jean, bourgeois de Cahors, par Faydit d'Auriole et Guillaume de Gourdon, damoiseaux de tout ce qu'ils avaient à rente de noble homme messire Fortanier de Gourdon, chevalier, pour 4 ans, au château de Sadran, au diocèse de Limoges (1299). Extrait du testament de Jean de Gontaut (1495) ; — mention du codicille d'Anne d'Auriole, dame de Cabrerets, Roussillon, etc., veuve de noble Raymond de Gontaut (1560). — Testament de Jean d'Auriole, évêque de Montauban (1518).

F. 314. (Liasse.) — 10 pièces, papier.

1364-1603. — Aymar, Aynac et Azemar. — Fragments de généalogie de la famille d'Aymar d'Anglars (1381-1408). — Analyse du contrat de mariage de noble Pierre d'Aymar, co-seigneur d'Anglars, accordé avec noble Bonne de Cardaillac (1440). — Ratification par Guillaume d'Anglars et Gaillarde d'Estranhe, veuve

d'Archambaud d'Anglars, de la vente jadis faite par noble Pierre d'Anglars à noble et puissant homme Richard de Gontaut, seigneur de St-Geniez, d'une rente de 15 livres (1472). — Note sur d'Aymar, à St-Martin-Labouval (sans date). — Reconnaissance féodale à Gisbert, sieur d'Aynac et de Molières par Jean Roseriès, bourgeois de Figeac (1364) ; — description du sceau de Gisbert d'Aynac. — Analyse du contrat de mariage de noble Marc Azemar, écuyer, sieur de la Garinie, accordé avec demoiselle Françoise de Narbonès, fille de feu Balthasar de Narbonès, seigneur et baron de Puylonès (Puylaunay), en la paroisse de Lissac (1572). — Analyse du contrat de mariage accordé entre noble Jean Azemar, sieur de la Garinie, en la paroisse de Lugan, en Rouergue, et demoiselle Isabeau de la Garde, fille de messire René de la Garde, seigneur de Seignes, Bio, Palaret, Reilhac et Parlan (1603).

F. 315. (Liasse.) — 3 pièces, papier.

1285-1604. — Balaguier. — Fragment de généalogie de famille de Balaguier qui porte *d'or à 3 fasces de gueules* (1285-1604). — Quittance de 184 livres tournois, pour ses gages et ceux de 12 autres écuyers de sa compagnie, délivrée par Boure de Balaguier, écuyer (1415) ; — description du sceau de B. de Balaguier. — Indication de source pour testament de Guillaume de Gourdon, chevalier (1319) ; — analyse du testament de Gisbert de Thémines, chevalier, co-seigneur de Gourdon (1321).

F. 316. (Liasse.) — 5 pièces, papier.

1306-1372. — Balène. — Obligation de 1500 livres consentie envers le Roi par Géraud Balène, chevalier, Bernard, comte d'Armagnac et de Rodez, Bernard de Comminges, vicomte de Turenne, Bertrand Jourdain, sénéchal de Beaucaire, Raymond-Bertrand du Mas, Pierre Balène, frère dudit Géraud, etc. (1306). — Indication de source pour la famille des Balène, seigneurs de Blaignac en Languedoc (1307). — Indication de source pour mariage de Jean de Balène, de Figeac, avec Irlande d'Ebrard ; — armoiries : *fascée d'or et de gueules de 6 pièces au chef d'azur chargé de deux baleines ou poissons affrontés d'argent* (1326). — Indications de sources pour : transaction entre Guillaume de Balène, chevalier, fils de Géraud, et Étienne la Chapolie, au profit de Bertrande Balène, fille émancipée par son père Guillaume (1339) ; — quittance et ratification faite par Bertrande, fille de Guillaume Balène,

21.

chevalier, et de Marguerite de Ventadour, de 100 livres de rente remises par son dit père (1339). — Obligation de 6 francs d'or passée au profit de Jean le Juif, trésorier de Toulouse, par Izarn de Balène, chevalier, sieur de Puechbeton (1372) ; — description du sceau de Balène.

F. 317. (Liasse.) — 3 pièces, papier.

1433. — Balza, Bar. — Armoiries d'André Balza, conseiller du roi, président en la cour des aides de Montauban : *d'argent, à un baume* (une plante de baume) *de sinople sur une terrasse de même et un chef de gueules.* — Analyse du testament de Jacques de Molceone, seigneur de Bar (sans date). — Analyse du testament de Vincent de Molceone, seigneur de Bar (1433).

F. 318. (Liasse.) — 79 pièces, papier.

1031-1605. — Barasc. — Notice généalogique sur la maison de Barasc de Béduer (1031-1231) ; — armes : *coupé au 1er d'azur, au lion. léopardé d'argent ; au 2e d'or, à la vache passante de gueules* ; — note de Lacabane. — Tableau généalogique de la famille de Barasc (1031-1569). — Copies d'actes, extraits et notes sur la famille de Barasc et les familles alliées (1098-1593). — Notes généalogiques sur divers membres de la maison de Barasc (1193-1421). — Sentence arbitrale prononcée par S. Bel, entre Dorde, Arnal et W. Barasc, frères (1232). — Notes sur Géraud de Barasc, évêque de Cahors, et sur son neveu Guillaume de Barasc (1236-1282). — Serment prêté à St-Louis par Déodat de Barasc, Gilebert de Castelnau et Hugues de Cardaillac, à l'occasion de la paix conclue entre l'Église, le roi de France et le comte de Toulouse (1243) ; — description du sceau de Déodat de Barasc ; — blasonnement de ce sceau ; — note de Lacabane ; — description des sceaux de Gilebert de Castelnau et de Hugues de Cardaillac. — Nomenclature des témoins, parmi lesquels Arnaud de Barasc, fils de Dorde, à l'hommage et serment de fidélité fait à Raymond VII, comte de Toulouse, par Guillaume Bernard d'Olargue (1246) ; — note de Lacabane. — Don et concession de l'église de St-Laurent, avec ses appartenances, faits à Guillaume de Barasc, chanoine de Cahors, par son oncle Géraud, évêque de Cahors (1250) ; — note de Lacabane — Mention de Déodat Barasc, seigneur de Montbrun (1253) ; — mention de Raymond, Déodat et

Armand Barasc, frères, comme ayant servi en l'ost de Foix (1271) ; — note de Lacabane. — Indication de source pour Isabelle, veuve de P. Barasc, damoiseau, leur fille et Guillaume, leur fils (1266). — Vente du mas de la Olmède et d'une vigne au terroir de St-Denis, faite à Dorde Barasc, seigneur du château de Montbrun, par Estèves Guillems, bourgeois de Figeac (1267). — Note sur Armand Barasc, clerc, fils de feu Armand Barasc, chevalier (1267). — Testament de Sébélie de Panat, veuve d'Arnaud de Barasc, chevalier, seigneur de Béduer (1268) ; — note de Lacabane. — Tableau généalogique de la famille de Barasc (1268-1488). — Lettres patentes d'Alfonse, comte de Toulouse, en faveur de Dieudonné de Barasc et de ses vassaux (1270) ; — note de Lacabane. — Mention de compromis entre Dieudonné de Barasc, seigneur de Montbrun et ses fils, avec Barascon de Thémines (1271) ; — extrait de transaction entre le commandeur de l'hôpital d'Espédaillac et la veuve de noble Raymond de Barasc (1282) ; — note de Lacabane ; — mention de vente faite par Pierre Barasc de Montbrun (1394) ; — quittance de 40 écus d'or, délivrée à Eustache de Narbonès, sieur de Puylaunès, par Marquès Barasc de Montbrun (1446) ; — donation faite à Auger Barasc, bachelier en lois, étudiant à Toulouse, par Jean Barasc, prêtre, bachelier en décrets, habitant de la ville de Figeac et Marquès Barasc, habitant de Montbrun (1460) ; — quittance de 10 écus d'or, délivrée à Eustache de Narbonès, damoiseau, sieur de Puylaunès, et co-seigneur de Felzins et de Lentillac, par Marquès Barasc, sieur du repaire de la Barasquie (1461) ; — mention de Marquès Barasc, comme sieur de Saujac (1461) ; — mention de Claude Barasc, sieur de Salvagnac, possédant la terre del Cros, paroisse de Frontenac (1516). — Notes sur divers membres de la famille de Barasc (1273-1438). — Concession du préceptorat de la maison du Poujoulat, faite à Gérald Rotberti, de Cajarc, par les patrons de cette maison, à savoir Guillaume de Barasc, chanoine de Cahors, Déodat de Barasc, fils de feu Déodat de Barasc, sieur de Montbrun et Armand de Barasc, sieur de Béduer (1275). — Mention d'accord entre Dorde de Barasc et Lombarde, sa femme, d'une part, et Bernard Jacques de Cardaillac et Douce, sa femme, d'autre part, au sujet des biens de Bertr. de Balaguier (1276). — Serment prêté à Dorde Barasc, sieur de Montbrun et à Armand Barasc, sieur de Béduer, patrons de la maison du Poujoulat, par Bérengiers Despairac, commandeur de la dite maison ; serment réciproque des deux patrons (1276). — Extrait du testament de Déodat de Barasc, chevalier, sieur de Montbrun, en ce qui concerne les dons et legs particuliers faits au couvent des frères Prêcheurs de Figeac et l'institution d'héritiers (1286) ; — codicille de Déodat de Barasc, chevalier, sieur de Montbrun (1286);— note de Lacabane. — Échange des lieux de Faynarelis et de Helnos, sénéchaussée de Rouergue, contre le quart de la baronnie de Montbrun, fait entre Pierre de Ferrières, chevalier, sénéchal du Rouergue, au nom du roi de France, d'une part et Béranger d'Arpajon, sieur de Calmont, damoiseau, d'autre part (1315) ; — lettres par lesquelles le roi de France ordonne de placer dans le ressort de la sénéchaussée de Rouergue tout ce qu'il a acquis par l'échange précédent(1315).— Nomenclature de certains lieux du Quercy cédés, en représentation de 3,000 livres de rente, au roi d'Angleterre par le roi Philippe le Bel (1287) ; — note de Lacabane. — Sentence arbitrale touchant la mouvance de Lissac, entre Gaillard, abbé du monastère de Figeac et Hugues d'Issepts, doyen et syndic dudit monastère, d'une part et Guillaumette de Montaigut, abbesse de Leyme, et Garina d'Issepts, prieure de Lissac, d'autre part (1287) ; — note de Lacabane. — Arrêt du parlement de Paris rendu dans cause de succession paternelle entre Armand, Géraud, Guillaume, Hugues, Bertrand, Sébélie et Grie, frères et sœurs de Raymond de Barasc et fils d'Armand de Barasc et de Guillaumette, sa femme, d'une part et Guillaume, Gasbert, Armand, Bertrand, Ricard, Guillaumette, Comtesse et Marie de Luzech, frères et sœurs d'Isarn de Luzech et fils de feu Guillaume *Almavini*, chevalier (1290). — Mention de la présence de Guillaume Barasc, chevalier, vicomte de Bruniquel, au contrat de mariage de damoiselle Condors, fille de Jourdain, sire de l'Isle, avec Armand Ramon, vicomte de Tartas (1295) ; — mention de remboursement de 1 000 livres au sire de l'Isle, par Géraud Trencaléon, au nom de son père Othon de Lomagne, cautionné pour cette somme par ledit sire de l'Isle et Armand Barasc (1300) ; — mention d'institution d'héritier universel, dans la personne de Géraud de Cardaillac,par Hélène, fille de Raymond Barasc(1324) ; — mention de Dorde Barasc parmi les 57 écuyers de la compagnie accordée par le duc d'Anjou à Marquès de Cardaillac, pour la garde et défense de la ville de Cahors (1369) ; — aveu rendu au comte d'Armagnac par Déodat Barasc, pour Ste-Néboule et St-Laurent de Corn (1392) ; — note de Lacabane. — Indication de source pour quittance de 212 livres 16 sous tournois données par le Roi à Arnaud de Barasc, châtelain de Lectoure (1297). — Tableau généalogique de la famille de Barasc, à partir de 1297 ; — indication de source pour : Hélène de Beaufort, abbesse de Leyme ; Dorde de Barasc, chevalier, sieur de Béduer, frère Jean Barasc, prieur de Clairvaux ; Fine et Jeanne de Barasc, religieuses ; Aymery de Roquemaurel (1481). — Quittance définitive délivrée à noble Arnaud de Barasc, chevalier, sieur de Béduer, par Gaillarde de Barasc (1299). — Réception de Déodat Labroa, en qualité de donné à l'hôpital du Poujoulat, par Arnaud de Barasc, chevalier, sieur de Béduer et patron dudit hôpital (1301). — Appel par Gaillard Boycherii, chevalier, procureur d'Arnaud de Barasc, chevalier, sieur de Béduer, et Guillaume de Beaufort, précepteur de la maison de la bienheureuse Marie du Poujoulat, contre Mathieu de *Curtibus-Jumellis* et l'ons de Homet, commissaires nommés pour l'exécution du testament de Déodat de Barasc, sieur de Montbrun, au sujet de la main mise sur le lieu du Poujoulat (1302). — Extrait de lettres patentes de Philippe-le-Bel à Jean d'Arrablay, chevalier, sénéchal de Périgord et de Quercy, contenant requête d'Arnaud Barasc, chevalier (1310); — mandement de Jean d'Arrablay au bailli royal de Fons et à Pierre de Valelhes, sergent royal, pour l'exécution des ordres du Roi (1310). — Ordre du roi Philippe-le-Bel aux sénéchaux de Périgord et de Toulouse d'ajourner au Parlement la prieure de Lissac, contestant à la famille de Barasc le patronat de la maison du Poujoulat (1310);—ordre d'exécution de l'ordre précédent de Philippe-le-Bel adressé à Bernard Lhix et Bernard de Solaret, par *Poncius de Omelacio*, chevalier, juge-mage dans le sénéchaussée de Toulouse (1310). — Accord entre Raymond Barasc, damoiseau, sieur de Sabadel et Arnal Barasc, chevalier, touchant la liquidation de la succession de Dorde Barasc, seigneur du château de Montbrun (1310). — Mandement de *Poncius de Omelacio*, chevalier, juge-mage de la sénéchaussée de Toulouse et d'Albigeois et de Mathieu de Court-Jumel, clerc et juge ordinaire du Quercy, à Barthélemy Coqueti, sergent royal, touchant l'exécution du testament de Déodat Barasc (1311). — Procuration donnée à Hugues Fabrefort, Pierre d'Anglars, Pierre Fornier, Bernard Rosset, Bernard Delclop, Pierre Garambal, Guillerm de Dro, clercs,Géraud de Valelles, prêtre, Hugues Ychel et Bernard de Godorio, damoiseaux, par les religieuses, frères et donats de l'hospice du Poujoulat, pour les défendre contre les prétentions de la prieure de Lissac (1312). — Analyse du testament d'Arnal de Barasc, chevalier (1315) ; — mention de l'existence d'Arnaud de Barasc et du mariage de sa fille avec Géraud de Montal (1317). — Compromis entre Arnal de Barasc, sieur de Béduer et Grias de Barasc, prieure de Lissac, relativement à leurs prétentions respectives sur le patronage de l'hôpital du Poujoulat (1320). — Compromis entre Arnal de Barasc, chevalier, sieur de Béduer, pour lui et au nom de Guillaume de Beaufort, précepteur de l'hospice du Poujoulat, d'une part, et Grias de Barasc, prieure de Lissac, agissant avec Gaillarde, abbesse de Leyme (1320). — Clauses du testament d'Hélène de Barasc, veuve de Géraud de Cardaillac, par une desquelles elle élit sa sépulture dans l'église des frères Prêcheurs de Figeac (1324). — Donation d'une rente annuelle de 66 livres 13 sous 4 deniers, faite à Hélène de Béduer, femme de noble Géraud de Montal, sieur de la Roquebrou, par sa nièce Agnès de Béduer, veuve de noble Arnal Barasc, chevalier, sieur de Béduer (1328) ; — note de Lacabane. — Compromis, pour raison de la 4e partie de la terre de Montbrun, entre Raymond Barasc, Géraud de Montal et Hélène, sa femme (1336) ; — note de Lacabane. — Détails de procédures au sujet de l'hôpital du Poujoulat, entre Arnaud de Barasc, sieur de Béduer, et le précepteur et les religieuses dudit hôpital (1338). — Détails du dernier testament de Raymond Barasc et cession par Dieudonné du Bouyssou à Hugues de Cardaillac, chevalier, sieur de Brengues, de la 4e partie des château et baronnie de Montbrun (1342). — Réception de Pierre de Miermon, clerc, en qualité de frère donat de l'hôpital du Poujoulat, faite par Arnaud de Barasc, sieur de Béduer et patron dudit hôpital (1342). — Indication de source pour lettres d'État au profit d'Arnaud Barasc, écuyer, et d'Isabelle de Chasteauneuf, sa nièce (1346). —Articles présentés au Parlement par Déodat de Buxon, chevalier, sieur de la Bastidette, Sabadel, Ornhac, etc., contre Arnaud Barasc, écuyer, sieur de Béduer, au sujet des procès qu'ils avaient ensemble (1349). — Hommage pour les châteaux de Larnagol et de Cabrerets et la ville de Calconier fait à Jean Dominici, juge de Cahors, par Déodat Barasc, chevalier (1359). — Quittance de 150 écus d'or délivrée à Jacques Lempereur, trésorier des guerres, par Barasc de Thémines, écuyer (1359) ; — description du sceau de Guillaume de Roques. — Cote de la donation faite aux consuls de Cajarc par Arnaud de Barasc, sieur de Béduer, Bertrand de Balaguier, Arnaud et Hugues de Cardaillac, frères, seigneurs du château de Capdenac, et Guillaume de Balaguier, sieur de Salvagnac, de tous leurs droits sur les fossés de la ville de Cajarc (1379). — Procuration donnée par Marguerite de Cardaillac, veuve d'Arnaud de Barasc, à Déodat de Barasc, sieur de Béduer, Jean de Montmurat, François de Lentillac, damoiseau, Arnaud Méja et Barthélemy Serres, à l'effet de la représenter au contrat de mariage arrêté et convenu entre

ledit Déodat et Catherine de Cruejols (1388) ; — donation de 2,500 francs d'or faite à l'occasion de ce mariage au futur par Béatrix d'Armagnac (1388) ; — autres clauses et conditions à l'occasion du mariage précité ; — quittance de 1,300 francs d'or délivrée à Béatrix d'Armagnac par Déodat de Barasc (1390) ; — jugement de la cour de l'official de Cahors entre Déodat de Barasc et Béatrix d'Armagnac (1408). — Détails d'hommages rendus à Astorg, abbé de Figeac, par Dieudonné Barasc, sieur de Béduer et François de Lentillac, damoiseau, coseigneur de Lentillac (1388). — Détails du contrat de mariage entre Hélène Barasc, fille de Dieudonné Barasc, chevalier, sieur de Béduer et noble Jean de Jean, damoiseau, seigneur de St-Projet et de Loze (1399). — Détails du contrat de mariage entre Dieudonné Barasc, chevalier, sieur de Béduer et Catherine de Cruejols. — Mention de transaction entre les consuls de Béduer et Dieudonné de Barasc, damoiseau, sieur de Béduer et de Gréalou (1439). — Mention du testament de Béatrix Barasc, femme de noble Jean Macip, chevalier, sieur de Bournazel (1460) ; — alliances des enfants desdits Jean Macip et Béatrix Barasc. — Aveu par l'affar de Ste-Neboule, viguerie de Figeac, fait au comte d'Armagnac par Déodat de Barasc, damoiseau, sieur de Béduer (1392). — Mention d'obligation de 20 écus d'or au profit de Jean Arnal, marchand de Figeac, par Dieudonné Barasc, sieur de Béduer (1397). — Mention d'achat fait par Claude de Balsac, dame de Béduer, Gréalou, etc. (1495). — Mention de François Barasc, sieur de Béduer, Gréalou, Ste-Neboule, le Poujoulat, le mas de Langlade et co-seigneur de Camboulit (1498) ; — analyse du testament dudit François Barasc (1507). — Extraits et mentions d'actes intéressant les familles Barasc et Bonafos (1397-1399). — Analyse du testament de Déodat de Barasc (1465). — Procès-verbal de l'apposition des panonceaux royaux à certains lieux de Gréalou et du Poujoulat, qui étaient sous la sauvegarde du Roi, faite à la requête de Déodat Barasc, chevalier, sieur de Béduer et de Gréalou, par Guillaume de la Plassa, châtelain et sergent royal de la cour et viguerie du Roi, à Figeac (1419). — Consentement de Déodat de Barasc, chevalier, à l'union de l'hôpital du Poujoulat avec le prieuré de Lissac (1419). — Extrait du contrat de mariage entre Déodat de Barasc, fils d'autre Déodat, sieur de Béduer et de Gréalou d'une part et Antoinette de Gimel, fille de Jean de Gimel et de Jeanne de Cros (1421) ; — mention de quittance délivrée à Guillaume de Gimel par son beau-frère, le sieur de Béduer (1453). — Union de l'hôpital du Poujoulat au prieuré de Lissac, dépendant immédiatement de l'abbaye de Leyme (1421). — Tableau généalogique de la famille de Barasc (1421-1515). — Analyse du testament de Déodat de Barasc, sieur du château de Béduer (1428);— note de Lacabane.— Extrait du contrat de mariage entre Déodat de Barasc, chevalier, fils de Déodat de Barasc, sieur de Béduer et de Gréalou, d'une part et Claude de Balsac, d'autre part (1457). — Analyse du testament de Jeanne, *aliàs* Antonia de Gimol, veuve de Déodat de Barasc, sieur de Béduer, Gréalou et co-seigneur de Camboulit (1471) ; — note de Lacabane. — Note sur Jean de Barasc, abbé de Villeloin, au diocèse de Tours (1471-1495) ; — note sur Antoine de Béduer, abbé de Villeloin (1493-1518) ; — épitaphe dudit Antoine. — Mention de Dorde de Barasc, chevalier, sieur de Béduer, de Claude de Balsac, sa femme de François de Barasc, leur fils (1482). — Analyse du testament de noble Déodat de Barasc, chevalier, sieur de Béduer (1488) ; — mention de Pierre Barasc, comme capitaine de Najac en Rouergue (1485-1496). — Clauses du testament de noble homme Pierre Barasc, capitaine du château de Najac (1496). — Analyse du contrat de mariage entre Jean Damas, écuyer, sieur de Brives et Jeanne de Lespinasse (1502) ; — note de Lacabane sur Déodat de Béduer (Barasc), abbé de Vezelay, oncle de Jeanne de Lespinasse. — Notes sur Dorde de Barasc, Béraude de Férrières et N... de Béduer (1553-1569). — Tableau généalogique de la famille de Barasc (1558-1605). — Notes sur Marie de Pompadour, femme de Jean de Barasc, sieur de Béduer et de Gréalou (1580-1593).

F. 319. (Liasse.) — 7 pièces, papier.

1310-1459. — Barbançon, Barbazan et Barbezin. — Généalogie et notes diverses sur la famille de Barbançon, qui porte : *d'argent à 3 lions de gueules couronnés, armés et lampassés d'or* (1310-1459). — Notice sur Thibaut de Barbazan, chevalier, sieur de Marceillan (1340-1355) ; — notice sur Menaut de Barbazan, chevalier, sieur de Barbazan et de Marceillan (1355-1403). — Indication de source pour Guillaume Barbezin, bourgeois d'Issoudun (1357).

F. 320. (Liasse.) — 4 pièces, papier.

1259-1818. — Barrairon, Barriet et Barthe (La). — Note sur François Marie Louis Barrairon, de Gourdon, conseiller d'État, directeur général de l'Enregistrement, baron par lettres du 1ᵉʳ août 1818 ; — armoiries : *d'azur à la croix partriarchale fleuronnée d'or, soutenue de trois étoiles d'argent, 2 et 1.* — Note sur Géraud de Barriet, docteur ès droits, conseiller enquêteur au siège présidial de Cahors (1551-1554) ; — notes sur Michel Ferrier, natif de Cahors (1568) et sur René Dedrain, avocat au siège présidial de Cahors (1571). — Tableau généalogique de la famille de la Barthe (1259-1398), dont les armoiries sont: *aux 1ᵉʳ et 4, d'or à 4 pals de gueules; aux 2 et 3, d'azur à 3 fumées ou flammes d'argent partant du pied de l'écu, qui est de Fumel.*

F. 321. (Liasse.) — 5 pièces, papier.

1438-1692. — Bastard, Bastide. — Indication de source pour Gilet Bastard, seigneur de la Botirellerie et Jeanne de Puy-Palhiez, sa femme (1438). — Mention et analyse de pièces établissant la noblesse de la famille de Bastard (1671-1692). — Description des armoiries des diverses branches de la famille de Bastard. — Ordre de Jacques, baron de Cardaillac, sieur de St-Cirq, Biars, Sieurac et autres lieux, conseiller et chambellan du Roi et son sénéchal en Quercy, à Bertrand de Lhospital, trésorier et receveur ordinaire du pays de Quercy, de payer à Pierre Bastide, bayle de la ville de Lauzerte, la somme de 2 livres 6 sous 8 deniers, pour le rembourser de pareille somme par lui fournie à Pierre Borlière, exécuteur de la Haute Justice à Moissac, ayant exécuté une sentence rendue à Lauzerte contre Andrieu Marius, larron (1508).

F. 322. (Liasse.) — 14 pièces, papier.

1505-1767. — Baudus, Bauquet de Surville. — Vente faite par noble Pierre de Baudus, sieur de Villenove, capitoul de la ville de Toulouse, habitant de la ville de Cahors, à haut et puissant seigneur messire Gabriel Simon du Garric, chevalier, comte de Montastruc, de tous les biens que ledit de Baudus avait dans la paroisse d'Uzech et de 18 quartes de froment et 9 d'avoine de rente foncière et directe (1742). — Tableaux généalogiques, extraits de titres et notes concernant la famille Bauquet de Surville, en basse Normandie, sieurs de Surville, appelés marquis de Campigny, qui portaient : *d'argent, à un chevron de gueules, accompagné de trois losanges de même, 2 en chef et 1 en pointe* (1505-1767).

F. 323. (Liasse.) — 3 pièces, papier.

1492-XIXe siècle. — Bauze, Bazelle. — Mention de Raymond de Bauze, chevalier, en Quercy, qui portait : *écartelé aux 1er et 4 d'or à la bande d'azur, accompagnée de trois besants du même posés en orle, 2 en chef et 1 en pointe ; au 2 d'azur au château de 3 tours crenellées d'or; au 3 de gueules à 4 pals d'argent* (1492). — Description des armoiries des Veauses, en Bourbonnais, Château-Morant en Bourbonnais, Castelnau de Bretenoux, vicomtes de Bruniquel et vicomtes de Carmain. — Note sur Bazelle, de Faycelles, capitaine au 72e régiment d'infanterie de ligne, membre de la Légion d'honneur, baron de l'Empire, dont les armoiries étaient : *d'or, au chêne terrassé au naturel, sénestré d'une colombe d'azur posée sur la terrasse ; franc quartier des barons tirés de l'armée, brochant au neuvième de l'écu.*

F. 324. (Liasse.) — 8 pièces, papier.

1419-1546. — Béarn, Beauchamps et Beauclair. — Épitaphe d'Ivain de Béarn, chevalier, chambellan du roi de France, fils naturel de Gaston Phœbus, comte de Foix (1492) ; — armoiries : *d'azur à une colonne d'argent, la base et le chapiteau d'or, surmontée d'un soleil du même et accostée de deux aigles affrontées aussi d'or.* — Renseignements sur les efforts tentés par plusieurs seigneurs du Limousin, réunis à Tulle pour les États du Limousin, afin de recouvrer Auberoche, près Périgueux, occupé par les Anglais, sous le commandement du capitaine Beauchamp (1419). — Mention du contrat de mariage de Nicolas de Beauclair, fils de Guy, avec demoiselle Jeanne de Barasc de Béduer (1471), en premières noces et avec Jeanne de Décune, en secondes noces (1502) ; — mention du contrat de mariage de Louis de Beauclair, fils du précédent, avec demoiselle Jacquette de Caissac (1546).

F. 325. (Liasse.) — 4 pièces, papier.

1390-1786. — Beaufort de Lesparre et Beauharnais. — Nomination par Jean, comte d'Armagnac, d'Antoine de Beaufort, seigneur de Lesparre, comme capitaine du château de Malauze (1461). — Généalogie de la famille Beaufort de Lesparre, en Quercy (1461-1768) ; — armoiries : *d'azur à une fleur de lis d'or, posée du côté droit de l'écu, et deux demi-fleurs de lis,* de même, posées l'une au-dessus de l'autre, du côté gauche. — Notice sur la famille Beauharnais (1390-1786) ; — armoiries : *d'argent à une fasce de sable surmontée de 3 merlettes de même;* — devise : *autre ne sers.*

F. 326. (Liasse.) — 5 pièces, papier.

1383-1784. — Beaumont, Beaupoil St-Aulaire et Beauquaire. — Analyse du contrat de mariage de noble Antoine de Beaumont (Touchebœuf), seigneur de Ferrières, avec demoiselle Hélène de Buisson, fille de François de Buisson, seigneur et baron de Bournazel, Mirabel, etc., et de dame Fleurette de Morlhon (1608) ; — correspondance relative à la noblesse de la maison de Beaumont (Beauvoir-Brizon) (1776). — Mémoire sur les titres de la famille Beaupoil St-Aulaire, originaire de Bretagne et établie en Limousin et en Périgord (1410-1637) ; — armoiries : *de gueules à trois accouples de chiens d'argent posées en pal 2 et 1;* — note sur la famille Bernard en Mâconnais (1550-1699) ; — note sur Jean de Betizi (1383). — Mention de certificat pour l'École militaire en faveur d'Auguste Louis Claude de Beauquaire (1784).

F. 327. (Liasse.) — 4 pièces, papier.

1324-1572. — Bécave, Béduer. — Notes généalogiques sur la famille de Bécave, de Sérignac, en Quercy (1450-1524) ; — armoiries d'Antoine de Bécave, seigneur de Sérignac et de Concots : *d'azur à trois bandes d'or écartelé de gueules à un lion d'or, entouré de douze besants de même.* — Mention d'Ayseline de Béduer, vicomtesse de Montclar, faisant une cession à Marie, femme de Jean de Chambeli (1324) ; — note sur Françoise de Béduer, fille de noble Guilhot de Béduer (1572).

F. 328. (Liasse.) — 8 pièces, papier.

1567-1745. — Belleud. — Analyse du contrat de mariage de honorable homme Paul de Belleud, écuyer, accordé le 5 juin 1567, avec honnête fille Jeanne d'Adine. — Analyse du testament de noble Jean de Belleud, religieux novice de la compagnie de Jésus, fils de Paul de Belleud, écuyer (1593). — Quittance de la somme de 1400 livres délivrée par Jean d'Adine, sieur d'Autheserre, juge criminel au Présidial de Cahors et Paul de la Croix, docteur et avocat, agissant comme tuteurs des héritiers de feu Paul de

Belleud, de son vivant conseiller du Roi et contrôleur en l'élection de Quercy (1612). — Mention du bail de la métairie de Sahuc, paroisse de St-Jean de Perges, juridiction de Castelnau-des-Vaux en Quercy, consenti par noble André de Belleud (1628) ; — analyse de quittance de la somme de 89 livres donnée par Jean Vidal et autres sequestres des fruits saisis au curateur donné à l'hérédité de feu noble Paul de la Croix, à la requête d'André de Belleud, écuyer (1638). — Sommation faite par André de Belleud, et damoiselle Jeanne de Belleud, pour nomination d'arbitres chargés de terminer les affaires qu'ils avaient ensemble (1639); — quittance délivrée par noble André de Belleud, écuyer, habitant de Cahors à damoiselles Jeanne et Anne de Belleud, ses sœurs (1644). — Analyse du contrat de mariage de noble André de Belleud, écuyer, accordé le 5 mai 1652, avec damoiselle Jeanne Dirempne, fille de noble Jean Dirempne, sieur de Ginibral et de damoiselle Jeanne de Rey, mariés. — Obligation de la somme de 86 livres 16 sous 8 deniers faite, le 29 décembre 1659, par Jean Sahuc, métayer, au profit de noble André de Belleud. — Assignation donnée le 6 février 1699 à la requête de M. Charles de la Cour de Beauval, écuyer, chargé par Sa Majesté de l'exécution de la déclaration du Roi, du 4 septembre 1696, pour la recherche des usurpateurs du titre de noblesse, à André de Belleud, habitant de Saint-Jean de Perges, qualifié écuyer dans une transaction passée le 27 juin 1670, entre lui et Mᵉ Jean Cayla, prêtre.

F. 329. (Liasse.) — 6 pièces, papier.

1275-1470. — Benavent, Béral, Berlant. — — Analyse du testament de Henri, seigneur de Bénavent, chevalier (1300). — Vente d'une métairie dans la paroisse de St-Martin de Cels, consentie par Arnal Griffoul, citoyen de Cahors, en faveur d'Arnal Béral, aussi citoyen de Cahors (1275). — Testament de Cebelie, veuve d'Arnal Béral, fille et héritière de Gaucelm Johan (1286). — Quittance délivrée à Jacques Lempereur, trésorier des guerres, par Arnaud Béral, écuyer, sire de Cessac et de Millars (1355). — Mention d'hommage fait pour la seigneurie de Livernon et Sonac, par Raymond Béral, seigneur de Casillac (1469). — Quittance de 500 livres tournois, délivrée à Nicolas Berlant trésorier et receveur général de Languedoc, par A. Allaman, évêque et comte de Cahors (1470).

F. 330. (Liasse.) — 8 pièces, papier.

1150-1818. — Bernard, Bernardi, Bertin, Bertrand et Bessières, duc d'Istrie. — Procuration donnée à noble Jean de Bernard, sieur de la Borie, pour recevoir 1200 livres de Bernard Vernilholz, bourgeois de St-Céré, par dame Catherine d'Ornezan, dame de Roquelaure (1594). — Inventaire des pièces et productions présentées à M. François de Rabastens, commissaire député pour l'exécution de la déclaration du Roi contre les usurpateurs de la noblesse, par nobles Hugues de Bernard, sieur de Laborie, habitant au château de Laborie, paroisse d'Aynac, Jean de Bernard, sieur de Bousquet et François de Bernard, sieur de la Carbonière, frères (1667). — Quittance donnée le 12 septembre 1678 par noble Jean du Bernat, écuyer, seigneur del Trieu, habitant en son château de Laborie lès Aynac, comme mari de demoiselle Marie de Séguy (1678). — Cession d'une somme de 1090 livres 15 sous consentie par noble Jean de Bernard del Trieu, sieur de Laborie, fils d'Hugues, habitant de la paroisse d'Aynac, en faveur de dame Marie de Day, épouse de Charles Louis de Puimisson, conseiller du Roi en la cour de parlement de Toulouse (1679). — Analyse d'une donation de 20 sous de rente faite au chapitre de Limoges par Pierre Bernardi, chevalier (1234); — note de Lacabane. — Quittance de la somme de 90 livres tournois, montant de ses gages pour les six premiers mois de 1641, délivrée par Jean Bertin, maître de la poste de l'Hospitalet en Quercy. — Indication de source pour la vie de Bertrand, maître ou professeur en l'abbaye de Beaulieu (1150). — Note sur Bessières, duc d'Istrie, fils aîné du maréchal Bessières ;— armes : *écartelé au 1ᵉʳ d'azur au lion d'or; au 2ᵉ d'argent à l'épervier essorant de sable; au 3ᵉ d'or à la tour d'azur ouverte, ajourée et maçonnée de sable ; au 4ᵉ de gueules au renard passant d'or.*

F. 331. (Liasse.) — 9 pièces, papier.

1552-1871. — Bessonies. — Généalogie de la famille Bessonies, seigneurs de Bessonnies, en Quercy (1552-1763); — armes : *d'or à un pin de sinople, sur un tertre de même, accosté de deux lions, rampans affrontés et couronnés de gueules.* — Testament de Fines de Bessac, femme de feu Géraud Bessonies, du village de Bessonies, paroisse de St-Hilaire (1552). — Articles du mariage de messire Étienne Bessonies, avocat, fils messire Géraud Bessonies, écuyer, accordé avec demoiselle Renée Charlotte de la Garde, fille de messire René de la Garde, chevalier, seigneur-baron de Saignes, au lieu de Parlan en Auvergne (1692). — Contrat du mariage de noble Jean-Joseph-René de Bessonies, sieur de Poujoula, avocat en Parlement, fils de René de Bessonies, écuyer, seigneur de Bessonies, conseiller et procureur du Roi ès cours royales de Figeac et de dame Anne de Sarrauste, mariés, avec demoiselle Françoise de Sasmayoux, pensionnaire au couvent des dames religieuses du Val-Paradis d'Espagnac, en Quercy, fille de défunts Jean de Sasmayoux, avocat en Parlement, juge du marquisat de Cardaillac et de demoiselle Catherine de Depeyrot (1745). — Mémoire adressé à l'intendant de la généralité de Montauban, par Joseph René de Bessonies, écuyer, seigneur de Bessonies, las Gasailles et, en partie, des paroisses de St-Hilaire, de St-Simon et de Lauresses, au sujet de la noblesse de sa famille (1757). — Certificat de noblesse délivré à M. Jean Joseph René de Bessonies, habitant de la ville de Figeac, par MM. de Lentillac, commissaire de la noblesse, Durfort-Clairmont, Lostanges, Turenne d'Aynac, Las Cazes de St-Pol, Las Cazes-Beauvoir, Cornély de Cambolit (1760). — Provisions de l'office de gouverneur de la ville et communauté de Figeac délivrées à Jean Joseph René de Bessonies (1764). — Mention du décès de Jean Joseph Rémi, baron de Bessonies, ancien sous-préfet de Figeac (1871).

F. 382. (Liasse.) — 7 pièces, papier.

1235-1641. — Béthune-Sully, Biron, Blaisy et du Blé. — Notes sur Maximilien de Béthune, 1er du nom, duc de Sully, grand maître de l'artillerie et maréchal de France et sur Maximilien de Béthune, 2e du nom, marquis de Rosay, prince d'Henrichemont (1588-1641). — Procuration donnée à Pierre Alby, par noble dame Claude de Biron, dame de St-Sulpice, pour la levée des fruits de l'abbaye de Lagarde-Dieu (1570). — Indication de source pour oraison funèbre de messire François de Biron de Salaignac, seigneur et baron dudit lieu, gentilhomme de la Chambre du Roi (1624). — Indication de source pour promesse de Jean de Blaisy, chevalier et chambellan du Roi, faite au comte d'Armagnac, de payer à sa décharge, aux Anglais qui devaient évacuer certaines forteresses, la somme de 27,000 francs (1390). — Ordre de Jean de Blaisy, sieur de Mauvilly, chevallier, chambellan du Roi, à Guillaume Cochart, de ne plus faire de payement aux gens d'armes qui avaient servi « à conduire le corps de

Mérigol-Manhès » (1391) ; — description du sceau de Jean de Blaisy ; — description du sceau des Blaisy, de Bourgogne. — Généalogie des du Blé, seigneurs de Cormatin (1235-1444).

F. 383. (Liasse.) — 21 pièces, papier.

XIIIe-XVIIIe siècles. — Blondel et Boisset. — Généalogie et pièces généalogiques de la famille Blondel (1594-1703). — Note sur la famille de Boisset (XIIIe siècle-1340) ; — description du sceau de l'abbaye de Chezy, dans le Soissonnais. — Mentions : d'acte de reconnaissance faite le 19 février 1553 par Hélène de Bouyssou, épouse Delfour, en faveur de noble Jean del Boisset et Gabrielle de St Miard, mariés, de la ville de Fons ; — de Jeanne de St-Miard (1384) ; — d'achat de bois à châtaignes et de terre, fait par Astorg Guillaume et Jean Donadieu, en faveur de noble Jean del Boisset, écuyer, seigneur de la Salle, de Vic en Auvergne et de St-Miard (1563) ; — de transaction entre noble de Boisset, seigneur de la Salle et Hugues Puyjohan, notaire (1571). — Descriptions des armoiries des principales alliances de la maison de Boisset de la Salle de Vic. — Transaction entre Guillaume de Boisset, damoiseau de Montagrier et Archambaud Lamberti, damoiseau, frères utérins (XIVe siècle). — Mention des mariages de Jean de Gontaut avec Irlande de Laroque-Toirac et de Pierre de Boisset avec Soubiranne de Gontaut (1453-1495). — Indication de source pour don à nouveau fief de terres situées dans la paroisse de St-Laurent en Médoc, par noble homme Jean Brun Boysset, seigneur de Montguyon (1479). — Mention du mariage de noble Jean de Boisset avec Catherine de Beaufort (1540). — Note sur Jacques de Boisset, sieur de Rinhac (1571). — Notes sur divers membres des familles de Boisset de St-Germain d'Espanet et de Boisset de la Salle (1540-1595). — Mémorial de transaction entre N. de Boisset de la Salle et son frère Boisset de Velzic (1571) ; — note de Lacabane sur les formes latines et françaises du nom de Boisset. — Note sur Jean Boisset, sieur de la Salle et sur sa femme Antoinette de Tourdes (1571-1598.) — Mention du mariage de Gabrielle de Boisset avec Mathurin de Vielcastel (1582). — Mention d'acte où figure Nicolas de Boisset, sieur de Camburat (1598). — Extraits des registres de l'État civil de la paroisse de Fons concernant la famille de Boisset de la Salle (1609-1759). — Mention de Jeanne de Boisset de la Salle, veuve de noble Antoine de Laurency (1639). — Indication de source pour César de Boisset de la Salle, prieur titulaire de Fons, visiteur et définiteur de l'ordre de Cluny (XVII° siècle). — Description des armoiries du vicomte de Boisset, directeur de l'École des art et métiers de Chalons. — Armoiries de Jean de Boisset, de Mérigou de Roquemaurel, de Guibert de Tresmoyolles, de Tursiac et d'Estor Maffray ou Moffre.

F. 334. (Liasse.) — 4 pièces, papier.

1252-1562. — Boissonis, Boissorn et Bonafous ou Bonafos. — Indication de source pour Regnaud Boissonis, clerc, du château de Vic, veuf de Hugues, fille Regnaud de Vic, damoiseau (1355). — Analyse d'un acte d'échange entre noble dame Ayglentine, femme de noble Galhard de Boissorn, chevalier, et veuve en premières noces de noble Guillaume La Serra, chevalier, d'une part et noble homme de Barasc, seigneur de Béduer (1308); — généalogie de la famille Boissorn, de 1332 à 1502. — Inventaire des titres de la maison de Bonafous ou Bonafos, seigneurs de Teyssieu et de Lentour, lesquels titres sont déposés au Trésor de la maison de Noailles (1252-1562); — parmi ces titres figurent: le vidimus, par un official de Cahors en 1260, des lettres de Raymond, vicomte de Turenne, qui prend en sa protection P. Bonafos, chevalier (1252); — les lettres de Raymond, vicomte de Turenne, à madame Alamande, sa mère, à laquelle il recommande Hugues Bonafos qui a fait avec lui le voyage de la Terre Sainte et qui lui a rendu de bons services (1252); — acquisition par Jean de Bonafos, seigneur de Teyssieu, de Barthélemy Alberguier, de Figeac, du mas de Monteils, paroisse de Soucirac (1378); — obligation de Jean Bonafos, seigneur de Teyssieu à demoiselle Marie de Lestrade, fille d'Étienne de Lestrade, comme héritière dudit Étienne, son père et de Hélie de Lestrade, son frère, seigneur de Floirac, pour 900 livres de douaire ci-devant constitué par Guillaume Bonafos, ayeul dudit Jean, à Marguerite de Bonafos, mère de la dite Marie de Lestrade, cousine germaine dudit Jean (1378); — sauvegarde imposée à la place de Calviac, à la requête de Jean de Bonafos, contre ceux qui voulaient lui contester la moitié de la dite place (1403); — lettres du Roi obtenues par Jean de Bonafos, chevalier, seigneur de Teyssieu en Quercy, de l'office de chambellan (1443); — lettres du roi Charles IX ou plutôt du parlement de Toulouse, qui commet un huissier pour visiter les biens aliénés, la chapelle de Calmels et les causes qui avaient fait discontinuer de dire la messe, fondée par feu Aymeri

de Bonafos, les dites lettres obtenues par Jeanne de Gontaut, femme d'Antoine de Noailles, comme étant de la famille du fondateur (1562); — accord entre Pierre Bonafos, seigneur de Teyssieu et les confrères de N. D. de Ste-Espérie (1474), etc.

F. 335. (Liasse.) — 9 pièces, papier.

1589-1779. — Bonal. — Généalogie de la famille Bonal, de Castelnau-Montratier, qui porte : *d'azur, à une tour d'argent crénelée, accompagnée de trois étoiles d'or, posées 2 en chef et 1 en pointe* (1589-1734). — Vente d'une vigne sise dans la paroisse de St-Julien, consentie par Charles Bonal, du lieu de Flaunhac, en faveur de Mᵉ Antoine Daylios, notaire (1589). — Extrait des lettres d'Antoine Alexandre de Roquefeuil, marquis dudit lieu, seigneur et baron de Castelnau des Vaux, nommant Mᵉ Antoine Bonal, procureur d'office de la judicature de Castelnau (1630). — Copies de deux lettres des intendants de Bernage et Pajot à M. Bonal, juge à Castelnau-Montratier, au sujet des fonctions de ce dernier comme subdélégué de l'Intendance de Montauban (1720 et 1727). — Lettres d'anoblissement de Jean Louis de Bonal, ancien subdélégué de l'Intendance de Montauban (1759). — Généalogie de la famille Bonal, en Agenais, à partir de noble Jacques de Bonal (1656-1779), dont les armes sont : *d'azur à trois étoiles d'or, posées 2 et 1*. — Procès-verbal des preuves de la noblesse de Pierre de Bonal (Agenais) agréé par le Roi, pour être admis au nombre des gentilshommes que Sa Majesté fait élever dans les écoles royales militaires (1779).

F. 336. (Liasse.) — 7 pièces, papier.

1352-1797. — Bonaparte, Boniface, Bonmarchand et Bonnebaud. — Procès-verbal des preuves de la noblesse de « Napoleone de Buonaparte » (1769-1797). — Notes sur Aymeric Boniface, écuyer, capitaine de Labastide-Française (1352-1353). — Mention des provisions du Roi pour l'office de conseiller auditeur en la Chambre des Comptes de Dôle, en faveur de Pierre François Bonmarchand (1714); — mention de certificat pour l'École militaire en faveur de François Marie Ferréol de Bonmarchand (1784); — description de sceau. — Note sur les membres de la famille de Bonnebaud (1393-1406). — Mention du mariage de Jean (III) de Chauvigny, sieur de Blot, Montmorillon, Bonnebauld avec Dauphine de Bonnebauld (1409). — Indication de source pour nomination, par le duc de Berry, de Jean Bonnebaud, chevalier, en qualité de

22.

sénéchal de Toulouse, en remplacement de Roger d'Espagne, décédé (1411). — Indication de source pour nomination de Raoul de Loire, chevalier, en qualité de sénéchal de Rouergue, à la place de Jean de Bonnebaud (1411).

F. 337. (Liasse.) — 4 pièces, papier.

1277-1652.— Bonnemains, Bonpar, Bordes, Buffet, du Bac, la Borie. — Lettres des membres du Parlement au Roi, au sujet des vols dont Guillaume Bonnemains, marchand de Figeac, aurait été victime (1335). — Indication de source pour reconnaissance féodale de Pierre Bonpar, damoiseau (1277). — Mentions de l'anoblissement : d'Étienne des Bordes de Servières, dans la vicomté de Turenne (1345) ; — de Jean Buffet, de Cahors (1351) ; — de du Bac, originaire de la ville de Turenne (1652). — Note sur François La Borie, docteur en droit, natif de Cahors (1564).

F. 338. (Liasse.) — 10 pièces, papier.

1264-1476. — Bos, du Bosc, de Bosco, Bottin, Bourbon. — Extraits de titres concernant des membres des familles Bos de Hayne et de Sausse, sires de Boussait (1311-1336). — Tableau généalogique de la famille du Bosc, depuis noble Hugon du Bosc, damoiseau, du château de Cardaillac, jusqu'à Catherine du Bosc, co-seigneuresse d'Assier, veuve de noble Jean Ricard (1361-1476). — Mention de la vente faite par Aymeric et Hélie de Bosco, d'une vigne située au village de *Buxerio*, dans la paroisse de Vayrac, en faveur d'Engelrand de Vayrac, chevalier, qui la revendit au prieur de Grandmont, le 4 des ides de mai 1264. — Mention de la mort de révérend père Jérôme Bottin, de Cahors (1420). — Notes sur une lettre adressée au Souverain Pontife par Marie de Bourbon, veuve de Guy de Lusignan, prince de Galilée, fils aîné de Hugues IV, roi de Chypre (1361). — Armoiries de Bourbon-Malause et de Peyronnenc St-Chamarand : les premiers portent *d'azur à 3 fleurs de lis d'or au bâton de gueules en bande brochant sur le tout et au filet d'argent en barre aussi brochant sur le tout et formant un sautoir et les seconds de gueules à 3 fasces d'or à la bordure cousue d'azur chargée de 8 besants d'argent.*

F. 339. (Liasse.) — 9 pièces, papier.

1248-1720. — Boutaric, Bouteiller (Le), Boysso, Braque, Brenguier et Breuil (du). — Mention des provisions de l'office de conseiller secrétaire du Roi à la cour des aides de Montauban, obtenues par Guillaume de Boutaric, écuyer, sieur de la Salabertie (1684). — Mention du testament de Jean de Boutaric (1683). — Maintenue de Guillaume de Boutaric et de Martial, son frère, en qualité de nobles (1698). — Quittance d'une somme de 8,000 livres délivrée à Arnaud Louis de Corn, chevalier, marquis d'Ampare, par messire Balthazar de Boutaric, seigneur del Cayré, conseiller au parlement de Toulouse, héritier de feu messire Balthazar de Boutaric, archidiacre du chapitre de Figeac, son oncle (1720). — Notes sur les familles de Boutaric et de Lavaur-Laboisse. — Analyse d'une transaction intervenue entre l'abbé et le couvent de Chaalis et Gui, dit le Bouteiller, seigneur d'Ermonville (1248). — Extrait des minutes du notaire Hugues Rigolaci, touchant ratification, par noble Astor Boysso, fils de Pierre, sieur de la Gache, de vente de pré, faite par ledit Pierre à Pierre Cayro, bourgeois de Figeac (1540) ; — extrait analogue touchant contrat d'apprentissage de Pierre Salos chez Pierre Alayrac, chaudronnier à Figeac (1541) ; — autre extrait portant reconnaissance d'une maison à Figeac, de noble Pierre Tubieyras, licencié en droits, par Guillemette de Avosmal, femme et héritière de Denis Ranier, patissier à Figeac (1541) ; — autre extrait touchant achat de rente fait de Jean Palhasse, bachelier en droits, à Figeac, par Dordé Auguyé, marchand du même lieu (1541). — Tableau généalogique de la famille Braque et de Salazar, depuis Arnoul Braque jusqu'à Galéas de Salazar (1317-1517).) — Tableau généalogique de la famille Brenguier, depuis Déodat Brenguier, damoiseau de Cassanhes-Comtaux , jusqu'à noble Guillaume Brenguier, sieur de Montmaton (1323-1461). — Indication de source pour accord entre Alzias de Sévérac, sa femme Marguerite, fille de maître Guillaume du Breuil, jadis avocat en Parlement, demoiselle Bel Regart, veuve dudit Guillaume du Breuil, d'une part et Agnès de Tienges, d'autre part (1357).

F. 340. (Liasse.)— 5 pièces, papier.

1294-1784. — Briffe (La), Brom, Brosses, Broue (La), du Breuil. — Généalogie de la famille de la Briffe, originaire d'Armagnac, à partir de Arnaud Anès de la Briffe, damoiseau, co-seigneur du château de la Briffe au vicomté de Fezensaguet (1294-1700) ; — armoiries : *d'argent au lion rampant de gueules, armé et lampassé d'azur, à l'orle de six merlettes de sable.* — Généalogie de la famille de Brons, seigneurs de la Romiguière, qui porte : *d'azur, à trois rocs d'échi-*

quier d'or, posés deux et un. — Inventaire analytique de titres concernant la famille des Brosses ou de Broces (de Brociis). Parmi ces titres figurent : l'acte d'accord par lequel Jean Ruffin de Mornay, damoiseau, agissant tant pour lui et ses enfants que pour Huguenin Desbroces, écuyer et Marionet Desbroces, damoisel d'une part et Guillaume Pancinat, damoisel, d'autre part, transigent relativement au droit de justice, de seigneurie et de pêche en l'écluse de Flore qui est située entre le Verzerat et l'ague de Fin, en la rivière d'Arunce (1311) ; — l'acte de reconnaissance faite par Jeanne de Moroge, veuve de Henri Desbroces, qu'elle tenait en fief de noble Guy, seigneur de Chaumont, d'une pièce de terre sur le moulin du Bertraz (1352); — l'acte de foi et hommage rendu par Litaud de Brossac, damoiseau, à noble et puissant homme Humbert de Corgeron, seigneur de Chaumont pour la seigneurie du Chateley (1372); — l'acte par lequel Guillaume Desbrosses, damoiseau, reconnaît tenir en fief lige du seigneur de Chaumont, une terre appelée le clos de Vaux, etc. (1374); — l'acte par lequel Guillaume de Montfaucon, damoiseau, vendit à noble et puissant homme Gérard, seigneur de la Guiche et de Chaumont la maison du Verderat avec l'étang de Fleurs, plus la maison de Massy, près Cluny, plus la terre de Theze et celle de Fin au comté de Charolais, que le donateur avait acquise de Jean Desbrosses et de sa femme (1450); — le contrat de mariage entre noble Guillaume de Salornay, damoiseau, et Jeanne du Luchat, veuve de Guy Desbrosses, damoiseau (1402), etc., etc. — Armoiries de Jean François de La Broue, seigneur de Gandalou, colonel d'infanterie : *d'or, à trois corneilles de sable, becquées et membrées de gueules, 2 et 1.* — Copie des lettres du roi anoblissant Jean-Baptiste-Léon du Brueil, médecin de l'hôpital de la Charité de St-Germain-en-Laye, né à Villefranche-de-Rouergue (1784).

F 341. (Liasse.) — 16 pièces, papier.

867-1539. — Bruniquel. — Résultats de recherches généalogiques sur les vicomtes de Bruniquel et de Montclar (867-1380). — Notice généalogique sur les vicomtes de Bruniquel, Montclar et Salvagnac (1176-1749). — Donation faite à l'abbaye de Beaulieu, par Adémar, vicomte de Bruniquel (1174); — confirmation de cette donation par le comte de Toulouse (1178). — Notes sur les vicomtes de Bruniquel (1224-1403). — Analyse du testament de Bertrand, 1er du nom, vicomte de Bruniquel, frère du comte de Tou-

louse (1247). — Indication de source pour Bertrand, vicomte de Bruniquel (1259). — Mention de Bertrand, vicomte de Bruniquel, comme témoin dans le contrat de mariage entre Henri, fils de Hugues, comte de Rodez et Mascaroze, fille de B., comte de Comminges (1270). — Notes sur Bertrand ou Guillaume, vicomte de Bruniquel (1285-1297). — Indication de source pour Guillaume, Réginald et Bertrand de Bruniquel (1304-1317). — Donation faite par Guillaume, vicomte de Bruniquel, à Réginald, son fils, à l'occasion de son mariage avec Brayde de Goth (1306); — note sur Brayde de Goth (1325). — Indication de source pour échange entre le roi d'Angleterre et les Médicis de Capdenac, duquel acte il résulte que les Médicis avaient acheté ce qu'ils possédaient à Capdenac, du vicomte de Montclar (1363). — Indications de sources pour : mariage entre Aygline, fille d'Olivier, vicomte de Montclar, et Raymond de Lescure (1325);— hommage d'Arnaud, vicomte de Montclar, au roi d'Angleterre (1391); — hommage au Roi par Bertrand, vicomte de Montclar, pour les lieux de la *Cauneta* et de *Anha*, à lui échus par le décès d'Olivier, vicomte de Montclar, seigneur desdits lieux (1391). — Tableau généalogique des vicomtes de Bruniquel. — Vente d'une rente de 200 livres faite au Roi par Arnaud Roger de Comminges (1403). — Indication de source pour hommage rendu par noble Durand Guilhem, seigneur de Borguet, en la juridiction de Villemur, à noble et puissant homme Hugues de Montclar, vicomte dudit lieu et seigneur de la baronnie de Salvanhac (1502). — Mention de Jean de Montclar, témoin au contrat de mariage d'Antoine d'Astorg, sieur de Montbartier avec Jeanne de Lomagne (1539).

F. 342. (Liasse.) — 9 pièces, papier.

1262-1582. — Burbuzo, Bussière (La), du Buys. — Notices généalogiques sur la famille de Burbuzo, originaire de la ville de Fons, en Quercy (1310-1534). — Mention de noble Guillaume de Burbuzon, comme témoin dans un acte de reconnaisance de dette fait par noble Vesian Bonafos envers noble Jean Faydit, de Béduer (1397). — Analyse du contrat de mariage, passé au château de Castelnau-de-Bretenoux, entre noble Pierre de Burbuzo, co-seigneur de Baussac, et noble damoiselle Antoinette de Clermont (1505). — Extraits d'anciens titres relatifs à la famille de la Bussière, présumée être de la maison de la Guiche (1262-1469); — notes de Lacabane. — Note sur Guillaume du Buys, quercynois (1582).

F. 343. (Liasse.) — 10 pièces, papier.

1255-1715. — Cabazac, Cadrieu, Cahors, Cahors de la Sarladie, Cahours. — Indication de source pour Pierre de Cabazac, bourgeois de Cahors (1299) — Notes généalogiques sur la famille de Cabazac (1411-1605), qui porte *d'azur à 3 testes d'hommes d'argent sans cheveux.* — Mention de l'anoblissement de la famille Cabazac qui porte *d'azur, à trois bustes de jouvenceaux de profil d'argent, aux cheveux d'or, posés 2 et 1* (1545). — Généalogie de la maison de Cadrieu (1292-1715), qui porte *d'or, à un lion, parti de gueules et de sable, couronné, armé et lampassé de gueules.* — Ratification, par Hugues de Cadrieu, chevalier, d'un vente de vigne faite le 15 décembre 1292, par Géraud Rainald, de Cadrieu, à Pierre du Bosc, habitant de Cajarc ; — échange fait, le 9 octobre 1295, entre messires Hugues de Cadrieu, chevalier, habitant du château de Cadrieu, et Pierre de Cadrieu, damoiseau, son neveu ; — vente de 3 quartes de froment de rente consentie, le 17 mai 1352, par noble Guibert de Cajarc à Bertrand de Cadrieu, damoiseau, fils de noble Isarn de Cadrieu ; — vente d'une quarte de froment de rente, mesure de Cajarc, à prendre sur le lieu de Cadrieu, faite le 3 novembre 1385, à Hugues de Cadrieu, fils de Bertrand, par Raymond Conducher, du lieu de Cajarc ; — assignation de 10 setiers de froment de rente sur les fiefs de Montbrun et de Cadrieu, faite le 17 février 1420, par noble Jean de Cadrieu, fils et héritier de Hugues, à noble Bernard de Gréalou, mari de feue noble Galharde de Cadrieu ; — testament de noble Andrive de Gausscrans, dite de St-Alari et femme de noble Antoine de Cadrieu, fait le 19 août 1500; — testament de noble Antoine de Cadrieu, seigneur de Cadrieu, fait le 28 juin 1506;—testament de noble demoiselle Antoinette de Sales, femme de noble Marquès de Cadrieu, fait le 24 août 1517. — Mention de Pierre, Hélène, Catherine et Hector de Cadrieu, enfants naturels de Marc de Cadrieu, seigneur du dit lieu et de Jeanne de Salmier, non mariés (1617). — Mention d'abandon de droits au château *Pedanacii* fait au roi Philippe-Auguste par *Helgas de Caturco*, pour lui, ses frères et sœurs (1255 ou 1256). — Extraits de titres concernant la famille Cahors de la Sarladie, produits pour l'admission de demoiselle Louise de Cahors de la Saladie dans la communauté des demoiselles de St-Louis à St-Cyr ; — parmi ces titres figurent : le contrat de mariage de noble Pierre Pol, dit de Cahors, fils de noble Pierre de Cahors, seigneur du repaire de la Sarladie, avec noble Iolande de Suris, fille de noble Jean de Suris, écuyer (1529) ; — le testament de noble Pierre Pol, dit de Cahors, écuyer, seigneur de la Sarladie (1569). — Mention de Jean de Cahours, docteur, prenant l'afferme du scel du sénéchal de Martel pour le prix de 10 livres tournois (1477).

F. 344. (Liasse.) — 6 pièces, papier.

1506-1712. — Cairon. — Notice généalogique sur la famille de Cairon, seigneurs de la Vabre et de St-Daou, à partir de Jean Cairon, licencié ès droits, habitant de Figeac (1506-1604). — Inventaire de pièces établissant les preuves de cette généalogie. Au nombre de ces pièces, figurent : la vente d'une pièce de terre sise au terroir des Pradelles, dans la juridiction de la ville de Fons et tenue en fief et en emphytéose ou bail perpétuel de noble Jean Cairon, licencié en droit, fait le 16 octobre 1514, par Jean Gaspard Del Soc de la paroisse de Lissac, à Bernard Del Soc, son frère ; — la vente de 4 setiers de seigle de rente, faite le 6 mars 1506, à M⁰ Jean Cairon, licencié en droit, par Jean La Borie, de la paroisse de Lauresses ; — le testament de Jean de Cairon (1521) ; — le bail en emphytéose d'un pré assis au terroir de Malaterre, près la rivière des Quebiasses, fait le 6 août 1559, par noble et vénérable Gabriel de Cairon, seigneur du village de la Vabre, paroisse de Lauresses, à Antoine La Tapie, de la paroisse de St-Perdoux ; — la cession faite, le 13 janvier 1565, à noble Gabriel Cairon, sieur de la Vabre, par noble Jean de la Roque, son beau-frère ; — la vente d'une pièce de terre assise près de la ville de Figeac et joignant celle de demoiselle Antoinnette de Cairon, femme de Guy du Mas, enquêteur en la cour du Viguier de Figeac, faite le 28 août 1565, par Antoine Vilhiez à noble Gabriel de Cairon, seigneur de St-Daou, en Quercy ; — la vente faite, le 18 juillet 1636, à Jean Viguier, bourgeois et garde-scel de la ville de Figeac, par noble François de Boisset de la Salle, sieur de Vic, du château de St-Daou, près Figeac et de tous les droits qu'il avait sur les villages de la Vabre, de la Borie, de Cassan et du Puech, dans la paroisse de Lauresses. — Armes de la famille de Cairon, seigneurs de la Vabre et de St-Daou : *d'azur, à un chevron d'argent, accompagné de trois billettes du même, deux en chef et une en pointe.* — Notice généalogique de la famille de Cairon, seigneurs de Mandens et de Montgiron, à partir de François Cairon, bachelier ès lois (1521-1712). — Inventaire de pièces établissant les preuves de cette généalogie. — Au nombre de ces pièces figurent : le contrat de mariage de François del Cairon, écuyer, fils de Guillaume del Cairon, écuyer, de Figeac, accordé le 23 avril 1559 avec demoiselle Marie Dujols, fille de Pierre Dujols, écuyer, seigneur de La Roque-Toirac ; — l'extrait des registres des trois États du pays de Quercy, tenus le 15 mai 1594, portant que noble Jacques de Cairon, écuyer, leur avait été envoyé de la part de M. de Clermont de Lodève, baron de Castelnau-de-Bretenoux, pour leur dire qu'il était prêt à partir pour aller prêter le serment de fidélité au Roi, de la part de toute la noblesse de cette province ; — le contrat de mariage de Jacques de Cairon, fils de feu Charles de Cairon, de la ville de Figeac, avec demoiselle Louise de Montmiral, de la ville de Paris (1596); — le contrat de mariage de Pierre de Cairon, écuyer, fils de François de Cairon, seigneur de Mandens et de Montgiron, accordé le 5 décembre 1604, avec demoiselle Claire de Prudhomme, fille de noble Antoine de Prud'homme, seigneur du Roc, des Cros et des Cardonies ; — la transaction faite le 16 juin 1614 entre Pierre Cairon, écuyer, sieur de Mandons et nobles et honorables hommes Antoine de Naucaze, sieur de Cairols, doyen de l'église collégiale de St-Sauveur de Figeac, Michel de Selves, second archidiacre et les chanoines de ladite église ; — les testaments de Jacques de Cairon, fils de Charles (1621) et de Pierre de Cairon (1623) ; — le contrat de mariage de Gabriel de Cairon, fils de Jacques, avec demoiselle Jeanne de Lalbertie, de Rocamadour (1629) ; — la transaction faite entre noble Guy de Montmiral et demoiselle Louise de Montmiral, sa sœur, veuve de noble Jacques de Cairon (1637) ; — le contrat de mariage de noble Jean de Cairon, seigneur de Mandens, fils de feu noble Pierre de Cairon, accordé le 12 janvier 1642, avec demoiselle Anne de Viguier, fille de noble Guillaume Viguier, seigneur de Souillols et de Aimare de Combefort ; — les certificats de services rendus par Gabriel de Cairon, ingénieur du Roi, pour des travaux de fortifications (1642-1655) ; — le testament dudit Gabriel de Cairon, ingénieur de l'État (1647) ; — la commission de sergent-major de la citadelle et du fort de St-Jean, de Marseille, donnée par le Roi, le 6 avril 1668, à Jean Louis de Cairon, en considération de diverses preuves qu'il avait données de son courage, de sa valeur et de sa bonne conduite en plusieurs occasions importantes; — le contrat de mariage de noble Jean Louis de Cairon, seigneur de Rougier, en Quercy, et major des citadelles de Marseille, avec demoiselle Élisabeth d'Isarn (1671) ; — le testament de noble Jean de Cairon, seigneur de Mandens, dans la paroisse de St-

Jean de Boussac (1688), etc. — Notice généalogique sur la famille de Cairon, seigneurs de Rougier et de Fraissinet, à partir de Charles de Cairon (1576-1712).

F. 345. (Liasse.) — 6 pièces, papier.

1277-1787. — Cajarc, Calmels d'Artinsac. — Mention de P. de Cajarc, chevalier, et de Raymonde, sa femme ; — donation par ledit P. de Cajarc et son père Bertrand en faveur du monastère d'Espagnac (1277). — Mention du mariage de Guibert de Cajarc, seigneur de Gaillaguet avec Carbonnière d'Ébrard ; (1363); — armes de la maison de Cajarc : *d'argent à la bande de gueules, à la bordure de gueules à 6 billettes de même*. — Mentions : du mariage de noble Gilbert de Cajarc, seigneur de Gaillac, avec noble Marguerite de Narbonnès (1534); — d'un contrat d'acquisition faite par Olivier de Cajarc (1577); — du mariage de noble Olivier de Cajarc avec demoiselle Marguerite de Durfort (1591); — du mariage de noble Jacques de Cajarc avec noble Jeanne de Lavalette (1626); — du mariage de messire Charles de Cajarc avec demoiselle Marie-Louise de Montbrun (1649). — Indications de sources pour : reconnaissance de plusieurs héritages tenus à titre d'emphytéose à Calvignac, faite par Guillaume de Cajarc, au profit du baron de Caussade (1637); — transaction passée entre Gélibert de Cajarc et Catherine de Boudou, femme en premières noces de noble Bernard de Cajarc (1583). — Mention de l'information faite le 15 septembre 1556, à Cahors, par devant le lieutenant de la sénéchaussée de Quercy, en conséquence des lettres de légitimation données en faveur de Guillaume de Cajarc. — Notes sur la famille Calmels d'Artinsac, de Montvalent (1787).

F. 346. (Liasse.) — 13 pièces, papier ; cahier in-8°, 21 feuillets, papier.

1000-1298. — Calmont d'Olt. — Généalogie des seigneurs de Calmont d'Olt, avoués-défenseurs de l'abbaye de Figeac (Extrait de l'ouvrage de M. de Courcelles sur la noblesse), de l'an 1000 à 1297). — Armes : *d'argent au lion de sable*. — Donations par Bégon, fils d'Hugues de Calmont, en faveur du monastère de Figeac (1074). — Donation par Bégon de Calmont, sa femme et ses enfants, à l'abbaye de Conques, de l'église de St-Saturnin (1096-1108). — Acte par lequel Bégon de Calmont, fils de Pétronille, promet au comte Ugon, fils d'Ermengarde, de lui être fidèle pour sa personne et pour ses biens et ledit comte promet audit Bégon de ne lui point faire de violence ni de préjudice (1160). — Mention de la fondation de l'abbaye de Bonneval et de dons faits à cette abbaye par Guillaume, évêque de Cahors, de la maison des Calmont (1161). — Donation, par Bégon de Calmont, en faveur de l'abbaye de Bonneval (1169). — Notes généalogiques sur Guillaume, seigneur baron de Calmont d'Olt et ses enfants (1226-1298). — Donation faite par Dieudonné d'Estaing, à l'abbaye de Bonneval, de trois villages, Bec de Calmont présent à l'acte (1245). — Acte par lequel Bégon de Calmont donne à Jausionde, abbesse de St-Sernin de Rodez, 6 setiers de froment de rente annuelle (1266). — Testament de Raymond de Calmont d'Olt, évêque de Rodez (1298).

F. 347. (Liasse.) — 7 pièces, papier.

1280-1853. — Calvignac, Combefort, Capmas, Campra. — Notes sur la famille de Calvignac (1280-1391). — Mention de l'entérinement des lettres de rémission obtenues par Hénoc de Combefort, écuyer, seigneur de la Baresquie, en Quercy, pour l'homicide par lui commis sur la personne de feu François Hugono (1590). — Description des armoiries de : Barthélemy Capmas, conseiller au sénéchal de Lauzerte (*d'argent à un navire de sable portant le pavillon de gueules*) ; — Nicolas de Capmas, lieutenant particulier au sénéchal et présidial de Villefranche (*d'azur à une gerbe d'or*) ; — Guillaume de Capmas-Garibal, seigneur de St-Rémy (*de sinople à un mat de vaisseau d'argent en chef et une coquille de même en pointe, accolé d'hermines à un renard d'azur*). — Notice biographique sur Campra, compositeur de musique (1660-1744) ; — lettre d'envoi de cette notice à M. Jal, historiographe de la marine, par P. Roux, maire d'Aix, dans les Bouches-du-Rhône (1853).

F. 348. (Liasse.) — 11 pièces, papier.

1245-1826. — Caors, Canilhac, Capdenac. — Mentions de M. Antoine de Caors, fils de Pierre de Caors, ancien capitaine d'infanterie, chevalier de St-Louis, mort en 1820 et d'Antoine de Caors, propriétaire à Péchaud, commune du Bastit, en 1826, marié à Marie de Fontanges. — Donation en faveur de l'hôpital d'Aubrac par Déodat de Canilhac et sa femme (1245). — Mentions de diverses alliances dans la maison de Canilhac (1264-1394). —

Mentions : du compromis passé entre Marquès, seigneur de Canilhac et Henri, seigneur de Bénévent (1279); — du don du village de Grangier à Guiraud Descoralh, bayle et procureur d'Entraygues par messire Marquès de Canilhac (1281); — de la déclaration aux commissaires du Roi, par Marquès de Canilhac, de la tenue du fief franc et seigneurial et en haute et basse justice, du château de Canilhac (1307); — de l'acte de foi et hommage au comte d'Armagnac par Marquès de Canilhac (1323); — de Raymond de Canilhac, cardinal prêtre du titre Ste-Croix en Jérusalem, comme gouverneur des marquisat, terres et baronnies de Marquès de Canilhac, son frère (1259). — Analyse de transaction passée entre Bernard de *Senareto* de l'hôpital d'Aubrac et Marquès de Canilhac, par l'entremise de Raymond de Canilhac, chanoine du Puy et de Mende, de Réginald Maurel, juriste et de frère Pierre de Solatge, de l'ordre dudit hôpital (1303). — Mention du procès de Guy, baron de Severac, contre messire Raymond de Canilhac, cardinal (1390-1447). — Analyse d'une lettre d'échange et contre-échange entre noble Jean de Capdenac et Bernard Médici, écuyer (1365). — Indications de source pour : donation faite par Guillaume Marc au comte d'Armagnac « d'un denier d'une douzaine » de la juridiction du château de Capdenac (1391); — possession prise par les procureurs de Ponce, bourgeois de Figeac, de la douzième part de la juridiction de Capdenac, possédée par Jean de Capdenac (1362); — vente faite par Jean de Capdenac, seigneur de St-Christofle à Pierre Marc de un denier de la douzième partie de la juridiction de Capdenac, pour 15 livres de Guyenne (1384); — lettre de Louis de Capdenac, capitaine de la ville et du château de Capdenac, par laquelle il s'oblige garder ladite place pour le comte d'Armagnac (1515), etc. — Mention de la vente de la douzième partie de la juridiction de Capdenac faite à Bernard Lescure, bourgeois de Figeac, par noble Jean de Capdenac (1365). — Mention d'une déclaration relative au projet de réparation de la haute tour du château de Capdenac, appelée le Madon (1394). — Quittance de 100 livres tournois délivrée au trésorier du Rouergue, par Pierre de Capdenac, licencié ès lois et juge-mage de la sénéchaussée de Rouergue (1450).

F. 349. (Brochure). — Petit in-f°, 32 feuillets, papier, imprimé

1654. — Cardaillac. — Généalogie de la maison de Cardaillac, contenant les seigneurs barons et marquis de Cardaillac, comtes de Bioule, de St-Cirq, de Lacapelle-Marival, de Thémines, de Varaire, de Brengues et autres lieux, justifiée par chartes, titres, histoires et autres bonnes preuves. — *A Paris, de l'imprimerie d'Edme Martin, rue St-Jacques, au Soleil d'or* — 1654.

F. 350. (Cahier.) — In-quarto, 37 feuillets, papier.

1064-1778. — Cardaillac. — Généalogie de la maison de Cardaillac, annotée par Lacabane. — Armes de la maison de Cardaillac : *de gueules au lion d'argent, armé, lampassé et couronné d'or, à l'orle de* 13 *besants d'argent* ; — cimier : *un demi lion issant d'argent* ; — support : *deux griffons au naturel* ; — cri : *Cardaillac* ; — devise : *toto noscuntur in orbe.*

F. 351. (Liasse.) — 9 pièces, papier ; cahier in-quarto, 12 feuillets papier.

1064-1880. — Cardaillac. — Notice sur les maisons de Cardaillac de Végénes, du Cluzel et de Laramière (1064-1880). — Tableau généalogique des Cardaillac (1227-1451). — Notes généalogiques sur les Cardaillac-Montbrun (1246-1639). — Notes sur les Cardaillac de Végènes, plus tard de la Trayne (1293 à nos jours). — Tableaux généalogiques de la maison de Cardaillac (1536-1738). — Extraits d'un manuscrit d'Antoine, vicomte de Gourdon, concernant les mariages contractés par des membres de la famille de Cardaillac (sans date).

F. 352. (Liasse.) — 6 pièces, papier.

1064-1241. — Cardaillac. — Extrait de l'hommage de Hugues de Cardaillac au comte de St-Gilles (1064) et notes constatant la fausseté de cet hommage. — Indications de sources, pour : donation faite par Amblard de Cardaillac au couvent de Bonnecombe en Rouergue, de toutes les censives qu'il avait dans le village de Rose (1184) ; — donation faite au même monastère par Bertrand de Cardaillac, des droits qu'il avait dans les villages de *Satelis* et *Apendaria* (1185) ; — donation au même monastère par Pierre et Hugues de Panat et Aibeline, mère dudit Hugues et Saure, femme dudit Pierre, de ce qu'ils avaient au village de Belloc (1192) ; — donation au même monastère par Guirald de Cardaillac et Hugolène, sa femme (1193); — donation de 2 prés faite au même monastère par Amblard de Cardaillac (1193) ; — donation au même monastère par les mêmes et leurs enfants, Guirald, Bertrand, Guy, Amblard et Willerma ou Guillaumette de Cardaillac (1199); — vente de portion de fief faite

au frère D. Grangier de Montcalm par Amblard de Cardaillac (1241).

F. 353. (Liasse.) — 11 pièces, papier.

1214-1645. — Cardaillac. — Mention de donation de la terre de Canourgues, faite par Guillaume de Cardaillac, évêque de Cahors, à Bertrand Jean *Joannis*, chevalier, de Cahors, en récompense des travaux et des valeureuses actions qu'il avait faites dans la guerre sainte contre les Albigeois (1214) ; — note de Lacabane sur la fausseté de cette pièce. — Concession de l'église de Leyme faite par Guillaume IV de Cardaillac, évêque de Cahors, au couvent de Ste-Marie de la Daurade, à Cahors (1215) ; — bulle par laquelle le pape Innocent IV prend sous la protection du St-Siège, l'abbaye de la Garde-Dieu (1250) ; — bulle du pape Urbain en faveur de l'abbaye de Moissac (sans date). — Mentions : du don du château de Montbrun fait à Déodat de Montbrun par Bertrand de Gourdon (1223) ; — de vente de droits sur Camboulit et Corn faite à Guillaume de Cardaillac par Arnaud Barasc (1150); — du don de la seigneurie de la Garde ou Pech La Garde, en Quercy, et de la moitié de la baronnie et forteresse de Montbrun faite à Pierre Duèse par le roi Philippe-le-Long (1319) ; — de la vente de la moitié de la châtellenie de Montbrun, et dépendances, faite à Hugues de Cardaillac , sieur de Brengues, par Armand Duèse, vicomte de Carmain, neveu du pape Jean XXII (1333); — de l'achat du causse de Saujac par Hugues de Cardaillac (1338); — contrat de mariage entre Marquès de Cardaillac et Isabeau de Montal (1342); — de l'acquisition de la moitié de la baronnie de Montbrun faite de Bertrand de Montal par Marquès de Cardaillac (1362); — de privilèges concédés par le même Marquès aux habitants de Montbrun (1364); — de lettres de grâce obtenues de Charles V par Guillaume de Cardaillac (1365); — du testament de Mathurin de Cardaillac (1468); — de la nomination de Raymond de Cardaillac, comme sénéchal du Quercy (1491); — du contrat de mariage entre Antoine Gilbert de Cardaillac et Victoire d'Aguino (1573); — de création de deux foires à Cardaillac (1633); — de l'érection en marquisat de la 5e partie de la seigneurie de Cardaillac, en faveur de Henri Victor de Cardaillac, baron de Lacapelle (1645). — Mention : du don de tout ce qu'il possédait sur les châteaux de Mirabel, Belcastel, Peyrusse, fait à Bertrand de Balaguier et à Hugues, son frère, par Géraud Mirabel (1233); — d'accord entre Guy de Severac, Guillaume

de Cardaillac, M. et Beg. de Panat, d'une part et
Pierre de Capdenac, d'autre part, touchant la seigneurie de Panat (1238); — de partage de biens entre Bertrand de Cardaillac et Aigline, sa femme, d'une part et
Guy de Séverac et sa femme d'autre part (1244); —
d'hommage pour le château de Salvagnac fait à Bertrand de Cardaillac par Bern. de Capdenac (1249); —
d'acensement fait par Bern. de Cardaillac et sa femme
(1256); — de transaction entre Guillaume de Cardaillac et Anceline, sa femme, et Miron et Beg. de Panat,
frères (1256); — d'hommage au comte de Rodez par
Guillaume de Cardaillac (1260); — de vidimus du testament d'Iolande, mère de Guillaume et de Sobirane
de Cardaillac (1272); — d'accord entre Dordé Barasc et
Lombarde, sa femme, d'une part, et Bernard Hug de
Cardaillac et Doulet, sa femme, d'autre part (1276); —
de reconnaissance par Bertr. de Pestilhac, seigneur
dudit lieu, à Guillaume de Cardaillac, de la dot constituée à la sœur dudit Guillaume, femme dudit de
Pestilhac (1304); — de donation à Pons de Cardaillac,
par sa mère, Anne de Gourdon (1355); — du testament
de François de Cardaillac, évêque de Cahors (1391); —
du testament d'Anne de Gourdon (1401); — du mariage d'Olivier, fils de Jean, seigneur de Gourdon, avec
Catherine de Cardaillac (1438); — du mariage de Guillaume de Cardaillac avec Jeanne, fille de Jean de
Caussade, sieur de Puycornet (1446); — du testament
d'Hélène de Barasc, veuve de Géraud de Cardaillac
(1314); — de Mathurin de Cardaillac et de Claude de
Pierrefort, sa femme, comme fondateurs de l'église
des Frères prêcheurs de Figeac (1454); — du testament de Déodat de Cardaillac (1286) ; — du mariage de Guillaume de Cardaillac avec Marguerite de
Narbonne (1458); — de l'achat de la terre de Brengues,
fait de Jean de Suzanne Cardaillac par l'évêque de
Cahors (1597) ; — de la mort de Mainfroi de Cardaillac, chanoine et chancelier de l'Université de Cahors
(1570). — Analyse du testament de Guisbert de Cardaillac, chevalier, seigneur baron de Cardaillac, et
seigneur de Lacapelle-Marival, St-Cernin et Rudelle
(1471) ; — note de Lacabane. — Transaction entre W.
(Guillaume) de Concots d'une part et Pierre Arnaldi
recteur de l'église de Calzeyra (Arcambal), d'autre
part, touchant le droit prétendu par le premier, sur
4 pièces de terre au territoire d'Arcambal, passée par
devant Guillaume de Cardaillac, évêque de Cahors
(1231). — Donation de droits en la terre de Falgueiras
faite par B. Gausbert de Montpezat à Bertrand de Cardaillac (1235). — Extrait des chroniques du Quercy, de
l'abbé de Foulhiac, touchant Gaillard de Balaguier et
l'hommage rendu par lui au comte de Toulouse, pour

la terre de la Guépie (1242) ; — note de Lacabane. —
Cote des coutumes de St-Cirq, données par Fortanier
de Gourdon, Bertrand de Cardaillac, Huc de Cardaillac
Gaillard de la Popie et Bertrand de la Popie (1247). —
Notes sur divers membres de la maison de Cardaillac
et de Thémines (1246-1300).

F. 354. (Liasse.) — 14 pièces, papier.

1250-1637. — Cardaillac. — Notes sur Bertrand,
Gérauld, François-Gibert, Henri-Victor, Bernard, Hugues et Marquès de Cardaillac (1250-1637). — Mention d'un procès intenté par Hélie *Rudelli*, sieur de
Bergerac et de Gensac, vicomte de Turenne, pour
raison du consulat et de la baillie de Martel et soumission au jugement de l'abbé d'Obasine et de Bertrand de Cardaillac (1254). — Cote de l'hommage rendu par Bertrand et Guillaume de Cardaillac pour le
château de St-Cirq (1229) ; — note de Lacabane sur
une maison dite maison de Popie à Cahors. — Analyse
d'une sentence des inquisiteurs de la Foi, condamnant à une prison perpétuelle Arnaud de Montpezat,
prévenu d'hérésie (1256). — Mentions : d'une transaction entre le chapitre de Cahors et Bertrand de Cardaillac, sieur de Bioule (1257) ; — d'un arbitrage
dans lequel sont nommés des chevaliers, compagnons
de Bertrand de Cardaillac (1258) ; — d'un hommage
rendu au chapitre de Cahors, par Bertrand de Cardaillac (1328); — d'un autre hommage rendu au même
chapitre par Hugues de Cardaillac (1340) ; — note de
Lacabane. — Extrait de reconnaissance féodale, au
profit du comte de Toulouse, par Hugues de Cardaillac, chevalier, de la quatrième partie du château de la
Popie, de la huitième partie du domaine de St-Cirq et
de la ville de St-Saturnin (1259). — Extrait de Rymer
dans lequel il est question de Bertrand de Cardaillac,
sénéchal de Limousin, de Périgord et de Quercy
(1262). — Mention d'un extrait de la fondation du
couvent des Frères Prêcheurs de Cahors (1266) et
d'un extrait du cartulaire du même couvent relatant
la mort de Hugues de Cardaillac (1290). — Confirmation par Alfonse, comte de Poitiers et de Toulouse, de
la vente faite à Hugues de Cardaillac, chevalier, par
Gilles Camelin et Thomas de Novilla, ses clercs, des
biens ayant appartenu à Bernard de *Castro-novo* de
St-Cirq-La-Popie, condamné pour crime d'hérésie
(1269). — Mentions : de la présence de Bertrand de
Cardaillac, le jeune, à un hommage fait au comte de
Rodez par Hugues de Balaguier (1323) ; — d'hommage
fait au comte d'Armagnac, par Guillaume de Cardaillac, damoiseau (1323) ; — d'hommage fait au comte

d'Armagnac, par noble Bernard Valeta, pour héritages au bourg de Rodez, acquis de Marqués de Cardaillac (1448). — Donation du fief du bourg et repaire d'Anglars faite à Raymond, vicomte de Turenne, par Bertrand de Cardaillac, chevalier (1271). — Transaction entre Bernard de Cardaillac, Hugues de la Roche et Bernard-Hugues de Cardaillac, seigneurs de St-Cirq La-Popie, d'une part, et les consuls dudit lieu d'autre part pour raison des privilèges (1291). — Accord entre les seigneurs de Cardaillac et les consuls dudit lieu, pour raison des droits de la communauté (1300). — Requête présentée à Bertrand de Cardaillac par les consuls dudit lieu, pour l'exercice de la juridiction locale (1344). — Indication de source pour Guillaume Raymond de Noailhan, tuteur de Pierre Captal de la Trène (1273). — Cote de l'acte d'acquisition de la huitième partie de la seigneurie de Cardaillac, faite de Pons de la Roque, par Bertrand de St-Bressou (1274). — Cote de l'acquisition de droits seigneuriaux faite par le même, de Raymond, Hugues et Bertrand de Cardaillac (1274). — Reconnaissance des droits de Bertrand de St-Bressou dans la juridiction de Cardaillac, par Hugues et Géraud de Cardaillac (1297). — Analyse d'accord et transaction entre plusieurs membres de la maison de Cardaillac d'une part, et plusieurs seigneurs des environs de Cardaillac, touchant l'exercice de la juridiction dans un grand nombre de localités dépendant de Cardaillac (1300). — Mention d'accord entre Bertrand et Hugues de Cardaillac, frères, d'une part et Raymond et Bertrand de Cardaillac, frères, d'autre part, touchant un affar (affarium) tenu par Gaubert de St-Bressou (1227). — Reconnaissance, par Gérard de Cardaillac, damoiseau en faveur de P., abbé de Tulle, de toutes ses possessions au château et en la châtellonie de *Bello-Castro* (1278). — Extrait de Malleville contenant la mention du partage entre les enfants de Gaillard de Balaguier et de dame Domerga (1278) et note de Lacabane.

F. 355. (Liasse.) — 7 pièces, papier.

1280-1410. — Cardaillac. — Extrait du nobiliaire universel de St Allais touchant Guillaume Adémar et Raymond Adémar, seigneurs de Lostanges et leurs acquisitions de Hugues de Cardaillac (1280-1294). — Indication de source pour Géraud de Cardaillac, damoiseau, fils de Bertrand de Cardaillac, chevalier (1289). — Cote d'une transaction au sujet des coutumes et privilèges de St-Cirq-La-Popie, entre Bernard de Cardaillac, Hugues de la Roque et Bernard Hugues de Cardaillac, d'une part, et les consuls et la

communauté de St-Cirq, d'autre part (1290). — Mentions : de transaction entre Guillaume de Cardaillac, damoiseau, d'une part, et les consuls de Rodez, d'autre part (1290) ; — de vente de certains biens relevant de Pierre Raymond de Saunhac, faite à Bertrand de la Valette par Alasaïs de la Valette (1295). — Notes sur divers membres de la famille de Cardaillac (1294-1440). — Transaction entre Bertrand et Arnauld de Cardaillac, chevaliers, Gérald de Cardaillac, damoiseau, les héritiers de Hugues de Cardaillac, Guillaume, fils de feu Bernard Hugues de Cardaillac, et Raymond, fils et héritier de Gérauld de Cardaillac, fils de feu Bérenger de Cardaillac, d'une part, et Gérauld d'Hugues et Pierre de Gasc, et Gérauld de Sinx, Guillaume de Gasc et Bertrand de St-Bressou, Bertrand de la Roque et autres, au sujet de la justice de Cardaillac, Fourmagnac, Camburat, Mialet, Bouzou, le Bourg, La Capelle, St-Maurice, St-Bressou, La Batude, Gorses, le Montet, Sabadel, Prendeignes, Viazac, St-Perdoux, Molières, Leyme, Ste-Colombe (1300). — Mention d'accord entre les seigneurs de Cardaillac d'une part et les consuls et syndic du château de Cardaillac, d'autre part (1300).

F. 356. (Liasse.) — 10 pièces, papier.

1230-1468. — Cardaillac. — Quittance de 41 livres 13 sous tournois, délivrée à Guillaume Chantre de Milly et Geoffroy Cocatrix, par Arnaud de Cardaillac (1302) ; — note de Lacabane. — Mention d'une inscription sur une cloche, fondue en 1303, de l'église de St-Cernin du Causse. — Analyse d'un bail à cens de four banal et maison à Rudelle fait aux consuls et à la communauté dudit lieu par Bertrand de Cardaillac (1312). — Conventions entre Durand de Montal et Bertrand de Montal, frères, chevaliers, d'une part et Bertrand de Cardaillac, chevalier, d'autre part, touchant la dot de Fine de Montal, fiancée de Bertrand de Cardaillac, fils dudit Bertrand (1313). — Mention de Guillaume de Cardaillac, damoiseau, de Doulce, sa mère et de Liombarde, sa tante (1315). — Mention de la donation de la seigneurie de la Garde et de Pech la garde, en Quercy, faite à Pierre Duèse, frère du pape Jean XXII, par le roi Philippe-le-Long (1319) ; — analyse de la vente de la moitié, par indivis, des châteaux, châtellenies et dépendances de la baronnie de Montbrun, faite à Hugues de Cardaillac, seigneur de Brengues, baron de Foissac et co-seigneur de Montpezat, par Arnal Duèse, vicomte de Carmain, co-baron de Montbrun et neveu du pape Jean XXII (1333) ; — mention de la vente du causse de Saujac, faite au

23

même par le sieur de Monsallès (1338) ; — mention du contrat de mariage entre Marquès de Cardaillac et Isabeau de Montal (1342) ; — mention de l'acquisition de la moitié de la baronnie de Montbrun faite de Bertrand de Montal par Marquès de Cardaillac (1362) ; — détails sur la terre de Montbrun ; — mention de privilèges accordés aux habitants du fort et de la baronnie de Montbrun et de la paroisse de St-Jean de Saujac, par Marquès de Cardaillac (1364) ; — confirmation desdits privilèges par autre Marquès, fils du précédent (1405) ; — transaction entre le même et les habitants de Montbrun (1434) ; — mention du testament de Mathurin de Cardaillac, chevalier, baron de Cardaillac, Montbrun, Foissac, Brengues, Fourques, Ligousou, Ginouillac, la Roques, Cadrieu, Camboulan, et autres places (1468) ; — détails sur la baronnie de Foissac, Fourques, Grèzes, Ligousou, Ginouillac, Brengues, etc.; — note de Lacabane. — Mention de promotion au cardinalat de Bertrand de la Tour, de Camboulit, de Pierre des Prez, de Pilfort de Rabastens, de Pierre Textorès, de Raymond Ruffi (1320) ; — nomination à l'évêché de Riez de Bertrand de Cardaillac (1321). — Note sur Hugues de Cardaillac, seigneur de Brengues, au sujet de son aveu au comte d'Armagnac pour possessions près de Rodez (1323) ; — mention d'hommage au roi d'Angleterre, par Marquès, seigneur de Cardaillac et Bertrand de Cardaillac, seigneur de Bioule (1363) ; — mention d'hommage au roi d'Angleterre par Guillaume de Cardaillac (1363) ; — mention d'hommage au même par le procureur de Bertrand de Cardaillac (1363) ; — mention de promesse de dédommagement en deniers faite à Marquès de Cardaillac, seigneur de Thémines, par Jean de Gourdon (1382). — Transaction entre Bertrand, évêque de Cahors, et noble Hugues de Cardaillac, co-seigneur de Cardaillac et seigneur de Brengues, au sujet de la propriété de la seigneurie de Montpezat (1325). — Vente de cens et droits seigneuriaux *in manso de Podio* faite à Pierre Arnaldy par *Lhucrandus de la Trelha* et Bernard, son frère (1328); cet acte a été expédié après la mort du notaire qui l'avait passé, par B. Valeta, notaire du château de Maleville, dont Guillaume de Cardaillac et Hugues, son frère, étaient seigneurs ; — note de Lacabane. — Analyse d'un accord entre Bertrand de Cardaillac, chevalier, et Amalric, vicomte de Lautrec (1335).

F. 357. (Liasse.) — 22 pièces, papier.

1336-1546. — Cardaillac. — Mention du testament de Bertrand, seigneur de Cardaillac et de Bioule

(1336). — Mentions : de la protection, sous réserve, promise par le duc d'Orléans à Raymond de Cardaillac (1487) ; — de l'envoi de Raymond de Cardaillac au roi de Castille, par François, duc de Bretagne (1487) ; — de la nomination dudit Raymond, comme sénéchal du Quercy (1491). — Notes sur Antoine de Cardaillac, abbé de St-Géraud d'Aurillac et sur un fils naturel dudit abbé (1530-1546). — Notes sur : Hugues, sire de Cardaillac et de Bioule, chevalier (1339) ; — Raymond de Cardaillac, écuyer (1353) ; — Mathurin de Cardaillac, chevalier, seigneur de Montbrun (1432); — Arnaud de Carmaing, chevalier, capitaine de Caussade (1353) ; — Jean de Carmaing, écuyer (1421) ; — Arnault de Carmaing, chevalier, seigneur de Nègrepelisse et sénéchal de Rouergue (1422). — Constitution, pour cause de dot d'Ysabeau, fille de Géraud de Montal, chevalier, seigneur de La Roquebroue et de Carbonières et sa femme Hélène, devant épouser Marquès de Cardaillac, de 9 livres de rente sur le village dels Ofons, en la châtellenie de Glenat, paroisse de Romegous, diocèse de St-Flour, et 6 livres sur la taille de Montbrun (1343). — Indication de source pour reconnaissances féodales faites, à raison de la seigneurie de Molinou, près Rodez, à Marquès de Cardaillac, seigneur de Brengues, de Montbrun et de Molinou (1343-1348). — Indication de source pour dispense accordée par le Pape à Guillaume de Cardaillac, damoiseau, à l'effet de contracter mariage avec Agne de Gourdon, fille de Pons de Gourdon (1346). — Mention de la mort de Jean de Gourdon (1347). — Extrait d'acte faisant mention de Marquès et de Hugues de Cardaillac, seigneur de Brengues, son père, de Guillaume *Guardella*, damoiseau, du diocèse de Tulle, procureur de Bernard de *Guardia* (1348). — Promesse réciproque de noble seigneur Bertrand de Cardaillac, chevalier, seigneur du château de Cardaillac et de St-Cernin, procureur de noble Aygline, fille de noble et puissant seigneur Géraud de Montal, seigneur de Laroquebroue et de Carbonières, d'une part et Aymar d'Aigrefeuille, damoiseau, d'autre part, pour le mariage de ladite Aygline avec ledit Aymar d'Aigrefeuille (1350). — Notes sur Jean de Dormans, qui fut d'abord chanoine de Paris à la place de Gaillard de Cardaillac, et mourut cardinal et chancelier de France (1358-1373). — Mention de Bertrand de Cardaillac, écuyer, sire de Varaire (1359). — Indication de source pour la raison du refus de prêter serment au roi d'Angleterre, après le traité de Brétigny, invoquée par l'évêque Bertrand de Cardaillac (1360). — Indication de source pour lettres par lesquelles Bertrand de Cardaillac, évêque de Cahors, demande aux consuls et aux habitants de

Cajarc de lui prêter le serment qu'ils lui doivent comme évêque et seigneur de Cajarc (1362). — Analyse de l'hommage de la seigneurie de St-Géry, dans la châtellenie de Montcuq, fait par noble Bertrand de St-Géry (1362) ; — analyse de l'hommage de Concots, Vouziers, Camps, Ciorac, Pauilhac, Viars, la Bouère, Meounat, Salebrette, St-Miquel, fait par N. de Cardaillac, seigneur de St-Cirq-la-Popie et de Cardaillac (1362) ; — analyse de l'hommage du château de Bioule, d'une portion de la seigneurie de Cardaillac, de Cabrerets, par Guillaume de Cardaillac, seigneur de Cardaillac, de Montbrun et de Bioule (1362). — Contrat de mariage entre Guillaume de Mortuéjouls, seigneur du château de Mortuéjouls et de St-Rome de Tarn et Sibille de Cardaillac, fille de Bertrand de Cardaillac, chevalier (1362) ; — note de Lacabane. — Analyse d'un acte portant cession, moyennant 20 livres, à Rigaud de la Roque, damoiseau, de Cardaillac, par Guillaume, chevalier, co-seigneur de Cardaillac et de Lacapelle-Marival, du droit de juridiction du Mas de la Irlande, dans la paroisse de St-Maurice (1366). — Bulle du pape Urbain V nommant à l'évêché de Cavaillon, François de Cardaillac, de l'ordre des frères mineurs, maître en théologie (1366) ; — note de Lacabane. — Indication de source pour lettres de rémission en faveur de l'évêque de St-Flour, dans lesquelles il est fait mention de *Migotus*, bâtard de Cardaillac, de Guillaume de Cardaillac, vicomte de Murat, etc. (1366). — Mention de Marquès de Cardaillac, chevalier, comme capitaine d'une compagnie employée à la défense de la ville de Cahors (1369). — Ordre du duc d'Anjou à Ambroise Beth, trésorier de Carcassonne, de payer 200 francs d'or à Huguet de Cardaillac, écuyer et quittance desdits 200 francs délivrée par ledit Huguet (1378) ; — description du sceau de « Hug. de Cardaillac » ; — note de Lacabane. — Ordre du duc d'Anjou à Ambroise Beth, trésorier de Carcassonne, de payer 100 francs d'or à Bertrand, sieur de Cardaillac et de Bioule, chevalier (1378) ; — quittance dudit Bertrand et description du sceau de ce seigneur. — Sommation à Marquès de Cardaillac, de payer sur le champ au comte d'Armagnac, 1500 livres pour raison de l'évacuation des lieux de Palaret et de Montvalent, et 540 francs d'or pour l'évacuation du lieu de Corn (1379). — Mention de l'accord fait entre Marquès de Cardaillac, fils et procureur d'autre Marquès de Cardaillac, avec les consuls de Figeac, touchant le remboursement d'une somme qui leur avait été prêtée pour retirer leur ville des mains de Bertucat de Lebret et de Bernard de la Sale, capitaines du parti anglais (1395).

— Mention du mariage de Guillaume de Cardaillac, 2e du nom, seigneur de Lacapelle-Marival, Rudelle, St-Maurice, co-seigneur de Cardaillac, avec Mathée de Cornac (1386).

F. 358. (Liasse.) — 19 pièces, papier.

1404-1513. — Cardaillac. — Obligation de 75 livres 3 sous 4 deniers petits tournois passée au profit d'Olivier de Pierre et d'Olivier, son fils, par Mathée de Cornac, dame de Cardaillac, et Fine de Cardaillac, sa fille (1404) ; — autre de 40 livres passée par les mêmes au profit de Bertrand La Porte, prêtre, de Cardaillac (1405) ; — quittance générale délivrée à noble Bernard de Castres, Mathée de Cornac et Fine de Cardaillac, femme dudit Bernard, par Olivier Delport, marchand, de la ville de Figeac (1406) ; — vente de vigne dans la paroisse de Cardaillac, faite à Fine de Cardaillac, co-seigneuresse de Cardaillac et seigneuresse de Lacapelle-Marival, par Gaillard de Bois-Vert (1407) ; — quittance de deniers délivrée à Bernard de Castres et à sa femme par Déodat Barasc, chevalier, seigneur de Béduer (1409) ; — transaction sur la justice du mas de Labathude, entre Guisbert de Cardaillac, seigneur de Lacapelle-Marival et noble Jean de St-Bressou, co-seigneur de Sonac (1435). — Mention du contrat de mariage entre Hugues Gasc et Saure de Cardaillac (1437). — Cote de l'acensement du lieu de Labathude fait par le curé de la paroisse, procureur de G. de Cardaillac, co-seigneur de Cardaillac et seigneur de Lacapelle-Marival et de St-Cernin (1437) ; — note de Lacabane. — Contrat de mariage entre noble Hugues Gasc, du château de Cardaillac et Saure de Cardaillac (1438). — Constitution de la dot de Pierre Aymar, co-seigneur d'Anglars, à l'occasion de son mariage avec Bonne de Cardaillac, fille de Bernard de Castres et de Fine de Cardaillac (1440). — Analyse de l'acte contenant les serments réciproques des habitants de Cardaillac et de Guibert de Cardaillac, co-seigneur de Cardaillac et seigneur de Lacapelle-Marival, lors de l'entrée de ce seigneur à Cardaillac (1440). — Mention de procuration générale donnée à Bégon la Grèse, sieur d'Ambayrac, à Jean de Cardaillac, co-seigneur de Cardaillac et de St-Cirq-La-Popie, chevalier, et à Amaury de Balaguier, par frère Jean de la Grèse, prieur de St-Denis-de-Pilé, diocèse de Bordeaux (1452) ; — mention de la vente de Grèses faite à Jean du Magne, écuyer, par Jean de Cardaillac, baron de Cardaillac, Brengues, Montbrun et Grèses (1497). — Compromis entre Antoine de Cardaillac, chevalier, sieur de Bioule, Jean de Cardaillac, chevalier, sieur de

St-Cirq, Guibert de Cardaillac, sieur de Lacapelle et co-seigneur de Cardaillac, et Pons de Cardaillac, prieur de Villeneuve, diocèse de Rodez, procureur de Pons de Cardaillac, chevalier, son père, sieur de Varaire et co-seigneur de Cardaillac et au nom de Déodat de Penne, sieur de Thémines et co-seigneur de Cardaillac, d'une part, et Mathelin de Cardaillac, chevalier, sieur de Montbrun et co-seigneur de Cardaillac, d'autre part, touchant la justice du lieu de Cardaillac (1454). — Analyse de l'acte de consécration de l'église de N. D. de Figeac, faite à la requête de Mathelin de Cardaillac, sieur de Cardaillac et de Montbrun (1454). — Hommage pour Marsac, paroisse de Mayssac, fait par Hélie de Cardaillac à Jean de Lasteyrie (1458) ; — autre hommage fait par Hugues de Cardaillac, sieur de Marsac, à Fr. du Saillant (1497) ; — reconnaissance féodale pour le fief de Marsac, faite à Bertrand La Estayrie, sieur du Saillant, par Jean de Cardaillac (1442). — Analyse de l'hommage de la 5e partie de la baronnie de Cardaillac, de tout le lieu de Rudelle et de celui de St-Cernin, fait par Guibert de Cardaillac, chevalier, seigneur de ces lieux, à Pierre de Ramond, chevalier, sieur de Folmon, sénéchal du Quercy, représentant le Roi (1462). — Analyse de transaction passée entre noble Guisbert de Cardaillac, chevalier, co-seigneur de Cardaillac, sieur de Lacapelle-Marival et de St-Cernin, et les habitants de Lacapelle (1465) ; — autre transaction entre lesdites parties (1465) ; — mention de la prestation de serment de Raymond de Salanhac, chevalier, sieur de Salanhac, sénéchal du Quercy (1467). — Mention d'hommage fait par Guillaume de Cardaillac, pour part et portion de la seigneurie de Cardaillac, du lieu de Bioule, etc. (1469). — Mention d'hommage fait par Jean de Cardaillac, pour la baronnie de Cardaillac, les châteaux de St-Cirq-la-Popie, Concots, Aujols, Biars, St-Michel-de-Vayrols, Etampes, Siorac, Esclauzels (1469). — Acte d'hommage de Guillaume de Cardaillac, chevalier, en la ville de Cahors, pour « raison de la part et portion de la seigneurie de Cardilhac, item du lieu de Bioule, ensemble de la ville, chasteau, port et peage d'icellui, item du lieu de Cabrayretz, item de toutes autres places, maisons et lieux a luy appartenant, situez et assiz en ladite senechaucée de Quercy avecques les droiz, justices haultes, moiennes et basses desdites terres » (1469). — Analyse du contrat de mariage entre Raymond de Cardaillac, écuyer, et Ysabel de Rollat, du diocèse de Clermont (1470). — Note sur Pierre de Ramond, chevalier, sieur de Folmon, sénéchal de Quercy (1473). — Ordre de Jacques, baron de Cardaillac, chevalier, sénéchal de Quercy, à Bertrand de Lospital, trésorier et receveur ordinaire du Quercy, de payer 6 livres 16 sous tournois à Pierre Lorin, notaire (1513). — Note concernant la réunion du ban et de l'arrière-ban de la sénéchaussée de Quercy, pour se rendre au siège de Rennes (1491).

F. 359. (Liasse.) — 8 pièces, papier.

1512-1637. — Cardaillac. — Mention d'un privilège accordé aux Cardaillac par le roi Louis XII dans la composition de leurs armoiries (1512). — Création de deux foires par an et d'un marché le mardi de chaque semaine à Cardaillac, par le roi François 1er (1533). — Mentions : du testament de Gilbert de Cardaillac, marquis dudit lieu et de Lacapelle-Marival et du contrat de son mariage avec Jeanne de Morin d'Arfeuille (1536) ; — du contrat de mariage d'Antoine de Cardaillac, fils du susdit Gilbert, avec Victoire d'Aquino (1573) et de son testament en 1586 ; — du contrat de mariage de Gilbert de Cardaillac, marquis dudit lieu et de Lacapelle-Marival, avec Madeleine de Bourbon-Malause (1595). — Indications de sources pour : Arnaud de Cardaillac (1541) ; — Jeanne de Cardaillac, vicomtesse de Roussille (1565). — Note sur la nomination du sieur de Lacapelle, comme sénéchal du Quercy à la place de François de Séguier (1570-1571). — Analyse du traité par lequel Antoine Gilbert de Cardaillac résigne, moyennant 12,000 livres et 100 écus d'or, la charge de sénéchal de Quercy à noble Jean de Vezins (1576). — Notes sur François Gilbert de Cardaillac, sa femme Madeleine de Bourbon-Malause et Bertrand de Cardaillac, son fils (1595-1637).

F. 360. (Liasse.) — 10 pièces, papier.

1622-1854. — Cardaillac. — Épitaphe pour François de Cardaillac, sieur de Lacapelle, tué dans un combat contre les Huguenots, composée par Antoine Dominicy (1622). — Note sur une tapisserie possédée par M. de Sales, de Figeac, où il est question d'Henri Gilibert de Cardaillac (1624); — tableau généalogique de la famille de Sales, remontant à Gilibert de Cardaillac, seigneur dudit lieu et de Lacapelle-Marival (1622-1854). — Lettre adressée aux frères de Ste-Marthe par Henri Victor de Cardaillac, contenant la description des terres de Lacapelle-Marival, Cardaillac, etc., pour leur érection en marquisat (vers 1640). — Analyse de quittance et investiture de biens, délivrées à Gaillard Palhasse, conseiller en l'élection de Figeac, par Bertrand de Cardaillac, sieur de Lacapelle-Marival (1643). —

Érection en marquisat de la 5e portion de la baronnie de Cardaillac en faveur d'Henri-Victor de Cardaillac, gentilhomme ordinaire de la chambre du Roi, baron de Cardaillac en partie, sieur de Lacapelle-Marival, de Rudelle, de Labatbude, de St-Maurice et de St-Cernin du Causse (1645). — Maintenue de noble Paul de Cardaillac, seigneur de Montaignac, par les intendants Pellot et Le Pelletier (1667 et 1699). — Vente de rente assise en la paroisse du Bouyssou faite à Jacques Andrieu, bourgeois de Figeac, par Bertrand de Cardaillac, sieur de Lacapelle-Marival, et Henri de Cardaillac, sieur de Sérignac, père et fils (1669). — Bref du pape Innocent XII portant bénédiction apostolique au marquis et à la marquise de Cardaillac (1692). — Cote d'un certificat de service militaire délivré au sieur de Guerville de la Martinière, par Louis de Cardaillac, marquis dudit lieu, 1er baron du Quercy, commandant l'escadron des 150 gentilshommes de l'Ile de France, sur les côtes du Poitou, pour l'arrière ban de l'an 1697.

F. 361. (Liasse.) — 5 pièces, papier.

1705-1759. — Cardaillac. — Cote d'une police sousseing privé entre Bertrand de Cardaillac, lieutenant-colonel au régiment d'Orléanais, d'une part, et noble André de Cussonnel, par laquelle ce dernier accorde au premier la faculté de rachat d'une rente acquise pour lui par Jacques Andrieu, bourgeois de Figeac (1705) ; — cote d'une police entre le même de Cardaillac et Denise de Cussonnel, portant rachat de rente (1720). — Cote de vente de rente faite à Catherine de Rigaud, femme d'Antoine Palhasse, bourgeois de Figeac, par Thomas-Jean-Baptiste de Cardaillac, marquis de Lacapelle (1730). — Arrêt du parlement de Toulouse rendu en faveur de Jean-Baptiste-Thomas de Cardaillac, sieur de Sérignac, demeurant ordinairement en Quercy et Emmanuel de Loupiac, sieur de la Devèze, contre Charlotte-Geneviève de Cardaillac, pour raison de la terre de Lacapelle-Marival (1737). — Analyse de vente d'une portion de la baronnie de Cardaillac faite, avec réserve, à Paul-Jean de Lacarrière, sieur de Labro, par Tristan du Faur, chevalier, marquis de Cardaillac, baron de St-Jory, comte de Bioule (1756) ; — droit de prélation sur ladite portion de baronnie accordé par le Roi à François-Emmanuel de Cardaillac (1759). — Notes sur Jean-Louis de Cardaillac, chevalier, sieur de St-Cernin du Causse et de Corn et sur Paul-Auguste de Meritens, chanoine de Ste-Marie d'Auch (sans date).

F. 362. (Cahiers.) — Petit in-folio, 120 feuillets, papier.

1200-1759. — Cardaillac. — Extraits des archives du château de La Treyne, en Quercy. — Au nombre des pièces mentionnées dans ces extraits, figurent : la ratification d'un accord fait entre Gaspard de la Blanchie et Sébastien Balut d'une part et noble homme Antoine de Cardaillac, prieur du Morlhon, au diocèse de Rodez et Gabriel de Cardaillac, co-seigneur de Curemont et de Végène, frères (1510) ; — le contrat de mariage de Jean de Vivant, écuyer, seigneur de Doyssac et de noble Catherine de la Dugaye (1587) ; — la vente de certains biens dans les paroisses de St-Baudilh et de Mayssac, faite par Jean et autre Jean Mauran, père et fils, à Jean de Cardaillac, seigneur de Marsac (1478) ; — l'accord entre noble homme Hélie de Cardaillac, co-seigneur de Curemont et noble Jean de Cardaillac, son frère (1460) ; — la quittance de 40 écus d'or délivrée par noble Antoine de Bauze à noble et religieux homme messire Pons de Cardaillac, chevalier, commandeur de Lacapelle-Livron (1440) ; — l'accord entre noble Pierre de Blanchafort, écuyer, et prudent homme Géraud de Vaillac (1391) ; — le testament de noble Gabriel de Cardaillac, co-seigneur de Curemont et de Végène (1536) ; — l'hommage rendu à noble et puissant homme Agnet de la Tour, chevalier, vicomte de Turenne, et baron d'Oliergues et de Symeïl par noble homme Boson.... de Plas, Jean de Myer, seigneur de Myer, père de noble Jean de Molceon et de Curemont, Étienne de Curemont, Hélie de Cardaillac, etc., (1470) ; — la vente de certaines rentes à Curemont, par noble Raymond de Curemont, damoiseau, à Raymond de Vigier de Airemont, chevalier (1306) ; — la reconnaissance par Jean de Lascombes à noble homme Hélie de Cardaillac, co-seigneur de Curemont (1450) ; — la bulle du pape Innocent contenant « monitoire contre des fils d'iniquités qui avaient fait des spoliations et déprédations » dans le bénéfice d'Antoine de Cardaillac, prieur de Ste-Marie de Morlhon et de Barigues (1435) ; — la quittance par Jean Viladout à noble Pierre de Cardaillac, co-seigneur de Curemont et de Végène, de certains meubles, prés et bois (1540) ; — les lettres de Guirbert, évêque de Limoges à Jacques de Bastard, archiprêtre de Brivazac, commissaire député au sujet des dîmes de Végène (1289) ; — une quittance par noble Pierre de Cardaillac, fils ainé de noble Hélie de Cardaillac, co-seigneur de Curemont et de Végène, au diocèse de Limoges, à noble Gabriel de Cardaillac, son frère (1490) ; — la bulle du pape Innocent en faveur d'Antoine de Cardaillac, prieur de Ste-Marie de Morlhon, au diocèse de Rodez (1354); — le testament de noble homme Gabriel de Cardaillac, co-seigneur de Curemont et de Végène (1532) ; — la vente par noble Raymond Bernard de Belcastel, seigneur de Campagnac et co-seigneur de Curemont, à noble Héliede Cardaillac, du lieu de Curemont (1444) ; — un accord entre Raymond de Cardaillac, damoiseau, co-seigneur de Curemont et de St-Michel, à noble Géraud de Cardaillac, du lieu de Curemont et de divers immeubles au lieu de Végène (1403); — le contrat de mariage entre noble Jean de Cardaillac, écuyer, seigneur du dit lieu et de Chassac, co-seigneur de Curemont et de Végène, et demoiselle Philippe de Cosnac, fille légitime de feu noble Galiotde Cosnac et de demoiselle Antoinette de Plas (1592); — le contrat de mariage entre noble Antoine de Cardaillac et noble Catherine de Corn, fille légitime de noble Astorg de Corn et de noble damoiselle Jeanne de Vayrac (1541) ; — une vente de pré, dans la paroisse de Mayssac, sur la rivière d'Ulmet, faite par Jean et autre Jean Lapicade à noble homme Jean de Cardaillac, seigneur de Mayssac (1478) ; — le contrat de mariage entre messire Hugues de Cardaillac de Végène, seigneur du Breuilh, et demoiselle Jeanne de Lestrade, fille légitime de feu messire Jacques de Lestrade, seigneur de Floirac et de demoiselle Brandelisse de Gironde (1679) ; — les lettres d'Antoine d'Ébrard de Saint-Sulpice, évêque de Cahors, conférant à Pierre Boquet, religieux de Souillac, la place de cellérier du monastère dudit Souillac avec le prieuré qui y est annexé (1589); — une donation par noble et discret homme Pierre de Cardaillac, jadis prieur de Morlhon, à noble homme Gabriel de Cardaillac, co-seigneur de Curemont et de Végène, en faveur de son mariage avec noble Antoinette de Plas (1490) ; — une vente par noble Raymond Bernard de Belcastel, seigneur de Campagnac, co-seigneur de Curemont à noble homme Hélie de Cardaillac et à noble Jean de Cardaillac, son frère, de tous les droits, cens, rentes, fiefs, arrière-fiefs, hommage, chasse, champart, quint, domaines, maisons, ayrals, sur la maison ou hospice de Calmon que ledit Belcastel a et possède, à raison des châteaux de Belcartel et de Calmon, pour 392 écus d'or reçus comptant (1444) ; — le testament de noble Jean de la Treyne, seigneur dudit lieu (1550) ; — le contrat de mariage de Géraud Ychier, damoiseau, seigneur de St-Albin et de damoiselle Adhémare de Cardaillac (1366); — une quittance par noble homme Hélie de Curemont, damoiseau, à noble Gaillard de Cardaillac, damoiseau (1340) ; — une donation par

Pétronille de la Faurie en faveur de noble homme Gaillard de Cardaillac de Végène (1333) ; — la vente par madame Jeanne Ferrandi, dame de Thémines, épouse du marquis de Cardaillac, seigneur de Thémines, demeurant au château de Belcastel, à noble et puissant homme Raymond de Cosnac, damoiseau, seigneur de Cosnac, de tout le droit que ladite dame de Thémines avait ou pouvait avoir à raison de la vente à elle faite par noble Hélie de Vassal, damoiseau, co-seigneur de Belcastel, du droit qu'il avait sur la fontaine de Mayraguet (1394) ; — une transaction entre noble Antoine de Cardaillac, co-seigneur de Curemont, et de Végène d'une part et me Pierre de Cardaillac, prévôt de Naves, son frère, d'autre part, à raison des biens délaissés par Gabriel de Cardaillac, leur père et par autre Gabriel de Cardaillac, leur frère (1544) ; — une quittance donnée à Végène, par noble Pierre de Rives, de la ville de Salers, à noble Gabriel de Cardaillac, fils de noble homme Hélie de Cardaillac, co-seigneur de Curemont et de Végène (1484) ; — une quittance de noble Jean Pons, seigneur de la Rigaldie, au diocèse de Clermont en Auvergne, comme maître des cas dotaux de noble damoiselle Catherine de Cardaillac, son épouse, à noble homme Hélie de Cardaillac damoiseau, seigneur de Curemont (1451) ; — une sentence de l'official de Limoges au sujet d'un différend survenu entre noble homme Guillaume d'Ornhac, et noble Antoine d'Adémar, co-seigneur de Curemont, pour lui et pour noble demoiselle Marguerite d'Ornhac, son épouse (1428) ; — l'hommage rendu par noble Guillaume de Roffilhac, damoiseau, à Guillaume Roger de Beaufort, chevalier, vicomte de Turenne, pour tout ce que ledit de Roffilhac et ses prédécesseurs ont eu et ont dans le lieu et paroisse de Mayraguet, pour le château ou fort bâti au lieu de la Treyne, sur le bord de la Dordogne (1356) ; — une donation par messire Bernard de Cardaillac, prêtre, habitant de Curemont, fils de feu messire Hugues de Cardaillac, chevalier, à dame Marguerite, épouse de Gaillard de Cardaillac, damoiseau, frère du donateur (1326) ; — le contrat de mariage de noble Hélie de Cardaillac, co-seigneur de Curemont, avec noble damoiselle Jeanne d'Adémar, fille légitime de noble Antoine d'Adémar de Micello, co-seigneur de Curemont et de St-Michel (1448) ; — une saisie de meubles et d'immeubles à la requête de messire Juvenis de Belcastel, chevalier, sur Hugues et Pierre de Belcastel, damoiseau (1326) ; — une procuration de noble et discret homme Antoine de Cardaillac, clerc, étudiant à Paris, recteur ou curé de l'église paroissiale de Labastide-Marnhac avec son annexe de St-Remy, à vénérables et discrets hommes messire Pierre de Cardaillac et...., pour régir les affaires et percevoir les revenus dudit bénéfice (1530), etc.

F. 363. (Liasse.) — 8 pièces, papier.

1345-1772. — Carmain, Casabianca, Cassaignau, Cassanea (La Cassagne).—Mentions d'hommages faits : par Jean de Carmain pour la vicomté de Carmain, la baronnie de St-Félix, Pomarède, etc., (1462) ; — par Pierre de Carmain, sieur de Négrepelisse, pour Négrepelisse, St-Étienne de Tulmont, Perjac, Albiac, Montricoux, etc., (1469) ; — par Antoine de Carmain, chevalier, seigneur de Négrepelisse (1522). — Mention du procès-verbal des preuves de la noblesse de Luce Quilino Casabianca, agréé par le Roi pour être admis au nombre des gentilshommes que S. M. fait élever dans le collège royal de La Flèche (1772). — Mention de l'arrêt du conseil supérieur de la Corse, rendu à Bastia, le 4 juin 1771, par lequel, sur titres produits par Jean Quilino, François Marie, Antoine Quilino et Giorante Quilino Casabianca, frères, pour justification de leur noblesse, le dit Conseil déclare les dits frères Casabianca nobles et de noblesse prouvée audelà de 200 ans ; — armes de la maison de Casabianca : *d'azur à la montagne d'argent, surmontée d'une tour avec son donjon de même, à la gauche de l'écu, accompagnée à la droite de l'écu d'un ciprès d'or, dont les branches sont passées en sautoir* (1561).—Armoiries de : Jacques de Cassaignau de Glatens, prêtre chanoine de l'église St-Étienne de Toulouse (*Écartelé aux 1ᵉ et 4ᵉ, d'or à une croix alaizée de gueules, surmontée d'un coq de sable, bequé, crété et barbé de gueules ; aux 2ᵉ et 3ᵉ d'azur, à une tour crénelée de trois pièces d'argent maçonnées de sable ; — de N... de Cassaignau-Glatens, conseiller au parlement de Toulouse (d'or a une croix alaizée de gueules surmontée d'un coq de sable crété, bequé, barbillonné et membré de gueules ; écartelé d'azur à une tour crénelée de trois pièces d'argent et ajourée d'une porte et de deux fenêtres*). — Quittance de 10 livres tournois, pour le logement des engins du Roi, à Agen, délivrée à Guillaume *Raymundi de Albinhona*, clerc, trésorier d'Agenais et de Gascogne, par Bertrande de Cassanea (1345).

F. 364. (Liasse.) — 5 pièces, papier.

1319-1469. — Castanet. — Indications de sources pour : acte de foi et hommage au comte d'Armagnac par Vital de Castanet, pour son château de Castanet (1319) ; — acte de foi et hommage au Roi par Pierre d'Armagnac, chevalier, seigneur de Castanet et de Labastide-Nantelin, tant pour lui que pour noble Armand d'Armagnac, son fils (1399) ; — hommage fait au Roi par Armand et Guillaume d'Armagnac (1337). — Notes généalogiques sur Géraud, seigneur de Castanet, en Rouergue et ses enfants (1377-1399). — Constitution de dot par Armand de Castanet, damoiseau, en faveur de sa sœur Jeanne de Castanet, future épouse de noble Jean de Feneron (1408). — Indication de source pour transaction passée, le 15 novembre 1469, entre noble Jean de Castanet, chevalier, seigneur de Castanet, d'une part, et le curé de St-Étienne de Cambayrac d'autre part. — (Voir encore pour la famille de Castanet, la fin de l'article F. 306).

F. 365. (Liasse.) — 27 pièces, papier.

926-1715. — Castelnau. — Note de M. Deloche sur l'origine de la famille de Castelnau en 926. — Mention de la donation du monastère de Beaulieu faite à l'abbaye de Cluny par Hugues de Castelnau (1076). — Tableau généalogique des seigneurs de Castelnau (1100-1395), qui portent *écartelé, au 1ᵉʳ et 4, de gueules au château d'or ; au 2 et 3 d'argent au lion de sable* (aliàs *d'azur*). — Reconnaissance consentie au comte de Toulouse par Matfred de Castelnau (1237). — Indication de source pour acte d'accord entre Matfred de Castelnau et Bernard, Matfred et Garin, ses enfants, d'une part, et Bégous (d'Escorailles), abbé de Beaulieu, d'autre part (1251). — Analyse des lettres d'Alphonse, comte de Toulouse et de Poitiers, portant confirmation de la vente faite par Gilles *Camelini* et Thomas de *Novavilla*, ses clercs, à Hugues de Cardaillac, chevalier, des biens ayant appartenu à Bernard de Castelnau de St-Cirq-Lapopie, condamné pour crime d'hérésie (1269). — Indication de source pour arrêt de Parlement qui déboute Garin de Castelnau, chevalier, et le vicomte de Turenne, de l'opposition qu'ils faisaient à la construction d'une bastide au lieu appelé Tauriac (1279). — Mention de payements de soldes pour services militaires à Mainfroy de Castelnau (1302), à Hugues de Castelnau, chevalier banneret (1302), à Pierre de Castelnau, écuyer (1342) et à Baras de Castelnau, chevalier (1348). — Nominations de procureurs par Raymond de Castelnau, sieur de Milhars, Réginald, vicomte de Bruniquel, Guillaume de Cardaillac, Astorg d'Aurillac, chevalier et Olivier, vicomte de Monclar, chevalier (1317) ; — descriptions des sceaux de Guillaume de Cardaillac, d'Astorg d'Aurillac et d'Olivier de Monclar. — Indication de source pour permission donnée par Hugues, seigneur de Castelnau et de Calmont, à l'abbé de Bonneval et au monastère dudit lieu, de bâtir une maison au village de Lapasse (1343). — Mention d'accord entre Cécile de Castelnau, veuve d'Aymeri de Biron et Jean, comte d'Armagnac (1353). — Mention de contrat de mariage entre Magne de Castelnau, fille de Jean, seigneur de Berbiguière en Périgord et Nompar, seigneur de Caumont, auquel elle apporte les seigneuries de Castelnau et de Berbiguière (1388). — Mention de transaction passée avec Aymeri de Castelnau par noble Bertrande de Montault, veuve de Jean de Castelnau (1370). — Mention de la vente de ses droits sur la vicomté de de Brulois consentie par dame Aygline de La Garde, femme de Jean de Castelnau, en faveur de Jean, comte d'Armagnac (1378). — Analyse de contrat de vente en faveur de Jean, comte d'Armagnac, par Jean de Castelnau, seigneur de Thémines et Aygline de La Garde, sa femme, de tout ce qu'ils possédaient en propriété ou juridiction dans le lieu et château de Corbarieu, pour la somme de 600 francs (1379) — Donation du lieu de Laroque-Bouillac à Pierre de Castelnau par noble Jean de Castelnau et de Calmont, son frère (1383). — Reconnaissance de la vente faite à noble Augié Gasc, damoiseau, seigneur de Mialet, par Jean de Castelnau, d'un village appelé d'Ayrolles, *aliàs* Tournemire, dans la paroisse du Bouyssou (1384). — Mention du mariage de Jean Castelnau avec Aygline de La Garde. — Reconnaissance de dette par noble Baras de Castelnau, seigneur de Reyrevignes, en faveur de Jean Arnal, marchand de Figeac (1399). — Mention d'un compromis entre Alain (Alzéas) de Castelnau, seigneur de Reyrevignes et co-seigneur d'Assier, d'une part et Pierre de Giscart, seigneur de Cavagnac et Hugues Gasc, du lieu de Cardaillac, tuteurs de nobles Catherine et Matheline du Bosc (1449). — Reconnaissance de fief consentie par Jean Palhasse, bourgeois de Figeac, en faveur d'Alain (Alzéas) de Castelnau (1461). — Don à cens de biens à Reyrevignes, par de Pons de Castelnau, seigneur de Reyrevignes et co-seigneur d'Assier (1479). — Mention du mariage Pons de Castelnau avec Fleurette de Turenne d'Aynac (1539). — Analyse du testament de noble et puissant homme Jean, seigneur de Castelnau et de Calmont (1395). — Analyse du testament de Pons de Castelnau, damoiseau, seigneur de la baronnie de Castelnau-Bretenoux (1415). — Notes généalogiques sur la maison de Castelnau-Bretenoux (1404-1474). — Alliances contractées par les seigneurs de Castelnau, de 1428 à 1715. — Acensement par noble

Pierre de Cornely à Rustant Bonhaure, d'une métairie aux appartenances de Camboulit, au terroir de Tanhiès (1446) ; — reconnaissance par Bernard Bonhaure en faveur de noble Alain (Alzéas) de Castelnau, seigneur de Reyrevignes, d'un mas appelé de Tanhiès (1460). — Indications de sources pour : contrat de mariage entre noble et puissant seigneur, messire Charles, seigneur de Culant et de Château-neuf sur Cher et demoiselle Catherine de Castelnau, fille de noble et puissant seigneur Antoine, seigneur de Castelnau-de-Bretenoux et de Calmont (1458) ; — contrat de mariage de Robert de Balsac, fils de Jean de Balsac et d'Agnès de Chauvigni, avec Antoinette de Castelnau, fille d'Antoine, seigneur de Castelnau et de Bretenoux, baron de St-Cosme et de Catherine de Chauvigni (1474). — Mention d'hommage pour Chasteau-neuf de Bretenoux fait par Jean de Chasteauneuf (Castelnau) (1469). — Cote d'arrentement de plusieurs biens fonds appartenant à l'hôpital du Poujoulat, fait par Isabeau de Castelnau, dame et gouvernante dudit hôpital (1501). — Analyse du testament de noble dame Anne de Castelnau de Bretenoux, prieure du couvent et de l'hôpital de Beaulieu, autrement appelée madame Aygline (1528). — Armoiries des maisons de Castelnau-Clermont-Lodève et de Carmain de Foix ; les de Castelnau Clermont Lodève portent *écartelé aux 1 et 4, contre écartelé au 1er et 4 de gueules au château d'or donjonné de 3 pièces ; aux 2 et 3 d'azur au lion d'argent ; aux 2 et 3 fascé de gueules et d'or de 6 pièces au chef d'hermine;* — les de Carmain de Foix portent *écartelé au 1er et 4 d'argent ou lion d'azur accompagné de 8 besants de gueules en orle ; aux 2 et 3 de gueules à deux fasces d'or.*

F. 366. (Liasse.) — 4 pièces, papier.

1203-1415 — Castelnau-de-Montratier. — Tableau généalogique de la famille de Castelnau ou de Gourdon (1203-1415). — Lettres d'Alfonse, fils du roi de France, au sujet d'une réclamation de dot de 7,300 sous par dame Guillaumette de Durfort contre Ratier de Castelnau (1267). — Mention du mariage de Comtesse de Casaubon avec Ratier de Castelnau, damoiseau (1288). — Analyse du testament de Géraud de Casaubon, chevalier, seigneur de Milhars, au diocèse d'Alby, portant legs en faveur des enfants de feue Comtesse, sa fille, femme de Ratier de Castelnau, damoiseau (1295). — Mention du testament de Germaine de Fontaine en faveur de son mari Raymond de Castelnau et liste des enfants issus du mariage desdits

Raymond et Germaine (1333). — Mention des privilèges accordés à Castelnau-des-Vaux par Ratier de Castelnau, fils de noble baron Aymeric de Gourdon et de Comtesse de Casaubon (1291).

F. 307. (Liasse.) — 4 pièces, papier ; cahier in-8º, 16 feuillets, papier.

1148-1513. — Caumont. — Copie de la charte d'affranchissement d'Arnald *Ainerii de Columbario* par Augier de Caumont (de Calvomonte), Pons de Villeneuve et sa femme Mabriana (1148). — Mention d'hommage par Guillaume de Caumont en faveur du comte de Toulouse (1260). — Notes sur divers membres de la famille de Caumont (1315-1371).— Ordre du roi de France au trésorier de Cahors de payer certains revenus à Guillaume Raymond, chevalier, sieur de Caumont (1342) ; — ordre pour l'accomplissement de l'ordre précédent adressé au trésorier de Cahors, par Jean, évêque de Beauvais, lieutenant du Roi en Languedoc et en Saintonge (1342) ; — promesse du roi de France de soutenir contre tous Guillaume Raymond, sieur de Caumont, qui lui a fait hommage et juré fidélité (1342) ; — analyse d'actes divers touchant le même seigneur de Caumont (1344-1365). — Analyse du contrat de mariage de noble et puissant homme Brandelis de Caumont, seigneur des châteaux et châtellenies de Castelnau et de Berbiguière, avec noble damoiselle Marguerite de Bretagne (1443) — Testament de Brandelis de Caumont, chevalier, seigneur de Caumont, de Castelnau et Berbiguière (1461). — Testament de noble et dévote dame Marguerite de Bretagne, veuve de Brandelis de Caumont (1484). — Mention du décès et des funérailles de Brandelis de Caumont. — Testament de François de Caumont, fils de Brandelis (1513).

F. 308. (Liasse.) — 20 pièces, papier.

1060-1598. — Caussade. — Tableaux généalogiques de la famille de Caussade (1060-1550). — Indication de source pour donation au monastère de Moissac par Matfred et ses enfants Séguin et Dignebert, du consentement de Raymond-Roger (1079). — Mention de Nuc de Caussade (1215). — Indications de sources pour : donation faite par Vivian, vicomte de Lomagne et Oddon, son fils (1216) ; — acte où il est question de bourgeois de Moissac (1216). — Donation des églises de Caussade, dans les honneurs de Ste-Marie et de St-Audoin, faite au monastère de Moissac, par Raymond, vicomte, Pons et Pierre, vicomtes, ses enfants

(1101). — Indication de source pour sentence ordonnant que Raymond ou Ratier de Caussade tiendra le château de Monteils et sa juridiction à foi et hommage du prieur de St-Antonin (1239). — Mandement d'Alfonse, comte de Poitiers et de Toulouse, au sénéchal d'Agenais et de Quercy, pour enquête à faire au sujet des injures, préjudices et violences dont Raymond de Caussade, damoiseau, se plaint d'avoir été victime de la part des hommes de la Bastide de Molières (1269) ; — mandement du même au même pour assignation de rente au profit de Raymond et de Renier, fils de feu Raymond de Caussade, chevalier (1269) ; — mandement du même au même pour qu'il soit fait justice des prétentions réciproques de Raymond de Caussade et des hommes de Lauzerte et de Molières (1269). — Mention de cession faite par Hélie VII, comte de Périgord, au roi Philippe-le-Bel, des vicomtés de Lomagne et d'Auvillars (1301) ; — transaction entre Archambaud, comte de Périgord, et Ratier et Raymond de Caussade, père et fils, seigneurs de Puycornet (1327). — Notes sur les coutumes de Caussade (1306). — Extrait de l'histoire manuscrite de Rodez, par Antoine Bonal, touchant la baronnie de Caussade en 1336-1359. — Transaction entre Archambaud, comte de Périgord, et Talleyrand, son frère (1370). — Mention de Raymond de Caussade, seigneur de Puycornet (1391). — Payements de gages : à Perretou de Caussade, écuyer (1415) ; — à Jean de Caussade, dit de Puycornet, chevalier (1419) ; — à François de Cazillac, seigneur de Cessac, gentilhomme ordinaire de la chambre du Roi, lieutenant d'une compagnie de 30 lances des ordonnances du Roi (1564). — Montre de Jean de Caussade, sire de Puycornet, où figurent : Jean de Caussade, Hugues, sire de Lesueg, Bernard d'Auzias, Jean de Boisset, Jean de Cantemerle, Raymond de Rouzet, Raymond-Bernard de Sanat, Causson de Fueg, Raymond-Bernard de Gaulejac, Raymond Cappa, Jean de Roars, Guillaumet de Montagut, Jean de Roays, le jeune, Bernard d'Auvillars, Jean Rouget, Gilbert de Cayrac, Raymond del Crox, Antoine du Perier, Pierre Velseux, Caudin d'Orgulh, Pierre Foyssac, Ponset Vergier, Arnaut Descayrac, Luxoren de Mallovart, Petit Jean de Rousseil, fils, Étienne de Coustas, Jean Lespaignol, Nimolat de St-Antin (1420). — Ordre au trésorier des guerres de Languedoc, de payer les gages de messire Jean de Caussade, seigneur de Puycornet, chevalier banneret (1425). — Quittance de 36 livres 2 sous 2 deniers 2 tiers délivrée à Jean Bonnet, receveur de la haute marche de Rouergue, par Jean de Caussade, sire de Puycornet (1461). — Indication de source pour Jean Caussade, secrétaire de la chambre du

Roi, fils de feu Étienne Caussade, écuyer, du lieu de Labastide (1598).

F. 369. (Liasse.) — 20 pièces, papier.

1133-1715. — Caylus. — Tableaux généalogiques de la maison d'Olargues et de Caylus, qui porte *d'or, au lion de gueules et un orle de seize étoiles du même* : seigneurs de Caylus (1246-1448) ; — barons de Castelnau de Bretenoux (1395-1545) ; — comtes de Clermont-de-Lodève (1429-1715). — Indication de source pour donation faite par Ermengard de Caylus, Déodat de Pons et Pierre Sicard à l'autel de Ste-Marie de Terunde, de tout ce qu'ils possédaient au village de Camp *Revello* (1133) ; — autre donation en faveur du même autel par Adalmont et Bernard de Caylus (1135); — indication de source pour donation faite au monastère de Sylvanès par *Fredulo de Ponte* et Raymond d'Avignon, avec l'avis de Pons d'Olargues, leur oncle (1142) ; — autres donations en faveur du même monastère (1146 et suivantes). — Indications de sources pour : ratification d'accord entre Bertrand de Caylus et l'abbaye de Grand-Selve (1190) ; — don par Pierre de Caylus à l'abbaye de Sylvanès de tout ce qu'il possédait dans la paroisse de Ste-Croix de Serrus (1192) ; — présence de Bérenger de Caylus, damoiseau, à la quittance donnée par noble homme Jean de Roquefeuil à messire Guillaume, chevalier, seigneur de Castelnau de Perrelèze (1338); — présence de Sicard de Caylus, chevalier, co-seigneur du château de *Reborgillo*, à la quittance de dot donnée par Isabelle, fille de Guillaume de Roquefeuil (1347); — hommage au roi d'Angleterre par Arnaud, seigneur de Landorre, pour lui et pour sa femme et comme tuteur de Bernard, seigneur de Caylus (1363); — lettres du Roi portant commission au sénéchal de Cahors de maintenir Antoinette de Cousan dans l'héritage qui lui a été fait par Jean de Castelnau et d'informer au sujet des violences dont ladite Antoinette aurait été l'objet de la part de Pons de Caylus (1396). — Note sur la première branche des seigneurs de Caylus, représentée en 1230 par Déodat, fils de Pierre de Caylus. — Donation faite par Déodat de Caylus à Tiburce de *Vintro*, prieur du monastère de Nonenques, du lieu et de la forteresse de la Peyre, pour le soulagement de son âme et de celles de Marie de Caylus et de tous ses parents (1246) ; — note de Lacabane. — Acte d'hommage de Guillaume-Bernard d'Olargues en faveur du comte de Toulouse (1246). — Analyse de sentence arbitrale prononcée entre messire G. Bernard de *Olargio*, messire Arnaud de Caylus, dame Alazais, sœur dudit Arnaud, dame Esclarmonde, femme de feu Bernard de Caylus, tous co-seigneurs de St-Affrique, d'une part et les habitants et communauté de la ville de St-Affrique d'autre part, au sujet de l'interprétation de quelques articles des coutumes concédées à la dite ville par Raymond, comte de Toulouse (1256). — Analyse du contrat de mariage de Pons de Tezan, damoiseau, seigneur du château de Pujol, au diocèse de Béziers, et de noble Béatrix, sœur de Déodat de Caylus (1294) ; — note de Lacabane. — Mention d'aveu et hommage fait au comte de Rodez, par Déodat de Caylus, fils de Pierre d'Eissène, pour toute la vicomté d'Eissène (1230) ; — vente de cens et rentes faite à Pierre Morton, bourgeois de Figeac, par Jean de Capdenac, seigneur en partie de Capdenac (1361) ; — autre vente faite à Bernard de Lacombe, de Capdenac, par Bertrand de Capdenac (1378); — vente de droits sur Capdenac faite à Jean, comte d'Armagnac, par Marquès de Cardaillac (1378) ; — mention de convention entre le duc de Berri, les nobles, gens d'église et roturiers des pays d'Auvergne et de Rouergue, pour chasser les Anglais du lieux de Carlat, Dosom, Bonavent et la Roque, situés ès pays d'Auvergne et de Rodez (1379); — indication de source pour les seigneurs d'Aurillac (sans date).

F. 370. (Liasse.) — 8 pièces, papier.

1231-1749. — Cazeton, Cazillac et Béral. — Mention de quittance de la somme 199 livres tournois et 2 gros donnée à nobles Philippe de Cazeton et Frappie de Gaure, par nobles Raymond de Salvagnac, seigneur de Catus, Fortanier de Cazeton, seigneur de Salviac, Fortanier La Grèze de Cambolan et Hugues de Puechde (1408). — Généalogies des maisons de Cazillac et de Béral, marquis de Cessac en Quercy (1231-1749). — Analyse du contrat de mariage de noble et puissant homme Olivier, seigneur de Cazillac et de Cornil, au diocèse de Cahors, et de Florence d'Aigrefeuille, fille de noble et puissant homme Adhémar d'Aigrefeuille, damoiseau, seigneur de Tudelle, au diocèse de Limoges (1347). — Analyse du testament de Raymond, évêque de Rodez (Raymond d'Aigrefeuille) (1361).

F. 371. (Liasse.) — 17 pièces, papier ; cahier in-huit,
6 feuillets, papier.

1667-1809. — Certain (Canrobert) et Certain de la Mechaussée. — Minute du contrat de mariage de Jean Certain, bourgeois, du lieu de la Martinie, paroisse de Lignerac, en Limousin, et de demoiselle Antoinette de Lafon, du village de Laval-de-Cère (1667). — Requêtes, assignations et autres pièces de procédure pour Jean Certain, bourgeois, du lieu de Laval-de-Cère, contre Mᵉ Pierre Massabie, juge de Teyssieu, Guyon Lherm, dudit lieu de Laval et autres (1707). — Accord entre Mᵉ Antoine Certain et Mathurin Lherm, par lequel ce dernier se charge d'une punière de seigle de rente à la décharge du sieur Certain (1735). — Correspondance relative à l'inscription du sieur Certain, juge de Gagnac, au rôle du dixième noble de l'élection de Figeac (1748). — Commandement fait aux époux Pradelle et Catherine Verdal Ste-Foy, de St-Céré, à la requête de M. Antoine Certain Canrobert, propriétaire domicilié audit St-Céré (1808). — Mention du contrat de mariage de noble Pierre de Certain, écuyer, habitant du lieu de Nouaillac et de demoiselle Jeanne de Fieux (1695). — Anoblissement de Pierre Certain, sieur de Lacoste de la Mechaussée et de Larivière, dans la vicomté de Turenne (1738) ; — armes : *d'azur à une main droite d'or.* — Analyse du contrat de mariage de noble Pierre Certain, seigneur de Lacoste, et de demoiselle Antoinette d'Amodon (1729). — hommage à Louis de Noailles, duc d'Ayen, marquis de Maintenon, par noble Pierre Certain, écuyer, seigneur de Lacoste (1744). — Émancipation de Pierre Certain, par son père autre Pierre Certain, écuyer, seigneur de Lacoste (1750) ; — analyse du testament dudit Pierre Certain (1761). — Hommage au roi par messire Jean-Pierre Certain, écuyer, seigneur de la Mechaussée (1777). — Mention de M. Certain Canrobert, chevalier de St-Louis, père du maréchal Canrobert (1809).

F. 372. (Liasse.) — 4 pièces, papier.

1469-1788. — Chabannes, Chadois, Chambaud de Jonchère et Chambon. — Extraits concernant la maison de Chabannes (1469-1484). — Lettre de M. Chérin sur les prétentions nobiliaires de la famille Chadois, de l'Agenais (après 1788). — Mention de jugement de maintenue de noblesse en faveur de la famille de Chambaud de Jonchère (1700).— Mention de certificat pour l'École militaire en faveur de Martin Guillaume de Chambaud de Jonchère (1784);—description de sceau. — Indication de source pour la famille Chambon.

F. 373. (Liasse.) — 5 pièces, papier.

1237-1790. — Champollion, Chaponay, Chappes, Charlieu. — Extrait de l'acte de baptême de Jean François Champollion (1790). — Notes et indications de sources sur la famille de Chaponay, en Dauphiné, qui porte *d'azur à 3 coqs d'or, posés 2 et 1* (1237-1789). — Note sur Pierre Chappes, conseiller au Parlement de Paris, évêque d'Arras et de Chartres, chancelier (1316). — Hommage à l'abbé de Cluny par noble dame Huguette, femme de Jean de Charlieu (1275).

F. 374. (Liasse.) — 7 pièces, papier.

1202-1498. — Chaseron, Chateigner, Chaudrier et Chaumont. — Mention d'accord entre Franconet de Chaseron, chevalier, d'une part et Robert et Auvin de Chaseron, frères, d'autre part (1362). — Privilège accordé à la famille Chateigner, lors de la concession des coutumes aux habitants de Lauzerte par le comte de Toulouse (1241). — Mention des lettres d'anoblissement de Jean Chaudrier ou Chauderier, bourgeois de la Rochelle (1359) ; — tableau généalogique de la famille Chauderier, depuis Jean Chauderier, sieur de Civières, vivant en 1466, jusqu'à Jean et Cristophe Chauderier, vivant en 1498 ; — note de Lacabane. — Tableau généalogique de la famille de Chaumont et familles alliées (1202-1468) ; — hommage à l'abbé de Cluny par Gaufred de Chaumont, damoiseau et Huguette, sa femme (1263) ; — mention de vente de divers mas dans la paroisse de Montreuil à Louis de Beaujeu, par Guichard de Chaumont (1286).

F. 375. (Liasse.) — 7 pièces, papier.

1265-1780. — Chaunac et Chavenay. — Mémoires sur les seigneurs de Chaunac de Lanzac, en Limousin et Quercy (1265-1779). — Mention d'échange entre l'abbé de Tulle et Adhémar et Léonard de Chaunac, frères (1265). — Analyse du contrat de mariage d'Antoine de Chaunac, damoiseau, seigneur de Lanzac, au diocèse de Cahors, et de noble Sobirane de Vayrac (1448) ; — note de Lacabane. — Note sur Raymond de Chaunac, sieur de Lanzac et de Cazals (1609) ; — armoiries : *d'argent à un lion de sable, couronné, lampassé et armé de gueules.* — Notes sur divers membres de la famille de Chaunac de Lanzac (1667-1780). — Quittance de 30 écus d'or délivrée à Jacques Lempereur par Huguenin de Chavenay, pour services militaires en Quercy « devant le lieu de Calvignat » (1358).

F. 376. (Liasse.) —5 pièces, papier.

1421-1815. — La Chièze-Briance, La Chièze-Murel, Choart. — Notes généalogiques sur la famille

La Chièze-Briance en Quercy (1545-1734) ; — certificat portant que noble Antoine Philippe de La Chièze, écuyer, seigneur de St-Sozy, demeurant à Martel, vicomté de Turenne, ne payait pas de tailles (1733) ; — armoiries : *d'or à trois bandes de gueules, martelé d'azur, à deux levriers d'argent courans l'un au dessus de l'autre.* — Anoblissement de Pierre Joseph de La Chièze-Murel (1815), qui porte *de sable à cinq barres d'or, au chef de gueules : parti d'azur à une bande d'argent, chargée de cinq mouchetures d'hermines, accompagnée de trois besans d'or, 2 et 1.* — Généalogie de la famille Choart qui porte *d'or, à un chevron d'azur, accompagné de trois merlettes de sable, posées 2 en chef et 1 en pointe* (1421-1748) ; — actes et renseignements divers pour servir à la généalogie de la famille Choart, sieurs de Buzenval (1428-1536).

F. 377. (Liasse.) — 10 pièces, papier.

1080-1874. — Clermont, Colomb de Favars, Colomb St Thamar. — Notes généalogique et extraits divers intéressant la famille de Clermont (1080-1552). — Armoiries de la maison de Clermont-Tallard : *Écartelé aux 1er et 4 de gueules, à deux clefs d'argent posées en sautoir, les anneaux en bas ; aux 2 et 3, écartelé aux 1er et 4 d'argent, au lion d'azur, armé et lampassé de gueules, les bords de l'écu denticulé de huit pièces de gueules ; aux 2 et 3 de gueules à deux fasces d'or.* — Copie d'une bulle du pape Calixte II en faveur de la maison de Clermont-Tonnerre (1120). — Généalogie de la famille de Colomb de Favars (1540-1808) ; — jugement de maintenue de l'Intendant de la généralité de Montauban, en faveur de nobles Bertrand de Colomb, seigneur de Lagorsse, Larose et Favars, ancien capitaine de cavalerie et Jean Joachim de Colomb (1698). — Tableau généalogique de la famille de Colomb de St-Thamar, éteinte à la mort de M. Félix de Colomb St-Thamar, en 1874 (1520-1874) ; — remboursement d'une somme de 3900 livres au sieur Jacques Lacarrière, marchand, du village de Labro, paroisse de St-Maurice, par messire Joseph de Colomb, seigneur de Loumagne, habitant en son château du Port, paroisse de Thémines (1720) ; — armoiries de la famille Colomb St-Thamar : *de gueules à deux chevrons d'or accompagnés en pointe d'une colombe d'argent, au chef cousu d'azur, chargé d'un croissant montant d'argent, placé entre deux étoiles d'or.*

F. 378. (Liasse.) — 7 pièces, papier.

1052-1517. — Combret et Comminges. — Hommage pour le château de Senegaz par Bertrand de Combret et Richel, son épouse, en faveur de Roger de Béziers (1144) ; — vente de la moitié du château de Combret à Roger, vicomte de Béziers, par Rose, fille de feu Bernard de Combret et femme d'Izarn de Sicard (1175) ; — échange d'une moitié du château de Combret, contre l'autre moitié, consenti entre Pierre de *Eissena*, Ermengaud de Combret et Bernard de Combret, d'une part et Roger, vicomte de Béziers, d'autre part (1180) ; — serment d'hommage prêté à Roger, vicomte de Béziers, par Pierre de *Eissena*, Ermengaud et Bernard de Combret (1181). — Notes généalogiques sur les familles de Comminges, vicomtes de Bruniquel et vicomtes de Couserans (1255-1517). — Revue de la compagnie de Raymond-Roger de Comminges, vicomte de Couserans, sieur de Terride et sénéchal de Quercy (1428) ; — note de Lacabane. — Notes sur Géraud et Pierre Flotte, dont les armes sont *fascé d'or et d'azur de six pièces* (1295-1299) ; — mention de la nomination de Jean Roger de Comminges, vicomte de Gimoès et de Terride, comme gouverneur et sénéchal du Quercy (1419-1425) ; — note sur Durand, abbé de Moissac et évêque Toulouse (1052-1071).

F. 379. (Liasse.) — 7 pièces, papier.

1390-1782. — Le Compasseur, Conquans, Contie. — Tableau généalogique et notes sur la famille Le Compasseur de Courtivron (1390-1763) qui porte *d'azur à trois compas ouverts d'or, parti d'or au croquier de gueules, coupé d'azur à trois bandes d'or.* — Notes généalogiques sur la famille de Conquans (1533-1698) ; — mention d'hommage de Hugues de Conquans, écuyer, trésorier de France (1669). — Actes divers concernant la famille de Conquans, depuis noble Louis de Conquans, sieur de la Guarigue, jusqu'à Jeanne de la Grange-Gourdon, dame de Camburat, veuve d'Antoine César de Conquans, sieur de Camburat, (1676-1777). — Armoiries de Pierre de Conquans, seigneur dudit Conquans, Cambes et Camburat : *d'argent à un aigle éployé de sable couronné d'or.* — Mention de contrats de mariages, d'accords et d'extraits de baptêmes intéressant des membres de la famille de Contie, seigneurs de Pomiès, dans la paroisse de Creysse (1639-1782).

F. 380. (Liasse.) — 15 pièces, papier; cahier in-8o, 12 feuillets, papier.

1262-1779. — Corn et Cornac. — Généalogie de la famille de Corn d'Anglars, d'Ampare et du Peyron (1262-1779). — Inventaire de titres concernant la maison de Corn, au nombre desquels figurent : accord entre la dame abbesse de Leyme, d'une part, Bertrande d'Anglars, veuve du seigneur Sanchon de Corn, Pierre et Guillaume de Corn, ses enfants, d'autre part (1262) ; — quittance par Berengère de Lendorre en faveur de Sanchon de Corn, co-seigneur d'Anglars, fils de Pierre de Béduer, damoiseau (1289) ; — hommage rendu par Sanchon de Corn, damoiseau, fils de noble Sanchon de Corn, chevalier, co-seigneur d'Anglars, à noble et puissant seigneur Hugues de Cardaillac (1335) ; — donation par noble Dulie de Béduer, fille de noble Bertrand de Béduer, chevalier, co-seigneur de Corn et Camboulit et femme de noble Sanchon de Corn, damoiseau, co-seigneur de Corn, en faveur de Raymond de Béduer, son frère, de tous les biens de noble Hélène de Capdenac, sa mère (1336) ; — hommage rendu par noble Pierre de Latour, procureur fondé de noble Saure, fille de Bertrand de Goudou, chevalier, seigneur de Roquefort, et veuve de noble Bertrand de Latour, damoiseau, du château de Camboulit, à noble Sanchon de Corn, chevalier, du lieu et seigneurie de Roquefort (1342) ; — contrat de mariage de noble Forton *Perrerii* avec noble Élisabeth de Corn (1396) ; — obligation de noble Sanchon de Corn, seigneur de Sonac et de Corn, en faveur de Pierre Pontanier, marchand, de Figeac (1402) ; — vente des fonds, droits et appartenances de la tour de Corn, par noble Sanchon de Corn, fils et héritier d'autre Sanchon de Corn, en faveur de nobles Raymond et Guillaume de Béduer, frères (1406) ; — hommage rendu par noble Sanchon de Corn, co-seigneur d'Anglars, en faveur de noble et puissant seigneur Géraud de Berail, damoiseau, seigneur de Livernon (1390) ; — obligation de 100 florins d'or par Sanchon de Corn en faveur de noble dame Brunette d'Angoulême, veuve de noble Rigal de Laroque (1390) ; — révocation de donation par noble Jeanne de Vaureille de Capdenac par elle ci-devant faite en faveur de noble Sanchon de Corn, damoiseau, seigneur de Sonac, son neveu (1416) ; — collation d'une chapelle par noble Marguerite de Cadrieu et noble Pierre Chatguier, tuteur et tutrice de noble Guisbert de Corn, fils de noble Sanchon de Corn, seigneur de Sonac (1429) ; — vente faite par noble Guisbert de Corn à noble Saure de Narbonès, sa mère (1459) ; — accord entre Déodat de Corn, seigneur de Sonac et noble Eustache de Narbonès, seigneur de Puylaunez (1478). — Extraits de la preuve dressée par d'Hozier pour l'admission dans la grande Écurie, en qualité de page du Roi, de François-Félix de Corn d'Ampare, en janvier 1680. Au nombre de ces extraits figurent : le testament de Déodat de Corn, seigneur d'Anglars et co-seigneur de Corn et de Sonac (1479) ; — l'aveu et dénombrement donné à noble et puissant homme messire Hugues de Cardaillac, chevalier, co-seigneur du château de Cardaillac et de Montbrun, seigneur de Brengues et du Bourg, par noble Sanchon de Corn, damoiseau (1335) ; — le contrat de mariage de noble Guibert de Corn, habitant du château de Capdenac, avec noble Cécile Marc, habitant au château d'Ampare (1453) ; — le testament de noble Guibert de Corn, demeurant au château d'Ampare (1486) ; — le contrat de mariage de noble Eustache de Corn avec Marie de Gaulejac, fille de noble Jean de Gaulejac, seigneur de Puech-Calvel, de Lunegarde et de Besse (1489) ; — le contrat de mariage de noble François de Corn, fils d'Eustache de Corn, seigneur d'Ampare, dans la paroisse de Saint-Julien, avec noble Marguerite de Calmont (1515) ; — le contrat de mariage de Jean de Corn, seigneur d'Ampare, avec demoiselle Marguerite de Naucaze (1537) ; — le contrat de mariage de François de Corn, seigneur de Marion, avec demoiselle Barbe d'Arpajon (1619) ; — une lettre du comte de Vaillac à M. d'Ampare exprimant des regrets sur la perte des enfants de M. d'Ampare en Piémont (1643) ; — une lettre du Roi à M. d'Ampare lui témoignant sa satisfaction pour ses bons services et ceux de ses fils (1622) ; — le contrat de mariage de messire Antoine de Corn, seigneur de Marion, fils de François de Corn, seigneur d'Ampare, Lieucamp et Mourlion, avec demoiselle Françoise d'Espinchal, fille de Claude d'Espinchal, seigneur de la Buissonade (1655) ; — le testament de François de Corn (1663). — Armes des Corn d'Ampare : *bandé d'argent et de gueules à 3 bandes d'argent ; écartelé d'azur à deux cors de chasse d'or posés l'un sur l'autre en fasce.* — Mentions : de quittance délivrée à noble Bertrand de la Tour, damoiseau, par noble Sanchon de Corn, damoiseau (1367) ; — de mariage entre Géraud de la Tour et Saure de Goudou (1342) ; — d'hommages en faveur de noble et puissant homme Sanchon de Corn, co-seigneur du château de Corn (1375) ; — d'Aymeric de Corn, damoiseau, comme procureur de Jeanne de Laroque, épouse de Pierre de Turenne, damoiseau (1375). — Hommage de noble Dorde de Corn, écuyer, seigneur d'Anglars et co-seigneur de

Corn, pour sa terre et seigneurie d'Anglars et la tierce part du lieu de Corn (1462). — Testament d'Antoinette de Laroque, dame de Sonac, veuve de noble Sanchon de Corn (1523). — Analyse du contrat de mariage de Théodore de Corn, seigneur dudit lieu, Sonac, Montay, Roumegous et autres lieux et de noble Françoise de Lentillac, damoiselle de Goudou (1591). — Analyse du testament de dame Catherine de Corn, dame de Sonac et de Goudou (1639). — Réception de François de Corn de Queyssou comme chevalier de St-Lazare, dont les armes sont *d'azur à 3 cors de chasse d'or liés et enguichés de gueules, posés en fasce* (1720). — Armes du marquis d'Amparc, en 1732, *écartelé, au 1er d'argent à 3 fasces de gueules, au 2 de gueules au lion de...., au 3 d'azur à la harpe d'or, au 4 de Toulouse et sur le tout de Corn qui est contré écartelé aux 2 et 3 d'azur à deux cors de chasse d'argent liés et enguichés de...., aux 2 et 3 de gueules à trois bandes d'argent.* — Analyse du testament de noble homme Guillaume de Cornac, chevalier, du diocèse de Cahors (1366).

F. 381. (Liasse.) — 35 pièces, papier.

1299-1841. — Cornély. — Tableaux généalogiques de la maison de Cornély (1596-1804). — Mention de *Jordanus Cornelii*, infirmier à l'abbaye de Bonnecombe (1299). — Vente de cens et rente faite à Jean, comte d'Armagnac, par Jean Cornelle, bourgeois (1369). — Échange fait entre noble Jean de Cornély et noble Jean de Béduer (1502). — Vente de 12 setiers de blé froment sur le village de Canteperdrix, consentie par Antoine Cornély en faveur de Géraud Grave, marchand, de Figeac (1543). — Testament de noble Antoine de Cornély, seigneur de Canteperdrix (1545). — Reconnaissance de dette par noble Antoine Cornély, en faveur de noble Charles Cornély, co-seigneur de Camboulit, son frère (1563); — autre reconnaissance de Charles de Cornély, fils d'Antoine, en faveur de noble Charles de Cornély, son frère aîné (1565). — Analyse du testament de noble Claude de Cazenac, veuve de noble Antoine de Cornély, co-seigneur de Camboulit (1566). — Transactions entre noble Gabriel de Lascazes et noble Élisabeth de Cadrieu, veuve de noble Charles de Cornély, co-seigneur de Camboulit (1595). — Donation par Élisabeth de Cadrieu, veuve de Charles de Cornély, en faveur de son fils Marc de Cornély, futur époux de Françoise de Lascazes (1596). — Contrat de mariage entre noble Marc de Cornély, écuyer, co-seigneur de Camboulit et Marguerite de Pauc (1624). — Testament de noble Élisabeth de Cadrieu, veuve de Charles de Cornély (1606). — Obli-

gation de 300 livres consentie par Marguerite de la Rue, veuve de Marc de Cornély, et Bertrand de Cornély, mère et fils, en faveur de Mathurin Frechrieu, orfèvre de Figeac (1624). — Contrat de mariage de noble Bertrand de Cornély, co-seigneur de Camboulit et seigneur de Canteperdrix et de demoiselle Anne de Cahuzac (1627). — Lettres attestatoires du sénéchal et gouverneur du Quercy constatant que « noble Marc de Cornély, père dudit Bertrand, auroit servi longues années le Roy aux guerres qu'il avoit contre ceux de la religion prétendue réformée, dans le régiment de M. le comte de Vaillac, commandant en icelle une compagnie ; et ayant esté mis en garnison, au mois de décembre 1622, dans la ville de Negrepelisse avec sa dite compagnie, ceux de la religion prétendue réformée ayant par monopole et trahison entrepris sur icelle, le dit feu de Cornély surprins c'estant mis en debvoir pour les repousser auroit esté tué et ledit Bertrand, son fils, prins prisonnier et payé pour se libérer une grande somme d'argent ». — Contrat de mariage entre noble Marc de Cornély, sieur de Remidy, fils de noble Bertrand de Cornély, co-seigneur de Camboulit, Cambes, Boussac et seigneur de Canteperdrix et Marie Anne de Colombis, fille de noble Balthasard de Colombis, seigneur de Puyblanc (1662). — Accord entre dame Marie Anne de Colomb, veuve de noble Marc Antoine de Cornély, et dame Marie d'Hugounou, prieure du couvent des dames religieuses de Lundieu (1703). — Contrat de mariage de noble Joseph de Cornély, co-seigneur de Camboulit, Cambes, Boussac, seigneur de Canteperdrix et autres lieux avec demoiselle Marie Madeleine de la Porte, fille de feu messire Félix de la Porte, seigneur-baron de Larnagol (1709). — Lettre de M. Balzergues à madame de Camboulit, l'invitant à faire retirer des bureaux de l'Intendance de Montauban, les titres qui y avaient été envoyés pour justifier la maintenue comme noble de M. de Camboulit (1709). — Extrait des registres de l'église paroissiale de St-Martin de Camboulit, mentionnant l'acte de naissance de Jean Joseph de Cornély (1714). — Contrat de mariage de Jean Joseph de Cornély, seigneur de Camboulit, Cambes, Boussac, habitant en son château de Camboulit et de demoiselle Anne de Lostanges, fille de messire Laurent de Lostanges, seigneur de Jarnious, chevalier de l'ordre de St-Louis, lieutenant-colonel au régiment d'Anjou-cavalerie (1746). — Acte de baptême de Bertrand Anastase de Cornély, fils de Jean-Joseph de Cornély et de demoiselle Anne de Lostanges (1764). — Acte de levée des scellés apposés sur les biens meubles de feu Joseph de Cornély, chevalier (1767).

— Notes sur divers membres de la famille de Cornély (1560-1835), qui porte *d'argent, au cerf élancé de gueules, accompagné de trois corneilles de sable, celle de la pointe surmontant une étoile d'azur ; au chef d'azur, chargé de trois étoiles d'argent.* — Mémoire détaillé des services militaires des ancêtres paternels et maternels de demoiselle Anne Élisabeth de Cornély, fille de Jean-Joseph de Cornély, écuyer (1762). — Extrait du « Dictionnaire universel de la noblesse de France » du chevalier de Courcelles, concernant la famille de Cornély (sans date). — Lettres de M. le Président d'Hozier et de M. Édouard de Cornély, adressées à M. Lacabane, relatives au blason des Cornély (1839 et 1841).

F. 382. (Liasse.) — 8 pièces, papier.

1271-1781. — Cosnac, Couasnon, Courtivron, Coustin de Bourzolles, Creuilly et Crillon. — Note sur Antoinette de Cosnac, mariée à Hugues de Pelegrin, damoiseau, sieur du Vigan (1369-1397). — Note jointe à la preuve de la famille Couasnon, relativement au gouvernement noble suivant l'assise du comte Geoffroy de Bretagne et la réformation de 1427 et années suivantes. — Notes sur la maison de Courtivron et notamment sur le marquis de Courtivron, neveu du maréchal de Tonnerre, en 1775. — Extraits des tableaux généalogiques dressés par d'Hozier et Lacour et notes concernant la maison Coustin de Bourzolles (1458-1651). — Note pour le premier anoblissement en faveur de Jean de Creuilly, argentier du Roi (1271); — note pour Salomon de Brosse, architecte du Roi, sieur du Plessis, natif de Verneuil-sur-Oise (1626). — Copie de la lettre de Henri de Navarre à Crillon au lendemain de la bataille d'Arques (1589).

F. 383. (Liasse.) — 6 pièces, papier.

1115-1722. — La Croix de Castries, La Croix de Pisançon, Crusy-de-Marcillac, Crussol, Cugnac, Cussonel. — Indication de source pour la famille de la Croix de Castries (1363-1373). — Notes sur le nom de Pisançon qui est de la Croix (1335-1670). — Indication de source pour Sylvestre de Crusi de Marcillac, en Quercy, évêque de Mende (1659). — Note sur Charlotte de Vernon, qui se fit appeler la marquise de Crussol (1610-1699). — Notes généalogiques sur la famille de Cugnac, en Périgord (1115-1500). — Constitution d'une rente annuelle au capital de 6460 livres en faveur des églises St-Étienne et Notre-Dame, par André Cussonel, écuyer, sieur de Lalo, capitaine de cavalerie au régiment du Trône et damé Antoinette Pelissier de Bourdon, son épouse (1719) ; — remboursement du capital de cette rente par les mêmes (1722).

F. 384. (Liasse.) — 17 pièces, papier.

1128-1822. — Dairac, Dalmas, Damas. — Armes de Geoffroi de Dairac, seigneur de Cieurac : *de gueules à un lion d'or, à l'orle de douze besants d'argent.* — Détails sur l'anoblissement de Guillaume Dalmas, de la ville de Rodez et sur les motifs de cette distinction (1443) ; — mention de l'anoblissement de Jean Dufour, de Figeac, habitant à St-Jean d'Angély (1342). — Généalogie, titres et notes sur la maison de Damas et la famille de Digoine (1128-1781). — Indication de source pour mention de Philibert Damas, seigneur de Vaux, dans le testament de sa tante Ondette de Montagu, dame de Crecey (1421). — Indication de source pour légitimation en faveur de Claude de Damas (1491-1495); — note de Lacabane. — Lettre du duc de Damas au baron de Damas au sujet des armoiries et de la composition du cachet de ce dernier (1822).

F. 385. (Liasse.) — 6 pièces, papier.

1369-1720. — Dansiès, Day, David, Delborc, Delbosc, Delcamp. — Mention du contrat de mariage de Me François Dansiès, sieur de Grandval et de demoiselle Marguerite André de la Ronade (1621) ; — notes et extraits concernant Me Pierre Dansiès, sieur de Lavalade, Me Jean-Louis Dansiès, sieur de Pomiers, juge à St-Céré (1720). — Analyse du contrat de mariage de Pierre Salas, de Figeac, et d'Anne de Day, fille de Raymond Day, marchand, aussi de Figeac (1556) ; — mention de vente d'une émine de blé froment de rente annuelle, mesure de Figeac, faite par Me Louis Palhasse, prêtre de Figeac, à Louis Palhasse, bourgeois (1553). — Don par le roi de France à Geoffroi de David, évêque d'Autun, des lieux, maisons et terres de Verdier et de Monbart, au diocèse de Limoges (1369). — Hommage du mas de Langlade et autres biens sis dans la paroisse de Lissac, fait à Déodat Barasc, sieur de Béduer et de Gréalou et patron de la maison du Poujoula, par Jean de Mocié et Jean Delborc, frères de mère (1453) ; — mentions de Jacques de Beaufort, sieur dudit lieu, parent de l'abbesse de Leyme et de Jacques du Rousset, procureur de ladite abbaye (1500); — état nominatif des religieuses de Leyme (1500) ; — Reconnaissance consentie par Pierre Delsol, de Molières, en faveur de nobles Catherine et Mathurine Delbosc, filles de noble Augié Delbosc, chevalier, sieur de la Garinie (1449).— Extrait des minutes du notaire Rigolaie contenant constitution de la dot de noble Antoinette de Béduer, lors de son mariage avec Antoine Delcamp, fils de Jean Delcamp, du lieu de Toirac (1540).

F. 386. (Liasse.) — 12 pièces, papier.

1689-XIXᵉ siècle. — Delfau, Delpon. — Généalogie de la famille de Delfau, seigneurs de Bouillac, Laroque, Belfort, Roquefort et Pontalba (1689-XIXᵉ siècle). — Extrait de baptême de François Delfau de Bouillac, fils de messire Jacques Delfau de Bouillac, trésorier général de France et de dame Jeanne de la Brugade (1729). — Contrat de mariage de messire Jean Jacques Delfau de Bouillac, chevalier, conseiller du Roi, trésorier général de France et de dame Jeanne de Bonnafous de la Brugade (1737). — Achat du château de Roquefort, près de Corn, appartenant à Gaston de Lascases, par Jean-Jacques Delfau, seigneur de Laroque-Bouillac (1738). — Attestation des capitouls de la ville de Toulouse constatant que noble François Dufau, écuyer, seigneur de Laroque-Bouillac, Roquefort et co-seigneur de la baronnie de Camboulit, a été capitoul de la dite ville de Toulouse (1747). — Règlement, par Louis-Pierre d'Hozier, juge d'armes de France, des armoiries de François Delfau de Bouillac, écuyer : *de gueules à deux faulx d'argent, les lames en bas, affrontées et passées en sautoir* (1751). — Constitution de procureur par messire Louis Delfau, baron de Belfort, chevalier de l'ordre royal et militaire de St-Louis, capitaine commandant au régiment d'Angoumois (1786). — Armes de Delfau de Pontalba, adjudant commandant en retraite, baron de l'Empire : *de gueules à deux faux d'argent adossées et renversées en sautoir ; au chef cousu de sinople, chargé de trois rocs d'échiquier d'or ; au franc quartier à senestre des barons militaires de l'Empire qui est de gueules à l'épée haute en pal d'argent.* — Armes de M. Delpon, procureur du Roi en l'élection de Figeac : *d'azur à un pont d'or sommé d'une tour de même, maçonnée de sable sur une rivière d'argent et surmontée d'un croissant de même, accosté de deux étoiles d'or.* — Notes et extraits sur la famille Delpon (1778-1872). — Note sur la mort de M. Léopold Delpon, préfet de la Haute-Vienne (1872).

F. 887 (Liasse.) — 10 pièces, papier.

1397-1770. — Desplas. — Généalogie de la famille Desplas, de Béduer, qui porte *d'azur à un lion d'or, couronné du même, lampassé de sable et armé de gueules*

(1504-1770).—Quittance délivrée par Jean Desplas, du lieu de Peyrilles, à noble Delphine de *Leymariguia*, veuve de noble Amalric de Feleno (1397). — Indication de source pour Raymonde Desplas, fille d'Hélie Desplas, chevalier, seigneur de Curemonte et sœur de Bosquet Desplas, co-seigneur de Curemonte et pour ses autres frères Nicolas, François et Bertrand (1437). — Preuves de la noblesse de demoiselle Anne Marguerite Desplas, présentée pour être reçue dans la communauté des filles demoiselles de la maison de St-Louis, fondée par le Roi, à St-Cyr.—Parmi ces preuves figurent: un aveu d'héritages de la châtellenie de Béduer, fait le 16 mars 1466, par noble Marguerite Esquine, veuve de noble Gaspard Bonet et par Pierre Bonet, son fils, à noble et puissant homme messire Dieudonné de Barasc, chevalier, seigneur des châteaux et châtellenies de Béduer et de Gréalou ; — un certificat donné par les habitants de Béduer, le 2 janvier 1512, portant que noble Jean Desplas était bon gentilhomme et de fief franc et noble; — un bail d'héritage à rente fait le 14 décembre 1513, par noble Pierre Bonet, seigneur de Boissorn et par noble Jean Desplas et Claude Bonet, sa femme, du lieu de Béduer ; — le testament de noble Claude Bonet, femme de noble Jean Desplas (1535) ; — le testament de noble homme Jean Desplas, *aliàs* de Boissorn, demeurant à Béduer (1540) ; — le contrat de mariage de noble Jean Desplas accordé avec demoiselle Jeanne Grandon, fille de noble Marquès Grandon (1602) ; — le testament d'Andrive Peirières, femme de noble Jean Desplas, dit de Boissorn (1602); — le testament de noble Jean Desplas, dit de Boissorn, du lieu de Béduer (1605);—un accord fait le 19 juin 1606, entre nobles Jean Desplas et Vivien Desplas, son frère, sur le partage des biens de noble Jean Desplas et Andrive Peirières, leur père et leur mère ; — le contrat de mariage de noble Vivien Desplas et de honnête fille Françoise de Longuaserre, de Toirac (1607); — le contrat de mariage de noble Antoine Desplas, fils de Vivien, accordé avec Jeanne Turenne, fille de Jean Turenne et d'Isabeau Murat, du lieu de Sonac (1646) ; — le testament de noble Vivien Desplas (1649) ; — l'extrait de baptême de Jean Desplas (1624) ; — le contrat de mariage de noble Jean Desplas, sieur del Bouyssou (jadis *Boissorn*) et de Delphine d'Esquiriou (1650) ; — le jugement rendu par Le Pelletier de la Houssaie, intendant de Montauban, par lequel nobles Antoine Desplas, de Béduer, Jean Desplas, de Figeac, et Pierre Desplas, de Cahors, sont maintenus dans leur qualité de nobles (1699) ; — le contrat de mariage de noble Pierre Desplas et de demoiselle Françoise Cou.

ture, de Cahors (1692) ; — extrait de baptême d'Anne Marguerite Desplas (1694). — Notes sur Guido Desplas, de Peyrilles et sur Jean Desplas, fils de noble Marqués Desplas (1501-1517). — Notes sur l'origine de la famille Desplas et sur divers membres de cette famille (1512-1770). — Correspondance de d'Hozier et de divers membres de la famille Desplas, au sujet des preuves de noblesse de cette famille (1702-1711).

F. 388. (Liasse.) — 9 pièces, papier.

1052-XVIII⁰ siècle. — Desprez, Destroa, Devereux, St-Didier, Dio, Doeza, Doisma. — Indication de source pour lettres du Roi en faveur de Raymond Arnaud *de Pratis*, fils de Géraud, chevalier, et pour vente du château et de la châtellenie de Pularet (1356). — Armoiries de M. Destroa, avocat en Parlement : *d'or à deux léopards de gueules passants l'un sur l'autre.* — Indication de source pour Jean Devereux (sans date). — Mention de donation faite par St-Didier, évêque d'Auxerre à la basilique de St-Amand, en Quercy (sans date). — Extraits des chroniques manuscrites de l'abbé de Foulhiac touchant la vie de Didier, évêque d'Auxerre. — Indication de source pour vie de St-Didier, évêque de Cahors (sans date). — Acquisition faite par Hugues, abbé des Bénédictins de Paray et note de Lacabane. — Donation aux monastères de Cluny et de Moissac, par Bernard et Guillaume Doeza, frères (1052). — Donation faite par Guillaume Doisma à R..., abbé de Moissac, de tout ce qu'il avait au château de Malause (1213) ; — provisions par Raymond, abbé de Moissac, en faveur de Robert, religieux, chapelain, de l'église de Livro, avec dispense de tenir la dite église, quoiqu'il fût prieur de Bruniquel (1226).

F. 389. (Liasse.) — 5 pièces, papier.

1361-1742. — Dominicy, Dormans, Dormy, Dourdon. — Analyse du contrat de mariage de noble Jean de Dominicy, de la ville de Lavaur, et de noble Marguerite de Mauriac (1572) ; — analyse du contrat de mariage de noble Pierre de Dominicy et de demoiselle Antoinette de Laroque-Bouillac (1607) ; — enfants issus de ce mariage ; — analyse du contrat de mariage entre Antoine Dominicy, écuyer, habitant du lieu de Salles, paroisse de Villesèque, fils d'Antoine Dominicy, conseiller du Roi, historiographe ordinaire du Roi, et noble demoiselle Catherine du Vigier, fille de feu noble Jacques du Vigier (1679) ; — extrait de baptême de Bertrand Galiot de Dominicy (1690) ; — certificat

délivré par les capitouls gouverneurs de la ville de Toulouse portant que noble Raymond Dominicy avait été capitoul de la dite ville, au quartier de St-Étienne, en l'année 1346 (1738) ; — certificat donné à Castelnau-Montratier, portant que M. Dominicy, écuyer, habitant en son château de Salles, paroisse de Villesèque, passait, ainsi que ses auteurs, pour nobles et qu'ils avaient joui de tous les honneurs et privilèges que cette qualité donne (1742). — Indication de source pour lettres du roi d'Angleterre chargeant Guillaume de Dormans de s'informer des cas de souveraineté qui lui appartiennent dans les pays cédés par la France et lui annonçant le payement de 2 années arriérées de ses gages (1361) ; — indication de source pour ordre du roi d'Angleterre à Nicolas Oddes de payer 400 écus à Guillaume de Dormans (1361) ; — indication de source pour quittance de 318 francs d'or, sur 400 écus, que le roi d'Angleterre doit à Guillaume de Dormans pour 2 années de sa pension de conseiller (1362). — Inventaire de divers documents intéressant les familles : de Comaille, *alias* Dormy; de Trezettes, sieurs de Sigy ; des Brosses ; Tanier ; Chatenard ; Chapuis ; Ducroux de Villorbaine ; La Guiche ; Dutronçay de Salornay ; de Traves ; Bailly ; de Rochefort, etc. (1480-1586). — Mentions : du contrat de mariage entre noble François de Dourdon, fils d'Antoine de Dourdon, seigneur de Cuernègre et demoiselle Jeanne de Benavent (1532) ; — du testament dudit François de Dourdon (1586) ; — du contrat de mariage de noble Pierre de Dourdon et de demoiselle Jeanne de Montvallot (1581) ; — d'autre contrat de mariage dudit Pierre de Dourdon et de demoiselle Anne de Brunesse (1603) ; — du testament du même Pierre de Dourdon (1621) ; — du contrat de mariage de Claude de Dourdon, écuyer, sieur de Cuernègre et de demoiselle Marie de Lavalette (1641) ; — du testament dudit Pierre de Dourdon (1675); — du contrat de mariage de noble Jean de Dourdon et de demoiselle Jeanne Daragnet (1673).

F. 390. (Liasse.) — 3 pièces, papier.

XIV⁰-XIX⁰ siècle. — Dreux-Brézé, Duc-Lachapelle, Dučze. — Abrégé de la généalogie de la famille de Dreux de Brézé qui porte *d'azur à un chevron d'or, accompagné en chef de deux roses d'argent et en pointe d'un soleil d'or* (1533-1759). — Indication de source pour lettres d'anoblissement en faveur de : Duc-Lachapelle, ancien maire de Montauban ; — Feydel, de Cahors, député aux États généraux de 1789 ; — Lachèze, fils, député aux États généraux de 1789 ; — La-

25

Peyrière et Vialetes d'Aignan (1814). — Indication de
source pour Arnaud D'Euse, neveu du pape Jean XXII
et pour Bertrand de Salviac, neveu du pape Clément
(sans date).

F. 391. (Liasse.) — 8 pièces, papier.

1722-1874. — Dufau de Broussolles, Dufau de
Laroque-Toirac. — Hommages par : Étienne Dufau,
étudiant en droit, seigneur de Laborie et de Broussolles ; — Louis de Besombes, ancien secrétaire du Roi
en la chancellerie près la cour des aides de Montauban ;
— Raymond Guyon de Méja de Dorestat, habitant de
Marcillac ; — Jean Dufau, ancien secrétaire du Roi
près la cour de parlement de Toulouse ; — dame
Fleurette du Buisson de Bournazel, veuve en secondes
noces de feu Henri de Peyronnenc, seigneur de St-
Chamarand, en qualité de mère de Marie-Fleurette de
Cambefort (1722-1724). — Armoiries de Raymond Dufau, seigneur de Broussolles, en 1765, lieutenant général civil d'épée et criminel en la sénéchaussée de
Figeac : *écartelé aux 1er et 4 d'argent au fau de sinople,
au chef d'azur, chargé de trois étoiles d'argent, aux
2 et 3, d'azur, à la croix de calvaire perronnée d'argent, au chef de gueules chargé de trois étoiles d'argent* ; — note de Lacabane. — Note sur Raymond Dufau de Broussolles, juge-mage, lieutenant général en
la sénéchaussée de Figeac et membre de l'administration provinciale de la Haute-Guyenne (1786). — Correspondance entre MM. Dufau et Lacabane au sujet de
l'envoi de documents (1874). — Tableau généalogique
des Dufau de Laroque qui portent *d'or au fau de sinople, terrassé du même et un mouton au naturel passant sur la terrase et brochant sur le fût de l'arbre :
au chef d'azur, chargé d'un croissant d'argent placé
entre deux étoiles d'or.*

F. 392. (Liasse.) — 12 pièces, papier.

1275-1868. — Dujols, Dupuy, Durfort. — Inventaire des titres énoncés dans le jugement rendu à Montauban, le 17 octobre 1667, par M. Pellot, intendant de
Guyenne, par lequel il ordonne que Gabriel Dujols,
seigneur de Laroque-Toirac, Guyon Dujols, sieur de
Condamines, François Dujols, sieur de Loulmet, Raymond Dujols, sieur de La Garde, et François Dujols,
sieur de St-Affre, frères, demeurant au lieu de Toirac,
seront inscrits dans le catalogue des nobles de la dite
province et leur donne acte de la représentation qu'ils
avaient faite devant lui des titres justificatifs de leur

noblesse depuis l'année 1521. — Quittance délivrée par
Jean Dupuy, conseiller du Roi en l'élection de Cahors, au
receveur des tailles de la recette de Figeac (1625). —
Correspondance de divers avec M. Bertrandy au sujet
de l'origine de la famille Dupuy (1868). — Mention de la
confirmation par le roi de France du don de 200 livres
de rente fait par Philippe, roi de France, à Raymond-
Bernard de Durfort (1316) ; — mention de confirmation
royale d'une déclaration faite par le roi de France pour
la justice de la terre de Malause, en faveur de Bertrand
de Durfort, chevalier (1316). — Note sur Philippe
Mousk, Mousks ou Muze (1275-1282) ; — mentions de
Guillaume et d'Arnaud de Gironde (1280-1344) ; —
mention de Boissières dont les Durfort étaient seigneurs. — Extraits de l'Histoire généalogique et héraldique des pairs de France par M. le chevalier de
Courcelles, au sujet de la maison de Durfort (sans
date).

F. 393. (Liasse.) — 16 pièces, papier; 2 cahiers, in-4o, 37 feuillets
papier.

1200-1702. — Ébrard de St-Sulpice. — Extrait
de l'histoire manuscrite du Quercy par M. de Maleville
concernant la généalogie « de la gent des Ebrard de
St-Sulpice » de 1200 à 1581. — Extrait d'une généalogie détaillée de la maison d'Ébrard de St-Sulpice, par
Maleville, et dédiée à messire d'Ébrard de St-Sulpice,
évêque, baron et comte de Cahors ; — armoiries de la
maison d'Ébrard de St-Sulpice : *écartelé aux 1er et 4
d'argent au lion de sable couronné de gueules, l'écu
semé de croisettes du même qui est de Vayrac de
Comiac ; aux 2 et 3 d'argent à la bande de gueules qui
est de Lapopie, et sur le tout parti d'argent et de
gueules qui est Ébrard.* — Fragments généalogiques
sur les familles d'Ébrard, Lauzières, Pellegrin de
Quissac, de Lostanges, Montesquiou, Astarac (1567-
1699). — Extrait du martyrologe des chevaliers de St-
Jean de Jérusalem concernant les frères Antoine, Jean
et Armand de St-Sulpice (1552-1573). — Indication de
source pour Jean Ébrard, seigneur de St-Sulpice
(1396). — Accord entre dame Marguerite de la Popie,
veuve de noble et puissant homme messire Arnaud
Ébrard, chevalier, seigneur des lieux de St-Sulpice et
de Comiac, Frotard Ébrard, chevalier, son fils et révérend père en J.-C., messire Raymond Ébrard, abbé du
monastère de Marcillac, d'une part et noble et puissant
homme messire Jean de Cardaillac, chevalier, seigneur
de Cardaillac et co-seigneur du lieu de St-Cirq de la
Popie et noble Bertrand de Cardaillac, son frère,
d'autre part (1442). — Testament de Jeanne Ébrard,

veuve de Marquès de Thémines, dame de Caniac, dels
Foraux et de Nogayrols (1450). — Mention d'hommage
rendu par Raymond d'Ébrard, chevalier, pour raison
de La Bastide-Fortanière, Caniac, Athis, Quissac,
Sabadel, Lentillac, Orniac, etc. (1469). — Indication
de source pour hommage rendu par Raymond d'Ébrard,
chevalier, pour raison de la baronnie, château et
châtellenie de La Bastide-Fortanière, la châtellenie de
Caniac, les lieux de Quissac et Athis, Sabadel et
Lentillac, Orniac, etc. (1469).— Arrêt de la Prévoté de
France condamnant Jean de Beaulne, vicomte de
Tours, à être décapité pour meurtre de Henri d'Ébrard
de St-Sulpice, gentilhomme ordinaire de la Chambre
du Roi, comte de Négrepelisse(1577).—Notes sur Christophe Ébrard de St-Sulpice, abbé de Marcillac et
chancelier de l'église cathédrale et de l'université de
Cahors (1580-1599) ; — notes de Lacabane. — Nomination à la cure de Borrèze, de Guy Laviole, prêtre du
diocèse de St-Flour, par Cristophe Ébrard de St-Sulpice,
abbé de St-Pierre de Marcillac, vicaire général d'Antoine Ébrard de St-Sulpice, évêque, baron et comte
de Cahors (1588). — Analyse du contrat de mariage
de noble Christophe Ébrard de St-Sulpice et de
demoiselle Anne d'Avançon, fille de noble Thomas
d'Avançon, seigneur d'Espondeillan et de dame Glo-
riande de Thémines (1597). — Indication de source
pour lettres de rémission obtenues par Jean Marc de
Gaulejac, à raison de l'homicide de feu Jacques de
Durfort, sieur de Léobard, mari de Marguerite Ébrard
de St-Sulpice (1599). — Testament olographe d'Anne
d'Avançon, veuve de messire Cristophe d'Ébrard de
St-Sulpice, seigneur baron du Vigan, Ussel, Lamothe,
Nadillac, etc. (1639). — Notes sur Claude Antoine
d'Ébrard de St-Sulpice, Pellegri, seigneur du Vigan et
sur Claude Simone et Anne d'Ébrard de St-Sulpice
(1645-1654). — Indication de source pour généalogie
de la maison Ébrard de St-Sulpice (1702). — Indication de source pour Christophe d'Ébrard, abbé de
Marcillac, archidiacre-mage de Cahors (sans date).

F. 394. (Liasse.) — 4 pièces, papier.

1228-1810. — Escairac. — Notes généalogiques
sur la maison d'Escairac qui porte *d'argent à trois
bandes de gueules et un chef d'azur, chargé de trois
étoiles d'or*. — Notes sur divers membres de la famille
d'Escairac (1285-1401). — Inventaire et analyses
de pièces établissant que la maison d'Escairac était
représentée au XIII° siècle par cinq seigneurs chevaliers, chefs de cinq branches différentes.

F. 395. (Liasse.) — 55 pièces, papier.

1265-1394. — Escairac. — Reconnaissance par
laquelle B. de *Ramondina* confesse avoir reçu en dot
de *Na Finas*, sa femme, fille du seigneur B. d'Escairac, 4.000 sols « de bons caorsencs » (1265). — Reconnaissance par laquelle J. de Molères confesse tenir
en fief 6 pièces de terre en la paroisse de St-Cyprien,
de la dame *Na Faidida*, femme de B. d'Escairac, moyennant 3 sous d'acapte et 8 deniers de cens (1267) ; —
note de Lacabane. — Mention de don à fief en faveur
de Bernard et Bertrand Rozet, frères, de St-Aureil,
par la dame Peyronelle d'Escairac, veuve de Guillaume Augier (1277). — Sentence arbitrale prononcée sur
le procès entre Bernard de Ramondinie et Fines d'Escairac, sa femme, d'une part, et Bernard d'Escayrac, d'autre part, au sujet de la succession de
la dame Semène de St-Privat (1278). — Mention de
B. d'Escairac, fils de B. d'Escairac, dans l'acte de
vente d'une pièce de terre dans la paroisse de Saint-
Aureil, consentie par R. de *Pefiga* et sa femme Raymonde (1278). — Mention de vente de diverses rentes
consentie par Gasbert Fauré à Bernard d'Escairac, damoiseau, fils du seigneur Bernard, chevalier (1278). —
Arrentement d'une pièce de terre appelée de *Bela
Costa*, située dans la paroisse de St-Sernin, moyennant 8 deniers d'acapte et 4 deniers de cens annuel,
consentie par Bernard d'Escairac, damoiseau, en faveur de Gasbert de Mondelhs (1284). — Mention d'arrentement d'une pièce de terre consentie par Bernard
d'Escairac, damoiseau, en faveur de N. de Delpuech
(1288). — Accord entre les consuls de Sauveterre et
les seigneurs Huc de Genibrède, Guiscard d'Escairac,
Guillaume de Noalhac, chevaliers, Arnaud de Luzech,
Bernard d'Escairac, Gahl. dels Casalelhs, Bernard de
Belpuech, Bernard de Casalelhs, Bernard de Latagna
et Pons del Cluzel, au sujet d'un procès pendant devant la cour de feu noble baron monseigneur Bertrand
de Gourdon, relativement au payement des tailles et
autres contributions (1288). — Sentence arbitrale prononcée par Guilh. de Belpuech, chanoine de Cahors, sur les discussions entre Bernard de Ramondinie et Fines, sa femme, d'une part et Bernard d'Escairac, damoiseau d'autre part, au sujet du village de
Leret et autres fiefs (1293). — Mention de bail à fief
d'une vigne à Simon de Frobert, par Bernard d'Escairac, damoiseau (1294). — Mention d'investiture de
quelques fonds en faveur de Bertrand Grimard, par
Bernard d'Escairac, damoiseau (1294). — Lauzime ou

ensaisinement du fief appelé de Lalbarède, dans la paroisse de St-Sernin, fait par B. d'Escairac, damoiseau, fils de feu B. d'Escairac, chevalier, à Barthélemy Gennart (1294). — Mention de don à fief de deux maisons dans la paroisse de St-Aureil, en faveur de Bernard de la Genibrière, par le seigneur Ratier d'Escairac, chevalier (1296). — Mention d'Arnaud d'Escairac, chevalier, comme témoin dans un acte de vente consentie par Bernard de *Latania* à G. de Lestrade (1296). — Mention de l'investiture du village de *Costa moliniera* accordée à Thomas d'Escairac et à Auger d'Escairac, fils de feu Bertrand, par Barthélemy de Pentis, procureur fondé du chapitre de Cahors (1298). — Vente de 12 deniers de rente consentie par Arnaud de Gamanel en faveur de Thomas et d'Auger d'Escairac (1299). — Vente de 4 sous 9 deniers de rente consentie par Arnaud Combaudié, en faveur d'Auger d'Escairac, fils de Bertrand, agissant pour Thomas d'Escairac (1299). — Investiture de 8 pièces de terre accordée à Guilh. Lacoste par Bernard d'Escairac, chevalier, du consentement de la dame Aymare, son épouse (1301) ; — note de Lacabane. — Vente par Raymond de *Ramondinas* à Gasbert Trapes, d'une moitié du moulin de Froubert, sive de Leret, dans la paroisse de St-Sernin, l'autre moitié appartenant à Bernard d'Escairac, chevalier (1301). — Arrentement de 3 pièces de terre et d'une maison, au territoire de Lalbarède, paroisse de Saint-Sernin, consentie en faveur de Guillaume de Lacoste par B. d'Escairac, chevalier (1302). — Reconnaissance faite par Raymond de Lavolvène au seigneur Bernard d'Escairac, chevalier, de 6 sous annuels pour raison d'une maison située à Sauveterre (1302). — Don à fief au seigneur Bernard d'Escairac, chevalier, par Gasbert de Trapes, du moulin de Bourdalès, dit de Leret, dans la paroisse de Saint-Sernin (1309). — Sentence arbitrale sur une contestation entre le seigneur Bernard d'Escairac, chevalier, et Sicard de Belpuech, damoiseau, au sujet du tènement de La *Guilholmario* (1310). — Accord entre Gasbert de Trapes et Bernard d'Escairac, père du seigneur Bernard d'Escairac, chevalier, au sujet d'un setier de rente sur le moulin de Léret, vendu au chevalier par ledit de Trapes (1311). — Reconnaissance d'une somme de 10.000 sous de Cahors, consentie par Bertrand d'Escairac, damoiseau, au nom du seigneur Bernard, son père, pour la dot de Proesse de Trapes (1314). — Compromis entre Raymond, Bernard et Auger d'Escairac et Thomas d'Escairac, leur oncle, d'une part et Guillaume et Gaillarde de *Costa moliniera*, mari et femme, d'autre part, sur un procès au sujet de la directité du village de *Costa moliniera* (1315). —

Reconnaissance d'une somme de 400 livres consentie en faveur d'Auger d'Escairac, damoiseau, par le seigneur Bernard de Belpech, prêtre et Sicard de Belpech, damoiseau, son frère (1317). — Reconnaissance de 25 livres consentie par le seigneur Gaillard de Gourdon, chevalier, en faveur de Bertrand d'Escairac, damoiseau, stipulant pour lui et pour le seigneur Bernard, son père (1319). — Vente d'un setier de froment de rente sur le moulin de Bourdalès, consentie par Gasbert de Trapes et Élias, sa femme, en faveur du seigneur Bernard d'Escairac (1319). — Accord entre Bernard et Auger d'Escairac, frères, au sujet de la succession de Bertrand d'Escairac, leur père (1324). — Vente par Bertrand d'Escairac, d'une pièce de terre appelée La Condamine, consentie par Bernard de Lolmie, tuteur de Raymond de Belpuech, fils et héritier du seigneur Sicard, chevalier, et curateur de Fine, fille dudit chevalier (1325). — Contrat de mariage de Bertrand d'Escairac, damoiseau, et de Proesse de *Columberio*, sœur d'Arnaud de *Columberio*, de Lavercantière (1325). — Hommage à Bertrand, évêque de Cahors, par Bernard de Guiscard, damoiseau et Bernard d'Escairac, chanoine de Chartres (1329). — Investiture donnée à Gaspard del Pojol, dans Saint-Cyprien, par Bernard d'Escairac, chanoine de Chartres (1334). — Défaut accordé, contre les créanciers de son père, à Bernard d'Escairac, damoiseau, de la paroisse de Saint-Aureil, par le lieutenant de Ratier de Castelnau (1334). — Bail à fief dans la paroisse de Saint-Sernin accordé à Bernard de la Nogayrède, par Bertrand d'Escairac, damoiseau (1335). — Reconnaissance par Huc de Lacombe, de la paroisse de Saint-Aureil, en faveur de Bernard et d'Arnaud d'Escairac, frères, de 8 deniers d'acapte, 3 quartons de froment, une quarte d'avoine et 12 deniers, le tout de cens annuel à rendre à la notre dame de septembre, pour raison de 2 pièces de terre et d'une vigne situées dans la paroisse de St-Sernin (1335). — Arrentement par Arnau d'Escairac, pour lui et ses neveux Bernard et Bertrand d'Escairac, à G. de la Ginibrède, d'une terre et d'un pré dans la paroisse de Saint-Sernin, moyennant 8 deniers d'acapte, un quarton de froment, 6 deniers et une paire de gélines de cens annuel (1342). — Reconnaissance féodale en faveur de Bertrand d'Escairac, par Hugues Lacombe (1348). — Dispense accordée par le Pape pour le mariage de noble Bertrand d'Escairac, damoiseau et d'Aymare d'Escairac (1352). — Bail à fief dans Sauveterre par Arnaud d'Escairac, curé de Saint-Jean de Perges, tuteur des enfants de feu Bernard d'Escairac, son frère (1352). — Reconnaissance d'une somme de 200 écus neufs et 67 florins d'or par noble Aymare de Montpezat, veuve de Bertrand d'Escairac et femme de Jean de Probolène, de Cahors, en faveur de Bernard d'Escairac, héritier de feu Bertrand d'Escairac (1359). — Reconnaissance de fief dans la paroisse de Saint-Aureil, consentie par Bernard de Mondels et T. Pélissier, du commandement de Bertrand d'Escairac, en faveur de noble Aymare d'Escairac, fille de feu Guillaume (1360). — Quittance délivrée à Bernard d'Escairac par dame Aymare, veuve de Bertrand d'Escairac, de tout ce qu'elle pouvait prétendre sur la succession de son mari (1360). — Bail à fief à Étienne Delpérié par Bernard d'Escairac, damoiseau, dans la paroisse de Saint-Aureil, (1362-1363). — Cession faite à Castelnau des Vaux, par Bernard d'Escairac, de la paroisse de St-Aureil, à Aymeric de Taugia, de Sauveterre, d'une maison et d'une pièce de terre audit Sauveterre, sous la réserve de 12 deniers de Cahors d'acapte et de 7 sous de cens annuel (1365). — Arrentement fait par B. d'Escairac, de la paroisse de Saint-Aureil, à Géraud de Lacoste, d'une pièce de terre située en l'honneur de Sauveterre, moyennant 3 deniers d'acapte et une paire de gélines de cens (1368). — Reconnaissance féodale consentie par Arnaud de Lavayssière, de Saint-Aureil, en faveur de Bertrand d'Escairac, damoiseau (1372). — Investiture d'une pièce de terre au terroir du *Crubelario* paroisse de Saint-Cyprien, à Bernard de Saint-Félix, par Bernard d'Escairac (1374). — Bail à fief dans Saint-Aureil, par noble Bernard d'Escairac, en faveur de Guinet Lacoste (1377). — Bail à fief d'une pièce de terre dans Saint-Aureil, par Bernard d'Escairac, damoiseau, en faveur de Jean Balhe (1394).

F. 396. (Liasse.)— 52 pièces, papier.

1401-1599. — Escairac. — Reconnaissance d'une somme de 40 marcs d'argent, montant de la dot de Pétronille d'Escairac, consentie par Georges de Ginibrède, damoiseau, en faveur de noble Jean d'Escairac, de Saint-Aureil (1401). — Obligation de la somme de 200 écus d'or, consentie, au profit de noble Jean d'Escairac, par nobles dames Barane de Jean et Soubirane des Lacs, mère et fille (1401). — Testament de noble Jean d'Escairac, habitant de Caussade (1408). — Arrentement par noble Raymond d'Escairac, de Saint-Aureil, en qualité de tuteur de Thomas d'Escairac, son neveu, d'une pièce de pré située dans la paroisse de Saint-Aureil, en faveur de Jean Bernard (1412). — Reconnaissance d'une somme de 300 florins d'or, valant chacun 16 livres, représentant la dot de noble Jeanne de Mondenard, fiancée de noble Raymond d'Es-

cairac (1419). — Transaction entre noble Raymond d'Escairac, damoiseau, agissant comme tuteur de Thomas d'Escairac, fils mineur de Jean d'Escairac et de Sobirane des Lacs, d'une part et noble Barane de Jean, veuve de noble Guillaume des Lacs, damoiseau, Jeanne des Lacs, sa fille, et Géraud de Linasambert, d'autre part (1419). — Don d'une maison au lieu de Sauveterre à Pierre de Liège, par noble Thomas d'Escairac (1434). — Don à fief de la métairie d'Escairac, située dans la paroisse de Saint-Aureil, par noble Thomas d'Escairac, en faveur de Bernard de Puechbigayral (1439). — Lausime ou ensaisinement de la vente d'une maison à Sauveterre, moyennant 6 écus d'or, à la charge du cens annuel de 10 sols de Cahors, par noble Sobirane de Peyralade, veuve de noble Thomas d'Escairac et tutrice de ses enfants, Jean Barthélemy et Delphine d'Escairac (1444). — Sentence arbitrale prononcée par les arbitres nobles Jean de Montagut et Jean de Moynes, entre noble Barave de Sales, épouse de noble Guiscard de Lamothe, seigneur de Saint-Paul, d'une part, noble Raymond d'Escairac, seigneur de Lapeyrière et Huges de Peyralade, tuteur de Jean Barthélemy et Delphine d'Escairac, d'autre part (1448). — Vente d'une pièce de terre située dans la condamine de Caussade, par noble Jean de Nazazia à noble Hugues de Cayriech (1450). — Cession par noble Delphine d'Escairac à noble Jean Barthélemy d'Escairac, seigneur de Cayriech, son frère, de tous les droits et actions qu'elle peut avoir sur les biens paternels, maternels et fraternels et autres (1458). — Sentence arbitrale rendue entre Aymeric d'Escairac, seigneur direct de la Peyrière et Jean Barthélemy d'Escairac, co-seigneur du lieu de Cayriech (1461). — Contrat de mariage de noble Jean Barthélemy d'Escairac, co-seigneur de Cayriech et de noble Gaillarde de Valette, fille de noble Pierre Valette, chevalier, seigneur de Parisot (1462). — Reconnaissance par Raymond de *Podio Ayran*, habitant de la paroisse de St-Aureil, en faveur de noble Jean Barthélemy d'Escairac, de 3 quartons de froment et de 2 d'avoine, mesure de Sauveterre, de cens annuel, pour raison d'une pièce de terre dans la dite paroisse de St-Aureil, au territoire appelé de Rozot (1462). — Obligation de la somme de 80 écus consentie, par noble Blaise de la Boissière et de Narcès, fils de Bernard, damoiseau, de Montcuq, en faveur de Delphine, sa sœur, femme de noble Jean Barthélemy d'Escairac, seigneur d'Escairac et de Cayriech (1482). — Renonciation par Jeanne d'Escairac, fille de Jean Barthélemy d'Escairac, seigneur de Cayriech, à tous ses droits tant paternels, que maternels et fraternels, sauf future succession (1483). — Vente d'un setier de blé de rente, mesure de Sauveterre, consentie en faveur de noble Jean Barthélemy d'Escairac, co-seigneur de Cayriech, par noble Arnaud d'Escairac, Jeanne de Balaguier, son épouse, et Raymond d'Escairac, leur fils (1483). — Testament de noble Jean Barthélemy d'Escairac (1494). — Quittance de la somme de 100 livres et de 3 habits, comme à compte de la dot de sa femme Hélène d'Escairac, délivrée par sage homme *Regotus Bass*, de Tournon (1494). — Dénombrement rendu au Roi par noble Raymond d'Escairac (1503). — Compte final arrêté entre noble Raymond d'Escairac, co-seigneur de Cayriech d'une part, noble François Francille et Jeanne d'Escairac, sa femme et sœur dudit Raymond, au sujet de la dot constituée à la dite Jeanne par son père, Jean Barthélemy d'Escairac (1503). — Contrat de mariage de noble Arnaud d'Escairac et de noble demoiselle Jeanne de St-Géry, fille de feu noble Jacques, seigneur de St-Géry (1507). — Quittance de la dot de noble Jeanne d'Escairac, femme de noble François de Francille, délivrée à noble Raymond d'Escairac, co-seigneur de Cayriech (1508). — Quittances de payement de legs délivrées par noble Jeanne d'Escairac, épouse de noble François de Francille, de la terre de Lisle, au diocèse d'Albi, et par Hugues d'Entraygues, mari de Catherine d'Escairac, à noble Adèle de Buffet, veuve de feu noble Raymond Barthélemy d'Escairac (1515). — Vente d'un pré situé dans la paroisse de St-Aureil, territoire de Lavergne, consentie par noble Adèle de Buffet, en faveur de noble Hugues d'Escairac, seigneur du repaire d'Escairac et co-seigneur de Cayriech (1515). — Reconnaissance de cens et de rentes par Antoine des Lacs, co-seigneur de *Las Rechiofilnis*, du lieu de Cayriech, en faveur de noble Adèle de Buffet, comme mère et tutrice de noble Hugues d'Escairac (1523). — Contrat de mariage de noble Hugues d'Escairac, co-seigneur de Cayriech et de noble Philippe de Mondenard, fille de noble Jean, seigneur baron de Mondenard (1539). — Dénombrements rendus par Hugues d'Escairac, co-seigneur de Cayriech (1543). — Contrat de mariage de noble Hugues d'Escairac et de demoiselle Françoise de Touchebœuf-Beaumont, fille de Jean de Beaumont, écuyer, seigneur de Peyretaillade (1545). — Mention de l'inventaire des effets délaissés par noble Antoine de Manas, écuyer, rédigé sur la demande de noble Pierre d'Escairac, seigneur de Lavernède (1557). — Contrat de mariage de noble Gaspard d'Escairac, seigneur de Salon, et de demoiselle Gabrielle de Médicis, fille de noble Gilibert de Médicis, seigneur de Rassiels (1559). — Contrat de mariage de noble Antoine d'Escairac,

seigneur de Lavernède, et de noble Madeleine de Basillac (1563). — Ratification, par noble dame d'Escairac, de la vente de la moitié du château de Lavernède, consentie par nobles Hector et Claude d'Escairac, en faveur de noble Pierre d'Escairac (1571). — Cession, par Claude, Hector et Marie d'Escairac, frères et sœur, à noble Pierre d'Escairac, de toutes leurs prétentions sur Lavernède (1572). — Échange entre noble Hector d'Escairac, seigneur de Lavernède, et sa sœur, Marthe d'Escairac, d'une part, et Claude d'Escairac, habitant de Névèges, d'autre part (1572). — Testament de noble Hugues d'Escairac, écuyer, seigneur dudit lieu et co-seigneur de Cayriech, fait au château d'Escairac, paroisse de St-Aureil (1573). — Contrat de mariage de noble Raymond de Puy-Figairal et d'Anne d'Escairac (1576). — Contrat de mariage de Jean Germain, écuyer, seigneur de la Gante, en Limousin, et de demoiselle Soubiranne d'Escairac, fille de noble Hugues d'Escairac (1577). — Contrat de mariage de noble Charles d'Escairac, seigneur dudit lieu et co-seigneur de Cayriech, et de demoiselle Jeanne de Laboissière, fille de noble François de Laboissière, seigneur de Gayrac (1578). — Reconnaissance féodale par Jean Gautié à noble Pierre d'Escairac et à Jeanne de Manas, son épouse, seigneur et dame de Lavernède (1580). — Quittance de 2000 livres délivrée par noble Jean de Laborie, seigneur de Fijac, pour le montant de la dot de sa femme Quiterie d'Escairac, à Charles d'Escairac, frère de ladite Quiterie (1584). — Sentence arbitrale prononcée sur le différend entre Pierre de Laboissière, seigneur de Gayrac, d'une part, noble Charles d'Escairac et Jeanne de Laboissière, son épouse, d'autre part, au sujet de la dot de ladite Jeanne de Laboissière (1586). — Testament de noble Charles d'Escairac, seigneur dudit lieu, guidon de la compagnie de M. de St-Sulpice, sénéchal du Quercy et du Rouergue (1587). — Contrat de mariage de noble Jean de La Girie, écuyer, habitant de Lauzerte et de noble Jeanne d'Escairac, fille de feu Hugues et sœur de Charles d'Escairac (1590). — Commandement donné au seigneur d'Escairac de Monbel de lever une compagnie de 100 arquebusiers pour fortifier l'armée à Castelmairan (1591). — Testament de noble Jeanne de Laboissière de Gayrac, veuve de noble Charles d'Escairac (1593). — Arrentement ou bail à ferme passé par noble François de Laboissière, tant pour lui que pour noble Claude d'Escairac, sieur de Monbel, tuteurs de Gabriel d'Escairac (1593). — Contrat de mariage de noble Antoine d'Escairac, seigneur de Lavernède, et de demoiselle Suzanne de Giscard, fille de feu noble François, seigneur de Labastide (1594). — Testament de noble Gabrielle de Montagut, veuve de noble François de Laboissière, seigneur de Gayrac (1597). — Analyse du contrat de mariage de noble Gaspard d'Escairac, sieur de la Tour et de demoiselle Gabrielle de Médicis, fille de noble Gilibert de Médicis et de Gasparde de Lolmie (1599).

F. 397. (Liasse.) — 55 pièces, papier.

1601-1744. — Escairac. — Contrat de mariage de noble Gabriel d'Escairac et de dame Marguerite de Lagarde, fille de messire René, gentilhomme de la chambre du Roi, seigneur de Sagnes, Bio, Palaret et Parlan (1601). — Don de biens par Isabeau de Laboissière, veuve du seigneur de Luzech, aux enfants de Gabriel d'Escairac (1607). — Contrat de mariage de Léon d'Hébrard, seigneur de Carcès, et de Jeanne d'Escairac, fille de feu Charles d'Escairac et de Jeanne de Laboissière (1609). — Transaction entre noble François de Gaulejac, seigneur d'Espanel, noble dame de Vabre, sa belle-fille, d'une part, et noble Gabriel d'Escairac, pour la réparation due audit Gaulejac à raison du meurtre de Sébastien de Gaulejac tué par d'Escairac (1611) ; — arrêt du parlement de Bordeaux autorisant les lettres de grâce obtenues par Gabriel d'Escairac (1612). — Arrêt de la cour du parlement de Bordeaux rendu entre noble Audoin d'Escairac, demandeur en appel d'une sentence rendue par le sénéchal de Lauzerte, d'une part, et Jean Deslax, sieur de Brettes, Jean de Domergue, sieur de Montgaillard, Sylvestre de Siriech et autres, d'autre part (1614). — Mention du contrat de mariage d'Audoin d'Escairac et de Blanche de Labondie (1615). — Testament mutuel de noble Claude d'Escairac, sieur de Montbel et de noble Jeanne de Marsa, mariés, de la paroisse de Névèges, juridiction de Castelnau (1617). — Vente de la terre de Sagnes consentie par noble Jean Dulac de Laperède, seigneur de Boisse, en faveur de noble Jean d'Escairac, seigneur de Mallaval, au prix de 35,000 livres (1617). — Contrat de mariage de noble Alexandre Bardin, écuyer, seigneur du Cluzel, et de Françoise d'Escairac, fille de Gabriel d'Escairac, seigneur dudit lieu, Lauture, Montayral, etc. (1624). — Testament de noble Gabriel d'Escairac (1627). — Donation de la moitié de ses biens à noble Antoine d'Escairac, seigneur de Laroque, son fils, par noble Suzanne de Giscard, veuve d'Antoine d'Escairac, sieur de Lavernède (1628). — Contrat de mariage de Mathurin d'Escairac, chevalier, seigneur de Lauture et d'Élie de Durfort, fille de messire Marc

Antoine de Durfort, seigneur de Goujounac, Laroque, etc. (1631). — Contrat de mariage de noble Antoine d'Escairac, seigneur de Laroque, et de demoiselle Catherine de Lamothe, fille de noble Pierre de Lamothe, seigneur de Bateinq (1632). — Procuration donnée à sa femme, dame Élie de Durfort, par noble Mathurin d'Escairac, seigneur d'Escairac, Lauture et Laduguie, capitaine au régiment de Fumel, partant pour faire une campagne au service du Roi (1635). — Vente de biens dans la paroisse de Névèges, consentie par noble Audoin d'Escairac, sieur de Monbel, en faveur de maître Jean Le Blanc, prêtre et archiprêtre dudit Névèges (1637). — Contrat de mariage de noble Antoine d'Escairac, sieur de la Tour, de la paroisse de Ste-Arthémie, juridiction de Molières, et de Françoise de Verdié, fille de Jean Verdié et de Louise de Bouchut, de la paroisse de St-Sernin, juridiction de Castelnau (1639). — Mention du dénombrement de ses biens par Mathurin d'Escairac et de la décharge du ban et arrière-ban accordée audit Mathurin parcequ'il était capitaine-lieutenant en la campagnie du seigneur de Goujounac, au régiment de Saluces (1639). — Testament de noble Mathurin d'Escairac (1639). — Mention de l'attestation de Henri de Bourbon portant que Mathurin d'Escairac a fidèlement servi dans l'armée du Roussillon (1639). — Cession faite par noble Audoin d'Escairac, sieur de Monbel, à noble Antoine d'Escairac, sieur de Montricoux, son neveu, fils de noble Gaspard d'Escairac, sieur de la Tour (1643). — Mention du testament militaire du chevalier Gabriel-Marc-Antoine d'Escairac, gendarme de Son Altesse (1645). — Testament de noble demoiselle Gabrielle de Médicis, veuve de noble Gaspard d'Escairac, sieur de la Tour, du lieu de Ste-Arthémie, juridiction de Molières (1645). — Mention d'accord entre Mathurin d'Escairac, seigneur de Lauture et François d'Escairac, son frère, seigneur de la Duguie, au sujet de la succession de feu Gabriel d'Escairac, leur père (1647). — Invitation du duc d'Épernon au seigneur de Lauture d'avoir à se joindre à lui « pour rendre à sa Majesté les services qu'elle doit attendre d'une personne de sa naissance et de son courage » (1649). — Testament de Mathurin d'Escairac fait au château de Lauture (1652). — Lettre de Henri de Lorraine, comte de Harcourt, général des armées de Sa Majesté, en Guyenne et provinces circonvoisines, par lesquelles ce général met sous la protection et sauvegarde du Roi et sous la sienne particulière les terres de Cazillac, Estissac et Goujounac appartenant au sieur de Lauture (1652). — Testament de Marguerite de la Garde, veuve de Gabriel d'Escairac, seigneur de Lauture (1653). — Quittance de la somme de

4000 livres donnée par demoiselle Blanche de Labondie, veuve de noble Audoin d'Escairac, sieur de Monbel, à noble Antoine d'Escairac, sieur de Montricoux (1654). — Achat par Mathurin d'Escairac, seigneur de Lauture, de Gaston de Foucaut, vicomte de Monscal, moyennant la somme de 11.800 livres, de la terre de Goujounac (1654). — Procuration d'Élie de Durfort en faveur de Mathurin d'Escairac, son époux (1657). — Testament de Marguerite de Saignes, veuve de noble Gabriel d'Escairac (1655). — Testament de Blanche de Labondie, veuve de noble Audoin d'Escairac, sieur de Monbel (1657). — Extrait de l'acte de baptême de noble Guillaume d'Escairac, fils d'Antoine d'Escairac, sieur de Monbel et de Françoise de Verdié (1661). — Mention de l'inventaire des meubles et effets de feu Antoine d'Escairac, seigneur de Lavernède, dressé à la requête de dame Catherine de Lamothe, sa veuve (1664). — Contrat de mariage de Jean-Baptiste d'Escairac, chevalier, seigneur de Cazillac, et de Charlotte d'Alogni (1665). — Arrêt de la cour des aides et finances de Cahors, séant à Montauban, portant que nobles Antoine d'Escairac, sieur de Montricoux et de Monbel, Pierre d'Escairac, sieur de Lavernède et Labastide, et Bertrand d'Escairac, sieur de la Planc, jouiront en qualité de nobles, de tous les droits exemptions, privilèges et immunités accordés aux nobles par les ordonnances royaux et arrêts de règlements (1665). — Jugement du commissaire nommé pour la recherche des véritables et des faux nobles, par lequel nobles Mathurin d'Escairac, seigneur dudit lieu et de Lauture, Jean d'Escairac, seigneur de las Meronnes et de Montayral, et François d'Escairac, sieur de la Duguie et de Vignals, frères, sont relaxés des assignations à eux données (1666). — Mention de la maintenue de noblesse par l'intendant Pelot à Jacques d'Escairac, seigneur de Lavernède et de Labastide et à Jean, Pierre et autre Pierre, ses frères, sur le vu de leurs titres remontant à 1557 (1668). — Mention d'ordonnance de l'intendant de la généralité de Guyenne, autorisant François d'Escairac, écuyer, de Goujounac, capitaine d'infanterie, dans le régiment de Lovigny, à faire arrêter certains déserteurs de sa compagnie (1668). — Contrat de mariage de messire Jean d'Escairac, sieur de Cazillac et de demoiselle Anne-Henriette de Crugy-de-Marcillac (1668). — Foi et hommage rendus au Roi par messire Jean d'Escairac, sieur de Cazillac (1669). — Procès-verbal de vérification du nombre des enfants de noble Mathurin d'Escairac, seigneur de Lauture, Goujounac et autres places (1669). — Attestation de Nicolas Cotoner, grand maître de l'ordre de Malte, constatant que noble François de Lauture, chevalier dudit ordre, est actuellement à Malte (1673). — Mention de la donation de tous ses biens à noble Jean d'Escairac, écuyer, seigneur de Lavernède, son fils, par Catherine de Lamothe, veuve d'Antoine d'Escairac (1679). — Contrat de mariage de noble Guillaume d'Escairac, sieur dudit lieu et demoiselle Marie de Lauzières, fille de feu Jean Hector de Lauzières, sieur de Lemozy et de Geneviève de Marsa, du lieu de Belfort (1682). — Mention de l'émancipation de Jean d'Escairac, baron de Cazillac, par son père, Mathurin d'Escairac, sieur de Lauture (1684). — Obligation faite, le 23 juin 1684, par noble Louis Ambroise de Lauzières, sieur de Lemozy, habitant du lieu de Belfort, au profit de nobles Antoine et Guillaume d'Escairac, du lieu de Monbel-bas, paroisse de Nevèges. — Mention du contrat de mariage de noble Thomas de Colomb, écuyer, seigneur de Saint-Thamar et de demoiselle Françoise d'Escairac (1687). — Donation entre vifs faite par demoiselle Françoise de Verdié, femme de noble Antoine d'Escairac, sieur de Montricoux, en faveur de noble Guillaume d'Escairac, son fils aîné (1687). — Testament de noble Antoine d'Escairac, sieur de Montricoux et Monbel (1688). — Testament de noble Guillaume d'Escairac, sieur de Monbel, demeurant au lieu de Calcat, paroisse de Nevèges (1717). — Mention du testament de noble Antoine d'Escairac ds Lauture, seigneur de la Duguie, en faveur de son neveu Henri d'Escairac (1722). — Contrat de mariage de noble Raymond d'Escairac, écuyer, sieur de Monbel et de noble demoiselle Marguerite-Françoise-Célestine du Bruelh, fille de feu messire Jean-Louis du Bruelh, seigneur d'Espanel et de dame Jeanne de Savignac (1734). — Extrait de l'acte de baptême de noble Marie d'Escairac, fille naturelle et légitime de noble Raymond écuyer, sieur de Monbel et de dame Marguerite-Françoise-Célestine du Bruelh (1743). — Testament de noble Raymond d'Escairac, écuyer, sieur de Monbel (1744).

F. 398. (Cahier.) — Petit in-folio, 12 feuillets, papier.

1267-1751. — Escairac. — Extrait du registre de l'abbé Lavaissière, prêté par M. de Folmon à M. d'Escairac, en octobre 1849, contenant un inventaire de pièces intéressant la famille d'Escairac.

F. 399. (Liasse.) — 4 pièces, papier.

1246-1530. — Espaigne, Estaing, Estrade. — Indication de sources pour Arnaud d'Espaigne, chevalier, sénéchal de Périgord et de Quercy et Bertrand d'Espaigne, chevalier (1353) — Indications de sources pour : hommage fait à Raymond, comte de Toulouse, par Déodat d'Estaing (1246) ; — don du roi Jean à Jean de Saintré, sénéchal d'Anjou et du Maine (1355) ; — François d'Estaing, écuyer, du lieu de Septfonds en Quercy (1530). — Indication de source pour l'Estrade, seigneur de Floirac, en Quercy (1393).

F. 400. (Liasse.) — 9 pièces, papier.

1317-XIX⁰ siècle. — Falguières, Faral de Baillot, Faudoas, Fay. — Extrait des minutes de Hugues *Rigolaci*, notaire à Figeac, touchant lausime et reconnaissance par Bertrand Falguières, de Figeac, à Gaillard Lestroa, licencié, habitant de Figeac, procureur fondé de noble Charles de Cornély, doyen du monastère de Figeac (1540) ; — extrait analogue portant vente de cens et rentes faite à Jean Labrou, marchand de Figeac, par nobles Finon de Narbonès, damoiselle de Rocafort et Jean Las Cases, son fils (1540) ; — extrait analogue portant abandon des fruits du prieuré de Cambos, fait à Guilhem Viguié, marchand, de Figeac, par Guilhem del Caÿro, marchand, aussi de Figeac (1540) ; — extrait analogue portant bail à rente de tous les fruits, revenus et émoluments de la rectorie de Saint-Pierre de Fourmagnac, fait à Louis Palhasse, bourgeois de Figeac, par Jean Le Charron, recteur de l'église Saint-Pierre de Fourmagnac (1540). — Généalogie de la famille de Faral de Baillot (1650-XIX⁰ siècle). — Extraits de l'histoire généalogique de la maison de Faudoas (1317-1604). — Indication de source pour Galdemar du Fay, chancelier, bailli de Vitry et de Chaumont (1334).

F. 41. (Liasse.) — 11 pièces, papier.

1035-1845. — Felzins, Fénelon. — Indication de source pour donation du village de *Batudo* faite à l'abbé Odolric par Pierre de Felzins (1035-1065). — Exhibition par Marquès de *Felezino*, sieur de Montmurat, diocèse de St-Flour, de l'hommage fait jadis par Durand de *Felezino*, sieur du château de Montmurat (1396) ; — mention de l'hommage fait par Jacques de Felzins, sieur de Montmurat (1453). — Description des armes de Jacques de Felzins, en 1550 : *parti au 1ᵉʳ à 3 jumelles de gueules posées en bande ; au 2ᵉ, coupé d'azur à un lion léopardé d'argent, lampassé et armé de gueules et d'or, à la vache passante de gueules, accolée et clarinée de sable.* — Analyse des

Lot. — Tome IV. — Série F.

contrats de mariage entre messire Balthasar de Felzins, seigneur de Montmurat, Banhac, Montredon et Catherine de la Tremolière, veuve de noble Jacques de Malet, seigneur de Fargues et de Roumegous et entre Christophe de Felzins, fils dudit Balthasar et demoiselle Françoise de Malet, fille de Jacques de Malet et de ladite Catherine de Tremolière (1581). — Notice extraite de l'*Écho du Cantal*, du 18 octobre 1845, relative au mariage de Maximilien-Nicolas-Michel de Felzins de Gironde, ex-officier de dragons, avec demoiselle Marie-Thérèse-Honorine Capelle-Pucchjean et aux titres généalogiques de la famille de Felzins de Gironde. — Quittance délivrée à noble Jean de Fénelon, du lieu de Parisot, par Bertrand Missandre et sa femme Jeanne (1425). — Lettre de l'abbé de Fénelon à l'abbé de Foulhiac pour le dissuader d'accepter l'emploi de conservateur du musée des médailles du Roi, à Versailles (1690). — Lettres de Fénelon à Clairambault, sur la généalogie de sa famille (1710).

F. 402. (Liasse.) — 9 pièces, papier.

1245-1765. — Ferrières, Filhol, Flandre, Fleurans. — Mentions de Pierre de Ferrières (1245-1255), de vénérable et discret homme Alain de Ferrières (1540) et d'Aymar de Ferrières, dit le jeune, protonotaire du St-Siège apostolique, abbé de St Amand et doyen de Carennac (1571). — Donation faite par noble Huc de Ferrières à noble Jean, son fils (1413). — Description des armoiries de Mathurin de Filhol, sieur de St-Géry et de Lascabanes, conseiller-vétéran à la cour des aides de Montauban : *d'azur, à un lion d'or, placé entre deux épées et un boulet de canon aux pommeaux et aux pointes.* — Indication de source pour Henri de Flandre, 2ᵉ du nom, comte de Lodi, seigneur de Rotselaër et de Nienhove, fils de Henri de Flandre, mort le 6 novembre 1337. — Arrentements de terre faits par Bertrand Florens, seigneur de Gorcezet, à Pierre Corsol del Serairol, de la paroisse de Latronquière (1548-1551). — Indication de source pour la famille de Fleurans (1626). — Supplique de noble Jean de Fleurans, sieur du Teilh et de Germain de Fleurans, sieur de Bullac, père et fils, en décharge des assignations contre eux lancées par le commis à la recherche de la noblesse ; — ordonnance prononçant la décharge demandée (1667). — Généalogie de la maison de Fleurans, seigneurs du Teilh et d'Aiguesvives, en Agenais, qui porte *écartelé au 1ᵉʳ et 4 de gueules à un lion d'or ; au 2 et 3 d'azur à trois étoiles d'argent, 2 et 1* (1539-1765).

F. 403. (Liasse.) — 7 pièces, papier.

1364-XIXe siècle. — Flez, Foix, Folmont, Fontenay, Fontenilles, Fortia. — Don de 100 francs fait par le roi Charles V à Mourpennot de Flez, écuyer de Gascogne, en récompense de services militaires (1364). — Mention de la cession faite par Jeanne de Foix, veuve du comte d'Armagnac qui venait d'être massacré à la prise de Lectoure, par laquelle ladite Jeanne abandonne ses droits sur le comté de Fézensac à Imbert de Bastarnay (1475). — Indication de source pour Raymond de Folmont, chevalier, envoyé en Quercy et Agenais, pour bailler possession desdits pays à monseigneur Charles de France (1469). — Indication de source pour Fontenay, envoyé au traité de Boulogne (1378) et pour Guillaume de Tignonville, envoyé vers le Pape et le duc de Bretagne (1391). — *Ex libris* de Paul de Fontenilles (XIXe siècle). — Extraits des registres de naturalisations concernant Jean Fortia, originaire de Barcelone, habitant à Avignon, et ses enfants (1545-1553).

F. 404. (Liasse.) — 13 pièces, papier ; 2 cahiers p. in-folio, 21 feuillets, papier.

1361-XIXe siècle. — Foulhiac, Fouquet, du Four, Fournier de Vaillac. — Descriptions des armes de Jean Foulhiac, lieutenant de justice de Bort, en Limousin, de Joseph de Lagrange, écuyer, seigneur et baron de Tarnac, de Gain de Montagnac et de N. Verlhac, procureur du Roi à Brive (1696). — Relevé des états de service du chevalier Jean-Joseph-Armand de Foulhiac et correspondance relative à la demande d'extraits de ces états; — noms des chefs commandant les corps dans lesquels le chevalier de Foulhiac a servi, pendant qu'il était officier de cavalerie dans l'armée du prince de Condé. — Inventaire de pièces dans lesquelles figurent des membres de la famille de Foulhiac (1398-1783). — Essai généalogique sur la famille de Foulhiac de Mordesson, de Gramat (1400-1661). — Notes sur la famille Fouquet et le maréchal de Belle-Isle (1665-1762). — Ratification par le roi Jean de la paix faite entre la ville de Tournai et Olivier de Bruère, écuyer, qui avait commis des actes d'hostilité contre ladite ville, pour venger le meurtre de Jean du Four, son familier (1361). —Mention de Fournier de Vaillac, en Languedoc (1785).

F. 405. (Liasse.) — 15 pièces, papier.

1463-1598. — Le Franc. — Mandement du grand Conseil ordonnant à Raymond de Gontault, chevalier, de Cabrerets, de délivrer à Jean Le Franc, écuyer, de Cahors, le contrat de vente de la métairie appelée de Vindac (1533). — Vente par Jean Froment, habitant des Masseries, à Jean Le Franc, écuyer, de Cahors, d'une pièce de terre au terroir de la Clide, audit lieu des Masseries (1539). — Contrat de mariage de noble Antoine Le Franc, fils de noble Jean Le Franc, accordé le 4 juillet 1541, avec damoiselle Antoinette de Caminade, fille et héritière de feu sire Guillaume Donat dit Caminade et de noble Catherine de St-Jean. — Mention de l'hommage de deux pièces de terre mouvantes de la seigneurie de Berou, fait le 24 mars 1463, à Jean Le Franc, évêque, seigneur de Berou, par Guillaume Hazei. — Accord intervenu entre Pierre Carpentier, docteur ès droit et Géraude Caminade, sa femme, d'une part et Antoine du Franc, conseiller au présidial de Cahors et Antoine Caminade, sa femme, d'autre part (1557). — Mention du contrat de mariage de noble homme Jean Lefranc, sieur de Berou, accordé le 7 octobre 1563 avec demoiselle Louise Maurice, veuve de noble Ambroise de Hallot. — Sentence rendue le 2 juin 1565 par Pierre Cosse, écuyer, conseiller du Roi et lieutenant au bailliage d'Evreux, entre noble Jacques Acarie, sieur du Rocher, comme mari de demoiselle Catherine Le Franc et noble Jean Le Franc, sieur de Berou. — Accord, fait le 26 décembre 1570, entre Jean Le Franc, sieur de Berou, et autres Jean et Jean Le Franc, ses fils aîné et puiné. — Quittance donnée le 12 septembre 1583 à noble Jean Le Franc, sieur d'Argentelle, par noble Jean Le Franc, son frère, sieur du Fayel, de la somme de 26 écus deux tiers. — Lettre du roi Henri félicitant M. de Sauveterre au sujet du mariage de sa nièce, mademoiselle de Franc avec le sieur de Castres (1580). — Testament de noble Jean Le Franc, de la ville de Cahors (1594). — Réception de Antoine Le Franc en qualité de licencié en droit (1596). — Contrat de mariage de Jacques Le Franc, écuyer, sieur de la Vieille ville et de demoiselle Artuse de Chardonnay, fille de feu noble Philippe de Chardonnay, sieur de Bicherel (1598).

F. 406. (Liasse.) — 24 pièces, papier.

1662-1649. — Le Franc. — Analyse de l'acte de partage fait le 14 septembre 1602, entre Gabriel et

André Le Franc, frères, écuyers. — Arrrêt de la chambre des francs-fiefs, établie à Rouen, au sujet de la saisie du fief de Tourneraïe, appartenant à François Lefranc, écuyer (1605). — Mention de la remise faite le 5 octobre 1605 à Jean Le Franc, écuyer, sieur de Berou, par André Le Franc, son fils, écuyer, sieur du Fayel, de l'usufruit qu'il avait dans la terre de Fayel. — Contrat de mariage d'André Le Franc, écuyer sieur de Fayel, assisté de Gabriel Le Franc, son frère aîné et de François de la Pierre, écuyer, sieur de Loriant, accordé le 26 décembre 1612 avec demoiselle Madeleine de Concordan, veuve de Jean de Thieulin. — Arrêt de la cour des aides de Rouen, du 9 décembre 1612, qui maintient Pierre Le Franc, sieur de Villeraie en sa qualité de noble. — Contrat de mariage de noble Louis Le Franc, écuyer, sieur de la Salle de Mansia, accordé le 3 septembre 1620 avec demoiselle Jeanne de Mincey, fille de noble Louis de Mincey, écuyer, seigneur de Grenat et de demoiselle Philiberte du Rousset, sa femme. — Contrat de mariage de monsieur maître Géraud Le Franc, conseiller du Roi et président en la cour présidiale de Quercy à Cahors, accordé le 16 septembre 1635, avec damoiselle Claire de la Grange de Rouffilhac. — Passeport délivré par le duc de Créquy, pair et maréchal de France, lieutenant général en Dauphiné, aux sieurs Le Franc et La Serre, capitaines au régiment de Roquefeuille (1636). — Sentence rendue le 29 janvier 1636 par le prévôt général de l'armée du Roi en Italie, entre noble François du Franc, sieur de la Tour, capitaine au régiment de Roquefeuille, demandeur en cas de désertion de milice, d'une part et plusieurs soldats défendeurs et défaillants d'autre part. — Testament de Claire de la Grange de Rouffilhac, femme de Géraud du Franc, conseiller du Roi, président en la sénéchaussée de Quercy, à Cahors (1638). — Contrat de mariage de Géraud du Franc, conseiller du Roi, président au présidial de Cahors, assisté de Mᵉ Étienne de Rey, docteur et avocat, son beau-frère, procureur fondé d'Antoine du Franc, docteur régent en l'université de Cahors, père dudit sieur président, accordé le 1ᵉʳ juillet 1640 avec damoiselle Hélène de Courtois de Caïx, veuve de noble Paul de Raymond, sieur de St-Jean Dauty. — Congé accordé par Henri de Lorraine, comte de Harcourt et général des armées du Roi en Italie, au sieur de Lisle, lieutenant dans le régiment de Vaillac (1641). — Provisions de l'office de greffier civil secrétaire héréditaire de la cour des aides et finances de Cahors, en Quercy, ancien alternatif et triennal, données à Honoré du Franc, docteur et avocat en la cour de parlement de Toulouse (1642).

— Certificat de bons et loyaux services accordé par le prince Thomas de Savoie et général en Italie, au sieur de Lisle, lieutenant dans le régiment de Vaillac (1642). — Testament de Marguerite de de Lom, femme de noble François du Franc, sieur de Lisle (1644). — Requête à l'intendant de Bourgogne et Bresse, par Jean du Franc, écuyer, sieur de la Sale de Manziac, damoiselles Louise et Philiberte du Franc, ses sœurs, à l'effet d'obtenir l'exemption des tailles et autres immunités des nobles (1645). — Testament d'Antoine du Franc, docteur régent en l'université de la ville de Cahors, fait le 18 juin 1645. — Certificat de bons services délivré par le sieur Du Breuil, maître de camp d'un régiment d'infanterie et gouverneur de Nice, au sieur de Lisle, capitaine dans son régiment (1647). — Autre certificat délivré au même par François d'Isle, duc de Modène et de Reggio, généralissime des armées de Sa Majesté en Italie (1649).

F. 407. (Liasse.) — 30 pièces, papier.

1650-1697. — Le Franc. — Certificat de services militaires délivré par le comte de Pateau, lieutenant général de l'armée du roi en Guyenne, au sieur de Lisle, capitaine au régiment d'infanterie Du Breuil (1650). — Passe port délivré au même par le marquis de la Fare, commandant les armées de Sa Majesté dans le Lampourda (1651). — Certificat de services militaires délivré au sieur de Lisle, de Cahors, lieutenant dans le régiment de cavalerie du Coudray-Montpensier, compagnie de Valence (1652). — Autre certificat et passe port délivrés au même par le seigneur de Marin, lieutenant général des armées du Roi en Guyenne et par le duc de Candalle, général de l'armée du Roi en Guyenne (1653). — Analyse d'une sentence rendue aux plaids du bailliage et vicomté d'Illiers, le jeudi 13ᵉ de novembre 1653, en faveur de la veuve P... Fourci, contre Gabriel d'Esparbès, chevalier, seigneur de Lussan et de Brajais, par laquelle ledit sieur de Lussan est condamné à payer à la dite veuve la somme de 110 livres dont il avait répondu pour Charles Le Franc, écuyer, seigneur du Fayel. — Congé de 4 jours accordé aux sieurs de Salvagnac de Lisle et de Gary, officiers de cavalerie, par Henri du Coudray-Montpensier, gouverneur de Blois, maître de camp de cavalerie et d'infanterie, maréchal de camp (1654). — Requête aux élus de l'élection de Bresse par Jean de Franc, écuyer, sieur de la Salle, pour n'être pas compris sur les rôles de la taille de Mauziac (1654). — Certificat de services militaires délivré au sieur de Lisle, lieutenant de cavalerie, par Henri du Coudray-Montpensier, gouverneur de Blois (1655). — Donation par demoiselle Madeleine de Concordan, veuve d'André Le Franc, écuyer, sieur de Fayel, en faveur de ses enfants (1658). — Testament de damoiselle Jeanne de Mincé, dame de Grenolt, veuve de Louis Le Franc, écuyer, seigneur de la Salle (1658). — Procès-verbal d'apposition de scellés après le décès de Jeanne de Mincé, veuve de Louis Le Franc, malgré les protestations de Jean de Franc, écuyer, fils de la défunte (1658). — Contrat de mariage de Jean de Franc, écuyer, seigneur de Grenolt et la Salle-Mauziac et de damoiselle Philiberte du Pujet (1659). — Contrat de mariage de messire Jean de Michel, seigneur du Roc, conseiller du Roi en la cour des aides et finances établie en la ville de Cahors, accordé le 2 octobre 1660, avec demoiselle Madeleine du Franc, fille de messire Géraud du Franc, président en la cour des aides. — Certificat de médecins et de chirurgiens constatant qu'une blessure résultant d'un coup de mousquet reçu par le sieur de la Tour du Franc, lieutenant des chevaux-légers, est incurable (1665). — Lettres de tonsure d'Honoré Le Franc, fils de noble Géraud et d'Hélène de Caïx (1661). — Mention d'aveu du fief de Fayel donné le 7 juin 1666, par Charles Le Franc, écuyer, sieur de Fayel et dame Élisabeth d'Amfreville, veuve de François Alorge, écuyer, comme tutrice et ayant la garde noble de ses enfants. — Certificat de dépôt de titres de noblesse par Jean du Franc, seigneur de la Salle-Manzia et Grenolt, en Maconnais (1667). — Contrat de mariage de noble Jean du Franc, sieur de Caïx, avocat en Parlement et de damoiselle Marie de la Coste, fille de Jacques de la Coste, professeur du Roi en l'université de Cahors (1669). — Extrait du registre des baptêmes de la paroisse de Marcilli-la-Champagne, au diocèse d'Évreux, portant que Charles, fils de Charles Le Franc, écuyer, sieur du Fayel et de Geneviève Le Comte, sa femme, fut baptisé le 15 avril 1671 ; — Testament de dame Hélène de Caïx, femme de M. Le Franc, président en la cour des aides de Montauban (1671). — Contrat de mariage de Louis du Franc de Lacarry, conseiller du Roi, président en l'élection de Quercy, à Montauban et de demoiselle Jeanne de Gatinhol de Lentis, fille de Jean de Gatinhol, sieur de Fonnadal (1672). — Certificat délivré par les commissaires nommés par la Chambre de la noblesse aux États tenus en la ville de Dijon, au mois d'août 1679, attestant que « M. Jean de Franc, escuyer s'est représenté par devant nous…, est bon gentilhomme, non noble simplement, mais de la qualité requise pour

entrer en ladite chambre, qu'il fait profession des armes et non de la robbe, et qu'il possède la terre et fief de Grenot, en fief et non en justice, sise en Maconnais » (1681). — Testament de dame Philiberte du Pujet, femme de Jean de Franc, écuyer, seigneur de Grenolt et de la Salle (1681). — Appointement du siège sénéchal de Montauban condamnant l'hérédité de feu noble Louis Le Franc-Lagarrigue, capitaine au régiment de la marine, à payer à messire Samuel Daliès, seigneur de la Tour, habitant à Paris, la somme de 575 livres 6 sols (19 août 1692) ; — procuration donnée par ledit Samuel Daliès à maître Jonathan de Garrisson, seigneur de Listrac, pour percevoir ladite somme de 575 livres 6 sols (30 août 1692) ; — Testament de Jean Le Franc, écuyer, seigneur de la Salle et de Grenolt (mars 1693). — Provisions de l'état et office de conseiller du Roi, président en la cour des aides et finances de Montauban, que tenait et exerçait Géraud Le Franc, accordées à Jacques Le Franc, son fils (1693). — Mention de vente d'une ferme et métairie, assise dans la seigneurie d'Osmoi, vicomté de Nonancourt, faite le 23 avril 1695, à Charles Le Franc, écuyer, demeurant dans la paroisse de Marcilli-la-Champagne, par Michel Bautier, écuyer, sieur d'Indreville, demeurant au lieu de Coudre. — Lettres de dispense de service, de parenté et d'alliance, données par le Roi à Versailles, le 23 décembre 1695, à son cher et bien amé Étienne Le Franc, sieur de Lagrange, prêtre docteur en Sorbonne. — Provisions de l'office de conseiller du Roi, président en la cour des aides et finances de Montauban, que tenait et exerçait feu Jacques Le Franc, dernier possesseur d'icelui, accordées à Étienne Le Franc, sieur de Lagrange, prêtre, docteur en Sorbonne, frère dudit feu Jacques (1696). — Mention du contrat de mariage de Charles Le Franc, écuyer, fils de Charles Le Franc, sieur du Fayel et de Geneviève Le Comte, accordé le 21 mai 1697, avec demoiselle Madeleine du Roüil, fille de Pierre du Roüil, écuyer, et de demoiselle Madeleine Flambard.

F. 408. (Liasse.) — 34 pièces, papier.

1702-1704. — Le Franc. — Mention de la commission de capitaine d'une compagnie de 35 hommes de nouvelle levée dans le régiment de dragons de St-Cernin, donnée par le Roi à Versailles, le 23 avril 1702, au capitaine Lacari. — Mention de la charge de cornette en la compagnie de Lacari, dans le régiment de dragons de St-Cernin (23 avril 1702). — Mention du brevet de la charge de lieutenant en la compagnie de Bourgognade, dans le régiment de dragons de St-Cernin (18 mars 1705). — Analyse du testament olographe d'Étienne Le Franc, docteur en Sorbonne, abbé de St-Paul de Narbonne, conseiller du Roi, président en la cour des aides et finances de Montauban (1705). — Mention de la commission de capitaine d'une compagnie de chevau-légers, donnée par le Roi à Versailles, le 27 novembre 1705, au sieur Le Franc Lascary. — Mention de la commission de capitaine de la compagnie que commandait le capitaine Le Franc Lascary dans le régiment des dragons de St-Cernin, alors vacante par son changement dans une compagnie de cavalerie, donnée par le Roi à Versailles, le 6 décembre 1705, à son cher et bien amé Lascary. — Analyse des provisions de l'état et office de conseiller du Roi, premier président en la cour des aides et finances de Montauban, que tenait et exerçait Claude Guillart, dernier possesseur qui en avait fait la transmission au sieur Jacques Le Franc, par acte du 11 mai 1706. — Analyse des lettres de provisions de l'un des deux offices de conseiller du Roi en la cour des aides et finances de Montauban, créés par édit du mois d'octobre 1704, auquel il n'avait été encore pourvu, données par le Roi à Versailles, le 19 juin 1707, à son amé et féal conseiller président en l'élection de Montauban, Louis du Franc de Lacarry, avocat, avec faculté de posséder sans incompatibilité ledit office de président en ladite élection conjointement avec celui de conseiller et d'en continuer l'exercice et les fonctions pendant 2 années. — Articles du mariage de messire Jacques Le Franc, conseiller du Roi en ses conseils et premier président de la cour des aides de Montauban, fils de messire Jean Le Franc, doyen de l'université de Cahors et de dame Marie de Lacoste, arrêtés le 3 août 1708 avec demoiselle Marie de Caulet, fille de messire Guillaume de Caulet, conseiller du Roi et président à mortier au parlement de Toulouse et de dame Anne de Noël. — Provisions de l'office de conseiller du Roi, président en la cour des aides de Montauban que tenait et exerçait défunt Étienne Le Franc, dernier possesseur, données par le Roi, à Versailles, le 7 juillet 1709, à son bien amé Jean Le Franc, avocat, professeur royal et doyen de l'université de Cahors, frère dudit Étienne Le Franc. — Extrait des registres des baptêmes de la paroisse de St-Jacques de Montauban, portant que Jean-Jacques Le Franc, fils de messire Jacques de Le Franc, premier président de la cour des aides de Montauban, né le 10 août 1709, fut baptisé le lendemain dans la dite église. — Délibération du chapitre de l'église primatiale de Narbonne, portant qu'il sera fait à l'avenir et à perpétuité un anniversaire, le 20 mars, jour du décès de messire Étienne Le Franc, chanoine théologal et archidiacre des Corbières en ladite église de Narbonne et ensuite abbé de l'église collégiale St-Pol de la dite ville (1710). — Extraits des registres des baptêmes de la paroisse St-Jacques de Montauban concernant les naissances de Guillaume, Jeanne-Joseph, Marie-Thérèse, Jean-George et Louis Le Franc, enfants de messire Jacques Le Franc, premier président en la cour des aides de Montauban et de dame Marie de Caulet, mariés (1710-1716). — Analyse du testament olographe de Jacques Le Franc, chevalier, seigneur de Caïx, Lisle et Pompignan, premier président en la cour des aides de Montauban (1718). — Extrait des registres des baptêmes de la paroisse St-Jacques de Montauban, concernant la naissance de Jean Le Franc, fils de feu Jacques Le Franc, premier président de la cour des aides de Montauban et de dame Marie de Caulet (1718). — Lettres de comptabilité données par le Roi à Paris, le 8 avril 1719, à son aimé et féal conseiller président en la cour des aides de Montauban, Louis Le Franc, pour posséder ledit office de président avec celui de premier président en la dite cour des aides. — Analyse du testament olographe de Jean Le Franc de Caïx, président en la cour des aides de Montauban, fait le 31 mars 1724. — Extrait des registres de la paroisse de St-Victor, portant que messire Jean-Jacques Le Franc de Lacarry, capitaine de dragons au régiment de Nicolay, âgé de 45 ans, habitant de ladite paroisse de St-Victor, juridiction de Molières et demoiselle Madeleine de La Vigne, âgée de 28 ans, de la paroisse de St-Sulpice, juridiction de Durfort, ont reçu la bénédiction nuptiale, le 25 juillet 1732. — Brevet de 200 livres de pension accordée par le Roi, à Marly, le 30 juin 1729, au sieur Le Franc de Lacarry, capitaine de dragons réformé. — Provisions de l'état et office de conseiller du Roi, premier président en la cour des aides de Montauban que tenait et exerçait le sieur Louis Le Franc, accordées à Jean-Jacques Le Franc, neveu dudit Louis (1747). — Lettres de conseiller d'honneur au parlement de Toulouse données par le Roi, à Versailles, le 24 juin 1757, au sieur Jean-Jacques Le Franc, premier président de la cour des aides de Montauban. — Lettres du Roi au comte de Civrac, colonel du régiment royal de vaisseaux, l'invitant à faire reconnaître, comme lieutenant dans ledit régiment, le sieur Jacques Le Franc de Lacarry (1757). — Extrait du contrat de mariage de Jean-Jacques Le Franc, chevalier, premier président honoraire de la cour des aides de Montauban, conseiller d'honneur au parlement de Toulouse, seigneur de Pompignan, Caïx, le Touron et autres places, accordé le 21 octobre 1757, avec dame Marie Antoinette de Caulincourt, femme majeure de 25 ans, veuve de M. Pierre Grimod Durfort, conseiller fermier général secrétaire du Roi et intendant général des postes, relais et messageries de France. — Extraits des registres des baptêmes de l'église paroissiale de St-Sulpice de Paris, touchant la naissance de Guillaume-Marie-Polyeucte-Prosper et de Jean-George-Louis Marie, fille et fils de Jean-Jacques Le Franc de Pompignan et de dame Marie de Caulincourt, mariés (1758 et 1760). — Contrat de mariage de noble Louis Le Franc, fils aîné de feu Jean-Jacques Le Franc de Lacarry, ancien capitaine de dragons et de dame Madeleine de la Vigne, mariés, accordé le 20 juillet 1762 avec demoiselle Françoise de Deslax, fille aînée de noble Marc Antoine de Deslax.— Extrait du registre des baptêmes de l'église de notre Dame de Molières, portant que noble Jean-Jacques de Le Franc, né du légitime mariage de noble Louis de Le Franc et de noble Françoise de Deslax, son épouse, fut baptisé le 17 décembre 1764.

F. 409. (Liasse.) — 3 pièces, papier.

1028-1238. —ʼFrotaire. — Calcul pour déterminer l'époque de la construction du pont d'Albi, sur le Tarn, par Frotaire, évêque de Nîmes (1028-1077). — Discussion sur l'excommunication et la déposition de Frotaire, évêque d'Albi, pour cause de simonie (1068-1098). — Indications de sources : pour acte de vente de droits au château de Caussade et en la ville de St-Cyr, faite à Ratier de. Caussade par Frotaire, vicomte de St-Antonin (1198); — pour don d'appartenances en la ville de St-Antonin fait à R. de Caussade par son oncle Isarn, vicomte de St-Antonin (1238).

F. 410. (Liasse.) — 16 pièces, papier.

1279-1884. — Galard. — Mention d'Albert de Thézac et de Pierre de Galard comme témoins dans l'acte de cession de l'Agenais par le roi de France à Édouard, roi d'Angleterre (1279). — Indications de documents à consulter pour les généalogies des barons de Luzech, des seigneurs de Monclar, de la famille de St-Julien , de Gironde, de Galard-Brassac, etc. — Généalogie de la maison de Galard, par Noulens ; — examen critique et réfutation de cette généalogie par Lacabane.— Note sur Arnaud de Luzech, sieur de Brassac (1303). — Arrêt du Parlement annulant les procédures dans un procès entre Gaillard de Beauville, damoiseau et Esclarmonde de Thézac d'une part et les consuls de Lauzerte d'autre part, au sujet de la juridiction dans le château de Brassac (1323). — Hommage rendu au chapitre de Cahors par Bertrand de Cardaillac, sieur de Bioule (1328). — Tableau généalogique, depuis Arsieu de Terraube jusqu'à Antoinette de Galard, femme de Sicard de Montaut, sieur d'Auterive (1304-1352). — Tableau généalogique des coseigneurs de Brassac, depuis Gaillard de Beauville jusqu'à N. de Galard, d'un côté et depuis Esclarmonde de Thézac jusqu'à Jean de Galard (1323-1407). — Degrés généalogiques de la maison de Thézac et puis de Luzech, depuis Esclarmonde de Thézac jusqu'à Huc ou Hugues de Luzech (1323-1407). — Tableau généalogique des sieurs de Brassac, depuis Arnaud de Beauville jusqu'à Jean de Galard (1333-1461).— Mention de l'hommage rendu à Bertrand de Cardaillac, évêque de Cahors, par G. de Beauville, pour les dîmes de Brassac (1329) ; — notes de Lacabane. — Hommage rendu à François de Cardaillac, évêque et comte de Cahors, par Gaillard de Beauville, damoiseau, pour les dîmes de blé et de vin qu'il a dans les paroisses de Brassac, de Bugat, de St-Clément, de St-Hilary de Planel, de St-Nazaire, de Montmagnarie, de Laburgade, de Buzenor, de Posicastel et de St-Pierre al Puhot (1394). — Dispense pour mariage entre Bernard de *Forcesio*, fils de noble Jourdain, seigneur du château de *Forcesio* d'une part et Sarida *aliàs* Assalida de Galard, du diocèse de Condom, veuve d'Armand de Beauville, sieur de Brassac, d'autre part (1333). — Dispense pour mariage entre Guillaume de Galard, seigneur en partie de Brassac et Coincessie de Durfort, du diocèse d'Agen (1357). — Tableau généalogique de la famille Galard de Brassac de Béarn, depuis Guillaume de Galard jusqu'à Pierre de Galard (1341-1465). — Mention de Ghiry Trosel et description du sceau de Gausbert de Luzech, sieur de Bresset (Brassac) (1369). — Quittance de 200 francs d'or délivrée à noble Jean de Galard, sieur de Brassac, par noble Huc de Luzech, coseigneur de Luzech, fils et héritier de noble Jean de Galard, sieur de Brassac (1407). — Analyse du testament de noble Jean de Galard, sieur de Brassac (1448). — Analyse du testament de noble François de Galard, chevalier, sieur de Brassac (1536). — Hommage rendu à Louis, évêque de Cahors, par Pierre de Galard, sieur de Brassac, fils de noble Jean de Galard, chevalier, pour les dîmes de blé et de vin qu'il tient en fief dans les églises de Brassac, St-Clément, St-Hilaire de Planel, St-Nazaire, Montgaudon, Capagnac, Laburgade, la Beseinea, Posi-Castel et St-Pierre al Puech (1460) ; — réception par Pons de *Gangeliaco*, archidiacre majeur, chanoine de Cahors, et vicaire général de l'évêque Louis, du cens dû par

le susdit Pierre de Galard (1460). — Note sur « l'establie » de Limeuil et sur Jean Galard, sieur de Limeuil
(S. D.). — Lettre de M. Noulens à Lacabane au sujet
des Galard, sieurs de Brassac (1869).

F. 411. (Liasse.) — 10 pièces, papier.

1470-1633. — Galiot de Genouillac, Galiote de
Vaillac, Gailhard. — Quittance de la somme de 100 livres tournois, montant de ses gages comme viguier,
délivrée par Galiot de Genouillac, écuyer d'écurie du
duc de Guyenne, et viguier de Figeac (1470). — Indication de source pour lettre de Galiot de Genouillac
à M. de Bouchage, relativement à une affaire concernant l'évêque de Cahors (1494). — Notes sur Jacques
de Genouillac, dit Galiot (1500-1517). — Mentions des
prestations de serment comme sénéchaux du Quercy,
prêtés par Jacques et François de Genouillac (1517-
1592). — Mandement de François de Genouillac, dit
Galiot, écuyer, sieur d'Assier, du Chaillici et du Mai-
gnet, conseiller et chambellan ordinaire du Roi et son
sénéchal en Quercy, à Pierre Lorins, commis à la recette des deniers du domaine du Roi en Quercy,
d'avoir à payer à Pierre Milhan, notaire ordinaire de
la cour audit sénéchal, certaines sommes de deniers
pour frais d'inventaire de l'artillerie de Moissac, La
Française, Puycornet, Mirabel, Caussade, Caylus, Bruniquel, Montricoux, Négrepelisse, Bioule, Molières,
Monclar et Montauban (1536). — Renouvellement
des privilèges communaux, en faveur des habitants
d'Assier, par Jacques de Genouillac, dit ·Galiot, chevalier de l'ordre du Roi, capitaine général de l'artillerie, grand écuyer de France, etc., sieur d'Assier, de
Livernon, Grèzes, baron de Capdenac, etc. (1538). —
Indication de source pour Galiot de Genouillac (S. D.).
— Mention de l'histoire de la vie et des vertus de la
vénérable mère Galiote de St-Anne, de la très illustre
maison des comtes de Vaillac, religieuse de l'ordre de
St-Jean de Jérusalem, prieure du monastère de l'hôpital Beaulieu en Quercy, réformatrice de son ordre
en France (1633). — Contrat de mariage de Jean
Gailhard, de la ville de Fons et d'Isabelle Jauberti,
fille du juge ordinaire du pariage royal de la dite
ville de Fons (1539).

F. 412. (Liasse.) — 19 pièces, papier.

1555-1868. — Garrigues, seigneurs de St-Hubert,
de Saynac et de Flaujac et Garrisson. — Notes généalogiques sur la famille Garrigues (1555-1868). — Let-

tre d'Emmanuel de Savoie, marquis de Villars, lieutenant général au pays et duché de Guyenne, nommant
le capitaine Garrigues au commandement du fort de
Mirabel (1591). — Copie d'une lettre adressée d'Albas,
par l'évêque de Cahors au capitaine Garrigues, commandant à Mirabel, par laquelle le prélat prie le capitaine de vouloir bien aider le sieur Caussade, son
secrétaire, dans la mission dont il était chargé (1591).
— Lettre du marquis de Villars priant le capitaine
Garrigues de lui prêter main-forte, attendu la présence des ennemis, pour conduire un canon de Puylaroque à Cahors (1591). — Autre lettre du marquis
de Villars ordonnant au capitaine Garrigues d'assembler des soldats pour l'aider « en quelque exploit »
qu'il a à faire durant son séjour dans le Quercy (1592).
— Lettre de Henri de Bourbon, prince de Condé, invitant M. Garrigues de Saynac, à venir se joindre à
lui pour combattre les ennemis qui ont envahi le
Roussillon (1639). — Extrait des registres du conseil
d'État maintenant dans son état et possession de noblesse le sieur Jean-Charles Joseph de Garrigues de
Saynac, seigneur de Flaujac, écuyer, garde du corps
de Sa Majesté (1789). — Brevet de confirmation des armoiries de Jean-Charles-Joseph de Garrigues de Saynac, qui sont *d'azur à un lion d'or, armé, langué et
couronné de gueules ; écartelé d'argent à un chêne de
sinople sur une terrasse du même mouvante de la pointe
de l'écu* (1789). — Lettre du baron de Flaujac, 'ancien
député, demandant à Lacabane des conseils sur la
conduite à tenir pour la conservation de ses titres généalogiques (1845). — Armoiries de M. Abel de Garrisson, avocat en Parlement, qui sont *d'or, au chêne de
sinople terrassé de même ; au chef d'azur, chargé de
trois étoiles d'argent.* — Indication de source pour
provisions d'offices de notaires, secrétaires du Roi,
maison et couronne de France, audienciers en la
cour des aides de Montauban, accordées à Pierre Garrisson et à Hugues Vidal de La Pize (1692).

F. 413. (Liasse.) — 8 pièces, papier; cahier in-fo, 6 feuillets,
papier.

1750-1769. — Gascq. — Fragments de tableau
généalogique de la famille de Gascq (1250-1355). —
Notes généalogiques sur les familles de Gasq de Gaulejac (1266-1475). — Inventaire des titres et actes qui
établissent la filiation de la famille de Gascq de Mialet
(1270-1551). — Mémoire généalogique sur la famille
de Gascq (1270-1572). — Généalogie des deux branches de Gascq de Lagasquie et de Prendeignes et de

Gascq de Mialet et du Bouyssou, réunies en une seule famille par testament du 10 juillet 1551 (1285-1769). — Tableau généalogique de la maison de Gascq, sieurs de Mialet, diocèse de Cahors, depuis Auger Guasc, damoiseau, jusqu'aux enfants de Mathelin Gascq et de Marguerite de la Roche-Maurel (1363-1500). — Mentions d'actes intéressant la maison de Gascq (1384-1700).

F. 414. (Brochure). — In-quarto, 27 feuillets, papier.

1825. — Gascq. — Généalogie de la maison de Gascq de Mialet, extraite du tome V de l'Histoire généalogique et héraldique des pairs de France, des grands dignitaires de la Couronne, des principales familles nobles du Royaume et des maisons princières de l'Europe ; par M. le chevalier de Courcelles, généalogiste honoraire du Roi. *Paris, de l'imprimerie de Plassan, Rue de Vaugirard, n° 15, derrière l'Odéon 1825.* — Les marges de cette brochure sont remplies d'annotations et de corrections de Lacabane.

F. 415. (Liasse.) — 8 pièces, papier.

1260-1299. — Gascq. — Analyse du testament de M.... Gascq et notes de Lacabane sur la date de ce testament (1260 à 1269). — Testament de messire Bertrand Gasc, chevalier (1267). — Sentence arbitrale sur le désaccord survenu entre B. Gasc, fils de Raymond Gasc, d'une part et Arnaud Gasc, fils de Guillaume, Rigal Bel, bourgeois de Figeac, Guillaume Gasc, fils de Raymond, etc., d'autre part (1270). — Indication de source pour vente faite par Gaillard Gascq, damoiseau à Guillaume del Quadre, lieutenant du commandeur de l'hôpital du Poujoulat, d'une pièce de terre appelée le pré de Mestatz, dans la paroisse de Camburat (1273). — Ventes de terres et de rentes consenties en faveur du commandeur de l'hôpital du Poujoulat par Gaillard Gascq, damoiseau, de Cardaillac, Dorde Deltreil et Guillaumette, sa femme et Dorde de Campagne (1275). — Vente par Raymonde *Lagleia* à Bernard Gascq, chevalier, de 3 deniers d'acapte et d'une quarte de froment de rente annuelle, sur une terre et une vigne sises dans la paroisse de Cardaillac (1284). — Transaction intervenue entre divers membres de la famille de Cardaillac d'une part et Géraud, Hugues et Pierre Gascq, chevaliers et autres, au sujet de l'exercice de la justice mère mixte et impère en toutes les terres et fiefs, villes et repaires qui étaient et qui sont aux paroisses de Cardaillac, Fourmagnac

Camburat, Mialet, le Bouyssou, le Bourg, Lacapelle, St-Maurice, St-Bressou, Labathude, Bouxal, Gorses, Le Montet, Sabadel, Prendeignes, Trajac, St-Perdoux, Molières, Leyme, Ste-Colombe, etc. (1299).

F. 416. (Cahier.) — In-quarto, 78 feuillets, papier.

1270 1754. — Gascq. — Copies de titres collationnées et vidimées en 1773 par les notaires Lagarrigue et Brugous. — Au nombre de ces titres figurent : la permission, par Pierre de Gascq, chevalier, d'établir un four au village de Lourliguié, paroisse de Fourmagnac (1299) ; — une sentence arbitrale entre les seigneurs de Gascq, au sujet du partage des biens de feu Bernard de Gascq (1270) ; — la vente, au prix de 40 sous cahorsins, d'une vigne et d'une terre au terroir de Polverel, paroisse de Fourmagnac, consentie par Pétronille, fille de feu Huc de Polverel, en faveur de Pierre de Gascq, damoiseau (1285) ; — une reconnaissance consentie par Jean Veduor et Pétronille, sa femme, en faveur de Pierre de Gascq, chevalier (1319) ; — la vente par Raymonde *Lagleia* à Bernard Gascq, chevalier, de 3 deniers d'acapte et d'une quarte de froment de rente annuelle, sur une terre et une vigne sises dans la paroisse de Cardaillac (1284) ; — une reconnaissance consentie par Géraud Lapoujade de la paroisse de Montet, en faveur de Guillaume de Gascq, damoiseau (1301) ; — le testament de noble Aymeric de Gascq, damoiseau, de Cardaillac (1384) ; — une ratification de vente d'une maison à Cardaillac par Jean de Cardaillac, chevalier, seigneur de St-Cirq-Lapopie et Gisbert de Cardaillac (1443) ; — le testament de Mathurin de Gascq, seigneur de Prendeignes et de Lagasquie (1500) ; — une transaction entre noble Marguerite de Roquemaurel, veuve de noble Mathurin de Gascq, damoiseau, de Cardaillac et noble Guillaume de Gascq, seigneur de Prendeignes et de Lagasquie, son fils (1505) ; — une quittance faite par noble Gaillard d'Assier, héritier de noble Hirlande d'Assier, sa tante, femme de noble Aymeric de Gascq, en faveur de noble Hugues de Gascq, son frère, chanoine de Chartres (1385) ; — le contrat de mariage entre noble Guillaume de Gascq, seigneur de Lagasquie et de Prendeignes et noble Jacquette de Cazenac, fille de noble Jacques de Cazenac, écuyer, seigneur de la Benze, de Bordeille en Agenais (1518) ; — quittance et reconnaissance de dot faite par noble Louis de Gascq en faveur de noble Rose de Belfort, son épouse (1531) ; — achat de biens fonds fait par noble Rose de Belfort, épouse de noble Louis de Gascq (1530) ; — ordonnance rendue sur requête présentée au Roi accordant un sursis au dénombrement des biens de noble Louis de Gascq (1540) ; — dénombrement des biens dudit Louis de Gascq (1540) ; — testament de noble Catherine de Gascq, seigneuresse de Mialet et du Bouyssou (1551) ; — attestation constatant que noble Pierre de Garcy, écuyer, seigneur de Lagasquie et de Mialet, servait en qualité d'homme d'armes dans la compagnie du maréchal de St-André (1558) ; — commission du vicomte de Joyeuse adressée au capitaine Lagasquie pour le gouvernement de Buzet, St-Sulpice et autres lieux (1568) ; — procurations de noble Louis de Gascq, seigneur de Lagasquie, homme d'armes, en faveur de noble Pierre de Lagasquie, pour toucher ses gages (1561 et 1573); — testament de noble et puissant gentilhomme Philippe de Lagasquie de Mialet (1580) ; — testament de noble Louis de Gascq, seigneur de Lagasquie, Mialet et Bouyssou (1586) ; — testament de noble Claire de Prudhomme, épouse de noble Louis de Gascq (1594), — accord entre noble Henri de Lagasquie et Philippe, son frère, au sujet des droits légitimaires et successifs dus audit Henri sur les biens de noble Louis de Gascq, leur père (1611) ; — testament de noble Philippe de Gascq, seigneur de Lagasquie et Mialet (1646) ; — transaction entre noble Pierre de Gascq, seigneur de Lagasquie et Mialet et noble Marc de Gascq, seigneur de Mauriac, Charles de Gascq, sieur du Bouyssou et Anne de Gascq, frères et sœur, pour leurs droits sur les biens de feu noble Philippe de Gascq, leur père (1652); — testament de noble Pierre de Gascq, écuyer, seigneur de Lagasquie, Mialet et Bouyssou (1693) ; — testament de noble Catherine de Latour, femme de noble Pierre de Gascq, écuyer, seigneur de Lagasquie (1669) ; — mariage de messire Jean-Gabriel de Gascq, écuyer, seigneur de Lagasquie, avec noble dame Anne Charlotte de Benoit (1700) ; — testament de messire Antoine de Gascq, seigneur de Lagasquie (1754).

F. 417. (Liasse.) — 21 pièces, papier.

1301-1464. — Gascq. — Reconnaissance consentie par G. Lapoujade, de la paroisse du Montet, en faveur de Guillaume Gascq, damoiseau, fils de B. Gascq, chevalier (1301) ; — hommages de noble Aymeric Gascq et de noble Pierre Gascq, à noble baron Guillaume de Cardaillac et à noble Marquès de Cardaillac, seigneur de Brengues et de Montbrun (1316 et 1367). — Indication de source pour reconnaissance de fief consentie par Bertrand Gascq, damoiseau, de Loupiac, en faveur du comte d'Armagnac (1323). — Analyse du testament de Guize, fille de messire Durand

Guizetti et femme de Bertrand Gascq, damoiseau de Loupiac (1323).—Quittance de 300 florins d'or consentie par noble Augier Gascq, damoiseau, seigneur de Mialet (1389). — Analyse du testament de Sobirane Chat, femme de noble Augier de Gascq, co-seigneur de Mialet (1402). — Reconnaissance par Géraud Lafargue, du Bouyssou, en faveur de dame Barane, mère de noble Gaillard du Bouyssou et veuve de noble Aymeric du Bouyssou (1338). — Mention de contrat d'échange entre Pierre Braconat et Bertrande, femme de Jean Lacoste, de Cardaillac, d'un bois dudit Cardaillac, déclaré de la mouvance de Raymond Gascq, damoiseau (1344). — Vente par Pétronille del Tarral et veuve de Jean Audubert, du Bouyssou, à Hugues d'Arfuelhe, de Mialet, d'une terre au terroir de France, paroisse du Bouyssou (1347). — Vente consentie par noble Bégon Bertrand, damoiseau de Montmurat, à noble Augier Gascq, damoiseau, seigneur de Mialet, d'une maison située à Cardaillac, près de la forteresse (1363). — Vente par noble Déodat du Bouyssou et Aymeric, son fils, à noble Bernard de Gascq, seigneur de Mialet, d'une quarte de froment de rente et d'une géline (1366). — Procuration par Aymeric Gascq, damoiseau, du château de Cardaillac pour rendre compte des droits de sceau des Montagnes d'Auvergne, dont il avait fait le recouvrement à l'époque où le duc de Berry en était le gouverneur (1366).— Hommage de noble Aymeric Gascq à noble Marquès de Cardaillac, seigneur de Brengues et de Montbrun, comme acquéreur de certains cens, rentes et autres choses dues à noble et puissant seigneur Bertrand de Cardaillac, seigneur de Varaire (1367).— Aveu et hommage rendus à Marquès de Cardaillac par Augier Gascq, seigneur de Mialet, pour ses possessions à Mialet, le Bouyssou et St-Bressou (1367) ; — vidimus de cet aveu en 1464. — Note sur Aymeric Gascq, l'un des 47 écuyers, dont Marquès de Cardaillac, chevalier, fit la montre à Balaguier, le 14 février 1368. — Vente par Guisbert de Lagarde, camérier de Marcillac, comme procureur fondé de noble Gaillard de Lagarde, seigneur de Montalzat, héritier de noble Déodat du Bouyssou, à noble Augier Gascq, seigneur de Mialet, de la maison dudit noble Gaillard, audit lieu du Bouyssou (1381). — Vente par noble Léonard Guinabert seigneur de Puylaunès, à noble Augier Gascq, seigneur de Mialet, d'un pré appelé du Pesquié, situé dans la paroisse du Bouyssou (1383). — Reconnaissance féodale en faveur de noble Gaillard du Bouyssou, par Jean Lasalle, pour un bois situé au terroir de Puech de Roumégoux (1346).— Mention d'échange entre le seigneur de Gascq et Jean de Morlhon, seigneur du Bouyssou (1397). — Approbation par Aygline de Lagarde, épouse de Jean de Castelnau, seigneur de Reyrevignes, de la vente faite par son mari à noble Augier Gascq, d'un village appelé d'Ayrolles *aliàs* Tournemire, dans la paroisse du Bouyssou (1384). — Acensement d'héritages au terroir de Mialet fait à Jean de Mialet par Jean de Morlhon, sieur de Capdenac et du Bouyssou (1390). — Vente à Rigal Delort, de Cardaillac, par noble Guillaume de Cinx, de Cardaillac, d'un pré avec ses appartenances, situé dans la paroisse de Fourmagnac, au terroir de Pontaubar (1395). — Mention de vente du village de Lagarinie, paroisse de St-Médard, franc et noble, consentie par noble Begon Giniès de Foissac à noble Bernard del Bosc de la Garinie (1396). — Reconnaissance du village de la Pallardie, dans la paroisse de Prendeignes, faite par Pierre La Pallardie, en faveur de noble Augier Gascq, damoiseau, seigneur de Mialet, comme tuteur de Hugues Gascq, son petit-fils, fils de Bertrand Gascq (1396). — Mention d'acessat fait par noble Bertrand, fils de noble Augier Gascq, co-seigneur du Bouyssou à Nicolas Revel, d'un village avec ses appartenances appelé d'Ayrolles, dans la paroisse du Bouyssou (1397). — Mention de la collation de la chapellenie fondée par noble Aymeric Gascq, vacante par la mort de Me Raymond Delserieys, faite à Géraud Laporte, prêtre, par noble Augier Gascq, comme procureur fondé de noble Hugues Gascq, chanoine de Chartres (1398).

F. 418. (Liasse.) — 14 pièces, papier.

1404-1513. — Gascq. — Quittance de la somme de 600 livres de rente faite par Hugues Gascq, chantre et chanoine de Chartres, à Augier Gascq, écuyer (1404). — Vente d'une rente de 6 setiers de grain consentie par noble homme Augier Gascq, écuyer, seigneur de Mialet, en faveur de Me Hugues Gascq, chanoine de Chartres (1404). — Analyse du contrat de mariage de noble Pierre Gascq, seigneur de Mialet et de noble Bertrande La Roca (1417). — Reconnaissance d'une vigne dans la paroisse de Cardaillac, terroir des Pinades, consentie par Jean d'Arfuelhe, en faveur de noble Pierre de Gaillard d'Assier, de Cardaillac (1437). — Indication de source pour quittance de 100 moutons d'or délivrée par noble Jacques de Parujols, archiprêtre ? de Narbonne, à noble Pierre Gascq, seigneur de Mialet, en paiement de la dot donnée à sa fille Marguerite de Gascq, épouse dudit Paruéjols (1448). — Lettres d'*habilitation* accordées par le Roi à noble Monréal de Gascq, écuyer, natif du royaume d'Angleterre (1452). — Mention du mariage entre noble Raymond de Rampoux, seigneur de Lavaissière et noble Fine Gascq, fille de noble Pierre Gascq, seigneur de Mialet et du Bouyssou (1458). — Mention de quittance de dot faite par noble Armand de Luzer, comme mari de Fine de Gascq, en faveur de Mathurin Gascq, seigneur de Lagasquie (1493). — Mention du mariage de noble Guy Maffre, damoiseau, fils de noble Étienne Maffre, de Cardaillac, avec damoiselle Antoinette de Gascq, fille de noble Hugues de Gascq (1465). — Mention de quittance de dot faite à noble Hugues de Gascq, par Antoinette de Gascq, sa fille, femme de noble Guy Maffre (1484). — Mention du testament de noble Antoinette de Valon, veuve de noble Guitard d'Assier (1485). — Vente par noble Jean de Molières, habitant de Sainte-Croix, en Rouergue, héritier de noble Philippe Huc, à noble Pierre de Gascq, seigneur de Mialet, des maisons, juridictions et héritages que ledit Philippe Huc pouvait avoir dans la baronnie de Cardaillac et dans les paroisses de St-Maurice, Assier, Reyrevignes et dans la viguerie de Figeac et sous noms, voix, droits et actions, sauf et réservé le droit de patronage de la chapellenie de St-Barthélemy, de service en l'église de St-Julien de Cardaillac (1466). — Analyse du contrat de mariage de noble homme Mathelin Gascq, damoiseau, du château de Cardaillac, avec noble Marguerite de Roque-Maurel, du diocèse de St-Flour (1476). — Quittance de dot donnée à noble et puissant homme Astorge de Cardaillac par noble Marie de Cardaillac sa sœur, femme de noble de Guillaume de Roque-Maurel (1476). — Actes relatifs à un arrêt et congé du Parlement de Toulouse en faveur de noble Mathurin ou Mathelin Gascq, sieur de Prendignes, contre noble Gaillard d'Issepts, *aliàs* Lamanha, écuyer, sieur d'Assier en partie (1482-1485). — Mentions d'actes dans lesquels figurent : Antonie Gascq, femme de Pierre Faure, bourgeois de Montflanquin (1492) ; — noble Antoine Gascq, seigneur de Mialet et co-seigneur du Bouyssou (1496) ; — noble Hélix Gascq du Bouyssou (1510) ; — noble Huc Faure, fils et héritier de noble Antoine Gascq, sœur d'Antoine Gascq (1513).

F. 419. (Cahiers.) — In-huit, 43 feuillets, papier.

1456-1705. — Gascq. — Brevets de titres provenant de plusieurs notaires de Cardaillac et intéressant les familles : de Gascq ; Prudhomme ; Garric ; Bousquet ; Carante ; Dardonnet ; Labro ; Malpuech ; Garrigue ; Thémines ; Delpuech ; Delsol ; Salvage ; Mazelier ; Daynac ; Rossignol ; Robinet ; Lustorn ; Morlhon ; Bernard ; Lacaze ; Laurent ; Viguié ; Chartrou ; Cardaillac ; St-Miard ; Assier ; Maffre ; Delort ; Destruel ; Lestrou ; Cambalon ; Maleviale ; Valon ; Boissonel ; Dumon ; Calmel ; Cayrol ou Cayrel ; Colomb ; Cassaigne ; Trimoulhes (1456-1705). — Registre de quittances tenu par le notaire Decosta et où figurent divers membres des familles de : Negrin, d'Aubin, diocèse de Rodez ; de la Roque, de Montflanquin, diocèse de Rodez ; de Morlbon ; de Gascq, sieurs de Mialet, toutes alliées (1480-1537).

F. 420. (Liasse.) — 16 pièces, papier ; cahiers in-quarto, 8 feuillets, papier.

1500-1583. — Gascq. — Testament de Mathelin ou Mathurin Gascq, sieur de Prendeignes et de Lagasquie, habitant de Cardaillac (1500) ; — codicille du même (1501). — Actes relatifs à un accord entre Guillaume Gascq et Arnald Delort, marchand, et Jeanne Gascq, sa femme (1503-1512). — Mention d'accord entre Marguerite de Rauque-Maurel, veuve de noble Mathurin Gascq, damoiseau, de Cardaillac, femme en secondes noces de Mathurin Delort, de Cardaillac, et noble Guillaume Gascq, seigneur de Prendeignes (1505). — Mention de la donation faite par noble Marie Maffre, veuve de Mathurin Delort, de Cardaillac, en faveur de Pierre Delort, son fils (1534). — Extrait du dénombrement fait par Antoine Gascq, du fief et dépendances de Prendeignes et autres biens (1509). — Mention du testament de noble et puissant seigneur Jean de Mialet *aliàs* de Belfort, seigneur de Pagus, en Rouergue (1510). — Mention du mariage de Me Pierre Jaubert, bachelier, de Fons, avec Cécile de Gascq, fille de noble Antoine Gascq, seigneur de Mialet (1523). — Mention de vente de plusieurs terres dans les paroisses de Lissac, de Cardaillac et de Camburat, consentie par noble Arnaud Delort et Jeanne de Gascq, sa femme, du lieu de Cardaillac, en faveur de noble Rose de Belfort, épouse de noble Louis de Gascq (1531). — Compromis et sentence arbitrale entre Antoine et autre Antoine Bousquet, de Cahors, d'une part, et noble Louis Gascq, sieur de Lagasquie et de Prendeignes, rendue à Cahors, par Pierre Malholli, licencié en droit, et Antoine de Lagrange, bachelier en droit (1538). — Vente de cens et rente faite à noble Guy de Cambefort, sieur de Cambron, capitaine de Capdenac, viguier et juge royal de Figeac, par nobles Claude Gascq, sieur de Mialet, Catherine La Rocque, sa nièce, et autre Catherine Gascq, sa sœur, du lieu de Mialet, en Quercy (1539). — Analyse de transaction entre Jean de Corn, écuyer, seigneur de Sonac et coseigneur de Corn et Louis Gascq, écuyer, seigneur de Lagasquie et de Prendeignes, à raison de la dona-

tion faite audit de Corn par noble Rose de Belfort, sa mère, par laquelle transaction tous les droits prétendus par ledit de Corn contre ledit de Gascq, tant à raison de ladite transaction que autrement, sont réglés à la somme de 1266 livres (1548). — Indication de source pour mariage de Claude de Milanès, écuyer, et de Marguerite de Gascq (1555). — Indication de source pour déclaration de noble Louis de Gascq, écuyer, seigneur de Lagasquie, faite à noble Philippe de Gascq, doyen de Gaillac, son fils (1562). — Quittance de dot donnée par noble Claude de Milanès, comme mari de Marguerite de Gascq (1562). — Mention du contrat de mariage de noble Philippe de Milanès, écuyer, avec noble Marie de Lagasquie, fille de Louis Gascq, écuyer, seigneur de Lagasquie et de Prendeignes (1571). — Mention de sentence arbitrale rendue par noble Jean de Corn, seigneur de Sonac et noble Claude de Milanès, seigneur de Benbel, sur les différends qui existaient entre noble Louis de Lagasquie et noble Philippe de Milanès (1573). — Déclaration de noble Louis Gascq, écuyer, seigneur de Lagasquie et de Prendeignes, faite à noble Philippe de Gascq, doyen de Gaillac, son fils, au sujet du payement que ledit doyen avait fait à noble Claude de Milanès, écuyer, de la somme de 750 livres (1562). — Acessat fait fait par noble Louis Gascq, écuyer, seigneur de Lagasquie, Mialet et Prendeignes, Bernard Destève, charpentier, du village d'Arles, paroisse de St-Bressou, d'un bois châtaigner aux appartenances de Mialet, terroir des Aussedats (1583).

F. 421. (Liasse.) — 12 pièces, papier.

1615-1746. — Gascq. — Mention de la nomination, par brevet du prince de Condé, du sieur de Mialet et Lagasquie, au grade de capitaine de 200 hommes de pied, dans le régiment de Chambret (1615) ; — note de Lacabane. — Copie de lettre du roi Louis XIII à M. de Mialet, le priant de vouloir bien aider le sieur de Thémines dans la mission dont il est chargé (1615). — Sentence arbitrale de Maximilien de Béthune, duc de Sully, intervenue entre les sieurs de Vaureilles et de Lagasquie (1616). — Emancipation par son père Philippe de Gascq, seigneur de Mialet, de noble Marc de Gascq, sieur de Mauriac (1637). — Désignation par voie de tirage au sort, de Philippe de Gascq, seigneur de Lagasquie et Mialet, pour se rendre à la convocation du ban et arrière ban (1639). — Subrogation faite par Jean Vignes, bourgeois de Figeac, à Pierre Dufau, du lieu de Viazac, sur l'achat qu'il avait fait de la seigneurie de Prendeignes, de noble Philippe de Gascq (1642). — Mention de sentence arbitrale intervenue entre Pierre de Gascq et demoiselle Jeanne de Viliès, veuve et héritière de Pierre Dufau, bourgeois de Viazac, Charles de Gascq et le sieur de Gascq de Pauly (1654). — Engagement par noble Pierre de Gascq en faveur de demoiselle Jeanne de Viliès, veuve de Pierre Dufau, d'une rente de 7 setiers de froment et de 5 setiers de seigle (1655). — Vente d'un setier de seigle de rente sur le terroir de Lablate ou Reygarde, paroisse de Mialet, faite par Étienne Dufau, conseiller du Roi au sénéchal de Figeac, en faveur de noble Antoine de Gascq (1746). — Acessat fait par noble Philippe Gascq à noble Marc Antoine de Cussounel, d'un ayral (1644). — Transaction entre noble Pierre de Gascq, seigneur de Lagasquie, d'une part et nobles Marc de Gascq, sieur de Mauriac, Charles de Gascq et demoiselle Anne de Gascq, frères et sœur, d'autre part, relativement à leurs droits légitimaires (1652). — Extrait du registre des mariages de la paroisse de St-Louis en l'Ile, Notre-Dame de Paris, mentionnant le mariage de Claude de Gascq, fils de Marc de Gascq, sieur de Mauriac, avec demoiselle Claude de Gilibert, de ladite paroisse de Notre-Dame (1655). — Contrat de mariage entre Jean de Soulage, docteur et avocat, d'une part, et Anne de Gascq, fille de feu noble Philippe de Gascq, sieur de Lagasquie, Mialet, Prendeignes et autres lieux et de feue Anne de Rosiolz, d'autre part (1665). — Mention de Marguerite de Tournié, femme de noble Marc de Gascq, sieur de Mauriac et de Claude de Gilibert, femme séparée de Claude de Gascq, écuyer, sieur de Mauriac (1673). — Mention d'accord entre le seigneur de Ste-Colombe et noble Philippe de Gascq, par lequel ledit sieur de Ste-Colombe a revendu audit sieur de Gascq, 6 setiers de froment de rente foncière avec lods, etc., sur le moulin de Pontaubar, que Etienne de Paramelle, sieur de Ste-Colombe, son père, avait acquis de noble Antoine de Gascq et de Philippe, chanoine de Figeac (1699) ; — note de Lacabane.

F. 422. (Liasse.) — 6 pièces, papier.

1769-1873. — Gascq. — Analyse du contrat de mariage passé au château de Lacapelle-Marival, entre haut et puissant seigneur messire Marc-François de Gascq, chevalier, et demoiselle Françoise du Montet de la Molière, demoiselle du Mazet (1769). — Mention des preuves pour l'Ecole militaire, faite par Louis Florent Bertrand de Gascq (1785). — Mention du mariage de Jean de Gascq, officier d'infanterie, seigneur de Fourmagnac, de Plaisance, etc., avec demoiselle Marie Louise Charlotte de Dumon ; — enfants issus

de ce mariage (sans date). — Lettre de M. de Gascq à Lacabane au sujet de l'examen de titres concernant sa famille (1850). — Mention du décès du comte de Gascq, dernier descendant mâle de sa famille (1871). — Mention du décès de madame Guillemeau de Fréval, comtesse de Gascq (1873).

F. 423. (Liasse.) — 3 pièces, papier ; cahier in-f°, 8 feuillets, papier.

1092-1820. — Gasqueti et Gaulejac. — Quittance de 20 livres 2 sous 6 deniers tournois, délivrée à Étienne de Villars, trésorier du Roi à Toulouse, par Bernard Gasqueti, roi des Ribauds ou bourreau de Toulouse (1488). — Généalogie de la maison de Goulejac, qui porte *parti d'argent et de gueules* (1092-1820). — Analyse d'un acte d'accord entre noble Raymond de Goulejac, sieur de Puycalvel et de Lunegarde et seigneur haut justicier de Baussac et noble Guisbert de Burbuzo, seigneur bas justicier dudit Baussac (1463). — Analyse du contrat de mariage entre Jean de Gaulejac, fils aîné d'autre Jean de Gaulejac, seigneur de Puycalvel, Lunegarde, d'une part, et damoiselle Annette d'Auriolle, fille de noble Azémar d'Auriolle, seigneur de Roussillon et autres places (1497).

F. 424. (Liasse.) — 8 pièces, papier.

917-1345. — Gausbert, Gencourt, Gérald, Gérard, Géraud. — Donation faite par Bernard, moine, en faveur de Gausbert, abbé séculier, et Etienne abbé régulier du monastère de Moissac, de l'hérédité que sa mère lui avait laissée en la ville de *Monte-Giballo*, dans la vicairie de Duravel (1030-1060). — Lettres de Jean duc de Normandie, portant don en faveur de Jean de Gencourt, des émoluments du château du Goulet (1345). — Notes sur Gérald Ier de St-Céré, abbé d'Aurillac (972). — Extraits du *Gallia* touchant Gérard Ier, Amblard, Bernard Ier, Etienne II, Frolaire et Gambert, évêques de Cahors (917-990). — Extraits de chroniques concernant Géraud Hector, évêque de Cahors (1201-1202) ; — notes de Lacabane.

F. 425. (Liasse.) — 10 pièces, papier.

1164-1526. — Gimel. — Cote de l'hommage de l'alleu et château de Gimel, fait à Raymond Ier, vicomte de Turenne, par *Raynaldus*, vicomte de Gimel (1164). — Notes généalogiques sur la famille de Gimel (1342-1432). — Contrat de mariage entre Jean de Gimel et

Jeanne de Murat, fille d'Adhémar (1399)· — Nomination du tuteur des enfants de Jeanne de Gimel, veuve de noble Vincent, seigneur de Barre (1423). — Contrat de mariage entre noble Adhémar de Puydeval et Marguerite de Gimel, fille de noble Jean de Gimel, chevalier (1426). — Mention d'hommage rendu par noble Pierre de Gimel, bâtard seigneur de Paluel, tant en son nom que comme procureur fondé et maître des biens dotaux de Mathiette Vigier, sa femme, en faveur de nobles et puissants hommes Alexandre de Maumont et Guillaume de Gimel, co-seigneurs de Gimel (1455). — Indication de source pour Edme de Gimel, seigneur dudit lieu, lieutenant en la compagnie du vicomte de Turenne (1526).

F. 426. (Liasse.) — 11 pièces, papier.

1280-1786. — Giniès, Gironde, Gontaut, Gorenflos, la Gorsse-Beynac. — Généalogie de la famille de Giniès, seigneurs de Giniès, de Langle, de St-Maurice, de St-Martin et de Cantecor, en Quercy, dont les armes sont : *de gueules à un chevron d'argent et une bordure d'azur* (1542-1734). — Extraits d'actes sur la famille de Giniès de Langle, parmi lesquels figurent : les lettres testimoniales du recteur de l'Université de Cahors, portant que noble Bégon de Giniès, recteur de St-Pierre-de-Caillac, était bachelier gradué de cette université et qu'il était propre pour tenir toute sorte de bénéfices ecclésiastiques (1541) ; — l'enquête faite au siège de la sénéchaussée de Quercy, le 6 avril 1542, à la requête de Bégon·de Giniès. au sujet de la noblesse de sa famille, le jugement du lieutenant général de la sénéchaussée du Quercy, par lequel noble Gilbert de Giniès, seigneur de Langle. a été déchargé du service personnel et de la contribution au ban et arrière-ban à raison des fiefs nobles de la Paulinarie et de Combret (1656).—Description des armoiries des alliances directes de la famille de Giniès de Langle et de Cantecor, notamment avec : les Gourdon-Lavercantière, *d'azur à 3 étoiles d'or posées en pal, écartelé d'or à 3 bandes de gueules* ; — les de Luzech, *d'azur à un aigle d'argent*; — les Montagut de Vilars et de Granel, *écartelé d'argent et d'argent et d'azur ;* — les Beaumont de Verneuil, *de gueules à une fasce d'argent, chargée de lis d'azur ;* les de Céré de Cantecor, *d'azur à une gerbe d'or ;* — les de la Grange La Panonie, *d'argent, à un lion de sable, issant d'un buisson de sinople.* — Notes sur les Gironde, de Cahors (1280-1395) ; — lettre de Lacabane au sujet de cette famille. — Indication de source pour anoblissement de Pabin de Gontaut, de Carcassonne (1369). — Mention de l'achat de la terre

d'Arcambal, par le marquis de Gorenflos et notes sur les enfants de ce seigneur (1786). — Indication de source pour transaction entre Jacques de la Gorsse-Beynac, sieur de Floressas et noble Ant. [de Boussac, sieur dudit lieu (1603).

F. 427. (Cahier). — In-quarto, 49 feuillets, papier.

809-1700. — Gourdon. — Généalogie de la maison de Gourdon copiée sur celle communiquée à Lacabane par M. de Mirambel de Gourdon (809-1700) ; — notes et rectifications de Lacabane. — Inventaire des titres et documents de la maison de Gourdon, trouvés dans le château de Cénevières, en 1616, après le décès d'Antoine de Gourdon, baron dudit lieu, vicomte de Gayffié, marquis de Cénevières, conseiller du roi en ses conseils d'État et privé, capitaine de 50 hommes d'armes et de ses ordonnances (cet inventaire contient l'analyse de 146 actes, depuis le XIII° siècle). — Généalogie des sieurs de St-Projet, de Genouillac et de Vaillac, du surnom de Gourdon (1366-1459). — Factum pour procès entre le couvent des Frères Prêcheurs de Cahors, d'une part et Charles Barthélemy de Latour, marquis de Gouvernet, fils et héritier de Charles de Latour (XVII° siècle).

F. 428. (Liasse.) — 9 pièces, papier.

951-1333. — Gourdon. — Indications analytiques de titres et documents à consulter touchant Frotaire de Gourdon, évêque de Périgueux, la fondation de l'abbaye de Fontgauffier, ordre des Bénédictines, au diocèse de Sarlat, Pons et Guillaume de Gourdon, Aymeric et Pons de Gourdon, Guillaume de Gourdon, l'abbaye et la ville du Buguo, en Périgord (951-1168). — La maison de Gourdon, d'après les titres authentiques, depuis Aymeric de Gourdon jusqu'à Bertrand Ier (961-1227). — Notes et extraits d'actes pour la généalogie de la maison de Gourdon, depuis Aymeric de Gourdon jusqu'à Pons de Gourdon, avec notes de Lacabane (961-1263). — Mentions d'actes, notices explicatives et critiques de Lacabane, sur divers membres de la maison de Gourdon, depuis Aymeric et Géraud de Gourdon, nommés dans le testament de Raymond II, comte de Rouergue, jusqu'à Fortanier de Gourdon, damoiseau, seigneur de Laur et coseigneur de Gourdon et de St-Cirq-La-popie (961-1333). — Donation de la moitié de l'église de Duravel faite à l'abbaye de Moissac par Gausbert, de Pestillac, du consentement de ses seigneurs Gausbert, abbé séculier et Aymeric de Gourdon (1055). — Notices sur Géraud II et Géraud III, évêques de Cahors (1068-1112). — Fragments généalogiques pour les maisons de Turenne, Anduze, vicomtes de Limogne, de Gourdon, de Cornouailles (1091-1185). — Fondation de l'abbaye de Fontgauffier, au diocèse de Périgueux, par Enbolenac, mère de Géraud, évêque de Cahors, et Pons de Gourdon (1095). — Mention d'une donation faite à Cadoin par Garsens, abbesse de Fontgauffier (vers 1140). — Fragment des chroniques manuscrites de l'abbé de Foulhiac, touchant Guillaume de Castelnau, Raymond de Turenne, Géraud de Cardaillac, Géraud de Gourdon, père d'Aymeric, Gallard de Mirandol (1096-1105).

F. 429. (Liasse.) — 9 pièces, papier.

1115-1493. — Gourdon. — Donation d'un mas en la forêt de Cadouin faite à Robert d'Arbrissel aux dames de Fontevrault par Mainard de Bainac et Alpaïs, sa femme, fille de Ponce de Gourdon (avant 1115). — Donation d'un mas, avec droit de paturage, et du lieu de Basse-Caudière faite par les précédents à l'abbaye de Fontevrault (1115). — Réception par Fortanier de Gourdon de l'hommage que lui rend Guibert, seigneur de Thémines, pour raison des villes de Quissac, Canhac, etc. (1257). — Donation du château de Gourdon, avec ses dépendances, faite par Fortanier de Gourdon et Pons de Gourdon, son fils, en faveur de son futur mariage avec Allemande, sœur de Raymond, vicomte de Turenne (1258). — Sentence arbitrale rendue par le vicomte de Turenne entre Pons, seigneur de Gourdon, et les exécuteurs testamentaires de feu Hugues de Quissac (1260). — Compromis entre Ponce de Gourdon et Guibert de Thémines (1271). — Constitution de la dot de Galienne, fille de Bernard de la Porcharia, chevalier, et de dame Naffinans, lors de son mariage avec Fortanier de Gourdon, damoiseau (1278). — Transaction entre le vicomte de Turenne, curateur de Fortanier de Gourdon fils de Ponce de Gourdon et Hugues de la Roque, frère dudit Ponce (1278). — Vente de pâturages à Gourdon, faite à Bertrand Vassal et à Guillaume de la Roque, par Fortanier de Gourdon (1285). — Quittance délivrée par Fortanier de Gourdon à Guillaume de Golesma, chevalier, Bertrand de la Roque et Armand Vassal (1285). — Mention d'une dette de 1000 livres à Raymond de Pêne, chevalier, contractée par Fortanier de Gourdon, pour la dot de Marguerite, sa sœur, femme de Bernard de Pêne, damoiseau, fils de Raymond (1289). — Cession de la ville de la Dartibe,

de messire Fortanier de Gourdon, faite à Guillaume Ballène, valet du Roi, par Fortanier de Gourdon, chevalier, Ponce et Gaillard de Gourdon, ses frères, du consentement de noble Bertrand de Gourdon, chevalier du Temple, et de Guillaume de Gourdon, moine, d'Aurillac, leurs frères (1290). — Traité entre Fortanier de Gourdon, chevalier, sire de Gourdon, mari futur de dame Fays, fille de noble Guibert de Thémines, chevalier, seigneur en partie de Gourdon, d'une part, et ledit Guibert, d'autre part (1294). — Vente par Fortanier de Gourdon, pour 30 ans, et moyennant 290 livres, à un bourgeois de Cahors, de tout ce qui lui était dû *apud Rupem arcuum*, à Laroque-des-Arcs (1297). — Vente de biens ayant appartenu à feu Arnaud de Verneuil, damoiseau, en la paroisse de Payrac, faite à Pierre de Verneuil et ses frères, neveux d'Arnaud, par Fortanier de Gourdon (1297). — Cession de possessions au château de Sadran, diocèse de Limoges, faite pour 4 ans à un bourgeois de Cahors, par Guillaume de Gourdon, damoiseau (1299). — Vente, pour 10 ans, de la ville et du lieu de Fraichenet, faite par Fortanier de Gourdon, chevalier, avec le consentement de ses frères (1299). — Obligation de 2000 livres au profit de Raoul de Castelnau, par Bertrand de Gourdon, qui les avait employées à opérer le retrait de la Bastide de Gourdon, aliénée par feu Fortanier de Gourdon, son père (1303). — Vente de la ville de Gourdon faite à Bernard Jourdain de l'Isle, par noble Bertrand de Gourdon, sire dudit lieu (1311). — Hommage rendu à Bertrand de Gourdon, par nobles Guillaume et Maffred de Gourdon, damoiseaux, et Olivier de Goudou, damoiseau, pour la viguerie de la Bastide de Gourdon (1311). — Ratification d'obligations contractées envers des marchands florentins par Pons de Gourdon, chevalier, et plusieurs autres (1311). — Obligation de 32 livres au profit de Pierre de Cornelie, par Bertrand de Gourdon, damoiseau, fils et héritier de Fortanier de Gourdon (1312). — Promesse de vente des château, terre et baronnie de Gourdon faite à Bernard Jourdin de l'Isle, par Bertrand et Fortanier de Gourdon, frères (1315). — Cession des terres et château de Belalbre, pour le château de *Acutis*, en la sénéchaussée de Toulouse, faite audit Jourdain de l'Isle par Bertrand de Gourdon (1318). — Guillaume de Gourdon (Thémines), chevalier, seigneur du château de Gourdon, institue pour son héritier universel Guibert de Thémines, son frère (1318). — Mention de noble Fortanier de Gourdon, co-seigneur de Gourdon, comme témoin au mariage de Seguin de Gontaut, seigneur de Badefol, avec Marguerite, fille de Raymond Béral, chevalier, co-seigneur de Thémines (1329). —

Reconnaissance par Fortanier de Gourdon, co-seigneur de Gourdon et de St-Cirq-Lapopie, de contribuer à la construction du pont de la ville de Cajarc, pour la somme promise par son père Bertrand (1333). — Constatation de la présence d'Aymeric de Gourdon, sieur de Boña, au contrat de mariage de noble Hugues de Pujols, chevalier, sieur de Blanquefort, avec Talèse de Madailhan (1352). — Mention de l'hommage rendu au roi d'Angleterre par Auger de Gourdon (1363) ; — mention d'hommage identique rendu par Pons de Gourdon et Jean de Gourdon, seigneurs en partie de Gourdon. — Mention de trois hommages liges faits au roi d'Angleterre, par Pierre de Gourdon (1363). — Quittance de 2000 livres délivrée à Jean, comte d'Armagnac, par Pons de Gourdon, co-seigneur de Gourdon, pour la vente qu'il lui avait faite de toute la juridiction dudit Gourdon (1381). — Obligation de 200 francs d'or passée, au profit du comte d'Armagnac, par Jean de Gourdon, chevalier (1382). — Mention de prêts de guerre payés, par ordre du comte d'Armagnac, à Jean de Gourdon, sieur de Monestiers, Jean de Blanquefort, Arnaud Guillaume de Barbezan, Barnet de Bovila, Guillaume de Cocroy, Giston Ebrard, capitaine de Gourdon (1387). — Obligation de 150 francs d'or au profit du comte d'Armagnac, par Jean de Gourdon, chevalier, co-seigneur de Gourdon (1388). — Mention de la présence d'Annicet de Gourdon, seigneur de Lavercantière, à la vente du château de Thédirac, en Quercy, faite par Bertrand de Lesuech à messire Jean du Maine, chevalier, seigneur de Scaudalbac (1493).— — Sentence arbitrale rendue par Pons de Gourdon, entre Ramonde des Ormes, veuve de Bernard de la Franchenède, d'une part, et Bernard de la Franchenède, son fils, d'autre part (1271). — Traité entre noble baron Gaston de Gontaut, sieur de Badefol, d'une part, et noble baron Aymeric de Gourdon, chevalier, d'autre part, portant promesse par le premier d'instituer Pierre de Gontaut, son fils, pour héritier universel en faveur de son mariage avec Marguerite de Born (1303). — Indication de source pour lettres d'Edouard III, roi d'Angleterre, en faveur de Simon de Gourdon, Guillaume, son fils, sa mère, ses frères et sœurs (1341). — Donation de terres et de moulins par Ebrard Cocus et Arnaud, son fils, du château de Gourdon, au profit de D. Pons, abbé de Cluny et des moines du Mont-St-Jean (1119). — Charte, de l'an 1122, tirée des archives du chapitre de St-Astier, contenant une chronique abrégée des évêques de Périgueux, parmi lesquels deux, Frotaire et Géraud, étaient de la famille de Gourdon. — Donation à l'abbaye d'Obazine, par Géraud Uyon de Lavaissière, Aymeric de Gourdon et Pons,

son fils, sont nommés dans cette donation (1152). — Degré de filiation d'Helis de Castelnau, mariée : 1° avec N..., sieur de Gourdon ; 2° avec Raymond II, vicomte de Turenne, fils du vicomte Boson II et d'Eustorgie d'Anduse (1167-1190). — Tableau généalogique des maisons de Turenne et Gourdon, depuis Raymond II, vicomte de Turenne, jusqu'à Hélis ou Elise de Turenne (1167 et postérieurement). — Mention de la présence de Guiral de Gourdon comme témoin à l'hommage fait par Arnaud et B. de Montpezat, frères, au comte de Toulouse, pour les châteaux de Montclar et de Montpezat (1176). — Mention de la recette de 100 livres de rente données à Bertrand de Gourdon, par Simon de Montfort (1218). — Mention de la donation de tout ce qu'il a à Sauveterre, Montcuq, Montagut et Montlavard, faite au comte de Toulouse, par Géraud de Gourdon (1230). — Mention de l'hommage fait au comte de Toulouse, par Fortanier de Gourdon, pour St-Cirq, Laur, Limogne, etc. (1241). — Mention de reconnaissance et donation faite au comte de Toulouse, par Guille de Gourdon de Salviac, de tout ce qu'il a aux châteaux de Gourdon et de Salviac et dans les diocèses de Cahors et de Périgueux (1242). — Mention du départ d'Aymeric de Gourdon, écuyer, pour la guerre de Flandre (1302). — Mentions de quittances données par Pons de Gourdon, chevalier, sire de la Bouffie (1342), Raymond de Gourdon, écuyer (1342), Pons de Gourdon, sieur de Peyrilles (1346-1347) et Pierre de Gourdon, chevalier (1353). — Mention de service de Pons Ricardi de Gourdon, capitaine de Gourdon (1352). — Mention de la confirmation des biens et privilèges de l'abbaye de la Sauve par Richard roi d'Angleterre et duc d'Aquitaine, par une charte où est nommé, comme témoin Guillaume de Gourdon et 22 seigneurs du Quercy ou des environs (1189). — Récit de la prise du château de Chalus, en Limousin, et de la mort de Richard Cœur-de-Lion, par Jonh Lingard, annoté par Lacabane.

F. 430. (Liasse.) — 30 pièces, papier.

1211-1472. — Gourdon. — Lettres de réception d'hommage rendu au roi de France Philippe-Auguste par Bertrand de Gourdon (1211). — Mention de lettres de réception d'hommage rendu à St-Louis, roi de France, par Bertrand de Gourdon (1227). — Indication de source pour l'abandon de la ville de St-Antonin au Roi par Raymond, comte de Toulouse (1229). — Tableau généalogique de la maison de Gourdon, vicomtes de Gayffier, depuis Pons de Gourdon jusqu'à Antoine de Gourdon (1216-1600) ; —

notes de Lacabane. — Mention de l'hommage de Bertr. de Gourdon à Simon de Montfort (1218). — Mention d'une charte de Fortanier de Gourdon (1241); — mention d'un hommage du même (1244). — Mention de la donation faite à l'abbaye d'Obasine par Guillaume de Gourdon, seigneur de Salviac ; les biens donnés servent à la fondation du monastère de Ste-Marie de Gourdon (1241). — Mention de la donation du château de Montbrun faite à Dordé ou Dieudonné de Barasc par Bertrand de Gourdon (1223). — Rectification, par Lacabane, d'une erreur de Justel au sujet de la femme d'Aymeric de Gourdon, fille de Raymond Ier, vicomte de Turenne. — Reconnaissance d'hommage à St-Louis, roi de France, par Bernard *aliàs* Bertrand de Gourdon (1226). — Serments de fidélité au roi de France par Géraud et Pierre de Malemort (1229). — Analyse de la donation de : 1° la seigneurie, propriété et hommage du château de Belcastel et appartenances ; 2° la ville de Loupiac et appartenances ; 3° possessions à Meyraguet, faite par Pons de Gourdon à Dieu et à Ste-Marie de Rocamadour, moyennant 8000 sols que l'abbé de Rocamadour lui donne en compensation (1234) ; — texte latin de cette donation. — Hommage rendu à Raymond, comte de Toulouse, par Fortanier de Gourdon, pour St-Cirq, Biars, St-Jean de Laur, Limogne, Lugagnac, Cornus, Lentillac, Camboulan, etc. (1241). — Indication de source pour donation au comte de Toulouse par Guillaume de Gourdon de Salviac (1242). — Indication de source pour lettres de Guillaume de Gourdon, d'Arnaud de Lespinasse, de Fortanier de Gourdon (1243-1244). — Indication de source pour don des fiefs donnés au comte de Toulouse par Guillaume de Gourdon, fait par le dit comte à Aymeric de Malemort (1246). — Indication de source pour serment de fidélité fait à Alfonse, comte de Poitiers et de Toulouse et à Jeanne sa femme, par plusieurs barons et nobles et par les habitants de Moissac et de Montauban (1249). — Indication de source pour ratification, par Marie, veuve de Guillaume de Gourdon, de la donation faite par son mari au comte de Toulouse (1262), — Donation de divers lieux faite à l'abbé et au couvent d'Obazine, par Guillaume de Gourdon, seigneur de Salviac (1242). — Mention de la concession des coutumes de Gourdon accordées par Fortanier, Aymeric et Guillaume de Gourdon (1244). — Mention du testament de Pierre de Limeuil, damoiseau, sieur de St-Alvère en Périgord, qui avait épousé Marsebile de Gourdon, sœur de Pons de Gourdon (1284). — Mention du testament de Berard de Limeuil, damoiseau, sieur de St-Alvère (1338). — Note sur Corboraud de Limeuil, sieur de St-Alvère et sa femme Guiscarde de Lapopie, sœur de Bertrand de Lapopie, sieur de Cornat (1343). — Mention du testament de Déodat ou Dordé de Limeuil (1397). — Mention de Philippe de Limeuil, dame de St-Alvère, femme de Guillaume Arramond de Veyrines, damoiseau, fils de Bernard de Veyrines, sieur de la Barde près Bugue (1382). — Mention du mariage de Jean de Veyrines avec Jeanne de Flamenc de Brujac, et d'Antoinette, une de leurs quatre filles, qui épouse Jean II Adémar de Lostanges, damoiseau (1420). — Hommage pour le château de Miremont et appartenances fait au vicomte de Turenne par Ratier de Miremont et Guillaume de Gourdon, son frère (1250-1259). — Mention d'un compromis, à l'arbitrage d'Aymeric de la Vernhe, chevalier, et de Pierre Auriol, damoiseau, entre Guisbert, sieur de Thémines et Fortanier, sieur de Gourdon (1257). — Mention de l'hommage fait à Fortanier de Gourdon, par Guisbert de Thémines, pour raison des villes et dépendances de Quinsac, Caniac et Artix (1257). — Mention d'un compromis entre noble Guibert de Thémines et noble Ponce de Gourdon, touchant une portion dans le château de Gourdon (1271). — Analyse d'une donation faite par Guibert de Thémines, 2° du nom, à sa sœur dame Fays, à l'occasion de son futur mariage avec Fortanier de Gourdon (1294). — Mention d'un compromis passé entre Guibert de Thémines, autre Guibert de Thémines, Guillaume de Gourdon, d'une part et Fortanier de Gourdon, pour lui et ses frères et sœurs, d'autre part, touchant certains droits à Gourdon (1294). — Engagement pris par Raymond Paulet, de Figeac, envers Fortanier de Gourdon, de ne point aliéner ce que Guillaume, fils de feu Jean de Castelnau, tenait de lui en fief à St-Cirq (1258). — Mention d'une créance de 4000 livres que messire Hugues de Castelnau et dame Finas, sa fille, avaient sur Bernard la Porcaria, chevalier, créance que Fortanier de Gourdon, damoiseau, mari de Galienne, petite-fille dudit Bernard, devait acquitter (1278). — Obligation de 2000 livres caorsines passée au profit de Raoul de Castelnau, par noble Bertrand de Gourdon, damoiseau, sire de Gourdon (1303). — Obits de : noble Marguerite de Lapopie, veuve de noble Arnaud Ebrard, chevalier, seigneur de St-Sulpice et de Corniac ; Carbonerie de Helrat, veuve de noble Jasbert de Cajarc ; Bertrande de Cazillac, veuve de Géraud de Cessac, chevalier ; noble Bertrand de Gourdon, sieur de Cornils et de Sénaillac ; noble Fortanier de Gourdon, sieur de St-Cirq et de Laur ; Sébélie, veuve d'Arnaud Béraldi, premier fondateur du couvent des frères Prêcheurs de Cahors ; Hélène de Castelnau, dame de Milhars, au diocèse d'Albi, femme d'Arnaud Beraldi ; Aquiline de la Veraudia, femme de Fortanier de Gourdon, sieur de Gourdon, de St-Cirq-Lapopie et de Laur ; Aymeric de Gourdon ; Saure de Penne, veuve de Raymond Beraldi, sieur de Cessac ; Pierre de Cornelis, chevalier ; Agnès de la Veraudia, femme de Foulque de la Popie, sieur de Cénevières ; noble Jean de Gourdon, co-seigneur de Gourdon, sieur de Puylagarde et autres lieux ; noble Jean de Gourdon ; noble Raymond Beraldi frère du sieur de Cessac ; noble Hugues Beraldi, patron du couvent des frères Prêcheurs de Cahors ; noble Pierre de Gourdon, sieur de Laroque-des-Arcs ; noble R. Beraldi, sieur de Cessac ; P. Beraldi, évêque d'Agde (1261-1472). — Conventions entre Pons de Gourdon, d'une part, et Henri, roi d'Angleterre et duc d'Aquitaine, au sujet de l'hommage pour Gourdon et autres terres tenues du roi de France (1269). — Note de Lacabane sur Girbert de Thémines et Hélène de Gourdon, sa femme, dame de la Bourianne et de Gourdon, en partie. — Mandement d'Alfonse, comte de Poitiers et de Toulouse, au sénéchal de Périgord et de Quercy, pour donner satisfaction à Bertrand de Gourdon, chevalier, qui se plaignait d'avoir été induement dépouillé de la moitié du château de Sauveterre, par Géraud de Gourdon, son oncle paternel (1269). — Extraits de testament et de codicille de Raymond VI et de Raymond VII, vicomtes de Turenne (1276 à 1304) ; lesdits extraits intéressant la maison de Gourdon. — Reconnaissance et hommage au chapitre cathédral de Cahors, par noble Aymeric de Gourdon, damoiseau, sieur de Lavercantière, de St-Germain, de Peyrilles, de Concorès et d'Uzech, pour les lieux ci-dessus indiqués, et, en plus, les mas de Borsials, lieux de Nadillac, de St-Clair et de St-Romain, ainsi que tous les lieux par lui possédés entre le Lot et la Dordogne (1302); — hommage analogue par noble Pons de Gourdon, damoiseau (1411). — Tableau généalogique des maisons de Tour et de Gourdon, depuis Gausbert de la Tour jusqu'à Bertrand de la Tour (1286-1341). — Transaction entre noble Bertrand de Gourdon, chevalier, sieur de Sauveterre, d'une part, et noble Arnaud Gasbertz del Castanhier, chevalier, fils de feu Bernard del Castanhier, chevalier, d'autre part, au sujet de l'hommage demandé par ledit de Gourdon audit Arnaud, pour raison de la terre et juridiction par lui tenue entre *Ambar* et *Ambolas* (1289). — Mention de l'hommage fait à noble Jourdain, sire de l'Isle, par Foulques de La Roque, damoiseau, pour ce qu'il tenait en la châtellenie de Montgaillard (1291). — Analyse d'une transaction passée entre M⁰ Raymond de la Roque, jurisconsulte, d'une part, et Fortanier de Mari-

nhac, damoiseau, sénéchal de Gourdon, pour noble Bernard Jourdain, sire de l'Isle, sieur de Gourdon (1321). — Mention de la vente de certaines choses à St-Cirq, faite à Bertrand de Cardaillac, par Bertrand de Gourdon, majeur de 14 ans, fils de feu Fortanier de Gourdon, damoiseau (1295). — Mention de quittance délivrée au vicomte de Turenne, par Fortanier de Gourdon, Gaillard et Pons, ses frères, enfants de feu Pons, seigneur de Gourdon, de tout ce que le vicomte Raymond de Turenne, son père, pouvait leur devoir, comme ayant été leur tuteur (1296). — Vente faite à Cahors, par nobles hommes Fortanier de Gourdon, chevalier, Pons et Gaillard de Gourdon, ses frères, à Jacques Johannis, citoyen et bourgeois de Cahors, pour la somme de 5,000 livres de bons caorsins, des villes, châteaux et lieux de *Bastida Fortanerii*, de *Gordo*, de *Godorio* et de *Soiris*, plus tous les droits, raisons et actions à eux dûs par Pierrre Bonafos, damoiseau, sieur de Lentillac (du Causse) (1299). — Mention de *lettres*, datées de Cahors et délivrées par Géraud Flotte, chevalier, sénéchal du Périgord et de Quercy (1301).

F. 431. (Liasse.) — 23 pièces. papier.

1302-1600. — Gourdon. — Notes sur Pons, Pierre, Raymond et Aymeric de Gourdon (1302-1390). — Accord entre Fortanier de Gourdon, chevalier, seigneur dudit lieu, et Alamande de Gourdon, sa fille, future épouse de noble Matfred de Salanhac, damoiseau, fils de feu Hélie de Salanhac, d'une part, et ledit Matfred, d'autre part (1302). — Rectification par Lacabane de la généalogie de Gourdon, branche Peyrille et Lavercantière, de 1302 à 1398. — Indication de sources pour messire Bertrand de Gourdon et pour nobles Maffred et Guillaume de Gourdon (1303-1311). — Mention de la nomination de B. de Campanhes, comme son procureur fondé, par noble Aymeric de Gourdon, chevalier (1317). — Commission donnée par le pape Jean XXII à Bernard de Gervais, juge mage de Périgord, pour apaiser un différend entre noble Aymeric de Gourdon, chevalier de Peyrille, et Ratier, damoiseau, son neveu, de Castelnau (1317). — Transfert à Bertrand del Malmai, clerc, notaire royal, des protocoles et instruments reçus par feu Mᵉˢ Pierre de Repedura et Bernard Planta, par ordre d'Aymeric de Croso, chevalier, sénéchal de Périgord et de Quercy (1324) ; — acte de l'assise tenue au Mont-de-Domme, enjoignant à Mᵉ Bertrand del Molmai, notaire royal, à la requête de Pierre de Molindinis, damoiseau, procureur fondé de noble Pons de Gourdon, de délivrer une nouvelle grosse d'un instrument jadis

28

reçu par feu Mᵉ Bernard Planta, notaire royal, dont il possède les protocoles, instrument passé entre feu noble Fortanier de Gourdon, chevalier, d'une part, et Matfred de Salanhac, chevalier, alors damoiseau, d'autre part, à raison de dot, de prêt, etc. (1339) ; — ordre donné à Bertrand del Molmai, par Payen de Maillé, chevalier, sénéchal de Périgord et de Quercy, de délivrer à noble Pons de Gourdon la grosse d'un acte de 1302 (1340) ; — notes de Lacabane. — Indications de sources pour Pierre, Pons et Louis de Gourdon et pour divers autres seigneurs du Quercy, parmi lesquels Jean de Carmaing, Jourdain de Luberto, Guillaume de Montfaucon, Baras de Châteauneuf, Guy sire de Mortemer, Arnaud d'Espaigne (1328-1421). — Notes généalogiques sur la maison de Gourdon, depuis Bertrand de Gourdon, en 1332, jusqu'à Jean, seigneur de Gourdon, en 1413. — Collation du canonicat et de la prébende de l'église de St-Avit-le-Vieux, diocèse de Sarlat, vacantes par résignation d'Aymeric de Gourdon, chanoine de Cahors, à Raymond Reynes, bachelier en lois (1335). — Mandement du pape Benoit XII à l'évêque de Cahors, pour qu'il ait à donner des dispenses, à l'occasion du mariage de Bertrand de Gourdon, damoiseau, avec Jourdaine de Vesis, fille de feu Pierre de Vesis et veuve en premières noces, de Bertrand de Durfort, cousin au 4ᵉ degré dudit Bertrand de Gourdon (1240). — Ordre de payement à Pons de Gourdon, pour avoir servi dans la guerre de Gascogne (1337-1338) ; — ordre de payement au même pour avoir servi depuis le 1ᵉʳ janvier 1339 jusqu'au 25 août suivant ; — quittance de 71 livres 19 sous 6 deniers délivrée, à Cahors, à Mathieu de Proholène, trésorier du Roi en Périgord et Quercy, par Pons de Gourdon, chevalier (1344) ; — quittance de 30 francs d'or délivrée à Ambroise Vohi, trésorier du Roi à Carcassonne, par Jean de Gourdon, chevalier (1378). — Tableau généalogique de Bertrand de Gourdon, seigneur et baron par moitié de Gourdon, et de deux de ses fils, Fortanier et Pons de Gourdon (1344). — Quittance de 348 livres de gages, pour services militaires, délivrée à Jean Chauvel, trésorier des guerres, par Pons de Gourdon, chevalier, sire de Peyrille (1347). — Tableau généalogique commençant à Fortanier de Gourdon et à Aigline de Barasc de la Béraudie, en 1347, et finissant d'un côté à Jean de Penne, dit de Gourdon, et d'un autre côté à François de Cardaillac, sieur de Privasac, évêque de Cahors, de 1389 à 1404. — Notes généalogiques sur la maison de Gourdon, depuis N. de Gourdon, sieur de Cénevières et co-seigneur de Gourdon, en 1347, jusqu'à Fortanier de Gourdon, en 1418. — Notes généalogiques sur la maison de Gourdon, depuis le baron Fortanier de

Gourdon, en 1347, jusqu'en 1600. — Accord entre les religieux du couvent des frères Prêcheurs de Cahors, d'une part, et noble Jean de Gourdon, sieur de Puylagarde, de Cénevières, de Sénaillac, etc., d'autre part, touchant la succession des biens de noble Bertrand de Gourdon, sieur de Cénevières (1347). — Codicille de noble Jean de Gourdon, sieur de Cénevières, de St-Jean-de-Laur, de Puylagarde, etc. (1439). — Testament de noble Olivier de Penne *alias* de Gourdon, chevalier, baron de Gourdon, sieur de Cénevières, de St-Martin-Labouval, de Puylagarde, de Limogne, de St-Jean-de-Laur, de la Toulzanie, de Cornus, de Lugagnac et de Ferrières (1483). — Mention de la montre de 9 écuyers de sa compagnie faite, à Cahors, par Jean de Gourdon, chevalier banneret (1368). — Obits de noble Jean de Gourdon, co-seigneur de Gourdon et sieur de Puylargue et de noble Raymond Béraldi, sieur de Cessac et de Millars, au diocèse d'Albi (1398).

F. 432. (Liasse.) — 13 pièces, papier.

1413-1607. — Gourdon. — Contrat de mariage entre noble Jean de Solages, fils de Beguot d'Arjac, sieur du Caylar et d'Andia de Solages, en l'évêché de Rodez, d'une part, et Marguerite de Gourdon, fille de noble Jean de Gourdon et d'Hélis de Monestiers, dame de Gourdon, d'autre part (1413). — Note généalogique sur Jean d'Arjac de Solages et Marguerite de Gourdon, sa femme (1413). — Sentence arbitrale rendue par Guillaume, évêque de Cahors, dans un procès entre noble Jean de Penne, *alias* de Gourdon, d'une part, et Fortanier de Gourdon, d'autre part, pour raison des biens qui avaient appartenu à noble Jean de Gourdon, chevalier, sieur de Cénevières et co-seigneur de Gourdon, frère dudit Fortanier, et aïeul maternel dudit Jean de Penne (1418) ; — notes de Lacabane. — Tableau généalogique commençant à Arnaud de Penne et Marguerite de Penne, en 1418 et finissant à Pons de Penne et à Marguerite d'Ebrard, en 1464. — Quittance de 400 livres tournois, délivrée, pour services militaires, par Pierre-Ricart de Genouillac, écuyer, avec les noms des 19 écuyers de sa compagnie, appartenant à des familles quercynoises (1421). — Mention de la fondation d'une messe au couvent des frères Prêcheurs de Cahors, faite par noble Aymeric de Gourdon (1422). — Analyse du testament de Jean de Gourdon, chevalier, co-seigneur de Gourdon et sieur de Cénevières et de Puylagarde (1436). — Contrat du mariage entre noble Olivier de Gourdon, fils naturel et légitime de noble Jean de Gourdon, chevalier, d'une part, et Catherine de Cardaillac, fille de

Pons, co-seigneur de Cardaillac, sieur de Varaire, d'autre part (1438). — Analyse du testament d'Antoine de Gourdon, comte dudit lieu, vicomte de Gayffié, marquis de Cénevières (1607) ; — note de Lacabane sur la descendance de Bertrand de Gourdon, sieur des Arques ; — Indication de source pour Richard de Gourdon (1453). — Hommage rendu au Roi par Arnaud de Gourdon de Thémines, *aliàs* de Penne, écuyer, sieur de Thémines et de Gourdon, pour Thémines, Issendolus, Espédaillac et la 5e partie de Cardaillac (1461) ; — autre hommage par Raymond Tustal, bourgeois de Cahors, pour le lieu de Galessie (1461) ; — autre hommage par noble Guinot de Peyronnenc, demeurant à St-Chamarand, pour la moitié du lieu de Souillaguet (1462). — Tableau généalogique de la maison de Gourdon, depuis Annet de Gourdon, sieur de Lavercantière, jusqu'à Jeanne de Montferrand (1475-1498). — Analyse du testament d'Hélène d'Escuria, femme de noble Béraldi, *aliàs* de Cazillac, sieur de Cessac (1477).

F. 433. (Liasse.) — 10 pièces, papier.

1512-1817. — Gourdon. — Analyse du testament de noble Pons de Penne, *aliàs* de Gourdon, baron de Gourdon et de la Guépie, seigneur des châteaux et lieux de Puylagarde, Limogne, St-Jean-de-Laur, Lugagnac, St-Martin-Labouval, Cénevières (1512). — Analyse du testament de noble François de Gourdon, chevalier, baron de Gourdon (1524) ; — codicille du même (1525). — Promesse de mariage entre noble Antoine de Chaslar, fils aîné de noble Jean de Chaslar, écuyer, sieur de Mayrac et de Révoillon, d'une part, et Marguerite de Thémines, la jeune, fille de feu noble Guillaume de Thémines, co-seigneur de Thémines, Cardaillac, Gourdon, Benfourt et Cesteyrole, baron de Villeneuve et de la Bourriane, d'autre part (1513). — Fragment généalogique pour les maisons de Cardaillac et de Gourdon, de Rabastens, de Rollet, de Peyre, de Lausières-Thémines, de Flotard d'Ebrard (1536 et antérieurement). — Vente du domaine de Beaussac avec appartenances faite, moyennant 6000 livres tournois, à noble Jacques de Genouillac, seigneur d'Assier et de Capdenac, chevalier de l'Ordre, grand maître et capitaine général de l'artillerie et grand écuyer de France, par Hélène de Bernard, fille de noble Jean de Bernard et de noble Matheline de Burbuso, dame de Beaussac et Mathurin de Fénélo, son mari (1536) ; — vente de la seigneurie de la place de Cours, en Quercy, faite, moyennant 3000 livres tournois, à nobles Hélène de Bernard et Mathurin de Fénélo, mariés, par nobles

Raymond de Fénélo et autre Mathurin de Fénélo, son fils (1536). — Quittance de 40 livres tournois dues pour avoir « vacqué à faire partie des monstres des lansquenetz du baron des Hedech », délivrée à Antoine Le Maçon, receveur général des finances en Bourgogne, par Flotard, vicomte de Gourdon (1542) ; — quittance de 100 livres tournois délivrée au payeur des frais extraordinaires des guerres « deçà les monts » par le même Flotard « pour son état de capitaine de Savillan » (1549) ; — description du sceau dudit Flotard. — Quittances de gages pour services militaires délivrées par Antoine de Gourdon, guidon de la compagnie du comte de Beynes (1561-1562) ; — autres quittances semblables délivrées par Charles de Gourdon, maréchal des logis de la compagnie du comte de Roussillon (1561-1564) ; — quittance délivrée par le même, maréchal des logis de la compagnie de M. de Tournon (1567) ; — descriptions de sceaux. — Analyse du testament d'Antoine de Gourdon, chevalier, seigneur et baron de Gourdon, vicomte de Gueyffié, marquis de Cénevières et seigneur de plusieurs autres places, capitaine de 50 hommes d'armes des ordonnances du Roi et conseiller au conseil privé de S. M. (1615) ; — note de Lacabane. — Mémoire suivi de généalogie, sur des procédures qui paraissent avoir débuté au XIVe siècle, entre la maison de Gourdon et le couvent des frères Prêcheurs de Cahors (1700-1701). — Note sur les armes de Georges Gordon, lord Byron et des Gordon d'Ecosse (1817).

F. 434. (Liasse.) — 16 pièces, papier.

1336-1780. — Gouyon, Gozon, Gower. — Jugement de maintenue de noblesse en faveur de Joseph Martin du Gouyon, sieur de Labbaye et d'Arnaud François du Gouyon, sieur des Hurlières (1749). — Extrait de l'essai généalogique sur le rameau de la maison de Gozon, établi au château d'Ays, en Quercy, et formé par Jean de Gozon, grand maître de la maison du Roi en Hongrie, issu de la même famille que Dieudonné de Gozon, grand maître de l'ordre de St-Jean-de-Jérusalem (1336-1780) ; — les armes de cette famille sont *de gueules à la bande d'azur bordée d'argent, le bord de l'écu denticulé de même.* — Notes généalogiques sur la famille de Gozon, sieurs d'Ayx (1490-1700). — Analyse du testament de dame Jeanne de Gouzon, de Thégra de Valon, dame de Puycalvel, de Thégra et autres places (1650). — Quittance de 959 livres 5 sous 10 deniers tournois délivrée à Pierre Surreau, receveur général de Normandie, par Thomas Gower, écuyer, naguère lieutenant, à Falaise, de Jean Talbot, capitaine dudit lieu (1430) ; — quittance de 1110 livres 8 sous 4 deniers tournois délivrée au même par le même « de nouvel ordonné bailly et cappitaine d'Evreux » (1430). — Lettres de Henri VI, roi d'Angleterre, nommant bailli d'Evreux, Thomas Gower, écuyer, en remplacement de Jean de Radeliffe le Jeune, chevalier (1430). — Déclaration de Thomas Gower, écuyer, bailli d'Evreux, portant qu'il a fait payer 30 sous à Légier Poursuivant, envoyé au comte de Mortaing pour lui faire connaître les projets de La Hire et autres, assemblés à Louviers dans l'intention d'aller faire lever le siège « de Gaillart » (1430). — Ordre de Henri VI, roi d'Angleterre à Thomas Blanc, trésorier général des finances en Normandie, de faire payer ce qui est dû à Thomas Gower, écuyer, bailli et capitaine d'Evreux (1430). — Quittance de 311 livres 17 sous 6 deniers tournois, délivrée à Guillaume Fortin, vicomte et receveur d'Alençon, par Thomas Gower (1431). — Certificat de Thomas Gower, écuyer, lieutenant et garde des ville et château de Cherbourg, constatant la prise de possession de l'office de contrôleur des gens d'armes et de trait de la garnison de Cherbourg, par Robert Kirneby, écuyer (1439). — Nomination de Thomas Gower, écuyer, comme lieutenant à Cherbourg, de Jean, comte de Somerset (1439).

F. 435. (Liasse.) — 9 pièces, papier.

1312-1720. — Gragnols, Gramat, Grandslacz, Grèses, Grignac, Grimourt, Guary, Guignard. — Indication de source pour Taleraud de Gragnols (1312-1337). — Mentions d'hommages faits à noble Garin de Castelnau, seigneur de Gramat, par Roger de Cornelie, damoiseau, Bernard d'Aymeric, Bernard de Bie, Bertrand et Arnaud de Gramat (1316). — Indication de source pour les frères Julien, dits de Grandslacz, écuyers (1567). — Indications de sources pour : 1° anoblissement de Raymond de Grèses de Balaguier ; 2° privilège d'arbitrage accordé par le Roi à Raymond de Grèses ; 3° sauvegarde accordée au prieur et au couvent de Ste-Marie-du-Carmel, ordre de la Couronne, en la baillie des Montagnes d'Auvergne (1323-1325). — Mention du contrat de mariage entre noble et puissant homme Guillaume de St-Amanie, chevalier, et noble Cécile de Grignac (1354). — Indication de source pour don, par Charles V, de 100 livres tournois de rente, à prendre sur les biens des rebelles de la sénéchaussée de Périgord et de Quercy, à Hélie Grimourt (1370). — Mention du mariage d'Antoine Guary, marchand teinturier au faubourg du Pin, de Figeac, et de demoiselle Marie de Maisonneuve (1720). — Pro-

duction de titres de noblesse pardevant l'Intendant d'Auvergne, par Jean Guignard, écuyer, sieur de Besaudun, qui porte *d'azur, à trois étoiles d'or et un soleil du même en chef* (1487-1642).

F. 436. (Liasse.) — 12 pièces, papier.

1084-1772. — Guillaume, Guillermi, Guirard. — Confirmation par Guillaume, évêque de Cahors, de la donation des églises faite par son prédécesseur à Robert, abbé de St-Théodard de Montauban (1215) ; — commission de certaines églises données à Ildefonse, abbé de St-Théodard, par Gérald, évêque de Cahors, des donations faites par ses prédécesseurs à l'abbaye de St-Théodard (1271). — Donation du lieu *Sancto Genéo* faite à l'abbaye de Cluny, par Guillaume, archevêque d'Auch et Raymond, évêque de Lectoure (1084). — donation des trois quarts de l'église de St-Severin de Meisme faite à l'abbaye de Moissac par Arnald, Bernard et Ogier de Raymondi, frères (1085) ; — note de Lacabane. — Indications de sources pour Arnaud Guillermi, fils de Bernard, écuyer, seigneur de Lamothe, en Quercy, et pour Jacques de Montal, fils d'autre Jacques, écuyer, seigneur de Puymorier (1499). — Notes et renseignements généalogiques sur la famille Guirard qui porte *d'azur au lion d'or* (1535-1762). — Indication de source pour divers membres de la famille de Guirard, parmi lesquels : Jean de Guirard, seigneur de Senergues, Jean Guirard, écuyer (1544) ; Audouin de Guirard, seigneur de Villecomptal (1566) ; Abraham de Guirard et de Montarnal, seigneur de Senergues (1616) ; Jean de Guirard de Montarnal (1632). — Mémoire sur la production de titres de M. Guirard de Montarnal, demandant des lettres de réhabilitation conformes à celles obtenues par son bisayeul, en 1667 (1753). — Mention de Guirard de Montarnal, seigneur de Senergues, Montredon, etc. (1772).

F. 437. (Liasse.) — 19 pièces, papier ; brochure in-folio ; 19 feuillets, papier.

1255-1745. — Guiscard. — Analyse d'un bail, à titre de fief, du mas de la Bourlie, dans la paroisse de Rouffiac, fait par noble Bernard de Guiscard, chevalier, à Arnaud del Cadour, Jean et Guillaume del Cadour, frères, moyennant 3 sous d'acapte et 9 quartes de froment de rente, mesure de Bélaye (1255). — Note sur Jeanne de Guiscard, fille de Jean, chevalier, seigneur de Lacoste, et de Souveraine de Ricard de Genouillac, épouse de Louis de Gourdon, seigneur de Lavercantière (1562). — Contrat de mariage de noble Arnaud de Guiscard, seigneur de Breuil, avec Antoinette de Nabinal, veuve de Jacques du Four, du lieu d'Albiac (1613). — Contrat de mariage de messire Georges de Guiscard, chevalier, seigneur de Labourlie « maréchal de bataille et armées du Roi et sous-gouverneurde Sa Majesté, demeurant à Paris, au Palais Royal, paroisse de St-Eustache » avec demoiselle Geneviève de Longueval (1648). — Testament de Jean de Guiscard, prieur de Rampoux et recteur de Grézels (1654). — Lettres du Roi nommant le comte de Guiscard, pour commander dans Namur, Dinant, Charlemont et Philippeville, sous l'autorité du marquis de Boufflers, lieutenant général (1692). — Lettres du Roi concernant le comte de Guiscard (1694-1698). — Preuves de l'histoire généalogique de la maison de Guiscard, à partir de l'année 1246.

F. 438. (Liasse.) — 9 pièces, papier.

1333-1870. — Du Hamel, Hangert, Hanneforde, Harcourt, Harpedane, Hauteroche, Hervi de Léon. — Indications de sources pour : Mathurin du Hamel, conseiller secrétaire du Roi (1589) ; — Nicolas du Hamel, conseiller notaire secrétaire et audiencier en la chancellerie de Bordeaux (1648) ; — Jacques du Hamel, conseiller secrétaire du Roi (1657) ; — du Hamel, sieur des Rouleaux, secrétaire du Roi en la chancellerie de Bordeaux (1638). — Armes d'André du Hamel, conseiller au parlement de Bordeaux : *d'azur à un hameau composé de trois maisons d'argent maçonnées de sable.* — Armes de du Hamel, sieur des Rouleaux : *d'azur ondé d'argent en pointe, une grange au-dessus maçonnée de sable, chargée de trois girouettes d'or.* — Indication de source pour Jean, sire de Hangert (sans date). — Indication de source pour Jean Hanneforde, capitaine pour les anglais, de St-Germain en Laye et de Montfort (1433). — Mention de l'arrêt du Parlement contre Godefroy de Harcourt, chevalier, sire de St-Sauveur-le-vicomte (1343) ; — description de l'exécution d'Olivier de Clisson (1343). — Indication de source pour Jean Harpedane, chevalier anglais (sans date). — Lettre de faire part du mariage d'Adrien d'Hauteroche avec Marie-Thérèse de Boisset de Torsiac (1870). — Tableau généalogique de la famille Hervé de Léon, depuis Hervé VII de Léon, sieur de Noyon-sur-Andelle, jusqu'à ses enfants (1333-1397) ; — note sur le sire de Tresignidi (1342).

F. 439. (Liasse.) — 11 pièces, papier.

1182-1716. — Hugues, comte de Rodez et d'Humières. — Donation faite par Hugues, comte de Rodez, à Ranolfe, abbé de Bonnecombe et aux frères dudit monastère, de tout ce qu'il possédait au village de Beaulieu (1182). — Lettres de Hugues, évêque de Rodez et de Hugues, comte de Rodez, par lesquelles ils exemptent l'hôpital d'Aubrac, de l'imposition du commun de paix et de tout autre à l'occasion de la paix *(ab omni exactione quæ a secularibus ad faciendam pacem vel pacis occasione quoquomodo exigitur)* (1199) ; — lettres semblables en faveur du monastère de Bonnecombe et autres maisons de l'ordre de Cîteaux, situées dans les terres desdits seigneurs (1200). — Contrat de mariage de noble Antoine d'Humières, écuyer, sieur d'Espalivet et de demoiselle Jeanne Cat ou Chapt de Rastignac, fille de Jean Cat de Rastignac, écuyer, seigneur de Montamat et de Griffoul (1644). — Extraits de livres de baptêmes intéressant la famille d'Humières (1659-1715). — Mention d'hommage pour les château, terre et seigneurie de Toursiat, élection de Brioude, fait par Bertrand d'Humières, écuyer, sieur de Vereilles, au nom de sa femme, Antoinette de Boisset (1670). — Arrêt du Conseil d'État du Roi par lequel le Roi maintient dans la qualité de noble et d'écuyer, Antoine d'Humières, sieur d'Espalivet, Bertrand d'Humières, son fils et les enfants de François d'Humières son frère (1671). — Contrat de mariage de messire Dominique d'Humières, écuyer, sieur de Loubejac et de demoiselle Rose d'Humières, fille de Pierre d'Humières, écuyer, sieur de la Souquayrie (1706). — Mention des preuves de noblesse pour St-Cyr, de demoiselle Marguerite d'Humières ; — armes : *d'or à un arbre de sinople traversé au pied d'une levrette d'azur, accolée de gueules, martelé d'argent à trois bandes de sable* (1707). — Maintenue de noblesse en faveur de Dominique d'Humières d'Olmeyras, sieur de Loubejac, habitant de la ville de Conques (1716). — Armes de d'Humières de Vareilles : *écartelé aux 1 et 4 d'or à un chêne de sinople et une levrette d'argent accolée de gueules, passant au pied du chêne ; aux 2 et 3 d'argent à trois bandes de sable ou bandé d'argent ou de gueules* (sans date).

F. 440. (Liasse.) — 2 pièces, papier.

1535-1698. — Imbert du Mazel et Issaly. — Note sur Jean Baptiste Guillaume d'Imbert du Mazel, écuyer, sieur du Chenin, du Mazel, de Chasseignes, châtelain et baron de Poujol, en Auvergne (1698). — Mention d'actes intéressant la famille d'Issaly, au nombre desquels les contrats de mariage de noble Charles d'Issaly et de Jeanne de Gontaud ; — de noble Louis d'Issaly, capitaine et de demoiselle Anne de Roquefort (1535) ; — de Pierre d'Issaly-Peyrusse, docteur et avocat, et de demoiselle Antoinette de Lacoste (1648); — une transaction entre Joseph d'Issaly-Peyrusse, chanoine théologal du chapitre du Vigan, François d'Issaly, prêtre et curé de Montal et Jean d'Issaly-Peyrusse, sieur de Laval, faisant tant pour eux que pour Jean d'Issaly-Peyrusse, sieur de Lacoste, garde du corps de Sa Majesté, d'une part et Me Simon Dufour, d'autre part (1692), etc.

F. 441. (Liasse.) — 31 pièces, papier.

1240-1375. — Jean XXII. — Notes sur Arnaud Duèse, Bourgeois de Cahors, et ses enfants (1240-1352). — Extraits de chroniques de Foulhiac concernant le pape Jean XXII et Arnaud Duèse, son père (1271-1316). — Analyse d'un acte de vente consentie par Jean d'Arreblay le jeune, sénéchal de Quercy, en faveur de Guillaume de Beaupuys, notaire, fondé de procuration de Jean de Vie (*de Via*), bourgeois de Cahors (beau-frère de Jean XXII), de divers biens ayant appartenu à Bertrand de Casaulx (1316). — Lettre du cardinal de Pellegrue au roi de France lui annonçant que le couronnement du Pape ne saurait plus souffrir aucun retard (1316). — Extrait de l'histoire civile et consulaire de la ville de Lyon par le père Menestrier, touchant le sacre du pape Jean XXII (1316). — Extrait de la chronique de Guillaume de Nangis, sur la mission d'Hugues de Boville en Sicile pour en ramener Clémence, fille du roi de Hongrie, future épouse de Louis Hutin et sur d'autres ambassades du roi de France à la cour romaine pour l'élection du Pape (1316). — Extraits des chroniques de St-Denis sur le pape Jean XXII (1316). — Extrait de la chronique d'Antonin, archevêque de Florence, sur le pape Jean XXII (1316). — Extrait de Villani, sur l'élection du pape Jean XXII (1316). — Extrait de l'histoire du Père Daniel sur la conduite du Régent à l'occasion de l'élection du pape Jean XXII (1316). — Copie de la lettre écrite aux consuls de Cahors par le pape Jean XXII, au lendemain de son couronnement (1316). — Extraits du manuscrit de Suarez relatifs au pape Jean XXII et à quelques papes, ses successeurs (1317-1375). — Analyse de l'acte de vente consentie par les exécuteurs testamentaires du cardinal Pierre de

Columpno, du château de Peyriac, au diocèse de Narbonne, en faveur d'Arnaud Duèse, vicomte de Carmain (1327).

F. 442. (Cahiers.) — Petit in-4o, 22 feuillets, papier.

Sans date. — Jean XXII. — Fragment d'un manuscrit de Bertrandy-Lacabane sur le couronnement du pape Jean XXII et les premiers actes de ce pontife.

F. 443. (Brochures). — In-8o, 98 feuillets, papier.

XIXe siècle. — Jean XXII. — Recherches historiques sur l'origine, l'élection et le couronnement du pape Jean XXII, par M. Bertrandy. *Paris, Treuttel et Würtz, libraires, 1854.* — Un évêque supplicié. Etude historique par Bertrandy (avec notes marginales de Lacabane). *Paris, E. Dentu, éditeur, 1865.* — Documents inédits sur l'avènement de Philippe le Long, par G. Servois (Extrait de l'annuaire-bulletin de la société de l'histoire de France), *Imprimerie Lahure.* — Dissertation sur l'histoire de France au XIVe siècle.

F. 444. (Liasse.) — 10 pièces, papier.

1310-1777. — Jaulin, Jean de St-Projet, Johannès, Jugeols de Peyrat, Jussan, Jussieu. — Payement de 262 livres 15 sous tournois à Géraud de Jaulin, chevalier, capitaine de Montclar (mai 1359) ; — payement de 195 livres 12 sous au même (mai 1359) ; — description du sceau de « Geraldi de Jaulino » ; — quittance de 480 livres tournois délivrée à Jacques Lempereur, trésorier des guerres, par Géraud de Jaulin, chevalier, sénéchal de Quercy (1359) ; — retenue, par le duc d'Anjou, de Géraud de Jaulin, chevalier (1369) ; — note de Lacabane. — Quittance par Benoit Johan d'une somme de 221 livres 14 sous tournois pour gages de un chevalier-bachelier, 18 écuyers et 9 sergents de sa compagnie (1345). — Quittance par Philippe Jehan, chevalier, sire de Salviac et de la Johannie, pour le montant de ses gages et ceux de 11 écuyers et 25 sergents de sa compagnie (1349) ; — autres quittances de Guillaume Jehan, écuyer, et de Pierre Jehan de Cazeton (1359). — Lettres du duc d'Anjou, lieutenant du Roi en Languedoc, ordonnant au trésorier des guerres de payer 250 francs d'or à Bernadou Jehan, écuyer (1372). — Fragment généalogique de la famille de Jean (sans date). — Mention de l'anoblissement de

Jacques Johannis de Cahors, fils de Bertrand (1310) ; — mention de l'anoblissement de Gérard de Molinière, de Montauban (1327). — Notice sur la maison de Jugeols, du Peyrat, dans l'élection d'Aurillac, dont les armes sont : *d'azur à une fasce d'or accompagnée de trois étoiles d'argent deux en chef et une en pointe* (1340-1659). — Accord par lequel Bernard de Jussan, chevalier, fait remettre au roi de France, dans la personne de l'évêque de Tarbes, les forteresses de la Sède de Tarbes et de Borderas, sous promesse de 6.000 livres (1369) ; — note de Làcabane. — Notes sur divers membres de la famille de Jussieu (1669-1777).

F. 445. (Liasse.) — Brochure in-8° de 18 feuil. pap. ; 4 pièces, papier.

1317-1802. — Lacroix de Chevrières, Lacurie, Lafon, Lage. — Généalogie de la maison de la Croix de Chevrières, seigneurs de Guerre, de Brie, de Chantemerle, comtes de St-Vallier et de Vals, marquis] de Chevrières et de Clérieux, barons de Serves, seigneurs de Faramam, des Cottanes, de Lieudieu, comtes de Sayve et marquis d'Ornacieux, seigneurs de Chamagnieu, de Satuzange, marquis de Pisançon et Dauphiné ; — armes de cette maison : *d'azur, au buste de cheval d'or, animé de gueules ; au chef cousu de gueules, chargé de 3 croisettes d'argent* (1317-1802). — Note sur le sieur de Lacurie, natif de Figeac, maître ès arts, bachelier en théologie et copies de lettres adressées par ledit Lacurie à M. Pineau « ministre de la parole de Dieu » à Bergerac et aux maire et consuls dudit Bergerac (1606). — Reconnaissance féodale de *Gyletus* Lafon, de Montvalent (1536). — Note sur Jacques de Lafont, chevalier, seigneur de St-Projet (1669). — Don par Charles V, de 200 livres de rente à Guillaume de Lage, chanoine de Lestrey, en Limousin, et à autre Guillaume de Lage, sergent, oncle et neveu (1369).

F. 446. (Liasse.) — 77 pièces, papier.

1319-1779. — Lagarde. — Reconnaissance consentie par Guillaume Arnaud de Lagarde en faveur du comte d'Armagnac ; pour le territoire de Lagarde, au bailliage de Vic (1319). — Mention d'accord entre Pierre Medici, curé de Vayrac et autres d'une part et Pierre dit Lagarde, d'Argentat, au diocèse de Tulle, au sujet de la dot constituée par feu Géraud] Lagarde, père dudit Pierre, à Flore, femme de Pierre Medici, de Vayrac (1364). — Contrat de mariage de [Barthélemy Lagarde, seigneur de Saignes,] dans la paroisse

d'Aynac, avec noble Guinote de Miers (1479). — Mention de la vente de la moitié du massage de las Aspes, paroisse de Gramat, consentie par Pierre Ferrier, en faveur de noble Barthélemy Lagarde, seigneur de Saignes (1486). — Contrat de mariage de noble Pierre Lagarde, seigneur de Saignes, de Lunégarde « et de beaucoup d'autres dominations », avec Antoinette de Valsergues (1515). — Testament de noble homme Barthélemy Lagarde, écuyer, seigneur de Saignes (1524). — Remise d'une somme de 1440 livres à Pierre de Lagarde, conseiller au parlement de Toulouse, envoyé par le Roi comme ambassadeur au roi de Portugal (1529). — Mention du contrat de mariage de Louis de Lagarde, écuyer, gentilhomme de la maison du Roi, avec Amande de Luzech (1549). — Notes généalogiques sur la famille Lagarde de Saignes (1549-1666). — Contrat de mariage (supposé faux) de noble Henri de Lagarde, seigneur de Chambonnas avec noble Louise de Borne (1577). — Testament de Louis de Lagarde, chevalier de l'ordre du Roi, seigneur de Saignes et de Parlan (1581). — Extrait du contrat de mariage de noble Pierre de Lagarde, habitant de St-Céré avec Marie Henry, fille d'Antoine Henry, seigneur de Cassan (1594) ; — extrait de l'acte d'acquisition d'une vigne dans la paroisse de St-Laurent, par Pierre de Lagarde (1632) ; — extrait de procuration donnée à noble Pierre de Lagarde, sieur de la Clayrie, par Jean de Costes, sieur de Vermouze (1635) ; — pactes de mariage, passés le 31 août 1664, pour être solennisé suivant l'ordre de la religion réformée entre noble Izaac de Lagarde et Isabeau de Coulomb (1664) ; — mémoire sur la production de M. Pierre Louis de Lagarde, seigneur de Narbonnès, qui demande des lettres de confirmation de sa noblesse d'extraction (1779). — Transaction entre Giles de Darnils, juge de St-Céré, d'une part et noble Pierre de Lagarde, seigneur de Valon et M. Jean de Lavaur (1596). — Contrat de mariage de noble François de Lagarde, écuyer, seigneur de Mirabel, demeurant au château de Valon en Quercy, paroisse de Lavergne, avec demoiselle Jeanne de Pourtenc, fille de noble Etienne de Pourtenc, écuyer, seigneur de la Borde et de Vaulgoubert (1604). — Contrat de mariage (supposé faux) de Jacques de Lagarde avec demoiselle Catherine de Roche (1606). — Entérinement des lettres de grâce accordées à Giles de Lignerac, auteur d'un homicide commis sur la personne de feu Gabriel de Lagarde (1606). — Contrat de mariage de noble Etienne de Montpey avec demoiselle Louise de Lagarde, veuve de noble Alexandre Thevenon, seigneur de Tavernost (1609). — Contrat de mariage de noble Antoine de Lagarde avec demoiselle

Josephe de Beaumont (1628). — Contrat de mariage de Joseph de Mouricaud, écuyer, avec demoiselle Louise de Lagarde, fille aînée d'Antoine de Lagarde, écuyer, sieur de Bessières (1628). — Testament de noble Jacques de Lagarde, sieur de Poujols, habitant du lieu de Lacombe, paroisse de St-Jean de Fourcheresses en Vivarais (1635). — Contrat de mariage de Pierre de Lagarde de Saignes de Valon, seigneur baron de St-Angel avec Marie du Barry, demoiselle de la Gloudye et de Choumon (1630). — Testament de Jean de Beaumont, sieur de Bonnecoste, en Quercy (1648). — Testament de François de Lagarde de Valon, seigneur baron de St-Angel, de Langlade, de Lage et de Mirabel (1649). — Transaction entre demoiselle Josephe de Beaumont, héritière de Jean de Beaumont, seigneur de Bonnecoste et demoiselle Gabrielle Antoinette et autre Gabrielle de Beaumont, sœurs (1652). — Testament de Pierre de Lagarde de Valon, chevalier, seigneur de St-Angel, de Langlade, etc. (1654). — Contrat de mariage de François de Lagarde, chevalier, baron de St-Angel, seigneur de Langlade, de Puycastan, etc., avec Marguerite de la Brousse (1663). — Mention d'inventaire des titres de noblesse représentés par François de Lagarde de Saignes de Valon (1666). — Ordonnance de l'intendant Pellot au sujet de l'inscription sur le catalogue des nobles, de Jean de Lagarde, sieur de Bonnecoste, habitant dudit Bonnecoste, dans l'élection de Figeac (1668). — Contrat de mariage de noble Jean de Lagarde, écuyer, sieur de Bonnecoste, avec demoiselle Marguerite de Bars, fille de noble Antoine de Bars, écuyer, seigneur de Montcalon, Langlade, la Gazalbe et autres lieux (1668). — — Ordonnance des commissaires généraux du Conseil députés par Sa Majesté pour la recherche des usurpateurs du titre de noblesse, par laquelle ils ordonnent qu'avant faire droit sur l'instance pendante entre le procureur général de la Commission et François de Lagarde de Saignes de Valon, sieur de St-Angel, Etienne de Lagarde, sieur dudit lieu et Armand de Lagarde, sieur de Langlade, frères, et René de Lagarde, sieur de Mirabel, lesdits Lagarde feront représenter diverses pièces (1671). — Arrêt rendu au Conseil d'Etat du Roi, tenu à St-Germain-en-Laye, le 9 août 1672, par lequel Sa Majesté maintient dans la qualité de noble et d'écuyer François de Lagarde de Valon, écuyer, sieur de St-Angel en Périgord, Etienne de Lagarde, écuyer, sieur de Lagarde et Armand de Lagarde, écuyer, sieur de Langlade, frères, et René de Lagarde, leur oncle, écuyer, sieur de Mirabel et de Chanet (1672). — Testament de messire François de

Lagarde de Saignes de Valon, chevalier (1672). — Testament de noble Antoine de Bars, écuyer, seigneur de Montcalon, et de noble Pascale de Rinhac, sa femme, demeurant en leur château de la Guazaille, paroisse de Caissac, juridiction de Montfort, en Périgord (1678). — Contrat de mariage de Gabriel de Robinet, écuyer, sieur de la Barde, avec demoiselle Jeanne de Lagarde, fille de René de Lagarde, chevalier, seigneur de Mirabel (1683). — Compromis passé entre Daniel Saunier, chevalier et dame Marguerite de la Brousse, sa femme, d'une part et Armand de Lagarde, chevalier, seigneur de Langlade, d'autre part (1686). — Sentence arbitrale rendue à Périgueux, le 20 décembre 1686, entre Armand de Lagarde, chevalier, seigneur de Langlade, comme curateur de Thibaud de Lagarde, chevalier, seigneur de St-Angel, d'une part, et dame Marguerite de la Brousse, veuve en première noces de François de Lagarde, seigneur de St-Angel, et mère dudit Thibaud. — Accord entre dame Marguerite de la Brousse, femme en secondes noces de Daniel Saunier, chevalier, et Armand de Lagarde, chevalier, curateur de Thibaud de Lagarde, fils de ladite dame (1687). — Contrat de mariage de Thibaud de Lagarde, chevalier, seigneur de St-Angel, avec demoiselle Marie Blaise Saunier, fille de Jean Saunier, chevalier (1687). — Testament de René de Lagarde, seigneur de Saignes, de Parlan, de la Garde, baron de Palaret (1689). — Certificat de Louis de Lostange, marquis de Ste-Alvère, sénéchal et gouverneur du Quercy, constatant que noble Jean de Lagarde, sieur de Bonnecoste a servi « depuis le 4e (septembre), avec l'esquipage convenable à sa qualité, jusqu'au 13e, suivant l'ordre du roi » (1692). — Extrait des registres de baptêmes de la paroisse de St-Angel, au diocèse de Périgueux, portant que Nicolas, fils de Thibaud de Lagarde, seigneur de St-Angel, et de dame Blaise Saunier, sa femme, fut ondoyé le 8 janvier 1694. — Extrait des registres de baptêmes de la paroisse de Parlan, en Auvergne, portant que Joseph Victor de Lagarde, fils de Louis de Lagarde et de dame Catherine de Turenne, son épouse, fut baptisé le 25 mars 1699. — Mention d'arrêt rendu au parlement de Bordeaux, au profit de dame Blaise Saunier, femme de Thibaud de Lagarde, contre Elie d'Ardie, chevalier, seigneur de St-Laurent de Champagnac (1700). — Extrait du procès-verbal des preuves de la noblesse paternelle et maternelle de noble Joseph-Henri de Montpey-Valières (1707). — Testament de Louis de Lagarde, chevalier, seigneur de Saignes, baron de Palaret, Bio, Thégra et Molières, seigneur de Parlan, Reillac et autres lieux (1708)

— Certificat constatant que le sieur de Lagarde de St-Angel était page du Roi en la grande Ecurie et qu'en cette qualité il servait alors sa Majesté (1710). — Testament de Jean de Lagarde, seigneur de Bonencoste et de dame Marie de Bars, conjoints (1712). — Contrat de mariage de René de Lagarde, seigneur de Bonnecoste, fils légitime et naturel de Jean de Lagarde et de défunte dame Marguerite de Bars, accordé, le 4 juillet 1719, avec demoiselle Marie de Plas, fille de Claude de Plas, chevalier, seigneur de Salgues (1719). — Contrat de mariage de haut et puissant seigneur messire Nicolas de Lagarde de Saignes et de Valon, chevalier, seigneur baron de Lagarde, accordé, le 4 novembre 1720, avec demoiselle Renée de la Porte, demoiselle de la Porte, fille de haut et puissant seigneur messire Elie Jean de la Porte, chevalier, seigneur de Luzignac, de la Porte, de la Sarladie, etc. — Extrait des registres de baptêmes de l'église paroissiale de St-Angel, au diocèse de Périgueux, portant que Marguerite de Lagarde, fille de messire Nicolas de Lagarde et de Renée de la Porte, habitant en leur château de Lage, paroisse de St-Angel, naquit le 16 septembre 1721 ; — Autres extraits relatifs aux naissances de : Marthe de Lagarde (7 avril 1724) ; Marie Blaise de Lagarde (7 avril 1724) ; Thibaud de Lagarde (1er septembre 1725) ; Pierre de Lagarde (20 juin 1727). — Contrat de mariage de messire Joseph Victor de Lagarde de Reillac de Saignes, fils de feu Louis de Lagarde, chevalier, seigneur comte de Saignes, baron de Parlan et de haute et puissante dame Jeanne Catherine de Turenne d'Aynac, habitant de St-Céré, accordé le 30 décembre 1727, avec demoiselle Françoise de Vayrac, fille de Jean de Vayrac, écuyer, seigneur de St-Denis. — Extraits des registres des baptêmes de la paroisse de St-Angel relatifs aux naissances de François de Lagarde (1728) et de Jeanne de Lagarde (1730), fils et fille de Nicolas de Lagarde et de Renée de la Porte. — Mention du bail à ferme consenti par René de Lagarde, chevalier, seigneur de Bonnecoste, à Antoine Laguilhe, meunier, du lieu de Siniergues, savoir de son moulin à vent situé au lieu de Couzou, pour 5 années, moyennant 80 livres par an (1729). — Extrait des registres de baptêmes de la paroisse de Champeau, au diocèse de Périgueux, portant que Françoise de Lagarde, fille de Nicolas de Lagarde et de dame Renée de la Porte, a été baptisée le 10 janvier 1732. — Extrait des registres de baptêmes de l'église St-Martin de Vayrac, au diocèse de Cahors, portant que Jean Baptiste Charles Marie de Lagarde de Reillac de Saignes, fils de Joseph Victor de Lagarde et de dame Françoise de Vayrac,

est né le 10 mai 1733. — Extrait des registres de baptêmes de l'église paroissiale de St-Angel portant que Thibaud François de Lagarde, fils de messire Nicolas de Lagarde, baron de St-Angel et de dame Renée de la Porte, est né le 3 septembre 1735. — Extrait des registres de baptêmes de St-Jean de Pourcharesses portant que noble Louis Joseph de Lagarde, fils de Louis Charles de Lagarde, seigneur des Poujols, et de dame Jeanne Françoise de Bourzes, a été baptisé le 6 septembre 1736. — Testament de messire René de Lagarde Bonnecoste, seigneur dudit Bonnecoste, paroisse de St-Sauveur de Verbes, y habitant (1737). — Contrat post nuptial du mariage de messire Laurent de Lagarde de Bonnecoste, accordé le 8 janvier 1752, avec dame Marguerite de Rey du Payrat. — Testament de François Laurent Rey du Payrat, écuyer, habitant de Cahors (1754). — Extrait des registres de baptêmes de l'église paroissiale de Couzou, diocèse de Cahors, portant que demoiselle Marie Rose de Lagarde, fille de Laurent de Lagarde et de dame Marguerite du Payrat, née au château de Bonnecoste le 5 avril 1758, a été baptisée le lendemain. — Contrat de mariage de haut et puissant seigneur Thibaud, comte de Lagarde de Saignes de Valon, accordé le 11 juin 1759, avec haute et puissante demoiselle Anne Marie de Baynac, fille de haut et puissant seigneur messire Pierre marquis de Bagnac, premier baron du Périgord, seigneur de Commarque, Montgaillard, Montfort, Larivière et autres places. — Contrat de mariage de Louis Joseph de Lagarde, officier d'infanterie, accordé le 14 novembre 1759, avec demoiselle Angélique Dusceau de la Croix. — Extrait des registres de baptêmes de l'église paroissiale de Couzou, portant que le 27 janvier 1765 naquit au château de Bonnecoste, Marguerite de Lagarde, fille de Laurent de Lagarde et de dame Marguerite du Payrat (1765). — Description des armes de la famille Lagarde de Narbonnès : *de gueules au dextrochère d'or ou d'argent soutenant une épée posée en pal, du même au chef cousu d'azur, chargé d'un croissant placé entre deux étoiles, le tout d'or ou d'argent.*

F. 447. (Liasse.) — 57 pièces, papier ; cahier in-huit, 8 feuillets papier.

1371-1763. — Lagrange. — Lettres patentes du roi Charles V par lesquelles Sa Majesté, en reconnaissance des bons et agréables services qui lui avaient été rendus par son aîné et féal chevalier et conseiller Etienne de Lagrange, tant dans sa chambre des enquêtes que dans son parlement, lui accorde que les gages et manteaux lui seront payés durant sa vie comme aux autres conseillers (1371). — Mention de reconnaissance faite par Antoine Soulié, de la paroisse de Gramat, en faveur du seigneur-baron, stipulant pour lui Pierre Lagrange, son procureur fondé (1449). — Mention de lausime portant reconnaissance par Pierre Lagrange, de Rocamadour, comme procureur fondé du baron de Gramat, en faveur de Jean Salès, dudit Gramat (1459). — Sommaires d'actes intéressant divers membres de la famille Lagrange (1467-1718). — Investiture donnée par Pierre Lagrange, marchand, de Rocamadour, faisant tant pour lui que pour Jean Lagrange, prêtre, et autre Jean Lagrange, bachelier en droit, ses frères, en faveur de Pierre Bergougnoux, de Rignac, d'une métairie dite de Nobrié (1472). — Généalogie de la famille de Lagrange, seigneurs de Rouffillac, de Lavercantière, de Floirac et de Lapanonie (1509-1685). — Articles matrimoniaux accordés entre noble homme Jean de Gourdon, seigneur de Lavercantière, de Rampoux, de St-Martin-le-Désarnat et de St-Cirq, d'une part, et noble Pierre de Lagrange, seigneur de Bonal et co-seigneur de Sérignac, d'autre part « à cause du mariage de noble Micheau de La Grange, filz dudict noble Pierre, et de noble Marquèse de Gordon, filhe dudict noble Jehan de Gordon » (1528). — Mentions d'actes intéressant la famille de Lagrange et notamment Michel de Lagrange, co-seigneur de Rouffillac (1528), Pierre de Lagrange (1543), Louis Marc de Lagrange (1603), Jean-Jacques de Lagrange, seigneur de Rouffillac (1631), Izaac de Lagrange, écuyer, fils de Jean-Jacques (1663), François-Elie de Lagrange et Jean de Lagrange, habitant de Carennac (1699). — Reconnaissance de fiefs consentie par noble Micheau de Lagrange, de Rocamadour, en faveur de noble et puissant seigneur Louis de Thémines (1534). — Notes généalogiques sur la famille de Lagrange et sa division en deux branches : les Lagrange de Lavercantière et les Lagrange de Rouffillac (1543-1718). — Transaction entre noble Antoine de Lagrange et Blaise de Chaussecourte (1560). — Déclaration faite au sénéchal du Quercy, par noble Jean de Lagrange, seigneur de Rouffillac, des biens qu'il avait vendus (1567). — Reçu de noble Jean de Lagrange, seigneur de Rouffillac, de la somme de 44 livres 16 sous 8 deniers tournois pour sa part de contribution du ban et arrière-ban de la sénéchaussée de Quercy (1568). — Exemption du service personnel du ban et arrière-ban de la sénéchaussée de Quercy, accordée à Jean de Lagrange, écuyer, seigneur de Rouffillac, par Blaise de Montluc, lieutenant général du Roi au gouvernement de Guyenne et par Jean de Lauzières, gouverneur du Quercy (1568-

1570). — Notes sur Jean de Lagrange, seigneur d'Espédaillac (1589), Guion de Lagrange, seigneur de Lavercantière (1619), Guion et Pons de Lagrange-Gourdon, sieurs de Lavercantière, père et fils (1699). — Contrat de mariage de messire Izaac Puchot, chevalier, seigneur de Guerponville et du Fay, gentilhomme ordinaire de la chambre du Roi, accordé le 13 octobre 1603, avec demoiselle Antoinette de Lagrange, fille de messire Antoine de Lagrange, chevalier seigneur d'Arquian, de Soulengy et de Vilmenaud, capitaine de 50 hommes d'armes, lieutenant-colonel du régiment des gardes de Sa Majesté. — Décision des commissaires députés par le Roi pour les fiefs, déclarant que noble Flotard de Lagrange, sieur de Lapanonie, le Mont Ste Marie-Alix et autres places, est exempt du paiement desdits droits de francs-fiefs (1607). — Décision semblable pour noble Jean de Lagrange, sieur de Lavercantière, de Lapanonie et autres places (1610). — Ratification par Antoine de Lagrange, chevalier, seigneur d'Arquian, gouverneur de la citadelle de Calais, de l'acquisition de la moitié d'un fief appelé la Rive, montant des terres et baronnie de Franai (1613). — Procès-verbal d'estimation des biens ayant appartenu à défunt noble Jean de Lagrange, sieur de Lavercantière (1618). — Contrat de mariage de noble Guion de Lagrange, seigneur de Lavercantière, accordé le 19 avril 1619, avec demoiselle Judith de Rampoux. — Saisie féodale, faute de foi et hommage, faite le 18 juin 1624, à la requête d'Antoine de Lagrange, chevalier, seigneur d'Arquian, de Maligni et de Franai, sur une maison et plusieurs héritages, au village de Poiseux, montant de la seigneurie de Franai. — Dénombrement des biens de Guion de Lagrange, seigneur de Lavercantière, donné devant M. de Regour, juge-mage, lieutenant général, né en la sénéchaussée de Quercy, siège principal de Cahors (1639). — Serment de fidélité au Roi prêté entre les mains d'Etienne de Lestang, en la sénéchaussée du bas-pays de Limousin, par Jean de Lagrange, écuyer, seigneur de Rouffillac (1664). — Testament de Guion de Lagrange, seigneur de Lavercantière, Rampoux, St-Martin (1665). — Testament de Judith de Rampoux, veuve de Guion de Lagrange (1667). — Procès-verbal d'ouverture des testaments de Guion de Lagrange et de Judith de Rampoux (1669). — Commission de la charge de lieutenant du Roi en la citadelle de Lille, donnée au sieur de Lavercantière, ci-devant, capitaine au régiment de Navarre et depuis en celui du Dauphin (1669). — Extrait du procès-verbal des preuves de la noblesse et de légitimité de noble François d'Escairac, dans lequel est mentionné le contrat de mariage de René de Lagarde avec Made-

...ine de Pexcalvel de Gaulyac (1669). — Commission de la charge de lieutenant du Roi au gouvernement de la ville de Pignerol, donnée au sieur de Lavercantière, lieutenant au gouvernement de la citadelle de Lille (1673). — Contrat de mariage de Jean de Lagrange-Gourdon, seigneur de Lavercantière, Rampoux, St-Martin, accordé, le 14 janvier 1679, avec demoiselle Marie de Lestrade Floirac. — Extrait des registres de baptêmes de l'église paroissiale de St-George de Floirac, diocèse de Cahors, portant que noble Marc de Lagrange-Gourdon de Floirac, fils de messire Jean et de dame Marie de Lestrade, mariés, naquit le 10 avril 1680 et fut baptisé le 13 du même mois. — Mention du brevet de lieutenant de la compagnie des chevaux légers du sieur Marin, donné au sieur de Lagrange (d'Arquian) (1684). — Accord, fait le 14 mars 1685, entre Guion Joseph de Plas, seigneur marquis dudit lieu et dame Marie de Lestrade Floirac, épouse de Jean de Lagrange-Gourdon, seigneur de Lavercantière. — Hommage de la dîme de la Jarrie et de la moitié du fief de Riva, mouvant de la baronnie de Franai, fait le 12 juin 1685, par noble Claude Gastoing à messire Henri de Lagrange, chevalier, marquis d'Arquian. — Contrat de mariage de Henri de Lagrange, écuyer, capitaine au régiment royal, gouverneur, bailli et prévôt de Brie, accordé, le 28 février 1687, avec demoiselle Marie-Thérèse Italins, fille de Gilles-Ferdinand Italins, écuyer, seigneur d'Oostrive et de Harthoué. — Extrait du procès-verbal des preuves de la noblesse de Louis-Armand de Loussomothe de l'Etoile de Graville, fait le 3 novembre 1687 pour sa réception dans l'ordre de St-Jean-de-Jérusalem, au grand prieuré de France. — Lettre du Roi au duc de Bouillon, vicomte de Turenne, l'avisant qu'il a dispensé du ban et arrière-ban de la vicomté de Turenne, le sieur de Lavercantière, ci-devant lieutenant au gouvernement de Dunkerque (1689). — Testament de Marguerite de Lagrange-Trianon (1689). — Extrait des registres de baptêmes de la paroisse de N. D. de la ville de Larochelle portant que Jeanne et Esther, filles de Claude de Lagrange, écuyer, seigneur du Repaud, et de Jeanne de Cadavant, sa femme, naquirent le 23 décembre 1692 et furent baptisées le jour suivant. — Partage des biens immeubles de la succession de feu Pierre-Louis de Lagrange aux Ormes, chevalier, seigneur de Murauveau (1693). — Constitution de procureur par dame Marie de Lestrade-Floirac, veuve de Jean de Lagrange-Gourdon, chevalier, seigneur de Lavercantière, Floirac, Rampoux et autres lieux, commandant pour le Roi à Abbeville (1693). — Extrait du procès-verbal des preuves de la noblesse de Balthasar

Phelypeaux de Châteauneuf, faite le 29 janvier 1694, pour la réception dans l'ordre de St-Jean-de-Jérusalem, au grand prieuré de France (1694). — Extrait des registres de baptêmes de la paroisse de St-Nicolas, de la ville de Rocroi, au diocèse de Reims, portant que François-Louis, fils de noble homme Henri de Lagrange, lieutenant pour le Roi, de la ville et citadelle de Rocroi, et de Marie-Thérèse de Italins, sa femme, fut baptisé le 13 mars 1696. — Maintenue en la qualité de nobles, de Guion et Pons de Lagrange-Gourdon, sieurs de Lavercantière, père et fils, pour eux et leurs successeurs (1699). — Contrat de mariage de haut et puissant seigneur, messire Marc-Antoine de Lagrange-Gourdon, chevalier, seigneur de Lavercantière, Rampoux, St-Martin, accordé le 17 février 1700, avec dame Madeleine de Chapt de Rastignac, veuve de messire Charles de Montclar. — Mention de commission de capitaine d'un des vaisseaux du Roi, donnée au sieur comte d'Arquian (1706). — Procès-verbal constatant que le tombeau de Jacques de Lagrange se trouve dans l'église paroissiale de Montaigut-les-Combrailles, avec l'épitaphe suivante : « Cy gist messire Jaques de la Grange, écuyer, seigneur des Montaix, de la Grange et de Chaud, conseiller du Roy, lieutenant général civil, criminel, de police et des eaux et forêts, enquêteur, commissaire et examinateur au baillage royal de Montaigut, décédé le 7 janvier 1710 ». — Extrait des registres des baptêmes de l'église paroissiale St-Gervais, de la ville de Langon, diocèse de Bazas, portant que Jean de Lagrange, fils de François de Lagrange, écuyer, conseiller du Roi, chevalier d'honneur de la cour des aides de Bordeaux et de dame Marie Majance, sa femme, naquit le 21 novembre 1719. — Extrait des registres baptistaires de l'église St-Quirin de Lavercantière, diocèse de Cahors, portant que noble Jean de Lagrange, fils de Marc-Antoine et de Madeleine Chapt de Rastignac, naquit le 13 août 1714 et fut baptisé le 16 du même mois. — Extrait des registres de baptêmes de l'église paroissiale de la ville de Rocroi, portant que Jean-Ferdinand-Charles, fils de Henri de Lagrange, lieutenant du Roi à Rocroi, et de dame Antoinette de Launois, fut baptisé le 28 février 1717. — Contrat de mariage de Jean-Jacques de Lagrange-Gourdon de Lavercantière, accordé le 18 janvier 1744, avec noble demoiselle Marie-Jacquette de Seguy de Perigal. — Extrait des registres de baptêmes de la paroisse de St-Quirin de Lavercantière portant que messire Jacques-Etienne de Lagrange-Gourdon, fils de Jean et de Marie-Jacquette de Périgal, naquit le 26 décembre 1755 et fut baptisé le 31 du même mois. — Testament de Madeleine de Rastignac, habitant au château de Floirac, épouse en secondes noces de messire Marc de Lagrange-Gourdon de Lavercantière (1762). — Testament de Marc de Lagrange-Gourdon, seigneur de Lavercantière et de Floirac (1763).

F. 448. (Liasse.) — 2 cahiers papier in-folio, 51 feuillets papier; 2 pièces, papier.

1209-1882. — Lagoute, Laguiche, Lamberterie. — Quittance de 45 livres tournois délivrée à Pierre Trotant, commis à la recette des aides au diocèse de Montauban, par Jacmet de Lagoute, capitaine de Montcuq, et Pierre Johan, capitaine de Gourdon, sénéchaussée de Quercy (1412). — Inventaire et analyses de pièces intéressant la famille de Laguiche (1200-1716). — Notice historique et généalogie de la famille de Lamberterie de Lachapelle-Montmoreau, d'origine périgourdine, qui porte, *d'azur à un lion grimpant d'argent lampassé et armé de gueules* (1573-1882).

F. 449. (Liasse.) — 5 pièces, papier.

1250-1816. — Lapanouse, Laparra, Lapeyrière, Laporte, Laroque. — Indication de sources touchant plusieurs membres de la famille de la Panouse et familles alliées (1250-1490). — Notes sur : Guibert Laparra, notaire public du comté de Rodez, à Entraigues (1327) ; — Jean de Laparra, licencié en lois (1391) ; — Pierre de Laparra, licencié en lois, juge du comté de Rodez (1396). — Anoblissement de Jean-Louis Lapeyrière, ancien conseiller au présidial de Cahors, ancien receveur général du département de la Seine, membre de la Légion d'honneur, dont les armes sont : *d'azur, au sautoir d'or accompagné en chef d'une épée mise en pal, au flanc dextre d'une rose, au senestre d'une étoile et en pointe d'un levrier courant, le tout d'argent* (1816). — Notes sur divers membres de la famille de Laporte, originaire de Figeac, qui porte : *d'azur, à une croix de calvaire d'or, mouvante de la pointe de l'écu et soutenue par deux poteaux aussi d'or, posés en forme de chevron; au chef cousu de gueules, chargé d'un croissant d'argent posé entre deux étoiles d'or* (1608-1758). — Compromis passé entre messire Hugues de La Roque, fils de Fortanier de Gourdon, d'une part et religieux homme frère Guillaume, abbé du monastère de Marcillac, et Raymond *Sequerii*, cèlerier et syndic dudit monastère d'une part, au sujet de leurs contestations sur un lieu appelé la Roquette (1283).

F. 450. (Liasse.) — 30 pièces, papier.

1200-1819. — Lascazes. — Généalogie de la maison de Lascazes ou las Casas (1200-1819). — Notes sur la famille Lascazes, originaire d'Espagne, dont les armes sont : *d'or à la bande d'azur, bordure de gueules* (1200-1699). — Testament de Ferdinand de Lascazes, chevalier, seigneur de Lascazes, au diocèse d'Agen (1294). — Notes sur Delphine Oth, femme de Guillaume de Lascazes et sur divers membres de la famille de Lascazes (1418-1605). — Acte par lequel noble homme Pierre Bertrandi, damoiseau, seigneur des châteaux de *Gironda*, paroisse d'Agretz, diocèse de Rodez et de *Murato-lo-Rabo*, diocèse de St-Four, cède à perpétuité à noble Delphine Oth ou Otha, dame du château et lieu de Camboulit, tous ses droits sur Miers, Camboulit, Roquefort, etc. (1419). — Note sur Delphine Oth ou Otha, épouse de Guillaume de Lascazes, vers 1429. — Arrêt du parlement de Toulouse intervenu dans le procès pendant entre Delphine Otha et Déodat Barasc, chevalier, seigneur de Béduer (1453) — Notes sur Delphine Otha, épouse de Guillaume de Lascazes (1453). — Mention du mariage de Jeanne de Lascazes avec Antoine de Burbuzo (1486). — Mention du mariage de Gabriel de Lascazes, fils de Jean, avec Isabeau de Boysset de Lasalle (1592). — Mention de la mort de Gabriel de Lascazes dans le massacre de Négrepelisse, en 1622. — Mention de procuration donnée par noble Delphine Otha, à noble Bertrand de Lascazes, son fils et à Raymond de Béduer, à l'effet de la représenter dans tous les actes nécessaires pour l'administration de ses biens et pour prêter hommage et serment de fidélité à l'abbé de Figeac, seigneur supérieur de Camboulit (1455). — Contrat de mariage entre noble Bertrand de Lascazes, damoiseau, coseigneur de Camboulit et seigneur de Roquefort et noble Matheline de Barasc, fille de Déodat de Barasc, damoiseau, seigneur de Béduer (1458). — Compromis entre Frotard Ehrard, chevalier, seigneur de St-Sulpice et frère Adhémar Companh, recteur ou vicaire perpétuel de l'église de Ste-Eulalie, procureur et syndic de la prieure du Val de Paradis ou d'Espagnac, d'une part, et Bertrand de Lascazes, fils et procureur fondé de noble Delphine Otha, dame en partie de Camboulit, d'autre part, au sujet des limites et bornes des terres et juridictions des lieux d'Espagnac et de Roquefort (1459). — Extrait de compromis entre noble Bertrand Maffre, damoiseau, seigneur de Camburat d'une part, et noble Delphine Otha, seigneuresse de Camboulit et de Roquefort et noble

Bertrand Lascazes, d'autre part (1459). — Mention de quittance faite par Jean Godin, de Carcassonne, en faveur de noble Jean de Lascazes, seigneur de Belvèze (1465) ; — autres quittances en faveur du même Jean de Lascazes (1466 et 1467). — Mention d'obligation faite par noble Pierre de Lascazes, seigneur de Belvèze, en faveur de Guillaume de Costes, docteur en droit (1473). — Mention de reconnaissance de rente par Étienne Issaly, en faveur du seigneur de Roquefort (1510). — Vente d'une vigne dans la juridiction de Corn, consentie par noble Louis de Béduer en faveur de noble Déodat de Lascazes, seigneur de Roquefort (1517). — Vente par Louis de Béduer à Déodat de Lascazes de la domination haute, moyenne et basse avec l'empire mère et mixte du lieu de Corn (1519). — Conventions en vertu desquelles Jean Bastit, carrier, de Figeac, s'engage à construire une tour pour noble Déodat Lascazes, seigneur de Roquefort, au prix de « VI vingtz XVI liuras tornesas en argen, trenta sestiés de blad, miech fromen et miech seguol ; item vingt carguas de vy, ung cestier de fabas, una cargua de sal, ung quintal d'oli, dos cestiés de nozes ; item sieys porcz » (1520). — Mention de contrat de mariage de Jacques de Combefort et d'Isabeau de Boras ; de ce mariage était issue Gaillarde de Combefort qui épousa Jean II de Lascazes (1540). — Vente, moyennant le prix de 4405 livres, en faveur de noble Jacques de Combefort, viguier de Figeac et seigneur de Salvagnac, par noble Jean de Lascazes, seigneur de Roquefort et coseigneur de Camboulit, de tout ce que possédait ce dernier à Camboulit, à Cambes et à Baussac (1555). — Mention de Jean de Lascazes, sieur de Canteperdrix, en Quercy, comme archer de la compagnie de 60 lances des ordonnances du Roi, de M. Honnorat de Savoye, sieur marquis de Villars (1572). — Acte de notoriété passé à Figeac, devant le lieutenant général de la sénéchaussée de Quercy, par lequel des témoins, au nombre de 10, attestent que Jean de Lascazes, écuyer, seigneur de Roquefort, Camboulit, Lagache « toute la longueur de sa vye a esté bon catholique, serviteur pour le Roy mesmes durant les guerres ouvertes pour la diversité des religions, ayant pourté tousiours les armes pour le Roy comme faict bien encores tant en qualité d'homme d'armes de la compainhe de monsieur de Monsallès, y estant à la deffaicte de monsieur le Prince de Condé, qu'en celle de capitaine, etc. » (1575). — Requête civile présentée au Roi par le sieur de Roquefort, dans laquelle il supplie Sa Majesté de révoquer l'arrêt obtenu contre lui par la dame de Cadrieu, veuve du sieur Cornely (1579). — Lettres de grâce accordée par le Roi à Gabriel de Lascazes, dit de Roquefort, auteur d'un homicide sur la personne de Pierre de Cornely, écuyer, coseigneur de Camboulit (1588). Mention de quittance donnée le 27 août 1646, par Marie de Veyrières, veuve de Jean de Lascazes, seigneur de Roquefort, à Guion de Clermont, seigneur dudit lieu, St-Projet, le Vigan, etc. (1646). — Extraits des registres des actes de décès de la paroisse de N. D. du Puy, de Figeac et de la commune d'Autoire, constatant les décès de noble Pierre-Jean-René de Lascazes, sieur de St-Pol (1787), de Jean-Paul de Lascazes-Beauvoir (1793) et de Pierre-Louis Lascazes-Beauvoir, ex-capitaine au ci-devant régiment d'Auvergne (27 frimaire an VII). — Provisions d'une commanderie du 5e degré en faveur de Pierre-Jean de Lascazes de Beauvoir, marquis de Lascazes, accordées par « Louis Stanislas Xavier, fils de France, frère du Roi, duc d'Anjou, d'Alençon et de Brunoy, comte du Maine, du Perche et de Senonces, Monsieur, grand maître général tant au spirituel qu'au temporel des ordres royaux militaires et hospitaliers de N. D. de Montcarmel et de St-Lazare de Jerusalem, Bethléem et Nazareth, tant en deça que delà les mers » (1788).

F. 451. (Liasse.) — 9 pièces, papier.

1176-1826. — Latapie, Latour, Launoy, Lautrec, Laux. — Notes sur Michel-François Latapie de Ligonie, ancien capitaine de cavalerie, chevalier de St-Louis, originaire de Lasfargues, paroisse de Prendeignes, créé baron le 6 juillet 1826. — Mention du contrat de mariage, à Figeac, de Bernard de la Tour avec une fille de Philippe de Montfort, dit le jeune (1269). — Engagement de services militaires pour le roi de France contracté par Guillaume de Launoy et Geoffroy de Luismet, écuyers (1361), — description des sceaux de ces deux personnages. — Indications de sources pour : Guillaume Raymond de Lautrec (1176); Sicard, vicomte de Lautrec (1186); Pierre Ermengaud de Lautrec (1209); Pierre, vicomte de Lautrec (1240); Bertrand, vicomte de Lautrec (1256); P., vicomte de Lautrec (1259), Bertrand, vicomte de Lautrec, lieutenant d'Amalric, vicomte de Lautrec, son frère (1260), etc. — Extrait de l'histoire généalogique de la maison de France concernant la famille de Lautrec (1205-1325) — Mention de sentence du sénéchal de Carcassonne portant condamnation de noble Bertrand et Almalric de Lautrec, frères, à payer à la dame Vacqueric, veuve de Pierre, vicomte de Lautrec, leur père, 5000 livres d'arrérages de la dot constituée à la dite dame (1271). — Contrat de mariage de messire Henri de Laux, chevalier, accordé le 4 août 1726, avec Anne de Ribeyrix, demoiselle de Cintrac.

F. 452. (Liasse.) — 13 pièces, papier.

1152-XIXᵉ siècle. — Lauzières, Lavaissière, Lavayssière, Lavergne, Lavalette. — Testament de noble Déodat de Lauzières, seigneur de Seiras et de Lauzières, au diocèse de Lodève, et baron de St-Pierre de Leveirac (1512). — Contrat de mariage de noble Gaillot de Turenne, chevalier, seigneur d'Aynac et de Molières, accordé le 21 mars 1548, avec demoiselle Marguerite de Thémines (1548). — Indication de source pour Pons de Lauzières, chevalier du St-Esprit (1595). — Certificats des gentilhommes du diocèse de Lodève en Languedoc et des curés, officiers municipaux et principaux habitants des lieux de St-Géraud et de St-Jean de Lablaquière, au même diocèse, constatant que noble Marc Antoine de Lauzières-Thémines, appartient à la véritable maison de Lauzières-Thémines (1779). — Opinion de Lacabane sur le projet du nobiliaire de la Haute-Guyenne, par M. Lavaissière et sur les notes généalogiques du même auteur. — Dons divers faits par Gérald Hugon de La Vayssière (1152). — Extrait des minutes du notaire Hugues Rigolaie, contenant vente de part de péage, au mas de la Loubie, paroisse de Montredon, faite à Pierre del Cayre, bourgeois de Figeac, par noble Annet Lavayssière, sieur de Menna, paroisse de Montredon en Quercy, tant pour lui que pour Marie de Raffinhac, sa femme (1541); — extrait analogue touchant constitution de dot pour mariage entre François Brenguié, apothicaire à Figeac et noble Jacquette de Huebal, de Villeneuve de Rouergue (1541). — Extrait analogue touchant reconnaissance par François Vilhès, marchand, de Figeac, à sa femme noble Bertrande de Huebal (1541); — extrait analogue touchant lausime pour un bois sis au mas de Cayla, châtellenie de Lentillac, donnée par François de Lentillac, sieur dudit lieu, à Guillaume Palhanc, marchand à Figeac (1541). — Indication de source pour Hugues de Lavergne, chevalier (1249). — Note sur Anne de Lavalette, mariée à M. de Boisset de la Salle (1622) ; — description des armoiries de Lavalette. — Note sur Jean, marquis de Lavalette, baron de Cornusson, sieur de Létang, Monteil, Florac, Boismenon, la Roquette, etc. (1622).

F. 453. (Liasse.) — 24 pièces, papier.

1619-1742. — Lavaur de Gagnac. — Vente de rente foncière et directe sur les tènements de la Vaysse, de la Ribière, de la Boissière, de la Rauffie, de Glane, de Gagnac et autres, consentie par François de Lavaur, seigneur de la maison noble de Gagnac, en faveur de Louis de la Serre-de-Ves (ou d'Evès), conseiller du roi et lieutenant général en la sénéchaussée du Quercy, au siège de Martel (1619). — Contrat de mariage de Balthazar Daniel, marchand, de Beaulieu, accordé, le 17 janvier 1630, avec Marguerite de Lavaur, fille de noble François de Lavaur, sieur de la maison noble de Gagnac, en Quercy. — Cession faite par noble Pierre Lavaur, sieur de la maison noble de Gagnac, à noble François de Lavaur, son frère, pour son titre clérical et se pourvoir en l'ordre de la prêtrise (1644). — Reconnaissance d'un bois à châtaignes situé au terroir de las Boyssières, paroisse de Gagnac, donnée par Pierre Carlat, du village de Franzral, paroisse de Cornac, à noble Pierre Lavaur (1649); — — autre reconnaissance d'un bois aux appartenances de Gagnac, tènement del Bosquet, faite par Pierre Pradelle au profit de Pierre Lavaur (1653). — Procuration donnée par demoiselle Anne de Massip, à noble Pierre de Lavaur, son mari, pour consentir en son nom au mariage de noble Henri de Lavaur, sieur de la Boissière, leur fils, avec demoiselle Marie de Gasquet (1682) ;— contrat de mariage dudit Henri de Lavaur avec Marie de Gasquet (1682). — Reconnaissance d'une maison avec grange et terres au lieu de Biars, tènement de las Caminades, juridiction de Gagnac, consentie, le 19 août 1683, par Jean Recoudié, marchand dudit lieu de Biars, en faveur de noble Pierre Lavaur ; — autre reconnaissance en faveur du même par Guillaumette Lavaur, veuve de François Longayrou, de la paroisse de Cahus (1683); — autres reconnaissances au profit du même faites par : Jean Galidios, laboureur, de la paroisse de Cahus (1683) ; Jean Lavaur, dit Maigniol, tailleur, du lieu de Gagnac (1683) ; Pierre Rouch, de Gagnac (1683) ; Pierre Vaysse, bourgeois, de Gagnac (1684) ; Antoine Laporte, du village de Larauffie (1685). — Extrait des registres des baptêmes de l'église St-Martin, de Gagnac, portant que François Lavaur, fils de noble Henri de Lavaur, sieur de la maison noble de Gagnac, et de Marie Guasquet, sa femme, est né le 9 juillet 1692. — Procuration donnée le 13 novembre 1718 par noble Henri de Lavaur, seigneur de la Boissière et par Marie de Guasquet de Bras, sa femme, et par demoiselle Marguerite de Lavaur, veuve du sieur Pierre Barrade, bourgeois, à Antoine Guary « jeune homme à marier » demeurant audit Gagnac, pour consentir en leur nom au futur mariage de noble François de Lavaur, sieur

de Gagnac, fils dudit sieur Henri de Lavaur et de ladite demoiselle de Guasquet et neveu de ladite Marguerite de Lavaur, avec demoiselle Jacquette de
Vaysse ; — contrat de mariage de François de Lavaur
sieur de Gagnac, avec demoiselle Jacqueline Vaysse
(1719). — Uxtrait des registres des baptêmes de
l'église St-Martin-de-Gagnac, portant que Jean-Baptiste Lavaur, fils de François. sieur de Gagnac, et de
dame Jacquette de Vaysse, est né le 22 octobre 1722.
— Reconnaissance d'héritages faite le 4 avril 1726,
par Jean Vaissieyre et Guillaume Vaysse, dit Janot,
beau-père et gendre, marchands à Gagnac, dans la
vicomté de Turenne, à noble François de Lavaur,
sieur de la maison noble de Gagnac. — Vente faite le
13 juillet 1734, moyennant la somme de 110 livres,
par noble François de Lavaur, seigneur de la Boissière
et de la maison noble de Gagnac, à Jean Vaysse, dit
Brunolles, marchand du village de la Vaysse, paroisse
de Gagnac, d'une terre, faisant partie des biens qui
lui avaient été donnés en payement pour partie de la
dot de dame Jacqueline de Vaysse, femme dudit
seigneur. — Délibération du conseil communal de
Gagnac, relative aux frais de voyage alloués à M. de
Lavaur, président trésorier de France de la ville de
St-Céré, chargé de présenter les vœux de la vicomté
de Turenne à son altesse le duc de Bouillon (1737). —
Délibération des consuls et communauté de Gagnac
reconnaissant que le sieur de Lavaur de la Boissière
de Gagnac est revêtu de la qualité de noble de même
que ses auteurs (1738). — Acte donné par Drulhe,
notaire royal, à noble Jean-Baptiste de Lavaur, du
refus de Jean Laquièze, marchand, de remettre audit
de Lavaur, certains héritages' par retrait lignager
(1739). — Certificat de divers nobles portant que
François de Lavaur, seigneur de la Boissière, leur
voisin, avait assisté à l'assemblée de la noblesse, tenue
à Martel (1742).

F. 454. (Liasse.) — 22 pièces, papier.

1570-1753. — Lavaur de Ste-Fortunade. — Articles de mariage de noble Bonaventure de Lavaur,
écuyer, seigneur dudit lieu, accordés, le 8 décembre
1560, avec noble Catherine de Ste-Fortunade, damoiselle, fille de Mercure de Sainte-Fortunade, écuyer,
seigneur dudit lieu et de Chadirac. — Testament de
noble Bonaventure de Lavaur, écuyer (1587). — Contrat de mariage entre messire François de Lavaur,
écuyer, seigneur de Sainte-Fortunade et demoiselle
Marguerite du Faure de Mirandol (1612). — Extrait
dd livre des baptêmes de l'église paroissiale de Sainte-

Fortunade, portant que Mercure de Lavaur, fils de
François et de Marguerite de Mirandol a été baptisé
le 22 juin 1614. — Contrat de mariage entre messire
Jean de Lavaur, seigneur dudit lieu et demoiselle
Marie de Salaignac (1626). — Contrat de mariage de
messire Mercure de Lavaur, seigneur de Ste-Fortunade
avec Françoise de Corn de Queyssac, fille de messire
Antoine de Corn. seigneur de Queyssac, Anglars et
baron de Puymerle (1644). — Inventaire des titres et
papiers produits devant monseigneur d'Aguesseau,
maître des requêtes, commissaire départi par Sa Majesté pour la vérification des titres de noblesse de la
généralité de Limoges, par noble Mercure de Lavaur,
écuyer, seigneur de Ste-Fortunade (166.). — Procès-
verbal des preuves de la noblesse de Jean Armand de
Lavaur, fils de messire Mercure de Lavaur, seigneur
baron de Sainte-Fortunade, présenté pour être reçu
au rang de frère chevalier de l'ordre de St-Jean de
Jérusalem, en la vénérable langue d'Auvergne (1669).
— Contrat de mariage de François de Lavaur, fils
aîné de messire Mercure de Lavaur, écuyer, seigneur
de St-Fortunade et Cheyrol, co-seigneur de Lagarde-
Cornil et autres places, accordé le 17 avril 1686, avec
demoiselle Louise de Geofre de Chabrignac,
chevalier, fille de Mercure de Geofre de Chabrignac,
seigneur de Fontmartin, Ménoire, Travernat, Serrilhat
et autres places. — Extrait du registre des baptêmes
de la paroisse d'Argentat portant que le 16 décembre
1692 fut baptisé Raymond de Lavaur, fils de François
de Lavaur, seigneur de Ste-Fortunade et de dame
Louise de Chabrignac, sa femme. — Extrait des registres des sépultures de l'église paroissiale de Darnets,
portant que Mercure de Lavaur de Ste-Fortunade, baron dudit lieu, âgé d'environ 92 ans, décédé au château
de Fontmartin, paroisse de Darnets, le 8 janvier 1703,
fut inhumé le 9 dudit mois, dans la chapelle dudit
château de Fontmartin. — Contrat de mariage de messire Pierre de Perteil, chevalier, seigneur de la Chapelle, accordé le 8 février 1711, avec demoiselle Gabrielle de Lavaur. — Quittance de la somme de 445
livres délivrée le 21 décembre 1712 par Marie-Anne
Vergne, veuve de Jean de Chenoix, chirurgien, de
Tulle, à messire François de Lavaur, chevalier, seigneur de Ste-Fortunade. — Testament de Louise de
Chabrignac, dame de Fontmartin (1714). — Contrat de
mariage de Raymond de Lavaur, écuyer, seigneur de
Fontmartin, accordé le 20 mars 1720, avec demoiselle
Jeanne Madeleine de Mensat de St-Prietz. — Contrat
de mariage de François de Lavaur, chevalier, seigneur
comte de Fontmartin, fils de haut et puissant seigneur
messire Raymond de Lavaur, chevalier, comte de Ste-

Fortunade, accordé, le 2 avril 1751, avec Marie-Hélène Artis de Christols, fille de messire Pierre-Paul Artis de Beaulieu, écuyer, seigneur de Thiezac. — Extraits des registres de baptêmes de l'église paroissiale de Ste-Fortunade, diocèse de Tulle, constatant la naissance de Raymond et de Pierre Paul, fils de François de Lavaur, comte de Ste-Fortunade (1752 et 1753).

F. 455. (Liasse.) — 4 pièces, papier ; 2 brochure in-huit de 53 pages.

755-1880. — Lentilhac. — Généalogie de la vicomtesse de Vergennes, de la branche aînée de la maison de Lentilhac, dite de Lentilhac-Sedières (755-1230). — Généalogie de Lentilhac (1239-XVIIe siècle). — Généalogie de Sedières (1096-1789). — Notes pour servir à la généalogie de la maison des marquis de Lentilhac, en Quercy, mises en ordre d'après les renseignements trouvés dans la bibliothèque des manuscrits et dans les cartons de M. d'Hozier (855-1591). — Autres notes sur la même maison (857-1646). — Traduction de la charte de consentement de l'évêque de Cahors à la fondation du monastère de Vic par noble Dieudonné de Lentilhac, donnée à Albas (1360). — Généalogie imprimée de la maison de Lentilhac, en Quercy, extraite du huitième volume des *Archives généalogiques et historiques de la noblesse de France*, publiées par M. Lainé, successeur de M. de Courcelles, généalogiste des rois Louis XVIII et Charles X. *Paris, imprimerie de Moquet et Hauquelin, 1842.*

F. 456. (Liasse.) — 7 pièces, papier ; 2 cahiers, petit in-folio, 35 feuillets, papier.

1214-1827. — Lentilhac. — Notes pour la généalogie de la maison de Lentilhac (1214-1826). — Mention de la présence des sieurs de Lentilhac dans une confédération contre les bandes de brigands qui désolaient le pays, confédération où figurent Raymond, vicomte de Turenne, Bertrand de Gourdon, B., abbé de Tulle, les consuls de Cahors et de Figeac, etc. (1230). Mention de Durand de Lentilhac, damoiseau, dans une transaction entre Bertrand de Balaguier, damoiseau, et Aldam Bérenguier, religieuse du monastère de St-Sernin de Rodez 1294). — Acte de partage entre Béatrix, fille de feu Raoul de Lentilhac, chevalier, et femme de W. de Naussèle, chevalier, d'une part, et W. Delpont et Raymond Delpont, fils de feu Guillaume Delpont, chevalier, et de Bertrande, fille dudit feu Raoul de Lentilhac, d'autre part (1271). — Notice sur la maison de Lentilhac, en Quercy, seigneurs de Lentilhac, la Mothe d'Ardus, Cuzac, Lunan, Salvagnac, Gréalou, Capdenac, barons de Gimel, St-Yricix, Brinhac, Sarran, de Sedières et dont les armes sont de *gueules à la bande d'or* (1271-1781). — Extraits, analyses ou mentions d'actes sur la maison de Lentilhac, parmi lesquels : un échange entre Gaillarde de Lentilhac et B. de Lentilhac, son fils d'une part et Aygline de Montmurat et ses enfants, d'autre part (1291); — une ordonnance de Robert de *Marinhi*, chevalier seigneur de Turin, maréchal de France, commandant en Languedoc, Saintonge, Périgord et Quercy, qui dispense du service militaire noble et puissant homme messire Durand de Lentilhac, chevalier (1342); — une vente par Déodat de Lentilhac, fils de Durand à Gérard Pélissier, le jeune et à Etienne et Pierre de *Cluso* frères, du lieu de Faycelles, de 200 setiers, moitié froment et moitié avoine, à raison de 24 sous 6 deniers le setier de froment et de 12 sous 6 deniers le setier d'avoine (XIVe siècle); — Le procès-verbal de fondation de l'abbaye de Vic, en Quercy, près Capdenac, faite le 3 décembre 1360, par noble homme et honnête damoiseau Déodat de Lentilhac ; — une transaction passée le 10 décembre 1361, entre Déodat de Lentilhac et les religieuses de l'abbaye de Vic ; — une sentence arbitrale rendue au château de Lentilhac, le 11 janvier 1384, entre François, seigneur de Lentilhac et Guillaume de Naucelle, co-seigneur dudit Lentilhac ; — un contrat de mariage entre François de Lentilhac, damoiseau et noble Lombarde, fille légitime de noble *Olric de Undis*, damoiseau, de la paroisse de St-Loup, diocèse de Rodez (1386); — une donation faite le 27 avril 1400, par Philippe de Lentilhac, fille de Déodat, autorisée par son mari Raoul de Sermet, en faveur de François de Lentilhac, son frère ; — un accord entre noble François, seigneur de Lentilhac et Marguerite de Sanhamans ou de St-Amans, veuve de Déodat de Lentilhac (1400); — une quittance consentie à François de Lentilhac par Raoul de St-Amans, du diocèse de Tulle (1402); — Testament de noble François de Lentilhac, damoiseau (1413); — des lettres de commission accordées par le Roi, le 11 novembre 1417, à Jean de Lentilhac, écuyer, à l'effet d'obliger certains co-seigneurs de la basse justice de Lentilhac de payer leur quote part d'une somme de 1200 livres tournois que le seigneur de Lentilhac avait jadis payée de ses deniers aux Anglais pour qu'ils lui rendissent ledit lieu de Lentillac ; — une acquisition de 4 setiers de froment de rente et cens annuel par noble Jean de Lentilhac (1420); — un accord passé entre Jean de Lentilhac et les habitants dudit Lentilhac, au sujet des réparations générales à faire au château de Lentilhac

(1427); — une sentence rendue aux assises de Capdenac, le 22 mai 1448, qui maintient noble Déodat de Lentilhac, coseigneur du château de Capdenac, contre les officiers royaux du même château, dans le libre exercice de ses droits; — le testament d'honorable et noble dame, Marguerite de Rolland, autrement de *Valoné*, « femme délaissée de noble homme Jean de Lentilhac, en son vivant seigneur de Lentilhac » (1575); — le testament de noble et puissant homme Déodat de Lentilhac, seigneur des château et châtellenie de Lentilhac, coseigneur de la baronnie de Felzins et des lieux de Capdenac, diocèse de Cahors, et de Salvagnac, diocèse de Rodez (1486); — le contrat de mariage de noble homme Amalric de Lentilhac, écuyer, seigneur des lieux de Lentilhac et de Lamothe avec noble demoiselle Delphine de Chasteaupers (1492) ; — une transaction faite le 6 février 1508 (1509) entre noble Amalric de Lentilhac et Jean Lombard, écuyer, sieur de Mercy, commissaire député par le Roi au fait des mines du Royaume, au sujet d'une mine d'argent et de plomb assise en la terre et châtellenie de Lentilhac; — une sentence arbitrale du 23 mars 1508 (1509); attribuant audit Amalric l'exploitation de cette mine d'argent et de plomb ; — un traité postnuptial passé le 28 juillet 1518, entre noble Antoinette de Lentilhac, fille d'Amalric d'une part, et noble Guillaume de Navas, fils de noble Antoine de Navas, seigneur de Bride ; — le contrat de mariage de noble François de Lentilhac, seigneur de Lentilhac, de Lamothe-d'Ardus, de la baronnie de Felzins et de Cusac et coseigneur de Salvagnac, avec Antoinette de Laroque (1539); — le contrat de mariage de François de Lentilhac, fils du précédent, avec demoiselle Marguerite d'Aubusson (1572); — un acte d'acquisition d'un pré et d'une terre aux appartenances du village de *Lymbertya*, par François de Lentilhac (1574); — la donation entre vifs de la propriété de Lamothe-d'Ardus, avec toutes ses appartenances et dépendances, faite par noble François de Lentilhac à noble Gabriel Giscard, seigneur de Cavagnac, Mezels, Lagiscardie, Clavières, etc., son neveu (1578); — une procuration passée par noble François de Lentilhac, aîné, à noble Gabriel Giscard, à l'effet de poursuivre noble François de Lentilhac, fils dudit seigneur constituant, et ses complices, qui avaient forcé et pillé le château de Lamothe-d'Ardus (1581); — le contrat de mariage de messire François de Lentilhac, sieur et baron de Felzins, Gréalou, Lamothe-d'Ardus, Soulonhac, coseigneur de Capdenac et de Salvagnac, avec demoiselle Gabrielle de La Roquebouillac (1604) : — le testament de révérend père Ignace de Lentilhac prêtre religieux de la compagnie de Jésus, résidant au

Lot. — Tome IV. — Série F.

collège de Bordeaux (1614); — le testament de Gabrielle de la Roquebouillac, femme de noble François de Lentilhac (1615); — le testament de messire François de Lentilhac (1620), — le contrat de mariage entre messire François de Lentilhac, fils d'autre François, et demoiselle Matheline de Lavaur de Gimel (1625); — le testament de noble Gabriel de Lentilhac, seigneur de Lamothe en Quercy (1631); — le contrat de mariage de messire Jean François de Lentilhac et de demoiselle Philiberte de Sedière (1647); — le testament de messire François de Lentilhac, seigneur baron de Lentilhac, Gimel, Sarran et autres places (1658); — un accord passé, en la ville de Tulle, le 18 octobre 1683, entre messire François de Lentilhac, vicomte de Sedière, et messire Gabriel de Lentilhac, baron de Gimel, Joseph de Lentilhac, baron de Felzins, François de Lentilhac, chevalier de Gimel, François de Lentilhac, seigneur de Charnat et autres, au sujet de leurs droits paternels et maternels ; — le testament de dame Anne de Bayssac, veuve de Bertrand de Lentilhac, seigneur comte dudit lieu (1776), etc. — Note sur Bertrand de Lentilhac et analyse critique d'un acte du XIIIe siècle. — Indications pour servir à la généalogie de la maison de Lentilhac (1293-1357).

F. 457. (Liasse.) — 15 pièces, papier; cahiers, petit in-folio, 19 feuillets, papier.

1309-1702. — Lentilhac. — Notes et indications de sources pour Géraud de Lentilhac, Mathurin de Cardaillac, Guillaume d'Aigrefeuille, Clément VII, etc. (1302-1407). — Notes pour la généalogie de la maison de Lentillac (1309-1531). — Montre de Dordé de Lentilhac, sergent d'armes, capitaine de Capdenac (1352). — Notes sur Fine de Lentilhac et Guillaume de Vassal, chevalier et docteur en lois, coseigneur de Fraissinet, sieur de Loupiac (1352-1367). — Analyse des actes relatifs à la fondation du monastère de Vic par Ricarde Buffeti, fille d'Etienne Buffeti, coseigneur de Capdenac et de Lentilhac (1357). — Notes sur Dordé ou Déodat et Bertrand de Lentilhac (1357-1360). — Recueil d'actes relatifs au monastère de Vic, depuis sa fondation par Ricarde Buffeti, veuve de Bertrand de Lentilhac (1357-1702). — Quittance de 40 écus d'or, délivrée à Jacques Lempereur, trésorier des guerres, par Dordé de Lentilhac, écuyer (1359) ; — représentation du sceau dudit Dordé et note de Lacabane. — Echange entre noble Bernard Medici, du château de Peyrusse, et noble Jean de Capdenac, sieur de St-Christofoul et Bernard de Capdenac, son frère (1361); — sentence arbitrale entre nobles François de Len-

30

tilhac, sieur dudit lieu, et Raymond Medici, du château de Peyrusse, et la dame de Vic, portant vente audit François de droits et immeubles dans les paroisses de Lentilhac, Lunan, St Félix, Cuzac et Felzins (1391). — Analyse d'un accord passé à Figeac entre noble Déodat, sieur du château de Lentillac, et noble Arnaud de Marssa, damoiseau, au sujet de la succession d'Olric de Mirabel, chevalier, de Cénac, au diocèse de Rodez (1367). — Mention de la présence de François de Lentilhac parmi les 57 écuyers de la compagnie accordée par le duc d'Anjou, à Marquès de Cardaillac, pour la garde et la défense de la ville de Cahors (1369). — Indication de source pour le testament de Fine de Lentilhac (1370); — note sur ladite Fine. — Analyse de sentence arbitrale prononcée entre François de Lentilhac et Guillaume de Naucelle, par nobles Arnaud, sieur de Counol, et Hugues Seguier, damoiseau (1385). — Mention de la présence de François, sieur de Lentilhac, damoiseau, à l'hommage fait au comte d'Armagnac, par noble Déodat Barasc, damoiseau, sieur de Béduer, pour ses terres dans la paroisse de St-Laurent-de-Corn (1393).

F. 458. (Liasse.) — 10 pièces, papier.

1400-1533. — Lentilhac. — Rémission accordée par François de Lentilhac aux habitants dudit lieu qui s'étaient rendus coupables de certains délits, à l'amende desquels ils ne pouvaient satisfaire à cause des misères du temps (1400). — Tableau généalogique de la famille Chauveron, depuis Louis Chauveron, chevalier, sieur de Lamothe et de la Prugne-Chauveron, jusqu'aux enfants qu'il eut de Jeanne de Lentilhac (1436-1533). — Hommage rendu à Astorg, abbé de Figeac, par Déodat de Lentilhac, chevalier (1444). — Note sur Jacques du Vivier, receveur et payeur des gens de guerre en Quercy (1450). — Mention d'aveux rendus au couvent de St-Denis, pour partie de l'hôtel de Mézy et héritages en dépendant, par Hector du Sel, écuyer, sieur de Mézy, Robert de Pardieu, chevalier, sieur de Montebourg et de Mézy, Guinot de Lentilhac, écuyer, sieur de Mézy (1454-1483). — Quittance de 40 écus d'or délivrée à Jacques Lempereur, trésorier des guerres, par Dordé de Lentilhac, écuyer (1459); — fac-simile du sceau de Dordé de Lentilhac. — Notes sur Jean de Vigier ou Viguier, évêque de Lavaur, oncle de François de Lentilhac (1469-1497). — Note sur Déodat de Lentilhac et extraits du *Gallia Christiana* touchant Jean V Vigier, Hector, bâtard de Bourbon, et Pierre IV, évêques de Lavaur (1469-1500). — Pennon généalogique depuis François de Lentilhac

et noble Jean, sieur de Laroque-Bouillac, en Rouergue, jusqu'à François IV, sieur de Lentilhac et noble Florent de Lentilhac ; — degrés de George de Lomagne, fils d'Odet de Lomagne et d'Antoinette de Lomagne, sa fille (1475-1499) ; — note sur Jean d'Aubusson, sieur de Beauregard, de la Rue, de Cartet-Nouvel, etc. (1515). — Note sur l'élection d'une abbesse de Vic en remplacement de Flore de Lentilhac (1498).

F. 459. (Liasse.) — 11 pièces, papier.

1508-1723. — Lentilhac. — Notes sur Cusac, Bouillac, St-Jean-de-Mirabel, Felzins, François de Tholigny, sénéchal de Rouergue, Jean Lafon, bailli ou officier de Cusac (1508-1525). — Transaction au sujet d'une mine d'argent et de plomb, assise au pays de Rouergue et Quercy, en la terre et châtellenie de Lentilhac, intervenue entre Jean Lombart, écuyer, sieur de Mercy, commissaire député par le Roi au fait des mines du Royaume, d'une part, et noble Amalric de Lentilhac, écuyer, d'autre part (1509). — Note sur les magistrats municipaux de Lentilhac (1524). — Mention d'hommage au Roi par Jean de Breilh, bachelier en droit, procureur fondé de François de Lentilhac (1540) ; — mention d'une enquête où figurent, comme signataires, les consuls et plusieurs habitants de Lavaur (1589). — Note sur une tentative d'effraction des portes du château de Lentilhac, par Balthasar de Narbonnès, écuyer, sieur de Puylaunès et le soi-disant protonotaire de Colombiès et une suite de 80 à 100 hommes armés (1547). — Acte de notoriété sur le décès d'Hélix de Narbonnès, abbesse du couvent de Vic, délivré à Figeac, dans la maison royale de Balenne, par E. Destroa, lieutenant particulier d'Antoine de Crussol, sénéchal de Quercy (1548). — Procuration donnée à Guillaume de Vauro par Marguerite de Naucase, pour soutenir les droits des religieuses de Vic contre Antoinette de Narbonnès (1550). — Notes sur Cécile, Jeanne, Marie, Hélène, Françoise et Flotard de Lentilhac (1552-1592). — Notes sur l'abbaye de Vic (1571-1723). — Don de l'abbaye des femmes moniales de Notre-Dame de *Via Cœli*, ordre de Cîteaux, fait par Henri IV à sœur Gabrielle de Careygues, religieuse, en faveur du sieur de Murat, capitaine du fort de Capdenac (1591). — Enquête de noblesse pour Florent de Lentilhac, postulant pour être reçu dans l'ordre de St-Jean-de-Jérusalem (1593).

F. 460. (Liasse.) — 15 pièces, papier.

1602-1880. — Lentilhac. — Lettres du roi Henri IV évoquant au Grand conseil, un procès entre Pierre de la Garde, sieur de Valon et de Gréalou, d'une part, et François de Lentilhac, Jean de Narbonnès et Henri de Nouailles, d'autre part, pour raison des terres et seigneuries de Béduer et Gréalou (1602) ; — dissertation de Lacabane au sujet de ce procès. — Requête de François, seigneur et baron de Lentilhac, au parlement de Toulouse, contre Pierre de la Garde, sieur de Valon (1602) ; — autre requête analogue en 1604. — Contrat de mariage entre haut et puissant seigneur messire François de Lentilhac, seigneur et baron dudit lieu, et haute et puissante dame Catherine du Corn, veuve de messire Louis de Gourdon-Ginouillac, dame de Sonac, Corn et autres places (1616). — Tableau généalogique de la maison de Lentilhac, depuis François de Lentilhac jusqu'à Louis-Marie-Joseph de Lentilhac, chevalier, comte de Sedières, et Gabriel-Léonard-Louis de Lentilhac, marquis de Lentilhac (1625-1778). — Tableau généalogique de François, baron de Lentilhac et des enfants qu'il eut de Jeanne de Lavaur de Gimel (avant et après 1650). — Note sur Jeanne de Capmas, de Lieucamp-de-Rouergue, Joseph-Michel de Mié-de-Lentilhac, son mari, et leur fille Marie-Claire de Mié-de-Lentilhac, religieuse au prieuré de St-Marc, de la ville de Martel, diocèse de Cahors (1688). — Ordonnance de payement du traitement au sieur de Lentilhac, cornette au régiment de cavalerie de Camille ; — ordonnance de payement de l'Intendant de l'armée d'Allemagne (1690). — Extrait du nobiliaire de la généralité de Montauban relatif à la maison de Lentilhac (1697-1716). — Note sur Marie-Anne de Lentilhac de Gimel, chanoinesse de Remiremont (1776). — Lettre de M. Chérin à M. le comte de Vergennes relative à la famille de Lentilhac (1780). — Lettre de part du mariage de Marie de Lentilhac avec le vicomte de St-Jean (1855). — Lettre de part du décès de Louis-Victor, marquis de Lentilhac (1871). — Numéro du *Figaro*, du 6 mai 1880 contenant un article sur Gaston de Lentilhac. — Tableau généalogique de la famille de Capmas, depuis Paul de Capmas jusqu'à Louise de Lentilhac, son arrière petite-fille (sans date). — Note sur les armes de la famille de St-Chamans.

F. 461. (Liasse.) — 13 pièces, papier.

1233-1786. — Lescalopier, Lestournel, Lettes, Levis, Lhuillier, Ligne, Linars, Lion, Lisle, Livernon, Lolmie, Lomagne dit de Terride. — Notice sur César Charles Lescalopier, chevalier, seigneur de Liencourt, Cremerie, conseiller d'Etat, extraite du *Mercure de France*, de juin 1753. — Mention du bail à ferme, pour 6 ans, du marquisat de Thémines par Jean de Lestournel, juge royal de Fons, Jean Delpon, procureur du Roi, et François Pons, docteur et avocat (1684). — Indication de source pour lettres par lesquelles le duc d'Anjou accorde à Nicolas de Lettes, chevalier, maître d'hôtel du Roi, et à Irlande de Campendu, sa femme, que la terre, baronnie, château et lieu de Campendu, et le lieu et territoire de Barbantan, qui leur appartiennent en toute justice et dont ils font hommage au Roi, soient régis à l'avenir par le droit écrit (1374) ; — indication de source pour confirmation des susdites lettres par le roi de France (1382). — Note sur Melchior de Lévis, abbé de Figeac, et sur Antoine de Lévis, son père (1536). — Indication de source pour Eustache Lhuillier et Guyot de Lozière, ambassadeurs envoyés vers le duc d'Autriche (1484). — Note sur Michel 1er, baron de Ligne et sieur du Pont d'Oye (1345). — Notes généalogiques sur la maison de Linars, depuis Jean de Linars, lieutenant général en la sénéchaussée de Martel, en 1517 ; — armes : *d'azur, au chevron d'argent, accompagné de trois croissants du même, posés 2 en chef et 1 en pointe ; au chef cousu de gueules, chargé d'une étoile d'or (ou d'argent)*. — Contrat de mariage de noble Etienne-Ignace de Linars, écuyer, avec noble demoiselle Louise-Angélique du Pin (1738). — Notes sur la famille Espain du Lion ou Lyon, marquis du Lyon et de Compet (1386-1786). — Indication de source pour échange entre Matha de Lisle, comtesse de Comminges, vicomtesse de Turenne, etc., d'une part, et Raymond la Obrayria de Montvalent, d'autre part ; sont témoins audit échange Etienne Lestrade et Hugues de Cosnac, chevaliers, sieurs de Floirac et de Cosnac (1349). — Don, par Villafort de Livernon, sa femme et son fils, à l'abbaye de Leyme, de toute la terre et l'honneur, hommes, femmes, maisons, jardins, etc., qu'ils ont ou doivent avoir dans la paroisse de Flaujac (1233). — Armes de Jean de Lolmie, sieur de Flaujac, *d'azur, à un lion d'or, écartelé d'argent à un ormeau de sinople*. — Mention du contrat de mariage de George de Lomagne, dit de Terride, avec Claude de Cardaillac ; — enfants issus de ce mariage ; — mention du testament dudit de Lomagne (1499-1538).

F. 462. (Liasse.) — 10 pièces, papier ; brochure, 30 feuillets papier.

1242-1733. — Lostanges. — Généalogie historique de la maison de Lostanges, extraite du tome XIV du *Nobiliaire universel de France*, par M. de St-Allais, avec notes de Lacabane. *Paris, imprimerie Valade*, 1818. — Mention de Guillaume Adémar de Lostanges, écuyer, fils d'Adam-Bertrand-Adémar de Lostanges, écuyer, et de Gamothe de *las Cahours* (1505). — Contrat de mariage de noble Louis-François de Lostanges, fils de feu messire Hugues de Lostanges, seigneur de St-Alvère, accordé le 10 juillet 1604, avec noble Jeanne de Luzech, dame de Puylaunès. — Sentence arbitrale rendue sur un différend entre messire Louis-François de Lostanges de Limeuil, héritier de dame Jeanne de Luzech, et noble Balthasar de Cadrieu-Puylaumès, sieur du Cuzoul (1608). — Contrat de mariage entre Louis-François de Lostanges, seigneur et baron de Béduer, et dame Jeanne de Marquessac, dame des Bories (1610). — Erection en vicomté de la terre, seigneurie et baronnie de Béduer (1610). — Contrat de mariage entre messire Jean-Louis de Lostanges et de Limeuil, seigneur vicomte de Béduer, et demoiselle Françoise de Gourdon de Vaillac (1606). — Députation faite le 11 janvier 1650, par les seigneurs et gentilshommes de la province de Guyenne, des personnes de messires François de Gontaut, seigneur baron de Biron, et Jean-Louis de Lostanges, seigneur vicomte de Béduer « à l'effet de supplier le Roy et la Reine régente, sa mère, de vouloir bien évoquer tous leurs procès au grand Conseil, ou en telle autre compagnie souveraine non suspecte qu'il leur plairait, afin de les soustraire à la vengeance de ceux dont ils s'étaient attiré la haine, en exposant leurs vies et leurs biens pour maintenir l'autorité royale pendant les derniers mouvements et pour s'être exposés à leurs mauvais desseins ». — Transaction entre messire Jean-Marguerite de Lostanges, sieur de Felzins, et dame Marguerite de Corn, mariés, d'une part, et noble Antoine de Corn, sieur de Beaumont, d'autre part (1682). — Contrat de mariage entre François-Louis de Lostanges, chevalier, seigneur marquis de Béduer et demoiselle Renée-Marie Menardeau, fille de messire Claude Menardeau, seigneur de Champré, du Plessis, de Ste-Avoye et autres lieux (1692). — Contrat de mariage de messire Louis de Lostanges, seigneur comte de Béduer, de Sabin, de Ste-Neboule, de Bullac, etc., accordé le 6 février 1699, avec demoiselle Françoise de Dumont, fille de François de Dumont, ancien conseiller du Roi en la Cour des aides et finances de Montauban. — Contrat de mariage de messire Jean-François de Lostanges, seigneur de Cuzac, accordé le 23 juillet 1711, avec demoiselle Françoise de Lamothe, fille de Pierre de Lamothe, conseiller du Roi, maire

perpétuel de la ville de Peyrusse. — Accord fait le 1er février 1715 entre messire Jean François de Lostanges, seigneur de Cuzac, et le sieur Louis Cérède, bourgeois, de la ville de Figeac, son beau-frère, en qualité de mari de demoiselle Claude de Lostanges-Felzins. — Lettre du roi Stanislas, datée de Weyssenbourg, adressée à M. de Lostanges, major au régiment de cavalerie Royal-Roussillon (1723) ; — autres lettres du même au même (1725-1729). — Note sur la naissance de Marie, fille de noble Laurent de Lostanges, capitaine commandant au régiment d'Anjou-cavalerie (1733). — Placet de Felzins de Lostanges, major au régiment Royal-Roussillon, adressé au Secrétaire d'Etat de la Guerre, à l'effet d'obtenir une place. — Contrat de mariage de messire Hugues de Lostanges, seigneur haut justicier de Cuzac, cobaron de Felzins, dans le régiment Royal-Roussillon-cavalerie, avec demoiselle Marie-Catherine Foy de Caussanel, fille de feu Me Louis Caussanel, avocat et juge de Lentillac (1740). — Extrait des registres des baptêmes de l'église paroissiale de N.-D. du Puy, de Figeac, portant que demoiselle Ursule de Lostanges, fille de messire Hugues de Lostanges et de Catherine-Marie Foy de Caussanel, naquit le 22 septembre 1748.

F. 463. (Liasse.) — 15 pièces, papier.

1250-1787. — Loubrérie, Loupiac, Luquet du Cheylar, Luzech et Luzenson de Levezou. — Notes généalogiques sur les de Loubrérie, qui portent : *d'azur, à une montagne à trois copeaux d'argent, celui du milieu supportant un arbre d'or ou de sinople* (1348-1679) — Notes sur les Laval du Faure, dont le nom primitif était de Loubrérie (1539-1624). — Indication de source pour les Loubrérie, seigneur de la Roque Montvalent (sans date). — Hommage de Foulque de Loupiac à Henri, comte de Rodez, pour la moitié du château de Loupiac (1290) ; — hommages semblables de Barthélemy, fils de Pierre de Loupiac et de Foulque de Loupiac, damoiseau (1323) ; — mention de Jean de Loupiac, damoiseau (1398). — Mention d'hommage au comte d'Armagnac, à raison de la moitié des ville et château de Loupiac, par Gaillard d'Assier, comme procureur de noble *Balburgesie de Banhariis*, damoiselle, femme de noble homme Guy de Murat et dame en partie de Loupiac (1401) ; — mention d'hommage semblable par noble Antoine de Murat, habitant de Loupiac (1461) ; — mention d'hommage semblable par noble Mathurin de Loupiac, coseigneur de Loupiac (1461). — Procuration donnée à Jean de Loupiac, chevalier, seigneur de

Loupiac, pour traiter du mariage de Jean, fils aîné du comte d'Armagnac, avec Blanche, sœur du duc de Bretagne (1406). — Procuration donnée à Jean de Loupiac, par Amaury de Séverac, maréchal de France, pour prendre possession des château, ville et châtellenie de Sesselon, en la sénéchaussée de Carcassonne (1424). — Quittance de ses gages délivrée par Jean de Loupiac, chevalier, seigneur de Loupiac, sénéchal du comté de Rodez (1430). — Généalogie de la maison de Luquet du Cheylar, seigneur du Bartar, de Reveillon, de Meyrac, etc., à partir de Jean Luquet (1453-1753); — armes de Fouquet de Cheylar, chevalier de St-Jean de Jérusalem, en 1552 : *d'azur à un chat, passant d'or à la bordure cousue de gueules, chargée en chef de trois étoiles d'or.* — Mention de noble homme Guillaume Amalvin de Luzech, damoiseau, fils d'Arnaud (1343). — Vente des lieu et château de Thédirac, au diocèse de Cahors, consentie par Bertrand de Luzech, en faveur de messire Jean du Mayrie, chevalier (1493). — Indication de source pour Jacques de Luzech (1567). — Mention de Raymond et d'Antoine de Luzech, enfants naturels de Paul de Luzech de Ste-Julitte (1646). — Notes sur divers membres de la famille de Luzech (sans date). — Généalogie des Luzenson de Levezou de Vesins en Rouergue et en Quercy, à partir de noble Guillaume « de Ludenzo et en Arnalda sa moiler » (1250-1787).

F. 464. (Liasse.) — 9 pièces, papier.

1259-1573. — Maffre, Malaterre, Malemort, Malet, Maleval. — Tableau généalogique de la famille Maffre, depuis noble Etienne Maffre et Irlande de Bois-Vert, mariés, seigneur et seigneuresse du lieu et repaire de Camburat, jusqu'aux enfants de noble Jean Maffre, écuyer, sieur de Camburat et de Bois-Vert, paroisse de Camburat, et d'Hélène d'Albin, *alias* de Valsergues (1460-1535) ; — mention d'acquisition de vigne, dans la paroisse de Cardaillac, au terroir de Carregua, par noble Pons de Morlhon, chevalier de l'ordre du Roi, gentilhomme ordinaire de sa chambre, sieur de Camburat (1573). — Notes sur Hugues de Malaterre, chevalier (1294) ; — Pierre Malaterre, gouverneur de la terre de Caussade (1407) ; — noble Armand Malaterre, habitant de Lavignac, près Capdenac (1461). — Extrait des minutes de Hugues Rigolaci, notaire, portant transaction entre noble Jean de Malaterre et Hélix de Capdenac, sa femme, habitant le château de Capdenac, d'une part, et noble Louis de Capdenac, frère de la dite Hélix, d'autre part (1541) ; — extrait analogue touchant une vente faite à noble

Guy de Combefort, viguier et juge de Figeac, par noble Pierre de Naucase (1541) ; — extrait analogue touchant le testament de Peyre Bossanel, prêtre de Lacapelle-Marival, où il est question, entre autres choses, d'un bois appartenant à Etienne Lacarrière, habitant du mas de Labro, paroisse de St-Maurice (1540). — Mention du testament de Géraud de Malemort, chevalier (1259) ; — indication de source pour la maison de Malemort (sans date). — Notes sur : Hugues Malet, procureur général de la vicomté de Limoges (1387) ; — Guillaume Malet (1408-1435) ; — Hugues Malet, notaire, sieur de la Force, fils de Pierre Malet et sur son usurpation de la seigneurie de Force (sans date). — Indication de source pour quittance de 200 livres tournois, délivrée à Guillaume Casset, par Louis Maleval, chevalier, sieur de Chastelus (1357) ; — description du sceau de Louis de Maleval.

F. 465. (Liasse.) — 11 pièces, papier.

1233-1467. — Mancigny, Marchès, Mareuil, Marigny. — Mention de l'inhumation dans l'église de Fontevrault, de Jean de Mancigny, écuyer, seigneur de Chantelou et de la Mynoye, 1er panetier de François, duc de Bretagne, et de Jeanne de St-Pierre, sa mère (1467). — Indication de sources pour : P. Marchès, du château de Nobiliac, chevalier (1233-1237) ; — Guillaume Marchès, chevalier, et pour son fils Aymeric (1321) ; — Aymeric Marchès, neveu d'Audoin Marchès, chanoine (1338-1348); — quittance d'Aymeric Marchès (1354). — Quittance de 45 livres tournois délivrée à Jean Chauvel, trésorier des guerres, par Aymeric Marchès, chevalier (1354); — description du sceau dudit Aymeric. — Indications de sources pour : hommages faits à l'évêque de Limoges par Audoin Marchès, chevalier (1287) et par Aymeric Marchès, seigneur en partie de Nobiliac (1309) ; — Audoin Marchès, chanoine de Limoges (1328) ; — hommage fait par Constantin Marchès (1329) ; — hommages faits à l'évêque de Limoges par Tantin Marchès (1395), par Aymeric Marchès, fils de Bernard (1296), par Constantin Marchès (1305) ; — traité au sujet d'une vente entre Aymeric Marchès, chevalier, sieur en partie du château de Nobiliac, d'une part, et noble Guy Malbernart, prieur d'Excideuil, d'autre part (1340) ; — Mérigot Marchès. — Don par le roi Charles V à Raymond de Mareuil, d'une rente de 2000 livres sur les château et châtellenie de Courtenay (1369). — Indication de documents sur Enguerrard de Marigny (1298-1315). — Quittance de 1000 livres tournois, délivrée aux trésoriers du Roi, au nom de l'archevêque de Rouen et pour lui, par Enguerrard de Marigny, écuyer, panctier de la reine de France (1299).

F. 466. (Liasse.) — 14 pièces, papier.

1277-1573. — Marquessac, Marsa, Martori, Maurandi, Maymont, Maynard. — Mention de procuration à Pierre de Marquessac, jurisconsulte, par Adémar de Beynac (1309). — Donation par messire Pons de Beynac en faveur de noble Raymond *Caraula*, damoiseau, d'un fief au lieu dit du Bousquet, confrontant aux terres et bois de Raymond de Marquessac, marchand, de Sarlat (1382). — Notes généalogiques sur la famille de Marquessac, à partir de Jean 1er de Marquessac, damoiseau (1434-1556). — Mention de noble Jean de Marquessac, comme témoin à un hommage rendu par Jean de Mothes au seigneur de Beynac (1476). — Obligation consentie par noble Archambaud de Marquessac en faveur de noble Pons de Marquessac, son fils, damoiseau, de la somme de 600 livres tournois, provenant des profits que ledit Pons avait fait au service du roi de France et laquelle somme ledit Archambaud avait employée pour les besoins de sa maison (1481). — Mention de vente faite en faveur de noble Jeanne de Solminhac, épouse de noble Jean de Marquessac (1481) ; — mention de Jean de Marquessac, comme témoin du testament de noble Guy de Solminhac, habitant de Beynac (1491) ; — hommage noble et franc et serment de fidélité rendu à messire Geoffroy de Beynac, seigneur et baron de Beynac, par noble Jean de Marquessac, dudit Beynac, pour ce qu'il tient en la baronnie dudit Beynac (1504). — Analyse du contrat de mariage de noble Jean Bardo, de la paroisse de Lussac, avec noble Marguerite de Marquessac, du lieu de Beynac (1489). — Mention de Raymond de Marquessac, seigneur de Marquessac, comme témoin du contrat de mariage de noble homme Aymar de Bardon, écuyer, avec noble Bourguine de Fénelon (1519). — Mention de Bernard de Marquessac, comme témoin d'une vente faite par Aymar Bardon, seigneur de Castel, de Nugofolquier, etc., à noble Bertrand de la Barde, écuyer, seigneur de Monsec, capitaine du château de Montclar, pour le seigneur d'Ertissac (1533). — Description des armoiries de François de Marsa, sieur de la Peirière : *d'azur à trois rochers d'or posés 2 et 1, surmontés en chef d'un lion rampant de même ;* — description des armoiries de Bonnefons, sieur de Caminel et de Lasbouygues : *d'azur à trois rocs d'échiquier d'or posés 2 et 1.* — Donation faite à Ponce Martori, bourgeois, de Figeac, par Jean de Capdenac (1362) ; — vente de cens et rentes faite à Jean Cornac, par Raymond de Beaumon, de Capdenac (1360) ; — échange entre le roi d'Angleterre, duc de Guyenne, d'une part, et nobles Bernard et Guillaume Medici, frères, d'autre part (1363). — Vente d'une carte de froment de cens et rente, mesure de Figeac, consentie par Jean Maurandi, fils de feu Guillaume, du masage de las Dolsas, en faveur de messire Etienne de Palhasse, docteur en droit (1505). — Mention de Bernard de Maymont, chevalier, pour la garde et défense du lieu d'Aiguillon (1372) ; — mention de Jean de Vœr, comme châtelain de St-Macaire (1377) ; — mention de Jean, sire de Montalain, comme capitaine général ès parties de Bordelais et de Bazadais, pour le duc d'Anjou (1277). — Mention de l'octroi de l'office de conseiller au parlement de Toulouse, en faveur de Géraud Maynard, docteur en droit (1573).

F. 467. (Liasse.) — 11 pièces, papier.

1084-1859. — Meallet, Medici ou Metge, Melun, Menardeau, Menche de Loisne, Merle, Mérode. — Extrait de l'acte de baptême de Jean Joseph Amans Barthélemy de Meallet, né le 20 juin 1759, fils de messire Jean André de Meallet, comte de Fargues, chevalier de Malte, seigneur de Fargues, Bouffiac, Barriac, le Perle, Roumegoux, le Monteil, Fleurac, la Rouquette, le Rieu, etc., et de dame Marie Françoise de Béral, comtesse de Fargues, mariés. — Notes sur la famille Medici ou Metge et notamment sur les Medici de Peyrusse (1360) ; — analyse de l'acte par lequel les consuls et habitants de Cahors promettent de relever Guillaume Medici, seigneur de St Michel de Bannières, de tous les dommages qu'il pourrait souffrir à l'occasion de l'exécution des lettres de *Patricius*, seigneur de *Castragirone*, sénéchal de Quercy, par lesquelles il le subdélègue pour faire jouir lesdits consuls et habitants de l'exemption de certaine finance (1379). — Tableaux généalogiques de la famille de Melun, depuis Ursion jusqu'à Jasselin et Adam de Melun (1084-1150) ; — renseignements et notes sur la maison de Melun, alliée à la famille de Barasc (1220-1350) ; — mention d'assignation sur la recette de Cahors de rente prise jusque-là par Agnès de Melun « sur la rente mons. Symon de Melun à héritage » (1336). — Mention d'actes relatifs à Jean, fils naturel de Louis de Melun et de Catherine Caillac (1458) ; — indication de source pour Jean de Melun, fils naturel de Louis de Melun (1463). — Notes généalogiques sur la famille Menardeau, originaire de Nantes (1574-1702). — Notes sur la famille de Menche de Loisne (1697-1859). — Notes généalogiques sur la famille Merle qui porte *d'or, à deux calices de sable, accompagnées de 6 merlettes de même, mises en orle* (1407-1470). — Notes et tableau généalogique des : de Mérode Petersheim ; Mérode de Trelon ; Mérode de Westerloo (1410-1849).

F. 468. (Liasse.) — 14 pièces, papier.

1160-1787. — Michaille, Mirandol, Mocié, Molières, Mondenard, Monestier, Montagu. — Extraits de titres et notes sur des membres de la famille de Michaille ou Châtillon-Michaille (1385-1389) ; — quittance de 102 francs, délivrée à Guillaume Seguin, trésorier de Bourbonnais, par Gauvain Michaille, écuyer d'écurie du duc de Bourbon (1386). — Mention de la famille de Mirandol, seigneurs de Mirandol, dans la paroisse de Gluges, en Quercy, qui portait *d'argent à l'aigle éployée de sable becquée et semée de gueules ; au chef d'azur, chargé de trois étoiles d'or* (sans date); — notes sur la famille Boyer d'Anglazard, seigneurs de Peyrilles (sans date). — Reconnaissance du mas de Langlade, paroisse de Lissac, faite à Décdat de Barasc, sieur de Béduer et de Gréalou et patron de la maison du Poujoulat, par Jean de Mocié et Jean Delborc, frères utérins (1453). — Mention de N... de Molières, conseiller du Roi en la Cour des aides de Montauban, qui portait : *écartelé aux 1er et 4 d'azur, à trois besants d'or 2 et 1 ; aux 2 et 3 de gueules à trois cloches d'argent 2 et 1.* — Mention de François de Mondenard, sieur de Belisle, qui portait : *écartelé d'azur et d'argent* (sans date). — Mention de Raymond et de Guillaume de Monestier, sieurs de Labastidette (sans date). — Notice sur la maison de Montagu-Lomagne qui porte : *écartelé aux 1er et 4 d'argent et d'azur, qui est Montagu ; et aux 2 et 3 de gueules au lion d'argent qui est Lomagne* (1160-1783). — Notice sur la famille de Montagu-Favols (1200-1787); — Généalogie de la maison de Montagu-Favols, en Quercy, dont les armes sont : *écartelé d'argent et d'azur* (1256-1787). — Indication de source pour Pierre de Montagu, dit d'Orgueil, sieur du Volvi (sans date).

F. 469. (Liasse.) — 19 pièces, papier.

1233-1848. — Montaignac, Montal, Montalembert, Montcuq, Montfaucon. — Lettre de M. Chérin père, sur la noblesse des familles de Montaignac de Lignières et d'Anfernet de Pont-Bellanger (1784). — Copies d'actes, notes et renseignements divers sur la famille de Montal, alliée à celle de Barasc (1277-1848); — armes : *d'azur à trois coquilles d'argent 2 et 1, au chef d'or.* — Notes généalogiques sur la maison de

Montal de la Prade, d'Arpajon, près d'Aurillac (1472-1812). — Fragment de généalogie de la famille du sieur Montal, de la paroisse de Caniac, au diocèse de Cahors (sans date). — Mention de Henri-Ignace de Montalembert, page de la petite écurie, en juin 1756, qui portait : *écartelé aux 1er et 4 d'azur à un bras d'or, tenant de la main une épée d'argent ; aux 2 et 3, d'azur à un losange d'or, surmonté de deux besants de même, et sur le tout d'argent à la croix ancrée de sable* ; — description des armoiries d'Antoine-François George de Guiscard de Thédirac, reçu page de la petite écurie, en mai 1761 · *écartelé aux 1er et 4 de gueules à un levrier d'argent passant ; aux 2 et 3 d'or à un cor de chasse de sable.* — Indication de source pour confirmation par Alfonse, comte de Toulouse, à Raymond de Clusel de Montcuq, diocèse de Cahors, des biens qu'il avait acquis de Bertrand de Montagu (1270). — Analyse de documents touchant la famille de Montfaucon (1233-1279). — Notes généalogiques sur la maison de Montfaucon, tirées des titres originaux trouvés dans les archives du château de Chaumont, commune de St-Bonnet de Jouse, en Charolais, appartenant à M. le comte de Laguiche, pair de France (1280-1485). — Extrait d'inventaire analytique d'actes touchant la famille de Montfaucon (1243-1280) ; — autre extrait d'inventaire d'actes touchant divers membres de la famille de Montfaucon, où sont mentionnées des lettres patentes de 1345 par lesquelles le roi de France récompense par le don d'une rente viagère de 200 livres, sur la recette de Périgord et de Quercy, les services rendus par Guillaume de Montfaucon, sénéchal de Périgord et de Quercy (1243-1362). — Mention d'hommage fait au duc de Bourgogne, par Guillaume de Montfaucon, damoiseau (1277). — Inventaires de documents concernant la famille de Montfaucon et le lieu dit le Vordorat, dont les Montfaucon étaient seigneurs (1311-1458). — Mention de présence d'Antoine de Montfaucon, chevalier, sieur de Massi, comme témoin à l'hommage de la terre de Vitry, rendu à l'abbé de Cluny (1480). — Description des armes de la maison de Montfaucon, ayant donné les comtes de Montbéliard : *de gueules à deux bars ou truites d'or adossées avec deux trécheurs aussi d'or.*

F. 470. (Liasse.) — 9 pièces, papier.

1153-1776. — Montfavès, Montijo, Montmaur, Montpezat, Montpont, Montsalvy, Montservier. — Fragment de généalogie de la famille de Montfavès (1343-1450). — Notes généalogiques sur les comtes de Montijo (XVIe-XVIIIe siècles). — Notes généalogiques sur la famille de Montmaur, à partir de Pierre de Montmaur, écuyer, baron de St-Sulpice (1350-1776).— Mention du mariage de noble François de la Serre, écuyer, seigneur de St-Denis et de Molières, sénéchal de la vicomté de Turenne, avec demoiselle Jeanne de Montmaur (1693). — Indication de source pour Hugues des Prez, chevalier, seigneur de Montpezat (1483). — Lettre écrite par le Roi à madame Louise de Savoie, sa mère, régente de France, après sa prise devant Pavie et envoyée par le sieur de Montpezat, l'un des gentilshommes de sa chambre, et par le commandeur de Pannerosa (1525). — Donation à l'abbaye de Chancelade, de tout ce qu'ils avaient dans la terre ou forêt de Villeneuve, faite par Agnès de Montpont, fils de Guillaume-Hélie (1153). — Notes sur Garin de Montsalvy, fils de Guy (1337-1355), et sur Louis de Montsalvy, seigneur de Coffinal (1490). — Note sur la famille de Montservier, en Auvergne (1501-1637), qui portait : *d'azur à trois trèfles d'or et un chevron rompu*; — armes de la maison d'Araquy : *de sinople au lion d'or à la bordure de même.*

F. 471. (Liasse.) — 72 pièces, papier.

1390-1853. — Morlhon, Moustoulac, Murat, Murzinowski. — Acensement d'héritages, au territoire de Mialet, fait à Jean de Mialet, par noble Jean de Morlhon, sieur de Capdenac et du Bouyssou, et Delphine, sa femme (1390). — Description des armoiries des de Moustoulac de Lafage : *d'argent à un rocher de sable et un chef parti au 1er d'azur à un croissant d'argent posé entre deux besants d'or, au second de gueules à un lion aussi d'or* ; — mention des preuves pour l'école militaire par Desplats, de Cahors (1787); — mention des mêmes preuves par d'Escaffre qui porte : *écartelé aux 1er et 4, d'azur à une tour d'argent aux 2 et 3 coupé, le chef d'azur à un lion d'argent passant; la pointe d'or, à une vache de gueules aussi passantes ;* — mention de preuves identiques par de la Duguie de Calès, à Moissac, qui porte : *d'or à trois bandes de gueules.* — Mention du mariage de noble Pierre de Murat avec Jeanne de Lavalette-Parisot (1620). — Contrat de mariage entre Claude Murat, fils d'Antoine-Ambroise Murat, notaire, du lieu du Bourg, d'une part, et Jeanne de Labrousse, fille de feu Guillaume Labrousse, d'autre part (1659). — Enregistrement dans l'armorial général de France des armes de Gabriel Murat, juge de Thémines, qui portait: *de gueules à trois fasces crénelées d'argent maçonnées de sable* (1696) ; — description des armes de François Hug, bourgeois, du Bourg : *de gueules à une huitre ouverte*

d'argent ; — description des armes de Jean Escribe, maire de Sousceyrac : *burellé d'or et d'azur de dix pièces à deux plumes à écrire d'argent posées en pal brochant sur le tout.* — Indication de source pour de Murat, coseigneur de Loupiac, en Rouergue (1735). — Note sur Gabriel Murat, sieur de Moutay, d'Assier, conseiller à la Chambre des comptes de Montpellier (1789). — Documents généalogiques, description d'armoiries et notes sur la famille Murat, originaire de Labastide-Fortanière. — Notes et extraits divers relatifs à la famille de Gonzague et minutes des rapports de Lacabane, choisi pour expert dans l'affaire Murzinowski, soi-disant prince de Gonzague, condamné (1852-1853).

F. 472. (Liasse.) — 12 pièces, papier.

870-1852. — Narbonnès, Natter, Négrier, Noblet, Nogaret, Le Normand. — Notes généalogiques sur la famille de Narbonnès, à partir de Guillaume de Narbonnès, mari de Flore de Naucase (1395-1560). — Mention d'hommage des villages de St-Aignan (St-Chignes) et Puirogier, situés dans la châtellenie de Saignes, fait par Astorg de Narbonnès à noble Bertrand de Lagarde, seigneur de Saignes (1397). — Analyse du contrat de mariage de Fine de Narbonnès avec noble homme Dieudonné de Lascases, seigneur de Roquefort et coseigneur de Camboulit (1498). — Note sur Marguerite de Durfort la jeune, mariée à noble Balthasard de Narbonnès, seigneur de Puylaunès (1518). — Analyse du contrat de mariage de noble Marc d'Azemar, écuyer, seigneur de la Garinie, accordé le 6 novembre 1572, avec demoiselle Françoise de Narbonnès, fille de Balthasard de Narbonnès, seigneur et baron de Puylaunès (1572); — analyse du contrat de mariage de noble Jean Azemar, sieur de la Garinie, accordé le 6 octobre 1603, avec demoiselle Isabeau de Lagarde. — Description des armes des Narbonnès de Puylaunès : *de gueules à un lion d'or ;* — mentions des preuves de noblesse pour la petite écurie faite par Louis-Elisabeth d'Azemar de Panot et par Coustin de Masnadou qui portait : *d'argent à un lion de sable couronné, lampassé et armé de gueules* (1763). — Anoblissement de Bérenger de Nattes, bourgeois de Rodez (1369). —Approbation et confirmation par Fine Barasc, prieure du monastère de Lissac et du prieuré de Poujoulat, de l'acquisition de terres dans les appartenances de la métairie de Vialengues, paroisse de Lissac, faite de Jean et Bernard de Belhos, père et fils, laboureurs, de la paroisse de Gagnac, par les frères Négrier, de Camboulit (1470). — Payement de lods et ventes fait par les frères Négrier, pour terres situées dans la métairie de Vialengues, censive du couvent de Lissac et prieuré du Poujoulat, à Fine de Barasc, prieure du couvent dudit Lissac (1470). — Notes sur divers membres de la famille de Noblet de la Cloyte et de Chennelette (1439-1734). — Indication de source pour Paul de Nogaret, sergent d'armes du Roi et du duc d'Anjou (1368). — Arbre généalogique de la famille Le Normand (870-1852).

F. 473. (Liasse.) — 9 pièces, papier.

1047-1773. — Oddo, Odilon, Olive, Orgemont, Oriole, Ornhac, Othon, Benoît. — Donation du village de *Solarius*, en Quercy, faite à l'abbaye de Conques par Bernard Oddo et Arnaud, son frère (sans date). — Extrait de la chronique d'Aymeric de Payrac touchant Moissac et la réforme de son abbaye par Odilon (1047). — Armoiries de Pierre d'Olive, conseiller du Roi en la cour des aides de Montauban : *d'or à un olivier de sinople fruité d'or et chargé au pied d'un croissant d'argent en un chef d'azur chargé de trois étoiles d'or.* — Fragment d'une note de Lacabane sur la rédaction des grandes chroniques de France par Pierre d'Orgemont (1350-1370) ; — testament incomplet de Pierre d'Orgemont, évêque de l'église de Paris (sans date). — Mention d'hommages fait au Roi par Jean d'Oriole, conseiller au parlement de Toulouse (1487). — Notes généalogiques sur la famille d'Ornhac, dite de Marchat (1371-1773). — Lettres du sénéchal de Limoges permettant à Othon, Benoît, bourgeois dudit Limoges, d'acquérir des fiefs et arrière-fiefs nobles, jusqu'à 50 livres de rente sans payer aucune finance (1370).

F. 474. (Liasse.) — 18 pièces, papier.

1250-1765. — Palhasse, Pasquier, Pastoret, Payen, Pechaldos, Pechdo, Pélagrue, Penne, Penthièvre, Perceval. — Note sur Etienne Palhasse, qualifié noble dans un acte du 18 avril 1505, lieutenant général de la sénéchaussée de Rouergue, syndic et député pour le pays de Quercy, aux Etats généraux de Tours le 6 septembre 1487, et dont les armes étaient : *d'or à trois chevrons d'azur.* — Nomination de Denis Pasquier conseiller du Roi et contrôleur alternatif et triennal au grenier à sel de Paris, comme tuteur de ses enfants Denis et Louis (1640). — Description des armoiries de Joseph Pastoret, apothicaire à Aix : *de sinople à deux louvettes d'argent passées en sautoir, accompagnées de quatre brebis passantes de même ;* — descrip-

tion des armoiries d'André Pastoret, procureur : *d'azur à un chevron d'argent, chargé de trois aiglons de sable et accompagné en pointe d'une brebis d'argent.* — Généalogie et documents généalogiques de la famille Payen de la Bucquière, à Douay (1693-1765). — Arbre généalogique (incomplet) de la famille Pechaldos (1595-1628). — Quittance d'une somme de 330 livres délivrée par divers seigneurs parmi lesquels Aymeric de Pechdo, damoiseau (1250). — Mention d'accord et de sentence arbitrale entre noble Hugues de la Roque, seigneur de Gourdon et de St Cirq-Lapopie, d'une part, et noble Pierre de Pechdo, fils de Guillaume, au sujet d'héritages sis aux villages de Voulpilhac et de Luzac (1262). — Mention de reconnaissance féodale par nobles Pierre et Raymond de Pechdo, frères, fils de Pons, à noble Hugues de la Roque, fils de Fortanier de Gourdon, de tout ce qui leur appartenait dans les lieu, appartenances et juridiction de Laur (1270). — Extrait du ban et arrière-ban de la sénéchaussée de Quercy où est mentionné Lancelot de Pechdo, sieur de la Barthe de Belregard (1557). — Description des armoiries de Pierre de Pechdo de Puylagarde : *d'azur à un lis d'argent accompagné de 8 besants de même posés en pal, 4 de chaque coté ;* — description des armoiries de François de Marsa, de Gabriel de Fénelon, sieur du Clusel, de Jean de Richard et de Pierre de la Mothe, écuyer, sieur de Bastein (sans date). — Note sur la famille de Pelagrue (1468-1508) ; — description du sceau de cette famille. — Foi et hommage rendu au Roi par Olivier de Penne, sieur de la moitié du lieu de Beaufort et de Lobiac, sénéchaussée de Quercy, pour tout ce que ledit Olivier tient dans la dite sénéchaussée (1380). — Mention de la possession franche et quitte, par noble Raymond-Amiel de Penne, sieur de Belfort, co-seigneur du château de Balaguier, de quelques îles sur le Lot, appelées vulgairement les îles de Penne, et dans la juridiction de Balaguier, du côté de Toirac (1436) ; — mention de l'existence de Jean Moyson, appelé par quelques-uns Jean Grésc, habitant d'Espédaillac (1449) ; — mention de procès entre Armand Defumée des Roches, abbé de Figeac, et Marie-Marguerite de Fraust, veuve d'Antoine Day, président en la cour des Aides de Guyenne et le syndic et les consuls de la ville de Figeac (sans date). — Mention de l'hommage fait par Olivier de Penne, *alias* de Gordon, pour raison de la châtellenie de Gourdon, de St-Jean-de-Laur, Limogne, Cénevières, la Toulzanie, Lugagnac, etc (1469). — Indication de source pour nomination par Charles VII en qualité de ses lieutenants généraux en Périgord et pays adjacents, du comte de Penthièvre, du vicomte de Turenne, du comte de Ventadour, des sires de Bretenoux, Treignat et Layac (1442). — Documents relatifs à des membres de la famille Perceval, Pencheval, Ponchevaux, sires de Sémeries (1323-1333).

F. 475. (Liasse.) — 22 pièces, papier; 2 cahiers in-4°, 37 feuillets papier.

1191-1860. — Peret. — Mention d'un Augustin de Peret, marchand, de Gênes (1191). — Notice sur l'origine des Peret, en Quercy (XIIIᵉ siècle).—Mention de P. de Peret, comme consul de Figeac, dans une transaction intervenue entre le comte d'Armagnac et les Consuls de Figeac, au sujet d'une rente de 500 livres faite à Jean d'Armagnac, pour les frais de la délivrance de Figeac occupé par les ennemis (1404). — Généalogie des familles de Peret, Boisset de la Salle et de Colomb de Favars (1480-1816). Tableau généalogique de la famille de Peret de Canteperdrix (1541-1817). — Notes généalogiques sur la famille de Peret, à partir de noble Jean de Peret, seigneur de Peret, dans la paroisse de Lissac (1557-1714). — Cadre ,de tableau généalogique de la famille de Peret (1557-1814). — Jugement de mainte-nue de noblesse de l'Intendant de Montauban, en faveur de Jean de Peret, sieur de Canteperdrix (1690). — Notes sur divers membres de la famille de Peret (1694-1860). — Jugement de maintenue de noblesse en faveur de Jean de Peret, sieur de Canteperdrix (1699). — Mention d'alliances entre les familles de Lostanges et de Peret (1711-1789). — Mention de naissances, de mariages et de décès de divers membres de la famille de Peret (1736 — an V). — Analyse de requête de François de Peret, écuyer, sieur de Canteperdrix et de demoiselle Laurence de Boisset de la Salle, contre Géraud Claude Sabrier, demoiselle Anne de Monteil, son épouse, et Claude de Monteil, frère de cette dernière (1738). — Notice sur Jean de Peret, né à Fons, le 4 février 1767 et copies de certificats à l'appui de cette notice (1767-1817). — Notes sur Jean de Peret (1767-1859). — Observations sur la tombe qui se trouve près de la porte de l'église paroissiale de Fons. — Description des armoiries de la famille de Peret de Canteperdrix: *parti au premier d'argent au poirier de sinople, au chef d'azur chargé de trois étoiles d'argent, au second d'or au chêne de sinople, au chef d'azur chargé de 2 fleurs de lis d'or.* — Généalogie de la maison de Turenne d'Aynac, d'après Moréri ; — généalogie de la maison de Boisset de la Salle, par Lacabane ; — généalogie de la maison de Peret de Canteperdrix ; — généalogie de la maison de Lostanges ; — généalogie de la maison de Colomb de Favars. — Description des armoiries de: Turenne d'Aynac, Boisset de La Salle, Peret de Canteperdrix, Lostanges, Colomb, Ventadour, Lévis, Pompadour, Blanchefort de Créqui, Pierre-Buffière, comte de Comminges, comte Roger de Beaufort, La Tour d'Auvergne, duc de Durfort-Duros, Gourdon de Genouillac de Vaillac, comte de Castelnau, marquis de Lauzières-Thémines, Armoises, Bouteiller de Senlis, Gontau-Biron, Corn de Craissac, Molières, Lascazes de Roquefort, marquis de Salignac-Fénelon, Péret, Nompar de Caumont, Séguier, Souillac, Hébrard de St-Sulpice, marquis de Cardaillac, marquis de Montpezat, de Pechpeyrou, Moulin, Mialet de Fargues (sans date).

F. 476. (Liasse.) — 18 pièces, papier.

1302-1738. — Du Périer, comtes de Périgord, de Peyronenc. — Quittance de « huit vins une livres tournois » de gages pour lui, 13 autres écuyers et 28 sergents de sa compagnie, délivrée par Jean du Perier, écuyer (1347) ; — Quittance de 2077 livres 11 sous 2 deniers, délivrée par Hélie, comte de Périgord, montant des revenus de la terre jadis à lui assignée par le Roi, en échange de la vicomté de Lomagne et d'Auvillars (1304); quittance de 70 livres 3 sous délivrée par Olivier de Penne (1302). — Description des armes de Roger Bernard, comte de Périgord (1356), d'Archambaud, comte de Périgord (1369) et de Talleyrand de Périgord, frère du précédent (1369). — Notice sur la maison de Peyronnenc (1391-1500). — Notes sur divers membres de la famille de Peyronnenc (1393-1414). — Extraits concernant Guyon de Peyronnenc, seigneur de St-Amarand et de Traitchinet (1414). — Notes sur Bertrand *aliàs* Tando de Peyronenc, anglais, capitaine du château de Clarens, au diocèse de Périgueux et sur Bernard de Peyronenc (1418-1431). — Analyse du contrat de mariage de noble homme Gui de Peyronenc, seigneur de St-Amarand, de Loupiac et de la Barde, diocèse et sénéchaussée de Cahors, avec noble Marquise de la Roque, fille de noble Bertrand de la Roque, co-seigneur de la Roque et seigneur de Toirac (1456). — Notes généalogiques sur la maison de Peyronenc, à partir de Guyon de Peyronenc (1457-1696). — Testament de noble homme Gui de Peyronenc, damoiseau seigneur de Peyronenc et de St-Clair et co-seigneur des lieux de Frayssinet (1482). — Vente des place, terre et seigneurie de Giniès, dans la paroisse de St-Martin-Labouval, consentie par haut et puissant seigneur messire Bertrand de Peyronenc, en faveur de noble Jean Viguier-Fraust, seigneur de Soulhiols (1610). — Testament de dame Françoise de Carbonnières, dame de St-Chamarand, veuve de messire Pierre de Peyronenc (1614). — Analyse du testament de dame Elisabeth de St-Chamarand, veuve de M. de Marcenac (1650). — Accord intervenu entre messire Henri de Peyronenc, seigneur de St-Chamarand, et messire Antoine de Peyronenc, seigneur de la Roque-Marcenac, au sujet de l'héritage de la dame Elizabeth de Peyronenc, dame de Marcenac, leur tante (1655). — Quittance de la somme de 1053 livres délivrée par messire Bertrand de Savignac de Belcastel, à messire Antoine de Peyronenc de St-Chamarand, seigneur de Marcenac, de Livinhac et de Murat (1656). — Mention : du don des lieux de Maurens et de Montlodier, dans la sénéchaussée de Périgord, fait par le Roi à Michel de Peyronenc, seigneur de Montréal (1465) ; — de l'arrêt de la cour de Parlement de Paris, rendu en faveur de Michel de Peyronenc, seigneur de Montréal, contre Raymond, Louis et Jean de Salagnac, frères, au sujet des terres de Chapdeuil et de Verteillac, en Périgord (sans date); — du mariage de Anne de Lastours avec Michel de Peyronenc, seigneur de Montréal, d'où naquit Anne de Peyronenc, femme du seigneur de Pontbriant (1483); — de la présence de Marquès de Peyronenc, seigneur de St-Amarand, comme témoin à l'hommage rendu, le 14 avril 1491, par noble Jean de Vassal, écuyer, à Guillaume de Thémines, co-seigneur de Gourdon, pour tous les biens qu'il avait à Nozac ; — du contrat de mariage entre demoiselle Marie de Peyronenc de la Roque St-Chamarand et messire Ginon d'Arsac, écuyer, seigneur du Cayla, la Grèze-les-Camboulan, etc. (1697). — Notes sur : Antoine de Peyronenc, maréchal de camp et colonel de cavalerie, marié à Marie de Grignols (1673) ; — Joseph, comte de Peyronenc, marié à Marie Elisabeth de Naucaze ; — Marie Ursule Claudine de Peyronenc, fille du précédent, mariée à Charles Joseph François Marthe de Batz, colonel au service de Sa Majesté, mort en 1815. — Analyse du contrat de mariage de messire Jean de Calvimoret, chevalier, seigneur et baron de Belcastel et de St-Martial, avec demoiselle Elizabeth de Peyronenc, damoiselle de St-Chamarand, fille de messire François de Peyronenc, chevalier, seigneur marquis de St-Chamarand, Freyssinet, Campagnac, etc. (1738). — Vente de la métairie de Galessie, située dans les paroisses d'Arcambal et de St-Etienne de Velles, consentie par messire Antoine de Peyronenc de la Roque St-Chamarand, seigneur de Marcenac et messire

François de Peyronenc, son fils, en faveur de François Fabre, marchand et de Jeanne Fabre, frère et sœur (1738).

F. 477. (Liasse.) — 10 pièces, papier.

1091-1768. — Pezet, Piales, de Pins, Plaissiac, de Plas, Poisson de la Rivière, Polier, Pomayrol. — Note sur les armes de la famille de Pezet (sans date). — Note sur Jean Jacques Piales, jurisconsulte, originaire de Rodez (sans date). — Requête adressée au grand maître de l'ordre de Malte par François, marquis de Pins, tendant à être autorisé à porter, lui, sa femme et l'aîné de ses fils, la croix de l'ordre (sans date). — Anoblissement d'Etienne de Plaissiac, maire de la ville de Périgueux (sans date). — Arrêt du parlement de Bordeaux rendu entre Madeleine Daydie, prieure des Fieux et Amet de Plas, écuyer, au sujet de certains travaux exécutés par ce dernier aux abords de l'église de Curemonte (1667). — Notes sur l'origine de la famille Poisson de la Rivière de la Tourette (1393-1463). — Extrait du dictionnaire généalogique de la Chenaye-Desbois sur la famille de Polier, originaire du Rouergue (1091-1768) ; — extrait du dictionnaire de Moréri touchant la fondation de l'ordre du Coq (1214). — Note sur fondation, par la famille Polier, d'une médaille d'or pour être attribuée annuellement à l'élève de rhétorique qui remportait le prix de poésie au collège des pères de la doctrine chrétienne (sans date). — Généalogie de la famille Pomayrol de Gramont (1551-1699).

F. 478. (Liasse.) — 30 pièces, papier ; 2 cahiers, in-4o
23 feuillets, papier.

XIe siècle-1843. — Pons. — Notes sur l'origine de la famille Pons (xie siècle). — Notes et renseignements relatifs à la contestation entre les Pons de Chataigneraye et les Tourzet sur le droit de descendance des sires de Pons (1235-1843). — Mémoire et consultation pour M. de Pons-la-Chataigneraye demandeur en cassation d'un arrêt de la cour royale de Paris, rendu le 18 février 1833, au profit de Madame de Tourzet, demanderesse éventuelle ; — notes de de Lacabane. — Mémoire inachevé sur la maison de Pons (sans date). — Acte par lequel Pons de St-Urcisse donne à Ste-Marie de Bonneval une rente annuelle de 50 sous (1238).

F. 479. (Liasse.) — 9 pièces, papier.

1402-1778. — Pontanier. — Notes généalogiques sur la famille de Pontanier, seigneurs de Saulon et de Salles-Courbatiès, en Rouergue (1402-1715). — Extrait du registre des baptêmes de l'église paroissiale de N. D. de Livinhac-le-bas, en Quercy, portant que Bertrand de Pontanier a été baptisé le 21 juin 1621. — Extrait du même registre portant que le 28 août 1672 fut baptisé noble Antoine de Pontanier, fils de Bertrand, sieur del Saulon, gouverneur de Capdenac. — Mention du décès de noble Bertrand de Pontanier, sieur du Saulon, âgé de 53 ans (1674). — Mention du baptême de Joseph de Pontanier (17 février 1718). — Mention du décès de noble Antoine de Pontanier, survenu le 20 juillet 1746. — Extrait du registre des baptêmes de l'église paroissiale de Livinhac, portant que le 10 décembre 1767 fut baptisée Marie Charlotte Françoise de Pontanier du Saulon. — Extrait des registres mortuaires de la même église, portant que le 16 février 1775 le corps de noble Joseph de Pontanier, sieur du Saulon, âgé de 57 ans, fut inhumé dans le tombeau de sa famille. — Preuves de la noblesse de demoiselle Marie Charlotte Françoise de Pontanier du Saulon, agréée par le Roi pour être admise au nombre des demoiselles que S. M. fait élever dans la maison royale de St-Louis, à St-Cyr (1778).

F. 480. (Liasse.) — 10 pièces, papier.

1317-1859. — Potelles, du Pouget, du Pouget de Nadaillac, du Pouget de Reniac, Pouzargues. — Mention de la présence de Guillaume, sire de Potelles, chevalier, à une sentence rendue en faveur de l'abbaye de St-Nicolas-aux-bois (1317). — Mention de François du Pouget, baron de Villeneuve, chevalier de l'ordre, lieutenant de la compagnie du maréchal de Thémines (1623) ; — mentions de commissions de capitaine de 50 hommes d'armes d'un régiment de gens de pied et d'une compagnie de cavalerie données par les rois Henri IV et Louis XIII au sieur de Nadaillac (1593 et 1615). — Mémoire sur la production de M. du Pouget, marquis de Nadaillac, en Quercy, fait en août 1767, d'après les titres originaux communiqués par madame la marquise de Nadaillac. — Notes sur la maison du Pouget de Reniac qui porte : *d'or, à un chevron d'azur, et un mont composé de 6 coupeaux de sinople, mouvant de la pointe de l'écu*

(1686-1766). — Notes généalogiques sur la famille de Pouzargues qui porte : *d'azur à 3 corneilles de sable, 2 et 1, au chef de gueules chargé de 3 étoiles d'or* (1545-1697). — Généalogie de la famille de Pouzargues (1552-1697). — Notes sur Antoine de Pouzargues, lieutenant principal au présidial de Cahors, Jean de Pouzargues, écuyer, lieutenant général, juge mage au même présidial et François de Pouzargues, juge mage (1662-1698). — Lettre de M. Ch. Izarn, juge au tribunal de Cahors, adressée à M. Lacabane au sujet de certaines recherches à faire à la Bibliothèque nationale sur la famille de Pouzargues (1859).

F. 481. (Liasse.) — 4 pièces, papier.

1420-1531. — Des Prez, du Pré, Prince. — Montre de Bertrand des Prez, chevalier banneret, sieur de Montpezat et de Puy-la-Roche, où figurent Bertrand des Prez ; Bernard de Racials sieur de Vailhac ; Jean de Feleno (Fénelon) ; Gaillard de Feneleno ; Guiral des Mas ; Grimo de Salas ; Jean de Godi ; Jean de Parasols ; Brengo Siurel ; Meniolet Torne ; Ramond de Penavayra ; Arnault de Castanhet ; le Camus de Bat ; Guillaume de Las (1421). — Mention de Jean du Pré, seigneur des Bartes et des Johanies (1557). — Notes sur Jean du Pré, sieur des Bartes et des *Janyhes*, en Quercy (XVIe siècle). — Indication de source et mention d'un don en argent fait à Jean Prince, vigneron à Cahors, pour un voyage de Cahors à Fontainebleau, dans le but de choisir des terres propres à planter de la vigne (1531).

F. 482. (Liasse.) — 16 pièces, papier.

1313-1831. — Prud'homme. — Mention de Pierre de Prud'homme comme consul de Rodez (1313). — Extraits intéressant Jean et Pierre de Prud'homme, père et fils, citoyens de Montauban (1368-1370). — Note sur la famille de Prud'homme, originaire d'Angleterre et dont un membre, venu en France au XIVe siècle, aurait fondé la maison de ce nom existant dans le Quercy (sans date). — Indication de source pour Jean Prud'homme, écuyer dans la compagnie d'Olivier du Pont, servant en Limousin (1375). — Généalogie de la famille de Prud'homme qui porte : *d'azur à trois tours d'argent, maçonnées de sable, posées 2 et 1* (1379-1803). — Notice généalogique sur la famille de Prud'homme (1379-1803). — Reconnaissance d'une vigne et d'une terre consentie en faveur de Jean de

Prud'homme par Pierre del Sahuc (1404) ; — autre reconnaissance en faveur du même par Gaillarde, femme de Raymond Delpuech (1407) ; — reconnaissance d'une vigne et d'une terre au terroir de Belber, par Gérand Colom, en faveur des héritiers de Guisbert de Rebombignes (1318). — Analyse d'acte dans lequel il est fait mention de la dot de noble Jeanne de Montal, veuve de feu noble Imbert de Prud'homme (1496). — Mention du testament d'Etienne de Prud'homme, sieur d'Estins et de Labernadie, co-seigneur de Camboulit (1552) ; — mention du testament de noble Marguerite de Cornelly, veuve du précédent (1572) ; — mention de transaction entre Antoine de Prud'homme d'une part et noble Louis de Gasc, seigneur de Lagasquie, et demoiselle Claire de Prud'homme d'autre part (1578). — Mention de l'inventaire mobilier, après décès, de Jean de Prud'homme (1571) ; — mention du mariage de Claire de Prud'homme avec Louis de Gascq et de l'existence de Catherine de Corn (1578) ; — analyse du testament d'Antoine de Prud'homme (1591) ; — mention du mariage de Jeanne de Boisset avec N· de Laurency, sieur de Sournac (1610). — Indication de source pour jugement rendu par François de Rabastens, relevant noble Claude Charles de Prud'homme, seigneur du Roc et du Caussè, de l'assignation qui lui avait été donnée pour justifier de sa noblesse ; le dit acte mentionnant diverses pièces (contrats de mariage, procurations, donations, testaments, transactions, etc.), intéressant la famille de Prud'homme (1666). — Note confidentielle sur la famille de Prud'homme, en Quercy envoyée par M. l'abbé Lavaissière à M. Berthier, avec notes de Lacabane (sans date). — Mention du décès de madame Blanche de Cassaignan St-Félix, née de Prud'homme (1831).

F. 483. (Liasse.) — 6 pièces, papier.

1352-1780. — Pujols, Prunellé, Pugnet. — Mention de Hugues de Pujols, chevalier, sire de Blanquefort et capitaine de Sauveterre (1352). — Reconnaissance par Jean Prunellé, chevalier, sieur d'Herbout, du droit qu'il tient du comte de Blois d'édifier une tour close à fossés, au lieu de Macherainville, un de ces domaines (1374). — Inventaire de pièces présentées par noble Jean de Punhet, seigneur de Peyrilles, pour l'exemption du droit de franc-fief (1642). — Inventaire des titres présentés à M. d'Hozier, pour la réception d'Etienne de Pruniet, à l'école militaire (1671-1768). — Notes généalogiques sur la famille de Pruniet (1671-1780). — Description des armoiries de

Jean de Pruniet, seigneur de Payrac : *d'azur à une fasce d'argent, accompagnée en chef d'un gantelet de même et en pointe d'un lion passant d'or.*

F. 484. (Liasse.) — 8 pièces, papier.

1412-1831. — Raffin, Ramond, Raponde, Rastignac. — Notes sur la maison de Raffin, en Languedoc, seigneurs de la Raffinie, d'Aiguesvives, d'Hauterive, de Puy-Ricard, de Puy-Calvary, de Savignac, de la Roques-Timbaut et autres places, qui porte : *d'azur à une fasce d'argent surmontée de 3 étoiles d'or* (sans date). — Indication de source pour Antoine de Ramond, seigneur de Haute Ribbe (sans date). — Indication de source pour testament de Dyne Raponde, marchand de Lucques, établi à Paris (1412). — Généalogie de la branche des seigneurs de Messillac, de Pleaux, de Griffol, de Montamat, de Poumeyrols, à partir du mariage de Raymond Chapt de Rastignac, seigneur de Messillac, avec demoiselle Marguerite de Sauniac ou Saunhac (1579-1705). — Descendance de la famille Chapt de Rastignac, à partir de Raymond Chapt de Rastignac, seigneur de Messillac, cinquième fils de Claude et d'Agnès de Montberon (1579-1831). — Notes généalogiques sur les Chapt de Rastignac (1644-1707). — Analyse du contrat de mariage de Bertrand Descaffre, écuyer, sieur de Cruzol, avec demoiselle Marguerite Cat de Rastignac, veuve de Bertrand d'Humières, écuyer, sieur de Loubejac (1662). — Lettre de M. de Sérigny à M. de Laxion, au sujet des titres de la famille Chapt (1749).

F. 485. (Liasse.) — 10 pièces, papier.

XIIe siècle-1784. — Raymond de Folmon, Raymond de Toulouse. — Notes généalogiques sur la famille de Raymond de Folmon (1318-1784). — Mention de quittance donnée par Pierre de Folmon, chevalier, conseiller et Chambellan du Roi et son sénéchal d'Agenais et de Quercy (1460) ; — autre de quittance donnée par le même, avec description de sceau (1461) ; — don de l'office de capitaine du château et ville de Puymiral (*aliàs* de Grand Castel), en Agenais, fait par le roi Louis XI au même Pierre de Raymond, sieur de Folmon (1461). — Etat des frais nécessités pour les soins donnés à Bertrand de Raymond, blessé à la tête d'un coup de trait, au siège de Pont-de-l'Arche et pour les funérailles dudit Bertrand (1466). — Extrait d'un compte d'André Briçonnet où il est fait mention de l'envoi de Raymond de Folmon en Quercy et en Agenais, pour mettre Charles de France en possession de ces pays (1469). — Don de l'office de capitaine du château de Penne, en Albigeois, fait par le roi Louis XI à son conseiller et chambellan Pierre de Raymond, chevalier, sieur de Folmon (1469) ; — indication de quittance où Pierre de Raymond, chevalier, sieur de Folmon, est qualifié, conseiller et chambellan du Roi et son sénéchal d'Agenais et de Quercy (1469). — Don d'une pension de 1100 livres tournois fait à Pierre de Raymond, chevalier, sieur de Folmon, par le roi Louis XI (1469) ; — quittance de 100 livres tournois délivrée par Pierre de Raymond, chevalier, sieur de Folmon, maître d'hôtel du Roi et son châtelain de Penne (1470). — Ordre de Pierre de Raymond, chevalier, sieur de Folmon, conseiller, chambellan et maître d'hôtel du Roi et son sénéchal de Quercy, à Jacques Duvivier, trésorier en la sénéchaussée de Quercy, de payer la somme de 9 livres tournois à Jean Saultre, baile de Montcuq (1473) ; — ordre du même au même pour payement de 8 livres tournois à Etienne Delacroix, geôlier et châtelain de la ville de Cahors (1476). — Ordre de Pierre de Raymond, chevalier, sieur de Folmon, conseiller, chambellan et maître d'hôtel du Roi et son sénéchal de Quercy, de payer 100 sous tournois à Etienne Delacroix, châtelain et geôlier de la ville de Cahors et à Pierre Garnier, exécuteur des hautes œuvres, pour avoir fouetté et fait courir la ville à deux malfaiteurs dans les lieux de Beauregard et d'Aver (1475). — Quittance de 50 livres tournois, délivrée à Jacques Duvivier, trésorier de Quercy, par Jean de Raymond, écuyer, sieur d'Auty panetier du Roi et son capitaine de Lauzerte (1477); — nomination de Jean de Raymond, écuyer, sieur d'Auty, au poste de capitaine et garde des ville et château de Penne d'Albigeois, sur la résignation de Pierre de Raymond, dit de Folmon, chevalier, père dudit Jean, conseiller et chambellan du Roi (1487) ; — quittance de 41 livres 13 sous 4 deniers tournois, délivrée à Jean de Montfort, trésorier de Toulouse, par Jean de Raymond, écuyer, sieur de Folmon et d'Auty et capitaine de Penne (1492) ; — mention d'autre quittance délivrée par le même (1493) — Note sur Pierre Raymond de Toulouse (XIe siècle).

F. 486. (Liasse.) — 7 pièces, papier.

1300-1787. — Rebombignes, Regourd de Vaxis, Reiset, Reveillon. — Notes sur Guisbert de Rebombignes (1300-1313). — Fac-simile des armes de la maison de Regourd de Vaxis, de Cahors (sans date). — Extrait du registre des baptêmes de l'église paroissiale de St. Saturnin de Chambourcy, diocèse de Chartres, concernant la naissance d'Antoine-Pierre-Claude de Reiset (1780) ; — procuration donnée à Jean-Jacques Reiset (1785) ; — mention de la généalogie de la famille de Crouzillac de Castelmor, en Picardie ; — armes de Claude Reiset, bailli de la seigneurie de Montreux : *d'azur à un croissant d'argent, surmonté d'un trèfle d'or et soutenu d'une colline de trois coupeaux de même* (sans date). — Reconnaissance féodale pour tout le lieu de Revelho, en faveur de l'évêque de Tulle, par noble Raymond de Borma, sieur de Salgis et héritier de feu Garin de Revelho (1438) ; — compromis entre Jean, évêque de Tulle, noble Reginald de Corso et noble Raymond de Borma, sieur de Salgis et de Reveillon, son beau-père (1438) ; — hommage pour le lieu de Reveillon fait, dans Rocamadour, à l'évêque de Tulle, par noble Jean Luqueti du Chalar, sieur des lieux de Mayrac et de Reveillon, diocèse de Cahors (1499). — Mention de lettres données à Figeac par Bertrand de Bernet, écuyer d'écurie du Roi et son viguier de Figeac (1473) ; — ordre de Jacques, baron de Cardaillac, sieur de St-Cirq et de Biars, conseiller et chambellan du Roi et son sénéchal en Quercy, ou commis à la recette du Quercy, de payer à Bernard Ponchia, bailli de Puybrun, la somme de 25 sous pour un appareil à mettre et garder les malfaiteurs à Puybrun, attendu que Puybrun n'a pas de prison (1503) ; — ordre de Guy de Combefort, sieur de Cambion, capitaine de Capdenac, conseiller du Roi et son viguier à Figeac, à Jean de Combefort, trésorier et receveur ordinaire du Quercy, de payer à Jean Chanus, habitant de Figeac, la somme de 11 livres 17 sous 6 deniers pour réparations au château du Roi dit de Balène, à Figeac (1542) ; — mention des signatures L. de Labarte, juge-mage, et J. de Palot, à des lettres d'Antoine de Crussol, sieur et baron dudit lieu, vicomte d'Uzès, conseiller du Roi et sénéchal du Quercy, données à Cahors (1542).

F. 487. (Liasse.) — 11 pièces, papier.

1351-1737. — Ricard. — Généalogie de la famille de Ricard de Genouillac de Vaillac (1351-1716). — Notes sur Jacques-Ricard de Genouillac, dit Galiot, chevalier, seigneur de Brussac, d'Ansac et de St-Projet (1456-1483). — Testament de Jacques de Genouillac, dit Galiot, grand-maître de l'artillerie et grand écuyer de France (1545). — Hommage en faveur de noble

Jean Ricard, damoiseau, seigneur de Reillac, par Raymond de *Orotario*, bourgeois de Figeac (1403) ; — reconnaissance de dette par noble Jean Ricard, seigneur de Gourdon et de Genouillac (1404) ; — mention de noble Pierre Ricard, seigneur de Genouillac et de Reyrevignes, procureur fondé de Mathelin de Cardaillac, seigneur de Brengues (1437) ; — mention du contrat de mariage de Pons de St-Arthémie et de Jeanne de Favars, fille de noble et puissant homme Bernard de Rassials, seigneur de Vaillac (sans date). — Quittance de 320 livres tournois, délivrée à François de Nechy, receveur général de toutes les finances de Languedoc et du duché de Guyenne, par Pierre Ricard, dit de Genouillac, écuyer (1421) ; — description du sceau dudit Pierre Ricard ; — autre quittance de 800 livres tournois, délivrée à François de Nerly par le même Pierre Ricard (1422). — Renseignements historiques sur Jacques Ricard de Genouillac, dit Galiot, chevalier de l'ordre du Roi, son conseiller et chambellan, seigneur d'Assier, de Reilhaguet, de Montrichard, baron de Capdenac, etc. (1465-1546). — Notice généalogique sur les seigneurs d'Assier (XVIᵉ siècle). — Mention du contrat de mariage de Louis de Gourdon de Genouillac avec Marie Jambert de Barraud (1628) ; — contrat de mariage de Flotard de Turenne, sieur d'Aynac, avec demoiselle Claude de Gourdon de Genouillac (1633) ; — mention du contrat de mariage de Louis-François de Gourdon avec demoiselle Guyonne de Lamothe (1638). — Mention des pièces du procès intenté à Louis-François de Gourdon de Genouillac, baron de Vaillac, au sujet de la mort du sieur de Bories (1638). — Historique du procès entre Gaston-Jean-Baptiste, duc de Roquelaure et le comte de Vaillac (1657-1682). — Erection du comté de Vaillac (1687) ; — mention de haut et puissant seigneur, messire Jean-François de Tornier, chevalier, conseiller du Roi, président à mortier de la souveraine cour de parlement de Toulouse, seigneur comte de Vaillac (1737).

F. 488. (Liasse.) — 17 pièces, papier.

1322-1604. — Ricardie, Richard II, roi d'Angleterre, Richaud, Rie, Roaldès, Rochechouard, Rohan. — Mention de l'existence, à Gourdon, de Raymond de Ricard (Ricardi), secrétaire du Roi (1322) ; — descriptions d'armoiries. — Mention de l'anoblissement de Guillaume Ricardi, du diocèse de Rodez (1340-1344). — Indication de source pour confirmation, par Richard II, roi d'Angleterre, de la donation des terres de Montfaucon et de Cazals, faite jadis par le prince de Galles, à Bertucat d'Albret (1381); — indication de source pour donation, par Richard II, roi d'Angleterre, à Bertucat d'Albret, des villes et châteaux de Langoiran, Ryons, Podensac, Vairs, etc. (1381). — Donation faite à Bertucat d'Albret, par Richard II, de la baronnie et terre de Caumont, de la Linde, Beaumat, Arraquepine, Degamat, Gairasse (1381) ; — ordre du même roi à Nompar de Caumont, de délivrer à Bertucat d'Albret le château et la terre de Caumont (1383) ; — indication de source pour lettres par lesquelles le roi Richard déclare vouloir qu'Archibaud de Grailly, captal de Buch et ses hoirs fassent tenir 2 marchés par semaine, l'un à la Teste et l'autre à Serte (1383). — Descriptions des armoiries : de Jean de Richaud (*d'azur à une patte d'ours d'or*) ; de Pierre de la Mothe, sieur de Baltein (*de gueules à un aigle le vol abaissé d'argent couronné de même, regardant un soleil d'or naissant de l'angle dextre de chef, accompagné en chef de deux étoiles d'argent et un chef cousu d'azur chargé d'un croissant d'argent accolé de deux roses de même*) ; de Gaspard de Labondie, sieur de la Gibertie (*d'azur à un soleil d'or et au chef cousu d'azur chargé de trois pals d'argent*).—Quittance de 120 francs d'or délivrée par Jean de Rie, chevalier, à Nicolas de Maureguet, receveur général des aides (1367). — Ordonnance du roi Charles V accordant des indemnités de voyage à Jean de Rie (1368). — Notes sur François Roaldès, jurisconsulte, auteur des *Antiquités de Valence* et autres mémoires (XVIᵉ siècle). — Extrait touchant la trahison de Pierre de Cramon, chevalier, capitaine du château de Rochechouart, pour noble et puissant seigneur Louis, vicomte de Rochechouart (1369). — Mention des lettres du roi Charles V portant que Louis, vicomte de Rochechouart et ses sujets seront exempts d'impôts (1369).— Mention du secours envoyé par Bertrand Duguesclin à messire Louis, vicomte de Rochechouart qui avait son château de Rochechouart assiégé par Eustache d'Auberchicourt (1370). — Tableau généalogique de la maison de Rochechouart, depuis Aymery de Rochechouart, IIᵉ du nom, sieur de Mortemart, de la Marche, de St-Germain, de Cercigné, de St-Vertumien, etc., conseiller et chambellan du Roi, jusqu'aux enfants de sa seconde femme, Jeanne d'Angle, dame de Montpipeau (137.-1428). — Tableau généalogique de René Iᵉʳ de Rohan à Catherine de Rohan, première femme de Jean de Bavière (1534-1604).

F. 489. (Liasse.) — 3 pièces, papier ; cahier in-8° ; 28 feuillets papier.

XIII° siècle-1787. — La Roque, La Roque-Bouillac, La Roque-Toirac, Roquebertin. — Indication de source pour : reconnaissance d'Antoine de La Roque (1410) ; — provisions de l'office de capitaine et châtelain des châteaux de Calvinet et de la Vinzelle, en faveur de Jehannet de la Roque (1440) ; — lettres du duc de Bourbon dispensant Jean de la Roque du serment de fidélité (1460) ; — lettres de provisions de capitaine de Calvinet et de la Vinzelle en faveur d'Antoine de La Roque, fils d'Archambault (1474). — Notice généalogique de la famille de La Roque-Bouillac, en Quercy, seigneurs de La Roque, Bouillac, Viviers, St-Constant, Ferrières, St-Géry, La Farge, La Taillade, Fraissé, titrés comtes de St-Géry et de La Roque-Bouillac et qui portent *d'argent à un chef d'azur, chargé de 3 rocs d'or* (XIII° siècle-1787). — Note sur Bertrand de La Roque-Toirac et de Vernhes, seigneur desdits lieux, qui portait *d'argent à 3 rocs de gueules* (1433). — Indication de source sur le vicomte de Roquebertin (1436-1446).

F. 490. (Liasse.) — 9 pièces, papier.

1150-1699. — Roquefeuil. — Généalogie de la maison de Roquefeuil à partir de Henri, seigneur de Roquefeuil (1150-1385). — Indication de source pour hommage rendu par Arnaud de Roquefeuil, chevalier, fils de Raymond, en faveur de Jean d'Armagnac, pour le château Dalga (1350). — Lettres du roi Charles VI accordant des terres à Antoine de Roquefeuil, damoiseau (1399). — Généalogie de la maison de Blanquefort-Roquefeuil, à partir de Hugues, seigneur de Blanquefort (1352-1699). — Mention du contrat de mariage de noble et puissant homme messire Hugues de Pujols, chevalier, seigneur de Blanquefort avec noble Talise de Madailhan (1352). — Analyse d'un acte d'échange, entre Jean d'Armagnac et Jean d'Arpajon, de la vicomté de Creyssel et de la baronnie de Roquefeuil contre la ville, le château et la baronnie de Castelnau de Montratier (1358). — Indication de source pour don, aux habitants de Combret, de bois pour chauffer leur four, fait par noble et puissante dame Hélène, grand-mère et tutrice de noble et puissant homme Antoine de Roquefeuil (1404). — Hommage fait à Jean, comte d'Armagnac, par Jean, seigneur de Roquefeuil, de Blanquefort et de Combret, pour le château et la châtellenie de Roquefeuil (1462). — Analyse d'hommage au Roi, de noble et puissant seigneur Bérenger de Roquefeuil, seigneur des baronnies de Roquefeuil, de Blanquefort, de Castelnau-des-Vaux, de Combret, etc. (1484). — Analyse du contrat de mariage de noble homme Guillaume de Roquefeuil, damoiseau, seigneur de Versoles, au diocèse de Vabres, accordé le 7 novembre 1371, avec noble Hélène de Lavague, au diocèse de Tulle (1371).

F. 491. (Liasse.) — 14 pièces, papier.

XI° siècle-1541. — Roquemaurel, Roset. — Mention d'Arbert et de Robert de Roquemaurel, sous le règne de Philippe I°ʳ. — Généalogie de la famille de Roquemaurel à partir de Beton de Roquemaurel (1414-1526). — Indication de source pour Berthomieux, seigneur de Roquemaurel et de Thémines, chevalier, chambellan du Roi, viguier de Figeac (1414). — Hommage au Roi par Beton de Roquemaurel pour son château et lieu de Thémines, en Quercy (1425). — Procès-verbal d'élection d'Astorg de La Roque, prieur du monastère de Fons, comme abbé du monastère de Figeac (1441). — Reconnaissance de Guillaume de Roquemaurel en faveur du duc de Bouillon (1490) ; — provisions de capitaine de Calvinet et de la Vinselle en faveur de Pierre Roquemaurel (1514). — Mention d'une procuration donnée à noble Pierre de Roquemaurel, sieur de Roquemaurel, par son fils Begon. sieur d'Albiac, datée du lieu d'Issepts (1536). — Extrait des minutes de Rigolaci, notaire à Figeac, contenant procès-verbal de l'entrée en religion, au couvent de Lissac, de Marguerite de Roquemaurel (1541). — Quittance de 360 livres tournois délivrée à François de Nerly, receveur général en Languedoc et duché de Guyenne par Pons de Roset, écuyer (1421) ; — Autre quittance de 500 livres tournois délivrée au même par Pons de Roset, écuyer, sieur de Lestours, servant à l'encontre des Anglais, en la compagnie d'Arnault de Carmain; chevalier, sieur de Négrepelisse et sénéchal de Rouergue (1422). — Quittance de 200 livres tournois, délivrée à Jean Seaume, receveur général de toutes les finances en Languedoc, par Pons de Roset, écuyer, capitaine de Sauveterre (1426) ; — description du sceau de Pons de Roset ; — quittance de 400 livres tournois délivrée à Jean Seaume par Pons de Roset, écuyer, capitaine de Sauveterre, en Agenais (1427).

F. 492. (Liasse.) — 6 pièces, papier.

1277-1586. — Rouant, Rouchon, Rousseau, Rouvray. — Indication de source pour lettres par lesquelles le Roi désirant honorer la personne de Jean L'Archevêque, chevalier, seigneur de Montfort, lui accorde le pouvoir d'anoblir le nommé André Rouant et de le faire chevalier, bien qu'il ne soit pas né de famille noble (1317). — Diplôme de bachelier en théologie accordé à Raymond Rouchon, prêtre de la paroisse de St-Pierre de Cuzance, diocèse de Cahors, par Bertrand Griffonias, docteur en l'un et l'autre droit au présidial de Cahors, conseiller de l'église primaire de Cahors, chanoine et chancelier de l'académie (sans date). — Notes sur l'ouvrage intitulé « Discours des choses mémorables advenues à Cahors et païs de Quercy, de l'an MCCCCXXVIII.» — « Extrait des annales consulaires dudit Caors » par Jacques Rousseau, imprimeur juré de l'université (1586). — Notes sur Renaut et Alfonse de Rouvray et description du sceau des Rouvray (1277-1297). — Quittance de 90 livres tournois délivrée par Jean de Rouvray, chevalier, pour ses gages et ceux de 10 écuyers de sa compagnie (1369). — Mention de Jacques de Rouvray, dit Mouton, comme capitaine du château et de la ville de Capdenac, pour Charles d'Artois, comte d'Eu, châtelain et gouverneur pour le Roi desdits ville et château (1448).

F. 493. (Liasse.) — 28 pièces, papier.

542-1864. — Sabanac, St-Aulaire, St-Bressou, St-Geniès, St Géraud. — Armoiries de Raymond de Sabanac, docteur en lois et juge des appeaux civils de la ville de Toulouse : *écartelé aux 1ᵉʳ et 4 une aigle, aux 2 et 3 une étoile à six rais* (1391). — Correspondance du comte de St-Aulaire à l'effet d'obtenir le droit de monter dans les carrosses du Roi et d'assister aux chasses royales (sans dates). — Notes sur divers membres de la famille de St-Bressou (1197-1435). — Notes sur Pierre de St-Geniès (1318) et sur Bertrand de St-Geniès (1319-1350). — Note sur la fondation du prieuré de Monsempron par St-Géraud (sans date) ; — note sur St-Césaire, évêque d'Arles (542) , — note sur St-Yrieix (591). — Extrait de l'art de vérifier les dates touchant la généalogie de St Géraud (839); — extraits et commentaires touchant la vie de St Géraud (855-856). — Mention de Godefroid, comte d'Aurillac (878); — mention de la fondation du monastère d'Aurillac

(898); — discussion de Lacabane sur le testament et la date de la mort de St Géraud (909-920) — extraits des Bollandistes sur la vie de St-Géraud. — Diplôme de Charles le Simple confirmant les possessions de l'abbaye d'Aurillac (899) et notes de Lacabane. — Notes sur 8 diplômes de Charles le Simple (899). — Fragments de l'histoire de St Géraud, extraits du Dictionnaire statistique et historique du Cantal (914-920) ; — nomenclature des principales possessions de l'abbaye d'Aurillac. — Date de la mort de St-Géraud (917) ; — extrait du testament de St Géraud ; — opinion de Branches sur la date de la mort de St Géraud dans son ouvrage sur les saints d'Auvergne ; — date d'un diplôme du roi Raoul où il est parlé d'Uxellodunum (935). — Opinion de Lacroix sur la date de la mort de St Géraud et réfutation de Lacabane (919-920) ; — analyse par Lacabane des principaux manuscrits contenant la vie authentique de St Géraud; — extrait des Bollandistes touchant Adraldus, moine de Conques, puis abbé d'Aurillac (992). — Noms divers de St-Cirgues, château où mourut St Géraud (920-1300); — mention du château de *Mulsedonum* ; — mention de Gérald Vigier, connu en religion sous le nom de Dominique de Jésus, historiographe français et auteur de « l'Histoire parénétique des trois saints protecteurs de la Haute-Auvergne », imprimée à Paris, en 1535. — Dissertation et notes critiques de Lacabane au sujet d'un extrait des Bollandistes relatif à la vie de St Géraud, — Extraits et commentaires touchant la vie de St Géraud (Xᵉ siècle).

F. 494. (Liasse.) — 9 pièces, papier.

1300-1862. — St-Jean, St-Miard, Saintours, St-Venant, St-Vience, Ste-Aldegonde. — Faire part du décès du vicomte Maurice de St-Jean (1862). — Mention de divers membres de la famille de St-Miard (1323-1473). — Notes et indications de sources pour la maison de Saintours, seigneurs de la Bourlie (1436-1573). — Lettres par lesquelles Philippe le Bel décharge les bourgeois de Bordeaux de la caution de 5000 livres qu'ils avaient donnée pour Robert de St-Venant, détenu, comme conspirateur, au château de la Réole (1300). — Note sur Jean de St-Vience (1551). — Indication de source pour preuve de noblesse en faveur de Charles-Eugène-Joseph-Maximilien de Ste-Aldegonde-Genech, pour l'obtention d'un brevet de sous-lieutenant (1768-1784).

F. 495. (Liasse.) — 9 pièces, papier.

1248-1854. — De Sales, de la Sale, Salignac, Salinis. — Généalogie de la famille de Sales, en Albigeois, en Auvergne et en Quercy (1248-1854). — Indication de source pour Bernard de la Sale, en Italie (1385). — Payement de 445 livres à Raymond de Salignac, chevalier, sénéchal du Quercy, pour ses gages et ceux de 19 de ses écuyers (1420); — indications de sources pour : Guillaume de Montfaubon, chevalier, sénéchal du Quercy (1349); — Arnoul de Puisieux, chevalier, capitaine du pont de St-Cloud (1393) ; — Beton de Montsalès, écuyer (1420) ; — Arnaud de Carmaing, sénéchal du Rouergue, chevalier banneret (1421) ; — Pierre Ricart dit de Genouillac, écuyer (1421); — Bernard de Rassials, chevalier (1440) ; — Girard Séguier (1483). — Généalogie de la famille de Salignac, sieurs de la Queyrie, de la Forest, de Roumagne, de la Mingoterie et de la Boissière en Poitou et Angoumois, dont les armes sont : *d'or à trois bandes de sinople* (1473-1751). — Vente d'un pré consentie à François de Salignac, écuyer, par messire François de Breussac, prêtre, demeurant au lieu de Fontanilhe (1516). — Inventaire de pièces établissant la noblesse de François de Salignac, écuyer, seigneur de Loliverie (1599). — Note au sujet du mot *Salinges* ou *Saliès*, lieu que la famille de Salinis dit être son berceau (sans date).

F. 496. (Liasse.) — 9 pièces, papier.

XIe siècle-1571. — Salviac, Saumate, Saunhac, Scorailles, Seguenville. — Note sur Etienne et Pierre de Salviac de Viel Castel (XIe siècle). — Mention de Bertraud de Salviac, chevalier, neveu du pape Clément V (1313). — Extrait de Guyon de Maleville touchant la famille de Salviac (sans date). — Indications de sources : pour l'anoblissement d'Arnald Saumate, de Villeneuve (1319-1320); — pour l'anoblissement de Hugon Saumate, de Villeneuve, sénéchaussée de Rodez (1340-1344); — pour la confirmation d'anoblissement en faveur de Pierre Saumate (1375). — Note sur Jean Ier de Saunhac, sieur de Belcastel, Anipiac, Verdun, et Marguerite de Caussade, sa femme (1444-1489); — description des armoiries de la branche de Saunhac Castain : *d'or au lion de sable, armé, couronné et lampassé de gueules, à l'orle de 12 carreaux du même* ; — armoiries de la branche de Saunhac du Fossat : *d'azur au lion d'or, armé, lampassé et cou-*

ronné de gueules ; — armoiries de la famille de Pouzargues : *écartelé au 1er d'azur à d'étoiles d'or ; au 2e de gueules à 3 besans d'or ; au 3 d'argent au lion de sable ; au 4 d'argent et 3 merlettes de sable.* — Notes sur les enfants de Begon III, seigneur de Scorailles, fils de Guy Ier (1120-1185). — Mention de dons faits aux religieux de la Vallette par Etienne de Scorailles (1151). — Note sur François Ier de Scorailles, fils de Marquès Ier (1525-1571).—Analyses d'actes intéressant la famille de Seguenville (1254-1325).

F. 497. (Liasse.) — 29 pièces, papier ; 1 pièce, parchemin.

1237-1580. — Séguier. — Mention de vacance du siège épiscopal de Cahors (1237) ; — confirmation par Armand Hodz, vicomte de Lomagne, d'engagement consenti par lui en faveur du monastère de Moissac (1246). — Note sur la famille Lavalette (1299-1389); — note sur une sentence arbitrale prononcée dans un différend entre Guisbert de Burbuson, sieur de Boussac et les habitants de Carlucet, par Notet de Séguier, docteur en décrets et juge-mage de la sénéchaussée de Quercy et Antoine de Nauville, lieutenant du sénéchal de Quercy (1470) ; — minute de lettre adressée à M. Guichard, avocat au Conseil du Roi et à la cour de cassation par M. Siricys de Mayrinhac, conseiller d'Etat, directeur général des Haras, de l'agriculture et du commerce, motivant le refus d'un ouvrage (1826). — Note de Lacabane sur les diverses familles de Séguier. — Généalogie des Séguier, sieurs de Ponserme, qui portent : *d'azur au chevron d'or, accompagné de deux étoiles de même en chef, et un mouton tranquille d'argent en pointe* (1320-1668). — Histoire de la rente de 200 livres due aux comtes d'Armagnac par les habitants de Figeac et donnée à ceux-ci par le roi Louis XI, en 1475. — Inventaire des titres relatifs à une rente de 500 livres d'abord, de 200 livres plus tard, due au comte d'Armagnac par les habitants de Figeac (1372-1475). — Extrait du dictionnaire de la noblesse par La Chesnaye Desbois touchant la famille de Valette ou La Valette (1389). — Indication de source pour confirmation par Raymond, évêque de Montauban, de l'union du prieuré de Montalzat à la charge d'aumônier de l'église cathédrale de Montauban (1410). — Mentions nominatives des consuls de Montauban en 1411 et 1444. — Note sur la noyade de 3 religieux dans le Tarn (1432) ; — mention de l'absolution de ce fait par le Pape (1433) . — Noms des consuls de Montauban pour l'année 1433 ; — mention de la nomination de Jean Séguier, bachelier en droit, comme syndic du pays de Quercy (1458) ; mention de l'appel en témoignage de Jean Séguier par Etienne Pailhasse, syndic des trois Etats du Quercy, dans l'enquête faite à l'occasion du procès existant entre le pays de Quercy et le visiteur général des gabelles de Languedoc (1480) ; — nomination par les Etats de Quercy, de syndic et procureurs fondés (1586); — mention de l'arrêt du Parlement favorable au pays de Quercy sur la question du sel (1487). — Mention d'actes divers et notes au sujet d'une rente annuelle de 200 livres due au comte d'Armagnac par les habitants de Figeac (1435-1475). — Mention d'un extrait de la Chambre des comptes fait à la requête du procureur général du Roi en la sénéchaussée de Rouergue pour démontrer la réunion de la baronnie de Séverac et de la châtellenie de Capdenac à la couronne de France opérée par Charles VII, en 1448. — Indication de source pour lettres relatives à Etienne Séguier, valet de la chambre et apothicaire du Roi et à Gilbert Vigier, son neveu (1448-1450). — Notes sur les Seguiers de St-Pourçain en Bourbonnais (1461-1510). — Notice généalogique sur le famille de Séguier, à partir d'Etienne Séguier, valet de chambre et apothicaire des rois Charles VII et Louis XI (1465-1541). — Indication de sources pour : 1° confirmation de traité fait entre Notet Séguier et l'évêque et le chapitre de Montauban au sujet de la juridiction d'Isle made ; 2° donation de la haute justice de St-Mesme, Bisy et Auricy (1468-1474). — Indication de source pour confirmation d'acte passé entre Notet Séguier et l'évêque et le chapitre de Montauban (1468-1474); — mention de la donation de la seigneurie de Puylagarde et de la moitié de la baronnie de Montbrun, en Quercy, faite par le roi Philippe le Long à Pierre Ducze, chevalier, frère du Pape Jean XXII (1319). — Tableau généalogique de la famille de Séguier (1469-1580). — Mention de la production de Jean Séguier, conseiller au parlement de Toulouse, comme témoin dans l'enquête faite à l'occasion du procès existant entre le pays de Quercy et le visiteur général des gabelles en Languedoc, ladite production introduite par Etienne Pailhasse, bachelier ès lois, syndic des Etats du Quercy (1480). — Mention d'ordre de payement donné au trésorier et receveur ordinaire de la viguerie et vicomté de Narbonne par Jean Séguier, écuyer, viguier de la dite viguerie (1513); — Notes sur François de Séguier, sénéchal de Quercy, de 1559 à 1570. — Etat de traitement et quittance donnée par Pierre Séguier, conseiller clerc en Parlement (1567). — Déclaration par Jean de la Grange, sieur de Roffillac, des choses par lui vendues à noble Vincent de Séguier, sieur de Siziniac (1567). Quittance de 1124 livres tournois, délivrée à Raoul

Moreau, conseiller du Roi et trésorier de son épargne, par François de Séguier, chevalier, sieur de la Granière, sénéchal du Quercy et gentilhomme ordinaire de la chambre du Roi (1570).

F. 498. (Liasse.) — 21 pièces, papier.

1291-1862. — Seguin, Seneschal, Ser, Sermet, La Serre. — Note sur Henri Seguin de Mirande, chevalier, seigneur de Ste-Gemme, Thomeille et autres lieux et sur dame Marie-Antoinette de Verdelain, sa femme (1732-1734). — Indication de source pour sauf conduit donné par Seguin de Badefol, comme capitaine d'Ause, sous le roi de Navarre (1365). — Tableau généalogique de la famille Seneschal, titres et documents divers sur plusieurs membres de cette famille (1291-1420). — Extrait des minutes du notaire Hugues Rigolaci contenant testament de Jean del Ser, prêtre, habitant du lieu de Balaguier (1540). — Mention d'hommage du lieu de la Bastide fait par Antoine de Sermet (1460). — Généalogie de famille de la Serre de la Roque à partir de Jean de la Serre, chevalier, seigneur de St-Martin, sénéchal de la vicomté de Turenne (1698-1862).

F. 499. (Liasse.) — 9 pièces, papier.

1176-1847. — Severac. — Transaction par l'entremise de Hugues, évêque de Rodez, et Guy de Severac, entre Adémar, abbé, et les frères de Bonneval d'une part et Hugues Deodat, procureur de l'église de Coussergues (1176). — — Note sur Guy de Severac et ses enfants (1181). — Confirmation par Guy de Severac de la donation que son père avait faite à P.... abbé de Bonneval, de l'église de Peirefixe (1189). — Vente du château de Corrozargues avec toutes ses appartenances, consentie en faveur de l'évêque de Rodez, par les époux Déodat de Caylus et Isdoina de Severac (1215). — Analyse du contrat de mariage entre Guy de Severac, fils de Déodat de Caylus, et Ricarde, fille d'Hector de Pannat (1232). — Analyse de transaction entre noble homme Guy de Severac et le syndic de la maison de Bonnecombe, au sujet du droit de pacage dans la vicomté d'Eyssens (1245). — Hommage de Guy de Severac, fils de Déodat, au Roi, pour le château de Doalon, le mas de la Serre et autres biens situés dans l'évêché de Mende (1250). — Analyse des lettres du duc d'Anjou accordant à Alzias de Severac, une rente annuelle de 50 livres tournois à prendre sur tous les biens que pouvait posséder Géraud Lorentii, officier du prince de Galles (1369). — Copie d'une lettre de M. H. de Barrau, datée de Rodez, à M. Cabanis de Courtois, fils du député de l'Aveyron, au sujet de la maison de Severac (1847).

F. 500. (Liasse.) — 12 pièces, papier.

1290-XIX° siècle. — Signier, Sirieys, Sohier, Solagne, Solatge, de Sort (Ramonet), Souillac, Soubz-le-Four, Sourdès, Soyris, la Sudrie. — Indication de source pour vente faite à Hugon de Signier (1317). — Généalogie de la famille Sirieys ; — poésie satirique contre Sirieys de Mayrinhac, député (XVIII et XIX° siècles). — Mention de Jean-Jacques-Félix de Sirieys (1775). — Faire part du décès de madame veuve de Sirieys de Mayrinhac, née de Verlhac (1852). — Documents relatifs à divers membres de la famille Sohier de Courtray (1318-1384). — Vente de la terre de Veridu, autrement appelée de Capdenac, faite à Raymond de Vouer, chevalier, par Azemar de Solagne et sa femme (1290). — Ordre de Guillaume de Solatge, maréchal d'Armagnac, de payer les gages de juin, juillet, août et septembre, à Begot d'Ayac, capitaine de Capdenac (1414). — Notes sur Ramonet de Sort (1341-1393). — Indication de source pour généalogie de Souillac de Montmège et d'Azerac (sans date). — Indication de source pour Gilles, Jean et Denis de Soubz-le-Four, chirurgien du Roi (1402-1464). — Notes sur les Sourdès, de Figeac, et divers troubadours (sans date). — Hommage de Foulques de Soyris, damoiseau, en faveur de Bernard-Jourdain de Lisle (1311), — Notes généalogiques sur la famille de la Sudrie (1537-1700).

F. 501. (Liasse.) — 23 pièces, papier.

1000-1308. — Talleyrand. — Tableau généalogique de la famille de Grignols (1000-1059) ; — note sur Boson de Grignols (1099). — Chronologie des comtes de Périgord, depuis le milieu du XI° siècle jusque vers la fin du XII°, par l'abbé Lespine. — Donation faite à l'église d'Uzercho par Aima, comtesse (de Périgord), fille de Monie de Grignols (1072). — Chronologie des familles de Comborn et de Turenne (vers 1100) ; — mort et détails biographiques sur Ebol, abbé de Tulle ; — donation du manse de Porte, de Saillac, faite à Tulle, par Raymond, vicomte de Turenne (1106); autre donation faite à la même abbaye par le même Raymond (1118) ; — donation faite à l'abbaye de Chancelade par Raymond, vicomte de Turenne et de Ribérac (1143-1168) ; — qualification de vicomte de Ribérac donnée à Archambaud, 1er comte de Périgord (1211); — note de Lacabane sur la seigneurie de Ribérac. — Donation faite à l'abbaye de Chancelade, par Hélie Talleyrand, comte de Périgord, et Raymonde de Turenne, sa femme (1166-1208). — Tableau généalogique des comtes de Périgord (1135-1245). — Chronologie des comtes de Périgord de 1166 à 1295 et point de jonction des seigneurs de Grignols à la maison de ces mêmes comtes (1135-1305) ; — notes de Lacabane. — Confirmation par Raymond, évêque de Périgueux, au profit de l'abbaye de St-Astier, de toutes les donations qui lui avaient été faites par les rois, évêques, consuls, comtes de Périgueux et autres (1144) ; — don fait par le même évêque à l'abbaye de St-Amand-de-Boisse, du lieu de Fouguenade, situé près de Mareuil, en Périgord (1146) ; — consécration de l'église de Cadouin (1154); — donation du mas de las Treilas faite à l'abbaye de Dalon par Raymond, vicomte de Turenne et confirmée par Talleyrand, son gendre (1167); — notes de Lacabane. — Tableau généalogique de la famille de Grignols, depuis Boson III de Grignols, comte de Périgord (1146-1308). — Donation, par Raymond de Montaniès et Hélie Vigoras à l'abbaye de Chancelade, de tout le droit qu'ils avaient sur le moulin de Rocheyrel (1150). — Donation, par Boson, comte de Périgord, fils du comte Aldebert, à l'abbaye de Chancelade, de toutes les terres que les habitants dudit lieu pourront acquérir de ceux qui ont en fief des terres du comté (1155) ; — notes de Lacabane. — Extrait de la Chronique de Geoffroi, prieur de Vigeois, touchant Boson de Grignols et Hélie de Talleyrand, son fils (1158-1183); — extrait de l'histoire manuscrite du Périgord, de la Grange-Chancel et notes de Lacabane. — Corrections à la descendance d'Hélie Talleyrand V, comte de Périgord, indiquées par Lacabane (1166-1238). — Généalogie de la maison de Talleyrand à l'époque de la séparation de la branche de Grignols (1167-1238). — Confirmation par le pape Innocent III de donation faite à l'abbaye de Chancelade par Pierre de St-Astier (1211). — Don de 8 sous de cens fait à l'abbaye du Bugue par Guilhems de Gordo, pour avoir brûlé le Bugue (1169) et notes de Lacabane. — Donation de tout son droit dans le bois dit l'Alleu faite par Hélie, comte de Périgord, au chapitre de St-Front (1186) de Périgueux et notes de Lacabane. — Tableau généalogique de la famille de Born, sieurs d'Hautefort (1192-1214). — Indication de source pour donation du bois appelé Herboso faite à l'abbaye de Chancelade par Hélie V, comte de Périgord, et Hélie Talleyrand, son fils (1199) ; — notes de Lacabane. — Tableau généalogique de la maison de Limoges (1199-1230) ; — don du moulin de St-Martial en la paroisse de St-Martial-d'Artenset, fait à l'abbaye de Chancelade par Archambaud, comte de Périgord (1228) ; — notes de Lacabane.

F. 502. (Liasse.) — 29 pièces, papier.

1203-1772. — Talleyrand. — Donation à Pierre de Raymond, abbé de Chancelade, faite par Hélie V, comte de Périgord et confirmée par Hélie, son fils, et Talleyrand, son petit-fils (1203) avec notes de Lacabane. — Notes sur Raymond de St-Astier, chevalier (1203). — Indication de source pour hommage d'Hélie V, comte de Périgord au roi Philippe Auguste (1204) ; — indication de source pour hommage fait par Archambaud II, comte de Périgord, et Bertrand de Born (1212). — Hommage lige pour le comté de Périgord fait par le comte Hélie de Périgord (1204) ; — Hommage pour le comté de Périgord et ses appartenances fait au roi de France, par Archambaud, comte de Périgord, et Bertrand de Born, sieur de Hautefort, son tuteur ou curateur (1212) ; — note de Lacabane. — Hommage rendu à Hélie V, comte de Périgord, par Ranulfe de Castelnau, pour le château de Castelnau, le lieu de Rofiniac et ce qu'il possède dans les baronnies et châtellenies de Vern, Limeuil, Miremont, Reillac, etc. (1208). — Donations et concessions faites à l'abbaye de Chancelade par Pierre, G. Armand et Hélie de St-Astier Foucher d'Agonac et ses frères, Bertrand de St-Astier, B. et S. de Lisle, ses frères, W. de Lisle, G. et B., frères, Audois de Lisle, Guy de Chambarlac, Gaufred de St-Astier et Itier, son fils, Foucauld Vigers, chevaliers et sieurs de Lisle (1211). — Mort d'Archambaud Ier, comte de Périgord (1212) ; — notes sur Archambaud Ier, IIe et IIIe, comtes de Périgord. — Donation à l'abbaye de Chancelade par Archambaud, comte de Périgord (1212) et note de Lacabane. — Concession de maison et de 2 sous de cens faite aux chanoines de St-Astier, par Archambaud, comte de Périgord (1219) ; — vidimus de ladite concession par P., évêque de Périgueux (1239). — Vente de tout droit en la ville de St-Astier faite aux chanoines de ce lieu, par Archambaud, comte de Périgord (1219) ; — vidimus de cette donation par P., évêque de Périgueux (sans date). — Récit sur les débuts de l'habitation des Chartreux au prieuré de Glaudier (Corrèze) (1219) ; — mention de traité entre Hugues X de Lusignan, comte de la Marche et d'Angoulême et Guy V, vicomte de Limoges, portant obligation de respecter, pendant la guerre, les laboureurs, les voyageurs et les marchands, et de ne pas incendier les propriétés (1228). — Donation du lieu de Faya faite par les membres de la famille de ce nom pour établir un lieu religieux de l'ordre de la Couronne et d'un autre ordre (1219). — Mention d'un dénombrement des rentes et biens des sieurs de Cluzel (1223), avec notes de Lacabane. — Tableau généalogique de la famille Talleyrand, sieurs de Grignols (1226-1308). — Notes pour servir à la généalogie de la maison de Talleyrand de Grignols (1238-1251). — Transaction entre Eblon de St-Astier, sieur de Montanès, et le couvent de Chancelade (1239) ; — sentence arbitrale entre le même Eblon et le chapitre de St-Astier (1249). — Compromis entre Hélie de Talleyrand, comte de Périgord, et les habitants de Périgueux, par lequel ils choisissent pour arbitres dans leurs contestations respectives, l'évêque et les consuls de Périgueux (1240) ; — commission donnée par le roi de France à Jacques, comte de Taillefer, marquis de Barrière, Villamblard, Vern et autres lieux, et à Blaise, comte de Beaupoil de St-Aulaire, marquis de Fontenilles, pour se faire représenter et faire transcrire les actes de toute nature nécessaires à l'admission de Gabriel-Marie de Talleyrand-Périgord, comte de Périgord, grand d'Espagne de 1re classe, maréchal des camps et armées du Roi, lieutenant général du haut et bas Berry, dans l'ordre du St-Esprit (1767). — Accord entre Hélie de Talleyrand, comte de Périgord et les habitants de Périgueux (1241). — Indication de source pour donation faite à la maison de Faya par Archambaud, comte de Périgord (1243) ; — indication de source pour donation des hommes de Chaufort faite à la même maison par Hélie de Talleyrand (1245). — Procès-verbal des insultes reçues dans la cité de Périgueux de la part du comte et de ses adhérents, par le sénéchal Pons de Ville (1246), avec notes de Lacabane. — Mention de la commission donnée à Pons de Ville, sergent du roi de France, pour régler les différends entre le comte de Périgord et les maire et consuls de Périgueux (1246) ; — déclaration sur cette pièce de Leydet, chanoine régulier de Chancelade (1772). — Indication de source pour procès-verbaux du sénéchal Pons de Ville sur les insultes par lui reçues dans la cité de Périgueux et note à ce sujet (1246). — Testament d'Hélie de Bourdeilles, chevalier (1249).

F. 503. (Liasse.) — 15 pièces, papier.

1260-1290. — Talleyrand. — Indication de source pour Hélie de Talleyrand, sire de Grignols, étant mineur et ayant pour curateurs successifs Fergand, Arnaud de Bouville et Arnaud de Mareuil (1260, 1268 et 1264). — Vente de divers droits faite à Hélie de

Monsac, damoiseau, par Arnaud de Monclar et Aelydz, sa femme, et Hélie, leur fils (1263). — Indication de source pour investiture du fief et de la forteresse de Frateaux, donnée à Pierre de Frateaux, damoiseau, par Hélie de Talleyrand (1264). — Bail à fief de la métairie de la Daunie, consentie par Hélie de Talleyrand, damoiseau, sieur de Grignols, en faveur de Géraud Bégon, Hélie de Labatut, Bernard Roberti, Pierre de Varenas, Guillaume de Varenas, Gérard de la Grave, Hélie Monet et Hélie Cozens (1266); — vidimus de ce bail par Hélie de Talleyrand (1287). — Reconnaissance par Guillaume et Armand de Taillefer, frères, damoiseaux de Grignols, d'une donation faite à Pierre del Chaslar, par leur père Guillaume de Taillefer, chevalier (1275); — reconnaissance par les mêmes de tenure d'héritages et confirmation d'acensement en faveur de membres de la famille du Puy (1276). — Vente de deux setiers de froment faite à l'abbé et au chapitre de St-Astier, par Hélie de Talleyrand, damoiseau, sieur de Grignols (1278). — Quittance de 20 livres bordelais et de 10 livres de tournois noirs, délivrée à Guillaume de Lude trésorier du roi d'Angleterre par Hélie Talleyrand, sieur de Grignols, à-compte sur ce que lui devait le roi Edouard Ier, pour l'hommage qu'il lui avait rendu de ses terres et entre autres de celle de Grignols (1278). — Transaction entre Hélie de Talleyrand, sieur de Grignols et Hélie Vigoureux d'une part, et Itier Sauzet, Guillaume de Boisset et tous les autres damoiseaux de la terre de Montagrier, d'autre part, au sujet de la haute juridiction de la châtellenie de Montagrier (1283). — Quittance de deniers, délivrée à Guillaume de Lude, trésorier du roi d'Angleterre, par Hélie Talleyrand, sieur de Grignols (1287). — Requête adressée au roi d'Angleterre par Hélie Talleyrand, sieur de Grignols, pour être payé de ses gages et services sur les revenus du bailliage de Ste-Foy (1287). — Bail de moulin fait à Pierre Jarandus, de la paroisse de Bruc, par Arnaud de Taillefer, chevailler, du lieu de Grignols (1290).

F. 504. (Liasse.) — 19 pièces, papier.

1301-1633. — Talleyrand. — Note sur Hélie VII, dit Talleyrand, comte de Périgord et Jeanne de Périgord (1301-1363). — Procuration générale donnée par Agnès de Chalais, à Hélie de Talleyrand, sieur de Grignols, son mari (1305). — Contrat de mariage entre Raymond, fils aîné d'Hélie de Talleyrand, sieur de Grignols et de Chalais, damoiseau, et Marguerite, fille aînée d'Adémar, sieur de Baynac, damoiseau

(1305). — Indication de source pour Marguerite de de Mareuil, femme de Boson de Talleyrand (1308). — Indication de source pour mandement du roi d'Angleterre au connétable de Bordeaux pour payement de 150 livres 6 sous 1 obole sterling à Hélie de Talleyrand, sieur de Grignols (1315); — indication de source pour payement de tout ce qui est dû à Hélie de Talleyrand, par le roi d'Angleterre (1320). — Mention de concession de coutumes aux habitants de Grignols par Raymond de Talleyrand, sieur de Grignols (1326); — mention de confirmation desdites coutumes (1390). — Composition, contenant les coutumes et franchises de Grignols, intervenue entre noble Raymond de Talleyrand, sieur de Grignols, d'une part et Hélie Jaubert de St-Astier, Arnaud Ytier, damoiseau, Fernand d'Estissac, Hélie de Use, Bertrand Barreyre, Hélie de Montclar, Pons de Melon, Géraud de Monsac, Pierre Melon, recteur de l'église de Maurens, Hébrard et Amelin de Carbonnières, Hélie de Carbonnières, Raymond et Emeric Vigier, Hélie de Froteaux, Hélie de Grimoard, Massinon, Bellet, Grimoard de Vayrines, damoiseaux, d'autre part (1326) ; — approbation et ratification de l'acte ci-dessus par Hélie de Talleyrand, chevalier, sieur de Grignols et les autres parties intéressées (1390); — mention de l'expédition des actes précédents, à la requête de Jeanne Françoise de Montluc, dame douairière et princesse de Chalais, marquise d'Excideuil, dame des baronnies de Mareuil et Beauville et comtesse en propriété de Grignols (1633). — Accord entre Raymond de Talleyrand, sieur de Grignols et les damoiseaux de ce lieu, au sujet d'un droit à percevoir sur les habitants pour les réparations et fortifications du château de Grignols (1337). — Mention des services militaires de Raymond de Talleyrand, écuyer et plus tard chevalier, sieur de Grignols et de ceux de Guillaume, son frère (1337, 1338 et 1355). — Mention des services militaires de Bos, sire de Grignols (1338-1341). — Sauvegarde royale aux tenanciers et marchands habitants dans le domaine de Guillaume de Garlande, sieur de Chalais et de Boson, sieur de Grignols, pour trafiquer dans tout le duché de Guyenne (1357). — Note sur l'hommage de la terre de Grignols, rendu au roi d'Angleterre, par Boson II, de Talleyrand (1363). — Mentions d'hommages faite au prince de Galles, par Archambaud, comte de Périgord, Boson, sieur de Grignols (1363). — Compte du fouage de la sénéchaussée de Périgord, contenant un dénombrement des châtellenies et paroisses du Périgord (1364-1365) avec notes de Lacabane. — Mention d'Hélie Talleyrand, chevalier servant sous le maréchal de Sancerre (1377). —

Mentions d'élection d'Arnauld de Barnabé comme maire de Périgueux, de la prise de la Rolfie, du sieur de Grignols comme pleige de l'obéissance des gens d'armes de Rossilhe (1391). — Concession des biens meubles et immeubles des domaine et châtellenie de Montcuq et du château et domaine de Grignols, faite par le roi d'Angleterre à Louis Despoy, chevalier (1450).

F. 505. (Liasse.) — 10 pièces, papier.

1755-1767. — Talleyrand. — Extrait de la preuve de cour de la maison de Taillefer pour procurer l'entrée des carrosses du Roi au comte de Taillefer (1755). — Lettre signée Talleyrand-Périgord, comtesse de Périgord, adressée à M. de Beaujon, généalogiste des ordres du Roi (1767). — Notes sur la famille de Talleyrand (sans date). — Indication de source pour prouver que Archambaud, vicomte de Ribérac, a pu, comme tuteur, prendre le titre de comte de Périgord (sans date).

F. 506. (Cahier.) — In-quarto, 61 feuillets, papier.

768-1836. — Talleyrand. — Précis historique sur les comtes de Périgord et sur les branches qui en descendent, par M. de Saint-Allais. *Paris, A. Guyot, imprimeur du Roi et de l'ordre des avocats aux conseils du Roi et à la cour de cassation, Rue Neuve des Petits Champs, n° 37.* — Pièces justificatives à joindre au précis historique sur les comtes de Périgord, par M. de St-Allais. — Nombreuses notes marginales de M. Lacabane.

F. 507. (Liasse.) — 9 pièces, papier.

1808-1847. — Tainturier, Tascher de la Pagerie, Terride, Terrone. — Quittance de 22 livres tournois délivrée à noble Jean Tainturier, trésorier de Rouergue, par les consuls de Villeneuve (1445) ; — description du sceau du consulat. — Notice et tableau généalogique de la famille de Tascher (1308-1783). — Tableau généalogique de la branche maternelle de la famille de Tascher de la Pagerie (1635-1780). — Extraits des archives de la marine concernant la famille Tascher de la Pagerie (1763-1847). — Lettre du ministre de la Marine au comte Charles de Tascher de la Pagerie, premier chambellan de l'Impératrice au palais des Tuileries, relative aux recherches faites aux archives coloniales de la Marine, afin d'établir la généalogie de demoiselle Jeanne-Louise Leroux-Cha-

pelle, grand-mère dudit Charles de Tascher, dont la famille avait anciennement habité la Martinique et la Guadeloupe (sans date). — Mention d'hommage rendu au vicomte de Turenne par Bertrand de Terride, seigneur de Gramat (1363). — Retenue, par le duc d'Anjou, d'Antoine, bastard de Terride, écuyer (1369); — montre dudit Bastard de Terride (1369). — Résultats de recherches sur la famille de Terride (1477-1574). — Anoblissement de Jean de Terrone, habitant de Flaugnac (1370).

F. 508. (Liasse.) — 10 pièces, papier.

1269-XIXᵉ siècle. — Tessières, Testas de Folmont, Thannes, Thézac. — Analyse du testament de Pierre de Tessières, chevalier (1283). — Contrat du mariage de noble Jean de Testas, écuyer, sieur de la Grave, avec demoiselle Anne de Ralhiac, fille de Balthazard de Ralhiac, sieur de Lolmie, seigneur de Sivrac et autres lieux (1627). — Transaction faite entre noble Jean de Testas, sieur de la Grave et de Folmont, et Jean de Gonne, sieur de Fargues, faisant pour Gilis Marchais, adjudicataire de l'afferme général du domaine du Roi de Languedoc et Quercy (1638). — Notes sur divers membres de la famille Testas de Folmont qui porte : *écartelé aux 1ᵉʳ et 4, d'azur semé de billettes d'argent et une cloche de même, aux 2 et 3 d'argent à une croix de sinople* (1663-1768). — Arrêt du Conseil d'Etat maintenant « en la possession et jouissance de la qualité de noble » Henri de Testas, sieur de Folmont, ci-devant capitaine au régiment de la Ferté, et Gabriel de Testas, son fils, capitaine au régiment de la Chenelaye (1716). — Mention de la preuve pour admission, au collège de la Flèche, de Charles de Testas de Folmont (1768). — Tableau généalogique de la famille de Testas de Folmont, à partir de Jean Antoine Testas de Folmont, chevalier de la légion d'honneur, résidant au château de Folmont, commune de Bagat, mort vers 183.... — Indication de source pour de Thannes, dit de Salgues (1567). — Extrait d'un compte de Jean de Angevilar, sénéchal d'Agenais et de Quercy, touchant St-Maurin et Gaubert de Thézac (1269); — extrait du Pouillé de Cahors par Longnon, touchant St-Maurin et les chevaliers de Thézac et de Beauville (1283).

F. 509. (Liasse.) — 28 pièces, papier.

1220-1829. — Thémines. — Généalogie de la maison de Thémines, de Girbert 1ᵉʳ à Girbert V

(1220-1379). — Hommage lige fait au roi Louis IX par Girbert de Thémines pour le château de Palaret et les forteresses de Bio, Issendolus et Albiac (1242). — Donation par Aymeric de Godor en faveur de Douce, fille de noble Girbert de Thémines, et de l'hôpital de Puegvilaugès ou de Pechvilausés (1250). — Indication de pièces intéressant les familles de Thémines et de Gourdon (1262-1623). — Division des terres d'Espédaillac et Quissac entre le commandeur de l'hôpital d'Espédaillac et Baraune, veuve de noble Bertrand Barasc, au nom de sa fille, Hélène Barasc, d'une part, et noble Dieudonné Barasc, chevalier, sieur de Montbrun, d'autre part (1271); — mention de Barasc de Thémines, damoiseau, fils de feu Gisbert de Thémines, chevalier, co-seigneur du château de Thémines (1280) ; — quittance de 100 livres petits tournois, délivrée à Delphine de Laymeriguier, veuve de noble Almalvin de Fénelon, par noble Raymond de Thémines, sieur d'Issendolus (1397) ; — mention de vente de vigne et terre au terroir de las Loubeiras, paroisse de Balaguier, faite à Guillaume Scaffre, habitant de Balaguier, par noble Dieudonné de Thémines, co-seigneur de Balaguier (1482); — mention de reconnaissance reçue par noble Guillaume de Thémines co-seigneur de Balaguier (1495); — Analyse d'acquisition de rentes faite par noble Guillaume de Thémines, sieur de Milhac, Espédaillac, la Bouriane, co-seigneur de Thémines, représenté par Antoine Lagentie, prêtre et recteur paroissial de l'église de St-Jean de Frontenac (1495). — Notes sur des membres des familles de Rudel, Turenne, Bergerac, Poin, Thémines (1250-1296) ; — description des armoiries de la famille de Rudel ; — Note sur Aymeric de Malemort (1254); — note sur la famille de Boutières de la Fajolie (1639-1644); — description des armoiries de cette famille; — note sur M. de la Chièze, sieur de Briance qualifié écuyer (1777). — Ordre de Robert Bertrand, sieur de Briquebec, maréchal de France, de payer les gages de Gisbert de Thémines (1327); — quittance de 1034 livres 10 sous tournois, délivrée à Jean Chauvel, trésorier des guerres, par Gisbert de Thémines, écuyer, pour services militaires en Périgord et Quercy (1348); — description du sceau de Gisbert de Thémines ; — quittance de 78 livres 12 sous tournois, délivrée au même par Géraud de Thémines, écuyer (1350). — Quittance délivrée par Gisbert de Thémines, écuyer, pour les services de sa compagnie en Périgord et Quercy (1348); — autre quittance de Bertrand, sire de Terride (1352) ; — autre quittance de Barasc de Thémines (1359). — Quittance de 96 livres 17 sous tournois délivrée à Jean Chauvel par

Barat de Chastelneuf, chevalier, sire de Thémines (1349). — Quittance de 300 livres tournois, délivrée à Marc de Probolène, trésorier de la sénéchaussée de Périgord et de Quercy, par Bertrand de Cardaillac, sieur de Varaire (1349); — description du sceau de Bertrand de Cardaillac ; — don de 500 livres tournois fait par le roi Jean à Raymond de Cardaillac, damoiseau (1351); — quittance délivrée à Pierre Scatisse, trésorier du Roi, par Raymond de Cardaillac (1351) ; — description du sceau de Guill. de Cardaillac. — Don de 150 écus d'or fait à Gaillard de Bagnac, sieur de Floressas, par Jean, comte d'Armagnac, de Fesensac et de Rouergue, vicomte de Lomagne et d'Auvillars et lieutenant du roi de France en Languedoc (1355) ; — quittance de 187 livres 10 sous tournois, délivrée à Jacques Lempereur, trésorier des guerres, par Gaillard de Bagnac, écuyer (1355). — Quittance du baron de Thémines pour sa part du don fait aux nobles du Quercy par le comte de Poitiers (1359). — Remise faite par Jean, duc de Berry et d'Auvergne, à Jean, sieur de Castelnau et de Calmont, chevalier, de la 4e partie du subside de guerre, octroyé audit duc des pays et baillages des montagnes d'Auvergne, dont Colin de Florence était le receveur général (1365). — Retenue, par le duc d'Anjou, de Guiraut d'Angoulême, sieur de Nadeilhac (1369); — montre de Guiraut d'Angoulême, écuyer, sieur de Nadeilhac (1369); payement de 20 francs à Guiraut d'Angoulême (1371); description du sceau dudit Guiraut. — Ordre du duc d'Anjou à Etienne de Montmejan, de payer 1200 francs d'or à Pons, sieur de Comarca, écuyer (1369); note de Lacabane. — Mention de payement de 20 francs à Guillaume, sire de Thémines, à Cahors (1371) — description du sceau dudit Guillaume. — Mention d'un don de 48 francs à Isabelle de Béduer, prieure de l'hôpital madame Engline, de l'ordre de St-Jean, en Quercy, et au couvent de Cahors (1372) ; — description du sceau d'Isabelle de Béduer. — Testament de Guillaume de Thémines et de Gourdon (1377); clauses du testament de Guillaume, sieur de Thémines et de Gourdon (1379). — Ordre du duc d'Anjou à Ambroisin Beth, trésorier de Carcassonne, de payer 40 fr. d'or à Galhart de Bainnac, chevalier (1377); — payement de 25 francs à Galhard de Baynac (1380); — payement de 800 francs à Pons de Baynac, de Comarque (1369); — description du sceau dudit Pons. — Clauses du testament de Marquès de Thémines (1420); — testament de Jeanne Hebrarda, veuve de Marquès de Thémines (1451). — Extrait de l'inventaire des titres trouvés au château d'Alençon contenant, entre autres, une transaction.

Celte transaction eut lieu entre Louis de Thémines, écuyer, baron de Thémines et de Cardaillac, d'une part, et Charles, duc d'Alençon, comte d'Armagnac et Marguerite de France, sœur unique du Roi, d'autre part, touchant la place de Cestayrols (1515-1524) ; — note de Lacabane. — Extrait des minutes du notaire Hugues Rigolaci, touchant une vente de rentes consentie à Jean Labroa, marchand à Figeac, par noble Antoine de Thémines, sieur de Coffinhal et co-seigneur de Balaguier (1540 ; — extrait analogue touchant une vente d'usufruit faite à Raymond Day, marchand de Figeac (1540) ; — autre extrait touchant une vente de cens et rentes faite à noble Guy de Combefort, viguier et juge de Figeac, par noble Louis de Lagasquie, sieur de Lagasquie et de Prendeignes avec mention d'assiette sur un moulin sur le Drauzou, appartenant à Géraud Alayrac, de Cardaillac (1540). — Mentions d'alliances entre les familles de Thémines et de Cardaillac (sans date). — Extrait de « l'histoire généalogique de la maison de France » relatif à la maison de Thémines-Lauzières (sans date). — Mention de la mort à Bruxelles de M. Alexandre de Thémines, ancien évêque de Blois, à l'âge de 88 ans (1829).

F. 510. (Liasse.) — 16 pièces, papier.

1381-1788. — Thépault, Thésan, Thiard. — Preuves de noblesse faites au cabinet des ordres du Roi, au mois de novembre 1788, par Joseph Florian Célestin Thépault, chevalier, seigneur de Breignou, Kersant, etc., appelé vicomte de Breignou, capitaine des vaisseaux du Roi, chevalier de l'ordre royal et militaire de St-Louis, pour être admis à l'honneur de monter dans les carrosses du Roi et de suivre Sa Majesté à la chasse (1788). — Extrait de la preuve de Cour de la maison de Thésan (1281-1367). — Généalogie de la famille de Thiard de Bissy, dressée sur titres originaux conservés dans les archives du château de Chaumont en Charolais (1345-1605) ; — tableaux généalogiques de la famille de Thiard : indications de renseignements dans un ouvrage de Monteil (1350-1624). — Extrait de « l'origine des Bourguignons et antiquités d'Autun, de Châlon, de Mâcon, etc., par Pierre de St-Julien, doyen de Châlon » concernant la famille de « Tyard » (1581).

F. 511. (Liasse.) — 11 pièces, papier; 2 brochures, 44 et 24 feuillets.

1176-1868. — Touchebœuf, Toulouse, Tour (La), Tournon, Tournemire, Tournier. — Généalogie histo-

rique de la maison de Touchebœuf, extraite du tome XIV du *Nobiliaire universel de France* par M. de Saint-Allais. Paris. Volade, imprimeur du Roi et de Madame, rue Coquillière, n° 27, 1818. — Mention de la nomination comme sénéchal et gouverneur du Quercy, de Guyon de Touchebœuf, 2e du nom, baron de Clermont et de Gourdon, seigneur de Concorès, de Dégagnac, de Lamothe, etc., (1588). — Indication de source pour entérinement de lettres de rémission obtenues par Guyon de Touchebœuf, maître de camp d'un régiment d'infanterie, et son valet de chambre, au sujet de la mort des sieurs de Salviac et de Lamothe (1638). — Lettre de part du décès du comte de Touchebœuf, ancien officier supérieur de cavalerie, officier de la Légion d'honneur, chevalier de St-Louis et de Malte (1868). — Analyse des conditions de la donation faite par W. de Toulouse à l'occasion du mariage de sa fille avec Arman de Montpezat (1176). — Notice sur la maison de la Tour d'Auvergne, extraite du tome VII des archives généalogiques historiques de la noblesse de la France, publiées par M. Lainé. *Paris, imprimerie de Moquet et Cie, rue la Harpe, 90. 1841.* Sommaire des desseins et conjurations de M. Henri de la Tour, duc de Bouillon, maréchal de France, pour lesquelles il se retira de France, fait par M. de Boissy, commissaire député par le Roi pour faire le procès tant à lui qu'à ses complices (1602). — Indication de source pour accord entre Gaspard de la Tour, seigneur de Camboulit et noble homme Jean Ebrard, seigneur de St-Sulpice, et Arnaud Ebrard, son fils (1406). — Notice généalogique sur la famille de Tournon de Meyres, qui porte : *parti au 1er semé de France, contre parti de gueules au lion d'or qui est de Tournon; et au 2e d'azur à une bande composée d'argent et de sable, qui est de Meyres;* l'écu entouré d'une bordure composée d'argent et d'azur (1185-1644). — Légitimation d'Alexandre de Tournon, fils de Jacques (1498). — Analyse du testament de noble Alexandre, bâtard de Tournon, seigneur de Meyres (1531). — Mention : du mariage d'Alexandre, bâtard de Tournon, avec Marguerite de Meyres ; — du testament de Gaspard de Tournon, seigneur de Meyres (1567) ; — du mariage de François de Tournon, seigneur de Meyres, avec Marguerite de la Graterie de Rosière. — Lettre du roi Charles VI au comte d'Armagnac, lui demandant la personne de Mérigot-Mondès, chef de Routiers, fait prisonnier par Jean de Tournemire, chevalier (1391) ; — note de Lacabane sur Jean de Tournemire. — Notices généalogiques sur les familles Tournier de Vaillac et de Tournier en la vicomté de Turenne (1586-1786).

33

F. 512. (Liasse.) — 11 pièces, papier.

1160-1644. — Trace (La), Tremolhas, Tremouilles, Trian, Tubières. — Indication de source pour arrêt du Conseil reconnaissant à Olivier de la Trace de la Terrade, commandeur de la commanderie générale de l'archihôpital du St-Esprit de Montpellier, grand maître de l'ordre, de nommer à toutes les commanderies et bénéfices dépendant de l'ordre (1644). — Indication de source pour reconnaissance de fief par Guirbert de Tremolhas, damoiseau, en faveur du comte d'Armagnac (1323). — Quittance de la somme de 2 livres tournois délivrée à Pierre Teinturier, receveur des tailles, dans la basse marche du Rouergue. par Jean de Tremolhas (1446) — Indication de source pour acessat fait par noble Fourton de Tremouilles, prieur de Fons, à Géraud Chartrou, de Fourmagnac, d'une terre à Vialens, paroisse dudit Fourmagnac (1498). — Notices généalogiques sur la famille de Trian (1160-1639). — Prise de possession d'une rente de 63 livres 2 sous par Arnaud de Trian, de Castelnau de Montmirail (1321) ; — vente du château de Creyssac, baronnie de Caussade, consentie à Arnaud de Trian par Gaillard, seigneur de Creyssac, Jacques, son frère, et Raymonde, leur sœur (1321) ; — vente de la seigneurie du lieu de Merlarie consentie à Arnaud de Trian, par Louis, comte de Clermont (1322) ; — acquisition de fiefs au mandement de Montmirail par Arnaud de Trian (sans date) ; — vente des château, terre, seigneurie et haute justice de Castelnau de Montmirail, par Louis de Trian, chevalier, vicomte de Talardo, moyennant la somme de 7000 francs d'or, en faveur du comte d'Armagnac et de Rodez (1382). — Analyse du contrat de mariage d'Arnaud de Trian, chevalier, seigneur de Castelnau de Montmirail et de Talard, neveu du Pape et maréchal de la cour Romaine, avec Constance de Narbonne (1329). — Extrait des minutes du notaire Hugues Rigolaci, touchant lausime et reconnaissance pour terre et pré à La Roque Toirac, vendus par Bertrand Rayne, dudit lieu, au profit de Sicart Viguié, prêtre de Figeac, par noble François Tubières, bourgeois de Figeac (1540) ; — extrait analogue touchant lausime par Jean Palbasse, bachelier en droit (1540) ; — autre extrait touchant vente de maison, à Figeac, faite à Jean Florœux, licencié en droit, par Antoine Codrays, forgeron à Figeac (1540) ; — autre extrait touchant donation de noble Antonia de Puechdoa, femme de Pierre Raffie, marchand, de Figeac (1540) ; — autre extrait portant vente de maison à Figeac faite à noble Francis de Bia, sieur de Lasfargues et co-baron de Felzins, par Pierre Raffie et Antonia de Puechdoa (1540),

F. 513. (Liasse.) — 20 pièces, papier ; cahier, in-8o
18 feuillets, papier.

1096-1775. — Turenne. — Tableau généalogique des vicomtes de Turenne, depuis Raymond Ier jusqu'à Raymond VII (1096-1304). — Indication de sources pour lettres du vicomte de Turenne, touchant la garde de la ville de Martel (1218-1235) et pour aveux rendus au comte Alphonse de Poitiers, comte de Toulouse (1259). — Mention du testament de Bertrande d'Aynac, dame de Curemonte, instituant pour son héritier Déodat d'Aynac, son neveu (133.). — Mention d'hommages faits à l'évêque de Tulle par Bertrand de Rouffilhac (1345) et le vicomte de Turenne (1350 et 1368). — Tableaux généalogiques des familles de Pompadour (1367-1505) et de Turenne de Soursac (1549-1680). — Généalogie de la maison de Turenne d'Aynac (1375-1665). — Mémoire généalogique sur la maison de Turenne d'Aynac, dressé sur titres originaux par M. Cherin et envoyé à M. le comte de Muy à l'appui de la demande de M. le marquis d'Aynac pour avoir les honneurs de la Cour (1399-1616). — Notes de Lacabane tendant à démontrer l'origine illégitime de la famille de Turenne d'Aynac. — Notice généalogique sur la maison de Turenne d'Aynac, à partir de Guillaume, comte de Beaufort (1399-1774). — Mention de reconnaissances faites au vicomte de Turenne par les tenanciers de la terre et seigneurie d'Aynac (1404). — Notes sur les familles de Turenne (1591-1607) et de Boisset de la Salle (1517-18...) — Note sur divers membres de la famille de Turenne (1571-1591). — Corrections et additions à faire à la généalogie de la maison de Turenne insérée dans le dictionnaire de Moréri. — Analyse du contrat de mariage entre Jean de Turenne, écuyer, sieur de St-Martin, et Hélène de Maschat (1626). — Mention des preuves de noblesse pour être reçu chevalier de Malte, faites par François de Turenne d'Aynac (1661). — Extrait d'une lettre de M. Cherin au comte de Muy, au sujet de mémoires des marquis de Turenne d'Aynac, vicomte de Jubert de Bouville et marquis de Mesgrigny, demandant l'honneur de la présentation au Roi et de monter dans les carrosses de Sa Majesté (1775). — Indication de source de document prouvant que les ducs de Bouillon n'avaient pas le droit d'anoblir.

F. 514. (Liasse.) — 4 pièces, papier.

1095-1638. — Urbain II, pape, Uzès. — Itinéraire du pape Urbain II en France après le concile de Clermont (1095-1096). — Extrait d'une bulle du pape Urbain II exhortant les évêques de Toulouse, Agen, Cahors et Lectoure à faire restituer au monastère de Moissac les églises qui lui appartiennent dans ces diocèses et qui sont détenues par des laïques (sans date). — Lettres de la Reine-mère et du Roi au duc d'Uzès pour l'engager à mettre un terme aux discussions entre les sieurs de Thémines et de Vaillac (1613 et 1638).

F. 515. (Liasse.) — 18 pièces, papier.

1141-1821. — La Valette, de Vallin. — Tableau généalogique de la maison de la Valette, seigneurs de la Valette, Parisot, St-Vensa, Carsac, la Finou, Grammont, Lalbenque, Montrosier, Cornusson, Chabriol, Viescamp-Pern, Toulonjac, du Cuzeul, Montdalazac, Capdenac, Floirac, etc., barons, comtes et marquis de la Valette (1141-1821). — Extraits concernant diverses branches de la Valette (1358-1565). — Extrait du dictionnaire généalogique de la Chesnaye Desbois sur la branche des seigneurs de Valette-Capdenac St-Julien (1389 et suiv.); — actes relatifs à l'érection de la châtellenie de Villefranche en comté-pairie, par le roi Louis XI, en faveur de Frédéric d'Aragon, prince de Tarente, d'Anne de Savoie, sa femme et de Charlotte d'Aragon, leur fille (1480 et 1481). — Acte de l'hommage fait par Pierre Valette, damoiseau, au prince Bernard, comte d'Armagnac et de Rodez, de tout le droit qu'il avait dans le mandement et châtellenie de Parisot, du village appelé del Garric (1392). — Indication de source pour transaction passée au château de Parisot entre noble Pierre Valette, co-seigneur dudit château, et noble Jeanne Austorge au sujet de quelque portion de fief (1392). — Mention de procuration consentie à noble Pierre et Almaric Valeta, père et fils, par Guillaume Guillelmi, damoiseau de Parisot (1399). — Mention de Barthélemy de Valette, né à Malte, fils naturel de Jean de Valette, grand maître de l'ordre de Malte, et de Catherine Grecque, rhodienne, non mariés (1568). — Extrait de l'*Histoire généalogique et héraldique des pairs de France* par M. le chevalier de Courcelles, relatif à la filiation de la maison de la Valette-Parisot. — Généalogie de la famille de Vallin; — titres et notes (1187-

1595); — autre généalogie de la même famille à partir de Girard, sieur de Vallin (1292-1430). — Mention de différents actes relatifs à Audry de Vallin, chevalier, conseiller et chambellan du duc de Bourgogne (1418-1424). — Extraits sur les sieurs de la Maladière, touchant la famille de Vallin (1441-1564). — Généalogie de la maison de Vallin; — titres et notes (1576-1782).

F. 516. (Liasse.) — 15 pages, papier; brochure in-4°, 91 pages.

1246-1859. — Valon, Valori, Varagine, Varin, Vassal, Vassinhac. — Mention de Guillerma de Valon, religieuse de St-Jean de Jérusalem, au monastère de Beaulieu (1298); — mention du testament de noble Antoinette de Valon, fille de feu Astorg de Valon, au diocèse de St-Flour, et veuve de noble Gabriel d'Assier (1485). — Mémoire pour M. le marquis de Valori et ses fils. *Aix, typographie de Remondet-Aubin, sur le cours, 53, 1859.* — Pouvoir donné par Albert de Mandello, podestat de Gênes, à Guillaume de Varagine, scribe du Podestat, de traiter, pour fournitures de navires, avec André Polinus, prieur de l'hôpital de Jérusalem en France et Renault, précepteur de la milice du Temple de Jérusalem et Raynault Gallarium, chevalier, envoyés par le roi de France (1246); — convocation à ce sujet. — Donation consentie en faveur de Louis Varin, chirurgien, demeurant à Crevecœur, par Jacques de Montmorency, chevalier, conseiller et chambellan du Roi, capitaine de 50 hommes d'armes de ses ordonnances, bailli et gouverneur de Caen, seigneur et châtelain, de Crevecœur (1606). — Analyse d'une reconnaissance féodale de Jean de Murat, de Frayssinet, à Bernard d'Auriole, recteur de l'église de St-Amarand et Bernard d'Engolisma, damoiseau, de Gourdon, tuteurs des enfants de feu Sicard de Vassal, damoiseau (1301); — note sur les archives du château de Cénevières. — Vente de certaines rentes à Boson de Vassal, damoiseau, sieur de Frayssinet, par Bertrand de Lhaubert de Gourdon (1326); — vente de rentes à Beaumat et à Vaillac faite à Raymond d'Estienne ou d'Estèphe ou d'Estève, chevalier, sieur de Gigouzac, par Boson et Sicard de Vassal, frères, damoiseaux, de Frayssinet (1343); — analyse du testament de Bertrand de Vassal, damoiseau, de Carlin (1395); — donation à Jean de Vassal, damoiseau par sa mère Resplendine de Rinhac (1411); — cote d'un mémoire sur une contestation au sujet du tènement de Mauremon (1454-1490); — indication de sources pour la branche de La Tourette de Nozac. — Analyse d'un échange entre l'abbé de Marcillac et Guillaume de Burbuzo, camérier, qui donne, entre autres choses, le lieu et repaire de Liausu, sur le Célé, et reçoit des rentes assises sur le moulin del Sac, dans la paroisse de St-Sulpice, sur le Célé (1347). — Analyse d'une déclaration du sieur de Floirac et de la Garnie, à Hélie de Vassal, son cousin, après le décès, sans enfant, de Jean Delbos, héritier universel de feu Hélie Lestrade, sieur de Floirac et d'Aguda, touchant une substitution de biens faite par ce dernier (1380); — note sur Guy de Peyronenc (1404-1408). — Vente par Pierre de Vermeuil, procureur de noble Gauvide de Vassal, sa femme, en faveur de Jean de Ferrières, du Mas appelé de la Garnayrie, dans la paroisse de St-Constans (1386). — Analyse de l'acte d'investiture par J., évêque de Toulon, abbé de Marcillac, à Pons Rodorel, damoiseau, co-seigneur de Frayssinet, d'une maison que ledit Pons avait fait saisir sur Bertrand Tricaudel, dans la seignerie du monastère de Marcillac à Frayssinet (1391); — note de Lacabane sur Jean, archidiacre de Figeac, nommé évêque de Toulon, le 27 septembre 1368, de la famille d'Estephe, sieurs de Gigouzac. — Analyse de contrat de mariage entre Pierre Gatinhal, clerc, fils légitime de feu Jean Gatinhal, notaire de Nozac, d'une part, et noble Antoinette de Burbuzo, fille légitime de feu Pierre de Burbuzo, sieur de Baussac, en Quercy, d'autre part (1534); — analyse de donation faite à Jean et François de Vassal par leur mère Gabrielle de Burbuzo, veuve de noble Antoine de Vassal (1561). — Analyse d'un acte de vente de rentes consentie à noble Odet de Vassal, chanoine de l'église cathédrale de Sarlat, habitant au château de Rignac, par noble Raymond de Leygue, écuyer, sieur audit lieu, habitant de la paroisse de Prouillac en Quercy (1562); — autre analyse de vente de rentes faite au même par nobles Raymond et Pons de Leygue, père et fils, habitants du noble repaire de Leygue, paroisse de Prats (1563). — Analyse du contrat de mariage entre noble Antoine de Vassal, sieur de la Graulière, d'une part, et Anne de la Grange, fille de feu Michel de Grange, sieur de Rouffilhac, d'Espédaillac et de la Pannonie, d'autre part (1583). — Mention du mariage de Jean de la Valette, chevalier de l'Ordre de St-Jean, gouverneur de Toulouse, avec Ursule de Loubens-Verdalle et notes sur Jean, François et Guyon de la Valette (1587); — procès-verbal des preuves de noblesse faites pour la réception de Marguerite de Vassal St-Gély dans l'ordre de Malte au couvent de l'Hôpital-Beaulieu, en Quercy (1774); — notes sur le village de Gaule et sur le château de Pechaurier. — Analyse d'un accord intervenu entre Guillaume de Vassinhac, 2ᵉ du nom, chevalier, co-seigneur de Miers et seigneur d'Alvignac et de Carennac, d'une part, et Bernard de Bégon, d'autre part, au sujet de leurs différends dans les paroisses de Miers et d'Alvignac (1280).

F. 517. (Liasse.)— 13 pièces, papier.

1270-1697. — Vaulchier, Vayrols, Vayssa, Ventadour, Verdal, Vergès, Vergne (La), Vernassal, Verneuil, Vernhes. — Analyse du testament de Philippe Vaulchier, écuyer, sieur des Deschaulx, qui porte : *d'azur à un chevron d'or accompagné de trois étoiles de même, 2 en chef et 1 en pointe* (1576). — Indications de sources pour Gaucelin de Vayrols, Guillaume la Valette, Jourdain de l'Isle, Guillaume, vicomte de Bruniquel, Géraud Balène, Guisbert de Thémines (1303-1359). — Extrait des minutes du notaire Rigolaci touchant la vente d'un pré faite à Raymond Vayssa, de Camboulit, par Pierre Bru, du même lieu, ledit pré tenu en fief de Jean Palhasse, bachelier en droit, de Figeac (1540). — Confirmation par le roi Charles V, de tous les privilèges accordés à Girart de Ventadour, sieur de Donzenac (1372). — Mention du mariage de M. Thérèse Louis de Verdal, du village de Gruniac, commune de Sousceyrac, avec Marie Anne Sophie de Latour d'Auvergne (sans date). — Notice sur l'abbé Vergès, prêtre, chapelain de la chapelle de Monsieur, frère du Roi (sans date). — Notes sur le cardinal Pierre de Vernhio (1370-1403). — Notes sur François de Vernassal, écrivain quercynois et Guillaume Landri, d'Orléans (1550-1577). — Analyse du contrat de mariage de Guillaume, fils de messire Bernard de Verneuil, chevalier et de Marie, fille de feu messire Pierre Alboyn, chevalier (1270); — achat, par Pierre, Arnaud et Raymond de Verneuil, damoiseaux, de Fortanier de Gourdon, de tous les biens, droits, etc., que feu Arnaud de Verneuil, leur oncle, avait dans la paroisse de Payrac (1297); — mention de la présence de Raymonde de Verneuil, damoiseau, à un acte passé le 8 avril 1320, portant quittance d'une somme de 104 livres, donnée par Raymond La Bruyière, à Adémar de Chaunac, damoiseau, de Rocamadour (1320). — Mention du mariage de Raymond de Verneuil et de Hugues de Massaut, veuve de Géraud d'Engoulesme (1366). — Mention de la condamnation par défaut, par jugement de l'Intendant, de François de Vernhes, sieur de Lastours, comme usurpateur du titre de noblesse (1697); — notes concernant François Louis de Vernhes, sieur de

Belmontet et Joseph de Vernhes de Lastours, seigneur de Ste-Croix.

F. 518. (Liasse.) — 14 pièces, papier; brochure de 32 pages.

1280-1827. — Verninac, Vertaing, Verteillac, Vesi, Vezins, Vidaillac, Vidal de Lapise, Vie (La), Vieilcastel. — Notes sur les travaux historiques de D. Verninac, bénédictin de St-Maur, originaire de Souillac, en Quercy (sans date). — Mention de la présence d'Eustache, sire de Vertaing, chevalier, à un jugement rendu par le bailli de Hainaut (1347). — Mémoire sur les de Labrousse, appelés marquis et comtes de Vertillac, qui portent : *d'or à un chesne de sinople, posé sur une terrasse de même et fruité de 12 glands d'or, au chef d'azur chargé de 3 étoiles d'or* (1759). — Reconnaissance d'héritages tenus d'Agnet de la Tour, chevalier, vicomte de Turenne et sieur des baronnies d'Olliergues et de Limeuil, par Jean Vesi, prêtre de Montvalent (1482) ; — constitution de dot par Agnet de la Tour et Anne de Beaufort, sa femme, en faveur de Gabrielle, leur fille, qui était dans l'intention de prendre l'habit de l'ordre de St-Jean de Jérusalem, dans le monastère des religieuses de Fieux (1485). — Notes sur Jean de Vezins, sénéchal et gouverneur du Quercy, sur Mathurin de Vezins, sieur de Charry, sur Claude de Vezins, sieur de Guitard, sur Antoine de Vezins et sur divers membres de la famille du Chateigner (1478-1701). — Reconnaissance par Hugues de Vidaillac, bourgeois de Figeac, d'une somme de 2000 sous de Cahors, en faveur d'Arnaud de Gramat, chevalier, et de Pierre de Béduer, damoiseau (1280). — Achat de la terre de la Panonie par Pierre Vidal de la Pise (1672) ; — arrentement de droits par Pierre Victor d'Albarel, seigneur de St-Clair, en faveur de Pierre Vidal la Pise, receveur des décimes du diocèse de Cahors (1654) ; — saisie des biens de la maison de la Grange de la Panonie (1656) ; — ferme des fruits de la terre de la Panonie, de 1650 à 1652 ; — notes sur divers membres de la famille Vidal de la Pise (1670-1827). — Extrait concernant Marie de la Vie-Villemur (1333-1383). — Extrait concernant noble Jean de Vieux-Château, bâtard, du lieu de Marminhac (1530) — Contrat de mariage entre noble Mathurin Vieltel, seigneur dudit lieu, habitant de Marminhac en Quercy et noble Louise Lagasquie, fille de noble feu Pierre de Lagasquie, habitant du château de Mialet (1595). — Quittance donnée par M. Guillaume Canitrot, conseiller du Roi en la cour des aides et finances de Montauban, à noble Charles de Lolmie, seigneur de la

Penche, en qualité de donataire contractuel de dame Anne de Vielcastel, seigneuresse de la Penche, sa mère (1720). — Certificat délivré par Berthier, commissaire nommé par le Roi pour excercer, par intérim, la charge de généalogiste, en faveur d'Etienne Jean de Salviac de Vielcastel (1786). — Généalogie historique de la maison Vielcastel, extraite du tome XVII du Nobiliaire universel de France, publié par M. le chevalier de Courcelles, avec notes marginales de Lacabane.

F. 519. (Liasse.) — 15 pièces, papier.

1234-1782. — Vignes, Vignolles, Viguié, Villaret, Villate (La), Villemur, Villeneuve, Vivonne. — Indication de source pour généalogie de la famille de Vignes, de Puylaroque en Quercy, depuis 1497, dont les armes sont *d'or à une vache passante de gueules assornée, accolée et clarinée d'azur ; écartelé d'azur à une bande d'argent chargée de 3 tourteaux de gueules*. — Epitaphe d'Etienne de Vignoles, dit la Hire, et fixation du lieu de son décès à Montauban (1442-1444). — Indication de source pour Antoine de Viguié de Soulhiols, seigneur de Giniès, qui porte *d'azur, à une épée d'argent posée en pal, parti cousu d'azur, à 3 bandes d'or* (sans date). — Indication de sources : pour acquisition par le Roi de certaine pièce de pré et terre de Bernard Aymeric, en la sénéchaussée de Périgueux et Cahors (1234) ; — pour échange entre le Roi et Guillaume de Villaret, chevalier de l'ordre de St-Jean de Jérusalem, prieur de St Gilles (1271) ; — pour vente de 200 livres de rente faite au Roi par Arnault Roger de Comminges (1403). — Vente faite par Pons de Castelnau et Bertrand, son fils, à noble Astorg de Villaret, de la moitié de la seigneurie du château d'Aurelle (1244). — Analyse de sentence arbitrale entre Hugues de Marquastello, chevalier, et le seigneur Guillaume de Villaret, recteur de l'église de Ste-Marie de Crosels (1302). — Extraits d'actes intéressant la famille de Villaret (1782). — Indication de la situation géographique de *Villeret*, petit château de la paroisse d'Allenc (canton de Bleymard) situé au nord de Mende ; — indication de divers villages du nom de Villaret dans le diocèse de Mende. — Mention du partage d'une quarte partie et d'un huitième de la seigneurie de Cos, du port et du moulin audit Cos, du territoire de la font Ste-Ruffie, des château et seigneurie de Lamothe d'Ardus et du moulin du port dudit lieu, le tout mouvant du comté du Quercy, rendu par Bernard de la Villate (1454). — Indications de sources pour don, par le roi Charles V, à Jean de Villemur, du château du Blanc (1370) ; pour don par le même à Robert de Villemur, fils de Jean, de 80 livres de rente (1370). — Mention de vente consentie au Roi par Jacques, vicomte de Villemur, seigneur et baron de Calvinet, de 4000 livres de rente à l'héritage que le Roi avait données à Arnault, chevalier et vicomte de Villemur, agent dudit vendeur (1397). — Mémoire sur la production de Antoine de Villeneuve, seigneur du Marquisat d'Arifat, chevalier de l'ordre de St-Louis, ancien lieutenant au régiment royal-dragons, et Jean Baptiste de Villeneuve de Joncquières son frère, qui demandent des lettres de réhabilitation de noblesse (1777). — Notes sur les seigneurs de Vivonne et de Chatebacher (1256).

F. 520. (Liasse.) — 7 pièces, papier.

1283-1376. — Watier, Waldeby, Yvain de Galles. — Notes et extraits sur des membres de la famille Watier, sires de Bousies (1317-1333). — Notes sur Robert Waldeby qui fut créé évêque de Cahors, d'après un ouvrage publié à Anvers, en 1613, par Thomas Gratiani, Augustin. — Notice de Lacabane sur Yvain ou Owen de Galles (1283-1356). — Quittances de 1500 et de 1615 livres, délivrées par Yvain de Galles, pour ses gages et ceux d'un chevalier bachelier et de 98 écuyers (1376). — Mention de l'obligation de 300.000 francs d'Yvain de Galles envers le roi Charles V.

TABLE SOMMAIRE

DES MATIÈRES CONTENUES DANS LE 3e VOLUME